V&R

Harald Haferland

Mündlichkeit, Gedächtnis und Medialität

Heldendichtung
im deutschen Mittelalter

Vandenhoeck & Ruprecht

Bibliografische Information Der Deutschen Bibliothek

Die deutsche Bibliothek verzeichnet diese Publikation in der
Deutschen Nationalbibliografie; detaillierte bibliografische Daten sind
im Internet über <http://dnb.ddb.de> abrufbar.

ISBN: 3-525-20824-3

Gedruckt mit Unterstützung des Förderungs- und
Beihilfefonds Wissenschaft der VG Wort.

Satz: Competext, Heidenrod.
Druck: Hubert & Co., Göttingen
Einbandkonzeption: Markus Eidt, Göttingen

Gedruckt auf alterungsbeständigem Papier.

Inhalt

Inhalt

Vorbemerkung

Das vorliegende Buch arbeitet Überlegungen aus, die ich zuerst in drei Aufsätzen zum ›Heliand‹[1] und in zwei Aufsätzen zum ›Nibelungenlied‹[2] formuliert habe. Ihr Ertrag und z.T. auch ihr Wortlaut fließen in die ersten Kapitel ein. Bruno Quast hat mich ursprünglich ermutigt, meine Überlegungen zu einer Monographie auszubauen, Edward Haymes hat mich bei einem Mittagessen nicht davon abgehalten, mein zwiespältiges Verhältnis zur *Oral-Formulaic Theory* auszuarbeiten, und Wolfgang Dinkelacker hat mich mit einer Reihe von Hinweisen unterstützt. Für vielfache Hilfe danke ich Dieter Kartschoke und Cornelia Müller, die das ganze Manuskript gelesen und mit mir diskutiert haben. Einiges verdanke ich auch – ohne es an Ort und Stelle auszuweisen – den Teilnehmern meiner Seminare zur Heldendichtung in Bielefeld, Kiel und München. Anderes ist jeweils an Ort und Stelle vermerkt. Für letzte Hilfe danke ich Marlies Müller.

---

1 Harald Haferland: Der Haß der Feinde. Germanische Heldendichtung und die Erzählkonzeption im ›Heliand‹. In: Euphorion 95 (2001), S. 237-256; ders.: War der Dichter des ›Heliand‹ illiterat? In: ZfdA 131 (2002), S. 20-48; ders.: Mündliche Erzähltechnik im ›Heliand‹. In: Germanisch-Romanische Monatsschrift 52 (2002), S. 237-259.

2 Ders.: Der auswendige Vortrag. Überlegungen zur Mündlichkeit des ›Nibelungenliedes‹. In: Situationen des Erzählens. Aspekte narrativer Praxis im Mittelalter. Hg. von Ludger Lieb und Stephan Müller. Berlin, New York 2002, S. 245-282; ders.: Das Gedächtnis des Sängers. Zur Entstehung der Fassung *C des ›Nibelungenliedes‹. In: Kunst und Erinnerung. Memoriale Konzepte in der Erzählliteratur des Mittelalters. Hg. von Ulrich Ernst und Klaus Ridder. Köln, Weimar, Wien 2003, S. 87-135.

1 Einführung

Her memory was a mine: she knew by heart
All Calderon and greater part of Lopé,
So that if any actor miss'd his part
She could have served him for the prompter's copy;
For her Feinagle's were an useless art,
And he himself obliged to shut up shop – he
Could never make a memory so fine as
That which adorn'd the brain of Donna Inez.

(Lord Byron: ›Don Juan‹, Canto I 11)

Literatur wird gelesen. Gewiß werden Stücke auch gespielt, und es gab eine Zeit, in der sie von den Zuschauern sogar für wert befunden wurden, auswendig gelernt zu werden. Was Lord Byron der Mutter Don Juans, Donna Inez, zuschreibt – daß sie nämlich ohne Zuhilfenahme einer Mnemotechnik, wie der Gedächtnisspezialist Feinagle sie zu Byrons Zeit zu popularisieren suchte,[1] eine riesige Anzahl von Stücken Calderóns und Lope de Vegas zu behalten weiß[2] – ist aber wohl eher eine erdachte Übertreibung. Auswendiglernen allerdings hat Tradition, wenn auch in einem anderen Medium: Dichtung in Versen und Strophen war je schon dafür vorgesehen und wurde bei Gelegenheit auswendig vorgetragen. Solcher Vortrag bedeutet für die Dichtung eine mediale Spezifikation, und wo er fest mit ihr verbunden ist, wo Dichtung also für ihn entsteht, konstituiert er ein Medium.[3] Literatur wird also keineswegs immer nur gelesen.

Im Mittelalter wurde sie Zuhörern vorgelesen. Das gilt für erzählende Dichtung, die zum Vorlesen aufgeschrieben wurde, für sogenannte Buchdichtung.[4]

---

1 Gregor von Feinagle (um 1765–1819) erfand eine mnemotechnische Methode, die er 1807 vor einem interessierten Publikum in Paris und 1811 in London präsentierte. Vgl. The Works of Lord Byron. Poetry Bd. VI. Hg. von Ernest H. Coleridge. London 1903, S. 16f. Im ›Philosophical Magazine‹ vom Juni 1807 wird Feinagles Gedächtnismodell folgendermaßen beschrieben:»The memory may be compared to a warehouse stored with merchandise. A methodological arrangement of the contents of such a repository enables its owner to find any article that he may require, with the utmost readiness.« (Zitiert bei Tulving: Elements of Episodic Memory, S. 5) Feinagle gehört damit zu den Erfindern der Speichermetapher.

2 Allein Calderón werden hunderte von Stücken zugeschrieben.

3 Zu meiner Verwendung des Medienbegriffs vgl. Kapitel 8.2.

4 Vgl. Dennis H. Green: Medieval Listening and Reading. The Primary Reception of German Literature 800–1300. Cambridge 1994. Zu den verschiedenen Vortrags-

Aber es gab auch erzählende Dichtung, die heute zur Literatur gezählt wird und gleichwohl vorgetragen wurde, ohne daß die *littera* – der geschriebene Buchstabe – dabei zur Geltung kam. Er haftete allenfalls im Gedächtnis der Vortragenden. Solche Dichtung, um die es im folgenden gehen soll, wurde im Gedächtnis aufbewahrt und auswendig vorgetragen, auch wenn sie wohl schon unter Zuhilfenahme der Schrift entstand.

Ursprünglich wurde, was Sänger vortrugen, nicht einmal aufgeschrieben. Dies gilt für mündliche Dichtung im allgemeinen, auch für die sogenannte *oral poetry*, die meist als improvisierte Dichtung angesehen wird. *Oral poetry* in diesem Sinne trifft man im Hochmittelalter schon nicht mehr an. Es gibt dagegen Formen von Dichtung, die sich einer eindeutigen Zurechnung zu mündlicher oder schriftlicher Dichtung entziehen.

So wurde kunstmäßige Lieddichtung vermutlich ohne den Blick auf ein Blatt mit einer Niederschrift des Liedes – die es sicher immer gab[5] – vorgetragen, gerade auch dann, wenn sie gemeinschaftlich gesungen wurde; man hatte vorher den Text auswendig zu lernen. Ohnehin fand die Melodie kaum je den Weg aufs Blatt und konnte nur durch Zuhören angeeignet werden. Mit der Melodie befand sich aber auch der Text nicht selten ›im Kopf‹ der Vortragenden, und einige wenige Verfasser volkssprachlicher Liedtexte – insbesondere unter den sogenannten adligen Dilettanten des Minnesangs – könnten der Schrift nicht einmal mächtig gewesen sein.

Lieder sind kurz. Was aber geschah mit Helden›liedern‹, die als strophische Dichtungen gleichfalls gesungen wurden[6] und die z.T. von erheblicher Länge waren? Sangen ihre Sänger sie deshalb vom Blatt, weil es unmöglich war, sie in Anbetracht ihrer Länge aus dem Kopf vorzutragen? Die Vorstellungskraft der Forschung, auch eine andere Möglichkeit ernsthaft in Betracht zu ziehen, ist hier nicht besonders groß gewesen. Volkssprachliche Heldendichtung des Mittelalters gilt als vollauf schriftliterarisch, und dies umso entschiedener, seit Versuche, sie zu *oral poetry* in jenem beschränkten Sinn zu erklären, gescheitert sind.

Neben dem Umstand, daß aus philologischer Perspektive Mündlichkeit durch die schriftliche Überlieferung hindurch leicht als Schriftphänomen verkannt werden kann und daß etwa Literaturgeschichten Heldendichtung immer schon wie selbstverständlich der Literatur einverleibt haben, sorgt auch ein neuerer Trend dafür, daß sie hier verbleibt: Oft definieren auch literatur-

---

modalitäten mittelalterlicher Dichtung ist immer noch aufschlußreich Hermann Schneider: Heldendichtung, Geistlichendichtung, Ritterdichtung. Neugestaltete und vermehrte Ausgabe Heidelberg 1943, S. 224-230.

5 Vgl. Bäuml, Rouse: Roll and Codex, S. 324-326.

6 Seit dem Aufsatz von Karl H. Bertau und Rudolph Stephan: Zum sanglichen Vortrag mhd. strophischer Epen. In: ZfdA 87 (1956/57), S. 253-262, wieder in Rupp (Hg.): Nibelungenlied und Kudrun, S. 70-83, hat sich diese Annahme durchgesetzt.

wissenschaftliche Forschungsprogramme und -trends sich darüber, die Grenzen der Modernität zurückzuverlegen. Dann gilt es z.B., moderne Individualität und Subjektivität schon dort festzustellen, wo man sie bisher nicht antreffen zu können glaubte. Auch mit anderen Themen läßt sich so verfahren.
So auch mit dem Eindringen der Schrift in weite Bereiche der Kultur und in
die Formen der Hervorbringung kultureller Erzeugnisse. Mit dem Eindringen
der Schrift endlich in eine Domäne der Mündlichkeit: die Mündlichkeit der
Heldendichtung.[7]

Nun kann kein Zweifel daran bestehen, daß die Schrift hier in der Tat irgendwann eindringt, aber dies geschieht in anderer Weise als dem schlag-
artigen Umstellen von Mündlichkeit auf Schriftlichkeit sowohl bei der Herstellung wie auch beim Vortrag der Texte (durch Ablesen). Nur als Parasit
nistet die Schrift sich zunächst ein, und die Umwandlung von Heldendichtung
in Literatur erfolgt in einem verwickelteren Prozeß und später, als man glaubt.

Daß Heldendichtung mündlich tradiert wurde, ist allerdings eine altbekannte
Annahme. Schon Wilhelm Grimm war anläßlich seiner Ausgabe des ›Rosengarten‹, für die er über zwanzig Jahre auf das Auftauchen einer Handschrift
wartete, deren Text eine kritische Textherstellung ermöglichen sollte, dann –
nachdem sich diese Handschrift nicht fand – darauf gestoßen, daß das ›Volksepos‹ gar keinen ursprünglichen Text herzustellen erlaube, sondern »seiner
Natur nach in beständiger Umwandlung fortdauert«[8] und deshalb die verschiedenen Fassungen ihr eigenes Recht behalten und selbständig abgedruckt zu
werden verdienen.[9] Für den ›Rosengarten‹ gibt er die lapidare Auskunft: »Fort-
gepflanzt ist das Gedicht sowohl durch Handschriften als durch mündliche
Überlieferung.«[10]

Von der mündlichen Tradierung – der Begriff der Überlieferung mag für
handschriftliche Überlieferung reserviert bleiben – ist seitdem oft die Rede
gewesen, dabei in ganz zutreffender Weise, ohne daß sich die Vorstellung
doch hätte durchsetzen können. Unbestritten ist sie für die vergleichsweise

---

7 Ich spreche im folgenden von Mündlichkeit (und Schriftlichkeit) in Bezug auf
Medien und Gattungen von Dichtung und nicht in Bezug auf Kulturen. Dabei erscheint es mir ungeachtet der Schwierigkeiten, diese Dichotomie in einigen An-
wendungsfällen zu präzisieren, nicht ratsam, Ursula Schaefers Begriff der Vokalität
(vgl. dies.: Vokalität) zu übernehmen, den sie vornehmlich auf Kulturen bezieht. Er
erlaubt für die Dichtung z.B. keine klare Unterscheidung zwischen einem memorierenden Vortrag und einem Lesevortrag – beides erfolgt über die Stimme. Für den
Lesevortrag wird im Mittelalter aber schriftliche Buchdichtung verfaßt, memorierender Vortrag dagegen gilt mündlicher Dichtung.

8 Grimm: Der Rosengarte, Widmungsvorrede, S. VI.

9 Zu den editorischen Überlegungen Grimms vgl. Haustein: Der Helden Buch,
S. 83-86.

10 Grimm: Der Rosengarte, S. LXXXI.

kurze Heldenballade,[11] aber wo man einen Epiker am Werk glaubte, der solche Heldenballaden erweiterte und/oder verband, wollte man sie nicht aufrechterhalten. Geheftet hat sie sich daneben vorrangig an die sogenannte Spielmannsdichtung, für deren Träger – meist dachte man an fahrende Spielleute – u.a. Gustav Ehrismann festgehalten hat:

Mochten auch die Fahrenden geschriebene Texte besitzen, Büchlein oder Einzelblätter, in der Hauptsache trugen sie ihre Stoffe gedächtnismäßig vor. Bei der Art der Verbreitung war natürlich der ursprüngliche Typus starken Veränderungen ausgesetzt und die Vortragenden verfuhren sehr willkürlich mit ihren Quellen, sie änderten den Wortlaut, machten Zusätze, kürzten nach Belieben. Demnach weichen unsere Handschriften vielfach voneinander ab.[12]

Die Vorstellung eines gedächtnismäßigen Vortrags bleibt mit einiger Sicherheit für den ›Salman und Morolf‹ richtig,[13] wie dann auch für zu vermutende strophische Vorstufen anderer ›Spielmannsdichtungen‹. Richtig ist sie aber auch für die gesamte strophische Heldendichtung des Mittelalters, für die man früher gleichfalls Spielleute als Träger verantwortlich dachte.[14]

Lange hat man mit einer solchen Zuschreibung von Dichtungen an einen Stand fahrender Spielleute alle Fragen beantwortet geglaubt, tatsächlich aber ist über die Tradenten von ›Spielmannsdichtung‹, und mehr noch: von strophischer Heldendichtung, sowie über ihren Stand wenig Gesichertes festzu-

---

11 Vgl. Rosenfeld: Heldenballade.

12 Gustav Ehrismann: Geschichte der deutschen Literatur bis zum Ausgang des Mittelalters. Zweiter Teil. Die mittelhochdeutsche Literatur. I. Frühmittelhochdeutsche Zeit. München 1922, S. 289. Ehrismanns Forschungsresümee hat noch längere Zeit Glauben und Nachfolge gefunden. Vgl. u.a. Hans Steinger: Fahrende Dichter im deutschen Mittelalter. In: DVjs 8 (1930), S. 61-81, hier S. 64f.

13 Deshalb verunklart die Ausgabe Alfred Karneins die Eigenart der Tradierung des ›Salman und Morolf‹, soweit sie in den Handschriften (S und E) zum Ausdruck kommt.

14 Heusler: Nibelungensage und Nibelungenlied, S. 50f. u.ö., spricht vom Dichter des ›Nibelungenliedes‹ als ›unserem Spielmann‹, den er sich allerdings anders als die Verfasser der Vorgängerfassungen des ›Nibelungenliedes‹ als belesen vorstellt (vgl. S. 80), »vielleicht mit einiger geistlicher Schulung« (S. 50). Vgl. darüber hinaus z.B. Arthur Amelung in seiner Ausgabe des ›Ortnit‹, S. XXXVI, LIIIf., Oskar Jänicke in seiner Ausgabe des ›Wolfdietrich‹, S. XLVI-L, und Georg Holz in seiner Ausgabe der Lieder vom ›Rosengarten‹, S. LXXXIXf. Vgl. auch Rolf Bräuer: Literatursoziologie und epische Struktur der deutschen ›Spielmanns-‹ und Heldendichtung. Zur Frage der Verfasser, des Publikums und der typologischen Struktur des Nibelungenliedes, der Kudrun, des Ortnit-Wolfdietrich, des Buches von Bern, des Herzog Ernst, des König Rother, des Orendel, des Salman und Morolf, des St.-Oswald-Epos, des Dukus Horant und der Tristan-Dichtungen. Berlin 1970, S. 1-67, der für ›Spielmanns-‹ wie Heldendichtung gleichermaßen eine homogene Gruppe städtischer Verfasser ansetzen will.

stellen.[15] Und von größerem Interesse ist am Ende die Frage, wie denn die Sänger von Heldendichtung eigentlich ihr Gedächtnis einsetzten, wie sie vortrugen, welcher Techniken sie sich dabei bedienten und auf welche Arten der Kodierung des Wortlauts sie sich stützten, um schließlich einen reibungslosen Abruf ihrer Texte beim Vortrag zu ermöglichen. Zu einer Untersuchung dieser Frage(n) kam es nicht.

Heute freilich glaubt niemand mehr an einen gedächtnismäßigen Vortrag strophischer Heldendichtung des Mittelalters, und im Fall des ›Nibelungenliedes‹ war ohnedies niemals jemand geneigt, die Annahme wirklich ernst zu nehmen.[16] Es ist dagegen offensichtlich, daß Heldendichtung handschriftlich überliefert wurde – jedenfalls sind Handschriften das einzige, was heute noch geblieben ist –, und die Forschung hat sich damit eingerichtet.[17] War nämlich die Schrift die einzige Stütze der Überlieferung, so wird auch der Vortrag über die Nutzung einer Schriftvorlage abgewickelt worden sein – ein charakteristischer, vorschnell verallgemeinernder Fehlschluß, der den genauen Blick auf die Verhältnisse verstellt hat.

Allerdings gibt es auch andere Gründe, die es schwer machen mußten, an eine wie auch immer mündliche Tradierung der strophischen Heldendichtung noch zu glauben. Denn vor wenigen Jahrzehnten ist die Altgermanistik in eine Argumentationsfalle geraten, die nicht leicht zu erkennen war. Sie aus dieser Falle zu befreien wird im folgenden denn auch Umstände bereiten. Alle ›Texte‹ mündlicher Dichtung, so ließ es das außerordentlich erfolgreiche Forschungsparadigma der *Oral-Formulaic Theory*[18] erscheinen und so verbreiteten es seine Erfinder und Popularisatoren, entstünden je nur im Zuge des Vortrags. Es handele sich also gar nicht um Texte, und feste Texte gebe es überhaupt erst in einer Schriftkultur – wenn nämlich Beschreibstoffe sie fest-

15 Vgl. Michael Curschmann: ›Spielmannsdichtung‹. Wege und Ergebnisse der Forschung von 1907–1965. Stuttgart 1968.

16 Die einzige Ausnahme stellt meines Wissens Theodor Abeling: Zu den Nibelungen. Beiträge und Materialien. Von Max Ortner und Theodor Abeling. Leipzig 1920 (Teutonia 17. Heft), dar (vgl. hier S. 160f.). Heusler: Nibelungensage und Nibelungenlied, S. 50f., sieht zwar in den Vorgängerfassungen des ›Nibelungenliedes‹ mündliche Spielmannslieder, hält aber sowohl die von ihm angesetzte ›Ältere Not‹ als auch das ›Nibelungenlied‹ selbst für Buchdichtungen, die für den Lesevortrag verfaßt waren.

17 »Zunächst einmal haben wir es doch mit Literatur zu tun, und wir sind gehalten, die stereotypen Darstellungsmittel der Texte vor allem als Stilphänomene im literarischen Sinn aufzufassen.« So Heinzle: Mittelhochdeutsche Dietrichepik, S. 78, unter Bezugnahme auf den Zirkelschluß, mit dem aus dem Textbefund auf Mündlichkeit geschlossen werde. Dabei übersieht Heinzle allerdings den Zirkelschluß, den er selbst begeht.

18 Ich verwende im folgenden diese Bezeichnung, die sich eingebürgert hat, anstelle der prägnanteren Bezeichnung *Theory of Oral-Formulaic Composition*.

hielten. Das nicht schriftgestützte Gedächtnis sei zum Festhalten wortgetreuer Texte – zumal wenn es gar nicht über die Hilfestellung sprachbeschreibender Kategorien verfüge: was z.B. ist ihm ein Wort, was ein Satz? – nicht entfernt in der Lage.

Franz H. Bäuml und Donald J. Ward gehörten zu den ersten, die für die mittelhochdeutsche Heldendichtung bzw. für ihren prominentesten Text, das ›Nibelungenlied‹, präzisieren zu können glaubten, wie mündliche Tradierung vorzustellen sei: Wenn das ›Nibelungenlied‹ nicht mehr selbst mündlich improvisiert worden sei, so entstamme es zumindest einer Tradition, die entsprechend verfuhr.[19] Dafür spreche noch sein hoher Formelgehalt.

Die Forschung hat nur dies übernommen: Die Tradition, der das ›Nibelungenlied‹ entstamme, könne wirklich einmal so ausgesehen haben; für den Text selbst erscheine eine entsprechende Entstehung, eine wie auch immer vorzustellende Herübernahme aus improvisierendem Vortrag also, ausgeschlossen.

Das ist sie in der Tat. Aber damit ist das Thema nicht erledigt. Die Korrektur der früheren Vorstellung von gedächtnismäßiger Tradierung mündlicher Heldendichtung im Umfeld des ›Nibelungenliedes‹ durch die *Oral-Formulaic Theory* war ein Irrtum, der seinerseits korrigiert zu werden verdiente; schwerlich sah die Tradition, der das ›Nibelungenlied‹ entstammt, so aus, wie die *Theory* es vorgab. Der Irrtum wurde nie korrigiert. Deshalb blieb das Material, das für eine Prüfung jener alten Vorstellung bereitliegt, unbeachtet – zumindest unter diesem Gesichtspunkt unbeachtet – liegen. Die Frage, warum eigentlich von einer Reihe von Heldendichtungen gleich mehrere Fassungen überliefert sind[20] – insgesamt eine Zahl von über 30 mehr oder weniger vollständigen Fassungen[21] –, blieb unbeantwortet oder wurde falsch beantwortet.[22] Von der Philologie wurde sie falsch beantwortet, weil dem Umstand

19 Bäuml, Ward: Zur mündlichen Überlieferung des Nibelungenliedes. Vgl. auch unten Kapitel 3.2.

20 Ich verwende den Begriff der Fassung, weil er sich eingebürgert hat und ohne terminologische Ambitionen damit zu verbinden. Tatsächlich ist er, da er eine schriftliterarische Entstehung präjudiziert, keineswegs adäquat. Mir liegt aber daran, ein Phänomen zu beschreiben, und weniger daran, Begriffe zu präzisieren.

21 Eine genaue Angabe hängt auch davon ab, welche Dichtungen man je noch zur Heldendichtung rechnen will (dies wird z.B. beim strophischen ›Herzog Ernst‹ strittig sein). Die Zahl erhöht sich beträchtlich, wenn man die Handschriftenfragmente berücksichtigt, die noch einmal von einer Vielzahl weiterer Fassungen zeugen.

22 Georg Steer: Das Fassungsproblem in der Heldenepik. In: Kühebacher (Hg.), Deutsche Heldenepik in Tirol, S. 105-115, sieht in den Fassungen »offene Gebrauchsformen«, denen eine »fassungsbildende Intention« zugrundeliegt. Steer sieht aber nur das Schriftstadium: Sicher wird man von den niedergeschriebenen Fassungen irgendeinen Gebrauch gemacht haben. Im mündlichen Stadium gelten dagegen andere Bedingungen. So scheint mir die Annahme einer vorgängigen Intention zur Bildung einer Fassung fehlorientiert. Steer überträgt hier die Überlieferungsumstände anderer unfester ›Gebrauchstexte‹ und ihrer Fassungen (vgl. dazu ders.: Textgeschichtliche

kein Gewicht beigemessen wurde, daß die zahllosen Varianten der Fassungen von Heldendichtungen »unter dem gesichtspunkt einer absichtsvollen bearbeitung absolut unverständlich erscheinen«[23] und man deshalb keineswegs schlankweg von schriftlichen Bearbeitern, die eine Fassung herstellen wollten, ausgehen kann. So werde ich im folgenden angesichts der Veränderung des Wortlauts in den Fassungen immer wieder fragen: Wo ist das Motiv? Da sich kaum je ein Motiv ausmachen läßt, werde ich eine memorielle Textur der Fassungen freizulegen suchen, wie sie etwa in einer erstaunlichen Beweglichkeit von Textpartien sowie in Laut- und Satzhülsen zum Ausdruck kommt.

Unerklärt oder als fiktive Mündlichkeit mißverstanden blieb auch die sprachliche und narrative Gestalt der Heldendichtung, ihre eigentümliche Faktur, deren mnemonische Anlage fehlinterpretiert wurde. Gerade hier wird aber die Frage nach der konkreten, nämlich memorierenden Mündlichkeit von Heldendichtung auch literaturwissenschaftlich höchst relevant.

Daß sich hinter der Überlieferungsgestalt der Heldendichtung ein Problem verbirgt, ist immer gesehen worden. 1861 sprach etwa Karl August Barack von dem »Dunkel, das noch über die (!) verschiedenen Umarbeitungen der meisten deutschen Heldengedichte [...] schwebt«,[24] und Georg Steer mußte mehr als hundert Jahre später immer noch das »Fassungsproblem in der Heldenepik« als Forschungsproblem ausweisen.[25]

Unwohl war Hermann Schneider und Wolfgang Mohr, als sie eine Erklärung für die zunächst trefflich dargestellte Sachlage lieferten.

Beim Heldenepos will sich jene Festigkeit und Endgültigkeit der Form nicht einstellen, die dem höfischen Epos seit Veldekes ›Eneit‹ eignet. Dieses konnte wohl in Wortwahl und Wortfügung umgetönt und durch spätere Zusätze verbreitert werden, im ganzen aber ist seine Überlieferung bis in die Einzelheiten des Wortlauts hinein festgelegt. Das war beim Heldenepos anders: diesen namenlosen, zunächst für den Vortrag, aber nicht fürs Vorlesen oder gar fürs stille Lesen be-

---

Edition. In: Thomas Bein (Hg.), Altgermanistische Editionswissenschaft. Frankfurt/ M. u.a. 1995, S. 281-297 [zuerst 1985 erschienen]) auf die Heldendichtung. Dies führt auf einen falschen Weg. Ungeklärt – angesichts des häufigen Auftretens von Fassungen gerade in der Heldendichtung – bliebe dann z.B. auch die Frage, warum man nicht auch höfische Buchdichtungen ebenso häufig einem neuen Gebrauch unterwarf.

Auch die Ansicht von Vertretern der *Oral-Formulaic Theory*, die Fassungen stellten Überbleibsel je improvisierter Vorträge dar, erscheint mir unzutreffend, auch wenn sie der Wahrheit näherkommt.

23 Schröder: Rezension zum ›Jüngeren Sigenot‹, hg. von Clemens Schoener, S. 30. Vgl. auch Schneider: Das mittelhochdeutsche Heldenepos, zum Überlieferungszustand der Heldendichtung: »Kennzeichen der hs. [Heldensage, H. H.] ist abschrift ohne gewolltes und erkennbares umarbeitungsprincip« (S. 132).

24 Barack: Dietrich und seine Gesellen, S. 25.

25 Vgl. Anm. 22.

stimmten Werken brachte man geringere Achtung entgegen als den Gedichten, hinter denen ein bekannter Verfasser stand.[26]

Die Erklärung bezieht zusätzlich mit ein, daß »diese Epen [...] nicht Urdichtungen im Sinne der erstmaligen Originalität [sind], sondern aus schon vorhandenen, aber wahrscheinlich viel knapperen Dichtungen gleichen Gegenstands hervorgegangen«[27]. Warum aber in der Folge neue Fassungen entstehen, so daß »diese Dichtungen [...] sich immer im Flusse befunden haben«[28], bleibt schließlich doch offen. Den kurzen Hinweis, daß Heldendichtung »zunächst für den Vortrag, aber nicht fürs Vorlesen oder gar fürs stille Lesen« bestimmt sei, verschenken Schneider und Mohr als Erklärungsgrund, wenn sie schnell Einigkeit darüber herstellen, daß sie »epische Buchdichtung« sei.[29] Damit ist zugleich die Einsicht in die Funktion der sprachlichen und narrativen Faktur der Heldendichtung, die ebenso weit absteht von der Sprache der höfischen Buchdichtung wie ihre Überlieferungsgestalt von deren Überlieferung, verstellt und seither verstellt geblieben.

Das Fassungsproblem wird auch weiterhin ungelöst bleiben, wenn man die Herausforderung, die Edward Schröder in der oben zitierten Beobachtung auf den Punkt gebracht hat, nicht annimmt. Schröder war meines Wissens der einzige, der sich ihr überhaupt gestellt und eine Lösung vorgeschlagen hat. Da ihm eine absichtsvolle Bearbeitung in Anbetracht der vielen – wie es heute heißt: – ›gleichwertigen‹, und damit nicht offensichtlich geglückteren, Varianten bzw. Formulierungen ausgeschlossen erschien, konzentrierte er sich darauf, unter den von ihm veranschlagten »varietäten von copisten« solche auszusondern, denen ein recht freizügiges und eigenmächtiges Eingreifen in den abzuschreibenden Text zuzutrauen war. Indem er also systematisch mit dem Umstand rechnete, daß solche Schreiber denselben Text wiederholt oder vielleicht sogar mehrfach abschrieben, stieß er zunächst auf

solche die sich die loslösung von der directen vorlage nur für wenige wörter, für eine zeile oder allenfalls für ein reimpaar gestatten, solche die sich für eine strophe oder einen ganzen absatz glauben frei machen zu können und dann vielleicht doch zu treuem anschluss zurückkehren: aus pflichtgefühl oder weil das gedächtnis

---

26   Hermann Schneider und Wolfgang Mohr: Artikel ›Heldendichtung‹. In: Reallexikon der deutschen Literaturgeschichte. Hg. von Werner Kohlschmidt und Wolfgang Mohr. Berlin [2]1958f., Bd. 1, S. 631-646, hier S. 639. Schneider und Mohr arbeiten im Zuge ihrer Erklärung mit Einschränkungen wie ›offenbar‹ und ›wahrscheinlich‹ – Zeichen dafür, daß sie einen Erklärungsnotstand wahrnehmen.

27   Ebd.

28   Ebd. Ich stelle die implizierten Antworten als Fragen: Warum haben sie sich im Fluß befunden – weil die Dichtungen keine Urdichtungen sind, weil ihre Verfasser anonym blieben und ihre Texte wenig geachtet wurden?

29   Ebd., S. 638. Dies war und ist Forschungskonsens, heute repräsentativ vertreten durch Michael Curschmann. Vgl. zuletzt Curschmann: Dichter *alter maere*.

versagt. es gibt auch schreiber die anfangs mit dem gedächtnis arbeiten und dann einsehen, dass sie damit kaum rascher von der stelle rücken. es gibt andere die bei dieser arbeitsweise bleiben und dann recht bald dazu kommen, neben der visuell aber oft mit innerem gehör aufgenommenen vorlage und den einmischungen des gedächtnisses auch noch ergänzungen resp. correcturen aus eigenstem vorzunehmen. nicht wenige der handschriften oder texte die unsere editoren als ›bearbeitungen‹ bezeichnen, weisen in größerer oder geringerer anzahl lesarten auf, die unter dem gesichtspunkt einer absichtsvollen bearbeitung absolut unverständlich erscheinen, die ihre erklärung nur eben aus einer arbeitsweise finden wie ich sie angedeutet habe.[30]

Schröder hätte selbst darauf kommen können, daß nicht recht einzusehen ist, weshalb sich solche Schreiber, deren offenen und produktiven Arbeitsstil er rekonstruiert, nur beim Abschreiben von Heldendichtung tummeln und die genannten Freiheiten herausnehmen sollen.[31] Hatten sie nicht auch andere Texte wiederholt abzuschreiben? Und müßte dann die charakteristische Textur der Fassungen von Heldendichtungen nicht auch anderweitig auftauchen?

Es drängt sich deshalb der Verdacht auf, daß vielleicht gar kein Überlieferungsphänomen vorliegt. Stattdessen wäre noch einmal die Möglichkeit einer mündlichen Tradierung ernsthaft durchzuprüfen, bei der es – freilich durchaus genau so, wie Schröder es für jene Schreiber angenommen hatte – zur visuellen und dabei innerlich mitgesprochenen, aber auch zur auditiven Aufnahme einer Vorlage bzw. eines Textes gekommen sein mag. Beim Abruf des eingeprägten Textes aus dem Gedächtnis konnten Gedächtnislücken nicht ausbleiben, und die Sänger waren unversehens genötigt, eigene Ergänzungen und Korrekturen anzubringen. Nicht Schreiber wären demnach verantwortlich für die eigentümliche Überlieferungsgestalt der Heldendichtung, sondern Sänger.

Ich werde im folgenden für ein Verständnis der Entstehung und Tradierung von strophischer Heldendichtung im Mittelalter eintreten, wie Georges Zink es am Beispiel des ›Wunderer‹ am dezidiertesten eröffnet hat[32]: Am Anfang

---

30 Schröder: Rezension zum ›Jüngeren Sigenot‹, hg. von Clemens Schoener, S. 30.

31 Allerdings hat er durchaus noch in einem ganz anderen Überlieferungskontext, dem der höfischen Versnovelle, ein vergleichbares Schreiberverhalten identifizieren zu können geglaubt. Vgl. ders. (Hg.), Konrad von Würzburg. Kleinere Dichtungen. I. Der Welt Lohn. Das Herzmaere. Heinrich von Kempten. Dublin, Zürich [10]1970, S. X: »In fast allen fällen wo man von einer ›kürzenden bearbeitung‹ redet, liegt in wirklichkeit nichts als eine niederschrift aus dem gedächtnis vor.« Die von Schröder hier angebrachte Erklärung besitzt Geltung auch für die Heldendichtung, nur daß es sich in beiden Fällen nicht um Schreiber handelt, die sich selbständig machen, sondern um Sprecher bzw. Sänger, die im Rahmen einer Institution selbständig agieren. Vgl. auch unten, Kapitel 7.4.

32 Georges Zink: Le Wunderer. Fac-Simile de l'édition de 1503. Avec introduction, notes et bibliographie. Paris 1949, S. 29, nimmt eine schriftliche Ausgangsversion

steht eine Ausgangsfassung, vermutlich ein geschriebener Text – Werk eines Verfassers, der sich auf mündliche Lieder oder gar schon auf schriftliche Texte stützen mochte. Diese Ausgangsfassung wird auswendig gelernt und dann nur noch aus dem Gedächtnis abgerufen, ohne daß eine Niederschrift gebraucht wird.[33] Will aber ein Interessent sich in den Besitz des Textes bringen, so läßt sich deshalb nicht leicht eine Handschrift auftreiben, die den Text liefert. Oder aber es erscheint von vornherein bequemer, einen Sänger zu bemühen, der ihn aus dem Gedächtnis niederschreibt oder diktiert. Sänger aber, die sich den Text aneignen, mögen ihn auch von den Lippen anderer Sänger ablesen bzw. durch die Ohren aufnehmen und sich fest einprägen.[34]

Wird mittelalterliche Heldendichtung auf diese Weise tradiert, so existiert daneben natürlich auch handschriftliche Überlieferung. Der Fall des ›Nibelungenliedes‹ zeigt, daß eine Tradierung durch Sänger andererseits auch sehr früh und bis auf weiteres abbrechen kann: hier wohl mit dem Dichter selbst, von dem sich wahrscheinlich machen läßt, daß er seinen Text selbst mündlich vortrug. Nachdem die drei Fassungen *A, *B und *C aber vorliegen, dominiert für das ›Nibelungenlied‹ handschriftliche Überlieferung, und mündliche Tradierung scheint vorerst nicht wieder zustandezukommen.[35]

Das Modell mündlicher Tradierung bietet nicht gleich eine Lösung dafür, wie überlieferte Fassungen ins Verhältnis zu setzen sind. Woher weiß man, wo man ›ursprünglicheren‹ Wortlaut einer Vorgänger-, ja womöglich der Ausgangsfassung greift und wo man auf Varianz trifft? Wenn gleichwertige Formulierungen vorliegen, ist nicht entscheidbar, was eine Variante ist, und der gesamte Text muß auf Sprachstand und weitere für eine relative Chronologie und Abhängigkeit der Fassungen relevante Eigenschaften hin analysiert werden. Was war zuerst da: das ›Nibelungenlied‹ *B oder *C, und hat die Frage nach angeblich ursprünglichem Wortlaut in der Handschrift C überhaupt einen Sinn? Solche Fragen, darunter insbesondere die nach der Abhängigkeit von Fassungen, bilden den Gegenstand einer eigenen Untersuchung, die im folgenden nicht nebenbei vorgenommen werden soll und kann. Sie könnte sich auf ein deskriptives Instrumentarium stützen, wie ich es vorschlagen werde, müßte aber in eigenem methodischen Zugriff erfolgen.

---

des ›Wunderer‹ an, die dann in den Sog mündlicher Tradierung geriet: »Il est probable que l'auteur de cette première version strophique du ›Wunderer‹ avait mis par écrit son poème. Mais, par la suite, la plupart de ceux qui le récitaient ont dû le faire de mémoire.«

33 Vgl. Kapitel 7.4 und 8.6.

34 Vgl. Kapitel 5.6.

35 Ich diskutiere eine solche in der Forschung nicht anzutreffende Rekonstruktion der Abhängigkeit der Fassungen des ›Nibelungenliedes‹ in Kapitel 3.9. Für den Text der Handschrift n ist wiederum mit einiger Sicherheit mündliche Tradierung anzunehmen. Vgl. dazu unten Kapitel 8.4, S. 406f.

Deshalb werde ich die Ergebnisse der Forschung zur Abhängigkeit der Fassungen in heuristischer Vorläufigkeit übernehmen. Häufig – z.B. bei eindeutigen Sinnentstellungen – gibt es allerdings auch an Einzelstellen eine erhebliche Evidenz dafür, wo eine Variante vorliegt und wo nicht. Gelegentlich kommt es vor – so z.B. bei der ›Virginal‹ –, daß keine der überlieferten Fassungen den Wortlaut erkennen läßt, gegen den jeweils Änderungen eingetreten sind.[36] Aber auch dann, wenn man nicht weiß, in welcher Richtung eine Änderung erfolgt ist, lassen sich gleichwohl memorielle Mechanismen veranschlagen.

Heldendichtung ist nicht privilegiert für die im folgenden herauspräparierte Form der Tradierung.[37] In anderen Fällen mündlicher Tradierung prägt sich die Form sogar deutlicher aus: Folklorisierte Individuallieder z.B., ›Kunstlieder im Volksmund‹, werden häufiger nachgesungen als Heldenlieder,[38] deren Tradierung aufgrund ihres Umfangs auf Spezialisten angewiesen ist. Was bei folklorisierten Individualliedern konturiert hervortritt, zeichnet sich bei Heldenliedern nur in Ansätzen ab: Bei erheblich geringerer Zirkulationsgeschwindigkeit werden diese bei weitem nicht so gründlich zersungen, daß etwa von der Ausgangsfassung nichts mehr übrig bleibt und ganz neue Lieder entstehen.

Die folgenden Kapitel wollen in exemplarischer Form an ausgesuchten Heldendichtungen und ihren Fassungen (am ›Nibelungenlied‹, am ›Eckenlied‹ und am ›Ortnit-Wolfdietrich‹, hinzu kommt die ›Virginal‹), bzw. an einzelnen Stellen aus ausgewählten Fassungen, einen Indizienbeweis für mündliche Tradierung und auswendigen Vortrag von Heldendichtung[39] zu führen versuchen. Die Texte sind dabei so gewählt, daß sie ein repräsentatives Spektrum mittelalterlicher Heldendichtung abdecken, die Stellen so, daß sie die Typik der Varianz in der Überlieferung tradierter Fassungen von Heldendichtung erkennen lassen.

Ich gehe im Zuge meiner Indiziensammlung wechselweise immer wieder davon aus, daß die These, die ich wahrscheinlich machen will, schon bewiesen oder erst noch zu beweisen ist. Aus der Perspektive einer Aufnahme von

---

36 Vgl. Kapitel 7.2, S. 307f.
37 Vgl. Kapitel 5.6.
38 Vgl. Kapitel 5.6, S. 218f.
39 Joachim Heinzle hat die wenigen Quellen zusammengestellt, die mündliche Tradierung jenseits der Evidenz der Textgestalt selbst sowie der Fassungen bezeugen können, und eine entsprechende Tradierung nicht grundsätzlich ausschließen wollen. Dabei hat er den Unterschied zum Erklärungsansatz der *Oral-Formulaic Theory* betont, insofern es sich um memorielle Tradierung handelt. Vgl. Heinzle: Mittelhochdeutsche Dietrichepik, S. 79-91. Er ist aber weiterhin im Zweifel, ob man dies an den überlieferten Fassungen auch stichhaltig nachweisen könne (briefliche Mitteilung vom 30.05.2001).

Fakten springe ich dabei zurück in die der Überzeugungsbildung anhand bloßer Indizien. Das mag die Lektüre gelegentlich irritieren, erleichtert aber die Darstellung, die angesichts des Forschungsstandes die Möglichkeit weiterer Reflexion und Diskussion offenhalten muß.

Nahezu alle Fassungen strophischer Heldendichtung deuten auf mündliche Tradierung der Dichtungen. Für einige Texte[40] (die ›Rosengärten‹, den ›Sigenot‹, den ›Wunderer‹) zeige ich dies nicht, meine aber, es zeigen zu können. Und für einige nur unikal oder auch durch bloße Abschriften überlieferte Texte (die ›Kudrun‹, ›Alpharts Tod‹ und die ›Rabenschlacht‹[41]) läßt es sich nicht mehr zeigen, es ist aber ebenfalls zu vermuten, daß sie für mündliche Tradierung potentiell bereitstanden. Nach ihrer sprachlichen und narrativen Faktur sind sie auf auswendigen Vortrag berechnet. Im folgenden kommen am Rande noch weitere Texte ins Spiel, darunter der strophische ›Herzog Ernst‹, das ›Lied vom hürnen Seyfrid‹, der strophische ›Laurin‹ u.a.m., die zu demselben mündlichen Medium gehören, in dem strophische Heldendichtung Gestalt annahm.

Ihre mündliche Tradierung erfolgte über besonders imprägnierte Gedächtnisse. Viel ist in den letzten Jahren vom kollektiven Gedächtnis und seinen Spezifikationen, etwa dem kommunikativen und dem kulturellen Gedächtnis, die Rede gewesen.[42] Wie aber mündliche Sänger unter Bedingungen einer bereits durch Schrift infizierten Kultur ihr individuelles Gedächtnis einsetzen – gemeinsam tradieren auch sie ja in hervorgehobener Position kulturelles Kollektivgut –, ist weniger beachtet worden. In der von Emile Durkheim und Maurice Halbwachs angedachten Perspektive ist es sicher richtig, daß es ohne das kollektive Gedächtnis kein individuelles gibt. Aber auch das Gegenteil ist richtig: Ein kollektives Gedächtnis gibt es nicht ohne individuelle Gedächtnisse. Hier ist der Gedächtnisbegriff nicht metaphorisch,[43] deshalb läßt sich an den tradierten Fassungen von Heldendichtungen auch etwas über allgemeine Funktionsweisen des individuellen Gedächtnisses lernen, selbst wenn

---

40 Ich verwende den Textbegriff wechselweise und ohne damit gleich eine konstitutive Schriftlichkeit der Texte implizieren zu wollen. Memorierte Heldendichtungen sind immer auch Texte im Sinne von ›Wiedergebrauchsreden‹ (Konrad Ehlich).

41 Die ›Rabenschlacht‹ weist in den Handschriften typische Überlieferungsvarianz auf.

42 Vgl. insbesondere Jan Assmann: Das kulturelle Gedächtnis. Schrift, Erinnerung und politische Identität in frühen Hochkulturen. München ²1997; Aleida Assmann: Erinnerungsräume. Formen und Wandlungen des kulturellen Gedächtnisses. München 1999. Auf die umfangreiche Literatur zum kollektiven Gedächtnis gehe ich im folgenden nicht ein.

43 Einen metaphorischen Gedächtnisbegriff verwendet auch Haiko Wandhoff in einer für meine Überlegungen wiederholt einschlägigen Arbeit, die aber vorrangig

dieses sich im Zuge seiner Einschaltung in die Tradition noch auf überindividuelle Kodierungsformen stützt.

Tradenten von Heldendichtung prägen sich ihre Texte jenseits von explizit vermittelbaren Mnemotechniken der Gelehrtenkultur ein.[44] Sie können nur auf kollektiv zugängliche Kodierungsformen zurückgreifen: im Hochmittelalter auf die sogenannten Töne, in denen strophische Heldendichtungen abgefaßt sind und gesungen werden. Insoweit sind die Tradenten – auch natürlich, was die Erzählstoffe anbetrifft – vom kollektiven Gedächtnis abhängig. Sie müssen aber auch auf ihr individuelles Gedächtnis vertrauen und stützen sich dabei auf eine gedoppelte Speicherung der Texte: über ihren Wortlaut einerseits und über ihren Erzählinhalt andererseits.

Daß sich jemand für Texte, die nicht sakrosankt sind, die Mühe machen könnte, teilweise ungeheure Wortmengen auswendig zu lernen, und daß er sich diese Wortmengen durch bloßes Zuhören einprägt, erscheint in einer von Reizen und Informationen überfluteten Welt, in der das Gedächtnis zudem damit ausgelastet ist, immens angewachsene elementare Kulturtechniken, kulturelle Zeichenrepertoires und institutionelle Wissensbestände zu speichern, kaum noch vorstellbar. Sich auf diese Vorstellung einzulassen, setzt Verständnis für eine ausgesprochen ereignisarme und institutionell ›leere‹ Welt von Illiteraten voraus, in der das Erzählen von Ereignissen und denkwürdigen Handlungen ein elementares Bedürfnis befriedigt und deshalb auf ein überaus aufnahmebereites Gedächtnis trifft.[45] Eine Welt weithin ohne Texte, in der Ereignisse der Völkerwanderungszeit über Jahrhunderte mündlich nachhallen und in der Ereignisse von archetypischem, ja mythischem Zuschnitt ein Eigenleben entfalten, bis das Spätmittelalter dann noch einmal einen Zustrom neuer Erzählstoffe für das absterbende Medium herbeiführt. Eine illiterate Welt, in

---

die Auswirkungen der Schrift als Speichergedächtnis für mittelalterliche Buchdichtung untersucht. Vgl. ders.: Der epische Blick.

44 Wie Carruthers: The Book of Memory, S. 86-91, sie beschrieben hat. Oralaurale Traditionen sind bisher nicht nur in ihrer medialen Verfaßtheit unzureichend beschrieben und differenziert – es gibt mit dem Buch von Rubin: Memory in Oral Traditions, nur eine größere Arbeit zur kognitiven Psychologie der Tradierung. Das Material, das die Fassungen mittelalterlicher Heldendichtungen auch für die kognitive Psychologie darstellen könnten, erlaubt differenziertere Analysen der kognitiven Prozesse beim Speichern und Abrufen der Texte, als Rubin sie vorlegen kann. Vgl. auch unten Kapitel 4.3, S. 160f.

45 Die Annahme einer besonderen Aufnahmefähigkeit des Gedächtnisses von Angehörigen vormoderner Kulturen begegnet immer wieder. Vgl. etwa Kurt Ranke: Orale und literale Kontinuität. In: Kontinuität? Geschichtlichkeit und Dauer als volkskundliches Problem. Hg. von Hermann Bausinger und Wolfgang Brückner. Berlin 1969, S. 103-116, der von einer psychomentalen Funktion spricht, »die dem Menschen der Jetztzeit nicht mehr eigen ist« (S. 110). Vgl. auch David Riesman: The Oral Tradition, the Written Word, and the Screen Image. New York 1956.

der man die erzählten Ereignisse durch den Wortlaut hindurch ›sieht‹, ohne sich beim Wortlaut aufzuhalten. In der die Sänger noch Analphabeten sein können, die glauben, was sie erzählen, weil sie es ›sehen‹.

Wenn ich also im folgenden zu einem Indizienbeweis für die Mündlichkeit und gedächtnismäßige Tradierung mittelhochdeutscher Heldendichtung ansetze und einen eigenen medialen Status für sie reklamiere, der größere Erklärungskraft besitzt als der immer wieder überforderte Gattungsbegriff, so kreisen meine Überlegungen durchweg um die Begriffe ›Mündlichkeit‹, ›Gedächtnis‹ und ›Medialität‹.

Eingeleitet wird die Kapitelfolge durch einen Rückblick. Er zielt auf eine Mündlichkeit ganz anderer Art, für die die *Oral-Formulaic Theory*, wie ich meine, Recht behält; daß sich in der germanischen Stabreimdichtung Techniken herausgebildet haben, die eine *composition in performance* ermöglichten, hat zumindest die deutsche Forschung weitgehend übergangen. Man kann dies nur noch an wenigen Texten zeigen, von denen einige der germanischen Heldendichtung allerdings so ferngerückt scheinen, wie nur irgend denkbar. Ich wähle den ›Heliand‹ dafür aus. Mit dem Untergang der Stabreimdichtung verschwindet auch die Tradition der Improvisation, die sich in Westeuropa herausgebildet zu haben scheint.

Im ›Nibelungenlied‹ wird zum ersten Mal die hochmittelalterliche Form der Heldendichtung greifbar. Hier läßt sich aber zeigen, daß sie sich als Tradition des Memorierens etabliert hat.

Wie entstehen solche Traditionen: Setzt das Improvisieren eine Tradition des Memorierens voraus und kann es wieder in sie übergehen oder zeitweise neben ihr her laufen? Oder sind es nur einzelne Sänger, die je nach Neigung oder Fähigkeit das Improvisieren oder das Memorieren bevorzugen? Ist der Unterschied überhaupt festzuhalten? Solche Fragen sind noch nicht verbindlich beantwortet, und im vierten Kapitel suche ich, sie angesichts der langen Vorherrschaft der *Oral-Formulaic Theory* als ernstzunehmende Fragen aufs neue zu stellen.

Sowohl am kürzeren ›Eckenlied‹ wie am überaus umfangreichen ›Ortnit-Wolfdietrich‹-Komplex läßt sich dann zeigen, welcher Techniken sich das Memorieren bedient. Kürze oder Länge der Texte sind dabei keine Faktoren, die für die Arbeit des Gedächtnisses ins Gewicht fallen.

Im mündlichen Medium leben Texte anders als auf dem Papier. Schreiber machen Fehler. Das Gedächtnis ist dagegen lückenhaft, und wenn nachgebessert wird, was vergessen ist, entstehen Fehlstellen. Sie sehen anders aus als Fehler von Schreibern und offenbaren sich nicht so schnell wie diese. Lauthülsen, Satzhülsen und unbemerkte oder notdürftig überformulierte Anschlußfugen nach Umstellungen von Textpartien markieren beim Vergleich mit einer Referenzfassung die immer wiederkehrende Textur von Fassungen strophischer Heldendichtung. Anders als unverbesserte Schreiberfehler bezeugen sie das eigene Leben der Texte im und über das Gedächtnis von Sängern. Das siebente Kapitel ist deshalb einer anderen Art von ›Textkritik‹ gewidmet. Dabei findet auch Berücksichtigung, wie die Texte gemacht sind. Denn sie sind von vornherein darauf eingerichtet, als Gedächtnistexte bzw. als zum Vortrag aus dem Gedächtnis geholte Texte zu leben. Hier wäre, wenn überhaupt, Gelegenheit, den vielbemühten Begriff der Intertextualität einmal auf durchaus andere Weise – als Interaudibilität – zur Geltung zu bringen.[46] Mittelalterliche Heldendichtung lebt vom Hören. Und das, was sie erzählt, weiß man als Gehörtes und nicht als Geschriebenes – gelegentliche Berufungen auf ein Buch kaschieren dies nur.

Ist mündliche Heldendichtung noch im hohen Mittelalter ein Medium eigener Art, so muß sich dies auch anders als nur an der Textur ihrer Fassungen und der Faktur ihrer Texte aufzeigen lassen. Im achten Kapitel führe ich den Begriff des Mediums ein und sehe mich nach Anhaltspunkten für seine Existenz um. Dabei bewege ich mich öfter auf dünnem Eis: Oft untersuchte Stellen sind im Rahmen einer locker zusammenhängenden Argumentation noch einmal danach zu befragen, wie dieses Medium beschaffen war. Was man bisher als Aspekt der Gattung aufgefaßt und behandelt hat, ist dabei in anderem Licht zu sehen.[47] Denn das Medium bringt eine Reihe besonderer Effekte hervor, die nicht zutreffend beschrieben und erklärt werden, wenn sie nur der Gattung zugerechnet werden.

Die Helden, von denen im folgenden die Rede ist, gehen beinahe alle in den Tod: Der heroisierte Heiland so gut wie Beowulf, auch Siegfried und die Burgunden und endlich Ecke und Ortnit. Es ist immer ein außergewöhnlicher Tod, aber ein einheitliches Ethos, das sich vom Früh- bis zum Spätmittelalter durchhielte, ist damit nicht verbunden. Es ist kaum zu vergleichen, wie Beowulf gegen einen Drachen kämpft und wie Ortnit zum Drachenkampf antritt. Beowulfs Unterliegen ist welthaltig, Ortnits Versagen eigentümlich weltfern. Das Medium Heldendichtung wird hier je aufgefüllt durch Plots, die aus anderen Erzählkulturen stammen und deutlich schematisiert sind: nicht literarisch schematisiert, wohl aber narrativ, indem sich auch internationale Wandermotive in einem Medium geltend machen, in dem sie zunächst wenig zu suchen haben.

---

46 Vgl. neben vielen anderen z.B. Elisabeth Lienert: Intertextualität in der Heldendichtung. Zu Nibelungenlied und ›Klage‹. In: Wolfram-Studien XV. Neue Wege der Mittelalter-Philologie. Landshuter Kolloquium 1996. Hg. von Joachim Heinzle, L. Peter Johnson und Gisela Vollmann-Profe. Berlin 1997, S. 276-298. Schon da man sich in der Heldendichtung fast immer auf etwas bezieht, wovon man gehört hat, und nicht auf Schrifttexte, wäre die übliche Begriffsverwendung hier zu differenzieren.

47 Dies bedeutet allerdings nur im Ausnahmefall ein neues Verständnis der diskutierten Stellen.

Einführung

Eckes Übermut erscheint gegenüber dem Siegfrieds vollends enthistorisiert, und die Heldendichtung des 13. Jahrhunderts beginnt narrative Sonderwelten auszubilden, deren Historizität durch eine Reihe charakteristischer narrativer Ausgleichsmanöver gesichert werden muß. Die weitgehende Befriedung der Kriegergesellschaft ersetzt die zu außerordentlichem Handeln bereiten, markant profilierten Helden der germanischen Heldendichtung nach Jahrhunderten durch Helden ohne besondere heroische Physiognomie, die in einem mythischen Setting handeln und unter zeitlos-archetypischen Umständen zu Tode kommen.

2 Der Heiland als Held.
Zur mündlichen Komposition des ›Heliand‹

2.1 Germanische Heldendichtung
und die Erzählkonzeption des ›Heliand‹

Auf Friedhöfen in der russischen Provinz posieren gewaltsam zu Tode gekommene Mafiosi auf porphyrnen Grabsteinen mit den Symbolen ihres schnell erworbenen Reichtums, darunter den Schlüsseln zu ihrem Mercedes: Zeichen eines Luxus, mit dem sie noch über ihren Tod triumphieren. Im ›Alten Atlilied‹ schlägt der todgeweihte Gunnar noch in der Schlangengrube die Harfe, um singend seine Gleichgültigkeit gegen den Tod zu demonstrieren.

Die ihrem Tod keine Beachtung schenken, sind Helden. Wobei der Kreis ihrer Bewunderer schrumpfen mag und sollte, wenn sie im Leben schon je nur den eigenen Vorteil im Sinn hatten, um im Tode noch einmal mit einer Ausdrucksgeste aufzutrumpfen. Was die Heldendichtung anbetrifft, so wäre es aber beschönigend zu behaupten, sie stelle nur den gerechten und vorbildlichen Helden dar. Die germanische Heldendichtung scheint sich auch der düsteren Gestalten angenommen zu haben, die alle Erwartungen verletzen: So läßt Iring sich dazu bestechen, den eigenen Herrn zu töten; seinen darüber künstlich entsetzten Auftraggeber erschlägt er dann aber gleich auch noch, als der ihn nicht bezahlen will. Und er legt seinen eben getöteten Herrn über die Leiche des zuletzt erschlagenen Anstifters, um dem Gemeuchelten unerwartete Genugtuung zu verschaffen. Mit dem Schwert bahnt er sich dann einen Weg aus der vollends ausweglosen Lage.[1]

Helden müssen sich nicht moralisch verhalten.[2] Es reicht, wenn sie – auf welch anrüchige Weise auch immer – vorbildlich sind für diejenigen, die sich an ihrer Radikalität und ihrem Rigorismus, gleich welche Folgen daraus erwachsen, ein Beispiel nehmen wollen. Immer aber müssen sie ihr Leben aufs Spiel setzen, wenn sie Helden sein wollen.

Unter solchen Umständen ist es bemerkenswert, daß auch Jesus zum Helden wird: im ›Heliand‹. Gewiß nimmt der christliche Glaube im Zuge seiner

---

1 Hinter der Erzählung Widukinds von Corvey (›Res gestae Saxonicae‹ I 9-13) und anderer Geschichtsschreiber steht ein Heldenlied. Vgl. hierzu Weddige: Heldensage und Stammessage, insbesondere S. 40-53. Vgl. auch von See: Germanische Heldensage, S. 168f.

2 Deshalb liefern sie kein Vorbild für ein Kollektiv, sondern stehen für sich selbst. So die These von Klaus von See: Held und Kollektiv.

Einschleusung und -wanderung in noch nicht christianisierte Kulturen immer Formen an, die ihm fremd sind und denen er sich beugen muß. Wo es mehrere Götter gibt, müssen die christlichen Heiligen herhalten, um sie zu ersetzen, wo es eine Muttergottheit gibt, ist Maria gefragt.[3] Dabei bleiben die Heiligen und Maria nie ganz das, was sie waren. Aber daß man Jesus für einen Helden – wenn auch keinen, der den eigenen Vorteil im Sinn hat – nimmt, ist doch recht ungewöhnlich.

Die Missionstheologie kennt die wechselseitigen Einwirkungen bei der Indigenisation der christlichen Botschaft.[4] Nicht nur werden einheimische Formen der Weltauslegung überformt, auch die christliche Botschaft kann nicht buchstäblich bewahrt werden und unberührt bleiben. Der ›Heliand‹ ist sicher nicht eigentlich ein Missionswerk,[5] aber er will das Handeln des Heilands doch bekannt machen, und in Anbetracht seiner kulturellen Umwelt mußten sich Wechselwirkungen in ihm abzeichnen, wie sie auch Vorgänge der Missionierung begleiten. Das ›Sächsische Taufgelöbnis‹ sah die bloße Bekehrung damit abgetan, daß man an Gottvater, an Christus und den Heiligen Geist zu glauben gelobte und dem Teufel und seinen Werken sowie den einheimischen Göttern (insbesondere Donar, Wodan und Saxnote) abschwor.[6] Dies allein konnte noch nicht zu einer intimen Kenntnis der christlichen Botschaft führen, und sehr viel war hier zu tun, wenn man sie in größerem Umfang bekannt machen wollte. Dabei richtete sich der ›Heliand‹ offenbar an diejenigen sächsischen Adligen, die spät ins Kloster eintraten. Ihnen war die christliche Botschaft in der Volkssprache zu vermitteln.

Der vielleicht erst vor der fränkischen Reichsteilung im Jahre 843, vielleicht aber auch schon während der Regierungszeit Kaiser Ludwigs des Frommen (814–840) entstandene ›Heliand‹ bemüht sich um diese Vermittlung, und die wohl um einiges später verfaßte lateinische Praefatio stellt klar, daß dies im höheren Auftrag Ludwigs (des Deutschen?[7]) geschah, der ein kulturpolitisches Anliegen damit verband: Auch solchen Christen, die nicht selbst die Heilige Schrift lesen konnten, sollte die göttliche Lehre vermittelt werden, in der Sprache und in einer Form, die ihnen vertraut war. Der nicht mit Namen

---

3 Vgl. z.B. Åke Hultkrantz: The Religions of the American Indians. Berkeley, Los Angeles, London 1979, S. 239.

4 Vgl. Horst Bürkle: Missionstheologie. Stuttgart, Berlin, Köln, Mainz 1979, s. Reg. unter ›Indigenization‹.

5 Vgl. aber mit Hinweisen zur älteren Forschung Gantert: Akkommodation und eingeschriebener Kommentar.

6 Vgl. das Taufgelöbnis in: Denkmäler deutscher Poesie und Prosa aus dem VIII–XII Jahrhundert. Hg. von Karl Müllenhoff und Wilhelm Scherer. Berlin [3]1892, Bd. 1, S. 198. Immer noch lesenswert ist die Darstellung, die Albert Hauck: Kirchengeschichte Deutschlands. Bd. 2. Leipzig [4]1912, Kap. 6, von der Mission bei den Sachsen gegeben hat.

7 Zu den politischen Umständen und zum Auftraggeber vgl. Haubrichs: Die Anfänge: Versuche volkssprachlicher Schriftlichkeit im frühen Mittelalter, S. 330-341.

genannte sächsische Dichter war bei den Sachsen als Sänger berühmt – er galt als ein *non ignobilis vates* –, und er sollte die Übertragung der Heiligen Schrift *poetice* vornehmen. Tatsächlich orientiert er sich dann an den ihm vertrauten *poemata*, zumindest was die Gliederung seines Erzählwerks in Erzählabschnitte, Fitten genannt, anbetrifft, – so die Praefatio.[8] Auch der ›Beowulf‹ wird z.B. in Fitten gegliedert, aber dies bleibt nicht die einzige Eigenschaft, die der ›Heliand‹ mit der germanischen Heldendichtung teilt.

Der Dichter adaptiert eine Form des Erzählens, wie sie ihm nur im Vorbild der zeitgenössischen Heldendichtung zur Verfügung stehen konnte, und er überträgt nicht nur deren narrative Form auf den heiligen Stoff. Auch den narrativen Gehalt der Heldendichtung will oder kann er nicht ganz abstreifen: Jesus kämpft – zwar nur mit seiner Lehre und ohne körperlichen Einsatz, ja im Sinne eines der Bergpredigt verpflichteten Handelns sogar in der Verweigerung von Kampf und Feindschaft, so daß dieser Kampf erst auf dem Hintergrund des Kampfs seiner Feinde gegen ihn überhaupt als Kampf eigener Art erscheint. Die Feinde freilich hassen ihn und seine Lehre und töten ihn schließlich. Christus ein Held – in seinem Tod, den er riskiert, ist er den Helden germanischer Heldendichtung am Ende gleichzustellen.

Wenn der Dichter irgend Gelegenheit hat, eine eigene Konzeption angesichts der durchgehend engen Bindung an die Vorlage, Tatians ›Diatessaron‹, auszubilden, dann hier. Hier aber nimmt er sie auch wahr, indem er die Gegenspieler Jesu über seine Vorlage hinaus in einer Reihe von selbständigen Einschüben als homogene Gruppe von Feinden darstellt, die gegen Jesus kämpfen und durch eine neue Art von Kampf besiegt werden.[9] Schon Wulfila wollte oder konnte nicht vermeiden, in seiner Bibelübersetzung den geistlichen Kampf als einen Kampf mit Waffen darzustellen.[10] Der Dichter des ›Heliand‹ spitzt zusätzlich zu den selbständigen Einschüben eine Reihe von Tatianabschnitten in Übereinstimmung mit der Konzeption so zu, daß sich bis hin zu Jesu Tod eine durchgehende Kampfhandlung in dessen Wirken abzeich-

---

8 *Iuxta morem vero illius poematis omne opus per vitteas distinxit,* [...]. Zitiert nach der ›Heliand‹-Ausgabe Taegers, S. 1.

9 Diese Einschübe, auf die ich mich für meine Interpretation im folgenden stütze, werden in Anm. 32 noch einmal aufgelistet.
Im Anschluß an Hagenlocher: Theologische Systematik und epische Gestaltung, hat Sowinski: Darstellungsstil und Sprachstil im Heliand, S. 267-271, die Feindschaft zwischen den Juden und Jesus im ›Heliand‹ bereits herausgearbeitet. Im Gegensatz zu Hagenlocher und Sowinski, die vorwiegend die vom Dichter für die Juden verwendeten Epitheta und negativen Charakterisierungen auswerten, konzentriere ich mich im folgenden auf einen methodisch alternativen Nachweis der damit einhergehenden Konzeption anhand der selbständigen Partien des Dichters. Anders auch als Hagenlocher und Sowinski interpretiere ich die Konzeption auf dem Hintergrund der Heldendichtung.

10 Vgl. etwa die Hinweise, die Piergiuseppe Scardigli: Die Goten. Sprache und Kultur. München 1973, S. 122f., zu Wulfilas Übersetzung von Eph 6,11-17 gibt.

net. Besonders deutlich wird dies, wenn seine Jünger als Gefolgsleute erscheinen, die sich seiner Lehre noch nicht ganz so verbunden sehen, wie sie es als Jünger müßten. So schlägt Simon Petrus in heldenhaftem Einsatz für den Gefolgsherrn dem Büttel des Kaiphas, Malchus, das Ohr ab (V. 4865-4882 = Tat. 185,2[11]), woraufhin die Feinde *thes billes biti* (›des Schwertes Biß‹, V. 4882) fürchten.[12] Die Kenning vom Schwertbiß erscheint auch im ›Beowulf‹ (V. 2060) – Indiz dafür, daß der Dichter hier beides: die Sprache der Heldendichtung und auch ihre Form und ihren Gehalt adaptiert.

Die Feinde Jesu sind die Juden, und sie werden von Anfang an als Volk eingeführt.[13] Sie werden auch an Stellen genannt, an denen bei den Synoptikern – und im Anschluß an sie bei Tatian – von den Juden nicht die Rede ist. So muß sich der Dichter in besonderer Weise an die Darstellung des ›Johannesevangeliums‹ – das Tatian bevorzugt in sein ›Diatessaron‹ aufgenommen hatte – halten[14] und von diesem ausgehend die Nennung und negative Qualifizierung der Juden erweitern. Er kann sich dabei auch auf die von ihm bzw. seinem/seinen Zuarbeiter(n)[15] herangezogenen Evangelienkommentare stützen.[16] Der negativen Zeichnung der Juden im ›Heliand‹ liegt deshalb sicher kein ›Antisemitismus‹ zugrunde, sondern zuallererst eine theologische Ablehnung der Juden, wie sie schon bei den Kirchenvätern anzutreffen und in die zeitgenössischen Evangelienkommentare eingegangen ist.[17]

---

11 Ich beziehe mich für Stellenangaben aus dem ›Diatessaron‹ im folgenden auf die Abschnittzählung für den althochdeutschen Text der Ausgabe von Sievers: Tatian. Lateinisch und altdeutsch mit ausführlichem Glossar. Hg. von Eduard Sievers. Zweite neubearbeitete Ausgabe. Unveränderter Nachdruck. Paderborn 1966, weil die Abschnittzählung auch in den Kolumnentiteln der zitierten ›Heliand‹-Ausgabe Behaghels und Taegers erscheint. Vgl. sonst: Die lateinisch-althochdeutsche Tatianbilingue Stiftsbibliothek St. Gallen Cod. 56. Hg. von Achim Masser. Göttingen 1994.

12 Vgl. zu der vielbesprochenen Stelle zuletzt Haubrichs: Die Anfänge: Versuche volkssprachlicher Schriftlichkeit im frühen Mittelalter, S. 344f.

13 Vgl. V. 61. Der Dichter spricht hier statt von Judäa (vgl. Lk 1,5) vom *Iudeono folc*.

14 »Das für den Evglisten [Johannes, H.H.] charakteristische οἱ ᾿Ιουδαῖοι faßt die Juden in ihrer Gesamtheit zusammen, so wie sie als Vertreter des Unglaubens (und damit, wie sich zeigen wird, der ungläubigen ›Welt‹ überhaupt) vom christlichen Glauben aus gesehen werden. [...] Mit diesem Sprachgebrauch ist es gegeben, daß bei Joh die in den Synoptikern begegnenden Differenzierungen des jüdischen Volkes stark zurücktreten oder ganz verschwinden; Jesus steht ›den Juden‹ gegenüber.« Bultmann: Das Evangelium des Johannes, S. 59.

15 Vgl. zu den zu vermutenden Entstehungsumständen des ›Heliand‹ unten Kapitel 2.3.

16 Es handelt sich um die Kommentare des Beda Venerabilis zu Lukas, des Alkuin zu Johannes und des Hrabanus Maurus zu Matthäus. Vgl. Windisch: Der Heliand und seine Quellen.

17 Auf einige Stellen bei Hraban und Alkuin verweist Hagenlocher: Theologische Systematik und epische Gestaltung, S. 34.

So sind es z.B. im Lukaskommentar des Beda Venerabilis zunächst die Hohenpriester der Juden, die Jesus nicht aus Unwissenheit, sondern aus Haß kreuzigen[18] – an späterer Stelle sind es aber einfach nur noch die Juden.[19] Sie wollen Jesus nicht als ihren König anerkennen,[20] sind blind[21] und verschließen bis heute (*usque hodie*) ihr Herz vor Christus.[22] So bedeutet denn auch der Büttel des Hohenpriesters, dessen von Petrus abgeschlagenes Ohr Jesus wieder heilt (Lk 22,51-52), nach Beda allegorisch das Volk der Juden (*populus Iudaeorum*), für das die Möglichkeit des Heils in Anbetracht von Jesu Wiedergutmachung immerhin besteht.[23]

Aus einem ähnlichen Blickwinkel wie Beda sieht der Dichter des ›Heliand‹ die Juden. Dies kommt in den insbesondere über die zweite Hälfte des Textes verstreuten Charakterisierungen, die Albrecht Hagenlocher und Bernhard Sowinski zusammengestellt haben,[24] deutlich zum Ausdruck. Die Juden sind verstockt und böse, sie sind *uulanca man* (›übermütige Männer‹, V. 3927 u.ö.) oder *uurêðe man* (›feindselige Männer‹, V. 5121 u.ö.) und werden demgemäß durch eine Vielzahl abwertender Adjektive wie *grim, môdag, derƀi, dolmôd, gêlmôd, sliðmôd, gram, mênhwat, irri, ênhard, gramhugdig, baluhugdig, hôti* charakterisiert. Ihr Denken, Handeln und Reden ist durch *gelp, hosk, bismersprâka, bihêtword, harmquidi, inwid, mordhugi, nið* usw. gekennzeichnet. Gleichwohl gilt Jesu Verheißung grundsätzlich auch für sie (vgl. insbesondere V. 2076-2087, dann auch V. 5674-5682; 5769-5781).

Ein Held profiliert sich durch die Weigerung, seine Feinde Macht über sich gewinnen zu lassen, eine Weigerung, die nicht notwendig – siehe Gunnar – durch einen Waffengang unterstützt werden muß. Entscheidend ist, daß er unbeirrbaren Widerstand *uuið fiundo nîð* (›gegen den Haß der Feinde‹, so die Formel im ›Heliand‹, z.B. V. 52[25]) leistet. Diese Formel erscheint auch im ae. ›Seafarer‹ (V. 75: *wið feonda niþ*)[26], keiner eigentlichen Heldendichtung, aber

---

18 Beda: In Lucae evangelium expositio, S. 354.
19 Ebd., S. 394f.
20 Ebd., S. 404.
21 Ebd., S. 407.
22 Ebd., S. 392.
23 Ebd., S. 388.
24 Hagenlocher: Theologische Systematik und epische Gestaltung, S. 34-38; Sowinski: Darstellungsstil und Sprachstil im Heliand, S. 269-271.
25 Vgl. auch V. 28, 4116 und 4210. Edward H. Sehrt: Vollständiges Wörterbuch zum Heliand und zur altsächsischen Genesis. Göttingen 1925, s. zu *fiund*, möchte *fiund* im Plural mit ›die bösen, höllischen Geister‹ übersetzt sehen. Er übernimmt damit die Angaben von Moritz Heyne: Hêliand. Mit ausführlichem Glossar hg. von Moritz Heyne. Paderborn ²1873, s. zu *fiond*. Die Stellen im ›Heliand‹ legen eine entsprechende Übersetzung nahe, der ursprüngliche Wortsinn und der weitere Rahmen heldenepischen Erzählens bleiben in dem stellengebundenen Übersetzungsvorschlag allerdings unberücksichtigt.
26 The Anglo-Saxon Poetic Records. III. The Exeter Book. Hg. von George P. Krapp und Elliott V. K. Dobbie. New York 1936, S. 143-147.

man kann vermuten, daß sie in beiden Texten auf die germanische Heldendichtung zurückzuführen ist, aus deren Formelreservoir sie ebenso wie die
Kenning vom Schwertbiß stammen dürfte.

Anders als Gunnar ist Jesus im Ertragen von Feindschaft allerdings nicht
vergleichbar heroisch schematisiert: Im Anschluß an Matthäus (Mt 27,46 =
Tat. 207,2) darf er am Kreuz seine Verzweiflung zum Ausdruck bringen (V.
5631-5639), und die Juden stellen angesichts seiner göttlichen Macht letztlich auch keine Übermacht dar.[27] Gleichwohl liefert die germanische Heldendichtung eine narrative Hohlform für die Darstellung seines Lebens. Man
erkennt in dieser Darstellung noch die in Auflösung befindlichen Konturen
der Heldendichtung. Deren Darstellungsformen gehören wie Stabreim, Formelreservoir, Erzähl- und Kompositionstechnik zum vertrauten Medium des Dichters, das er dem neugewonnenen Stoff aufprägt. Es ist fraglich, ob er dabei
gleich an eine missionstaktische Akkommodation der christlichen Botschaft
denkt.

Als der zwölfjährige Jesus im Tempel mit den Schriftgelehrten diskutiert,
dienen – wie es heißt – die *Iuðeo liudi iro thiodgode* (›die Juden ihren Volks-
göttern‹), und es ist *Iudeono gisamnod mancraft mikil* (›von den Juden eine
große Menschenschar versammelt‹, V. 786-792). Bei Tatian bzw. Lukas (Lk
2,40ff.) ist davon nicht die Rede. Schon vor der Berufung der zwölf Jünger
werden in einer aus Hrabans Matthäuskommentar bezogenen Partie (zu Tat.
22,3 = Mt 4,25) Leute aus dem Geschlecht der Juden als Hauptfeinde Jesu
ausgewiesen. Sie finden sich unter drei Gruppen von Leuten, die bei Jesu
erstem Auftreten in Galiläa hinzukommen und ihn hören und wirken sehen:

> Sume uuârun sie im eft Iudeono cunnies,
> fêgni folcskepi: uuârun thar gefarana te thiu,
> that sie ûses drohtines dâdio endi uuordo
> fâron uuoldun, habdun im fêgnien hugi,
> uurêðen uuillion: uuoldun uualdand Crist
> alêdien them liudiun, that sie is lêron ni hôrdin,
> ne uuendin aftar is uuillion.

(V. 1227-1233)

> (Einige stammten aber aus dem Geschlecht der Juden,
> einem bösen Volk: Sie waren dorthin gefahren,
> um den Taten und Worten unseres Herrn
> aufzulauern, sie hatten arglistige Absicht,
> üblen Willen: sie wollten den waltenden Christus
> den Leuten verleiden, daß diese ihn nicht lehren hörten,
> sich nicht richteten nach seinem Willen.)

---

27 Vgl. Hagenlocher: Theologische Systematik und epische Gestaltung, S. 40f.

Bei Hraban wird der Name der Juden hier – wie schon bei Matthäus – nicht genannt.[28] Der Dichter des ›Heliand‹ braucht für sein Erzählen aber rechtzeitig klar identifizierbare und die Identifikation der Zuhörer verbürgende Feinde Jesu.

Bei dem ersten Hervortreten Jesu gleich nach der Bergpredigt – auf der Hochzeit von Kana – beendet der Dichter die zugehörige Fitte mit einer stark schematisierenden Zeichnung der Verheißung Jesu, der den Juden das Himmelreich verhieß *endi hellio gethuing uueride* (›und den Höllenzwang fernhielt‹, V. 2081f.). Werden hier insbesondere die Freuden des Himmelreichs in einer selbständigen Partie beschrieben (V. 2076-2087), so bald darauf in der nächsten Fitte in einer selbständigen Ergänzung von Jesu Rede die Qualen der Hölle, die vielen Juden drohen (V. 2142-2149).

Preist der Dichter die Taten Jesu, so macht er auf der anderen Seite schnell deutlich, daß die Juden als Lohn für ihr Handeln die Verbannung in die Hölle, die schon im Rahmen der Predigt Johannes' des Täufers indirekt als Strafe für die Ungläubigen eingeführt wird (V. 895-899), erleiden (V. 2285-2290). Das Ende der XXVIII. Fitte weist den Juden dann unbarmherzig *lêðlic lôngeld* (›leidvolle Vergeltung‹) zu, da sie *uunnun uuiðar is* [Jesu] *uuordun* (›kämpften gegen seine Lehre‹, V. 2339-2345).

Jesu Konflikt mit seinen eigenen Landsleuten spitzt sich im Zuge seiner Predigt in Galiläa so zu, daß er sein Wirken einstellen muß. Die drei Sätze aus dem ›Lukasevangelium‹, nach denen seine Landsleute ihn aus Nazaret vertreiben und vom Berg stürzen wollen, wohingegen er den Ort ungehindert durch ihre Mitte verläßt (Lk 4,28-30 = Tat. 78,9), baut der Dichter zu einer Szene von 30 Versen aus (V. 2669-2698). Die Juden ziehen ihre Gefolgschaft zusammen (*Hêtun thô iro uuerod cumen, gesiði tesamne*, V. 2669f.), als ginge es in die Schlacht. Anders als die Jünger sind sie an Jesu Lehre nicht interessiert (*ni uuas im is uuordo niud, spâharo spello*, V. 2672f.), sondern sie überlegen, wie sie ihn von einer Klippe stürzen und töten können. Jesus läßt das unberührt, weiß er doch, daß sie ihm, solange die Zeit nicht gekommen ist, nichts anhaben können (V. 2676-2681). So geht er mit ihnen, aber sie können ihn an der vorgesehenen Stelle nicht mehr finden, und er entzieht sich ihnen durch ihre Mitte.[29]

---

28 Bei Hraban handelt es sich um vier Gruppen von Leuten, deren vierte der Gruppe entspricht, auf die in den zitierten Versen (V. 1227-1233) eingegangen wird. Über sie heißt es ohne nähere Angabe der Volkszugehörigkeit: *Quarta illorum erat, qui invidia ducti opus Domini dehonestare volebant, et ut eum in sermone comprehenderent, et ita apud principes accusarent, ut eum morti traderent, sicut et fecerunt quando ille permisit, non quando illi voluerunt.* Hrabanus Maurus: Commentariorum in Matthaeum libri octo. In: Ders., Opera omnia. Hg. von Jacques-Paul Migne. Paris 1864 (Patrologia latina, Bd. 107), Sp. 729-1156, hier Sp. 793.

29 Windisch: Der Heliand und seine Quellen, S. 60, meint hier den Einfluß von Bedas Lukaskommentar feststellen zu können, aber die Parallelen sind zu vage.

Die ihm hinfort nicht glauben, obwohl er doch selbst Erde und Himmel geschaffen hat (V. 2884-2889),[30] sind *uurêðe uuiðarsacon* (›feindselige Widersacher‹, V. 2889; vgl. V. 3800; 3948; 5643). Als er in Jerusalem einzieht, wo sich der Kampf zuspitzt, weiß er, daß die *Iudeo liudi* ihn nicht in seiner göttlichen Vollmacht erkennen werden (V. 3703-3705). Dies wird über Lk 19,41-44 (= Tat. 116,6) hinaus präzisiert. Der volkreiche Einzug mit Lobgesängen setzt die feindlichen Juden – nach Lk 19,39 sind es die Pharisäer – auch sogleich in Harm, und sie fordern ihn auf, der Menge Einhalt zu gebieten (V. 3719-3727).

Nachdem er die Fangfrage nach der kaiserlichen Steuer pariert, müssen sie erkennen, daß sie ihn mit Worten nicht überlisten können, da er die Wahrheit, *sôðspel* (›wahrhafte Rede‹), spricht (V. 3833-3839). Nach der Verteidigung der Ehebrecherin durch Jesus führt der Dichter in einer Überleitung – von Tat. 120,7 (= Joh 8,11) zu Tat. 129,1 (= Lk 19,47) – das Freund-Feind-Schema ein: Das Volk der Juden sinnt darauf, Streit gegen Jesus zu entfachen, aber es haben sich zwei Parteien gebildet, und die eine Partei, das geringe Volk, folgt Jesus bereitwillig (V. 3895-3906). Das Schema wird zu Beginn der L. Fitte besonders konturiert: Jesus hat nach der Heilung des Lazarus viele Männer auf seine Seite gezogen; andere aber – *môdstarke man* (›tapfere Männer‹, V. 4122) – erkennen seine Macht nicht an: *ac sie uuið is craft mikil / uunnun mid iro uuordun* (›und sie kämpften gegen seine große Kraft / mit ihren Worten‹, V. 4123-4124). Die Beschreibung dieser Feinde macht deutlich, daß ihr Kampf auch *mid iro swerdun* geführt werden könnte. Nur in einem entsprechenden heldenepischen Erzählkontext ist die Beschreibung *môdstarke man* ja ursprünglich sinnvoll.

Obwohl Jesus sehr wohl von dem Haß der Juden um Kaiphas weiß (V. 4176-4185), stellt er sich in Jerusalem bald einer Versammlung von Feinden, die ihn töten wollen (V. 4216-4224). Aber die kleinen Leute um ihn herum schützen ihn vor seinen Widersachern, die ihn deshalb meiden (V. 4224-4229). Infolge der Verkündigung Jesu im Tempel (V. 4243-4256) wird das *folcscepi* zu ihm gewendet (V. 4256-4262), während einige Juden aber seinen Worten wiederum nicht glauben und ihn bekämpfen (V. 4262-4269).

Als er schließlich gefangengenommen wird, bedarf es der Erklärung, warum er sich nicht wehrt: weil er die Menschen erlösen und aus der Hölle zum Himmelreich holen will (V. 4918-4924). Als die Juden triumphieren und ihn gefesselt davonführen, drängt es den Dichter zu einer weiteren Erklärung:

---

30 Windisch, ebd., S. 64, sieht hier einen überzeugenden Beweis für die Abhängigkeit von Alkuins Johanneskommentar, wo zu Joh 6,15 auf den Anfang des Evangeliums angespielt werde. Bemerkenswert ist, daß der Dichter des ›Heliand‹ auch den Schöpfungsgedanken in germanische Terminologie übersetzt und von *erde endi uphimil* (V. 2886) spricht. Vgl. mit einer Reihe von Parallelbelegen Jan de Vries: Altgermanische Religionsgeschichte. Berlin ³1970, Bd. II, S. 360f. (§ 571).

Die Jünger fliehen nicht aus Feigheit, sondern weil es so vorhergesagt war (V. 4931-4936).[31] Auch den Selbstvorwürfen des Petrus springt er vorsorglich bei: Man solle sich nicht wundern, seine Prüfung sei um der Einsicht in die Schwäche der Menschen willen erfolgt und Gott habe es so gewollt (V. 5023-5038).

Eine weitere Erklärung gibt den Grund an, warum Jesus sich seiner Verurteilung nicht entzog, indem er sich als Gott selbst zu erkennen gab: weil er die Menschen erlösen wollte und weil er, wenn er sich den Juden zu erkennen gegeben hätte, sein Heilswerk nicht hätte verrichten können (V. 5381-5394). Eine solche theologische Erklärung wird durch den heldenepischen Rahmen des Erzählens von Jesus nahegelegt, in dem eigentlich ein anderes Handeln Jesu zu erwarten wäre und sein Ausbleiben deshalb erklärt werden muß.

Nach seiner Verurteilung wird Jesus denen an die Hand geliefert, die ihn hassen, und er erträgt – auch wenn er vorher den Tod fürchtete (V. 4748-4757) – nun geduldig, was die Feinde ihm antun (V. 5487-5492). Die Juden richten ein Kreuz auf und schlagen ihm kalte und scharf zugespitzte Eisennägel mit Hämmern durch Hände und Füße, so daß das Blut zur Erde rinnt und *fan ûson drohtine* (›von unserem Herrn‹) heruntertropft (V. 5532-5539): *Hie ni uuelda thoh thia dâd uurecan / grimma an them Iudeon* (›Doch wollte er die Tat nicht rächen, die böse, an den Juden‹, V. 5539f.). Dies stimmt zu seiner Lehre, wie sie auch in der Bedrängnis wachgehalten wird (vgl. z.B. V. 5302f.), und die anschauliche Ausmalung der Hinrichtung läßt das am Ende doch heroische Ethos, das Jesus demnach beseelen muß, nur umso deutlicher hervortreten.

Das Erdbeben bei Jesu Tod bricht die verhärteten Herzen der Juden auch zuletzt nicht auf (V. 5674-5682), und während mit der Auferstehung allen Menschen das Licht eröffnet, die Riegel des Höllentores gelöst und der Weg zum Himmel bereitet wird, bekommen die jüdischen Wächter am Grab von Jesu Auferstehung nichts mit (V. 5769-5781).

Was der Dichter im Zuge seiner Konzeption erzählt, hat keine Entsprechung bei Tatian oder in den Evangelien; die eben angeführten Verse sind fast durchgängig selbständige Zusätze, oft eigene Einschübe und gelegentlich Eigenständigkeiten im Rahmen der Übersetzung von Tatian-Abschnitten.[32]

---

31 Angesichts der tapferen Ankündigung des Thomas, für den Gefolgsherrn sterben zu wollen (V. 3992-4004, hier wird ein Tatian-Abschnitt [Tat. 135,8] zur Hervorhebung des Gefolgschaftsethos umgestellt), bedarf die Flucht der Jünger einer Erklärung.

32 Folgende Stellen innerhalb der Fitten sind selbständig (auf sekundäre Quellen verweise ich nach Windisch: Der Heliand und seine Quellen): V. 5-37, 42-53 (nach Beda), 53-60, 288-295, 371-378, 478-480, 548-597, 645-648, 754-760, 790-794, 832-839, 868-872, 882-903, 941-943, 1032-1052 (nach Hraban), 1170-1172, 1199-1202, 1221-1243 (nach Hraban), 1325-1335, 1414-1419, 1472-1475, 1580-1586, 1613-1615, 1711-1720 (nach Hraban), 1724-1734, 1916-1928, 1962-1983, 1999-2012, 2142-2149, 2205-2212, 2238-

Der Dichter erhöht die Identifikationswirkung mit Jesus, wenn er wiederholt von *ûson drohtine* spricht, und arbeitet die Verblendung seiner Feinde heraus. Ihr Haß und ihre Frontstellung läßt Jesu ›Kampf‹ in einem besonderen Licht erscheinen: Daß er sich sein Handeln von ihnen nicht diktieren läßt, könnte sächsischen Hörern des ›Heliand‹ als ein Heroismus neuer Form erschienen sein.

Mit den Evangelien, so sehr deren Perspektive bezogen wird, harmoniert dieses heldenepisch modellierte Wirken Jesu aber nicht überall. Hier und da zeigen sich gerade zum Schluß hin doch Risse zwischen ihnen und dem ideologischen Gehalt der Heldendichtung. So fällt es dem Dichter ersichtlich schwer, das Verhalten der Jünger Jesu angesichts der Niederlage zu erklären: Die äußere Widerstandslosigkeit Jesu ließ sich noch theologisch erklären, die Flucht der Jünger und das Versagen des Petrus überfordern dagegen sein Verständnis der Ereignisse und führen zu gesuchten theologischen Rechtfertigungen.

Nun besteht hier freilich ein grundsätzliches Erklärungsproblem, wie schon die abweichenden Berichte der Evangelien vom Tod Jesu zeigen, so etwa die Aussparung des Leidens Jesu am Kreuz und die Betonung der Schrifterfüllung und des göttlichen Planes bei Johannes (Joh 19,28-30).[33] Schon die Christologie des Neuen Testaments mußte eine Erklärung dafür liefern, daß Jesus geschehen ließ, was er doch hätte verhindern können. So kommt es allemal für den Dichter des ›Heliand‹ zu einer narrativen Inkonsistenz zwischen der ideologischen Form der Heldendichtung und Jesu sowie gerade auch seiner Jünger Handeln, wie er es am Ende zu erzählen genötigt war.

Doch das Versagen der Jünger weicht wiederum nicht so einschneidend von dem ab, was auch die Heldendichtung erzählen konnte: So wird auch Beowulf von seinen Gefolgsleuten verlassen, bevor er den Tod im Kampf gegen den Drachen erleidet (›Beowulf‹, V. 2596-2599, 2845-2852). Dieser

---

2246, 2508-2514, 2574-2577, 2592-2595, 2634-2646, 2731-2742, 2760-2766, 2785-2793, 2807-2810, 2902-2908, 2941-2945, 3177-3182, 3208-3215, 3354-3359, 3444-3515 (nach Hraban), 3589-3670 (nach Beda), 3719-3727, 3780-3791, 3857-3867, 3895-3906, 3957-3963, 4167-4185, 4216-4229, 4243-4269, 4497-4501, 4660-4673, 4738-4743, 4748-4757, 5381-5394 (nach Hraban), 5487-5492, 5674-5682, 5769-5781. Zusammen mit den selbständigen Fittenanfängen und -abschlüssen, die in Anm. 63 und 64 genannt werden, machen sie ca. ein Zehntel des Textes aus.

Von diesen Stellen habe ich mich bei meinem Durchgang durch den Text im wesentlichen auf die folgenden gestützt, in denen die Konzeption des Dichters deutlich zum Tragen kommt: V. 1227-1233, 2142-2149, 3719-3727, 3895-3906, 4167-4185, 4216-4224, 4262-4269, 5381-5394, 5487-5492, 5674-5682, 5769-5781. Hinzugekommen sind folgende Partien aus Fittenanfängen und -abschlüssen: V. 2076-2087, 2285-2290, 2339-2345, 3833-3839.

33 Vgl. Bultmann: Das Evangelium des Johannes, S. 521-523.

Held erleidet ein Schicksal, das dem Schicksal Jesu parallel läuft.[34] Verlassenheit und Unterlegenheit lassen seinen Mut nur umso stärker hervortreten. Gerade als eine Form des vergeblichen und darin heroischen Widerstandes gegen den Haß der Feinde konnte der Dichter des ›Heliand‹ auch Jesu Handeln und seine Botschaft sich selbst verständlich machen und den Sachsen nahebringen. Die entsprechenden Konturen der germanischen Heldendichtung kann man im ›Heliand‹ noch erkennen, wenn der Tod Jesu dann bei genauem Hinsehen auch durchaus nicht heroisch, auch nicht Folge eines Widerstands und schon gar nicht vergeblich ist.

2.2 Die ›Heliand‹-Forschung zum Problem der Mündlichkeit

Daß der Dichter des ›Heliand‹ ein Sänger, ein *scop*, war – des Lesens und Schreibens und schon gar des Lateinischen nicht mächtig –, ist eine Vorstellung, die der Forschung des 19. Jahrhunderts zunächst näher lag als der des 20.[35] Als Ernst Windisch dann seine Studien zu den Quellen des ›Heliand‹ vorlegte[36] und die Nutzung zeitgenössischer Evangelienkommentare neben dem ›Diatessaron‹ Tatians nachwies, war es nicht ganz leicht, an dieser Vorstellung festzuhalten. Man mußte dem Sänger schon einen gelehrten geistlichen Beirat an die Seite stellen, um ihm die Erfüllung seiner Aufgabe zutrauen zu können. Eduard Sievers, dessen Formelverzeichnis zu seiner ›Heliand‹-Ausgabe beeindruckendes Material für den Formelschatz nordeuropäischer Sänger bereitstellte,[37] mochte für den ›Heliand‹ seinerseits nicht an einen solchen Sänger glauben.[38] Ende des 19. Jahrhunderts wurde die Vorstellung zunächst von Franz Jostes[39] und dann von Wilhelm Bruckner[40] noch einmal auf-

---

34 Die Parallele ist bemerkt worden von Robert E. Kaske: Beowulf. In: Robert M. Lumiansky und Herschel Baker (Hgg.), Critical Approaches to Six Major English Works: Beowulf through Paradise Lost. Philadelphia 1968, S. 3-40, hier S. 31, der auf S. 30-34 weitere Parallelen zwischen Beowulf und Jesus herausarbeitet. Nicht gesehen werden diese Parallelen bei Bernard F. Huppé: The Concept of the Hero in the Early Middle Ages. In: Norman T. Burns und Christopher J. Reagan (Hgg.), Concepts of the Hero in the Middle Ages and the Renaissance. New York 1975, S. 1-26, der aber viele Züge des frühmittelalterlichen christlichen Helden herausarbeitet.

35 Vgl. z.B. Johann R. Köne: Heliand oder das Lied vom Leben Jesu, sonst auch die altsächsische Evangelienharmonie. In der Urschrift mit nebenstehender Übersetzung, nebst Anmerkungen und einem Wortverzeichnisse. Münster 1855, S. 368f.

36 Windisch: Der Heliand und seine Quellen.

37 Sievers (Hg.): Heliand, S. 389-464.

38 Eduard Sievers: Zum Heliand. In: ZfdA 19 (1876), S. 1-76, hier S. 3-7.

39 Jostes: Der Dichter des Heliand.

40 Bruckner: Der Heliandichter – ein Laie. Vgl. danach noch einmal Wilhelm Bruckner: Die altsächsische Genesis und der Heliand, das Werk eines Dichters. Berlin, Leipzig 1929, S. 1-5.

gegriffen, um eine nicht unerhebliche Zahl von Ungenauigkeiten, kleinen Fehlern und erstaunlichen Freiheiten gegenüber den Evangelien bzw. dem ›Diatessaron‹ im ›Heliand‹ zu erklären, die wiederum einem Geistlichen nicht leicht zuzutrauen waren. Nach Jostes und Bruckner hatte ein Sänger, den ein Geistlicher unterwies und der daraufhin frei nach seinem Gedächtnis arbeitete, diese Irregularitäten zu verantworten. Rudolf Koegel trug andererseits keine Bedenken, im Dichter des ›Heliand‹ einen erfahrenen, später allerdings wie im Falle Caedmons ins Kloster eingetretenen Sänger zu sehen.[41]

Danach wurde es bald still um diese Vorstellung, und die Untersuchungen zur Heimat des ›Heliand‹ in Fulda oder Werden[42] gingen wie selbstverständlich davon aus, daß nur ein Geistlicher ein solches Werk zu schaffen in der Lage war. Die monumentale, zugleich freilich auch höchst spekulative Arbeit von Johannes Rathofer schrieb ihm endlich eine so durch und durch literale Programmatik und Darstellungsform zu,[43] daß niemand auch nur entfernt noch einmal daran denken durfte, es könne sich hier um einen Sänger gehandelt haben. Ein Versuch, im Anschluß an die sogenannte *Oral-Formulaic Theory*, die doch immerhin Sievers' Formelverzeichnis zu den Meilensteinen auf ihrem Wege rechnet,[44] auch für den ›Heliand‹ mündliche Entstehung zu postulieren,[45] blieb folgenlos, weil er für die unbezweifelbare Nutzung lateinischer Quellen im ›Heliand‹ keine Erklärung bot. Dabei läßt sich die Illiteratheit des ›Heliand‹-Dichters ungeachtet dieser Quellen auch heute noch mit guten Gründen plausibel machen, wenn man wie Jostes und Bruckner die Möglichkeit einer Arbeitsteilung zwischen einem Sänger und einem (oder mehreren) Klostergeistlichen, der/die leicht Zugang zu den benutzten Quellen hatte(n), in Betracht zieht. Diese Möglichkeit ohne weitere Erwägung auszuklammern und die Fähigkeiten und Kenntnisse eines Sängers mit denen eines gelehrten Klostergeistlichen in einem Kopf zu vereinen, bezeugt nur die Selbstverständlichkeit, mit der man gern moderne Vorstellungen von einsamer Autorschaft auf mittelalterliche Arbeitsverhältnisse von Dichtern überträgt.

Da im Gefolge solcher Vorstellungen die Eigenart mündlichen Erzählens im ›Heliand‹ fast immer übersehen wird, möchte ich im folgenden zeigen, wie sehr das Erzählen des ›Dichters‹ auf Techniken mündlichen Erzählens

---

41 Koegel: Geschichte der deutschen Literatur bis zum Ausgang des Mittelalters, S. 283-285, hier S. 284: »Nur ein Rhapsod von Beruf konnte die Verstechnik und den Stil des altgermanischen Epos in so hohem Grade beherrschen [...].«

42 Baesecke: Fulda und die altsächsischen Bibelepen; Rudolf Drögereit: Werden und der Heliand. Studien zur Kulturgeschichte der Abtei Werden und zur Herkunft des Heliand. Essen 1951.

43 Rathofer: Der Heliand.

44 John M. Foley: Oral-Formulaic Theory and Research. An Introduction and Annotated Bibliography. New York, London 1985, S. 20.

45 Kellogg: Die südgermanische mündliche Tradition.

basiert, die er sich schwerlich als Geistlicher aus zweiter Hand, und das heißt: im Kloster zurückgezogen lesend, angeeignet haben dürfte. Oder soll man – die Aussage der Praefatio negierend – glauben, er habe sich als Mönch unter sächsische Sänger begeben, um die Kompetenzen, die zur Erstellung einer entsprechenden Dichtung notwendig waren, selbst im Feld zu erwerben?

Anhand des Formelverzeichnisses von Sievers läßt sich für den ›Heliand‹ recht leicht überprüfen, wie verbreitet eine erstaunliche Anzahl der in ihm verwendeten Formeln in der altgermanischen Stabreimdichtung war.[46] Von den besonders charakteristischen Doppelstabformeln sind knapp 200 über die gesamte altenglische und altnordische Stabreimdichtung verstreut, eine davon teilt der ›Heliand‹ etwa auch mit dem althochdeutschen ›Hildebrandslied‹.[47] Nach Georg Baesecke hätte der Dichter seine »Kunst von Anfang bis zu Ende« in Fulda studieren können, wo die ae. christlichen Stabreimdichtungen ›Christ III‹ (= ›Christ‹, V. 868-1694), ›Guthlac‹ und ›Phoenix‹ in der Klosterbibliothek zur Verfügung standen.[48] Aber hätte der Dichter sich dort Doppelstabformeln aneignen können, die er z.B. nur mit dem ›Beowulf‹ teilt und nicht mit den genannten christlichen Stabreimdichtungen?

Ich führe einige Beispiele aus dem ›Heliand‹ mit den Parallelstellen im ›Beowulf‹ an: *berht bôcan godes* (›glänzendes Zeichen Gottes‹ [für ›Stern‹], V. 661; vgl. ›Beowulf‹, V. 570: *beorht bēacen ʒodes*); *bôta bîdan* (›auf Heilung harren‹, V. 5873; vgl. ›Beowulf‹, V. 934: *bōte ʒebīdan*); *ferran gefregnan* (›von weit her hören‹, V. 3752; vgl. ›Beowulf‹, V. 2889: *feorran ʒefricʒean*); *grim endi grâdag* (›böse und gierig‹, V. 4368; vgl. ›Beowulf‹, V. 121: *ʒrim ond ʒrǣdig*); [*uuirthid*] *môd mornondi* (›[es wird] der Sinn bekümmert‹, V. 721; vgl. ›Beowulf‹, V. 50: [*him wæs*] *murnende mōd*); *seƀo mit sorgun* (›mit sorgenvollem Gemüt‹, V. 608; vgl. ›Beowulf‹, V. 2600: *sefa wið sorʒum*); [*hebbian*] *uuordo geuuald* (›Wortgewalt [besitzen]‹, V. 4978; vgl. ›Beowulf‹, V. 79: [*habban*] *wordes ʒeweald*); *uuið that uureðe uuerod* (›gegen das feindselige Volk‹; V. 4904, vgl. ›Beowulf‹, V. 319: *wið wrāð werod*).[49]

Woher hätte der Dichter diese Formeln in Fulda beziehen sollen: War womöglich ein Vorläufer von Sievers' Verzeichnis unter Sängern zum leichteren Erlernen der Formelsprache im Umlauf, das auf Umwegen in die Klosterbibliothek gelangt war? Die Vorstellung ist so absurd wie die Annahme, ein gelehrter Mönch habe sich den Formelschatz hörend im Feld angeeignet. Es gibt keine andere Möglichkeit, als die Praefatio beim Wort zu nehmen: Tatsächlich war demnach der Dichter des ›Heliand‹ wohl ein sächsischer Sänger.

---

46 Sievers (Hg.): Heliand, S. 389-464.
47 Vgl. *scarpun scûrun* (V. 5136) und *scarpen scurim* im ›Hildebrandslied‹ (V. 64).
48 Baesecke: Fulda und die altsächsischen Bibelepen, S. 375f.
49 Vgl. weitere Beispiele bei Kellogg: Die südgermanische mündliche Tradition, S. 187. Vgl. auch Zanni: Heliand, Genesis und das Altenglische, S. 140-158.

Nur ein Sänger konnte aus seinem Gedächtnis über einen Formelschatz verfügen, den er sich durch Zuhören bei Vorträgen von Heldendichtung über Jahre hin angeeignet hatte.

Die von Sievers zusammengestellten Formeln sind ein höchst seltenes und in ihrer Art einzigartiges Musterbeispiel für den Formelschatz einer traditionellen Diktion, die von Generationen von Sängern entwickelt und über Nordwesteuropa verbreitet wurde.[50] Wer über sie verfügte, erlernte zugleich eine Technik der Komposition von Heldenliedern, die er, wenn er geübt war, unter Zuhilfenahme einer noch näher zu erläuternden Zusatztechnik auch in spontaner Improvisation auf einen neuen Stoff anwenden konnte – wie auch Guslaren Anfang des 20. Jahrhunderts noch Panzerschlachten des Ersten Weltkriegs in der Form der ihnen vertrauten Lieder besangen.

Milman Parrys Konzeption einer traditionellen und formelhaften Diktion sowie die damit verbundene Annahme einer *composition in performance*, eines Vortrags aus dem Stegreif, findet bei einem Sänger wie dem ›Dichter‹ des ›Heliand‹ eine glänzende Bestätigung. Die überlieferten germanischen Stabreimdichtungen einschließlich des ›Heliand‹ müssen deshalb nicht als Vortragsdichtungen entstanden, ja z.T. nicht einmal auf dem Hintergrund eines improvisierenden Vortrags zu erklären sein, und sicher haben sie ihren Weg aufs Pergament unter jeweils spezifischen und durchaus anderen Bedingungen als denen eines mündlichen Vortrags genommen. So wird auch die Verlangsamung des Sprechflusses bei einem unumgänglichen Diktat zweifellos unmittelbare Auswirkungen auf die jeweils entstehende Dichtung gehabt haben.[51] Es ist aber eines, Aussagen über die mündliche Entstehung eines überlieferten Textes als Vortragsdichtung zu machen, und etwas anderes, auf eine hinter ihm stehende Tradition zurückzuschließen und die Frage der konkreten Entstehung offenzuhalten.

Vielleicht verfuhr der Dichter des ›Heliand‹, soweit es ihm möglich war, durchaus in Anlehnung an die ihm vertraute Situation des Vortrags, so daß sich der Dichtvorgang als eine Art gestreckter *performance* beschreiben ließe, im Zuge derer er ausschließlich mit seinem Kopf und nicht über einem Pergamentblatt arbeitete. Die Niederschrift überließ er einem Schreiber.

An der Faktur des ›Heliand‹ läßt sich einerseits zeigen, wie die Tradition, mit der der Sänger vertraut war, beschaffen gewesen sein muß. Bestimmte Eigenschaften des Textes erlauben andererseits eine konkretere Vorstellung der Situation, in der er entstand. Dieser Situation wende ich mich zuerst zu.

---

50 Dies hat schon Johannes Kail: Über die parallelstellen in der angelsächsischen poesie. In: Anglia 12 (1889), S. 21-40, hier S. 36, vermutet.

51 Vgl. zu den Umständen und Folgen der Verschriftlichung von Heldendichtung Lord: Der Sänger erzählt, Kap. 6.

2.3 Indizien einer mündlichen Entstehung des ›Heliand‹

Bruckner hat, ausgehend von Beobachtungen zum Verhältnis des ›Heliand‹ zu seiner Vorlage, klare Vorstellungen vom Entstehungsvorgang des ›Heliand‹ zu entwickeln versucht:

Wenn sich [...] nachweisen läßt, dass der Dichter nicht nur allerhand Irrtümer begeht, sondern dass er vielfach ohne erkennbaren Grund die Erzählung der Evangelien oft nicht unwesentlich umgestaltet, so wird es bedenklich, an der Autorschaft eines Geistlichen festzuhalten, der ja den Tatian stets zur Belehrung und Vergleichung nachschlagen konnte; die Annahme wird dann wahrscheinlich, dass der Dichter ein Laie gewesen sei, dem sein Stoff mündlich vorgetragen wurde, der sich also, ohne den Tatian stets einsehen zu können, im wesentlichen auf sein Gedächtnis angewiesen sah.[52]

Es ist denn auch kaum vorstellbar, daß ein in der Stabreimdichtung so versierter Sänger sich ebenso leichthändig Zugang zu den theologischen Bibelkommentaren eines Beda, Hraban oder Alkuin verschaffen konnte und in eigenständiger Auswahl Tatians ›Diatessaron‹ auf ein für illiterate Hörer zumutbares Maß zurückstutzte. So ist es plausibler, mit Bruckner anzunehmen, daß er einen geistlichen Beistand hatte, der ihm in Portionen vortrug, was er in die Diktion der heimischen Heldendichtung umsetzen mußte. Denn portionsweise, unter vielen Auslassungen und wenigen Umstellungen, wird das ›Diatessaron‹ verwertet. Ausgewählte Abschnitte, ca. die Hälfte der Abschnitte Tatians, werden sinngetreu, aber z.T. sehr frei übersetzt. Die systematisch eingesetzten Umschreibungen und Appositionen im Rahmen des sogenannten Variationsstils führen zur Aufschwellung des Umfangs der Übersetzung, die nicht selten doppelt so lang ist wie ihre Vorlage. Wo aber elliptisches Erzählen der Evangelien ausgefüllt und wo Anschaulichkeit verlangende Partien ausgemalt werden, erreicht sie auch öfter ein Mehrfaches an Umfang. Immer aber sind die Abschnittgrenzen Tatians und oft die Satzgrenzen der Evangelien im ›Heliand‹ auch als Satzgrenzen erkennbar. Hierin zeichnet sich zweifellos der Entstehungsvorgang ab.

Dies schließt nicht aus, daß der Dichter/Sänger nicht auch selbst abschnittweise vorgehen konnte. Aber wenn er es tat, so wäre zu erwarten, daß die Abschnittgrenzen auch einmal überspielt werden, was nie der Fall ist. Daraus läßt sich schließen, daß dem Sänger Tatians Abschnitte nach Vorauswahl einzeln und gesondert vorgetragen wurden und er freie Hand bekam, sie in seine Diktion und Konzeption umzusetzen. Wenn Bruckner Recht behält, so griff der geistliche Beistand nicht mehr in das entstehende Werk ein. Wieviele Sitzungen nötig waren, um es zu verfertigen, ob die Umsetzung eines Abschnitts

---

52 Bruckner: Der Helianddichter – ein Laie, S. 5.

in Stabreimverse unmittelbar anschloß oder ob, nimmt man die Caedmon-Legende als Anhaltspunkt, eine Nacht darüber verging,[53] muß offen bleiben. Unumgänglich ist allerdings die Annahme, daß der Sänger über erhebliche Vorkenntnisse hinsichtlich des Inhalts der Evangelien verfügen mußte, um eine einheitliche Erzählung zustandezubringen und im übrigen auch seine Erzählkonzeption realisieren zu können.

Von den Indizien für den Entstehungsvorgang, die Bruckner und vor ihm Jostes zuammengetragen haben und die nicht alle unstrittig sind, greife ich nur wenige Beispiele heraus. In Vers 3948-3454 antworten die Juden auf Jesu Frage, warum sie ihn steinigen wollten: weil er sich in seinen Worten rühme, Gott selbst zu sein. Die Stelle aber, an der er dies tut (Joh 10,30 = Tat. 134,5), ist bei der Auswahl der Tatian-Abschnitte übersprungen worden.[54]

Leichte Inkonsistenzen dieser Art entstehen öfter, weil der Sänger nicht Herr über die Auswahl ist, die sein geistlicher Beistand ihm liefert. Wäre er es, so hätte er die kurze ›Anmaßung‹ Jesu (*Ego et Pater unum sumus*, Joh 10,30) zweifellos mit eingebaut. Er geht aber in den Abschnitten, die er umsetzt, kaum je ergänzend über das hinaus, was die jeweiligen Tatian-Abschnitte bieten. Einmal geraten dabei zwei Zeitangaben in flagranten Widerspruch: Nach der zweiten Verhandlung vor Pilatus naht das Schicksal (die *uurd*, V. 5394f.) zur Mittagszeit (die Angabe nach Tat. 199,3 = Joh 19,14). Aber als Jesus dann später am Kreuz hängt, ist es (nach Tat. 207,1 = Mt 27,45) immer noch Mittagszeit – der Widerspruch wird nicht in selbständiger Disposition der Stellen aus den Evangelien beseitigt.[55]

Einige Stellen werden, ohne daß abzusehen ist, mit welcher Absicht, anders erzählt als bei Tatian. So wird die Pförtnerin, vor der Petrus seine Jüngerschaft verleugnet (Tat. 186,2-4 = Joh 18,15-17), im ›Heliand‹ (V. 4950-4957) durch eine herbeikommende bösartige Frau ersetzt, während andererseits ein Pförtner an ihre Stelle tritt, von dem – als seinem Freund – Johannes des Petrus Zutritt in die Räumlichkeiten des Hohenpriesters erbittet: Nichts hiervon steht bei Tatian zu lesen. Die Stelle ist zu belanglos und die Änderung zu beiläufig, als daß hier überhaupt an eine Absicht zu denken ist. Nach Jostes erklären sich Änderungen dieser Art, »wenn man annimmt, dass der dichter den stoff nach mündlichem vortrage bearbeitete«[56]. Dann legte er sich, was er gehört hatte, in einem gewissen zeitlichen Abstand von der Instruktion im

---

53 Nach Beda: Kirchengeschichte des englischen Volkes, S. 400, kann Caedmon, was er durch Hören aufnimmt, *rememorando secum et quasi mundum animal ruminando* in ein herrliches Lied verwandeln. Das Wiederkäuen braucht seine Zeit, der Sänger legt sich nachts den Wortlaut zurecht, behält ihn – wortgetreu oder nur ungefähr? – im Gedächtnis und kann ihn am nächsten Morgen vortragen.

54 Vgl. Bruckner: Der Helianddichter – ein Laie, S. 6.

55 Vgl. ebd, S. 6f.

56 Jostes: Der Dichter des Heliand, S. 360.

Gedächtnis noch einmal zurecht, und es konnten sich Details der Vorgänge verschieben.[57] Auch einige Umstellungen von Tatian-Abschnitten und Verschiebungen innerhalb der Abschnitte lassen sich derart erklären.

Es gibt nun noch ganz andersartige Indizien, die für einen mündlichen Entstehungsvorgang auf seiten des Dichters selbst sprechen. Er schrieb nicht, sondern er diktierte und bewies dabei keine Rücksichten, wie man sie von einem schreibenden Autor wie selbstverständlich erwarten würde.[58] So gibt es etwa einige Vergruppen, die zusammenhängend wiederholt werden, am auffälligsten bei den Versen 1281b-1284a, 1383b-1386b und 1580b-1583a, wo es jeweils heißt: *Heliðos stôdun* (bzw. in V. 1281b: *Stôdun uuîsa man*), / *gumon umbi thana godes sunu gerno suuîðo,* / *uueros an uuilleon: uuas im thero uuordo niud,* / *thâhtun endi thagodun,* [...]. Der Sänger charakterisiert ein und dieselbe Situation, die innere Sammlung der Jünger bei der Bergpredigt, aber es war durchaus nicht nötig, dies dreimal mit denselben Worten zu tun. Wer seine Dichtung schriftlich komponiert, vermiede dies auf einer Textstrecke von wenigen hundert Versen vermutlich, da schon das Schriftbild ihn an den Wiedergebrauch erinnerte und zur Variation der Formulierung anhielte.[59] Anders der mündliche Dichter, der es gewohnt ist, mit Formeln und, wann immer möglich, auch längeren zusammenhängenden Wortketten zu arbeiten. Er ist unempfindlich gegen den Wiedergebrauch derselben Worte, wenn sie nur ihren Dienst tun.

Schon die Textgliederung des ›Heliand‹ läßt darauf schließen, daß der Dichter/Sänger sich um eine ordentliche Schriftgestalt seiner Dichtung nicht groß bekümmerte. Er läßt den Fittenbeginn springen, und zwar beginnt er eine neue Fitte in 14 von 71 Fällen in Übereinstimmung mit der häufigen Satzgrenzenverlagerung in der Versmitte: nach der Zäsur des Langverses, mitten in der metrischen Einheit also, die auf diese Weise auseinandergerissen wird. Für den Vortrag bedeutet dies, daß dieser eigentlich nur über eine solche Fittengrenze hinwegspielen konnte, wonach Fitten eher Merk- als Vortrags-

---

57 Pförtner*innen* etwa kannte er gar nicht, deshalb tauschte er die Pförtnerin gegen einen Pförtner aus.

58 Zum historischen Umbruch vom diktierenden zum schreibenden Autor vgl. Otto Ludwig: Vom diktierenden zum schreibenden Autor. Die Transformation der Schreibpraxis im Übergang zur Neuzeit. In: Schreiben im Umbruch. Schreibforschung und schulisches Schreiben. Hg. von Helmuth Feilke und Paul R. Postmann. Stuttgart 1996, S. 16-28.

59 Chafe: Integration and Involvement in Speaking, Writing and Oral Literature, hier S. 36-38, führt die Tendenz zu höherer Integration und Kohärenz, und damit auch die Vermeidung von Wiederholungen und Redundanz, beim Schreiben auf die Langsamkeit des Schreibvorgangs zurück. Zur allgemeinen Abneigung gegen den Wiedergebrauch derselben Formulierungen im Text und zur meist beherzigten Forderung nach Ausdrucksvariation vgl. z.B. Bernhard Sowinski: Deutsche Stilistik. Frankfurt 1972, S. 56f. Diese stilistische Prädisposition schließt natürlich nicht aus, daß die Wiederholung auf vielfache Weise auch Stilmittel sein kann.

einheiten darstellen dürften.[60] Für das Schriftbild hält es aber ein Problem bereit, denn es brachte den Schreiber des Archetyps, der wohl gegen die Gewohnheit in abgesetzten Versen geschrieben wurde, in die Verlegenheit, auch die Initialensetzung springen zu lassen. Der Schreiber ließ sie offensichtlich nicht springen, aber dadurch wurde das Chaos nur größer. Denn er setzte zwar die den Fittenbeginn markierende Initiale immer links an den Anfang des Langverses, doch dadurch wurde nun in den 14 Fällen, in denen die neue Fitte erst nach der Langverszäsur begann, der erste Halbvers optisch mit in die neue Fitte gerückt und nicht in die alte, in die er tatsächlich gehörte.[61] Eine rücksichtsvollere Gliederung des ›Heliand‹, wie sie dem Dichter des ›Beowulf‹ – der die Fittengrenzen nie springen läßt – durchaus möglich war, hätte die Not des Schreibers leicht vermeiden lassen. Vom Schreiben aber wird der Sänger nicht viel verstanden haben, und deshalb wohl nahm er auch keine Rücksicht auf das Schriftbild seiner Dichtung.

Eine bemerkenswerte Irregularität beim Umgang mit der einzigen umfänglicheren allegorischen Auslegung läßt schließlich auf theologische Unkenntnis des Sängers schließen, der nicht recht versteht, was solche Auslegung eigentlich will. Sie stellt eine Relation zwischen einem Text und dem, was er bedeuten soll, her und steht deshalb in aller Regel im Präsens. Die XLIV. Fitte macht sich im Anschluß an Bedas Lukaskommentar an die Auslegung der Heilung der Blinden vor Jericho. Aber während Beda in seiner Auslegung konsequent das Präsens durchhält,[62] meint der Dichter/Sänger des ›Heliand‹, die Auslegung bezöge sich nicht auf den Text, sondern auf die erzählte Handlung und auf das Handeln Jesu – deshalb verfällt er ins Präteritum. Die allegorische Relation wird von ihm in die Worte *That mênde that barn godes* [...] (V. 3634) und – noch signifikanter: – *That mêndun thea blindun man* [...] (V. 3654) gefaßt.

Das aber läßt tief blicken: Einen Text als auszulegenden Text kann er gar nicht denken, er verschiebt die Auslegung auf den Erzählinhalt des Textes, deshalb gerät sie unwillkürlich ins Präteritum. Was Handlungen und Ereignisse bedeuten, erscheint dem Dichter/Sänger auslegungsfähig, Texte als auslegungsbedürftige Entitäten sind noch nicht in seinen Horizont geraten.

---

60 Dafür sprechen auch andere Eigenschaften des Fittenbeginns, so wenn gerade erzähltes Handeln zum Fittenbeginn mit *Sô sprac* (V. 949, 1381)*, Sô deda* (V. 2284), *Sô hêlde* (V. 2357), *Sô uuîsda* (V. 2538), *Sô lêrde* (V. 3223, 3409) unmittelbar rekapituliert wird. Dies schließt so unmittelbar an, daß es bei einem hier unterbrochenen Vortrag ohne Bezug geblieben wäre.

61 Dieser Umstand erklärt das Schriftbild der überlieferten Handschriften, die durchgeschrieben sind, aber gleichwohl eine neue Fitte (bei einem Fittenbeginn in der Zäsur) oft mit dem letzten Halbvers der vorhergehenden Fitte beginnen, vor dem die Initiale steht. So wird aber ein unsinniger Text hergestellt.

62 Vgl. Beda: In Lucae evangelium expositio, S. 331.

Sein Denken verbleibt noch im mündlichen Medium, in dem man durch die Worte auf das, was sie bezeichnen, ›hindurchblickt‹.

2.4 Zwei Typen von Formeln und ihre Funktion

Von den 71 überlieferten Fitten des ›Heliand‹ werden 20 durch selbständige, nicht aus Tatians ›Diatessaron‹ bezogene Partien eingeleitet[63] und 26 durch selbständige Abschlüsse beendet.[64] Selbst wenn die Handschriften die Fitten-einteilung nicht mit verzeichnen würden, könnte man sie in vielen Fällen aus den selbständigen Einleitungen und Abschlüssen des Dichters erschließen, der mehr als die Hälfte der Fittengrenzen – z.T. sowohl für das Ende einer alten als auch den Beginn der neuen Fitte – hierdurch deutlich markiert.[65] Im weitesten Sinne rahmen und situieren diese selbständigen Partien die Erzähl-handlung.

Daß Fitten meist einen Einsatz bzw. Neueinsatz des Erzählens bedeuten, macht schon die öfter verwendete Formel *Sô (Thô) gifragn ik* (›Ich erfuhr nun‹) deutlich,[66] die in dieser Funktion ähnlich auch im ›Beowulf‹,[67] im ›Hilde-brandslied‹ (V. 1), im ›Wessobrunner Gebet‹, (V. 1), im ae. ›Andreas‹ (V. 1), in der ae. ›Juliana‹ (V. 1), der ae. ›Genesis‹ (V. 1960), der ae. ›Exodus‹ (V. 1), dem ae. ›Daniel‹ (V. 1), im ae. ›Christ‹ (V. 225) und im ae. ›Phönix‹ (V. 1) erscheint. Häufig sind auch Einsätze mit *Thô (Sô) uuard* oder *Thô (Than, Thar) uuas* (›Da wurde/war‹),[68] die auf ein Ereignis zusteuern, während be-

---

63   Es handelt sich um folgende Fitten und Verse: IV: V. 243-249, XII: V. 949-950, XIII: V. 1020-1024, XIV: V. 1121-1127, XVI: V. 1279-1299, XXVIII: V. 2284-2290, XXIX: V. 2357-2378, XXXI: V. 2538-2540, XXXVI: V. 2973-2982, XLII: V. 3409-3411, LII: V. 4118-4125, LIV: V. 4452-4456, LV: V. 4525-4529, LVI: V. 4628-4631, LIX: V. 4925-4936, LX: V. 5039-5055, LXII: V. 5171-5174, LXIII: V. 5245-5246, LXV: V. 5427-5442, LXVI: V. 5532-5540.

64   VI: V. 521-537, X: V. 840-858, XII: V. 1011-1019, XVI: V. 1373-1380, XVII: V. 1492-1502 (nach Hraban), XX: V. 1762-1770 (nach Hraban), XXIII: V. 1984-1993, XXIV: V. 2076-2087, XXV: V. 2161-2167, XXVI: V. 2227-2231, XXVII: V. 2264-2283, XXVIII: V. 2339-2356, XXX: V. 2530-2537, XXXI: V. 2613-2620, XXXIX: V. 3215-3223, XLI: V. 3405-3408, XLII: V. 3445-3515 (nach Hraban), XLV: V. 3749-3757, XLVI: V. 3833-3839, XLIX: V. 4114-4117, LII: V. 4375-4377, LIV: V. 4521-4525, LVIII: V. 4918-4924, LIX: V. 5006-5038, LXI: V. 5168-5170, LXII: V. 5240-5244.

65   Dies setzt natürlich die Arbeit mit einer (dazu zu erstellenden) Konkordanz voraus.

66   Sie steht zu Beginn der Fitten VIII (V. 630), XIII (V. 1020), XXXII (V. 2621), LIV (V. 4452). Zur Markierung von Erzählabschnitten erscheint sie in V. 288, 367, 3780, 3883, 3964, 4065. Vgl. sonst V. 510, 3036. Vgl. auch Gantert: Akkommodation und eingeschrie-bener Kommentar, S. 72-75.

67   Vgl. V. 1f., 837, 2694, 2752.

68   So oder ähnlich zu Beginn der Fitten II (V. 94), III (V. 159), IV (V. 243), V (V. 339), IX (V. 699), XI (V. 859), XXVII (V. 2232), XXXVIII (V. 3123), XLIV (V. 3588),

reits vollzogene Handlungen mit *Sô sprac* (*deda, hêlde, uuîsda, lêrde*)[69] zu Beginn einer Fitte quittiert werden. Formelhaften Charakter haben auch Einsätze wie *Geuuêt imu thô* oder *Giuuitun im thô* (›Da ging er/gingen sie‹),[70] die einen Ortswechsel Jesu oder anderer Personen erzählen, und sie tauchen in dieser Funktion z.B. ebenfalls im ›Beowulf‹ auf.[71]

Solche Formeln und formelhaften Ausdrücke – zu nennen ist noch die Inquit-Formel, die im ›Beowulf‹ ebenso wie im ›Heliand‹ öfter auch zum Fittenbeginn erscheint[72] – sind grundsätzlich von einem ganz anderen Typ kompositions- und nicht erzähltechnisch bedingter Formeln zu unterscheiden, auf die ich gleich zurückkommen werde.[73] Daß es verschiedene Arten von Formeln gibt, bedarf keiner umständlichen Darlegung. In alltäglicher Kommunikation sind zahlreiche Routinen formelhaft bzw. bestehen – wie bei Begrüßungen – aus Formeln.[74] Beschränkt man sich auf das Erzählen, so gibt es z.B. im Märchen einleitende (›Es war einmal ...‹), überleitende (›Wenden wir uns nun zu ...‹[75]) und abschließende Formeln (›Und wenn sie nicht gestorben sind, so leben sie noch heute‹). Solche Formeln sind erzähltechnisch motiviert. Prosaerzählungen wie Märchen, die diese Formeln verwenden, haben keinen Bedarf an kompositionstechnisch sowie metrisch bedingten Formeln, Erzählungen mit metrisch gebundener Sprache verwenden allerdings erzähltechnisch bedingte Formeln ebenso wie Prosaerzählungen.

XLVIII (V. 3926), L (V. 4118), LIX (V. 4925), LXIV (V. 5335), LXV (V. 5427), LXVII (V. 5621), LXVIII (V. 5713). Im weiteren Rahmen gehören hierher auch Einsätze mit *Thô* + Verb. Vgl. Fitte XLIII (V. 3516), XLV (V. 3671), XLVI (V. 3758), LV (V. 4525), LVII (V. 4702), LXII (V. 5171).

69 So zu Beginn der Fitten XII (V. 949), XVII (V. 1381), XXVIII, (V. 2284) XXIX (V. 2357), XXXI (V. 2538), XL (V. 3223), XLII (V. 3409). Vgl. zur Formelhaftigkeit rekapitulierender Einsätze, die auch mit *Thô* + Verb beginnen können, mit wenigen Parallelbelegen aus der ae. Stabreimdichtung Jellinek: Anzeige von ›Karl Zangemeister und Wilhelm Braune: Bruchstücke der altsächsischen Bibeldichtung aus der Bibliotheca Palatina‹, S. 218. Die Verweise auf Parallelen zu den oben aufgeführten formelhaften Einsätzen lassen sich aus der ae. Dichtung im übrigen erheblich vermehren.

70 So bei den entsprechenden Fittenanfängen in V. 780, 1994, 2088, 2167, 2799, 2973, 3171, 4198, 4628. Vgl. hierzu auch Gantert: Akkommodation und eingeschriebener Kommentar, S. 75-77.

71 In V. 115, 662, 1125, 1963. Im ›Heliand‹ wie auch im ›Beowulf‹ erscheint die Formel noch öfter unabhängig von Fitteneingängen.

72 Vgl. ›Beowulf‹, V. 258, 371, 456, 499, 925, 1321, 1383, 1473, 1651, 1817. ›Heliand‹, V. 949, 1381, 1588, 2431, 3305, 4294.

73 Gantert: Akkommodation und eingeschriebener Kommentar, S. 72-77, läßt diesen Unterschied unter den Tisch fallen.

74 Vgl. Florian Coulmas: Routine im Gespräch. Zur pragmatischen Fundierung der Idiomatik. Wiesbaden 1981. Eine Typologie von Formeln vgl. bei Hermann Bausinger: Formen der ›Volkspoesie‹. Berlin ²1980, S. 70-95.

75 Beispiele aus der ›Geschichte von Ali Baba und den vierzig Räubern‹ führt Lüthi: Das Volksmärchen als Dichtung, S. 59, an. Vgl. zu Formeln auch ebd., S. 55-67.

Dies zeigt sich auch im ›Heliand‹. So bezeichnen die aus dem ›Heliand‹ angeführten – oft am Fittenbeginn verwendeten – erzähltechnischen Formeln allgemeine Eigenschaften des Handlungsverlaufs und der Relation des Dichters zu seinem Erzählgegenstand. Sprecherwechsel, Ortswechsel, Vollzug und Abschluß einer Handlung, ein eintretendes Ereignis oder die Aufnahme der Erzählung durch den Dichter/Sänger bzw. seine Einschaltung in den Erzählfortgang durch die Bezugnahme auf den Empfang seines Stoffs aus der mündlichen Tradierung geben dem Erzählverlauf ihrerseits eine Struktur. Sie können etwa die Fittengrenzen auch unabhängig von den selbständig formulierten Einleitungen und Abschlüssen markieren. In ihrem Gebrauch erweist sich die Erfahrung des ›Heliand‹-Dichters im Umgang mit mündlichem Erzählen.

Mündliches Erzählen in Stabreimversen erfolgt in Einheiten, die – nicht viel kürzer oder länger als jene Lieder, welche die Stabreimdichtung im Zeilenstil[76] für den Vortrag vermutlich fertig gebunden bereithielt – dem Dichter wie auch den Hörern einen kurzen Einhalt und eine Atempause verschaffen. Die Fitteneinteilung im ›Heliand‹ ist nicht schriftsprachlich motiviert, sie schafft keine Buchkapitel, über deren Tektonik sich meditieren ließe, und deshalb war die Suche nach ihrer möglichen Symbolbedeutung von vornherein nicht sehr aussichtsreich.[77] Die Einteilung hängt vielmehr an Erzähleinheiten, welche die Gesamterzählung partialisieren und eine mündliche Komposition leichter handhabbar machen.

Wenn es erzähltechnisch bedingte Formeln in mündlicher Dichtung gibt, welche die Erzählhandlung rahmen und situieren, so bedarf es im Falle metrisch gebundener Dichtung auch kompositionstechnisch bedingter Formeln, die helfen, mit den metrisch-restriktiven Bedingungen einer Komposition – sei es vor einem oder gar während eines Vortrags – leichter zurechtzukommen. Die *Oral-Formulaic Theory* hat den Zusammenhang von Komposition und Formelhaftigkeit im Zuge einer *composition in performance* zu verstehen gelehrt.

---

76 Zum Unterschied zwischen Dichtungen im Zeilenstil und solchen mit Verlagerung der Satzgrenzen über die Zeile hinaus vgl. unten Kapitel 2.6.

77 Vgl. gegen Rathofer: Der Heliand, Burkhart Taeger: Zahlensymbolik bei Hraban, bei Hincmar – und im ›Heliand‹? Studien zur Zahlensymbolik im Frühmittelalter. München 1970, und Ernst Hellgardt: Zum Problem symbolbestimmter und formalästhetischer Zahlenkompodition in der mittelalterlichen Literatur. Mit Studien zum Quadrivium und zur Vorgeschichte des mittelalterlichen Zahlendenkens. München 1973, S. 268-273. Anders als Rathofer vermag ich über den durch Fitten gegliederten linearen Erzählverlauf hinaus und jenseits ganz offensichtlich zusammengehöriger Fitten – wie den Fitten XVI-XXIII (Bergpredigt) und XLIII-XLIV (Die Blinden vor Jericho + Auslegung der Episode) – keine eindeutige buchmäßige Gliederung des ›Heliand‹ zu erkennen. Vgl. auch schon Willy Krogmann, Absicht oder Willkür im Aufbau des Heliand. Hamburg 1964, mit einer Rekapitulation der älteren Forschung.

Parrys Analyse der einleitenden 25 Verse zur ›Ilias‹ und zur ›Odyssee‹[78] mit dem Nachweis ihrer hohen Formelhaftigkeit hat Schule gemacht und eine Reihe von Arbeiten hervorgebracht, die für andere Texte auf dieselbe Weise verfahren sind, um nachzuweisen, daß eine je festgestellte hohe Formeldichte für die mündliche Entstehung dieser Texte bzw. – da die Schlußfolgerungen mit gutem Grund sehr viel vorsichtiger geworden sind – für eine hinter ihnen stehende mündliche Tradition spricht.[79] Auch zum ›Heliand‹ ist eine entsprechende Analyse vorgenommen worden,[80] und mit den verfügbaren Hilfsmitteln[81] wäre es ein Leichtes, dies an beliebigen Ausschnitten zu wiederholen.

Was hiermit gewonnen wäre, läßt sich freilich auch leicht in Frage stellen. Ein Einwand ist alt: Als erster hat Claes Schaar auf den später oft wiederholten Umstand hingewiesen, daß die Formelhaftigkeit eines Textes allein kein hinreichendes Indiz für seine improvisierte mündliche Entstehung ist.[82] Dies war gegen Francis P. Magouns Schlußfolgerungen aus einer Stichprobe des ›Beowulf‹ mit 70% Formelgehalt gerichtet und ist zweifellos zutreffend.[83] Keine derartige Prozentzahl sagt letztlich mit Bestimmtheit etwas über die Entstehung einer Dichtung und über das Vorgehen ihres Sängers oder Dichters – sowie über seinen Ausbildungsstand – aus. Nicht nur könnte der ›Beowulf‹ von Anfang an als Niederschrift des Dichters konzipiert worden sein, es gibt auch einige Anhaltspunkte dafür, daß der Dichter über eine gute Ausbildung verfügte und angesichts der komplexen narrativen Verfahren seiner Dichtung – wie man immer schon vermutet hat – mit Vergils ›Aeneis‹ bekannt geworden ist.[84]

Freilich hat dieser Dichter den ›Beowulf‹ in eine mündliche Diktion gekleidet, die er gleichfalls beherrschen lernen mußte – sicher unabhängig von einer gelehrten Ausbildung und wahrscheinlich auch vor dieser, so daß er sich zum Sänger ausgebildet hätte, wie es ein Geistlicher nicht leicht vermocht hätte. Der *Oral-Formulaic Theory* Parrys und Lords lag zunächst insbesondere daran, diese Diktion in ihrer überindividuellen Verbreitung und Traditionalität zu erklären – wie immer ein konkreter Text entstanden sein mag. Dieses Anliegen trifft der Einwand von Schaar nicht.

---

78 Parry: Studies in the Epic Technique of Oral Verse-Making I, S. 301-304.

79 Vgl. etwa Magoun: Der formelhaft-mündliche Charakter angelsächsischer epischer Dichtung; Bäuml, Ward: Zur mündlichen Überlieferung des Nibelungenliedes.

80 Vgl. Kellogg: Die südgermanische mündliche Tradition, S. 188-191.

81 So dem in Anm. 25 genannten Wörterbuch von Sehrt.

82 Claes Schaar: On a New Theory of Old English Poetic Diction. In: Neophilologus 40 (1956), S. 301-305, hier S. 303.

83 Magoun: Der formelhaft-mündliche Charakter angelsächsischer epischer Dichtung.

84 Vgl. Brodeur: The Art of ›Beowulf‹, S. 236; Friedrich Schubel: Probleme der Beowulf-Forschung. Darmstadt 1979, S. 57, 61; Robert J. Hasenfratz: Beowulf Scholarship. An Annotated Bibliography, 1979–1990. New York, London 1993, s. Reg. unter ›Virgil‹.

Bis zu Parrys Einsichten liegt ein langer Weg des Mißverstehens einer solchen Diktion bei Homer: als eines individuellen Stils.[85] Bedient sich ein gelehrter Dichter dieser Diktion und arbeitet er (s)eine Dichtung dabei auf dem Pergament aus, so kann die Diktion selbstverständlich zu einer Art Stil – allerdings zu keinem individuellen, sondern zu einem traditionsgebundenen – werden, wenn er sich ihrer kalkuliert bedient. Dabei wird Mündlichkeit nicht fingiert, sondern der Dichter macht sich die Regeln mündlicher Dichtung, die er beherrschen muß, nicht viel anders als ein mündlicher Sänger nutzbar – wobei er sie in eine andersartige Entstehungssituation als die eines spontanen Vortrags hinübernimmt.[86]

In der germanischen Stabreimdichtung erforderten solche Regeln, für einen Langvers zwei oder drei stabtragende Wörter zu finden und sie regelgemäß zu verteilen.[87] Zwei Typen von Formeln oder formelhaften Ausdrücken haben sich hierbei eingebürgert, um die Suche zu verkürzen: solche mit zwei Stäben vorwiegend für den Anvers und solche mit einem Stab für An- oder Abvers.[88] Auffällig sind insbesondere die schon genannten Doppelstabformeln für Anverse, die den Stabkonsonanten besonders nachhaltig betonen. Da es nicht leicht ist, im Augenblick des Vortrags einen Verbund zweier stabtragender Wörter zu finden, wenn man die Dichtung nicht einfach bereits fertig im Kopf hat und auf dieser Grundlage memoriert, liegt es nahe, wenigstens solche Bausteine schon bereitzuhalten und aus dem mentalen Lexikon abzurufen. Aber auch wenn man die Dichtung vor einem Vortrag ohne die Möglichkeit einer Niederschrift verfertigt, ist es hilfreich, Doppelstabformeln nicht erst finden zu müssen, sondern schon im Gedächtnis bereitzuhalten, um sie später leichter zu erinnern und abzurufen. Daß es sich um Bausteine handelt, läßt sich mit einem gewissen Unsicherheitsfaktor erschließen, wenn sie wieder-

---

85 Parry: Studies in the Epic Technique of Oral Verse-Making II, S. 325-329, hat die Forschungsgeschichte selbst im Überblick dargestellt. Dasselbe Mißverständnis gegenüber der Stabreimdichtung hat Hofmann: Die altsächsische Bibelepik zwischen Gedächtniskultur und Schriftkultur, S. 546f. und passim, deutlich herausgestellt.

86 Selbst und gerade für einen im Anschluß daran durch Vorlesen realisierten Vortrag scheint es mir nicht glücklich, von ›fingierter Mündlichkeit‹ zu sprechen.

87 Zu den Modalitäten des Stabreimverses vgl. Hofmann: ›Stabreimvers‹.

88 Diese einfache Unterscheidung geht von der Stabsetzung als der zentralen Schwierigkeit des Dichtvorgangs beim Stabreimvers aus und nicht von der Füllung unterschiedlicher Verstypen, wie sie Hofmann: Die Versstrukturen der altsächsischen Stabreimgedichte Heliand und Genesis, unterschieden und untersucht hat. Ich lege im folgenden keinen Wert auf eine exakte Definition von ›Formel‹ und untersuche auch nicht Formelsysteme, deren Analyse im Anschluß an Parry und Lord auf anschauliche Weise Niles: Beowulf, S. 121-137, anhand des ›Beowulf‹ vorführt. Eine eindringliche Analyse unterschiedlicher Ebenen formelhaften Ausdrucks bzw. der Phraseologie im ›Beowulf‹ vgl. bei John M. Foley: Traditional Oral Epic. The ›Odyssey‹, ›Beowulf‹ and the Serbo-Croatian Return Song. Berkeley, Los Angeles 1990, Kap. 6.

holt verwendet werden. Mit recht großer Sicherheit läßt sich ein entsprechender Schluß aber dann vornehmen, wenn solche Bausteine auch in anderen Dichtungen erscheinen, ohne daß sich eine literale Tradierung – wie oben gezeigt – absehen ließe. Dann ist anzunehmen, daß sie zu einem überindividuellen Sängersoziolekt gehören, in den man gut eingehört sein muß, um sie verwenden zu können. Dies wiederum läßt auf die Art ihrer Aneignung schließen, und im Normalfall wird ein solcher Soziolekt durch besonders häufiges Zuhören und eigenes Probieren nach und nach erworben.[89]

Von den Doppelstabformeln, die Sievers' Formelverzeichnis zum ›Heliand‹ für andere Stabreimdichtungen nachweist, führe ich noch einmal zwei im ›Heliand‹ eng zusammenstehende Beispiele an: In V. 1715f. mahnt Jesus, man solle sich seiner Sündhaftigkeit bewußt werden, indem man auf anderer Menschen *saca endi sundea* (›Schuld und Sünde‹) achtgebe, wenn man doch selbst *firinuuerco gefrumid* (›Böses getan‹) habe. Die Formel *saca endi sundea* (vgl. auch V. 1009) kommt noch in anderer syntaktischer Form im ›Heliand‹ vor (V. 85: *ne saca ne sundea*; V. 1568 und 1617: *thero sacono endi thero sundeono*; V. 5037: *sacono endi sundeono*), und sie findet sich u.a. auch im ›Beowulf‹ (V. 2472: *synn ond sacu*). Auch *firinuuerc gifrummian* (›Böses tun‹) erscheint noch an anderer Stelle im ›Heliand‹ (V. 743; vgl. auch V. 5596: [*hie*] *firina ni gifrumida*), daneben aber wieder u.a. im ›Beowulf‹ (V. 101: *fyrene fremman*; vgl. auch V. 811). Das Zusammentreten der Formeln auf engem Raum zeigt, daß sie kleinformatig kombinierbar sind. Ein Sänger kann sie aus dem Formelreservoir, über das er verfügt, so abrufen, daß er Vers für Vers, ja Halbvers für Halbvers immer wieder Formeln einschiebt, die er nicht erst bilden muß, sondern die er schon fertig bereithält. Ihre kleinformatige Kombinierbarkeit ermöglicht ihm letztlich auch eine Improvisation aus dem Stegreif. Wo über eine ursprünglich memorierende Tradition ein entsprechendes Formelreservoir zusammengetragen worden ist, können befähigte Sänger sie transzendieren und aus ihrer Verfügung über das bisher nur je in fester Bindung eingesetzte sprachliche Material zu freier Improvisation übergehen.

Das zentrale Bauelement sind in der germanischen Stabreimdichtung die Doppelstabformeln. Sie können vergleichsweise fest sein, wenn sie z.B. als Verbindung zweier Substantive durch Kopula gebildet werden. Oft werden sie aber auch syntaktisch variiert.[90] Nur im Ausnahmefall passiert es, daß eine auf den Anvers beschränkte Doppelstabformel über den Langvers gestreckt wird. So füllt *monnes mōdʒeþonc* (›des Mannes Trachten‹) im ›Beowulf‹ einen Anvers (V. 1729a), während die Formel sich im ›Heliand‹ über den Langvers erstreckt: *Than uuisse drohtin Krist / thero manno sô garo   môdgithâhti*

---

89   Vgl. die klassische Darstellung bei Lord: Der Sänger erzählt, S. 35-57.

90   Es mag deshalb adäquater sein, von Formelhaftigkeit anstatt von Formeln zu sprechen.

[...] (›Jedoch kannte Christus, der Herr, die Gedanken der Männer genau‹, V. 3865f., vgl. auch V. 1924f.).

Während Doppelstabformeln oft ins Auge springen, sind Formeln in Abversen nur selten auf Anhieb zu erkennen oder zu vermuten, da sie lediglich einen stabtragenden Begriff mit sich führen. Man muß daher einen Text nach weiteren Vorkommen der Formel durchsuchen, um sie als solche zu erkennen.

Formeln eignet ein charakteristisches Kolorit. Das wird besonders deutlich, wenn sie Gefühle und Gemütszustände beschreiben: *bittra breostkara (tholon)* (›bitteren Kummer [ertragen]‹, ›Heliand‹, V. 4033; vgl. auch ›Seafarer‹, V. 4: *bitre breostceare [gebiden]*) z.B. qualifiziert den Kummer und lokalisiert ihn (in der Brust). Nicht ganz angemessen wäre es, solches Kolorit nur als Stilphänomen aufzufassen, treffender spräche man davon, daß Formeln die erzählte Welt – mit ihren charakteristischen Zügen und Eigenschaften – konstituieren. Diese Züge und Eigenschaften sind Konstanten, die sich nach dem je unterschiedlichen Zusammentreten von Formeln in bestimmten Dichtungen jeweils anders konfigurieren. Über die einzelnen Dichtungen hinweg bleibt aber das Kolorit der erzählten Welt angesichts der Bindung an ein vergleichsweise konstantes Formelreservoir identisch. Dies ruft für den ›Heliand‹ z.B. den Eindruck hervor, als ›spielte‹ die Handlung der durch und durch christlichen Dichtung, wie der ›Heliand‹ sie abgibt, in der Welt der mündlichen Heldendichtung.

Erzähltechnisch und kompositionstechnisch bedingte Formeln sind weitgehend ›lexikalisiert‹ und mental gespeichert, so daß ein Sänger sie in einer Vortragssituation auch automatisiert abrufen konnte. Eine Stabreimdichtung entsteht aber nicht nur aus dem Zusammenfügen von Formeln oder ihrem Einpassen in ein metrisches Schema, wie man es sich etwa für die altgriechischen und serbokroatischen Sänger vorgestellt hat. Vielmehr müssen Stabreime, wenn sie im Anvers gesetzt sind, im Abvers auch bedient werden, und die Abstimmung der Stäbe in An- und Abvers eines stabenden Langverses aufeinander ist ein andersartiger und vielleicht auch komplexerer Vorgang als die Verfertigung eines Hexameters oder eines zehnsilbigen Verses. Deshalb kommt es hierbei zu semantischen und syntaktischen Erscheinungen, die man wohl ebenfalls zu Unrecht als reine Stilphänomene aufgefaßt hat. Bevor ich aber auf diesen sogenannten Hakenstil sowie die Variation eingehe, möchte ich ein Kompositionsmittel größeren Formats vorstellen, das darin besteht, die Erzählhandlung in Situationen zu ›binden‹.

2.5 Der narrative Prozeß als ›situatives Denken‹

Das ›situative Denken‹[91] des ›Heliand‹-Dichters läßt sich besonders gut am Beispiel der Bergpredigt illustrieren. Die erzähltechnischen Formeln, die der Dichter verwendet, stehen meist für konkrete Situationen bereit, die sie einleiten. In der Regel initiieren solche Formeln die situative Einbettung des Erzählten, während kompositionstechnisch bedingte Formeln die erzählte Welt auskleiden. Sie ›fallen‹ dem Dichter nur ein, wenn er die Situationen auch anschaulich erzählen kann. So wird die Formelverwendung durch das Auserzählen konkreter Situationen regiert.

Nun erzählen aber die Evangelien und nach ihnen Tatian keineswegs immer sehr anschaulich. Gelegentlich mußte nach dem Verständnis des Dichters nachgebessert werden, um das Handeln Jesu überhaupt angemessen erzählen zu können. So brauchte ganz besonders die Bergpredigt eine situative Einbettung, die ihrer Bedeutung entsprach. Während die Evangelien die Situation in größter Knappheit erzählen,[92] erfordert die Diktion mündlichen Erzählens im ›Heliand‹ größere Anschaulichkeit. Die Gewichtigkeit von Jesu Rede verlangte, den Hörern des ›Heliand‹ die Situation genau auszumalen. Diese ihrerseits konnten wohl kaum anders, als vergleichbare Sprechsituationen in körperlicher Präsenz der Beteiligten zu denken und sich deren Sprechweise, Körperhaltung und Gestik/Mimik vorzustellen.

Bevor der ›Heliand‹-Dichter mit Tat. 22,8 (= Mt 5,3) Jesu wörtliche Rede beginnt, beschreibt er aus solcher Vorstellungskraft zu Beginn der XVI. Fitte, was unmittelbar davor geschieht: Wie ein charismatischer Gefolgsherr versammelt Jesus seine Jünger, die bereit sind, ihm aufmerksam zu lauschen.[93] Er versteht zu reden und unterstreicht die Gewichtigkeit seiner Rede durch

---

91 Ich beziehe mich mit dem Begriff auf eine Eigenart der Komposition des ›Heliand‹, die ich an eine typische ›orale‹ Einstellung zurückbinden möchte. Das Kompositionsmittel der situativen Einbettung von Erzählzügen bietet sich einem illiteraten Sänger von Heldendichtung an, weil ihm eine entsprechende Form des Denkens immer schon vertraut ist. In Bezug auf eine Denkform von Illiteraten – im Gegensatz zu abstraktem und/oder kategorialem Denken – wird der Begriff entwickelt bei Aleksandr R. Lurija: Die historische Bedingtheit individueller Erkenntnisprozesse. Berlin 1987, Kap. III. Von Lurija übernimmt Ong: Oralität und Literalität, S. 54-61, die Begrifflichkeit und zeigt, daß in oralen Kulturen situatives Denken im Vergleich zu abstraktem und/oder kategorialem Denken grundsätzlich überwiegt.

92 ›Er (Jesus, H.H.) setzte sich, und seine Jünger traten zu ihm. Dann begann er zu reden und lehrte sie.‹ (Mt 5,1-2) ›Er richtete seine Augen auf seine Jünger und sagte: [...].‹ (Lk 6,20)

93 Die Situation ist auch mit einer sächsischen Stammesversammlung verglichen worden. Vgl. Josef Weisweiler und Werner Betz: Deutsche Frühzeit. In: Deutsche Wortgeschichte. Bd. I. Hg. von Friedrich Maurer und Heinz Rupp. Berlin, New York ³1974, S. 55-133, hier S. 70.

Der narrative Prozeß als ›situatives Denken‹

ein besonders auffälliges Verhalten: Er verharrt in Schweigen und schaut seine Jünger lange an. Die Situation einleitend wird aber durch *Thô* [...] *gengun* gemäß der erzähltechnischen Disposition der Handlung zunächst ein Ortswechsel der Jünger vermerkt:

> *Thô umbi thana neriendon Krist   nâhor gengun*
> *sulike gesiðos,   sô he im selƀo gecôs,*
> *uualdand undar them uuerode.   Stôdun uuîsa man,*
> *gumon umbi thana godes sunu   gerno suuîðo,*
> *uueros an uuilleon: uuas im thero uuordo niud,*
> *thâhtun endi thagodun,   huuat im thero thiodo drohtin,*
> *uueldi uualdand self   uuordun cûðien*
> *thesum liudiun te lioƀe.   Than sat im the landes hirdi*
> *geginuuard for them gumun,   godes êgan barn:*
> *uuelda mid is sprâcun   spâhuuord manag*
> *lêrean thea liudi,   huuô sie lof gode*
> *an thesum uueroldrîkea   uuirkean scoldin.*
> *Sat im thô endi suuîgoda   endi sah sie an lango,*
> *uuas im hold an is hugi   hêlag drohtin,*
> *mildi an is môde,   endi thô is mund antlôc,*
> *uuîsde mid uuordun   uualdandes sunu*
> *manag mârlic thing   endi them mannum sagde*
> *spâhun uuordun,   them the he te theru sprâcu tharod,*
> *Krist alouualdo,   gecoran habda,*
> *huuilike uuârin allaro   irminmanno*
> *gode uuerðoston   gumono cunnies;*
> [...].
> (V. 1279-1299)

(Da gingen zum rettenden Christus näher
solche Begleiter, wie er selbst sie sich erwählte,
der Waltende unter dem Volke. Es standen weise Leute,
Männer um den Gottessohn, sehr eifrig,
die Recken, an Willen: Sie trugen Verlangen nach den Worten,
sie dachten und schwiegen, was ihnen der Herr der Völker,
der Waltende selbst, mit Worten künden wollte,
diesen Leuten zuliebe. Nun saß der Landeshirte
gegenüber vor den Männern, Gottes eigenes Kind:
Er wollte mit seinen Reden viele kluge Worte
lehren die Leute, wie sie das Lob Gottes
auf dieser Welt bewirken sollten.
Er saß da und schwieg und sah sie lange an,
er war ihnen hold in seinen Gedanken, der heilige Herr,
mild in seinem Mut, und öffnete darauf seinen Mund,
wies mit Worten, des Waltenden Sohn,
viele herrliche Dinge und sagte den Leuten

51

mit klugen Worten, denen, die er zu der Rede dorthin,
der allwaltende Christus, auserwählt hatte,
welche aller Menschen wären
Gott die wertvollsten, der Männer des Menschengeschlechts;
[...].)

Der Jesus des ›Heliand‹ spielt sein langes Schweigen aus,[94] um die Aufmerksamkeit seiner Jünger zu bündeln und sie auf den Inhalt der langen Rede einzuschwören. Dies ist ein Verhalten,[95] wie es dem Dicher des ›Heliand‹ vertraut und für die Bedeutung der Bergpredigt sowie für ihre Aufnahme bei den Jüngern angemessen erschien: Das ihm vertraute Medium der mündlichen Heldendichtung gestattete vermutlich ebensowenig wie seine eigenen Erfahrungen aus seiner Lebenswelt, in der eine Rede in höherem Maße situativ gebundenes und persönlich besonders markiertes Handeln gewesen sein dürfte, als uns dies heute noch vertraut ist,[96] ein lapidares Übergehen zu Jesu Rede, ohne sie mit einer geeigneten Redesituation und einem typischen Redegestus zu versehen.

Das Bewußtsein vom Fortbestehen dieser Redesituation wird durch wiederholte Aufnahme derselben Beschreibung mit denselben Worten – wie oben, S. 41, vermerkt – wachgehalten. Nach der Bergpredigt schließt der Dichter die erzählte Situation mit dem Ende der XXIII. Fitte selbständig ab:

> Habda thô te uuârun   uualdandes sunu
> gelêrid thea liudi,   huô sie lof gode
> uuirkean scoldin.   Thô lêt hi that uuerod thanan
> an alloro halƀa gehuilica,   heriskepi manno
> sîðon te selðon.   Habdun selƀes uuord,
> gehôrid heƀencuninges   hêlaga lêra,

---

94   Die ›Grammatik der deutschen Sprache‹. Hg. von Gisela Zifonun, Ludger Hoffmann, Bruno Strecker u.a. Berlin, New York 1997, Bd. 1, S. 244, spricht hierfür von ›Relevanzpause‹.

95   Es handelt sich um herrscherliches Gebaren, wie es etwa auch Kaiser Karl noch im ›Rolandslied‹ (V. 731, 771-773) und selbst König Ermrich im ›Buch von Bern‹ (V. 4229) übt. Kleinschmidt: *Wordhord onleac*, S. 45f., rekonstruiert die Konturen der zugehörigen Sprechsituation mit der Schweigepause aus einer ganzen Reihe von frühmittelalterlichen Quellen.

96   Bronislaw Malinowski: Das Problem der Bedeutung in primitiven Sprachen. In: Charles K. Ogden und Ivor A. Richards: Die Bedeutung der Bedeutung, Frankfurt 1974, S. 323-384, hier bes. S. 342-353, hat gezeigt, daß in oralen Kulturen Sprechen in besonders betonter Weise als situativ gebundenes Handeln gilt. Kleinschmidt: *Wordhord onleac*, betont, daß in frühen Stufen der heutigen europäischen Sprachen »verschiedene Arten des Sprechens je nach Stellung und Bedeutung im kommunikativen Handlungsablauf nach Wort und Begriff [d.h. durch eine Vielzahl von Wörtern, die das Sprechen bezeichnen, H. H.] differenziert wurden« (S. 40), und er arbeitet die Bedeutung charakteristischer Sprechsituationen für die mündliche Kultur des Frühmittelalters heraus.

sô eo te uueroldi sint   uuordo endi dâdeo,
mancunnies manag   oƀar thesan middilgard
sprâcono thiu spâhiron,   sô hue sô thiu spel gefrang,
thea thar an themu berge gesprac   barno rîkeast.
(V. 1984-1993)

(Es hatte da fürwahr des Waltenden Sohn
gelehrt die Leute, wie sie das Lob Gottes
bewirken sollten. Da ließ er das Volk
nach allen Seiten, die Heerscharen der Männer
nach Hause gehen. Sie hatten desselben Worte
gehört, des Himmelskönigs, die heilige Lehre,
wie immer auf der Welt, an Worten und Taten,
viele Leute über diesen Mittelgarten,
klüger in ihren Äußerungen sind, wenn sie die Rede hören,
die da auf dem Berg das mächtigste der Menschenkinder sprach.)

Hatte Jesus sich zur Bergpredigt die zwölf Jünger ausgewählt und nah zu sich
herangeholt, so schickt er nun die ganze umstehende Menge nach Hause. Die
Bergpredigt stellt sein entscheidendes Handeln dar, und so wird die Situation
auch auf seine Initiative hin aufgelöst.

Die ausführliche Entfaltung dieser Situation ist nur ein besonders ins Auge
springendes Beispiel für ein Verfahren, das der Dichter durchgängig anwen-
det: Über seine Vorlage hinaus ›verpackt‹ er den Erzählinhalt immer wieder
in abgeschlossene Situationen, wie sie besonders sinnfällig mit dem Fittenbeginn oder -ende darstellbar werden. Dabei beschränkt er sich häufig auf
Formeln, die einen Situationswechsel kennzeichnen, und nur im Ausnahmefall wird er einmal so explizit und ausführlich wie bei der Bergpredigt. Regiert wird aber seine Auswahl der verwendeten Formeln durch die Anschaulichkeit der erzählten Situationen. Die Formeln fallen ihm zu, wenn er selbst
anschaulich sehen kann, was er erzählen will.

Der Kompositionsprozeß beginnt also mit einer gesehenen oder vorgestellten Situation wie z.B. der einer Rede, der Zuhörer aufmerksam und nach-
denklich zuhören. Dann ist es u.a. immer gleich die Formel *thâhtun endi
thagodun* (vgl. V. 1284, 1386, 1583 und auch 3872, wo eine ähnliche Situation dargestellt ist), die über eine zirkuläre kognitive Operation die Situation
charakterisiert, durch deren Vorstellung sie aber gleichzeitig beim Dichter
selbst erst elizitiert wird. Vorgestellte Situation und Formel bringen sich im
Prozeß des Erzählens gegenseitig hervor. Der Dichter kann nicht anders, als
immer schon in gesehenen Situationen zu erzählen: er denkt situativ.

2.6 Satzgrenzenverlagerung (›Hakenstil‹) und Umschreibung (›Variation‹) als Folgen improvisierender Mündlichkeit

Wer die Forschungsliteratur zu den beiden genannten Erscheinungen sichtet, erhält schnell den Eindruck, es handele sich hierbei um eine besondere Gestaltung des sprachlichen Ausdrucks und seiner metrischen Form. Hat etwa Rilke das Enjambement besonders weit getrieben und auch über die Strophengrenzen spielen lassen, so kannten schon die Dichter germanischer Stabreimdichtung – nach Andreas Heusler am Zeilensprung lateinischer Hexameter geschult[97] – denselben die strenge Zeilenform überspielenden Impetus, der zur Ausbildung des Hakenstils führte. Bei allen Variationserscheinungen, wie Stefan Sonderegger sie auf der Ebene der Begriffe, der grammatischen Fügung, der Wortstellung, der Versfüllung sowie ganzer Sätze beobachten will, ging es andererseits darum, »einmal Gegebenes in der Ausdrucksfolge sprachlich oder bildlich abzuheben, eine Gesamtvorstellung mit neuen, weiteren Mitteln zu verdichten oder ein Grundmotiv – auch ein formales Muster – mit veränderten Formen aufs neue aufklingen zu lassen«[98].

Heusler hat Hakenstil[99] und Variation im Kontext ihres Auftretens konsequent als stilistische Erscheinungen beschrieben.[100] In der Entwicklung vom kurzen Heldenlied mündlicher Sänger zum aufgeschwellten Buchepos geistlicher Literaten, zu denen er auch den Dichter des ›Heliand‹ rechnet, stellen sie sich neben anderen Eigenarten der Langdichtungen wie dem verstärkten Gebrauch indirekter Rede, der Hypotaxe und dem Periodenbau sowie den Schwellversen als stilistische Folgen ein: Der Hakenstil betont sprachliches Vorwärtsdrängen zur Belebung des längeren Vortrags, in der Variation entlädt sich dagegen eine Gefühlsspannung gegenüber dem Erzählten, das bereits Genanntes mit rein tautologischen, aber auch mit semantisch betonten, d.h. erklärenden, ergänzenden oder ausmalenden Varianten (Appositionen)[101] für den Ausgangsbegriff, das Variatum, umspielt. Gerade durch die Variation über-

---

97 Heusler: Deutsche Versgeschichte. Bd. I, S. 263.

98 Stefan Sonderegger: Erscheinungsformen der Variation im Germanischen. In: Festschrift für Konstantin Reichardt. Hg. von Christian Gellinek. Bern, München 1969, S. 13-29, hier S. 29.

99 Heusler: Deutsche Versgeschichte, S. 262f., hat zuletzt den Begriff ›Bogenstil‹ vorgezogen.

100 Andreas Heusler: Liedstil und Epenstil. In: Ders., Kleinere Schriften. Hg. von Helga Reuschel. Bd. 1. Berlin 1943, S. 517-565. Ich konzentriere mich im folgenden auf eine alternative Erklärung. Vgl. zur älteren Forschung zur Variation Kartschoke: Bibeldichtung, S. 179-186.

101 Die Apposition ist als ein Sonderfall der Variation von Richard Heinzel: Über den Stil der altgermanischen Poesie. Straßburg 1875, S. 5-7, beschrieben worden.

flutet der Satz oft die Langzeile, und wenn er in der Zäsur zwischen An- und Abvers endet, so wartet der Langvers noch auf den Hauptstab, was ein weiteres Vorwärtsdrängen herausfordert.

Als Einfühlung in die Phänomenologie dieser ›Stilformen‹ ist Heuslers Beschreibung sehr überzeugend, sie führt allerdings einige Probleme mit sich und übergeht ein anderes allzu selbstverständlich. Heusler sieht die Entstehung dieser ›Stilformen‹ bei Klerikern, die u.a. Vergil und Prudentius kannten und in Nachbildung der ›Aeneis‹ zum Buchepos gelangten. Abgesehen davon, daß durch solche Kenntnis die Entstehung von Hakenstil und Variation keineswegs erklärt wird[102] und die bloße Länge der Dichtungen leicht auch anders zu erklären ist,[103] setzt dies für den Dichter des ›Heliand‹ zwingend voraus, daß er auch altenglische christliche Dichtungen kennen mußte.[104] Dies hat aber Dietrich Hofmann schon aus Gründen der Chronologie bestritten.[105] Die tatsächlich vorhandenen, über die Verwendung desselben Formelreservoirs hinausreichenden wörtlichen Anklänge insbesondere zwischen ›Heliand‹ und ›Christ III‹ (= ›Christ‹, V. 868-1694) sind denn auch durch Abhängigkeit des ›Christ III‹ vom ›Heliand‹ zu erklären.

Wichtig ist im gegenwärtigen Zusammenhang aber ein anderer Punkt: Anders als z.B. Baesecke, der die Suche nach Stäben erhellend mit einem Lege-

---

102   Variation kommt in der ›Aeneis‹ nicht vor und deshalb auch nicht ihre systematische Verschränkung mit dem Hakenstil. Ob man diesen mit dem Übergreifen des Satzes in die nächste Zeile, wo er in der ›Aeneis‹ nur selten in der Mitte endet, vergleichen kann, ist zweifelhaft.

Max Wehrli: Sacra Poesis. Bibelepik als europäische Tradition. In: Ders., Formen mittelalterlicher Erzählung. Zürich 1969, S. 51-71 (zuerst 1963 erschienen), hier S. 57-59, hat die Variation vom frommen Umgang mit biblischen Inhalten, ihrem Wiederkäuen im Geiste, ableiten wollen, wie sie denn auch in der lateinischen Bibelepik begegnete. Vgl. im Anschluß hieran Kartschoke: Bibeldichtung, S. 183, der die Umschreibungen im ›Carmen paschale‹ (I 148-157) des Sedulius anspricht. Sie lassen aber auch hier keine Verschränkung mit dem Hakenstil erkennen.

103   Aus dem gesteigerten Interesse an unterhaltenden Vorträgen und dem Druck auf die Sänger, ein entsprechendes Repertoire aufzubauen. Im übrigen ist der Übergang von Kurz- zu Langdichtungen kein entwicklungsgeschichtliches Gesetz der Heldendichtung, da auch Übergänge von Lang- zu Kurzdichtungen zu beobachten sind. Heuslers Assoziation von Langdichtung und Buchmäßigkeit ist eine Hypothese, die in keiner Weise selbstverständlich ist. Vgl. z.B. Hatto: Eine allgemeine Theorie der Heldenepik, S. 21, 35.

104   In der älteren Forschung diskutierte Parallelen zwischen der altenglischen und altsächsischen Dichtung bestehen oft darin, daß sie an inhaltlich vergleichbaren Stellen dasselbe Formelgut teilen. Dies muß allerdings keine unmittelbare Abhängigkeit bedeuten. Als Forschungsreferat, das sich nicht immer entschieden genug von der älteren Forschung löst, vgl. Zanni: Heliand, Genesis und das Altenglische.

105   Hofmann: Die altsächsische Bibelepik ein Ableger der angelsächsischen geistlichen Epik?, S. 335-337. Gegen Heuslers ›Konstruktion‹ der Abfolge von weltlicher Lieddichtung und geistlicher Buchdichtung und der Abhängigkeit der as. von der ae. Buchdichtung vgl. ebd., S. 331-335.

spiel verglichen hat, das sich über mehrere Verse erstreckt,[106] hat Heusler nicht einen einzigen Gedanken auf das schwierige Unterfangen des Dichtvorgangs selbst verwendet, und so identifiziert er – an der phänomenologischen Oberfläche bleibend – Hakenstil und Variation fälschlich als ›Stil‹, d.h. er setzt voraus, daß die Sänger oder Dichter, die diesen ›Stil‹ zur Ausprägung brachten, frei darin waren, ihn als ein den überkommenen Stabreimvers zusätzlich schmückendes Moment anzuwenden.[107]

Die Forschung zum ›Heliand‹ ist ohne Ausnahme bei dieser – wie ich meine – Fehlidentifikation geblieben.[108] Den Schlüssel zu beiden Erscheinungen, die ich begrifflich zurückhaltender lieber Satzgrenzenverlagerung und Umschreibung nennen möchte, hatte dagegen bereits Magoun 1929 in der Hand, als er für Formeln wie die von mir oben zum traditionellen Formelreservoir germanischer Stabreimdichtung gerechneten Doppelstabfüllungen von Anversen konstatierte, daß »the tendency to make recurrent use of the same first compounding elements no doubt arose in seeking alliterative words«[109] und daß eine Untersuchung der Verspositionen, auf denen sich leicht Ersetzungen plazieren lassen, zu einem besseren Verständnis der »technique of composition« führen würde.[110]

Hier wird das Problem, vor dem jeder stand, der aus dem Kopf und ohne Niederschrift oder gar im Verlauf des Vortrags Stabreimverse anfertigte, klar gesehen: Wie bringt man es fertig, in womöglich kurzer Zeit Wörter bereit zu haben, aus denen man einen fortlaufenden Erzähltext fertigen kann und die dazu die erforderten Stäbe schon tragen? Formeln mit Doppelstab für An-

---

106 Baesecke: Fulda und die altsächsischen Bibelepen, S. 373, scheint zu seinem Vergleich auch durch das Losorakel angeregt, bei dem man Stäbe mit eingeritzten Zeichen warf, die der Priester in der Reihenfolge des Aufhebens sprachlich zu deuten hatte. Vgl. Baesecke: Vor- und Frühgeschichte des deutschen Schrifttums, S. 66.

107 Zu betonen ist doch, daß es sich im Zuge seiner Entstehung gerade nicht um einen individuellen Stil, sondern um eine überindividuelle Improvisationstechnik handelt. Sie ist, dem Formelreservoir vergleichbar, ein nun allerdings nicht lexikalischer, sondern struktureller Bestandteil des Sängersoziolekts, und taucht allerdings erst unter charakteristischen, noch zu erklärenden Umständen auf. Nach Parry: Studies in the Epic Technique of Oral Verse-Making I, S. 270, ist ein Sänger grundsätzlich durch den überindividuellen Soziolekt gebunden, der ihm »the search of a style which would be altogether his own« erspart. Dies schließt im übrigen nicht aus, daß ein solcher Soziolekt unter Bedingungen schriftliterarischer Produktion als Stil angeeignet wird, wie dies in der ae. christlichen Stabreimdichtung der Fall sein dürfte. Mir geht es hier allerdings um den Entstehungskontext.

108 Vgl. als besonders charakteristisch Sowinski: Darstellungsstil und Sprachstil im Heliand, S. 295-309.

109 Francis P. Magoun, Jr.: Recurring First Elements in Different Nominal Compounds in ›Beowulf‹ and in the ›Elder Edda‹. In: Studies in English Philology: A Miscellany in Honor of Friedrich Klaeber. Minneapolis 1929, S. 73-78, hier S. 77.

110 Ebd.

verse kann man in größerer Zahl speichern und aus dem mentalen Lexikon abrufen. Wie es scheint, hatte ein Sänger Hunderte davon parat. Aber dies löst längst nicht alle Probleme der Komposition.

Umschreibungen, mit denen schon einmal genannte Personen und Handlungen, seltener Dinge, Eigenschaften und Ereignisse noch einmal mit anderen Worten genannt, oder Appositionen, mit denen sie weiter beschrieben werden, schaffen ein retardierendes Moment und bringen damit Zeitgewinn für weitere Wortsuche während des Sprechflusses, vermehren aber auch zugleich über demselben Erzählinhalt stabtragende Wörter, so daß das Finden von stabenden Partnern in einem ausstehenden Halbvers, der die Erzählung nur ein kleines Stück weiterbringt, erleichtert wird. Denn es müssen nicht gleich alle Stabträger eines Verses mit dem fortschreitenden Erzählinhalt verknüpft werden, sondern nur einer.

Die Verlagerung von Satzgrenzen in die Versmitte bedeutet gleichfalls einen gewissen Zeitgewinn, wenn man annimmt, daß man sich für den Beginn eines neuen Satzes im Vers etwas mehr Zeit nehmen kann, als wenn man einen Satz fortzusetzen hätte. Nicht die metrische Brechung mit ihrem stilistischen Reiz ist hier relevant, sondern der kompositorische Vorteil eines Satzbeginns mitten im Vers. Auch hier braucht man zur Not erst zu diesem Zeitpunkt nach einem neuen Stabträger suchen und nicht zu Beginn des Verses für einen Satz, der sich über den ganzen Vers erstreckt, nach mindestens zwei Stabträgern. Mit dem Beginn eines neuen Satzes gleich mindestens zwei stabtragende Wörter zu finden, ist zweifellos schwieriger, als einfach den im Anvers schon gesetzten Stab aus dem vorhergehenden Satz zu bedienen.

Satzgrenzenverlagerung und Umschreibung/Apposition[111] sind deshalb Funktionen der Erhöhung von Wahlmöglichkeiten für den Stabreim und der Erleichterung des Findens von Stabträgern. Stäbe zu setzen und zu bedienen bedeutet eine erhebliche Restriktion für den zu bildenden Text und für den Sprechfluß. Dieser Restriktion kann mit Mitteln begegnet werden, die ihre Auswirkungen – Verzögerung des Findens passender Wörter und damit Behinderung des Sprechflusses oder Verlust des textuellen Zusammenhangs – reduzieren.

Satzgrenzenverlagerung und Umschreibung/Apposition sind keineswegs primär Stilerscheinungen, und sie haben mit sprachlichem Ausdruck nur sekundär etwas zu tun. Weder die Umschreibung noch selbst die Apposition suchen sprachliche Vielfalt und damit Variation eines Variatum, sondern sie erfüllen ihre Funktion jenseits aller Semantik und sind allein auf die Bereitstellung eines Stabreims oder das erleichterte Bedienen eines bereits gesetzten Stabs reduziert. Das Einbringen einer im Gedächtnis schnell zugängli-

---

111 Ich betrachte die erklärende und schmückende Apposition unter dem Gesichtspunkt der Kompositionstechnik als Sonderfall einer – erweiterten – Umschreibung.

chen und etwa vor einem Vortrag in Abstimmung mit dem Erzählinhalt zurechtgelegten Doppelstabformel, die bereits Gesagtes umschreibt oder erweitert, in den Anvers verschiebt die Fortführung der Erzählung auf den Abvers. Während der vermutlich automatisierten Einbringung spricht man sich aber auch in den im Abvers zu bedienenden Stabreim ein, und dies erleichtert das Finden eines stabtragenden Wortes, mit dem die Erzählung dann fortgeführt werden kann. Steht die Umschreibung im Abvers, so enthält sie ein Wort, mit dem bequem ein im Anvers gesetzter Stab bedient werden kann, so daß ein vorher begonnener Satz nach dem Einhalt im Abvers leichter in den nächsten Vers hinein und über mehrere Verse hin fortgeführt werden kann.

Die Verlagerung einer Satzgrenze in die Verszäsur hingegen nutzt die Pause zwischen dem gerade beendeten und dem neu zu beginnenden Satz, um das stabtragende Wort, das sich mit diesem Satz einstellen muß, für den Abvers zu finden. Satzgrenzenverlagerung und Umschreibung/Apposition bedeuten deshalb ein mentales Atemholen, das die Suche nach dem Stabträger entscheidend befördert.

Wenn das dem Dichtvorgang zugrundeliegende Problem im Finden von Stabreimen besteht, so muß ein Sänger das dazu dienliche Wortmaterial auf möglichst ökonomische Weise zusammenbekommen. Hierzu bedarf er einer Kompositionstechnik. Satzgrenzenverlagerung und Umschreibung/Apposition stehen nun als Kompositionstechniken auch in unmittelbarem Zusammenhang miteinander, wenn eine Satzgrenze dadurch verschoben wird, daß der Anvers durch eine Umschreibung gefüllt wird, die einen Satz abschließt. Der zu beendende Satz springt dann mit dem letzten, die Umschreibung und/oder Apposition tragenden Glied auf den neuen Langvers über, mit dessen Abvers ein neuer Satz zu beginnen ist. Dies macht den oft konstatierten systematischen Zusammenhang zwischen der Satzgrenzenverlagerung und der Umschreibung aus.[112] Als Stilformen bliebe ein solcher Zusammenhang zwischen ihnen unerfindlich, es könnte den Hakenstil ebensogut ohne die Variation geben und umgekehrt.

Ich möchte das Behauptete[113] an den oben zitierten Versen 1279-1299, der Einleitung zur Bergpredigt, kurz illustrieren. Die erste retardierende Umschreibung für *Krist* (V. 1279) ist hier *uualdand undar them uuerode* (V. 1281a). Im Prinzip könnte der Abvers *Stôdun uuîsa man* (V. 1281b) auch als – nur mit einem Stab versehener – Anvers (in V. 1281a) auftreten, aber dann müßte der Dichter gleich schon weitererzählen und dies mit einem gleichzeitig zu finden-

---

112 Vgl. z.B. Ludwig Wolff: Über den Stil der altgermanischen Poesie. In: Ders., Kleinere Schriften zur altdeutschen Philologie. Berlin 1967, S. 31-43, hier S. 40.

113 Es nimmt die Anregungen von Hofmann: Die altsächsische Bibelepik ein Ableger der angelsächsischen geistlichen Epik?, S. 338f., auf. Vgl. auch Hofmann: Die altsächsische Bibelepik zwischen Gedächtniskultur und Schriftkultur, S. 545f., sowie Hofmann: ›Stabreimvers‹, S. 192.

den Stabträger. Das ist natürlich nicht unmöglich, und er verfährt oft genug auf solche Weise. Aber es nimmt den Konzentrationsdruck aus dem Kompositionsvorgang und erleichtert die Suche, wenn er sich Einhalt verschaffen kann. Der Einhalt besteht in der umschreibenden Neubezeichnung eines bereits genannten Referenten oder seiner Ausschmückung durch Appositionen, und hier ist die Suchbewegung systematisiert und automatisiert: Neu bezeichnet oder mit einer Apposition bestückt wird meist, worauf auf der Satzebene über die Positionen des Subjekts, Objekts oder des verbalen Prädikats referiert wurde, wobei aber natürlich zuerst an die Referenten und nicht an die Begriffe oder Satzpositionen gedacht wird.[114] Der Einhalt besteht also in einer inhaltlichen Wiederholung von etwas schon Gesagtem. Sprachlich müssen hierfür Umschreibungen (und Appositionen) zur Verfügung stehen. So wird *neriendi Krist* durch *uualdand undar them uuerode* umschrieben und *uuîsa man* durch *gumon*. Die Umschreibung ist schneller parat als ein neu zu beginnender Satz, der sich auf zwei Stabträger einzurichten hätte, oder ein – wieder unter Einbringung zweier Stabträger – fortzusetzender Satz.

Nimmt man den Caedmon-Bericht, den Beda Venerabilis in seiner ›Kirchengeschichte‹ mitteilt,[115] beim Wort, so bedurfte es der Vorbereitung für den Vortrag einer Stabreimdichtung. Über Nacht legt Caedmon sich seine Dichtungen zurecht. Wenn man sich nicht gleich die ganze Dichtung im Wortlaut zurechtlegte, dann aber über den narrativen Rahmen hinaus neben einschlägigen Doppelstabformeln zumindest ein Set von Umschreibungen dessen, wovon in der Dichtung die Rede sein sollte, sowie von Appositionen, die es ausschmücken sollten. Mit beidem ließ sich dann zur Not auch improvisieren.

Das kurze Gebet, das Beda von Caedmon überliefert,[116] zeigt Satzgrenzenverlagerung und Umschreibung in voller Ausbildung. Auch wenn das Gebet als kunstvoll gebundener Text erscheint, besagt dies nichts über die Herkunft

---

114 Die sorgfältige Beschreibung von Walther Paetzel: Die Variationen in der altgermanischen Alliterationspoesie. Berlin 1913, ist auf der grammatischen Ebene korrekt, wohl aber nicht – wie beabsichtigt – auf der Ebene »psychologischer Grundlagen der Variation«. Bereits Paetzels Definition: »ein für das Verständnis genügend gekennzeichneter Begriff wird, entgegen dem Gebrauch der Prosa, noch einmal und zwar oft mit Unterbrechung des syntaktischen Zusammenhangs dem Hörer oder Leser vor die Seele gerückt« (S. 3) erscheint mir deshalb korrekturbedürftig: ›Ein bereits bezeichneter Referent wird, entgegen dem gewöhnlichen Sprachgebrauch, noch einmal neu und zwar oft mit Unterbrechung des syntaktischen Zusammenhangs bezeichnet – nicht vorrangig für den Hörer, sondern um dem Sänger stabtragende Begriffe bereitzustellen und die Suche nach ihnen zu erleichtern.‹ Die stilistische Qualität der Kompositionstechnik ist ein sekundärer Effekt.

115 Vgl. Beda: Kirchengeschichte des englischen Volks, S. 396-402. Vgl. zum Caedmon-Bericht Kartschoke: Bibeldichtung, S. 131-139; vgl. auch Harald Haferland: War der Dichter des ›Heliand‹ illiterat? In: ZfdA 131 (2002), S. 20-48, hier Kap. 6.

116 Vgl. Kartschoke: Bibeldichtung, S. 149-151, zur Autorschaft Caedmons.

der angewandten Techniken. Deutlicher als in Caedmons Gebet kann man aber z.B. am ›Heliand‹ erkennen, was sie leisten und welche kompositorische Erleichterung sie verschaffen.

Die im diskutierten Abschnitt aus der Bergpredigt zum Zuge kommenden Sets von Umschreibungen[117] lassen sich auflisten. Als Umschreibungen für Jesus kommen vor: *neriendi Krist, waldand, godes sunu, godes êgan barn, thiodo drohtin, landes hirdi, hêlag drohtin, Krist alowaldo.* Diese Umschreibungen liefern die (durch Fettdruck hervorgehobenen) Stäbe **n, w, g, th, l, h, k.** Als Umschreibungen für Jesu Jünger kommen vor: *gesidos, wîsa man, gumon, weros, liudi, man.* Dadurch werden die Stäbe **s, w, g, l, m** bereitgestellt. Folgende Formulierungen umschreiben von Jesus vorgenommene Handlungen: *wordun cûðien, spâhword manag (lêrean), wîsian mit wordun, (seggian) spâhun wordun.* Dies führt zu den Stäben **w** und **s. w** bildet die Schnittmenge der Stäbe aller drei Gruppen von Umschreibungen, **s, g, l** die Schnittmenge der Stäbe jeweils zweier Gruppen. Schon aus den Umschreibungen allein ließen sich damit ganze Verse zusammensetzen.

Die Häufigkeit der Stabkonsonanten in den Versen 1279-1299 ist: **w** (fünfmal), **s** (viermal), **g** (dreimal), **l** (zweimal), **m** (zweimal), **h, k, th, n, Vokal** (jeweils einmal). Das zeigt, daß die – freilich auch zu dieser Häufigkeit beitragenden – Umschreibungen dringend gebraucht werden, um die Verse mit stabtragenden Wörtern füllen oder anreichern zu können. Müßten dazu immer Wörter gefunden werden, die auch den Erzählverlauf voranbrächten, so fiele die Wortsuche sehr viel angestrengter aus, der Erzählverlauf könnte nicht so gefällig gestaltet werden und geriete in die Gefahr einiger Holprigkeit, da er den Umweg über allein zu diesem Zweck gesuchte Wörter nehmen müßte.

Unter den Buchstaben **w** und **s** finden sich in den altsächsischen Wörterbüchern mit Abstand die meisten Eintragungen.[118] So ist es bequem, Umschreibungen parat zu haben, die mit diesen Buchstaben anlauten, denn man kann sicher sein, sie leicht zum Einsatz zu bringen. Dies geht in aller Deutlichkeit schon aus der gewählten, sehr schmalen Probe hervor, da die Stabkonsonanten **w** und **s** hier bereits in verschiedenen Umschreibungen selbst einer Gruppe auftreten. Aber natürlich sind auch Umschreibungen nötig, mit denen sich gerade auf Wörter reagieren läßt, die seltene Stabkonsonanten tragen.

So nennt der Dichter die vertrauliche Sammlung der Jünger zur Bergpredigt kurz vor der hier herangezogenen Stelle *rûna* (›vertrauliche Besprechung‹, V. 1273) – das **r** ist ein vergleichsweise selten vorkommender Stabkonso-

---

117 Für die erklärende und schmückende Apposition nehme ich keine entsprechende Untersuchung vor und unterstelle, daß auch für sie prinzipiell das gilt, was hier über die Umschreibung gesagt wird.

118 Ich beziehe mich auf das in Anm. 25 angeführte Wörterbuch von Sehrt sowie auf Johan H. Gallée: Vorstudien zu einem altniederdeutschen Wörterbuche. Leiden 1903.

nant –, und er benötigt deshalb Umschreibungen für Jesus und seine Jünger, die anders als die angeführten mit **r** anlauten. So findet er für die Jünger *rincos* und für Jesus *râdand*: *Thô gengun sie tuueliƀi samad, / rincos te theru rûnu, thar the râdand sat, / [...]*. (›Da gingen sie zwölf zusammen, die Krieger, zu der Besprechung, wo der Ratende saß‹, V. 1272-1273).[119]

Da Umschreibungen schneller parat sind als neue Wörter für neuzubildende Sätze, kann man mit ihnen auf die Zwänge der Stabreimdichtung leichter reagieren: Man kann im Anvers gesetzte Stabreime leicht über die in der Umschreibung gebundenen Stabträger bedienen. Man kann aber mit ihnen Stabreime auch leicht setzen, von denen man vielleicht schon weiß, wie man sie im Abvers – auch in einem neu zu beginnenden Satz – bedienen wird. Und man kann sich für seltene Stabkonsonanten, denen im Erzählfortgang nur schwer ein Stabpartner an die Seite zu stellen wäre, mit einer Umschreibung aus der Verlegenheit helfen.[120]

Auf den ersten Blick ist es – im Vergleich mit Umschreibungen – für die Verlagerung von Satzgrenzen in die Versmitte sicher weniger einsichtig, daß auch sie kompositionstechnisch motiviert ist. Nicht daß der Vers über die Versgrenze hinausgreift, ist hier relevant. Daß uns dies als relevant erscheint, ist nur Folge des Umstandes, daß unser Gefühl für die Versgrenze visuell noch verstärkt wird. Entscheidend ist stattdessen, daß der Stabreim über die Satzgrenze hinausgreifen kann. Denn es bedeutet eine größere Freiheit für die Wahl und insbesondere das Bedienen von Stäben, wenn ein Satz beendet werden kann, ohne daß zusätzlich ein Stabreim gefunden werden muß, als wenn seine Beendung im Abvers mit der Suche nach einem Stabreim zusammenfiele. Diese größere Freiheit macht es leichter, mit den gleichzeitig auftretenden Zwängen des zu bewältigenden Erzählfortgangs über zu bedienende Stäbe zurechtzukommen, weil man für die Fortsetzung eines Satzes bei reduzierten Freiheiten in Syntax und Lexik mehr Freiheiten hinsichtlich der Stabträger braucht, ohne auch hier noch eingeschränkt zu werden. Einen Satz neu zu beginnen, bedeutet dagegen mehr syntaktische und lexikalische Freiheiten, und deshalb kann man mit diesen Freiheiten leichter auf die Forderung nach einem stabtragenden Wort reagieren. Gerade eine *composition in*

---

119   Die Umschreibungen u.a. für Jesus und die Jünger hat Max Roediger: Heliand herausgegeben von Sievers. In: Anzeiger für deutsches Altertum und deutsche Litteratur 5 (1879), S. 267-289, hier S. 274-276 und 273f., für die ersten 2500 Verse zusammengestellt. Eine vollständigere Zusammenstellung der Umschreibungen u.a. für Jesus findet sich bei Roedigers Schüler Paul Pachaly: Die Variation im Heliand und in der altsächsischen Genesis. Berlin 1899.

120   Daß Umschreibungen der Vermehrung stabtragender Wörter dienen, arbeitet z.B. Georg Baesecke: Das Hildebrandlied. Eine geschichtliche Einleitung für Laien, mit Lichtbildern der Handschrift, alt- und neuhochdeutschen Texten. Halle 1945, S. 22, an den Versen 63-68 des ›Hildebrandsliedes‹ heraus.

performance wird daher die Zäsur zwischen An- und Abvers bevorzugt nutzen, Sätze neu zu beginnen.

Wie die Komposition vonstatten gehen mochte, bedürfte eingehenderer Untersuchung. Auch für den Abvers konnten – wenn auch seltener als für den Anvers – Formeln bereitstehen, die das Bedienen des Stabreims erleichterten. So verwendet der Dichter des ›Heliand‹ z.B. die Wortgruppe *gerno suîðo* (›sehr eifrig‹), die die Aufnahmebereitschaft der Jünger Jesu bei der Bergpredigt beschreibt (V. 1282, 1384, 1581), auch an anderer Stelle (vgl. V. 110, 289). Und die schon genannte Formulierung *Stôdun uuîsa man* (V. 1281) taucht noch zweimal im Abvers auf (vgl. V. 4858 und, mit Austausch des Adjektivs, V. 3927), so daß die Schlußfolgerung erlaubt sein mag, daß eine Reihe von Formulierungen mit nur einem Stabträger relativ fest mit der Position des Abverses assoziiert sind. Daß andererseits von einem Vers immer der Anvers zuerst gefaßt wird und daraufhin, wie man annehmen könnte, erst der Abvers, ist gewiß nicht zwingend. Gerade in Voraussicht auf den Stabträger eines Abverses, der die Erzählung voranbringt, kann der Anvers schon mit einer geeigneten Umschreibung und/oder Formel bestückt werden, so daß der Vers gewissermaßen ›vom Abvers her‹ gedichtet wird.

Daß Satzgrenzenverlagerung und Umschreibung/Apposition sich allein über literarische Rezeption verbreitet haben sollten, wie von Heusler vorgeschlagen, ist nicht sehr wahrscheinlich. Sie dürften sich stattdessen als Kompositionstechniken aufgedrängt und in Verbindung mit dem Sängersoziolekt verbreitet haben. Heusler hat nun aber zu Recht herausgearbeitet, daß es vor und neben einer hierdurch gekennzeichneten Stabreimdichtung auch Stabreimdichtung im sogenannten Zeilenstil gab (insbesondere im Althochdeutschen und Altnordischen), und da diese ohne die beschriebenen Erleichterungen der Komposition auskommen mußte und konnte, scheinen alle bisherigen Beobachtungen hinfällig.

Die erhebliche Unterschiedlichkeit der Dichtarten – mit Zeilenstil oder mit Hakenstil und Variation – wird allerdings mit einer anderen, übergeordneten Differenz zu tun haben. Deshalb hat Heusler zwischen mündlicher Lieddichtung und schriftlicher Buchdichtung unterschieden. Hakenstil und Variation sollten im Gegensatz zum Zeilenstil eine Stilform fürs Pergament sein, die die geistlichen Literaten im Zuge des Schreibens gebrauchten.[121]

Es gibt freilich eine Dichotomie, welche die Unterschiedlichkeit der Dichtarten besser erklärt als die Dichotomie von mündlicher Lieddichtung und schriftlicher Buchdichtung, ohne daß Heusler sie vor der Etablierung der *Oral-*

---

121 Dabei mochte sich wie bei einer *ruminatio* christlicher Inhalte das Erzählte immer wieder neu und mit neuen Worten aufdrängen. Vgl. Kartschoke: Bibeldichtung, S. 185f., zur geistlichen Rolle der Variation. Ich meine, daß Fragen nach Herkunft und Funktion der Variation aus dem Bereich geistlicher Stoffe hinaus- und auch von der poetischen Qualität der Variation hinwegführen.

Formulaic Theory schon klar hätte absehen können – obwohl er sie selbst einmal diskutiert.[122] Stabreimdichtung im Zeilenstil könnte im Vortrag memorierte Dichtung sein – vorher in fest gebundener Form verfaßt und angesichts ihrer Kürze auswendig im Gedächtnis gespeichert –, und Stabreimdichtung mit Satzgrenzenverlagerung und Umschreibung/Apposition könnte im Zuge des Vortrags improvisierte Dichtung sein – angesichts ihrer Länge nicht im Gedächtnis zu behalten und deshalb mit Techniken der weitgehend spontanen Komposition auszustatten.[123] Die Dichotomie von ›gesungener Lieddichtung‹ und ›im gehobenen Sprechton vorgetragener Dichtung‹ könnte einhergehen.[124] So findet ein alterfahrener Sänger im ›Beowulf‹ ein *spel* – eine mündliche Erzählung, kein Lied! –, in dem er die von Beowulf begangenen Taten in richtiger Stabreimbindung (*soðe ȝebunden*) offensichtlich aus dem Stegreif in neue Worte faßt (›Beowulf‹, V. 867-874).

Eine Annahme wie die eben skizzierte verträgt sich besser als Heuslers Konstruktion mit weiteren Umständen und Eigenschaften der vermutlich improvisierten Stabreimdichtung: ihrer bemerkenswert weiten Verbreitung und dem strengen Festhalten an, ja der Steigerung ihrer Formelhaftigkeit, die in der Entwicklung zu einer Buchdichtung tendenziell wohl eher abgebaut worden wäre.[125] Man muß annehmen, daß sich im 5. und 6. Jahrhundert ein Stand von Sängern herausbildete, von dem neue und andere Bedürfnisse an den

---

122   Heusler: Die altgermanische Dichtung, S. 172-174.

123   Die hier vorgeschlagene Hypothese zur Entstehung unterschiedlicher Formen der Stabreimdichtung hat anläßlich der Untersuchung des ›Beowulf‹ auch Niles: Beowulf, S. 63, aufgestellt:»The lay was relatively short, simple, and direct. The epic was ample, involuted, and richly allusive and digressive. Transmitting the lay may have depended largely on memorization – more so among weaker singers, progressively less so among the capable and experienced ones. The epic can scarcely have been memorized but was probably transmitted by professional or semiprofessional singers who would recreate any number of songs on demand. Such singers would have based their performances both on their memory of previous performances and on their mastery of traditional rhetorical techniques that included frequent digressions for the sake of thematic depth, frequent speeches of direct address, liberal use of gnomic *sententiae*, use of elaborate sorts of apposition and other amplificatory devices, and employment of a body of traditional diction that allowed for much metaphorical periphrasis, particularly involving compound words.«

124   Heuslers Zweifel an einem Gesangsvortrag von Langzeilen mit Schwellversen und verlagerten Satzgrenzen – syntaktische Sinneinheit und Melodie würden ja gegeneinander arbeiten – scheinen mir bei Dietrich Hofmann: Die Frage des musikalischen Vortrags der altgermanischen Stabreimdichtung aus philologischer Sicht. In: ZfdA 92 (1963), S. 83-121, nicht ernst genug genommen zu werden. Ewald Jammers: Der Vortrag des altgermanischen Stabreimverses in musikwissenschaftlicher Sicht. In: ZfdA 93 (1964), S. 1-13, behandelt liedmäßigen und rezitativen Vortrag nur als einander ausschließende Alternativen. Neu zu erwägen wäre, ob beides – mit dem Unterschied von Zeilenstil und ›Hakenstil‹ – koexistieren konnte.

125   Grundlegenden Widerspruch haben Heuslers Annahmen erst durch die Arbeiten von Hofmann: Die altsächsische Bibelepik zwischen Gedächtniskultur und Schriftkultur,

Vortrag von Heldendichtung am Hof zu erfüllen waren. So hatten die Sänger ihr Repertoire zu erweitern – ihre Stoffe lösten sie aus der ursprünglich stammesgebundenen Heldensage und -dichtung heraus und trugen sie zu weit entlegenen Höfen[126] – und dem Interesse an einer detaillierteren Darstellung bzw. Erzählung entgegenzukommen.[127] Das Umstellen von weitgehend memorierter auf weitgehend improvisierte Dichtung ergab sich in diesem Zusammenhang ganz natürlich, denn das Repertoire ließ sich schwerlich noch bewältigen, wenn auch der Wortlaut im Gedächtnis behalten werden mußte. Dann aber waren Techniken notwendig, den kompakten Zeilenstil der überkommenen Dichtungsform zu lockern, das Erzähltempo zu verlangsamen[128] und die alte Form der Bindung von Worten zur Speicherung für den Vortrag durch eine neue der Erzeugung der Worte beim Vortrag aufzustocken. Gab es Strophen – wie man es u.a. aus dem Überlieferungszustand der Stabreimdichtung im Altnordischen vermuten könnte –, so waren sie als unnötige Erschwerung der Improvisation zu beseitigen. Aus einer weitgehenden Reproduktion von Dichtung mußte ihre weitgehend spontane Produktion werden.[129]

Caedmons Hymnus – nach Beda vor 680 entstanden – zeigt die Anzeichen dieser Technik, die man angesichts der Kürze des Textes und angesichts seines Gegenstandes allerdings für hymnischen Stil halten könnte. Man greift die neue Form also erst recht spät, und neben ihr haben sicherlich Lieder der alten Form überlebt, wie man aus der Überlieferung des ›Hildebrandsliedes‹ schließen kann.

Die *Oral-Formulaic Theory*, von deren Erklärungsmacht ich ausgegangen bin, hat vielfach Widerspruch erfahren, hat sich aber in der Forschung zu den ae. Stabreimdichtungen erheblich mehr Geltung verschaffen können als in der Forschung zum ›Heliand‹. Ursula Schaefer sieht sie in der Sackgasse.[130] Nach den vielen ermüdenden Versuchen, den Formelbegriff zu präzisieren und die Formel einzig als kompositionstechnisches Mittel zu untersuchen (dies

---

und Hofmann: Die altsächsische Bibelepik ein Ableger der angelsächsischen geistlichen Epik?, erfahren.

126 Dies wird etwa belegt durch das Repertoire des eben angeführten Sängers aus dem ›Beowulf‹ (vgl. V. 874-913) sowie durch den ›Widsith‹. Zum Bild des Sängers im ›Beowulf‹ vgl. auch Jeff Opland: Beowulf on the Poet. In: Medieval Studies 38 (1976), S. 442-467.

127 Einige narrative Verfahren der improvisierenden epischen Stabreimdichtung werden bei Niles: Beowulf, S. 55-61, dargestellt.

128 Diesen Effekt der Umschreibungstechnik hat schon Alois Brandl: Englische Literatur. In: Grundriss der germanischen Philologie. Hg. von Hermann Paul. II. Band. Straßburg 1908, S. 941-1134, hier S. 1014, beobachtet.

129 Nach Niles: Beowulf, erlaubt ihre Professionalität den Sängern, entsprechend unterschiedliche Typen von Stabreimdichtung hervorzubringen.

130 Schaefer: Vokalität, bes. S. 59-87.

gilt für die angelsächsische Forschung seit Magoun), macht sie Vorschläge, sie aus dieser Sackgasse zu befreien.

Angesichts der Anregungen Schaefers, die Formelhaftigkeit mehr in der hörenden Rezeption der Stabreimdichtung als in ihrer Komposition zu verankern und ihre Semantik und Pragmatik in den Vordergrund zu stellen,[131] sticht die gegenseitige Abschottung der nationalen und fachlichen Forschungstraditionen besonders ins Auge. Jene Verankerung hat die deutsche Forschung – wenn auch primär in Bezug auf die vermeintlichen Stilphänomene des ›Haken-‹ und ›Variationsstils‹ und nur im Rahmen der Variation auch in Bezug auf Formelhaftigkeit – ausschließlich und seit nahezu 150 Jahren vorgenommen. Die Arbeiten Heuslers, Paetzels, Heinzels, Sondereggers u.a. sind als durchaus an der Rezeption orientierte phänomenologische Beschreibungen vorbildlich – an den Hörer und Leser wird immer gedacht. Schaefer nennt die Arbeiten nicht.[132] Dagegen mag die Diskussion über Formelhaftigkeit in der ›Beowulf‹-Forschung bis zum Überdruß geführt worden sein – in der ›Heliand‹-Forschung ist dies kaum richtig angekommen.[133] Hier kann man mit der Betonung der Rezeption keine neuen Anregungen geben. Wohl aber ist hier allererst ein Verständnis der kompositionstechnischen Bedingungen jener Dichtform herbeizuführen, die auch der Dichter des ›Heliand‹ benutzt.

Klaus Gantert hat sich auf der Basis der angesprochenen Forschung dezidiert gegen Annahmen, wie ich sie im Vorhergehenden vorgebracht habe, ausgesprochen:

Wenn sich im Heliand traditionelle Elemente, also ›traditional phraseology‹ und ›thematic structures‹ finden – um diese Termini mit Foley anstelle von ›Formeln‹ und ›Erzählschablonen‹ zu verwenden –, so ist dies nicht mit den kompositionstechnischen Notwendigkeiten eines mündlich konzipierenden Dichters, sondern mit den rezeptionsästhetischen Überlegungen eines schriftlichen Autors zu erklären.[134]

Die Formeln, die Gantert im Anschluß als Beispiele für die ›rezeptionsästhetische‹ Orientierung des Dichters diskutiert, haben allerdings mit den metrisch und kompositionstechnisch bedingten Formeln, welche die *Oral-Formulaic Theory* untersucht hat, nichts zu tun,[135] so daß man den Eindruck

---

131 Ebd., S. 70 und passim.

132 Daß die Variation gerade auch für den ›Beowulf‹ eine herausragende Rolle spielt, zeigt u.a. Brodeur: The Art of ›Beowulf‹, in seinem Kapitel über *variation*.

133 Gerade die späten Arbeiten Hofmanns (vgl. insbesondere Hofmann: Die altsächsische Bibelepik zwischen Gedächtniskultur und Schriftkultur, und Hofmann: Die Versstrukturen der altsächsischen Stabreimgedichte Heliand und Genesis) bilden aber eine Ausnahme.

134 Gantert: Akkommodation und eingeschriebener Kommentar, S. 72.

135 Ebd., S. 72-77, werden Formeln der pragmatischen Rahmung und narrativen Organisation untersucht (*thô gifragn ik, thô giuuêt imu* u.ä.), die zweifellos auch mündliches

gewinnt, er habe deren Anliegen gar nicht erfaßt. Zu Recht bezeichnet er die schriftliche Entstehung des ›Heliand‹ als *opinio communis* der Forschung,[136] doch diese *opinio* bleibt vage: Da der ›Heliand‹ schriftlich überliefert ist, muß er aufgezeichnet worden sein. Aber die Umstände der Aufzeichnung können sehr unterschiedlich ausgesehen haben, ohne sich auf ein einsames Schreiben des Dichters einschränken zu lassen.

Daß der Dichter nach Gantert frei war, die Form der Stabreimdichtung im Blick auf die Hörgewohnheiten seiner Rezipienten zu wählen, macht seine Dichtung gleichsam zu einem *Exercise de style*. Überlegungen, wie und mit welchen dann unabdingbaren Hilfsmitteln er vorgenommen worden sein sollte und woher diese zu besorgen waren, fallen bei Gantert aus. ›Haken-‹ und ›Variationsstil‹ gelten ihm im Anschluß an Heusler als rein poetische Verfahren schon der mündlichen Tradition,[137] die der Dichter forciert literarisieren kann: Dieser nutzt die Variation auch zur impliziten Kommentierung, wenn er im Altsächsischen unbekannte Wörter wie *pascha*, *biscop* oder *Satanas* durch das Varians (*thea hêlagon tîdi*, *uuîhes uuard*, *mênskado*, vgl. V. 4202, 4942, 1103) erläutert. Tatsächlich kann die Variation in solchen Randfällen kommentierenden Charakter annehmen, ihren generellen Gebrauch kann man aber selbst für den ›Heliand‹ daraus nicht erklären.

Gantert läßt den Dichter für die Verfertigung seiner Dichtung zu einer Missionsstrategie greifen, die sich in der vollständigen Literarisierung einer deshalb nur mehr fiktiven Mündlichkeit ausdrückt. Es macht den Eindruck, als würden dabei alle Eigenschaften der mündlichen Dichtung zu einer Angelegenheit poetischer Willkür. Eine genaue Beobachtung des Textes auf die Merkmale seiner Mündlichkeit und mündlichen Komposition hin bleibt dabei auf der Strecke zugunsten eines Vorurteils, das sich aus der Perspektive der Literalität leicht erklärt: Der Umgang mit Schrift und Buch macht uns geneigt, allem, was uns heute als Schrift und Buch (wie in der ›Heliand‹-Ausgabe) begegnet, dieselbe Art von Umgang zu unterstellen, die uns so selbstverständlich erscheint.

2.7 Mündlichkeit als Medium

Homer erwähnt an keiner Stelle der ›Ilias‹ oder der ›Odyssee‹ das Schreiben oder die Schrift.[138] In der Zeit, in der der ›Heliand‹ entstand, war das Schrei-

---

Erzählen charakterisieren, aber nichts mit der Komposition metrisch gebundenen mündlichen Erzählens zu tun haben.

136   Ebd., S. 69.

137   Gantert: Akkommodation und eingeschriebener Kommentar, S. 99-101, 172-207.

138   Vgl. Finsler: Homer, S. 354. Dieser Umstand war schon Friedrich August Wolf aufgefallen.

ben zu verbreitet, als daß man darüber hätte hinwegsehen können. Wenn allerdings der Dichter des ›Heliand‹ es thematisiert, geschieht dies aus einer Perspektive, wie sie wohl leicht illiterate Sänger von außen einnehmen konnten. Etwas wird *bi bôcstabon* geschrieben (V. 230), es wird *mid handon* (V. 7) oder *fingron* (V. 32) geschrieben, und es wird *an buok* (V. 14) oder *an brêf* (V. 352) geschrieben. Es ist unwahrscheinlich, daß jemand, der schreiben kann, eine so detaillierte Außensicht des Schreibvorgangs einnehmen würde.[139] Für den illiteraten Beobachter aber muß es ein Faszinosum sein, zu sehen, was diejenigen tun, die schreiben, und wie sie es tun. Dann mag es relevant sein, festzustellen, daß sie es mit den Fingern tun und daß die Schrift aus einzelnen Buchstaben besteht, die auf ein Schreibmaterial aufgebracht werden. Bei Otfrid etwa, dem Zeitgenossen des ›Heliand‹-Dichters, würde man eine solche Außensicht vergeblich suchen.

Obwohl der ›Heliand‹ weitgehend auf Schriftquellen beruht und für die schriftliche Aufzeichnung verfaßt wurde, sind ihm die Rahmenbedingungen mündlichen Vortrags eingeschrieben und nicht etwa ein Schreibprozeß. So sagt der Dichter *Ik mag iu thoh gitellien*, [...] (V. 4308) oder *Ok mag ik giu gitellien, of gi thar to uuilliad huggien endi hôrien*, [...] (V. 3619) oder *Hôriad nu* [...] (V. 3661),[140] was bei einer Lesung als Reflex spontan improvisierten mündlichen Erzählens erscheinen konnte und in einen eigentümlichen Widerspruch zum festliegenden Text geriet. Er tilgt also in Rücksicht auf eine spätere ausschließliche Lektüre nicht die genuinen Eigenschaften einer Situation mündlichen Vortrags.[141] Tatsächlich gibt er auch nicht an, daß er weitgehend Tatian übersetzt, noch verweist er auf die benutzten Kommentare, sondern er verwendet die oben (auf S. 43) bereits angeführte Formel *Sô (Thô) gifragn ik.* Als Angabe steht sie durchaus nicht in Widerspruch zu der Art und Weise, wie der ›Heliand‹ entstanden sein muß, da der Dichter seinen Stoff durch Hören aufgenommen haben dürfte, so daß er die scheinbar reine Mündlichkeit seines Textes gar nicht fingieren mußte. Zwar war er von Literalität eingeschlossen, wurde für die Abfassung des Textes durch Schriftquellen gespeist und speiste sein Diktat wieder in das Medium der Schrift ein, aber ungeachtet dieser Internierung in Schrift konnte er den Eindruck ausschließlicher Mündlichkeit der Entstehung sowie des Vortrags seines ›Textes‹ retten. Er konnte so tun, als gälten die ihm zweifellos vertrauten Bedingungen einer

---

139 Abschwächend ließe sich hier allerdings einwenden, daß die umständlichen Beschreibungen aus der Notwendigkeit entstanden sind, stabtragende Wörter bereitzustellen.

140 Die ältere Forschung vermutete hier homiletischen Stil. Vgl. Bruckner: Der Helianddichter – ein Laie, S. 33. Vgl. auch Gantert: Akkommodation und eingeschriebener Kommentar, S. 72-77.

141 Zweifellos kann er eine solche Situation auch nur imaginieren oder fingieren, wie dies auch in der Romanliteratur der Neuzeit gelegentlich geschieht, so daß sich hieraus allein kein sicherer Schluß ziehen läßt.

composition in performance fort, obwohl er sich einer ganz anderen Situation gegenüber sah. Hören und Wiedererzählen – Vorgänge, auf die er sich immer wieder bezieht – blieben als Träger mündlicher Dichtung beim Arbeitsprozeß dennoch intakt und vom Lesen und Schreiben isoliert. Die vorbereitende Unterrichtung besorgte ein gelehrter Mönch – wenn es nicht mehrere waren –, die Niederschrift ein schreibender.

Obwohl der ›Heliand‹ nach Vorlagen gearbeitet ist, die als sichtbare, geschriebene Texte bei seiner Abfassung zumindest für die Zuarbeiter des Sängers/Dichters vorgelegen haben müssen, hat dieser für die Textgestalt seines Werks keinen Sinn gehabt. Was Mündlichkeit als Medium bedeutet, läßt sich an der Differenz zum Schriftmedium ermessen, und hier bietet es sich ganz besonders an, Otfrid, der dieses Medium konsequent ausfüllt, zum Vergleich heranzuziehen.[142] Otfrid will aufschreiben, was ihm und seinen Lesern zum Heil verhilft (*Nu will ih scríban unser héil*, ›Evangelienbuch‹ I 1, V. 113), er spricht von seinem Werk als ›diesem Buch‹ (Salomo Episcopo Otfridus, V. 23; Ad Ludowicum, V. 87; III 1, V. 11 u.ö.), bezieht sich auf sein *giscrib* (V. 25, V. 45) und thematisiert den Schreibprozeß besonders ausführlich (IV 1). Dieser findet hier und jetzt statt und ist das einsame Geschäft Otfrids. Aber vom Augenblick des Schreibens, vom immer wieder genannten *nu* an durchtunnelt er in der Vorstellung die Zeit bis zum Leseakt. Das gleichfalls häufig betonte *hiar*[143] leistet diese Durchtunnelung, insofern es implizit auch Zeitbedeutung trägt – es vereint den Zeitpunkt der Niederschrift und der Lektüre über der geschriebenen Textstelle. Daß Otfrid sich auch auf die Lektüre bezieht, wird deutlich, wenn er den ebenfalls einsamen Leser virtuell in der zweiten Person Singular anspricht,[144] als richte sich sein Werk konkret an ihn, wer immer es neben den in den Widmungen genannten kirchlichen Würdenträgern Liutbert und Salomo sein mochte und mag. Vor dem Kapitel über die Versuchung Jesu in der Wüste wird dabei z.B. der Zeitpunkt der Lektüre in Ankündigung des Folgenden markiert: *so thu thir hiar nu lesan scalt* (II 3, V. 68).

Otfrid muß für diese Manöver auf die bleibende Textgestalt seines Werks vertrauen können, und er muß eine Vorstellung seines Textes als Text ausgebildet haben, wie man es vollauf erst tun kann, wenn die Dauerhaftigkeit des aufgeschriebenen Textes in den Bereich der Vorstellung gerückt ist. Der

---

142   Vgl. zum folgenden insbesondere Dennis H. Green: Zur primären Rezeption von Otfrids Evangelienbuch. In: Althochdeutsch. Hg. von Rolf Bergmann u.a. Heidelberg 1987, Bd. I, S. 737-771, hier S. 737-755, mit vielen weiteren Belegen und einer akribischen Auswertung. Ich zitiere: Otfrids Evangelienbuch. Hg. von Otto Erdmann. Fortgeführt von Edward Schröder. 5. Auflage besorgt von Ludwig Wolff. Tübingen 1965.

143   Vgl. z.B. I 2, V. 27; V. 41; 3, V. 45-47; 15, V. 41; 19, V. 25; II 7, V. 1; III 1, V. 27; 13, V. 37; 22, V. 3; 23, V. 3; 23, V. 230. Vgl. insbesondere V 14, V. 1-30.

144   Vgl. z.B. I 9, V. 37; 17, V. 67; 19, V. 25; 22, V. 13; II 2, V. 15; III 15, V. 39; V 21, V. 1-2. Vgl. insbesondere II 9, V. 1-98.

literalen Kultur ist dies so selbstverständlich, daß sich nur schwer davon abstrahieren läßt.

Otfrid organisiert seinen Text als Schrifttext, indem er immer wieder seine Disposition thematisiert.[145] Er fordert den Leser auf, selbständig in der Bibel, auf die er häufig verweist, nachzulesen,[146] und – dies kennzeichnet in besonderer Weise die Wahrnehmung seines Textes als Text – er bezieht sich immer wieder auf bereits vorn, oben oder vorher Gesagtes zurück.[147] Die Ortsadverbien insbesondere evozieren die bleibende Schriftgestalt des Textes und lenken die Erinnerung des Lesers.

Man muß das Medium der Schrift nicht so auskleiden wie Otfrid, und es beweist deshalb noch nichts, wenn man es nicht tut. Aber es ist doch auffällig, wenn der Dichter des ›Heliand‹ nichts dergleichen tut. Da sich Worte in Luft auflösen, möchte man glauben, daß gerade Rückbezüge auch im Medium der Mündlichkeit sinnvoll wären. Es scheint allerdings, als seien sie grundsätzlich schriftvermittelt. Zwei Systeme des Rückbezugs sind zu unterscheiden: eines, das mündliches Vorlesen des geschriebenen Texts impliziert und sich auf Zeitdeixis stützt (›wie ich **vorhin** gesagt habe‹ bzw. ›wie ihr **vorhin** gehört habt‹), und eines, das Lektüre impliziert und sich auf Raumdeixis stützt (›wie ich **oben** gesagt habe‹). Beides läuft lange nebeneinander her. So wird bis ins 13. Jahrhundert und darüber hinaus in für das Vorlesen vorgesehenen Texten oft ausschließlich die Zeitdeixis verwendet.[148] Rückbezüge aktivieren hier die Erinnerung der Zuhörer und erscheinen als ein so selbstverständliches Mittel des textgestützten mündlichen Vortrags, daß man sie auch für den Vortrag im Medium schriftloser Mündlichkeit erwarten würde. Vermutlich setzen sie die Wahrnehmung von Texten als Texten aber schon voraus und stellen textuelle Verfahren der Kohärenzbildung dar.[149]

Im ›Heliand‹ jedenfalls, wenn er denn einen Zustand unverfälschter Mündlichkeit spiegelt, werden solche Rückbezüge nicht vorgenommen. Zweifellos wird die Erinnerung an das Erzählte vorausgesetzt, sie wird aber nicht noch einmal extra bemüht, sondern das Erzählen schreitet ohne Rückbezug, Vorankündigung, ohne thematisierte Disposition und nur mit dem anfänglichen

---

145   Vgl. z.B. II 6, V. 1-2; III 1, V. 1-14; IV 25, V. 1-4; 35, V. 44; V 7,V. 5; 8, V. 1; 20, V. 1-2; 23, V.1-3.

146   Vgl. z.B. I 23, V. 17; II 9, V. 71; 24, V. 2; III 14, V. 3; V. 51; V. 65; 19, V. 16; IV 6, V. 2; 7, V. 92; 8, V. 3; 15, V. 59; 28, V. 1; V. 18; 33, V. 21; V 6, V: 22; 13, V. 3.

147   Vgl. z.B. I 9, V. 1; 17, V. 3; 18, V. 43; II 2, V. 6; 9, V. 1; IV 22, V. 33; 26, V. 1; V 4, V. 6; 5, V. 12; 12, V. 4; 23, V. 163. Einige Belege zum Phänomen hat Manfred G. Scholz: Hören und Lesen. Studien zur primären Rezeption der Literatur im 12. und 13. Jahrhundert. Wiesbaden 1980, S. 123-125, gesammelt.

148   Z.B. im ›Biterolf‹ mit der Formulierung *als ir wol ê habt vernomen* (V. 5264, vgl. ähnlich V. 6308, 6574, 13188 u.ö.) und in Strickers ›Daniel‹ z.B. mit der Formulierung *dâvon ich iu ê gesaget hân* (V. 3002, vgl. ähnlich V. 404 u.ö.).

149   Vgl. auch unten Kapitel 7.6, S. 356.

Verweis auf die Evangelisten, die im Anschluß an Tatian genannt werden und nicht einmal als Quelle erscheinen, kontinuierlich fort und fällt für den Dichter je schon zusammen mit dem Erinnern an das zu Erzählende. Nur seltene Tempuswechsel – besonders betont am Fittenende –, die ermahnen[150] und die das durch Christus garantierte Heil ansprechen[151], stechen aus dem Erzählfluß hervor, der keines der bei Otfrid begegnenden textuellen Verfahren erkennen läßt.

Die mündliche Sprachgestalt des ›Heliand‹ scheint mit dem Schall der Worte zu verfliegen, sie wird als auf das erzählte Geschehen hin ›durchsichtig‹ behandelt und ist nicht als Schriftgestalt bewußt. Es scheint nur die Erinnerung an das Geschehen zu geben, nicht dagegen die Vorstellung einer davon abgelösten visualisierten Sprachgestalt, eines geschriebenen Textes. So kann es etwa keine Querverweise im Text und aus dem Text heraus geben, der Text des ›Heliand‹ kommt nicht vor, es sei denn als verfliegende Rede.

Verfliegt die Rede, so sind natürlich doch Vorkehrungen für eine günstige Disposition des Erzählten zu treffen, damit es in Erinnerung bleiben kann. Wenn Ereigniskonzepte beim mündlichen Erzählen den Stoff zu behalten und leicht aus der Erinnerung abzurufen erlauben – was passiert in den typischen Situationen wie und in welcher Reihenfolge – und wenn Erzählschablonen diesen Ereigniskonzepten teilweise schon einen festen Wortlaut geben,[152] dann gibt es auch noch übergeordnete strukturelle Regeln, die den Stoff zu ordnen und erinnerbar – und das heißt auch: wiedererzählbar – zu machen erlauben. Sänger werden sie immer schon befolgen, so daß sie ihnen nicht als explizit formulierbare Regeln bewußt sind.

In diesem Zusammenhang ist es von Interesse zu beobachten, daß und wie der ›Heliand‹-Dichter gelegentlich seinen Stoff abweichend von der Erzählung des ›Diatessarons‹ behandelt. Jene Regeln werden hierbei explizit, denn der Dichter organisiert seinen Stoff offensichtlich in Rücksicht auf sie neu. Drei besonders bedeutsame Regeln lassen sich aus der Beobachtung der Abweichungen folgendermaßen formulieren: 1. Informationen über Ort und Zeit der Handlung und über beteiligte Personen sind entsprechend dem Grad ihrer Allgemeinheit – vom Allgemeinen zum Besonderen – zu reihen. 2. Sachlich Zusammenhängendes ist auch in einen unmittelbaren Erzählzusammenhang zu stellen. 3. Ereigniskomplexität und narrative Schachtelung ist auf Linearität zu reduzieren.[153]

---

150 Vgl. V. 3219-3223, 4375-4377.
151 Vgl. 2083-2087, 2227-2231, 3665-3670, 4114-4117.
152 Vgl. die bei Gantert: Akkommodation und eingeschriebener Kommentar, S. 77-85, behandelten Beispiele (Festgelage, Seesturm).
153 In der Formulierung der Regeln lehne ich mich an Ong: Oralität und Literalität, S. 42-61, an.

Beispiele: Besonders bemerkenswert der Anfang des ›Heliand‹: Nach der Information über die vier Evangelisten der Einsatz mit dem Wort Gottes, das am Anfang war (V. 38-45 nach Joh 1,1 bei Tat. 1,1). Dann eine Information über die sechs Weltalter und über das mit Christi Geburt eingetretene sechste Weltalter (V. 45-53). Darauf in selbständiger Ergänzung eine Information über die Herrschaft Roms über alle Reiche (V. 53-60). Dann wieder nach Tatian der Hinweis auf die Herrschaft des Herodes in Jerusalem (V. 61-72), wo Zacharias in einem Tempel Gott dient (V. 72-93). Zu ihm kommt nun der Verkündigungsengel (Fitte II): Aus der Panorama-Einstellung wird eine Halbnah-Einstellung.

Signifikant sind solche Beispiele, wo der Dichter Tatianabschnitte umstellt oder zusammenstellt: Bevor Johannes der Täufer seine Predigt am Jordan beginnt (V. 873-882, nach Tat. 13,2), wird die Information über sein Aufwachsen in der Wüste (V. 859-872, nach Tat. 4,19) nachgetragen bzw. erzählt, und zwar nicht hypotaktisch – ›Johannes, der in der Wüste aufgewachsen war, ging zum Jordan predigen‹ –, sondern parataktisch: ›Johannes war in der Wüste aufgewachsen, wo ihn der Auftrag Gottes ereilte. Dann ging er zum Jordan predigen‹.

Dies ist zugleich auch ein Beispiel für die 2. Regel, für die die Gleichnisse aber die schlagendsten Beispiele bieten, weil sie immer gleich mit ihrer Deutung verbunden werden, während dies bei Tatian und in den Evangelien keineswegs der Fall ist.[154] Freilich darf das Erinnerungsvermögen von Hörern, das nicht so geduldig ist wie Papier, nicht unnötig strapaziert werden.

Komplexe und verschachtelt erzählte Ereignisse bereiten ihrer Aufnahme grundsätzlich Schwierigkeiten, und man vereinfacht oder vergißt sie. Auf dem Papier läßt sich vieles retten, und das Auge kann zur Not springen (und die Hand blättern). Nicht so das Ohr: Es scheint konstitutionell in einem höheren Maße auf Linearität bei der Aufnahme von erzählten Ereignissen festgelegt. Mündlichkeit tendiert dazu, Ereigniskomplexität zunächst immer in ein einfaches Nacheinander aufzulösen.[155]

Die Verkündigung der Geburt Johannes des Täufers und der Geburt Jesu bei Lukas (Lk 1,5-25 und 1,26-38) ist in diesem Sinne kein Beispiel für mündliche Komposition, denn sie erfolgt in strenger Parallelität und gegen das zeitliche Nacheinander. Erst kommt der Verkündigungsengel zu Zacharias, dann zu Maria. Dann begibt Maria sich zu Elisabeth (wie später Jesus zu Johannes dem Täufer kommt) und bleibt drei Monate. Danach wird Johannes geboren

---

154 Besonders deutlich im Fall des Gleichnisses vom Unkraut im Acker (= Tat. 72,1-6), das in der XXXI. Fitte mit seiner Deutung (= Tat. 76,3-5) zusammengebunden wird. Zu Umstellungen und Zusammenstellungen vgl. Windisch: Der Heliand und seine Quellen, S. 32-34, und Jellinek: Anzeige von ›K. Zangemeister und W. Braune: Bruchstücke der altsächsischen Bibeldichtung aus der Bibliotheca Palatina‹, S. 211f.

155 Vgl. hierzu auch Kapitel 7.7.

und dann auch Jesus. Diese Verschränkung der Ereignisse hat ihren theologischen Sinn, den man als Leser leicht erschließt: Johannes und Jesus werden aufeinander bezogen und gehören in Gottes Offenbarungshandeln zusammen.

Der Dichter des ›Heliand‹ allerdings meinte, diese Verschränkung so nicht erzählen zu können. Bei ihm wird die Geburt des Johannes (in der II. Fitte) verkündet, und darauf wird Johannes (in der III. Fitte) auch gleich geboren. *Thô ní uuas lang aftar thiu* – nicht lange danach wird die Geburt Jesu verkündet (in der IV. Fitte), und Jesus wird geboren (in der V. Fitte). Das ist, gemessen am ›Lukasevangelium‹, eine vereinfachte, ja falsche Reihenfolge, die den theologischen Sinn der parallelen Anordnung preisgibt. Auch weitere Verschränkungen der Lebensläufe von Johannes und Jesus werden aufgelöst.

Dies sind einige leicht zu vermehrende Beispiele für eine mündliche Reduktion literalen Erzählens, der der Dichter tendenziell systematisch folgt. Mündlichkeit als Medium prägt sich der Faktur der Dichtungen, die es hervorbringt, unverwechselbar ein. Sie tut dies nicht nur in der frühmittelalterlichen Heldendichtung, von der der ›Heliand‹ nur indirekt zeugen kann, sondern auch in der hochmittelalterlichen.

3 *Altiu mære*. Das ›Nibelungenlied‹ als Beispiel memorierender Mündlichkeit

3.1 *Altiu mære*

Der Bildteppich von Bayeux [...] macht die historisch belegte Aussage, daß bei Hastings eine Schlacht stattfand. Aber darüber, wie Hastings im Jahre 1066 ausgesehen hat, sagt er nichts aus.[1]

Schaut man genau hin, so finden sich allerdings doch ein paar mit Schindeln gedeckte und durch Holzplanken bewehrte Häuser, die aber eher für die Ortschaft stehen als daß sie sie abbildeten. Ernst H. Gombrich untersucht den historischen Informationsgehalt von Bilddarstellungen und kommt zu dem Schluß, daß sie eher einem bestimmten Darstellungsprinzip – der Abwandlung eines stereotypen Grundschemas – folgen als eine genaue Abbildung der Wirklichkeit vornehmen. Dies gilt keineswegs nur dann, wenn die Künstler gar nicht wußten oder wissen konnten, wie es vor Ort aussah, sondern auch, wenn sie dort waren und Maß nahmen.

Heute, nachdem der Konstruktivismus allenthalben durchgedrungen ist, meint man zu wissen, daß man nicht einmal den eigenen Wahrnehmungen trauen kann, wenn man die Wirklichkeit zu erkennen beansprucht – auch sie werden von vorgängigen Wahrnehmungsschemata geleitet. Von dem erkenntnistheoretischen Grundproblem abgesehen,[2] ist aber doch die Überlegung angebracht, ob dies jeweils erkannt wird. Die naive Einstellung ist wohl die Matthäus Merians, der glaubte, sein Stich der Notre Dame in Paris gebe die Wirklichkeit genau wieder, obwohl er eklatante Abbildungsfehler aufweist.[3] Die Analyse des Historikers – der Kunst, der Literatur, des Historikers überhaupt – hat sich aber auch darauf einzustellen, was die historischen Subjekte für Wirklichkeit hielten, und nicht nur darauf, was sie – war sie es? – war.

Die mittelalterlichen Maler glaubten, es habe in der Antike Burgen gegeben, wie sie sie kannten und deshalb auch malten, wenn sie antike Ereignisse darstellen wollten; die mittelalterlichen Dichter glaubten, die antiken Helden seien Ritter gewesen, und sie zeichneten sie in den Antikenromanen deshalb

---

1 Gombrich: Kunst und Illusion, S. 89.
2 Vgl. etwa Hans Lenk: Einführung in die Erkenntnistheorie. Interpretation – Interaktion – Intervention. München 1998, S. 299f., der das Grundproblem – wie man über die Schemaprojektion hinaus noch etwas erkennen kann – zu minimieren sucht.
3 Vgl. Gombrich: Kunst und Illusion, S. 91f.

als Ritter. Wenn sie die Vergangenheit so vorstellten, hatten sie nicht unbedingt die Absicht der Darstellung von Gegenwart, sondern sie stellten sich die Vergangenheit nur nach einem Schema vor, wie es sich ihnen unhintergehbar aufdrängte. Es sei denn, sie wußten eine historisierende Darstellung von einer modernisierenden, wie sie heute jeder Theaterregisseur anläßlich einer Neuinszenierung bedenkt, zu unterscheiden.

Hatten der oder die Dichter des ›Nibelungenliedes‹ diese Unterscheidung bereits zur Verfügung? Glaubten sie Vergangenheit darzustellen, als sie Siegfried *hôhe minnen* ließen und dem Text viele Züge der eigenen Gegenwart andichteten? Der letzte in der Reihe scheint selbst darüber Auskunft zu geben:

> *Uns ist in alten mæren   wunders vil geseit*
> *von helden lobebæren,   von grôzer arebeit,*
> *von fröuden, hôchgezîten,   von weinen und von klagen,*
> *von küener recken strîten   muget ir nu wunder hæren sagen.*
> (Str. 1)[4]

Versteht man diese erste, nur in den Handschriften A und C überlieferte Strophe als programmatisch, so will dieser Dichter wiedererzählen, was in *alten mæren* erzählt wurde. Er bildet eine Summe des Inhalts, die den Kampf als Gegenstand von Heldendichtung ebenso berücksichtigt wie das, was u.a. in den früher zu Unrecht bekrittelten ›Schneiderstrophen‹, die sich um *fröude* und *hôchgezît* ranken, auflebt. Was hier hinzugekommen ist, gilt ihm aber vielleicht als ebenso alt wie das, was er der alten Erzähltradition entnimmt.

Die Damen, die den Bildteppich von Bayeux stickten, wußten vermutlich nicht, wie es an den Orten des Geschehens und vor Hastings aussah, und wenn, dann scherten sie sich nicht darum. Noch viel weniger weiß der letzte Dichter des ›Nibelungenliedes‹, wie es in der Zeit aussah, von der er erzählt. Er hat nicht einmal eine Vorstellung der Zeitspanne, die seitdem verstrichen ist. Ein vergangenes Ereignis anschaulich zu machen erfordert vom mittelalterlichen Dichter ebenso wie vom Maler, daß er Informationen hinzutut, die er gar nicht hat. Er sollte vielleicht wissen, daß dies gar keine Informationen sind, und also unterscheiden zwischen dem, was er zur Veranschaulichung selbständig einfließen läßt und was er der Darstellungstradition mit dem ihr eingewachsenen größeren oder geringeren Anspruch auf Wirklichkeitstreue entnimmt. Eine solche kritische Unterscheidung scheint allerdings nicht einmal dem ersten quellenkritischen volkssprachlichen Dichter des deutschen Mittelalters, Rudolf von Ems, verfügbar, dem die antiken Krieger selbstver-

---

4 Wo nicht anders angegeben, zitiere ich: Das Nibelungenlied. Nach der Ausgabe von Karl Bartsch. Hg. von Helmut de Boor. 21. revidierte und von Roswitha Wisniewski ergänzte Auflage. Wiesbaden 1979.

ständlich Ritter sind, auch wenn er sich in seinem ›Alexander‹ bemüht an Curtius Rufus hält. Schon gar nicht läuft die Unterscheidung wohl beim Erzählen von der heroischen Vergangenheit mit. Daß man hier immer schon Eigenes einfließen läßt, verunklart das Bewußtsein darüber, daß es Eigenes ist.

Noch der letzte Dichter des ›Nibelungenliedes‹ erzählt also von der Vergangenheit – aber wenn er sie sich als andere Gegenwart vorstellt, ist es nicht unwillkürlich auch ein Erzählen von der Gegenwart? Wer diese unbestreitbare Gegenwartsbindung freilich auszuinterpretieren suchte, ginge solchen Darstellungsschemata und Schematismen nach, denen der Dichter über die Erzähltradition hinaus, in die er sich einschaltet, zweifellos verhaftet ist, er bliebe aber nicht bei dem, was das ›Nibelungenlied‹ erzählen **soll**. Der Dichter richtet sich auf etwas anderes ein: Erzählt werden sollen *altiu mære* bzw. es soll wiedererzählt werden, was in ihnen schon erzählt wurde.

Der Begriff der *alten mære* ist dabei zunächst unverdächtig, allerdings auch doppeldeutig: Es handelt sich sowohl um altüberlieferte Geschichten als auch um Geschichten, die von alten Zeiten erzählen. Das ›Annolied‹ scheint zu vereindeutigen[5]:

> *Wir hôrten ie dikke singen*
> *von alten dingen:*
> *wî snelle helide vuhten,*
> *wî si veste burge brêchen,*
> *wî sich liebin vuiniscefte schieden,*
> *wî rîche kunige al zegiengen.*
> (V. 1-6)

Es sind *altiu dinge*, von denen erzählt wird; aber da immer schon von ihnen erzählt wird, könnten auch die Erzählungen selbst in ihrer äußeren Form altüberliefert sein. Die letzten beiden Verse des Zitats ließen sich auf eine Vorstufe des ›Nibelungenliedes‹ beziehen, die bereits erzählte, wie die Freundschaft zwischen Siegfried und Gunther gebrochen wurde und das burgundische Herrscherhaus schließlich unterging.

Den Gegenstand des ›Nibelungenliedes‹ nennt auch der Dichter der ›Klage‹ als *altez maere* (V. 17). Dies meint wiederum ohne Unterschied ein altüberliefertes *maere* und deshalb notgedrungen auch ein *maere*, das von alten Zeiten erzählt: *ez ist von alten stunden / vür die wârheit her gesaget* (V. 12-13).

Wiederholt betont die ›Rabenschlacht‹, daß sie es mit *alten mæren* zu tun habe (Str. 1,1; 101,1); sie erzählen, wie *diu werlt in alten tagen* aussah (Str. 98). Nach dem ›Laurin‹ D sind es bevorzugt die Alten, die solche Geschich-

---

5 Ich zitiere: Das Annolied. Mittelhochdeutsch/Neuhochdeutsch. Hg., übersetzt und kommentiert von Eberhard Nellmann. Stuttgart ³1986.

ten – aus ihrer Sagenerinnerung heraus – erzählen (V. 1-8). Alt, das ist eine unspezifizierte Vorzeit: Es verschwimmen die Kriterien für das, was man glauben mag, und es tun sich deshalb Schlupflöcher auf für Fabelwesen wie Drachen, die keiner der Zuhörer je mit eigenen Augen gesehen hat. Wo Drachen, Riesen und Zwerge die Handlung dominieren und sich Umrisse eines historischen Geschehens zugunsten eines aus narrativer Folklore bezogenen Plots vollends zurückgezogen haben, da ist – wie im ›Eckenlied‹ und im ›Ortnit-Wolfdietrich‹ – nicht mehr von *alten mæren* die Rede. Was immer dies für den Anspruch solcher Dichtungen auf Historizität bedeutet: den Anspruch historischen Erzählens im ›Nibelungenlied‹ unterstreicht es.

Viele schriftlose Kulturen kennen eine mythische Zeit, die für die Gegenwart ein Ablaufmodell vorgibt, das insbesondere in rituellen Kontexten auch handlungsleitend ist.[6] Daraus entwickelt sich in Kulturen mit einer historischen Tiefendimension das meist schon literale Konzept einer deutlich abgegrenzten mythischen Vorzeit auf einer nur mehr linearen Zeitachse, sei es, daß die Götter noch auf Erden wandelten oder das Leben grundsätzlich anderen Bedingungen unterlag, als sie für die Jetztzeit gelten. Splitter und ganze Erzählzüge aus herrenlos gewordenem mythischen Erzählgut wechseln dann hinüber in Heldendichtung.[7] In der historischen Heldendichtung des Mittelalters ist die Vorzeit von der Jetztzeit aber durchaus nicht mehr als eine Art mythischer Vorzeit abgegrenzt. Das färbt ab auf die wesentlich aus narrativer Folklore bezogene oder von hier inspirierte Heldendichtung, deren mythische Relikte denn auch ihrerseits historisiert werden. Die Vorzeit der Heldendichtung ist durch ein zeitliches – wenn dann auch historisch unbestimmtes – Kontinuum mit der Jetztzeit verbunden. Was alt ist, liegt in diesem Kontinuum und auf der je schon unterlegten Zeitachse. Die Historizität des Erzählten bleibt in Dichtungen wie dem ›Eckenlied‹ und dem ›Ortnit-Wolfdietrich‹ allerdings so verschwommen, daß man ein Schwanken zwischen unterstellter Historizität und unwillkürlicher Remythisierung beobachten mag. Nirgendwo wird in der Heldendichtung im übrigen fiktional erzählt.[8]

Der Eindruck, ein *altez mære* zu erzählen, wird im ›Nibelungenlied‹ dadurch verstärkt, daß der Darstellung ein offenkundig archaisches Substrat un-

---

6 Vgl. z.B. Meinhard Schuster: Zur Konstruktion von Geschichte in Kulturen ohne Schrift. In: Vergangenheit in mündlicher Überlieferung. (Colloquium Rauricum). Hg. von Jürgen von Ungern-Sternberg. Stuttgart 1988, S. 57-71, und Rüdiger Schott: Das Geschichtsbewußtsein schriftloser Völker. In: Archiv für Begriffsgeschichte 12 (1968), S. 166-205, hier S. 172 u.ö.

7 Zur mythischen Zeit in der Heldendichtung vgl. Hatto: Eine allgemeine Theorie der Heldenepik, S. 14f.

8 Schon gar nicht im ›Nibelungenlied‹. Vgl. so aber z.B. Peter Göhler: Das Nibelungenlied. Erzählweise, Figuren, Weltanschauung, literaturgeschichtliches Umfeld. Berlin 1989, S. 70.

terliegt. So haben die Figuren eine Vorausahnung, wie sie nur Bewohner einer Welt besitzen, die einer – vom Jahr 1200 aus gesehen – archaischen Fatalität gehorcht. Kriemhild träumt gleich zu Anfang Schlimmes (Str. 13-19), Siegfrieds Abschied in Xanten wird von düsteren Vorahnungen begleitet (Str. 70), ebenso Gunthers Abschied vor seiner Fahrt nach Isenstein (Str. 373), und ein weiteres Mal kündigen Träume Kriemhild Siegfrieds Tod an (Str. 921-924). Die Handlungspläne und das Wissen der Figuren werden wiederholt am späteren Geschehen oder gleich am furchtbaren Ausgang bemessen (vgl. z.B. Str. 46, 781, 1314, 1523, 1649, 1712 und 1920) – sie wissen noch nicht, was ihnen bevorsteht, aber es steht ihnen unverrückbar bevor: *Swaz sich sol gefüegen, wer mac daz understên?* (Str. 1680,1) –, und die Vorausdeutungen behalten erst Siegfrieds Tod und dann immer wieder die finale Katastrophe im Blick. Hagen allein kann sich in der 25. Aventiure Klarheit über die Zukunft verschaffen – mit Mitteln, die in der höfischen Lebenswelt keinerlei Wahrscheinlichkeit beanspruchen können. Dabei muß er sehen, daß er auch herbeiführt, was er verhindern und weil er es verhindern will.

Gegen diesen der Handlung abgewonnenen, archaisierenden Fatalismus in der Darstellung steht allerdings eine höfisch aufpolierte Figurenzeichnung, die Formen höfischer Repräsentation und Selbstdarstellung bemüht, wie sie sich bei Bewohnern einer längst vergangenen Welt fremd ausnehmen. Siegfried, den der Tod als ersten ereilt, steht Kriemhild, als beide sich zum ersten Mal sehen, gegenüber *sam er entworfen wære an ein permint / von guotes meisters listen* (Str. 286,2-3). Daß Kriemhild ihn sieht, läßt ihn erröten, er verneigt sich, man fängt sich bei den Händen und tauscht heimlich Blicke aus (Str. 291-292). Keine Spur der Katastrophe, im Gegenteil: eine vielversprechende Zukunft tut sich auf – im Kontrast zu der zu erwartenden Zukunft.

Todgeweihte des germanischen Heldenliedes besitzen ein unveränderliches Profil und werden nicht in der Ausarbeitung eines solchen Kontrasts zunächst weich gezeichnet. Der letzte Dichter des ›Nibelungenliedes‹ sucht dagegen diesen Kontrast, den er ganz besonders an Kriemhild hervortreten läßt. Weder dürften aber die *alten mære* so ausgesehen haben, noch scheint es vorstellbar, daß das, wovon sie erzählen, so aussah. Das ›Nibelungenlied‹ bringt eine Konstruktion, ja eine Montage, wie sie im Kontext höfischer Buchdichtung zustandezukommen scheint. Alte Geschichten können auf diese Weise nicht mehr alt bleiben, sie werden höfisch retuschiert, ja dekonstruiert.

Dies ist richtig, aber eben auch das Gegenteil: Die zeitgemäße Retusche richtet sich nur auf das Alte, dessen Darstellung sie sucht. Wo die Unterscheidung nicht bewußt vorgenommen und das Anderssein der Vergangenheit nicht systematisch rekonstruiert wird, dort gehen aber die Seiten des Gegensatzes ineinander über.

Jan-Dirk Müller hat zu zeigen versucht, daß die schwer zu vereinbarenden Züge von heroischer Vorwelt únd höfischer Gegenwart im ›Nibelungenlied‹

gegeneinander- und dann doch zusammengeführt werden.[9] Das Geschehen muß durch ein höfisches Setting hindurch, in dessen Regelsystem es eine besondere Sprengkraft entfaltet. Wenn so nicht mehr die heroische, sondern die höfische Welt destruiert wird, geht dann die Darstellungsabsicht auf Gegenwartsdarstellung? Wird der Stoff hergenommen, um ihn zu dekonstruieren? Wird etwas über eine konstitutive Verlogen- und Verlorenheit der höfischen Welt erzählt?

»Die höfische Ordnung geht nicht einfach zu Bruch, ihr Untergang wird als blutiges Gegenfest gefeiert.«[10] Es wird hiergegen bei einem Vexierbild bleiben: Der Untergang wird einfach höfisch drapiert, die heroische Ordnung wird unblutig und über höfisches Zeremoniell eingeführt. Es ist dann aber ein vergangenes Geschehen, das erzählt wird.

Gewiß kann man, wo keine klare Unterscheidung vorgenommen wird, diese so oder so setzen; die konstruierten Gegensätze schlagen ineinander um.[11] Das ›Nibelungenlied‹ soll aber zunächst *altiu mære* erzählen, wobei die Zeit, von der sie handeln und in der sie sich ereignen, nicht anders als auch nach dem Schema der höfischen Gegenwart aufgefaßt werden kann. Auch wenn der Dichter gleichzeitig höfisiert und archaisiert, scheint er damit doch keine modernisierende oder historisierende Darstellung zu verbinden: Er kann den Unterschied noch nicht festhalten und erzählt naiv von der Vergangenheit.

Wenn man sich darüber verständigt haben sollte, daß im ›Nibelungenlied‹ von der Vergangenheit erzählt wird, kehrt aber die Alternative ›Gegenwartsdarstellung vs. Erzählen von der Vergangenheit‹ in abgeschwächter Form noch einmal wieder. Denn Erzähler können auf eine ganz zeitenthobene Weise erzählen, wenn etwa die Erzählung keinerlei Zeugniswert mehr beansprucht und eine reine Konstruktion in einem Bereich darstellt, in dem alles zur narrativen Disposition steht. Mit dem Heroischen und dem Höfischen verbände sich dann im ›Nibelungenlied‹ nicht historische Vergangenheit und Gegenwart, sondern sie stellten nur narrative Konstrukte eines rein literarischen Entwurfs dar. Jenseits jeder historischen Bindung würden das Heroische und das Höfische gegeneinander ausgespielt.

Nun ist aber das ›Nibelungenlied‹ keine Romanfiktion, und es besitzt zweifellos Altersschichten: stoffliche, ideologische und textuelle,[12] für die mittelalterliche Hörer auch ein Ohr hatten (vgl. *Wir hôrten ie dikke singen / von alten dingen*). Und weil die *mære* in ihrer äußeren Form altüberliefert sind und man das weiß, besitzen sie für das Mittelalter in einem gewissen Ausmaß Zeugniswert (vgl. *ez* [das *maere*] *ist von alten stunden / vür die wârheit her*

---

9 Müller: Spielregeln für den Untergang.
10 Ebd., S. 434.
11 Dies wird deutlicher in Müller: Das Nibelungenlied, S. 22-26.
12 Müller: Das Nibelungenlied, S. 52, räumt dies nur zögernd ein.

gesaget). Daß dieser Zeugniswert empfunden wird, zeigt die Anstrengung der ›Nibelungenklage‹, ihn auf eine reale Basis zu stellen und auf einen Augenzeugen des Geschehens zurückzuführen.[13] Daß dies eine Geschichtsfälschung ist, ficht das zugrundeliegende Verständnis und seinen Anspruch nicht an: Im Mittelalter ist man bedenkenlos bereit, für erhobene Ansprüche auch Fälschungen ins Feld zu führen.

Heute lassen sich die Altersschichten philologisch analysieren. Die stofflichen lassen sich hier und da mit geringerer oder größerer Plausibilität scheiden: Daß Brünhild Gunther in der Hochzeitsnacht an den Nagel hängt, wird z.B. keiner sehr frühen Gestalt des Stoffs angehören.[14] Auch die ideologischen lassen sich abheben: Daß z.B. immer wieder nach der moralischen Schuld der Handelnden gesucht wird, gehört zweifellos erst zur hochmittelalterlichen Darbietung des Stoffs.[15] Mit einer Ausnahme[16] lassen sich textuelle Bestandteile einer oder mehrerer Vorgängerfassung(en) oder Neuzugänge von Strophen nur vermutungsweise und mit erheblichen Unsicherheitsfaktoren angeben.[17] Dennoch muß man annehmen, daß das ›Nibelungenlied‹ eine erweiterte und schließlich aufs Pergament gebrachte hochmittelalterliche Auslaufform mündlicher Vorgängerfassungen darstellt und der letzte Dichter eine ihm erreichbare Vorgängerfassung ausgebaut hat. Er hatte es also mit einem Stoff, mit einer Ideologie, ja mit konkretem Wortlaut *alter mære* zu tun, die ihm nicht als vollauf disponibel erscheinen konnten. Sie bezeugten als alter Wortlaut, was von alten Zeiten erzählt wurde. Eine Interpretation, die dies nicht berücksichtigt oder nicht gelten läßt, unterstellt oder schafft falsche Voraussetzungen. Sie behandelt diesen Dichter wie einen Romanautor, der einen eigenen Text bis in die Details hinein konzipieren und kontrollieren kann.

Ein Beispiel für eine narrative Darstellungsform, die der Dichter sicher vorfand und bestehen ließ (ich beziehe mich auf eine der schon erwähnten Stellen): Auf dem Weg zu Etzel verabschiedet sich Kriemhild von Gotelint nach ihrem Aufenthalt in Bechelaren mit der Ankündigung, ihr die Aufnahme später zu danken. Dann heißt es: *in beiden was unkünde   daz sider muose*

---

13 Vgl. unten Kapitel 8.7.

14 Vgl. Heusler: Nibelungensage und Nibelungenlied, S. 19, der dies für den Einfall eines Spielmanns hält, wie er für einen germanischen Skop undenkbar gewesen sei.

15 Ich nenne einige Stellen: Str. 680,2; 869,4; 877,4; 887,3; 915,4; 917,4; 964; 971,4; 988; 1003,1; 1037; 1100; 1113; 1114; 1394; 1737; 1783; 1912. Insbesondere die ›Nibelungenklage‹ läßt die hochmittelalterliche Beunruhigung über die Frage der Schuld erkennen, besonders auffallend in V. 35-39 der *B-›Klage‹ und V. 45-49 der *C-›Klage‹.

16 Zu Strophe 1912 vgl. unten Kapitel 7.4.

17 Früher war man hier zuversichtlicher. Vorsichtig blieb dennoch z.B. Hempel: Pilgerin und die Altersschichten des Nibelungenliedes. Ein Beispiel für die Überbelastung des methodischen Instrumentariums bietet Walter Münz: Zu den Passauer Strophen und der Verfasserfrage des Nibelungenliedes. In: Euphorion 65 (1971), S. 345-367.

geschehen (Str. 1314,4). Wenn die Vorausdeutungen des ›Nibelungenliedes‹ das erzählte Geschehen auf der Ebene der Narration immer wieder formelhaft an der düsteren Zukunft messen, dann beziehen Stellen wie die zitierte diese Zukunft auf das Wissen bzw. das Nicht-Wissen der handelnden Figuren.[18] Es gibt eine Parallelstelle im ›Beowulf‹. Nachdem Beowulf Grendel besiegt hat, dankt ihm Hrothgars Frau, die Königin, und man setzt sich mit den Gefolgsleuten zum Gastmahl. Dann heißt es: *wyrd ne cūþon, / ȝeōsceaft ȝrimme, swā hit āȝanȝan wearð / eorla maneȝum* [...] (›sie kannten das Schicksal nicht, / das harte Geschick, wie es ergehen sollte / für viele Adlige‹, V. 1233-1235). In der nächsten Nacht kommt nämlich Grendels Mutter und setzt das Unheil fort.

Man muß sich nicht auf die Unwägbarkeiten eines germanischen Schicksalsglaubens einlassen,[19] wenn man vermutet, daß hier eine narrative Figur vorliegt, die weit in die erzählende Stabreimdichtung zurückreicht. In der literarischen Umgebung des ›Nibelungenliedes‹ steht sie – mit Ausnahme der ›Kudrun‹ – isoliert. Sie ist zu markant, um jeweils ganz unabhängig voneinander gefunden zu werden. Dann aber wird nicht nur ein *altez mære* tradiert, sondern – wenn die Vorausdeutungen aus einer solchen Erzählperspektive herausgesponnen sein sollten – auch eine aus dieser narrativen Figur entwikkelte Darstellungsform. Diese hat im Medium des mündlichen Vortrags überlebt. Der letzte Dichter hat sie ebensowenig wie stoffliche und ideologische Eigenschaften seines Textes, ja sogar konkreten Wortlaut, in freier Aneignung übernommen, sondern er mußte sie vielleicht übernehmen: weil er noch im mündlichen Medium stand und auf eine Vorgängerfassung zurückgriff, der sie schon angehörte.

So könnte das Nebeneinander von heroischer Vorwelt und höfischer Gegenwart und -welt auch ein vorderhand unfreiwilliges Resultat mündlicher Tradierung und der in ihrem Rahmen herbeigeführten Überschichtung sein: Ein Lied in Strophen entstand vielleicht im 10. oder 11. Jahrhundert, es wurde forttradiert, und auf seinem Rumpf lagerten sich zunehmend Schichten höfisierender Darstellung ab. So daß es sich irgendwann aufdrängte, zwei Welten – in dann durchaus auch konzeptioneller Absicht – aufeinandertreffen zu lassen und heroisch (Siegfried, Brünhild) bzw. höfisch (die Wormser Könige und Kriemhild) zu konturieren. Dies aber immer noch im Blick auf eine Bezeugung der historischen Vergangenheit durch die *alten mære*.

---

18 Man kann nur vermuten, daß die Vorausdeutungen ursprünglich aus einer solchen Reflexion auf der Ebene der Handlung, bei der das Nicht-Wissen künftigen Unglücks besonders anrührt, hervorgegangen und von hier aus auf die Ebene der Narration übertragen worden sind.

19 Auch liegt hier wenig am Begriff der *wyrd* und seinen christlichen oder germanischen Konnotationen. Vgl. dazu Gerd Wolfgang Weber: Wyrd. Studien zum Schicksalsbegriff der altenglischen und altnordischen Literatur. Bad Homburg, Berlin, Zürich 1969.

Die neuere Forschung hat mit einer Voraussetzung, die ich im folgenden unter einem sehr beschränkten Blickwinkel problematisieren will, gelegentlich eher intuitiv, gelegentlich aber eben auch explizit einen Zugang zum ›Nibelungenlied‹ eröffnet, der aus einer unterstellten ›literarischen‹ Form besondere interpretative Lizenzen ableitet. Die zugrundeliegende Überlegung sieht ungefähr folgendermaßen aus: Das ›Nibelungenlied‹ ist eine Buchdichtung, und als Buchdichtung öffnet es sich auf eine Wahrnehmung der höfischen Gegenwart, die einen Eigenwert beansprucht. Oder sie verfährt doch in der Konzeption frei gegenüber ihren Vorstufen. Die Buchdichtung wird demnach nicht mehr bloß *alten mæren* gelten, sondern sie adaptiert deren Erzählkern und vielleicht auch äußere Gestalt und nutzt beides zu einer von ihrem überkommenen Gehalt gelösten Darstellung. Dann imitiert auch der Dichter nur noch eine sprachlich-narrative Darstellungsform, die von ihrem einstigen medialen Sitz im Leben – einem Vortrag ohne Nutzung der Schrift – losgelöst und damit zu einer mehrdeutigen Form wird. Er kann sie aber auf ein ganz neues Darstellungsinteresse hin öffnen.

Diese Voraussetzung ist möglich geworden, weil die wenigen Versuche, eine genuine Mündlichkeit des ›Nibelungenliedes‹ nachzuweisen, gescheitert sind. Sie scheinen so gründlich gescheitert, daß der Weg frei scheint für ein forciert buchepisches Verständnis des Textes. Es lohnt aber, noch einmal nachzuprüfen, ob hierbei nicht Fehler unterlaufen sind.

3.2 Die irreführende Weichenstellung der *Oral-Formulaic Theory*

Im Anschluß an die *Oral-Formulaic Theory* Parrys und Lords haben Bäuml und Ward vor über 30 Jahren angesichts des hohen Formelgehalts auf mündlich-improvisierenden Vortrag des ›Nibelungenliedes‹ oder seiner unmittelbaren Vorgänger geschlossen.[20] In der folgenden Diskussion ist von der These wenig bzw. für das ›Nibelungenlied‹ selbst nichts übriggeblieben. Man hat sich heute darauf geeinigt, daß die scheinbare Mündlichkeit des ›Nibelungenliedes‹ eben nur Scheinmündlichkeit ist, daß sie vom schriftliterarischen Werk, vom Buchepos fingiert werde, um so die traditionelle Gattung zumindest noch ›anzusagen‹.[21] Der Vortrag hätte sich demnach auf einen schriftlich vorliegenden Text, auf das Buchepos in materieller Form, gestützt, um es abzule-

---

20 Bäuml, Ward: Zur mündlichen Überlieferung des Nibelungenliedes. Hinzuweisen ist auch auf die Arbeiten von Edward R. Haymes. Vgl. zuerst ders.: Mündliches Epos in mittelhochdeutscher Zeit. Göppingen 1975.

21 Vgl. insbesondere die mit dem Anspruch einer abschließenden Einschätzung abgefaßte Darstellung Curschmanns: Dichter *alter maere*. Vgl. auch Volker Mertens: Konstruktion und Dekonstruktion heldenepischen Erzählens. In: Beiträge zur Geschichte der deutschen Sprache und Literatur 118 (1996), S. 358-378, hier S. 358-366.

sen. Dem Buchepos aber wäre seine Herkunft aus einer ursprünglich mündlichen Gattung eingeschrieben worden.

Nun ist die Forschungsgeschichte zur Mündlichkeit des ›Nibelungenliedes‹ unglücklich, ja paradox verlaufen, weil Ergebnisse und Evidenzen, die
sie zutage gefördert hat, infolge fehlender Differenzierung ohne Not annul-
liert worden sind. Ausschlaggebend war dabei u.a. eine irrige Auffassung von
der Reichweite der *Oral-Formulaic Theory* sowie ein schon von Lord selbst
nahegelegtes Mißverständnis des Charakters mündlicher Dichtung (*oral poetry*) in schriftlosen Kulturen. Lord hat sich zwar weitgehend auf sein Material
– den sehr speziellen Fall mündlicher Dichtung mit einer (von Parry und Lord
behaupteten) *composition in performance* bei den serbokroatischen Guslaren
– bezogen, aber doch den Eindruck erweckt, mündliche Traditionen bildeten
sich immer nach diesem Muster: Da sie keine Schrift kannten, hielten sie den
Wortlaut einer Dichtung nicht fest, sondern bildeten ihn aus wiederverwend-
baren Bestandteilen (Formeln und Themen) jeweils neu.[22] So hat sich die
Meinung verfestigt, schriftlose Kulturen besäßen noch gar keinen Begriff eines festen Textes – ›Text‹ verstanden als identischer Wortlaut –, und von einem Text ließe sich erst sprechen, wenn man ihn mittels Schrift zu fixieren
verstünde, da eine andere Möglichkeit seiner Fixierung und gleichzeitigen
Konservierung zuvor nicht bestünde. Eben diese Konservierung sei aber
Konstituens eines Textes.[23]

Daß das Aufkommen der Schrift Vorteile für die Konservierung von Texten hat, ist gewiß richtig, aber daß es in schriftlosen Kulturen keine andere
Möglichkeit der Konservierung gegeben haben soll, ist auf so eklatante Weise falsch, daß die Breitenwirkung der *Oral-Formulaic Theory* hier nur bedauert werden kann. Einige wenige Hinweise mögen genügen.

Die Riten der Kongo-Pygmäen finden immer unter Begleitung von Gesängen statt und bestehen z.T. wesentlich im Singen von Liedern.[24] Dies sind
Gemeinschaftslieder, die entweder den Frauen oder den Männern gehören.

---

22 Vgl. Lord: Der Sänger erzählt, Kap. 6.

23 Goody: The Interface Between the Written and the Oral, S. 86-91, 174-182, betont,
daß das Fehlen von schriftlichen Aufzeichnungen die Hypothese, es gäbe in schriftlosen
Kulturen Texte, die auswendig beherrscht würden, grundsätzlich problematisch – weil nicht
nachprüfbar – erscheinen läßt. Goody lehnt sich eng an Parry und Lord an und erwägt
angesichts seiner Voraussetzung, daß wortwörtliche Überlieferung vor dem Aufkommen
der Schrift ausgeschlossen sei, z.B. für die Überlieferung der Veden bei den Brahmanen
eine Frühdatierung der Schriftentwicklung (S. 112f.). Daß Lieder auswendig beherrscht
werden, will er allerdings dann doch nicht bestreiten (vgl. z.B. S. 176). Dies reicht aber,
um den Begriff der Wortwörtlichkeit und damit des Textes zu bilden. Jahrzehnte- oder
jahrhundertelange Überlieferung eines dabei unverändert bleibenden Wortlauts ist dazu
nicht notwendig.

24 Vgl. Colin M. Turnbull: The Forest People. A Study of the Pygmies of the Congo.
New York 1961, Kap. 4, 10 und passim.

Vor den Pubertätsriten der Mädchen lernen diese z.B. die dabei zu singenden Lieder auswendig.[25] Gemeinschaftslieder müssen mit Wortlaut und Melodie auswendig gelernt werden,[26] sonst käme kein gemeinsames Singen zustande. Was die einen vergessen, wissen doch die anderen, so daß der Wortlaut Kollektivbesitz ist – wobei auf die Dauer damit zu rechnen ist, daß der Wortlaut gewissen Veränderungen unterliegt.

Zu den verschiedenen Tänzen der Pueblo-Indianer, deren Choreographie von den Tanzenden genau einstudiert werden muß, singt oft ein Chor erwachsener Männer Lieder.[27] So gut wie die Tanzenden die Bewegungsabläufe kennen müssen, denen sie, ohne sich aneinander zu orientieren, folgen, so gut müssen die Singenden ihren Text kennen. Tanz und Gesang werden durch eine umfangreiche gemeinschaftliche Gedächtnisleistung koordiniert.

Der Umfang von in schriftlosen Kulturen auswendig gewußten Lied-, aber auch von Ritualtexten – auch der zugehörigen Melodien und eventuell der Bewegungsabläufe bei Tanzliedern und rituellen Handlungen, wobei Melodien und Bewegungsabläufe den Wortlaut der Texte zu kodieren vermögen – ist angesichts der zeitlichen Dauer von Festen und Riten keineswegs unerheblich. Dies rechtfertigt die Annahme, daß Auswendigkeit und Reproduktion von Texten (und Bewegungsabläufen) eine grundlegende Möglichkeit von Kultur darstellt, die einer Produktion von Texten im Sinne der *Oral-Formulaic Theory* kulturgeschichtlich grundsätzlich vorausgeht. Charakteristische Eigenschaften poetischer Texte (z.B. Rhythmus und Reim, Vers und Versverbindung) legen die Vermutung nahe, daß sie als mnemonische Bedingungen der Reproduktion von Texten entstanden und in diesem Sinne primär sind, daß Techniken der spontanen Produktion von poetischen Texten dagegen abgeleitet und sekundär sind.

Es sind stratifizierte Gesellschaften mit einem Kriegerstand und Gefolgs- oder Feudalherren, in denen hochspezialisierte Berufssänger[28] an den Höfen der Herren erzählende Preis- und Heldendichtungen von erheblichem Umfang sowie unter Rückgriff auf eine Vielzahl von Stoffen vortragen, so daß ein Vortrag aus dem Gedächtnis schwerlich noch zu bewältigen ist. Der Umfang der einzelnen Texte wie des Repertoires nötigt die Sänger, sich nach einem speziellen Verfahren umzusehen, das ihnen erlaubt, Dichtungen, denen

---

25 Ebd., S. 188.

26 Vgl. zum Lernvorgang ebd., S. 146.

27 Vgl. Bertha P. Dutton: American Indians of the Southwest. Albuquerque 1983, S. 53-62. Es ist davon auszugehen, daß heute zu beobachtende Tänze und Texte der Pueblo-Indianer als Traditionsgut auf eine Zeit zurückgehen, in der es noch keine Berührung mit der Schrift gab. Dies gilt entsprechend für eine Vielzahl weiterer Beispiele.

28 Zum Berufssänger bei den Germanen vgl. das von Egon Werlich: Der westgermanische Skop: Der Aufbau einer Dichtung und sein Vortrag. Diss. Münster 1964, S. 7-88, zusammengestellte Material.

bereits vorhandene, eine spontane Hervorbringung begünstigende ›poetische‹ Formen zugrunde liegen, auch aus dem Stand zu verfertigen. Eben dieses Verfahren und die zugehörige Fertigkeit und Ausbildung macht sie zu Berufssängern. Wo es zu einem entsprechenden Umstellen von der Beanspruchung des Gedächtnisses zu einer Kunst des Dichtens aus dem Stegreif gekommen ist, dort dürfte sich die neue Form der Dichtung mithin aus bereits vorhandener memorierter Lieddichtung abgelöst und deren metrische Grundform adaptiert haben.[29]

Nur ein schmales Segment mündlicher Dichtung – gemessen am Auftreten mündlicher Dichtung in den Kulturen der Welt – weist demnach eine *composition in performance* durch spezialisierte Berufssänger auf, während ein sehr viel größeres Segment kürzere Texte umfaßt, deren Wortlaut von der Gemeinschaft und ihren Mitgliedern zu memorieren ist. Dies dürfte für einen Übergangszeitraum selbst für Heldendichtung gelten, wenn diese noch nicht vorwiegend von berufsmäßigen Sängern tradiert wird. So spricht einiges dafür, daß die überlieferten Kurzlieder der germanischen Heldendichtung eher aus einer Tradition des Memorierens als aus einer des Improvisierens stammen.[30] Die ersten Sänger solcher Lieder, die sie allein und nicht mehr als Gemeinschaftsgesang vortrugen und die dann zugleich – entgegen den Annahmen Parrys und Lords – die Verfasser ihrer Lieder waren, waren ihren Stämmen verbunden, ihre Dichtung war Stammesdichtung im Dienst kollektiver bzw. stammesgebundener Erinnerung und Traditionsbildung.[31] Um Stammesbesitz werden und gegebenenfalls auch noch gemeinschaftlich vorgetragen werden zu können, mußten die Lieder grundsätzlich eine memorierbare Form aufweisen.[32] Dazu dürften poetische Eigenschaften beigetragen haben,

---

29 Für die Germanen ergibt sich ein derartiger Vorgang in groben Umrissen aus der Darstellung von Heusler: Die altgermanische Dichtung. Vgl. auch die ältere Darstellung von Koegel: Geschichte der deutschen Literatur bis zum Ausgang des Mittelalters, der das Heldenlied des Berufssängers auf den ursprünglich strophischen Chorgesang der germanischen Stämme zurückführen will (S. 112f.), aus dem sich bei den Berufsdichtern um 500 n.Chr. eine neue Vortragsweise ablöst, die der unstrophischen Folge pathetisch gesprochener (rhapsodischer) Langverse vorrangige Geltung verschafft (S. 130f.). In neuerer Zeit hat Niles: Beowulf, besonders S. 63, eine entsprechende Ablösung der improvisierenden von der memorierenden Dichtung veranschlagt.

30 Vgl. unten Kapitel 3.4.

31 Wie dies z.B. Jordanes in seiner Gotengeschichte (›Getica‹ IV 28) bezeugt. Danach hielten die Goten ihren siegreichen Zug durch Skythien in ihren alten Heldenliedern wie in einem Geschichtsbuch fest.

Vgl. zur Gattung der *origo gentis* Herwig Wolfram: Das Reich und die Germanen. Zwischen Antike und Mittelalter. Berlin 1990, S. 62-64. Zum Verhältnis von Stammessage und Heldensage im Dienst einer identitätsstiftenden Erzählung der *origo gentis* vgl. Weddige: Heldensage und Stammessage, bes. S. 152-159.

32 Nach Tacitus (›Germania‹ 2,2; 3,2) scheinen die Heldenlieder der Germanen Gemeinschaftslieder gewesen zu sein.

durch die auch andere memorierbare Dichtungen im kollektiven Besitz im Wortlaut fixiert und so tradiert wurden.

Trifft diese Skizze zum Verhältnis der zwei Segmente mündlicher Dichtung – einer breiten Tradition des Memorierens und einer schmalen des Improvisierens – zu, so hat die *Oral-Formulaic Theory* einen recht speziellen Gegenstand und deshalb nur eine beschränkte Reichweite im Umkreis mündlicher Dichtung. Diese ist keineswegs ausschließlich improvisierend, im Gegenteil: In vielen Kulturen kommt es gar nicht zur Herausbildung eines Standes von spezialisierten Sängern. Die Stammesgemeinschaft aber memoriert, was sie tradiert.

Wenn es nun bei den Westgermanen mit einiger Sicherheit improvisierende Sänger gab, so heißt dies andererseits nicht gleich, daß die Tradition des Improvisierens sich nach dem Untergang der Stabreimdichtung weiter halten konnte und bis ins Mittelalter fortexistierte. Traditionen des Improvisierens lösen sich nicht nur von solchen des Memorierens ab, sondern sie können auch wieder eingehen, wenn ihre Lebensbedingungen sich ändern, sei es, daß die Sänger kein Aus- und Unterkommen mehr finden oder die poetische Technik aus der Übung gerät. Tatsächlich spricht vieles gegen die Annahme des Fortbestehens einer solchen Tradition bis in das Mittelalter. Das auffälligste Indiz für ihren Untergang ist die Preisgabe des Stabreims. Die Umstellung auf eine ganz andersartige, silbenzählende Metrik – auch wenn im neuen zäsurierten Langvers der Stabreimvers noch nachlebt –, auf den Endreim sowie schließlich auf die Strophenform mußten aber einer fortexistierenden Pflege von Improvisation besondere Schwierigkeiten entgegensetzen.

Es gibt gute Gründe, die Vorstellung, das ›Nibelungenlied‹ oder ein Vorgänger mit einer Vorform der Nibelungenstrophe sei beim Vortrag im Sinne einer *composition in performance* improvisiert worden, für besonders abwegig zu halten. Der Sänger mußte – dies ein letzter Reflex des Stabreimverses – Langverse mit einer Zäsur in der Mitte, und das heißt unter den Bedingungen der neuen Metrik: er mußte zwei Halbverse mit je drei Hebungen bilden. Dies mag ungefähr den Schwierigkeitsgrad aufweisen, den ein griechischer Hexameter oder ein serbokroatischer Zehnsilbler den Sängern abverlangte. Diese mündlichen Metren sind stichisch und für eine fortlaufende Erzählung aus dem Stegreif mit entsprechender Vorbereitung bzw. Ausbildung mehr oder weniger leicht zu bewältigen.

Ein Sänger mußte die Verse aber auch zu Reimpaarversen verbinden und also einen Endreim finden. Dieser ist rein versbezogen – er scheint deshalb von vornherein einen Umgang mit dem Schriftbild von Versen vorauszusetzen – und orientiert sich in keiner Weise an der Prosodie der Sprache. Die Metrik weist zudem die Tendenz auf, die Syntax zu strangulieren. Im übrigen stellen Reime für eine die Improvisation erleichternde Formelhaftigkeit ein besonderes Problem dar. Formeln erlauben es ja, Engpässe, die die metrischen Zwänge erzeugen, zu überbrücken, indem Formulierungen, die den metrischen Anforderungen genügen, aus einem kollektiv zusammengetragenen Reservoir immer schon zur Hand sind. Formeln, die das Problem der spontanen Reimbildung lösen könnten, müßten aber über mehr als einen Vers reichen, um beide Reimwörter einzubefassen. Sie wären damit sehr umfangreich und für den Gebrauch recht schwerfällig. Oder sie müßten leicht zu bedienende Reimwörter ansteuern und aus stereotypen Charakterisierungen bestehen, wie sie tatsächlich im ›Nibelungenlied‹ vorkommen (vgl. etwa Str. 2,1: *ein vil edel magedîn*). Solche Formeln lassen sich aber nur gelegentlich einmal einbringen und erleichtern eine spontane Komposition nur unwesentlich.

Über das schwer zu bewältigende Problem einer kontinuierlichen, spontanen Reimbildung hinaus mußte ein improvisierender Sänger für ein Lied, das dann die ausgebildete Form der Nibelungenstrophe aufwies, aber auch noch nach zwei zu einer Strophe verbundenen Reimpaarversen ›zum Punkt‹ kommen mit der besonderen Schwierigkeit, daß der letzte Halbvers der zu bildenden Strophe vier Hebungen aufzuweisen hatte. Das ist für Improvisation aus dem Stegreif entschieden zu viel verlangt, jedenfalls wenn man es über eine längere Zeit hin kontinuierlich durchhalten will oder soll. Selbst ein professioneller Improvisator von Schnaderhüpferln wäre damit – d.h. mit einer unter diesen Bedingungen auch noch zu bildenden kalkulierten narrativen Sequenz – vermutlich vollständig überfordert. Keine Tradition des Improvisierens hätte sich selbst freiwillig solche metrischen Zwänge aufgebürdet.

Nun ist eine solche Überlegung nicht expressis verbis angeführt worden, um für das ›Nibelungenlied‹ mündliche Entstehung auszuschließen. Dafür hat eher die diffuse Intuition gesorgt, daß mündliche Entstehung für ein derart durchgeplantes und durchorganisiertes Werk von einigem Umfang grundsätzlich nicht recht vorstellbar ist und daß die Versuche, eine solche Entstehung über die Formelhaftigkeit des ›Nibelungenliedes‹ nachzuweisen, denn auch in keiner Weise zwingend sind.[33]

Diese Kombination der Annahmen unterdrückt allerdings die Möglichkeit, der schon die *Oral-Formulaic Theory* keinerlei Beachtung geschenkt hat. Das Problem einer mündlichen Entstehung läßt sich zunächst ausklammern, wenn man sich nicht auf die einzig mögliche mündliche Vortragsart der *composition in performance* versteift. Denn es ist eine mündliche Tradition des auswendigen Vortrags in Betracht zu ziehen, für die andere Formkonventionen gelten dürften, wie immer dann der vorgetragene Text entstanden zu denken ist. Das Memorieren erlaubt und erfordert eine stärker gebundene Form, als sie für

---

33 Gern wird das zuerst von Claes Schaar formulierte Argument, daß Formelhaftigkeit nicht mündliche Entstehung impliziere, wiederholt, als Selbsteinwand schon von Bäuml, Ward: Zur mündlichen Überlieferung des Nibelungenliedes, S. 363.

das Improvisieren möglich erscheint. Die Strophe könnte dabei immer schon als Memorialform existiert haben oder sekundär aus der Schriftkultur übernommen und mit nachhaltigem Erfolg in die Heldendichtung eingeführt worden sein.

Paradoxerweise hat nun gerade Bäuml alles getan, um dies für unmöglich zu erklären, obwohl es gerade durch seine Beobachtungen im weiteren Sinne gestützt wird. Er wendet sich dezidiert gegen Vorstellungen Heuslers, der in seinem Buch über das ›Nibelungenlied‹[34] durchweg suggeriert, die mündliche Tradition habe mit fixierten Texten operiert. So sei offenbar, daß von Heusler

unter »mündlicher Überlieferung« an einen irgendwie fixierten Text gedacht ist, der einfach von einem Vorträger mündlich reproduziert wird. Genau auf welche Weise ein so eingehend beschriebener Text die dazu nötige feste Form gewann, wird nie erklärt.[35]

Bäumls Einwand ist zwar richtig, aber über den Dichtvorgang liegen für diese Tradition auch kaum Quellen vor.[36] Man kann Heusler vorwerfen, er habe Gegebenheiten des Dichtens aus einem schriftliterarischen Kontext einfach zurückprojiziert – was er zweifelsohne getan hat. Aber man kann ihm auch zuhilfe kommen mit der Hypothese, daß die fürs Memorieren nötige feste Form dadurch erzeugt wird, daß möglichst viele Bindungsfaktoren (silbenzählende Metrik, Vers, Reim, Strophe) als mnemonische Kodierungen zum Einsatz gelangen. Dann kann in der Tat ein vergleichsweise fester Text entstehen, der auch von Sängern, die ihn nicht selbst und für ihr eigenes Gedächtnis verfaßt haben, eingeprägt werden kann. Eine durch ihrerseits spezialisierte Dichter/Sänger getragene Tradition des Memorierens ist aber so vorzustellen, daß die Lieder parallel zum Dichtvorgang eingeprägt werden. Das ist möglich, weil die mnemonischen Kodierungen so dicht gesetzt sind, daß sie den Wortlaut für das Gedächtnis vollständig fixieren können.

Anders freilich als Heusler hält Bäuml es für gegeben, »daß das strophische Gefüge des Nl schon als solches im mündlichen Überlieferungszu-

---

34 Heusler: Nibelungensage und Nibelungenlied.

35 Bäuml, Ward: Zur mündlichen Überlieferung des Nibelungenliedes, S. 360f.

36 Einige Hinweise sind zusammengestellt bei Rudolf Kögel und Wilhelm Bruckner: Althoch- und altniederdeutsche Literatur. In: Grundriss der germanischen Philologie. Hg. von Hermann Paul. Strassburg 1901–1909, Bd. II 1, S. 29-160, hier S. 34-37. Häufig belegt ist im Hochmittelalter die Metapher vom Schmieden von Liedern, ja Schmiede erscheinen als Dichter: Vgl. Wilhelm Wackernagel: Kleinere Schriften. Bd. I. Abhandlungen zur deutschen Altertumskunde und Kunstgeschichte. Leipzig 1872, S. 49. Dies legt nahe, daß rhythmisches Hämmern zum Erzeugen sprachlicher Rhythmik prädestiniert. Die geschmiedete Sprache ist dann so fixiert zu denken wie metallene Schmiedestücke. Ich gehe in Kapitel 7.6 auf den Dichtvorgang näher ein.

sammenhang bestand«[37], und dies meint angesichts seiner Voraussetzungen mündliche Komposition strophischer Gebilde im Zuge des Vortrags. Ein Sänger mußte also alle oben angeführten Schwierigkeiten im Vortrag meistern. Bäuml hat diese Voraussetzungen mehrfach bekräftigt. Nach ihm rezitiert ein mündlicher Dichter

nicht Auswendiggelerntes, sondern schafft stehenden Fußes bei jedem Vortrag ein – vom lexikalischen, oft auch vom strukturellen Standpunkt aus gesehen – neues Gedicht, hält sich aber sehr bewußt an die einzig ›richtige‹, d.h. überlieferte stoffliche Form [...].

[...]

Der Begriff eines stabilen Textes aber ist – wie der des Wortes – an Schriftkundigkeit, oder besser: Lesenkönnen gebunden. Nur die Wahrnehmung eines in einer bestimmten Gestalt fixierten Textes kann zum Begriff der Textstabilität führen.[38]

Ein weiteres Mal heißt es:

The illiterative poet of epic poems does not memorize a text. This is the basic fact of life of oral epic poetry. Memorization of a text presupposes the existence of a text in fixed form, i.e. in written form.[39]

Hier wird Lord nachhaltiger beim Wort genommen, als es von der Sache her geboten ist, denn die Verbindung von Textualität und Schriftlichkeit beruht auf einem Fehlschluß.[40]

Für strophische Heldendichtung hat im übrigen Lord selbst, wo er ihr begegnete, schriftliterarischen Ursprung angenommen, anstatt sie mündlicher Improvisation zuzurechnen.[41] Auch er aber hat damit die eigentümliche Leistung der Strophe, memorierbare Blöcke festen Wortlauts für die Aufbewahrung im Gedächtnis herzustellen, nicht beachtet und ihre Funktion im Stadium mündlicher Tradierung grundsätzlich verkannt.

---

37 Bäuml, Ward: Zur mündlichen Überlieferung des Nibelungenliedes, S. 383.
38 Franz H. Bäuml: Der Übergang mündlicher zur artes-bestimmten Literatur des Mittelalters. Gedanken und Bedenken. In: Fachliteratur des Mittelalters. Festschrift Gerhard Eis. Stuttgart 1968, S. 1-10, hier S. 3.
39 Franz H. Bäuml: The Unmaking of the Hero: Some Critical Implications of the Transition from Oral to Written Epic. In: Harald Scholler (Hg.), The Epic in Medieval Society. Aesthetic and Moral Values. Tübingen 1977. S. 86-99, hier S. 87.
40 Vgl. unten Kapitel 4.1.
41 Vgl. Lord: Der Sänger erzählt, S. 195f.

3.3 Curschmanns Einwände
gegen eine originäre Mündlichkeit des ›Nibelungenliedes‹
und die mnemonische Prägung des Nibelungischen

Michael Curschmann hat schwerwiegende Bedenken gegen das Kernstück der Bemühungen Bäumls, die Mündlichkeit des ›Nibelungenliedes‹ nachzuweisen, vorgebracht: den Nachweis seiner Formelhaftigkeit. Bäuml war in einer Weise verfahren, in der schon Parry die Formelhaftigkeit der ›Ilias‹ und der ›Odyssee‹ an ihren einleitenden 25 Versen aufgezeigt hatte, indem er alle wiederkehrenden Wortgruppen zusammenstellte.[42] Allerdings liegt bei den Nachweisen Parrys eine höhere Konstanz des Wortlauts vor als bei denen Bäumls, so daß sich zu Recht die Frage stellen läßt, was genau als Formel zu gelten habe. Für mündliche Dichtung, über deren Status als mündlicher Dichtung man aufgrund anderer eindeutiger Anzeichen sicher sein könnte, wäre dies eine rein akademische Frage. Wenn aber die Formelhaftigkeit ihrerseits dem Nachweis der Mündlichkeit dienen soll, liegt größeres Gewicht auf der Frage, denn dann erlangt sie den Charakter eines Beweisstücks.

Das ›Nibelungenlied‹ kennt zwar durchaus wörtlich wiederkehrende Wortgruppen, aber sehr viel auffälliger ist ein Hervortreten dominanter syntaktischer Strukturmuster, für die der Wortlaut starkem Wechsel unterliegt. Die *Oral-Formulaic Theory* hat für variierte Formeln das Instrument des ›Formelsystems‹ entwickelt, in dem neben ein Formelsyntagma das Variantenparadigma gestellt wird.[43] Dann läßt sich ›Formel‹ abstrakter als syntagmatisches Modell fassen, für das eine Reihe systematischer Austauschmöglichkeiten besteht.

Curschmann zeigt an einem Beispiel,[44] was geschieht, wenn man dies für das ›Nibelungenlied‹ durchprobiert. Er konfrontiert die Formel *sprach der küene man* (Str. 559,2b; 1731,1b; 1958,1b; 2192,1b) mit ähnlichen Formulierungen, wie sie zum größten Teil ein Formelsystem kennzeichnen würden.

559,2b	*sprach der küene man*
514,2b	*sprach der küene degen*
641,1b	*sprach der snelle man*
453,1b	*dâhte der küene man*
1949,1b	*sprach der müede degen*

---

42 Parry: Studies in the Epic Technique of Oral Verse-Making I, S. 301-304. Ebenso ging z.B. auch Magoun: The Oral-Formulaic Character of Anglo-Saxon Narrative Poetry, für den ›Beowulf‹ vor. Vgl. bei Bäuml, Ward: Zur mündlichen Überlieferung des Nibelungenliedes, S. 370-372.

43 Lord: Der Sänger erzählt, S. 64f.

44 Curschmann: Nibelungenlied und Nibelungenklage, S. 89-95.

471,4b   *gebârte der listige man*
902,1b   *vlôz das heize bluot*

Hier erscheint jedes einzelne Wort als austauschbar, allerdings nicht nur jedes einzeln für sich, sondern auch zwei oder mehr, ja schließlich alle miteinander, wie die letzte Stelle zeigt. Was aber soll angesichts dieser Reihe von Formulierungen als Bedingung für Formelhaftigkeit gelten: die Identität des Wortlauts oder die Identität der syntaktischen Struktur? Eine dritte Möglichkeit dürfte es nicht geben.

Bleibt man bei der Identität des Wortlauts, so ist die Formeldichte im ›Nibelungenlied‹ längst nicht so groß, wie man es für improvisierte mündliche Dichtung eigentlich erwarten sollte. Geht man zur Identität der syntaktischen Struktur über, so gerät man aus dem Bereich heraus, für den man sinnvollerweise noch von einem Formelsystem sprechen könnte. Denn es bleibt in Strophe 902,1b (*vlôz das heize bluot*) kein einziges Wort erhalten, und man befindet sich mit der Wortfolge Verb + Artikel + Adjektiv + Substantiv, für die sich zahlreiche weitere Beispiele anführen lassen, ausschließlich auf der Ebene der Syntax. Formelhaftigkeit kann auf diese Weise nicht mehr am Wortlaut festgemacht werden, ja sie verliert jedes differentielle Kriterium.

Curschmann hat seine destruierende Argumentation hier abgebrochen und schnell gefolgert, daß es sich beim Erzählstil des ›Nibelungenliedes‹ um die »bewußte Literarisierung eines mündlichen Erzählstils« handele, daß der Dichter »aus einer noch lebendigen mündlichen Tradition heraus arbeitete«[45], sie stilisierte und damit eine Art Sprache, ein ›Nibelungisch‹ schuf, dies aber doch deutlich im Bann der Schriftlichkeit. Denn er scheint gar nicht mehr so abhängig von einer Formelsprache wie ein mündlicher Sänger, sondern im dominierenden syntaktischen Gitter nehmen sich die wenigen eindeutigen Formeln, die wortwörtlich wiederkehren, wie Vorzeigestücke im Rahmen eines kunstvoll bemühten Stils aus. Daß die vermeintliche Formelhaftigkeit von der zurückverlegten Orientierungsebene der Syntax aus kontrolliert wird, unterstreicht danach nur, daß es sich um einen schriftlich gebildeten Stil handelt.

Auch dies ist aber nun wohl falsch, und es hat die Forschung nachhaltig in die falsche Richtung gewiesen, obwohl Curschmanns Analyse und Argumentation ungeachtet ihrer destruktiven Wirkung für die Anwendung der *Oral-Formulaic Theory* auf das ›Nibelungenlied‹ zu durchaus fruchtbaren Einsichten führt. Stellt man nämlich für die ersten zehn Aventiuren einmal die Belege für einen charakteristischen Satztyp zusammen, der mit der Nennung eines Namens und nachgestelltem Attribut (oder charakterisierender Bezeichnung) beginnt, so sieht man, daß das zu beschreibende Phänomen hier nicht in der

---

45   Curschmann: Nibelungenlied und Nibelungenklage, S. 93.

Formelhaftigkeit besteht, sondern in der stereotypen Fassung des Wortlauts – Wortlaut im doppelten Sinne verstanden – und der Satzform.

40,2   *Siglint diu rîche   nâch alten siten pflac*
61,2   *Sîvrit der herre   gie, dâ er si sach*
76,2   *Sîvrit der vil küene   wie snelle er dô sprach*
98,4   *Albrîch der vil starke   dô die kameren gewan*
148,1 *Gunthere dem vil rîchen   wart leide genuoc*
177,2 *Sîvrit der vil starke   vrâgen des began*
193,1 *Liudegast der recke   was gefüeret dan*
225,2 *Kriemhilt diu scœne   vil güetlîchen sprach*
284,4 *Sîvride dem herren   wart beide lieb unde leit*
317,4 *Gêrnôt der vil küene   der riet Gunthere daz*
320,4 *Gîselher der junge   in von der reise gar gewan*
396,2 *Sîvrit der küene   ein ros zôch ûf den sant*
417,1 *Prünhilt diu scœne   wart schiere wol gekleit*
426,1 *Sîvrit der vil küene   zuo dem künege trat*
458,1 *Sîvride dem vil küenen   von munde brast daz bluot*
461,1 *Prünhilt diu scœne   wie balde sie ûf gespranc*
465,1 *Prünhilt diu scœne   diu wart in zorne rôt*
470.1 *Sîvrit der snelle   wîse was er genuoc*
541,1 *Sîvrit der herre   balde urloup genam*
549,1 *Gîselher der snelle   zuo sîner muoter sprach*
551,4 *Kriemhilt diu edele   zuo im güetlîchen sprach*
661,1 *Sîvrit der herre   vil minneclîchen saz*
688,1 *Sîvrit der herre   ûzer Niderlant*

Aus einem entsprechenden Abschnitt der zeitgenössischen Reimpaardichtung ist ein vergleichbarer Befund nicht zu gewinnen. Deshalb ist Curschmanns Vorschlag, vom ›Nibelungischen‹ zu sprechen, verlockend. Es liegt aber wohl kein singulär literarisierter mündlicher Erzählstil – eine Art Pseudo-Mündlichkeit[46] – vor, sondern die Sprache einer anderen Art von Mündlichkeit: der

---

46   Franz H. Bäuml: Autorität und Performanz. Gesehene Leser, gehörte Bilder, geschriebener Text. In: Verschriftung und Verschriftlichung: Aspekte des Medienwechsels in verschiedenen Kulturen und Epochen. Hg. von Christine Ehler und Ursula Schaefer. Tübingen 1998, S. 248-273, spricht heute entsprechend von »pseudo-mündlicher Dichtung« (S. 250) und versteht darunter Texte, »die schriftlich komponiert sind, jedoch durch ihre lexikale und narrative Stereotypik auf mündlich-traditionelle erzählende Dichtung verweisen«. Selbst bei schriftlicher Komposition im Kontext memorierender Mündlichkeit scheint mir das Prädikat ›pseudo-mündlich‹ nicht gerechtfertigt. Die Sprache dieser Art von Mündlichkeit verliert auch bei Zuhilfenahme des Schriftmediums nicht ihren Charakter, wenn sie noch zu demselben Zweck gebraucht wird, d.h. sie wird keineswegs pseudo-mündlich und ›verweist‹ auch nicht auf mündliche Dichtung, sondern sie bleibt – auf den Vortrag ausgerichtet – so mündlich, wie sie es immer schon war. Vorteile besitzt das Schriftmedium zunächst nur für die Komposition, von der die ursprünglich gleichzeitig vorzunehmende Einprägung abgekoppelt werden kann.

memorierenden Mündlichkeit. Die Sprache des ›Nibelungenliedes‹ ist mnemonisch, und wenn man sich bei Formeldefinitionen aufhält, verliert man die Stereotypie dieser Sprache, an der doch viel mehr liegt als an ihrer vermeintlichen Formelhaftigkeit, ganz aus dem Auge.

Die Stereotypie fällt besonders an charakteristischen Satztypen wie dem exemplifizierten auf, die der Dichter immer wieder ansteuert.[47] Die Sprache des ›Nibelungenliedes‹ ist deshalb nicht durch kunstvoll eingesetzte Formeln bestimmt, sondern durch eine begrenzte Zahl von syntaktischen Mustern, mit denen der Dichter bevorzugt arbeitet. Mündlichkeit ist hier auf einer ganz anderen Ebene zu fassen als auf der von Formeln[48]: der der syntaktischen Muster, wie sie sich hinter dem (hörbaren) Wortlaut abzeichnen. Ihr häufiger Gebrauch im Verbund mit der hochgradigen metrisch-strophischen Bindung des (hörbaren) Wortlauts sowie eines einprägsamen, reduzierten Wortschatzes macht den besonderen mnemonischen Charakter des Nibelungischen aus.

Daß das Nibelungische kein Ideolekt, sondern eine Art Soziolekt ist, ist aus dem Umstand zu schließen, daß es nicht erst vom letzten Dichter geschaffen wurde, sondern ihm als Tradierungssprache schon vorgelegen haben muß. Wie die ›Kudrun‹ zeigt, konnte die Sprache mehr oder weniger getreu auch für andere Dichtungen übernommen werden. So fallen in der ›Kudrun‹ z.B. eine nicht unerhebliche Reihe nahezu identischer Formulierungen auf (ich führe in der linken Spalte einige Beispiele aus der ›Kudrun‹ auf und in der rechten Entsprechungen aus dem ›Nibelungenlied‹):

11,3: *ez was in einen zîten*	1143,1:	*Daz was in einen zîten*
27,3: *dar umb sô ist mir leide*	1343,1:	*dar umbe ist mir sô leit*
40,2: *allen, die ir gerten,*	762,4:	*alle die es dô gerten,*
den gap man [...]		*den gab man [...]*
48,1: *Diu hôchgezit werte*	41,1:	*Diu hôchgezît werte*
unz an den niunden tac		*unz an den sibenden tac*
67,1: *Nu lâzen wir belîben,*	1506,1:	*Nu lâze wir daz belîben,*
wie da gescheiden wart		*wie si gebâren hie*

---

47 Dies gilt für die Textentstehung, nicht für die Vortragssituation (Hinweis von Ralf-Henning Steinmetz). Im übrigen besitzen die folgenden Überlegungen Geltung für alle drei frühen Fassungen des ›Nibelungenliedes‹ (*A, *B und *C), so daß ich hier keine weiteren Differenzierungen vornehme. Weitere Beispiele für den exemplifizierten Satztyp finden sich bei Bäuml, Fallone: A Concordance to the ›Nibelungenlied‹, S. 106f.

48 Michael Curschmann: The Concept of the Oral Formula as an Impediment to Our Understanding of Medieval Oral Poetry. In: Medievalia et Humanistica 8 (1977), S. 63-76, behält recht darin, daß die statistische Formelanalyse für das ›Nibelungenlied‹ (und auch sonst) zu keinem sicheren Ergebnis für die Art der Entstehung des Textes führt und den Blick auf seine Eigenart eher verstellt. Curschmann löst sich aber seinerseits nicht von der Fixierung auf Formelhaftigkeit als Merkmal von Mündlichkeit und verkennt den Charakter einer mnemonisch funktionalen Syntax für mündliche Tradierung.

169,1: *Im rieten sîne mâge*   48,1: *Im rieten sîne mâge*
179,4: *manegen bûhurt rîchen*   584,1: *Vil manegen bûhurt rîchen*
       sach man [...]   *sach man* [...]

Die wenigen Beispiele mögen genügen.[49] Sie sind zweifellos formelhaft, aber die Parallelen zwischen den beiden Texten lassen sich noch einmal erheblich vermehren, wenn man nicht nur auf Formelhaftigkeit abhebt, sondern ganz ähnlich erzählte typische Situationen wie das Aufwachsen in einem Land (vgl. ›Kudrun‹, Str. 204; ›Nibelungenlied‹, Str. 20), das Eintreffen fremder Gäste (›Kudrun‹, Str. 289; ›Nibelungenlied‹, Str. 1177), das Bemühen um die Gäste (›Kudrun‹, Str. 65; ›Nibelungenlied‹, Str. 245), Kampfsituationen mit dem Stoß der Schilde z.B. (›Kudrun‹, Str. 16; ›Nibelungenlied‹, Str. 585) u.a.m. vergleicht. Sie werden aus demselben lexikalischen Fundus aufgebaut. Daraus wird aber deutlich, daß weniger Formelhaftigkeit als vielmehr eine charakteristische Lexik und Syntax die Darstellung bestimmt. Emil Kettner hat sich einen schreibenden Bearbeiter vorgestellt, der sich sein Material zusammensuchte, indem er in einer ihm vorliegenden Handschrift des ›Nibelungenliedes‹ hin- und hersprang.[50] Das ist aber kaum wahrscheinlich. Vielmehr ist der Dichter der ›Kudrun‹ offensichtlich eingehört in das Nibelungische, er hat dessen Lexik und Syntax im Ohr und nutzt beides in freier Verfügung.

Wie in der Stabreimdichtung die Formelsprache, so kann aber hier die Lexik durch die jeweils erzählte Situation regiert werden. Sie kommt dem Dichter leicht im Verein mit dieser Situation in den Sinn. Nur daß der Dichtvorgang dabei dem Vortrag grundsätzlich vorgelagert ist und deshalb mehr Zeit in Anspruch nehmen darf als ein improvisierender Vortrag. Die Zeit wird indes benötigt, um die hochgradig gebundene Sprache strophischer Heldendichtung herzustellen.

Zunächst bedeutet der hohe Bindungsgrad des Nibelungischen im Rahmen der Strophe eine Restriktion des sprachlichen Ausdrucks, die dann freilich zur mnemonischen Tugend gewendet werden kann. Sind Muster wie ›Name + Artikel + Adjektiv‹ parat, mit denen ein markanter Satzteil gestanzt wird, der zugleich bequem einen Halbvers füllt, dann läßt sich ein nach dem Muster gebildeter Wortlaut auch leicht ins Gedächtnis einschweißen. Das Muster dient nicht wie eine Formel als Improvisationsform, sondern in Anbetracht der zurückverlegten Ebene sprachlicher Organisiertheit als Model und daraufhin als Merkform, die den (hörbaren) Wortlaut leicht fürs Gedächtnis zu speichern erlaubt. Durch eine über solche Muster syntaktisch verknappte und in

---

49 Eine Vielzahl weiterer Beispiele läßt sich aus den Zusammenstellungen von Emil Kettner: Der einfluss des Nibelungenliedes auf die Gudrun. In: ZfdPh 23 (1891), S. 145-217, ausheben.

50 Ebd., S. 202.

der Folge auch lexikalisch vereinfachte Sprache läßt sich das Prokrustesbett der Nibelungenstrophe mnemonisch vorteilhaft füllen.

Die Sprache des ›Nibelungenliedes‹ ist aber nicht nur leicht einzuprägen, im Fall des Vergessens dürfte sie beim Vortrag über eine kürzere Strecke zur Not auch aus dem Stand neu zu bilden sein. Es ist die mnemonisch erforderliche syntaktische Simplizität und Redundanz, die es gleichzeitig erlaubt und geboten erscheinen läßt, Sätze wie die der zitierten Liste über das zugehörige Muster immer wieder anzusteuern und so zu der zu konstatierenden Stereotypie des ›Nibelungischen‹ beizutragen. Wenn sprachliche Stereotypie und Formelhaftigkeit auch auf den ersten Blick verwechselbar erscheinen könnten, so führt doch Curschmanns Demonstration darauf, daß es vielmehr immer wieder dieselben einprägsamen syntaktischen Muster sind, die im ›Nibelungenlied‹ wiederkehren, und nicht Formeln – ohne daß dies allerdings den Gebrauch von Formeln ausschlösse.

Wenn man die von Bäuml und Fallone erstellte Konkordanz zum ›Nibelungenlied‹ durchblättert,[51] begegnen charakteristische stereotype Satzmuster auf Schritt und Tritt, und in dem beigefügten ›Structural Pattern Index‹ läßt sich ihre Häufigkeit schnell ermitteln. Sätze z.B., die mit *dô* + Verb beginnen und sich deshalb für syntaktisch stereotype Narration besonders anbieten, kommen über 1000mal und d.h. nahezu in jeder zweiten Strophe vor.[52] Für die zeitgenössische Reimpaardichtung wäre eine solche Häufigkeit angesichts einer eher vermiedenen schematischen Diktion ganz undenkbar.

Ich gebe im folgenden eine Liste der mit jeweils mehr als hundert Belegen am häufigsten vertretenen Konstruktionen (mit je einem Beispiel) nach Bäuml und Fallone:

Artikel + Adjektiv + Substantiv (3,1a: *Der minneclîchen meide*): 301 Belege
Artikel + Substantiv + Substantiv (3,4a: *der juncvrouwen tugende*): 284 Belege
Präposition + Artikel + Adjektiv + Substantiv (20,3a: *in einer rîchen bürge*):
    113 Belege
Präposition + Artikel + Substantiv + Substantiv (12,1a: *von des hoves krefte*):
    119 Belege
Präposition + Artikel + Substantiv + Verb (35,2b: *gein den lüften dôz*):
    161 Belege
Präposition + Adjektiv + Substantiv (1,2b: *von grôzer arebeit*): 180 Belege
Präposition + Adjektiv + Substantiv + Verb (27,2b: *mit lieben vriwenden hân*):
    134 Belege
Präposition + Substantiv + Substantiv (1,3a: *von fröuden, hôchgezîten*):
    176 Belege
Adverb + Verb + Artikel + Substantiv (64,1a: *Dô neic der küneginne*): 122 Belege

---

51 Bäuml, Fallone: A Concordance to the ›Nibelungenlied‹.
52 Vgl. ebd., S. 143-150.

Adverb + Verb + Artikel + Substantiv + Substantiv (37,1a: *Dô giengen's wirtes geste*): 112 Belege

Pronomen + Verb + Präposition + Artikel + Substantiv (38,3a: *sie dienten nâch der gâbe*): 145 Belege

Pronomen + Verb + Präposition + Adjektiv + Substantiv (1,1a: *Uns ist in alten mæren*): 130 Belege

Pronomen + Verb + Adverb + Verb (23,3a: *des wurden sît gezieret*): 141 Belege

Pronomen + Verb + Pronomen + Adverb + Verb (25,4a: *des moht er wol gewinnen*): 174 Belege

Pronomen + Verb + Adjektiv + Substantiv (3,2a: *ir muoten küene recken*): 161 Belege

Substantiv + Artikel + Substantiv (10,1a: *Rûmolt der kuchenmeister*): 148 Belege

Substantiv + Konjunktion + Substantiv (4,2a: *Gunther unde Gêrnôt*[53]): 184 Belege

Verb + Präposition + Artikel + Substantiv (36,3b: *gevellet ûf daz gras*): 106 Belege

Die Beispiele in dieser Liste machen jeweils einen Halbvers aus, und sie vermitteln einen Eindruck der sprachlichen Stereotypie des ›Nibelungenliedes‹. In seiner strophischen Gußform mit dem Halbvers als auch syntaktisch signifikanter Basiseinheit erscheint das ›Nibelungische‹ als besonders charakteristische Diktion. Gedrängte Sätze, redundante Syntax und Lexik und markante Rhythmik sorgen dafür, daß sich der Wortlaut nachhaltig ins Gedächtnis einprägt.

Geht man von dem Abruf der Fassung *C, deren Vergleich mit *B ich mich im folgenden zuwenden werde, aus dem Gedächtnis eines Sängers oder – wahrscheinlicher – des Dichters selbst aus,[54] so wird mit dem Variationsrahmen der Lesarten für Halbverse schlagartig die mnemonische Rolle der zugehörigen Satzmuster deutlich. Die Fassung *C ist sicherlich nicht bloßes Schreiberwerk, sie hält sich durchweg perfekt im metrischen Rahmen, und ihre Entstehung ist als gesprochen zu denken. Dann aber spricht vieles dafür, daß sie weithin aus dem Gedächtnis geholt wurde und daß u.a. jeweils dort, wo dieses versagte, Veränderungen vorgenommen wurden.[55] Ich gebe auch hier noch einmal eine Liste von hervorstechenden Halbversvarianten für die ersten zwölf Strophen der 10. Aventiure (in der linken Spalte steht der Text von B, in der rechten der von C)[56]:

---

53 Daß Bäuml und Fallone Namen nicht von Substantiven unterscheiden, ist unglücklich.

54 Vgl. unten Kapitel 3.9.

55 Das muß konzeptionelle Änderungen nicht ausschließen.

56 Ich zitiere die Handschrift C nach: Das Nibelungenlied nach der Handschrift C. Hg. von Ursula Hennig. Tübingen 1977.

579,1b	*sach man mit manigen scharn*	585,1b	*sach man mit grôzen scharn*
582,1a	*Der herzoge Gêre*	588,1a	*Der marcgrâve Gêre*
582,2a	*niwan für daz bürgetor*	588,2a	*niwan ûz der bürge*
582,3a	*der muost' ir fürbaz dienen*	588,3a	*dient ir dô minneclîche*
583,3a	*ze so grôzem antpfange*	589,3a	*ze solhem antphange*
583,3b	*des wir wol mügen jehen*	589,3b	*des mac man wol verjehen*
585,1a	*Der künec was komen übere*	591,1a	*Der künic was komen selbe*
586,4b	*vil liehte stein' und gewant*	592,4b	*die edeln stein und ouch daz gewant*
587,3a	*man sach dâ schapel rucken*	593,3a	*dâ wart gerucket hôher*
587,3b	*mit liehten henden dan*	593,3b	*mit wunneclîcher hant*
587,4a	*dâ si sich kusten beide*	593,4a	*vil manic schapel rîche*
587,4b	*daz wart durch zuht getân*	593,4b	*dô si sie enpfiengen in daz lant*
588,1b	*Kriemhilt daz mägedîn*	594,1b	*Kriemhilt diu künigîn*
588,2b	*uns willekomen sîn*	594,2b	*grôz willekomen sîn*
588,4a	*der getriuwen friunde*	594,4a	*dar nâch wart von den frouwen*
588,4b	*dô wart dâ nîgen getân*	594,4b	*mit triuten küssen niht verlân*
590,3a	*von wætlîchen recken*	595,3a	*von hêrlîchen recken*
590,4b	*vor vroun Prünhilde stân*	595,4b	*vor den küniginnen stân*

Die Liste gibt ein ungefähres Bild der durchschnittlichen Varianz zwischen B und C, wie es an jeder beliebigen anderen Stelle des ›Nibelungenliedes‹ auf dieselbe Weise gewonnen werden kann. Die durch das nicht wortgetreue Gedächtnis verursachte ›Textbewegung‹ ist gut zu erkennen: Die Varianten bleiben in der Regel auf den Halbvers beschränkt und bestehen im Austausch eines Wortes oder einer leichten Umformulierung. Der Halbvers liefert die Gußform, in die eine neue Formulierung hineingesprochen wird. Eine neue Formulierung orientiert sich an einem anderen syntaktischen Muster. Dies macht deutlich, daß die letzte Orientierungsebene in der Rhythmik des Halbverses besteht. Dessen rhythmische Form begrenzt zugleich die ›Textbewegung‹.

Aber die Begrenzung gelingt nicht immer. Gelegentlich wird eine Um- oder Neuformulierung zu einem kleinen Brandherd, der zu einem Flächenbrand führen kann: In C 593,3a wird ein Satz anders begonnen als in B 587,3a, er muß deshalb anders fortgesetzt werden und zieht alle restlichen Halbverse der Strophe in Mitleidenschaft. Ich führe die Stelle noch einmal im Zusammenhang an (nebeneinandergestellte Langverse werden im folgenden in der Zäsur umgebrochen):

man sach dâ schapel rucken	*dâ wart gerucket hôher*
mit liehten henden dan,	*mit wunneclîcher hant*
dâ si sich kusten beide:	*vil manic schapel rîche,*
daz wart durch zuht getân.	*dô si sie enpfiengen in daz lant.*
(B 587,3-4)	(C 593,3-4)

Fast immer ist dann wie hier das Strophenende die Schneise, über die der Flächenbrand nicht mehr hinausgreifen kann. Der nächste Strophenbeginn ist korrekt in Erinnerung. Es ist die hervorgehobene serielle Position in der Textfolge, die erlaubt, den Wortlaut des Strophenbeginns besser einzuprägen.

Deutlich wird hierbei auch sichtbar, wie Halbverse, Verse und Strophen mnemonische Ränder und Haltepunkte darstellen. Fast immer sind die Strophenanfänge in C weitgehend intakt, die meisten Neuformulierungen erstrecken sich auf die beiden letzten Verse.[57] Mit der neu beginnenden Strophe ist der Dichter von *C wieder im Tritt. Durch die strophische Partialisierung des Erzählinhalts wird der Text besser behalten, Erinnerungslücken lassen sich begrenzen, und das Anknüpfen an ausgefallenen und ersetzten Text gestaltet sich erheblich leichter.

Was für die rhythmisch-syntaktische Stereotypie gilt, läßt sich auch auf Erzählzüge oder Erzählschemata bzw. -schablonen ausweiten. ›Ankunft‹, ›Empfang‹, ›Fest‹, ›Botenempfang‹ u.a.m. werden immer wieder unter Einsatz derselben oder paralleler Formulierungen dargestellt.[58] Ganze Handlungszüge fallen danach stereotyp aus und entlasten deshalb das Gedächtnis. Besonders auffällig ist in diesem Zusammenhang das Fehlen von Erzähleinheiten im ›Nibelungenlied‹, die ganz wesentlich zur aufkommenden Form ›buchmäßigen‹ Erzählens gehören – wie Prolog, Epilog, Erzählerkommentar –, die das Gedächtnis eines Vortragenden allerdings auch erheblich belasten würden. Reflexionssprache gehört nicht zu dem Stoff, der für das Gedächtnis gemacht erscheint. Das Gedächtnis behält erzählte Handlungen erheblich leichter, und das ›Nibelungenlied‹ beschränkt sich deshalb hierauf.

3.4 Memorierende Mündlichkeit im Germanischen und im Mittelalter?

Daß germanische Heldendichtung auswendig vorgetragen wurde, kann als lange Zeit einzig und weitgehend auch heute noch geltender Forschungskonsens angesehen werden. Schon Heusler hat sich ganz dezidiert mit der Vorläuferforschung zur Theorie Parrys und Lords auseindergesetzt, auf die

---

57 Man könnte dies auch auf eine ursprünglich zweiversige Strophenform einer Vorgängerfassung des ›Nibelungenliedes‹ zurückführen. Ich diskutiere die für diese Annahme notwendigen Zusatzhypothesen an dieser Stelle nicht. Vgl. zur Annahme u.a. Paul Habermann und Wolfgang Mohr: Artikel ›Deutsche Versmaße‹. In: Reallexikon der deutschen Literaturgeschichte. Hg. von Werner Kohlschmidt und Wolfgang Mohr. Berlin 1958f. Bd I, S. 231-244, hier S. 239.

58 Dies wird an den Beispiellisten, die Kees Hermann Rudi Borghart: Das Nibelungenlied. Die Spuren mündlichen Ursprungs in schriftlicher Überlieferung. Amsterdam 1977, S. 61-69, zusammengestellt hat, sehr anschaulich.

Anfang des Jahrhunderts bereits auch John Meier ausführlich reagiert hatte.[59] Heusler kommt auf die montenegrinischen Sänger zu sprechen, die Improvisatoren sind und »das Lied von Fall zu Fall neu gestalten und dabei weitgehend auf den Geschmack und die Stimmung der Zuhörerschaft Rücksicht nehmen«[60]. Für Heusler erwachsen germanische Heldenlieder dagegen nicht aus »stegreifhafter Pflege«[61], sie sind vielmehr »vorbedacht und auswendig gelernt, für Einzelvortrag bestimmt«[62] und brauchen mit ihren ca. 80 bis 200 Langzeilen kaum mehr als eine Viertelstunde Vortragszeit.

Heusler hat an der Annahme entsprechend memorierter Kurzlieder auch für die Vorstufen des ›Nibelungenliedes‹ festgehalten: So sei die Ende des 12. Jahrhunderts anzusetzende Vorlage der ›Thidrekssaga‹ für jenen Teil, der dem ersten Teil des ›Nibelungenliedes‹ entspricht, ein »richtiges Lied« gewesen, »das der Spielmann aus dem Gedächtnis vorsang«[63]. Dies gälte freilich nicht für die sogenannte »Ältere Not«, ein im »altheimischen Langzeilenpaar« abgefaßtes Buchwerk, das nach Heusler dem zweiten Teil des ›Nibelungenliedes‹ unmittelbar zugrundelag. Hier war vielmehr eine Aufschwellung zu epischer Breite zu verzeichnen, die ihm nur auf das Vorbild von Buchepen zurückführbar erschien und zum auswendigen Vortrag nicht mehr taugte.[64]

Nicht ganz entschieden hat Georg Baesecke sich zum Vortrag germanischer Heldendichtung geäußert, aber er schließt den Stegreifvortrag nicht so kategorisch aus wie Heusler.[65] Otto Gschwantler kehrt dagegen wieder zur Position Heuslers zurück:

Die knappen germanischen Heldenlieder bieten [...] der Improvisation wenig Spielraum, sie werden wohl auswendig gelernt worden sein, und Formelhaftigkeit spielt in ihnen eine verhältnismäßig geringe Rolle.[66]

Auch Theodore M. Andersson geht von einer »Memorialkomposition des germanischen Heldenlieds« aus,[67] und er bezweifelt grundsätzlich, daß sich

59 Meier: Werden und Leben des Volksepos.
60 Heusler: Die altgermanische Dichtung, S. 174.
61 Ebd., S. 174.
62 Ebd., S. 153.
63 Heusler: Nibelungensage und Nibelungenlied, S. 22.
64 Ebd., S. 37-49. Zum Vorgang der Aufschwellung vgl. Heusler: Lied und Epos in germanischer Sagendichtung, Kap. 3.
65 Baesecke: Vor- und Frühgeschichte des deutschen Schrifttums, S. 494-497.
66 Otto Gschwantler: Älteste Gattungen germanischer Dichtung. In: Klaus von See (Hg.), Europäisches Frühmittelalter. Wiesbaden 1985 (Neues Handbuch der Literaturwissenschaft 6), S. 91-123, hier S. 120.
67 Theodore M. Andersson: Die Oral-Formulaic Poetry im Germanischen. In: Heldensage und Heldendichtung im Germanischen. Hg. von Heinrich Beck. Berlin, New York 1988, S. 1-14, hier S. 4.

neben der »älteren Memorialform« überhaupt eine Improvisationskultur habe entwickeln können.[68]

Zuletzt hat Alfred Ebenbauer noch einmal die verschiedenen Positionen und Argumente zu der Frage ›Improvisation oder memoriale Konzeption?‹ nachgezeichnet.[69] Auch er nimmt für das germanische Kurzlied memorierende Wieder- und Weitergabe an und hält für das ›Hildebrandslied‹ und auch den ›Beowulf‹ eine Improvisation für unwahrscheinlich.[70] Demnach dürfte auch im Mittelalter keine Tradition des Improvisierens mehr entstehen, wenn sie schon vorher nicht verwurzelt war.

In Anbetracht einer Mündlichkeit des ›Nibelungenliedes‹ ist Ebenbauers Betonung eines Traditionsbruchs in der Heldendichtung von besonderer Bedeutung:

Unbestritten ist, daß die deutsche (Helden-)Dichtung irgendwann die Strophe und irgendwann den Endreim eingeführt hat. Das muß ein ausgeprägter Traditionsbruch gewesen sein, der insofern Probleme bereitet, als improvisierte ›oralformulaic poetry‹ ihrem Wesen und ihrer Erscheinungsform nach konservative Dichtung ist.[71]

Ein Schluß, der hier impliziert wird, läßt sich so aber kaum ableiten: Wenn nach dem Traditionsbruch reine Buchdichtung fortexistiert haben sollte, so muß vorher nicht ausschließlich memoriert worden sein. Richtig ist allerdings, daß der Traditionsbruch es jeglicher Improvisation schwer machen mußte zu überleben. Mittelalterliche Heldendichtung hat Improvisation denn auch nicht mehr gekannt und auf der Basis einer schriftvermittelten Metrik eine neue Traditionsform gegründet.

Anders freilich als Ebenbauer, der zu Heuslers Dichotomie ›Memorierende Mündlichkeit – Buchdichtung‹ zurückkehrt, möchte ich für die Entwicklung von Heldendichtung vom Früh- bis zum Hoch-, ja bis zum Spätmittelalter die Dichotomie ›Memorierende/Improvisierende Mündlichkeit – Memorierende Mündlichkeit‹ vertreten. Kann die Existenz improvisierender Mündlichkeit für das Frühmittelalter als nachgewiesen gelten, so konzentriere ich mich im folgenden auf die andere Seite der Dichotomie: Heldendichtung überlebt den Traditionsbruch bis ins Spätmittelalter in der Form memorierender Mündlichkeit – und nicht als Buchdichtung!

---

68 Ebd., S. 6f. und passim.

69 Alfred Ebenbauer: Improvisation oder memoriale Konzeption? In: Varieties and Consequences of Literacy and Orality/Formen und Folgen von Schriftlichkeit und Mündlichkeit. Franz H. Bäuml zum 75. Geburtstag. Hg. von Ursula Schaefer und Edda Spielmann. Tübingen 2002, S. 5-31.

70 Der Frage, inwieweit eine Improvisationskultur und -technik hinter dem ›Beowulf‹ stehen könnte, geht er nicht weiter nach.

71 Ebd., S. 22.

Ich rekapituliere die Etappen der gesamten Entwicklung: Aus einer memorierenden Stammesdichtung löst sich eine von mobilen Sängern getragene
Improvisationskunst ab, die von der Völkerwanderungszeit bis zum Ende des
ersten Jahrtausends existiert und die vermutlich mit memorierter Lieddichtung
koexistiert. Sie geht wohl mit dem Übertritt auch der letzten bis dahin noch
nicht christianisierten germanischen Fürstenhäuser zum Christentum unter.
Doch bleiben die Erzählstoffe z.T. noch bekannt und können am ehesten, wo
sie neuen schriftliterarischen Formprinzipien unterworfen werden, weiter-
tradiert werden. Unter den Zwängen von Strophe, metrisch neugestalteter
Langzeile und Endreim richtet sich eine stereotype Kunstsprache auf gänzlich neue Umstände des Memorierens ein.[72]

3.5 Verraten die Handschriften des ›Nibelungenliedes‹ etwas über seinen Vortrag?

Die vielleicht schon im 10. Jahrhundert in Anbindung an die neue Tradierungsform[73] entstehende memorierende Mündlichkeit trifft man nicht mehr
in natürlicher Umgebung an, wenn man es heute nur mehr mit den ab dem 13.
Jahrhundert erhaltenen Handschriften zu tun hat, und der Weg zur Aufzeichnung könnte natürlich bedeuten, daß es für Heldendichtung überhaupt kein
Überleben in der Mündlichkeit gab. Hier ist aber eine Vielzahl von Indizien
zu beachten und auszuwerten, und allein die Einrichtung der Dichtungen in
den erhaltenen Handschriften könnte für einen besonderen Gebrauch ihrer
Vorlagen sprechen: Für die frühen Handschriften des ›Nibelungenliedes‹ hat
man etwa erwogen, ob ihr äußeres Erscheinungsbild nicht von vornherein
gegen die Verwendung in einer Vortragssituation stehe. Denn die Verse sind
fortlaufend geschrieben, was eine Verwendung beim Vortrag erheblich erschweren mußte.

Zeitgenössische Epenhandschriften mit fortlaufend geschriebenen Versen
sind dagegen ab dem 13. Jahrhundert eher seltene Ausnahmen.[74] Wenn sich

---

72 Daß »die Einführung der Strophenform ein wichtiger Schritt in Richtung auf die
Literarisierung des Stoffs gewesen« sei (so Heinzle: Das Nibelungenlied, S. 46), scheint
mir deshalb nicht gleich selbstverständlich.

73 Man muß davon ausgehen, daß diese Form an einzelnen Orten – oder auch nur an
einem Ort – gefunden und lanciert wurde. Einen Fingerzeig hierzu könnte die Rolle Bischof Pilgrims von Passau nach dem Epilog der ›Nibelungenklage‹ geben: Es könnte ein
Bischof des 10. oder 11. Jahrhunderts gewesen sein, der für den Nibelungenstoff die Anregung zur Ausbildung der neuen Tradierungsform gab.

74 Peter Jörg Becker: Handschriften und Frühdrucke mittelhochdeutscher Epen:
Eneide, Tristrant, Tristan, Erec, Iwein, Parzival, Willehalm, Jüngerer Titurel, Nibelungenlied und ihre Reproduktionen im späten Mittelalter und in der frühen Neuzeit. Wiesbaden

Anfang des 13. Jahrhunderts die Schreibung abgesetzter Verse in den Handschriften der höfischen Epik durchsetzt, so hängt das neben dem Einfluß aus Frankreich und der Aufwertung dieser Literatur vielleicht auch mit den Umständen ihres Vortrags zusammen.[75] Viele Stellen in den Texten selbst legen nahe, daß sie am Hof vorgelesen wurden,[76] und selbstverständlich lassen sich abgesetzte Verse erheblich leichter vorlesen als fortlaufend geschriebene. Bestimmte Gliederungs- und Schmuckformen wie z.B. Akrosticha setzen eine abgesetzte Schreibung der Verse zwingend voraus, und für Gottfried, der seinen ›Tristan‹ sogar schon zum selbständigen Lesen, aber auch zum Vorlesen einrichtete,[77] gehörte eine entsprechende Schreibung ohne jeden Zweifel schon zum Autograph (oder zum von Gottfried diktierten ›Original‹). Auch Wolframs Dreißiger-Abschnitte hätten sich unabgesetzt schwer zählen lassen, so daß die erste Niederschrift nach der Einführung der Abschnitte sicher ebenfalls in abgesetzten Versen erfolgte.

Beim ›Nibelungenlied‹ dagegen sind die Handschriften und -fragmente C, E, H, O, Z, a, und d fortlaufend geschrieben, und die Handschriften und -fragmente B, D, F, K, N, Q, R, S und V setzen nur die Strophen ab, nicht die Verse.[78] Das ist ein gegenüber den Handschriften der höfischen Buchdichtung besonders auffälliger und signifikanter Befund. Schaut man sich die alten Handschriften A und B an, so zeigt sich, daß sie auf Vorlagen zurückgehen,

---

1977, weist an dem instruktiven Beispiel der Eneasroman-Handschrift Ms. germ. fol. 282 der Berliner Staatsbibliothek auf die Anfang des 13. Jahrhunderts durchdringende Umstellung von unabgesetzten zu abgesetzten Versen im Zuge der neuen aus Frankreich kommenden Praxis hin (S. 23): In der Handschrift wird sie während des Schreibprozesses vorgenommen.

75 Vgl. zu dieser Vermutung auch Kurt Gärtner: Das Verhältnis von metrischer und syntaktischer Gliederung in mittelhochdeutschen Verstexten um 1200. In: Neuere Forschungen zur historischen Syntax des Deutschen. Referate der Internationalen Fachkonferenz Eichstätt 1989. Hg. von Anne Betten. Tübingen 1990, S. 365-378, hier S. 370f. Skeptisch ist dagegen Joachim Bumke: Epenhandschriften. Vorüberlegungen und Informationen zur Überlieferungsgeschichte der höfischen Epik im 12. und 13. Jahrhundert. In: Philologie als Kulturwissenschaft. Studien zur Literatur und Geschichte des Mittelalters. Festschrift für Karl Stackmann. Hg. von Ludger Grenzmann u.a. Göttingen 1987, S. 45-59, hier S. 51f. Auffällig und erklärungsbedürftig ist das Ausscheren des ›Nibelungenliedes‹ aus den Usancen der Darbietung höfischer Buchdichtungen auf dem Pergament im 13. Jahrhundert allemal.

76 Vgl. die von Joachim Bumke: Höfische Kultur. Literatur und Gesellschaft im hohen Mittelalter. München 1986, S. 721-725, gesammelten Stellen.

77 Dafür sprechen z.B. Zusammenschreibungen von Wörtern bei Hiatus. Vgl. diese und weitere Beobachtungen bei Friedrich Ranke: Zum Vortrag der Tristanverse. In: Festschrift Paul Kluckhohn und Hermann Schneider gewidmet zu ihrem 60. Geburtstag. Hg. von ihren Tübinger Schülern. Tübingen 1948, S. 528-539.

78 Nur die Handschriften A, I, L, M, T, h, g, i, k und l setzen die Langverse ab.

die ihrerseits – wie C – fortlaufend geschrieben waren,[79] ein Schluß, der sich auch noch für weitere Handschriften vornehmen läßt. Die Überlieferung des ›Nibelungenliedes‹ steht also quer zu den Einrichtungsgewohnheiten der höfischen Buchdichtung im 13. Jahrhundert: Die ältesten erschließbaren oder wie im Fall der Handschrift Z bruchstückhaft erhaltenen Handschriften könnten sämtlich Platz gespart haben. Hermann Menhardt hat daraus geschlossen, »dass das epos zunächst bei fahrenden in bescheidenen hss. weitergegeben wurde und erst später ›lesebücher‹ in besserer ausführung entstanden«[80]. Selbst die ›Lesebücher‹ behalten aber die alte Einrichtung oft noch bei.

Nimmt man Menhardts Annahme ernst, dann fragt sich, wie die ›Fahrenden‹ die Handschriften einsetzten. Ewald Jammers hat aus der fortlaufenden Schreibung der Verse dieser Handschriften wiederum geschlossen, »daß man auswendig vortragen mußte«[81]. Jammers hat an einen musikalischen Vortrag des ›Nibelungenliedes‹ gedacht, wie er inzwischen allgemein angenommen wird. Dabei wäre es aber in der Tat nicht nur befremdlich, wenn der vortragende Sänger seine Nase in ein Textbuch hätte stecken müssen; dessen ungeeignete Darbietung des Textes hätte seine Aufmerksamkeit auch übermäßig gebunden. Sein Auge hätte an ganz unterschiedlichen Stellen der Melodie springen müssen, und sicherlich wäre ihm dabei leicht etwas unterlaufen, was auch Schreibern im Mittelalter regelmäßig – als Augensprung – unterlief: Haben diese sich verschrieben, so hätte jener sich versungen. Jammers' Schluß erscheint deshalb gerechtfertigt.

Romanisten ist die Vorstellung bloßer Repertoirehandschriften vielleicht vertrauter als Germanisten, nachdem Léon Gautier aus dem charakteristischen Zustand früher Chansons de geste-Handschriften – sie sind klein, aus billigem Pergament, nicht illustriert und in einfachen Kolumnen geschrieben –

---

79 Zur Handschrift A vgl. Karl Bartsch: Der Nibelunge nôt. Mit den Abweichungen von Der Nibelunge liet, den Lesarten sämmtlicher Handschriften und einem Wörterbuche. Erster Teil. Leipzig 1870, S. XVf. Bartschs etwas spekulative Analyse zweier Fehler der Schreiber von A läßt sich überprüfen in: Das Nibelungenlied nach der Hohenems-Münchener Handschrift (A) in phototypischer Nachbildung. Nebst Proben der Handschriften B und C. Mit einer Einleitung von Ludwig Laistner. München 1886, hier auf S. 34 und 92.

Die Umstellung von fortlaufender Schreibung auf abgesetzte Strophen bereitet den Schreibern von B angesichts der Beschaffenheit ihrer Vorlage besonders in den ersten Aventiuren, wo sie noch nicht regelmäßig gelingt, Schwierigkeiten. Vgl. ›Das Nibelungenlied‹ und ›Die Klage‹. Handschrift B (Cod. Sangall. 857). Hg. von Karl Bischof, Heinrich M. Heinrichs und Werner Schröder. Köln, Graz 1962. Außerdem scheinen die Schreiber von B die Strophenmarkierung selbständig vorzunehmen, da sie ab Strophe B 534,3 (bis Strophe B 578,3) falsch vorgenommen wird (offenbar unter selbständiger Hinzufügung zweier Zusatzverse vor der 10. Aventiure, die dann in der Vorlage markiert gewesen sein muß). Außerdem wird Strophe B 1557 falsch abgeteilt.

80 Menhardt: Nibelungenhandschrift Z, S. 219.

81 Ewald Jammers: Der musikalische Vortrag des altdeutschen Epos. In: Der Deutschunterricht 11 (1959), S. 98-116, hier S. 105.

darauf geschlossen hatte, daß sie von Sängern benutzt wurden, die die Lieder auswendig wußten und sie nur diktiert hatten, um vor Vorträgen gegebenenfalls ihr Gedächtnis aufzufrischen:

[...] chaque jongleur est obligé de savoir un certain nombre de chansons, et il faut de temps en temps refraîchir sa mémoire. C'est donc pour les jongleurs, et c'est ne pas pour le public, que sont exécutés les premiers manuscrits de nos Chansons de geste.[82]

Auch der Dichter des ›Nibelungenliedes‹ könnte aber einer Vortragsform verbunden gewesen sein, für die sich Sänger einer Handschrift nur als Gedächtnisstütze bedienten – als Gedächtnisstütze, die vor und nicht während des Vortrags herangezogen wurde. Schon die Einrichtung der frühen Handschriften macht einen anderen Gebrauch unwahrscheinlich.

3.6 Der Abruf aus dem Gedächtnis: Fassungen als Folge memorierender Mündlichkeit und das Beispiel der Fassung *C des ›Nibelungenliedes‹

Es ist nicht selbstverständlich, daß mittelalterliche Dichtungen in immer neuen Fassungen aufgelegt werden. Dies ist für Buchdichtungen eher der Ausnahmefall, für Heldendichtungen dagegen bei mehrfacher Überlieferung der Regelfall.[83] Bisher hat man angenommen, daß schriftliche Bearbeiter dafür verantwortlich zu machen sind. Damit ist aber nicht erklärt, wie es zu der Asymmetrie zwischen der dann auffällig ›produktiven‹ Überlieferung von

---

82 Gautier: Les épopées françaises, Bd. 1, S. 225. Vgl. im Anschluß daran etwa Wilhelm Hertz: Spielmannsbuch. Novellen in Versen aus dem zwölften und dreizehnten Jahrhundert. Stuttgart, Berlin ³1905, S. 24f. Zu einer kritischen Diskussion von Gautiers Annahme vgl. Andrew Taylor: The Myth of the Minstrel Manuscript. In: Speculum 66 (1991), S. 43-73. In der Germanistik hat zuerst Friedrich Vogt: Leben und Dichten der deutschen Spielleute im Mittelalter. In: Walter Johannes Schröder (Hg.), Spielmannsepik. Darmstadt 1977, S. 18-48 (zuerst 1876 erschienen), hier S. 33, mit Repertoirehandschriften gerechnet. Vgl. auch Wolfgang Hartung: Die Spielleute: eine Randgruppe in der Gesellschaft des Mittelalters. Wiebaden 1982, bes. S. 16. Das Frage nach möglichen Repertoirehandschriften ist für die Überlieferung mittelhochdeutscher Heldendichtung neu zu stellen.

83 Der Unterschied wird bei Joachim Bumke: Untersuchungen zur Überlieferungsgeschichte der höfischen Epik im 13. Jahrhundert. Die Herbort-Fragmente aus Skokloster. Mit einem Exkurs zur Textkritik der höfischen Romane. In: ZfdA 120 (1991), S. 257-304, hier S. 285-304, verunklart. Wenn es auch für die höfische Buchdichtung eine Reihe von Parallelversionen zu verzeichnen gibt, so stechen diese in der Überlieferung hervor. In der Überlieferung von Heldendichtung gibt es aber oft mehr Fassungen als Abschriften. Fassungen von Buchdichtungen sind im übrigen grundsätzlich anders zu beschreiben und zu behandeln als Fassungen von Heldendichtungen.

Heldendichtung und der vergleichsweise stabilen Überlieferung von Buchdichtung kommt. Gewöhnlich wird die Gattung herangezogen, um diese Asymmetrie zu erklären, wobei meist unklar bleibt, wie die Energie zur Fassungsbildung aus der Gattung hervorgehen kann.

Ich werde in den folgenden Kapiteln Schritt für Schritt deutlich zu machen
versuchen, daß diese Erklärung fehlgeht. Nicht Bearbeitung im Rahmen schriftlicher Überlieferung liegt der Bildung von Fassungen zugrunde, sondern
mündliche Tradierung. Fassungen von Heldendichtungen entstehen, indem
die Dichtungen aus dem Gedächtnis abgerufen werden. Dabei wird der Wortlaut nicht in allen Fällen korrekt erinnert und muß nachgebessert werden.

Gewiß ist dies keine vollständige Erklärung, denn offenkundig formulieren die Fassungen nicht nur neu, sondern sie haben auch Zusatzstrophen, und
öfter erzählen sie vorhandene Episoden anders oder schieben gar ganz neue
Episoden ein. Beim Abruf aus dem Gedächtnis geschähe also mehr und anderes als nur Variation des Wortlauts. Tatsächlich ist mündliche Tradierung in
anderer Weise produktiv als das bloße Abschreiben von Textvorlagen. Dies
liegt daran, daß Tradenten bzw. Sänger, die ihren Text im Kopf haben, in
anderer Weise involviert sind, wenn sie ihn wiederholt abrufen, als Schreiber,
die kaum je so regelmäßig mit einer Abschrift desselben Texts konfrontiert
sind. Eine zu reproduzierende Dichtung bietet im Kopf eine andere Angriffsfläche, als würde sie nur in Form einer Schriftvorlage herangezogen werden.
Deshalb erscheinen Sängern nicht nur punktuelle Zusätze angezeigt, sondern
sie machen sich im Wiedererzählen leicht auch selbständig und erzählen anders oder neu.

Daß das ›Nibelungenlied‹ *C anders erzählt wird als das ›Nibelungenlied‹
*B,[84] ist seit mehr als anderthalb Jahrhunderten Gegenstand einer erheblichen
Zahl von Untersuchungen geworden.[85] Nie wieder hat dabei eine Annahme
eine Rolle gespielt, die Karl Lachmann noch vertraut war, als er seine Ausgabe des ›Nibelungenliedes‹ von 1826 auch für Leser einrichtete, »die geneigt
sein möchten zu untersuchen ob wohl ein theil der lesarten und zusätze des
gewöhnlichen textes mehr aus dem volksgesang als aus der willkür der ge-

---

84 Es ist üblich und analytisch notwendig, die Fassungen *B und *C von den Handschriften B und C zu unterscheiden, denn die Schreiber der Handschriften könnten ungeachtet des Umstandes, daß man dies vielleicht nicht mehr nachweisen kann, für Änderungen verantwortlich sein, die nicht den Fassungen angehören. Ich werde die Unterscheidung und ihre Kennzeichnung durch den Asterisk dennoch im folgenden nicht strapazie-
ren – bei den Fassungen anderer Heldendichtungen sogar weitgehend vernachlässigen –
und die Fassungen mit den Handschriften identifizieren, um die Argumentation nicht un-
übersichtlich werden zu lassen.

85 Ich gehe auf einige Anstrengungen zur Erklärung der Entstehung der Fassung *C
ein in Haferland: Das Gedächtnis des Sängers. Einen Teil der Argumentation dieses Auf-
satzes übernehme ich hier.

lehrten geflossen sei«[86]. Einiges ist hier unglücklich formuliert – so sind etwa mündliche Varianten ja keine Lesarten – und aufgefaßt: Der ›Volksgesang‹ muß nicht notwendig von vielen Stimmen getragen worden sein, muß nicht eigentlich ›Volks‹gesang gewesen sein. Dennoch tat Lachmann gut daran, mit einer solchen Möglichkeit zu rechnen, und nur philologische Voreingenommenheit für Phänomene der Schriftlichkeit führte dazu, sie nicht mehr zu bedenken.

Das ›Nibelungenlied‹ *C besitzt unverkennbar eine eigene Konzeption.[87] Der Sänger schafft sich seine Version der erzählten Geschichte, indem er im wesentlichen über eingebrachte Zusatzstrophen neue Akzente setzt. Er scheint dabei mit einem Text zu kämpfen, den er nicht oder nur im Ausnahmefall preisgeben will oder kann. Dies wird daran liegen, daß er ihn zum Teil schon übernommen hat. Dies gilt für die Fassungen *A und *B,[88] und in *C wird die Bewertung der Figuren dann deutlich zugunsten von Kriemhild und zuungunsten von Brünhild und Hagen umgebogen.[89]

Diese konzeptionelle Neufassung muß aber nicht bedeuten, daß ein schreibender Bearbeiter am Werk war. Sie ist verbunden mit wenig mehr als zehn wohlplazierten Zusatzstrophen,[90] deren Zahl sich, gemessen am Ausmaß der sonstigen Änderungen, verschwindend gering ausnimmt. Denn insgesamt gibt es neben dem Verlust von ca. 25 Strophen knapp 100 Zusatzstrophen[91] – eine genaue Zahl anzugeben ist schwierig, weil in einigen wenigen Fällen die Grenze zwischen Zusatzstrophe und ersetzter und dabei neu formulierter Strophe schwer zu ziehen ist –, um ungefähr 50 ersetzte Strophen,[92] um mehr als 90 neu formulierte Verspaare[93] und um mehr als 100

---

86 Der Nibelunge Noth und Die Klage. Nach der ältesten Überlieferung. Mit Bezeichnung des Unechten und mit den Abweichungen der gemeinen Lesart. Hg. von Karl Lachmann. Berlin [6]1960, S. X.

87 Vgl. auch Haferland: Das Gedächtnis des Sängers, Kap. 1.

88 Vgl. dazu unten Kapitel 7.4.

89 Dies hat Hoffmann: Die Fassung *C des Nibelungenliedes und die ›Klage‹, gezeigt.

90 Den Strophen C 821, 822, 1127, 1153, 1159, 1160, 1756, 1757, 1882, 1927, 1947, 2143 und 2427.

91 Eine Übersicht bietet Bumke: Die vier Fassungen der ›Nibelungenklage‹, S. 520-523.

92 Ersetzt werden B 352, 390, 469, 530, 531-532, 534-535, 539, 541, 547, 661-662, 684, 690, 731, 743, 745, 755, 757-758, 776, 814, 1043, 1108, 1114, 1164, 1186, 1215, 1251, 1295, 1315, 1394, 1409, 1412, 1422, 1450, 1468, 1519, 1636, 1644, 1649, 1690, 1716, 1717, 1724, 1751, 1869, 1874-1875, 1879, 1905, 1907, 1912, 2027, 2081, 2299, 2342. Es wird hier und da strittig sein, ob eine Strophe als ersetzt gelten kann.

93 Neu formuliert werden B 100,3-4; 193,3-4; 211,3-4; 248,1-2; 289,1-2; 311,3-4; 337,3-4; 379,3-4; 380,3-4; 421,1-2; 423,3-4; 425,3-4; 426,3-4; 459,3-4; 462,3-4; 484,3-4; 489,3-4; 492,1-2; 554,1-2; 559,3-4; 560,1-2; 571,1-2; 587,3-4; 592,3-4; 626,3-4; 679,3-4; 694,1-2; 700,1-2; 730,3-4; 735,1-2; 742,3-4; 748,3-4; 786,3-4; 824,3-4; 903,2-3; 911,3-4;

neu formulierte Verse;[94] von den buchstäblich Tausenden von um- und neu-
formulierten Halbversen (da nahezu jede Strophe mehrfach betroffen ist) gar
nicht zu sprechen. Diesen Änderungen hätte sich eine Erklärung der Entstehung der Fassung *C zuerst zuzuwenden, da mit ihnen der größte Arbeitsaufwand verbunden war. Die verbleibenden Zusatzstrophen erhalten im jeweiligen Erzählkontext zwar jeweils ihren guten Sinn, von einer übergreifenden Konzeption kann aber keine Rede sein. Der Sinn sämtlicher weiterer Änderungen ist aber nur noch schwer bzw. meist überhaupt nicht einzusehen.[95] Es ist jeweils nur festzustellen, daß geändert wird, ohne daß sich
sagen läßt warum.

Die Änderungen sind deshalb möglicherweise nicht derart eingetreten, daß
ihnen eine Änderungsabsicht zugrundelag. Ein Prozeß des unwillkürlichen
Änderns könnte sie herbeigeführt haben, der freilich aufgestockt wurde durch
absichtsvolle Zusätze zur erzählten Handlung. Der Sänger rief also vielleicht
den Text aus seinem Gedächtnis ab und war dabei fortwährend damit beschäftigt, Gedächtnislücken zu stopfen. An einer Reihe von Stellen machte er
sich aber eine detailliertere Vorstellung von dem, was er erzählen wollte, und
fügte Zusatzstrophen hinzu. Dabei wurde ihm seine Fassung zu einer eigenen
Version des Geschehens.

Natürlich geschah das nicht im Zuge eines Vortrags. Vorstellbar ist, daß
sich memoriell bedingte Änderungen Zug um Zug einschliffen, daß Zusatzstrophen sich nach und nach anlagerten und daß es schließlich eine Gelegenheit gab, den resultierenden Text zu diktieren – zu sichern ist eine solche

---

926,3-4; 979,3-4; 1015,3-4; 1059,3-4; 1091,3-4; 1118,1-2; 1142,3-4; 1191,3-4; 1194,3-4;
1221,1-2; 1223,3-4; 1227,3-4; 1251,3-4; 1262,3-4; 1288,3-4; 1290,3-4; 1291,1-2; 1301,3-
4; 1396,1-2; 1429,3-4; 1454,3-4; 1484,1-2; 1486,1-2; 1500,3-4; 1517,1-2; 1532,1-2; 1559,1-
2; 1619,1-2; 1641,3-4; 1643,3-4; 1708,3-4; 1725,3-4; 1736,3-4; 1865,3-4; 1872,1-2; 1873,1-
2; 1889,1-2; 1896,1-2; 1935,1-2; 1943,3-4; 1973,3-4; 1980,3-4; 1990,3-4; 2029,3-4; 2031,1-
2; 2077,1-2; 2083,3-4; 2101,3-4; 2103,3-4; 2123,3-4; 2180,3-4; 2201,1-2; 2292,3-4; 2361,3-
4; 2366,3-4; 2372,3-4; 2379,3-4.
94   Neu formuliert werden B 23,2; 35,4; 48,2; 51,3; 54,4; 57,4; 67,2; 77,1; 105,4;
118,4; 140,4; 149,4; 159,4; 180,4; 186,4; 196,2; 207,4; 213,4; 247,3; 271,4; 285,4; 341,3;
346,4; 347,4; 353,4; 358,4; 374,4; 382,4; 386,4; 389,4; 436,4; 454,4; 457,3; 446,3; 476,3;
536,2; 545,4; 546,4; 568,4; 576,4; 588,4; 629,4; 636,4; 637,3; 717,4; 724,4; 744,4; 771,4;
779,4; 823,4; 824,4; 846,4; 875,4; 886,4; 932,4; 966,4; 973,4; 978,4; 986,4; 1111,4; 1138,4;
1149,4; 1162,4; 1170,4; 1172,4; 1196,4; 1232,4; 1283,4; 1357,4; 1362,3; 1393,1; 1418,4;
1484,1; 1452,4; 1465,4; 1518,1; 1565,1; 1667,4; 1682,4; 1711,4; 1721,4; 1810,4; 1873,4;
1909,4; 1922,4; 1930,4; 1985,4; 2026,4; 2030,4; 2048,2; 2060,4; 2090,4; 2096,4; 2097,4;
2113,2; 2114,4; 2120,4; 2129,4; 2160,3; 2230,1; 2253,4; 2293,4; 2305,4; 2319,4; 2325,4;
2338,4.
95   Vgl. das Resümee, das Bumke: Die vier Fassungen der ›Nibelungenklage‹, S. 535-
541, bes. S. 540, zu einer »durchgehenden Bearbeitungsabsicht« des »*C-Bearbeiters«
gezogen hat. Von Höfisierung, der Einbringung von Zäsurreimen oder metrischer Besserung als konsequenter Bearbeitungsstrategie will Bumke nicht mehr sprechen – zu Recht.

Vorstellung nicht, da über die Umstände, unter denen Heldendichtungen im Mittelalter aufs Pergament gelangen, nichts bekannt ist. Aus dem Zustand der Fassungen ist aber ein solches Szenario mit einer gewissen Wahrscheinlichkeit zu erschließen.

Bevor ich mich einigen für memorielle Fassungen signifikanten Varianten zuwende, möchte ich an dem Beispiel nur einer Strophe aus dem ›Nibelungenlied‹ B und C demonstrieren, mit welchem Ausmaß an Variation des Wortlauts man gelegentlich rechnen muß und wie die Abweichungen bzw. wie sie vermutlich wohl nicht zu erklären sind.

In der ersten Strophe der 14. Aventiure, die den Streit der Königinnen erzählt, wird die Szenerie eines kleinen Vesperturniers beschrieben:

Vor einer vesperzîte
  huop sich grôz ungemach,
daz von manigen recken
  ûf dem hove geschach.
si pflâgen ritterschefte
  durch kurzewîle wân.
dô liefen dar durch schouwen
  vil manic wîp unde man.
(B 814)

Vor einer vesperzîte
  man ûfem hove sach
ze rossen manigen recken.
  hiusir unde dach
was allez vol durch schouwen
  von liuten überal.
dô wâren ouch die frouwen
  zen venstern komen in den sal.
(C 823)

Vor dieser Strophe hat C, noch in der 13. Aventiure, zwei Zusatzstrophen, die erkennbar konzeptionell ausgerichtet sind, da sie Brünhild, die in B für den Streit kaum Verantwortung trägt, als diejenige ausweisen wollen, die ihn recht eigentlich beginnt. *Sus warte si der wîle, als ir der tiufel riet* (C 822,1) heißt es von ihr, und weitere Schuldzuweisungen des Sängers leiten die 14. Aventiure in einer Weise ein, daß Brünhilds Absicht überdeutlich wird, einen Streit vom Zaum zu brechen. Der Streit wird dann allerdings mit Ausnahme von zwei nachdrücklichen Zinsforderungen Brünhilds (C 832,4 und 833,4) weitgehend so erzählt, wie er schon in B erzählt wurde. Der Sänger ist also bemüht, den angeeigneten Text beizubehalten und seine Auffassung des Geschehens über Zusätze kenntlich zu machen.

Die zitierte Strophe C 823 ist allerdings keine Zusatzstrophe, sondern eine ersetzte Strophe, für die aber ein Grund, der die Ersetzung erklären würde, nicht absehbar ist. Dieser Befund gilt im übrigen nahezu überall dort, wo es sich um ersetzten und neu formulierten Wortlaut und nicht um Zusätze handelt.

Vergleicht man die zitierten Strophen, so fällt auf, daß kleine Stücke des Texts von B in C erhalten sind (*Vor einer vesperzîte, ûfem hove, manigen recken, durch schouwen*); darum herum ist ein neuer Text gebaut, der aber ungefähr dasselbe erzählt. C ist anschaulicher, da man erfährt, wo die Leute sich zum Zuschauen versammeln. Dafür erfährt man in B genauer, was die Kämpfer zu Pferde tun und warum. Ob der eine oder der andere Informationsgehalt von größerer Bedeutung für die erzählte Handlung ist, ist nicht zu ermessen. Genausogut hätte in C die Strophe B 814 stehenbleiben können. Ab Strophe B 815 (= C 824) ist der Sänger wieder im Tritt, und der Text von B und C läuft mit Ausnahme kleinerer Änderungen in C wieder zusammen.

Zweifellos könnte sich das freie Hinzufügen von Zusatzstrophen auch noch auf den Wortlaut von Strophe B 814 ausgewirkt haben: Ein Bearbeiter war in Schwung gekommen und fuhr einfach noch fort darin, sich seine eigenen Formulierungen für das auszudenken, was er in seiner Vorlage vor sich sah. Dann schaltete er zurück und ging ab Strophe B 815 weitgehend wieder zum Abschreiben über. Mir scheint etwas anderes wahrscheinlich: Der Sänger hatte ungeachtet des richtigen Einsatzes den Wortlaut von Strophe B 814 so weitgehend vergessen, daß ihm nur noch einige Brocken geblieben waren, aus denen er den neuen Text formen konnte. Er hatte aber eine recht klare Vorstellung davon, was zu erzählen war – Menschentrauben bilden sich, weil man dem Turniergeschehen beiwohnen möchte – und bildete den Text auf weitgehend gleichwertige Weise neu.

Für eine solche Hypothese braucht man weitergehende Beobachtungen, um Indizien zutage zu fördern, die auf Mechanismen des Gedächtnisses schließen und bewußte Bearbeitungsabsichten ausschließen lassen. Solchen Indizien wende ich mich im folgenden zu.

3.7 Memorielle Mechanismen:
Das Vertauschen und Umstellen von Textpartien

Einen Text von einiger Länge behält man besonders leicht, wenn er Ereignisse erzählt, die aufeinander folgen. Eine Ereignisfolge kann man sich unabhängig vom Wortlaut deshalb so gut einprägen, weil das menschliche Gedächtnis von vornherein auf die Aufnahme von Ereignisfolgen trainiert ist, könnte sich der Mensch doch in seiner Umwelt sonst schwer behaupten. Dabei spielt es sicher eine Rolle, ob man die Ereignisfolgen selbst erfahren hat oder ob sie einem in einer Erzählung präsentiert werden.[96] Aber die Neigung, gegebenenfalls auch aus zweiter Hand erfahrene Ereignisfolgen gut zu behalten, geht zweifellos auf die selbsterworbene Routine zurück.

---

96 Nach Steen F. Larsen: Remembering without Experiencing: Memory for Reported Events. In: Remembering Reconsidered: Ecological and Traditional Approaches to the Study of Memory. Hg. von Ulric Neisser und Eugene Winograd. Cambridge 1988, S. 327-355, werden *reported events* weniger gut erinnert. Für im Gedächtnis zu speichernde Erzählhandlungen bedarf es deshalb einer expliziten Kodierung der erzählten Ereignisse.

Natürlich kennt man Schemata für Ereignisfolgen,[97] und wo diese flagrant gegen ein Schema verstoßen, wird das Gedächtnis dazu tendieren, sich selbständig zu machen und den Verstoß anhand des Schemas zu korrigieren.[98] Hier wird es eine gewisse Rolle spielen, ob man die Ereignisfolge selbst beobachtet hat. Was man selbst wahrgenommen hat, wird sich resistenter gegen Gedächtniskorrekturen zeigen, allerdings ist es keineswegs unantastbar.

Für den Wortlaut von Texten ist ein anderes Gedächtnissystem zuständig als für Ereignisfolgen. Es wird gestützt, wenn der Wortlaut gebunden ist. Werden Ereignisse in gebundenem Wortlaut erzählt, so dürfte die Behaltensleistung für beides gegenseitig verstärkt werden. Was ist aber, wenn die Erzählung einer Ereignisfolge zu einer Beschreibung oder Aufzählung übergeht? Auch Beschreibungen können noch einem Schema folgen und lassen sich dann leicht der erzählten Ereignisfolge unverrückbar einordnen. Bei reinen Aufzählungen fällt dies schwerer. Das Gedächtnis findet hier kaum einen Halt, ›x und y und z‹ von ›y und x und z‹ zu unterscheiden. So wäre bei Aufzählungen im ›Nibelungenlied‹ C zu erwarten, daß Glieder auch einmal durcheinandergeraten.

Besonders schwer zu behalten war hier z.B. der Vers B 2281,1 *Ritschart unde Gêrbart, Helpfrîch unde Wîchart*, der in C 2340,1 denn auch lautet*: Gêrbart unde Wîchart, Helpfrîch und Rischart*. In der Regel haben Aufzählungen – besonders oft von Namen – nur zwei Glieder und sind, besonders wenn ein Name als Reimwort dient, sehr stabil. Im Anvers gibt es dagegen öfter Dreher wie C 1400,1 *Swemmel unde Werbel, die Ezelen spileman*, wo es in B 1374,1 heißt: *Wärbel unde Swemmelîn, des küniges spileman*. Oder C 1922,1 *Hâwart unt ouch Irnfrit geselleclîche riten*, wo es in B 1878,1 heißt: *Irnfrit unde Hâwart in den bûhurt riten*. Auch über einen Vers kann sich ein Dreher erstrecken wie in C 1845,4 *dô sach man Gîselhêren ze hove mit sînem sweher gân*, wo es in B 1804,4 heißt*: dô sach man Rüedegêren ze hove mit Gîselheren gân*. Der Wortlaut in C legt nahe, daß der Dichter an die Personen denkt und nicht nur die Namen – und damit den Wortlaut – gespeichert hat, sonst hätte *Rüedegêren* ebensogut anstelle von *sînem sweher* stehen können. Entsprechend sind Stellen, an denen Namen durch Beschreibungen und Kennzeichnungen ersetzt sind (seltener auch umgekehrt), häufig. Dies spricht dafür, daß nicht allein die Ereignisse, sondern z.B. auch die beteilig-

---

97 Die Forschung hierzu ist sehr umfangreich. Vgl. Roger Schank und Robert Abelson: Scripts, Plans, Goals and Understanding. An Inquiry into Human Knowledge Structures. Hillsdale, New Jersey 1977, bes. S. 36-68 und 150-174. Als Überblick vgl. Joseph W. Alba und Lynn Hasher: Is Memory Schematic? In: The Psychology of Memory. Vol. III. New Directions. Hg. von Peter E. Morris und Martin A. Conway. Cambridge 1993, S. 91-119.

98 Dies zu zeigen war u.a. der Sinn eines klassischen Experiments von Frederic C. Bartlett: Remembering: A Study in Experimental and Social Psychology. Cambridge ²1950, Kap. 5.

ten Personen erinnert werden, ohne daß auf dieser Ebene eine Kodierung über den Wortlaut schon zum Zuge kommt. Aber dies ist nicht das Phänomen, das ich hier ansprechen möchte.[99]

Ich möchte einige Fälle anführen, die Drehern bei Aufzählungen darin ähnlich sind, daß Textbestandteile, die aber keine Glieder von Aufzählungen sind, vertauscht werden. An sich ist es erstaunlich, daß dies bei vollständigen Strophen mit einer Ausnahme nie geschieht. An dieser Ausnahme (Str. B 870 und 871 = Str. C 879 und 878) wird aber ersichtlich, daß die Strophenfolge für Vertauschungen unter bestimmten Bedingungen im Prinzip ebenso anfällig sein müßte wie die Folge der Glieder von Aufzählungen: wenn sie nämlich vergleichbar unverbindlich arrangiert ist oder scheint. Wenn es also für den Erzählinhalt nichts auszutragen scheint, ob eine Strophe vor oder hinter einer weiteren folgt, mit der sie deshalb den Platz wechseln kann, dann müßte das Gedächtnis gelegentlich eine solche Vertauschung durchschlüpfen lassen.

Ich betrachte die auffällige Ausnahme näher: Im Meinrat am Wormser Hof berät man über die Konsequenzen aus der Beleidigung Brünhilds, und schließlich stellt Ortwin von Metz sich für einen Mord an Siegfried zur Verfügung (B 869 = C 877). Da aber niemand sonst Farbe bekennen will (B 870,1: *Sîn gevolgete niemen*), redet Hagen weiter auf Gunther ein, bis dieser sich den Argumenten nicht mehr verschließen kann und in Nachdenken verfällt (B 870). Daraufhin richtet man aber alle Aufmerksamkeit wieder auf das Turnier (B 871). In C wird dies umgedreht: Man richtet seine Aufmerksamkeit wieder auf das Turnier (C 878), und nun scheint Hagen nebenher allein auf Gunther einzureden, der in Nachdenken verfällt (C 879, 4: *Der helt dô trûren begann*).

Der Anschluß an die folgende Strophe wird in C geglättet: *Er sprach [...]* geht es weiter (C 880,1), *er*, der *helt* nämlich – während es in B heißt: *Der künic sprach [...]*, was bei unmittelbarem Anschluß der Stellen mit diesem Wortlaut zu der Frage hätte veranlassen können, ob *helt* und *künic* hier ein und dieselbe Person bezeichnen. Es ist gleichwohl sehr zweifelhaft, ob die Vertauschung der Strophen wirklich gewollt sein konnte und deshalb aus einer Bearbeitungsabsicht hervorgegangen ist, denn der Anschluß von Strophe B 870,1 (*Sîn gevolgete niemen*, ebenso C 879,1) hängt in der Strophenfolge von C in der Luft bzw. schließt nicht mehr direkt an den Meinrat und an Ortwins Angebot an. Es klafft eine kleine Anschlußfuge auf, und deshalb scheint die Vertauschung unwillkürlich und infolge einer Unaufmerksamkeit beim memoriellen Abruf eingetreten zu sein.

Unwillkürliche Vertauschungen treten indes ungleich deutlicher hervor, wenn, wie es häufiger geschieht, einfach Satzglieder vertauscht werden. Um

---

99   Auf den Umstand, daß nicht nur der Wortlaut behalten, sondern daß die erzählte Handlung auch ›gesehen‹ und damit doppelt kodiert wird, komme ich in Kapitel 3.10 und 6.11 zurück. Vgl. auch schon Kapitel 2.5.

dies sinnfälliger darzustellen, hebe ich Vertauschungen im folgenden hervor. Vor dem Sachsenkrieg lassen Gunther und seine Brüder nach ihren Lehns- leuten schicken, *die si wolden füeren durch urliuge dan* (B 171,2). Dagegen formuliert C 172,2: *die si durch urliuge füeren wolden dan.* Vertauscht sind hier *durch urliuge* und *füeren wellen.* Auf der Fahrt zu den Sachsen trägt Vol- ker die Fahne: *den vanen muose leiten Volker der küene man* (B 172,2). C 173,2 wählt ein neues Verb und vertauscht dabei ohne Not die Satzbestandteile: *Volker dem küenen bevolhen wart der vane* (möglich gewesen wäre durch- aus auch: *bevolhen wart der vane Volker dem küenen man*).

Weitere Beispiele:

bî dem z'allen zîten sîn gewæfen *lac* (B 487,2)	*bî dem* sîn gewæfen *zallen zîten lac* (C 498,2)
ich hân mit mînen handen im sîn houbet *abe geslagen* (B 1953,4)	*ich hân* im sîn houbet *mit mînen handen abe geslagen* (C 2006,4)
nu sihe ich rôt von bluote Hagenen *sîn gewant* (B 2055,3)	*nu sihe ich* Hagene *rôtez von bluote* sîn gewant (C 2111,3)

Für solche Vertauschungen[100] ist keine Absicht, vorhandenen Text umzu- formulieren, absehbar, geschweige denn eine Bearbeitungsabsicht. Gleich- wohl bedeutet es an einigen Stellen Formulierungsaufwand, wenn Wörter neu flektiert werden müssen oder Sätze neu arrangiert. Für einen Schreiber und selbst für einen Dichter, der eine schriftliche Vorlage vor Augen hat, muß eine solche Anstrengung rätselhaft bleiben.

Tatsächlich scheint das Gedächtnis des Dichters sich selbständig zu ma- chen, wenn sich vertauschbare Satz- und Textbestandteile der Bindung und Kodierung entziehen und sich jenseits dieser Ebene der Fixierung des Textes zu bewegen beginnen. Wo das Gedächtnis keinen Anhaltspunkt für serielle Positionen von Textbestandteilen mehr findet, läuft es aber vermutlich auf eine Zufallsverteilung hinaus, ob die ursprüngliche Reihenfolge vertauschba- rer Bestandteile erhalten bleibt oder nicht. Deshalb wird man nicht von einer aktiven Selbständigkeit des Gedächtnisses sprechen können. Wenn aber in einer Folge ›w x y z‹ die mittleren Bestandteile x und y ohne weitere Beein- trächtigung des Erzählinhalts vertauscht werden können – in ›w y x z‹ –, so erhält das Gedächtnis einen Spielraum, der gewissermaßen passiv genutzt werden kann.

Im psychologischen Experiment mit dem Kurzzeitgedächtnis sind Umstel- lungen in der Reihenfolge gelernter Folgen von bedeutungslosen Items (Buch-

---

100   Vgl. als weitere Stellen, die in C vertauscht werden, z.B. B 76,3; 304,3-4; 799,4; 947,3; 1024,4; 1173,1; 1198,4; 1866,1; 1961,2; 1971,1; 2036,4.

staben, Zahlen, Silben usw.) ein bekanntes und häufig untersuchtes Phänomen.[101] Bruchlos übertragen lassen sich die gewählten Versuchsanordnungen und ihre Ergebnisse auf einen im Langzeitgedächtnis gespeicherten Text nicht. Das Material ist hier nicht bedeutungslos und unverbunden, sondern semantisch und mehr noch: rhythmisch und metrisch gebunden. Im Gedächtnis ist Text grundsätzlich nicht als Folge von Items auf Reihenpositionen repräsentiert. Aber es gibt Stellen, an denen Erzähltext einer solchen Folge von Items auf Reihenpositionen durchaus nahekommen kann – so etwa bei Aufzählungen.

Dann kann vermutlich auch ein ähnlicher Effekt eintreten wie beim Abruf aus dem Kurzzeitgedächtnis: wenn sich nämlich beim Verblassen oder Zerfallen der Gedächtnisspuren Bestandteile des Gelernten aus ihrer Position lösen und beweglich werden.[102] Für den fehlerhaften Abruf gelernter Folgen von Items kann man Reproduktionsfehler systematisch unterscheiden, von denen ich im folgenden Auslassungen, Ersetzungen und Zusätze vernachlässigen werde. Stattdessen konzentriere ich mich weiter auf *order errors*, und hier besonders auf die Vertauschung benachbarter Glieder,[103] wie sie auch bei größeren Texteinheiten zu beobachten ist.

So finden sich gelegentlich Halbverse vertauscht, wie es leicht geschehen kann, wenn Abverse nur Flickmaterial enthalten:

Dô sich von in geschieden	*Dô sich die von in schieden,*
die helde vil gemeit	als uns ist geseit,
dô kômen die von Düringen,	*dô kômen dâ von Düringen*
als uns daz ist geseit,	**helde vil gemeit,**
[...]	[...]
(B 1877,1-2)	(C 1921,1-2)

In B sind es Rüdigers Lehnsleute aus Bechelaren, die als *helde vil gemeit* bezeichnet werden, in C dagegen die thüringischen Ritter Etzels. Das wird möglich, weil die Abverse hier locker an den Anversen sitzen und in beiden Positionen Sinn ergeben.

---

101   Vgl. R. Conrad: Errors of Immediate Memory. In: British Journal of Psychology 50 (1959), S. 349-359; R. Conrad: Order Error in Immediate Recall of Sequences. In: Journal of Verbal Learning and Verbal Behavior 4 (1965), S. 161-169. Vgl. als Zusammenfassung der älteren Forschung Neisser: Kognitive Psychologie, Kap. 9, und als neueren Überblick Stephan Lewandowsky und Bennet B. Murdock, Jr.: Memory for Serial Order. In: Psychological Review 96 (1989), S. 25-57.

102   Vgl. Baddeley: Die Psychologie des Gedächtnisses, Reg. unter ›Spurenzerfallshypothese‹.

103   So, wenn die gelernte Reihenfolge A B C D E F beim Abruf in der Folge A B D C E F wiedergegeben wird. Weiter unten komme ich auch auf Umstellungen und kombinierte Umstellungen zu sprechen, die sich allerdings nicht leicht kategorisieren lassen.

Ähnlich auch bei der folgenden Stelle, wo Gunther Wärbel nach dem Befinden Etzels und Kriemhilds fragt:

dô sprach der videlære:
  «diu mære tuon ich iu bekant,

Daz sich noch nie gehabten
  deheine liute baz,
danne si sich gehabent beide,
  ir sult wol wizzen daz,
[...].
(B 1441,4-1442,2)

dô sprach der videlære:
  «diu mære tuon ich iu bekant.

Sich gehabten künige,
  ir sult wol wizzen daz,
in deheinem lande
  vrœlîcher noch baz,
[...].
(C 1469,4-1470,2)

Der Halbvers *deheine liute baz* verliert hier seine Position und wird infolge der anders begonnenen Formulierung gegen den vorgezogenen Flickvers *ir sult wol wizzen daz* ausgetauscht.

Eine etwas aufwendigere Vertauschung unter Inkaufnahme des Ausfallens von Text unterläuft dem Dichter an einer anderen Stelle:

»Jane ist mîn vrouwe Prünhilt
  nu niht sô wol gemuot,
daz ir si müget schouwen«,
  sprach der ritter guot.
(B 1486,1-2)

»jân ist«, sô sprach Volker,
  ein edel ritter guot
»Prünhilt mîn frouwe
  nu niht wol gemuot«.
(C 1519,1-2)

Man kann diese Stelle auch als einen Fall des Vertauschens ganzer Verse verstehen, denn auch dies geschieht gelegentlich (vgl. z.B. B 674,2 = C 679,1). Dann kann es aufgrund einer gestörten Erzählfolge schwierig werden, einen Reimvers zu halten. So z.B. als Gere seine Einladung vor Siegfried und Kriemhild vorbringen will und (in B) sagt:

Erloubet uns die botschaft,
  ê daz wir sitzen gên.
uns wegemüede geste,
  lât uns die wîle stên.
(B 746,1-2)

Si bat in zuo zir sitzen.
  er sprach: »wir suln stên.
  erloubet uns die boteschaft,
  ê daz wir sitzen gên.«
(C 753,1-2)

Hier könnte die Umstellung allerdings motiviert sein, denn in C führt Kriemhild Gere anders als in B zu seinem Sitz, so daß es unglücklich wäre, ihn gleich unvermittelt sprechen zu lassen.

Zu einer nicht motivierten Vertauschung kommt es aber in den Strophen B 1711-1712, wo der Vers B 1711,4 in C auf die Position von Vers 2 der Folgestrophe rutscht, während Vers 2 der Folgestrophe auf die Position von Vers 4 der vorhergehenden Strophe vorrückt. Es geht um den Schmerz, den die Leute Rüdigers beim Abschied von den Burgunden empfinden.

ich wæn' ir herz in sagete
  diu krefteclîchen leit.

in wæn, ir herzen sageten
  diu krefteclîchen sêr,

113

dâ weinte manic vrouwe	daz si der lieben friunde
und manic wætlîchiu meit.	dar nâch gesæhen nimmer mêr.
Nâch ir lieben friunden	*Nâch ir lieben friunden*
genuoge heten sêr,	**heten genuoge leit.**
die si ze Bechelâren	**dô weinten âne mâze**
gesahen nimmer mêr.	**vil frouwen und manic meit.**
(B 1711,3-1712,2)	(C 1750,3-1751,2)

Die Vertauschung scheint von einer Verwechslung des Reimworts ausgegangen zu sein. Statt *diu krefteclîchen leit* hatte der Dichter *diu krefteclîchen sêr* im Kopf, und das führte zu einer schnellen Assoziation des nächstgelegenen passenden Verses, so daß das Vorziehen von B 1712,2 systematisch verknüpft ist mit dem falsch eingedrungenen Reimwort. Dann aber war das ursprüngliche Reimwort *leit* mit dem zugehörigen folgenden Reimvers frei und konnte ohne großen Aufwand nachgeholt werden. Das Beispiel zeigt recht deutlich den unwillkürlichen Charakter der kombinierten Umstellung.

Nicht so einfach kommt der Dichter bei der Strophe B 1872 davon. Volker rät, die Burgunden sollten, so wie es bei ihnen zu Hause Brauch sei, turnieren:

Der helt het in gerâten,	Ûf den hof vil wîten
des si doch niht verdrôz.	kom dô manic man.
der bûhurt unt daz schallen	Ezele unde Kriemhilt
diu wurden beide grôz.	ez sâhen allez an.
ûf den hof vil wîten	*der buhurt unde schallen,*
kom vil manic man.	*diu beidiu wurden grôz*
Etzel unde Kriemhilt	*von kristen und von heiden.*
daz selbe schouwen began.	*wie lützil iemen dâ verdrôz!*
(B 1872)	(C 1917)

Möglicherweise hat der Dichter den Anfangsvers und damit den Einstieg in die Strophe vergessen. Das ist ungewöhnlich und passiert sehr selten. Er formuliert nicht um, sondern scheint die Verse 3 und 4 für die Eingangsverse zu halten, was von der Ereignisfolge her kein Problem darstellt. Gut anschließen läßt sich auch Vers 2 – die Verse B 1872,1-2 werden ihrerseits miteinander vertauscht –, aber der Anvers von Vers 1 läßt sich nun nicht mehr halten, und der Dichter muß neu formulieren. Es ist aber erstaunlich, wie gering er den Aufwand halten kann.

Aufwendiger fällt eine Reparatur für Strophe B 2300 aus, in der C eine Formulierung des letzten Verses der vorhergehenden Strophe, die zur Gänze neu formuliert worden ist, nachschiebt und das Strophengefüge aus den Fugen gerät. Hildebrand will den niedergestürzten, totwunden Wolfhart aus dem Saal tragen:

er beslôz mit armen	*Hildebrant harte balde*
den recken küen' unde guot.	*hin über sînen neven gie.*

Er wolde'n ûzem hûse
   mit im tragen dan:
er was ein teil ze swære,
   er muose in ligen lân.
dô blihte ouch ûz dem bluote
   der rêwende man.
er sach wol, daz im gerne
   sîn neve het geholfen dan.
(B 2299,4-2300,4)

Er beslôz in mit den armen
   und wolde in tragen dan
*mit im **ûzem hûse**.*
   er muose in ligen lân:
er was ein teil ze swære.
   wider in daz bluot
enpfiel er im ûz handen.
   dô blicht ûf der degen guot.
(C 2359,4-2360,4)

Dadurch, daß der Anvers von B 2299,4 nach C 2360,1 verschoben wird, muß der Dichter das Aus-dem-Haus-Tragen von B 2300,1a in den Anvers von C 2360,2 rücken und den Hinweis auf das Gewicht Wolfharts von B 2300,2a in den Anvers von C 2360,3. Mit dem folgenden Wortlaut ist nun nicht mehr zurechtzukommen, und es ist bemerkenswert, daß gleichwohl das Aufblicken Wolfharts nicht preisgegeben wird (vgl. Str. C 2360,4b). Mit dem kurzen neuen Text mit neuem Reim gibt der Dichter auf engstem Raum – in zwei Halbversen – eine andere Information: Statt daß Wolfhart die Hilfsbereitschaft Hildebrands noch wahrnimmt, entfällt er seinen Händen.

   An diesem Beispiel wird deutlich, daß der Dichter sprachliches Material, über das er noch verfügt, zu retten sucht und solange mit ihm weiter operiert, wie es sich noch halten und aufs neue einbinden läßt. Dies stützt meine oben vorgebrachte Erklärung der Ersetzung von Strophe B 814 durch C 823. Zugleich ist der Text beweglich wie eine Wanderdüne. Eine solche Textbewegung einem Bearbeiter zuzuschreiben, setzt voraus, daß man ein Motiv angeben kann, das ihn veranlassen könnte, eine derartig komplizierte Operation auszuführen, deren Nutzen doch nicht einsehbar ist. An einer Stelle wie dieser versagt auch eine Erklärung, die – wie die oben in Kapitel 1 auf S. 16f. zitierte Erklärung von Edward Schröder – damit rechnet, dass ein schreibender Bearbeiter sich beim Abschreiben gleich mehrere Strophen merkte und dann aus dem Kopf herunterschrieb. Die textuelle Reorganisation ist so aufwendig und gleichzeitig so unnötig, daß auch ein noch so versierter Schreiber wohl noch einmal in seine Vorlage geschaut hätte. Stattdessen ist mit einer unwillkürlichen Neukonfiguration des aus dem Gedächtnis abgerufenen Wortlauts zu rechnen. Die Komplexität der Operation könnte allerdings auch daran zweifeln lassen, ob sie denn dem Gedächtnis eines ohne Vorlage schreibenden/ diktierenden Sängers zuzutrauen ist. Auch in diesem Fall bedarf es einer Erklärung, für die ich etwas aushole.

   Die zuletzt diskutierten Beispiele entfernen sich von den anfangs vorgestellten. Im Gegensatz zu diesen kommt es zu einer komplexen Verschränkung von Unwillkürlichkeit der Erinnerung und Willkür des Neudichtens. Eine in bestimmter Hinsicht vergleichbare Verschränkung von Willkür des Sprechens und der Unwillkürlichkeit von Versprechern und sprachlichen Fehl-

leistungen hat Sigmund Freud an der Alltagsrede untersucht. Hier drängt sich
in die intendierte Rede häufig ein störender, unbewußt gebliebener Gedanke,
ein Wunsch oder ein allgemeineres psychisches Motiv, und hinter einem
Erinnerungsfehler bei der Wiedergabe von auswendigen Zitaten steckt die
Verdrängung und hat den Abruf des zu Erinnernden blockiert, so daß es zu
charakteristischen Fehlern an der sprachlichen Oberfläche kommt.[104] Freud
hat Wert darauf gelegt, daß dabei nichts zufällig ist, und nur am Rande eingeräumt, daß es natürlich auch ›unschuldiges‹ bzw. einfaches Vergessen gibt.[105]
Zentral ist aber sein Hinweis, daß das subjektive Bewußtsein der Sprecher,
ohne Absicht gesprochen und sich zufällig versprochen zu haben, nicht ausschließt, daß sich eine zurückgehaltene und unterdrückte ›Absicht‹ geltend
macht. Demnach wäre die Unwillkürlichkeit sprachlicher Fehlleistungen deutlich von einer Zufälligkeit, wie sie bei Folgen einfachen Vergessens oder auch
bei den oben genannten Vertauschungen und Umstellungen von Reihenpositionen vorkommt, zu unterscheiden, denn solche Unwillkürlichkeit ist
motiviert.

Nun wird man nicht erwarten, daß sich in der Fassung *C das Unbewußte
des Dichters zu Wort meldet. Denn er macht ja keine intendierte Äußerung,
sondern reproduziert auswendig gelernten Text, in den, auch wo er neu gefaßt
wird, kein textfremdes Material eindringt. Dennoch ist es richtig, daß Fehler
bei der Reproduktion nicht nur zufällig erfolgen, sondern zugleich motiviert
sind und sich doch unwillkürlich Ausdruck verschaffen. Die Unwillkürlichkeit
bemißt sich daran, daß der Dichter einerseits bewußt reproduziert, ohne daß
ihm dies vollständig gelingt, und daß er andererseits bewußt neu formuliert,
wobei sich ihm Brocken des alten Materials in den neuen Text drängen. Das
Hereindrängen alten Materials ist nun zugleich motiviert und weist Parallelen
zu sprachlichen Fehlleistungen auf. Denn es lauert gleichsam im Gedächtnis
wie psychische Motive oder unterdrückte Gedanken im Unbewußten. Dabei
ist es wie bei Halbversen und Versen, die ihre Position wechseln, aus seiner
Bindung gelöst und kann sich – was den ursprünglichen, heilen Text anbetrifft – störend einschalten. So hat sich in Strophe C 1750,3 dem Dichter ein
Reimwort zu früh aufgedrängt, in Strophe C 1917 ein Verspaar, und aus Strophe C 2359,4 ist als Folge der Neuformulierung der Strophe ein Halbvers
verdrängt worden, der sich in der nächsten Strophe einschaltet, wo er weiteren Text verdrängt. Dies sind ›unschuldige‹ Fehler des Gedächtnisses, die
durch Vergessen bedingt sind. Es sind Fehler, die sich in und mit dem sprachlichen Material vollziehen, das der Dichter zu erinnern hat, und die in der

---

104 Sigmund Freud: Zur Psychopathologie des Alltagslebens. Über Vergessen, Versprechen, Vergreifen, Aberglauben und Irrtum. Frankfurt/M. 1989 (zuerst 1901 erschienen).
105 Vgl. z.B. ebd., S. 18.

Folge Reparaturen nach sich ziehen, in die sich dieses Material wieder hereindrängt. Insofern gilt mit Abstrichen auch hier Freuds Feststellung zu sprachlichen Fehlleistungen: »Das Entgegenkommen des sprachlichen Materials ermöglicht erst die Determinierung des Fehlers und setzt derselben auch die Grenze.«[106]

Anders als bei Fehlleistungen tut kein unbewußter Gedanke des Dichters von *C etwas hinzu, sondern das Gedächtnis rührt in ein und demselben Material, von dem einiges halbvergessen ist und bei Störungen wie beim Neufassen des Textes in ungebundenen Brocken auftaucht, die dann neu arrangiert werden.

3.8 Das fehlerhafte Neufassen von vergessenem Text

Man könnte sämtliche Stellen aus *B, die in *C abweichend formuliert oder ersetzt worden sind, zu Stellen erklären, die dem Vergessen anheimgefallen und deshalb neugefaßt worden sind. Wer aber an Bearbeitungsabsichten eines schreibenden Redaktors festhält, wird sich davon wenig überzeugt zeigen. Deshalb wäre es sicher sinnvoll, nach Stellen zu suchen, die erlauben, eine Art Differentialdiagnose zu stellen. Dies ist allerdings nicht ganz einfach, denn eindeutige Verschlechterungen des Textes sind beim ›Nibelungenlied‹ C, anders als in anderen Fassungen von Heldendichtungen, sehr selten, und fast immer sind die Abweichungen ›gleichwertig‹. Nur in wenigen Ausnahmefällen glaubt man eine nicht ganz gelungene Einpassung zu beobachten, wie vielleicht vor Siegfrieds Abreise nach Worms, wo es heißt:

Dô nâhet' in ir reise	*Dô nâhet in ir reise*
zen Burgonden dan.	*zen Burgonden dan.*
um si begunde sorgen	*si heten umbe in sorge,*
wîb unde man,	*wiez im solde ergân,*
ob si immer komen solden	*ob si immer wider solden*
heim wider in daz lant.	*komen in daz lant.*
(B 67,1-3)	(C 67,1-3)

In B gilt die Sorge der Daheimbleibenden allen abreisenden Recken, in C dagegen nur Siegfried. In B geht die Pronominalisierung konsistent durch die drei Verse hindurch, in C durchbricht der Vers 67,2 diese Konsistenz und liefert außerdem einen unreinen Reim. Sollte der Dichter *ob* konditional aufgefaßt haben, so ergibt sich ein inhaltlich unsinniger Satz.

Vielleicht lag eine leichte Fehlerinnerung vor, die das *si* aus B 67,2 nicht als Objekt, sondern als Subjekt des Satzes erinnerte. Dies könnte zutreffen, wenn die Erinnerung nur von der Wortoberfläche ausginge. In jedem Fall

---

106   Ebd., S. 176.

aber hat der Dichter den Satz (unwillkürlich?) uminterpretiert und deshalb im unmittelbaren Kontext einige Risse verursacht. Beim Sprechen mögen einem diese Risse entgehen, und ein Vortrag würde über sie hinweggehen. Beim Lesen und Schreiben aber dürften sie auffallen und hätten leicht beseitigt werden können.

Es sind gelegentlich nur kleinste, unwillkürliche Abweichungen, die einen Vers aber aus dem metrischen Gleichgewicht bringen und bei der Reparatur eine kleine Kettenreaktion auslösen. So, als Kriemhild Gunther und Siegfried vor ihrer Abreise nach Isenstein empfängt:

Dô gie si mit in beiden,	*Dô gie si mit den degenen*
dâ si ê dâ saz,	*dâ si selbe saz:*
ûf matraze diu vil rîchen,	*matraz diu rîchen,*
ich wil wol wizzen daz,	*ir sult gelouben daz,*
geworht von guoten bilden,	*lâgen allenthalben*
mit golde wol erhaben.	*an dem vletze nider.*
si mohten bî den frouwen	*si heten bî den frouwen*
guote kurzewîle haben.	*guote kurzwîle sider.*
(B 352)	(C 360)

Von allen Wörtern werden Partikel naturgemäß am leichtesten vergessen. Hier sind dem Dichter womöglich *ê dâ* und *ûf* entfallen, so daß er den Satz mit den Polstern neu beginnen und durchformulieren mußte. Dadurch zieht dieser sich aber in den nächsten Vers, und die Information über die Ausstattung der Polster muß aus Platzgründen wegfallen. Im letzten Vers der Strophe ist der Dichter wieder im Tritt und hat das Kunststück fertiggebracht, bei nahezu identischem Wortlaut ein neues Reimwort einzufügen.

Nach dem erfolgreichen Abschluß des Unternehmens in Isenstein wird Siegfried als Bote vorausgeschickt, um sich insbesondere Ute und Kriemhild mit der guten Botschaft vorstellen zu können. Hier verwechselt der Dichter ausnahmsweise einmal eine Person:

Dô sprach der junge Gîselher:	*Dô sprach der junge Gîselher:*
«dâ sult ir zuo z' ir gân.	*dâ sult ir dar gân:*
dâ habt ir mîner swester	*dâ habt ir mîner muoter*
vil liebe an getân.	*vil liebe an getân;*
si treit ouch michel sorge	*diu hât doch michel sorge*
umb den bruoder mîn.	*umbe den bruoder mîn.*
diu maget siht iuch gerne:	*si sehent iuch beide gerne,*
des wil ich iuwer bürge sîn.«	*des sult ir gar âne angest sîn.«*
(B 547)	(C 553)

Es hat seine Logik, daß Ute sich besonders große Sorgen um ihren Sohn macht, aber so wird auch die besondere Zuordnung von Siegfried und Kriemhild aufeinander verpaßt. Daß beide, d.h. neben Ute auch Kriemhild, Siegfried gern begrüßen werden, steht nun zudem etwas unvermittelt im Kontext.

Am Ende der 8. und am Beginn der 9. Aventiure ist einiger Text verlorengegangen. Brünhild sucht jemanden, der anläßlich ihres letzten Empfangs auf Isenstein standesgemäß ihr Silber und Gold unter die Gäste zu bringen versteht. Daraufhin verschleudert Dankwart ihr Gut, so daß Brünhild Angst wird, ihr bleibe gar nichts mehr (B 513-518). Den Sinn solchen Handelns klärt gleich darauf Hagen: Man habe so großen Besitz in Worms, daß man dessen, was Brünhild mitzubringen gedenke, nicht bedürfe (B 519). Dies erklärt Hagen auch in C, nachdem Brünhild befohlen hat, Gold, Silber, Pferde und Gewänder zu verschenken, und zwar auch an die burgundischen Gäste (C 526-528). Die Dankwart-Episode aber ist ausgefallen – der einzige Textverlust von diesem Umfang –, allerdings gibt es ein Indiz, daß dieser Ausfall geplante Überarbeitung zugunsten ökonomischeren Erzählens sein könnte: In B will Brünhild die zwanzig tragbaren Kisten, die sie mit ihrem Besitz füllen läßt (B 520), nicht noch einmal Dankwart anvertrauen, worüber Hagen und Gunther lachen (B 521). Diese Strophe B 521 ist in C auch ausgefallen, so daß die Dankwart-Episode an zwei Stellen genau herausgeschnitten ist. Textverlust wäre also keineswegs immer Folge eines Vergessens.

Immerhin ist aber auch noch denkbar, daß der Dichter den Wortlaut der Episode unzureichend erinnerte und sie als entbehrlich lieber ganz herausschnitt, als sie zu reparieren. Auch in der Folge kommt es zu weiteren Ausfällen, die man zunächst auf die eine oder andere Weise erklären kann. Unter einem übergreifenden Gesichtspunkt überwiegt aber doch der Eindruck einer unzuträglichen Vereinfachung des Erzählverlaufs – zunächst geht es um Siegfrieds ambivalente Reaktion auf den Auftrag zur Ausrichtung der Botschaft von Gunthers erfolgreicher Werbung –: Als Hagen Gunther daran erinnert, einen Boten von Isenstein nach Worms zu schicken, benennt Gunther Hagen selbst (B 530 = C 538, hier aber neu formuliert, was bereits auf Gedächtnisverluste schließen lassen könnte). Hagen hält sich nicht für einen guten Boten und will lieber für die sichere Reise Brünhilds und ihrer Zofen nach Worms garantieren (B 531, diese Strophe fällt mit Ausnahme des ersten Verses in C aus). Stattdessen schlägt er Siegfried als Boten vor, der diese Aufgabe wegen seiner Liebe zu Kriemhild gern übernehmen werde (B 532, an die Stelle dieser Strophe tritt die neuformulierte Strophe C 539). Gunther läßt Siegfried nun holen, informiert ihn (B 533 = C 541) und teilt ihm seinen Wunsch mit. Siegfried lehnt rundweg ab, und Gunther muß noch einmal mit Nachdruck bitten (B 534, diese Strophe fällt in C aus): Nicht nur seinetwegen, sondern auch wegen Kriemhild solle Siegfried Bote sein. Daraufhin ist dieser bereit (B 535 = C 541, neu formuliert). Siegfrieds erste Ablehnung ist signifikant, sie ist typischer Ausdruck seiner auch sonst herausgestellten Eigenständigkeit. Daß er seine Ablehnung aber Kriemhilds wegen revidiert und sich zu einem Boten machen läßt, ist ebenso charakteristisch für ihn. Diese Doppelseitigkeit in Siegfrieds Verhalten gibt der Dichter von

*C preis, und es ist kein wirklich überzeugender Grund absehbar, warum er dies tut.

Daß auch in der Folge ein klar konturierter Text von *B aufgelöst wird, legt die Antwort nahe. Gunther teilt Siegfried mit, was er seiner Mutter Ute und seinen Brüdern ausrichten (B 537) und was er darüber hinaus auch Kriemhild, seinem Gesinde und seinen Lehnsleuten ausrichten solle (B 538). Dies ist bis hierher weniger eine geteilte Botschaft – wie sie in den folgenden Strophen noch aufgetragen wird – als eine deutliche Reihung der Adressaten bei ihrer Aufzählung (zuerst Ute, dann die Brüder, dann Kriemhild, schließlich Gunthers Gesinde sowie seine Lehnsleute). Diese Reihung wird in *C aufgelöst, denn hier werden Ute und Kriemhild unnötigerweise zweimal als Adressaten genannt. Zu Beginn von C 543 heißt es: *Sô sagt mîner muoter und ouch der swester mîn* [...] und zu Beginn von C 544: *Kriemhild und mîne muoter sult ir niht verdagen* [...]. Dies ist eine minimale Unaufmerksamkeit für den vorhandenen Text, und es sind letztlich solche minimalen Abweichungen in der Mikrostruktur des Textes, die auswendiges Neufassen des Textes indizieren – der Dichter weiß: jetzt kommt die aufzutragende Botschaft, er denkt aber nicht voraus an die über mehrere Strophen verteilte Aufzählung der Adressaten, sondern nennt die für Gunther und Siegfried wichtigsten sofort, um sie dann in der Folgestrophe überflüssigerweise beide noch einmal nennen zu müssen.

Hat der Dichter die Makrostruktur des Textes vollständig unter Kontrolle, so ist es neben kleinsten Unaufmerksamkeiten die unwillkürliche Willkür der vielen Abweichungen, die dafür spricht, daß Vergessen und Neufassen zumeist einhergehen. Erwartet man merkbare Vergeßlichkeit des Dichters nur am Detail, so wäre auch zu erwarten, daß er hier und da einmal Namen an der Handlung beteiligter Personen und Zahlen vergißt oder verwechselt. Zunächst ist aber bemerkenswert, wie viele er behält, an Zahlen darunter so belanglose und ungewöhnliche wie die Zahl der Hofdamen und Mädchen, die das weibliche Empfangskomitee für Brünhild in Worms darstellen: 86 Hofdamen und 54 Mädchen (B 572,1 = C 578,1; B 573,1 = C 579,1). Immerhin gibt es aber ca. dreißig Zahlen, die meist ohne jeden absehbaren Grund abweichen.[107] Für einen Schreiber, der sein Auge immer wieder einmal auf der Vorlage hat, sind solche Abweichungen eigentlich nicht zu erklären.

Nur selten werden Namen vergessen, kaum je Personen verwechselt. Während des Feldzuges gegen die Sachsen wird Dankwart neben anderen wiederholt genannt, aber in einer Strophe, in der die burgundischen Vorstreiter einmal zusammen aufgeführt werden (B 211), wird er übergangen (C 212): Statt *Dancwart und Volkêr* heißt es *Ortwîn unde Volkêr*, während im nächsten Vers,

---

107 Vgl. Hoffmann: Die Fassung *C des Nibelungenliedes und die ›Klage‹, S. 114, Anm. 14. Vgl. außerdem B 381,2; 715, 2; 907,1; 941,4; 1122,4; 1142,2; 1200,3; 1226,3; 1270,1; 1271,3; 1390,4; 1682,3; 1769,2; 2124,3, wo C gleichfalls abweicht.

aus dem Ortwin vorgezogen wird, die Lücke mit Flickmaterial zugezogen wird. Dies bereitet Aufwand, da das Reimwort fällt und der letzte Vers neu gebildet werden muß – ein Aufwand, der in keinem Verhältnis stünde zu einer unerfindlichen Bearbeitungsabsicht, nach der Dankwart an dieser Stelle auszulassen ist.

Auch in C 782,1 wird Ortwin vorgezogen, und Hunolt aus B 776,1 fällt ihm zum Opfer – auch hier ist davon auszugehen, daß der Name vergessen wurde. Daß so etwas in Aufzählungen geschieht, ist deshalb nicht überraschend, da dem Dichter hier zweifellos weniger an den Personen als an ihren Namen als metrischem Füllmaterial gelegen ist.

Eine interessante Verwechslung liegt in C 980,4 vor. Statt daß *Hagene sîne triuwe vil sêre an Sîfriden brach* (B 971,4), als man den Mord arrangiert, ist es Gunther, der dies tut, obwohl doch die Bearbeitungsabsicht, wie sie für die Zusatzstrophen unzweifelhaft besteht, darauf geht, Hagen möglichst viel Schuld zuzuschieben.

Von Interesse ist auch folgende wenig sinnvolle Hinzufügung von Namen. Als Hagen das abgeschlagene Haupt Gunthers in Kriemhilds Händen sieht, triumphiert er über sie, da nun alle Mitwisser des Hortverstecks tot sind, d.h. außer Gunther *noch Gîselher der junge, und ouch her Gêrnôt* (B 2371,2). Dieser Vers lautet aber in C: *Gîselher und Volkêr, Dancwart und Gêrnôt* (C 2431,2) – die Auffüllung des vergessenen Textes mit Namen ergibt keinen Sinn, da Volker und Dankwart gar nicht Mitwisser des Hortverstecks sind. Solche kleinen Unstimmigkeiten erklären sich aus der Not, neuen Text zu finden, und aus einer einhergehenden temporären Unaufmerksamkeit.

3.9 Der oder die Sänger des ›Nibelungenliedes‹?

Edward Schröder ist in seinen ›Beiträgen zur Textform des Nibelungenliedes‹ zu der Überzeugung gelangt, daß es »keine Differenz gibt, welche die Verfasserschaft des Dichters für die Redaktion C auszuschließen zwänge. Auf jeden Fall ist die Fassung C in allerengster örtlicher, zeitlicher und literarischer Nachbarschaft mit der Vulgata entstanden.«[108] Dagegen hat allerdings Werner Hoffmann im Blick auf die konzeptionell ausgerichteten Zusatzstrophen ausschließen wollen, daß ein und derselbe Dichter für *B und *C verantwortlich gemacht werden könne. Nach Hoffmann weichen die Fassungen »in Geisteshaltung und Zielsetzung« soweit voneinander ab, »daß kaum ein und derselbe Dichter als Autor beider Fassungen in Frage kommt«[109].

---

108 Edward Schröder: Beiträge zur Textform des Nibelungenliedes I. In: ZfdPh 70 (1933), S. 145-160, hier S. 158, Anm. 1.

109 Hoffmann: Die Fassung *C des Nibelungenliedes und die ›Klage‹, S. 87.

Ungeachtet des Umstandes, daß man »in dieser Frage [...] nicht viel beweisen [kann]«[110], möchte ich ein Szenario entwerfen, das zwischen Schröders und Hoffmanns Standpunkt vermittelt.

Es gibt durchaus eine gewisse Wahrscheinlichkeit für die Annahme einer Personalunion des Dichters/Sängers von *A, *B[111] und *C. Dies nicht nur in Anbetracht der Erwägungen Schröders, sondern aus folgendem Grund: »Vergleicht man [...] die Fassungen des Nibelungenliedes, so ist der Grundbestand gemeinsamen Textes so groß, wie er bei Varianten der Mündlichkeit nicht zu erwarten ist.«[112] Diese Feststellung Hans Fromms muß Basis jeder weitergehenden Argumentation sein. Zwar hat sie auf den ersten Blick nichts mit einer Personalunion des Dichters/Sängers von *A, *B und *C zu tun, sondern will nur deutlich machen, daß mehrere improvisierende Sänger nicht zufällig zu einem Text gelangt sein können, der weithin identisch ist. Offen ist, welcher Schluß hieraus zu ziehen ist und ob der implizite Schluß Fromms, Mündlichkeit könne im Fall der Fassungen des ›Nibelungenliedes‹ aus grundsätzlichen Erwägungen nicht in Frage kommen, zwingend ist.

Er stellt, wie ich meine, einen Fehlschluß dar. Denn zu Fromms Prämissen gehört die nicht selbstverständliche Annahme, daß Mündlichkeit immer Mündlichkeit im Sinne der *Oral-Formulaic Theory* ist. Verhielte es sich so, dann wäre, selbst wenn man *B und *C einem einzigen Sänger zuschreiben wollte, der im Abstand von einigen Jahren das Lied zweimal improvisierte, in der Tat eine größere Differenz der improvisierten Versionen zu erwarten. Insoweit ist Fromms Überlegung schlüssig. Unschlüssig ist sie, weil eine andere Art Mündlichkeit vorliegen könnte und tatsächlich wohl vorliegt: Derselbe Sänger rief das Lied im Abstand von mehreren Jahren zwei- bzw. dreimal zum Diktat aus dem Gedächtnis ab. Er hatte sich eine Vorgängerfassung angeeignet und arbeitete an ihr, um sie anläßlich der wenigen Gelegenheiten einer Aufzeichnung aus ihrer üblichen Lösung in mündlichen Vortragssituationen in Schriftform auszufällen. Da man regelmäßige memorielle Veränderungen, die von *B zu *C führen, unmittelbar beobachten kann, erklärt die Annahme memorierender Mündlichkeit sowohl den Grundbestand gemeinsamen Textes als auch die zahllosen Abweichungen, die im übrigen – soweit sie nicht Zusatzstrophen darstellen und, mehr noch, konzeptionell bedingt sind – als Anstrengungen eines Bearbeiters schlechthin rätselhaft blieben.[113]

---

110 Siegfried Gutenbrunner: Votum für A. Zur Handschriftenfrage beim Nibelungenlied. In: ZfdPh 78 (1959), S. 39-49, hier S. 46.

111 Für *A und *B ließe sich eine parallele Argumentation vorbringen wie für *B und *C. Nur ist die Varianz nicht so ergiebig.

112 Fromm: Der oder die Dichter des Nibelungenliedes?, S. 283.

113 Auf die angenommene Aneignung einer Vorgängerfassung komme ich nach vielen zusätzlich als Stütze dienenden Beobachtungen in Kapitel 7.4 zurück.

Der oder die Sänger des ›Nibelungenliedes‹?

Warum aber derselbe Sänger? Ich stelle die Frage zunächst anders: Warum nicht verschiedene Sänger? Die aufgezeigten memoriellen Mechanismen treten scheinbar in C gegen B ein, vielleicht treten sie aber gegen einen gemeinsamen Ausgangstext ein, so daß auch B solche Mechanismen aufweist. Vielleicht gibt es dann auch einige Vertauschungen in B, während in C der Ausgangstext bewahrt ist? Tatsächlich haben Überlegungen eines entsprechenden Verhältnisses von B und C in der Forschung zu den Fassungen des ›Nibelungenliedes‹ immer wieder eine Rolle gespielt, aber bei genauerer Beobachtung einer Reihe von weiteren Abweichungen wird die unmittelbare Abhängigkeit der Fassung *C von *B doch sehr wahrscheinlich.[114] Ungeachtet dieser Abhängigkeit mag der Text von B, ja schon der von A, durchaus seinerseits textuelle Symptome memorierender Mündlichkeit aufweisen, die man erkennen könnte, wenn man über die Vorgängerfassung verfügte, die es zweifellos gegeben hat und die im übrigen sicherstellt, daß zumindest an der Ausprägung des Nibelungischen mehrere Dichter beteiligt waren.

Zunächst ist aber nur die Frage, ob zwischen den eng beieinanderstehenden Fassungen *B und *C ein Sängerwechsel vorzustellen ist. Wenn der Dichter/ Sänger von *C als Ausgangsfassung *B anlernte, und zwar von einer Schriftvorlage, auf der *B stand, dann würde auch dies bei einem auswendigen Abruf zu memoriell bedingten Abweichungen führen können, wie sie in C vorkommen und den Text von B voraussetzen. Dann hätte sich wohl bald nach dem Diktat oder der Aufzeichnung von *B ein anderer Sänger in den Besitz dieser Niederschrift gebracht, um den Text anzulernen und auswendig weiter zu verbreiten. Dies anzunehmen stellt allerdings ein ungewöhnliches und komplizierteres Szenario dar, als davon auszugehen, daß derselbe Sänger nach einigem Zeitabstand ein weiteres Mal daran ging, die Dichtung zu diktieren.

Hiergegen steht aber der zitierte Einwand von Hoffmann. Er beruht nun allerdings seinerseits auf Voraussetzungen, die vernachlässigen oder übersehen, was sich bei der Tradierung mittelalterlicher Heldendichtung beobachten läßt. Die Fassung *C wird bei Hoffmann ebenso wie *B als Schriftdichtung aufgefaßt, die im Zusammenhang einer eigenen Erzählkonzeption entstanden ist. Unter solchen Entstehungsbedingungen ist Hoffmanns Einschätzung auch triftig. Aber seine Voraussetzungen sind nicht selbstverständlich. Denn Heldendichtung – dies sollen die folgenden Kapitel herausarbeiten – wird ungeachtet schriftlicher Überlieferung durch Abschriften eben hauptsächlich mündlich tradiert.

Dabei wird sie allerdings wohl keineswegs immer von einer Schriftvorlage ausgehend angelernt, sondern durch Zuhören. Deshalb ist beim Vergleich von Fassungen, die eine charakteristische Folge mündlicher Tradierung darstellen, ein Phänomen zu beobachten, das ich als Beibehaltung von Lauthülsen be-

---

114 Vgl. Haferland: Das Gedächtnis des Sängers, Kap. 3.

schreiben werde, wie sie jeweils dort bewahrt bleiben können, wo der genaue Wortlaut und der Sinn einer Stelle vergessen ist. Dieses Phänomen ist beim Vergleich der Fassungen des ›Nibelungenliedes‹ nicht zu beobachten; deshalb ist eine entsprechende Form der Tradierung für die Fassungen *B und *C nicht zu unterstellen. Da Lauthülsen in C nicht vorkommen, muß der Dichter/Sänger von *C seinen Ausgangstext *B anders als durch Zuhören angelernt haben: entweder ausgehend von einer Schriftvorlage, oder er muß ihn selbst (sehr wahrscheinlich auf der Basis einer Vorgängerfassung) hergestellt haben, so daß er sich bereits in seinem Gedächtnis befand. Die bemerkenswerte Genauigkeit der Reproduktion – von den für eine so lange Textstrecke kaum vermeidbaren Textverlusten und memoriellen Mechanismen abgesehen – könnte dafür sprechen, daß sich *B bereits in seinem Gedächtnis befand.

Die Umstände der mündlichen Tradierung von Heldendichtung haben zur Folge, daß man als Sänger in der Regel eine Vorgängerfassung aufgreift, die man übernimmt und gegebenenfalls weiter ausgestaltet.[115] Man fängt deshalb nicht wie beim Schreiben eines Romans bei Null an. Der übernommene Text wird aber nie von Grund auf neu gestaltet, sondern – soweit er im Gedächtnis haftet – beibehalten, durch Zusätze ergänzt und gelegentlich um Episoden vermehrt.

Vieles spricht dafür, daß auch der Dichter/Sänger des ›Nibelungenliedes‹ für seine Fassungen eine Vorgängerfassung übernahm, die er ausbaute. Symptomatisch ist vor allem die Strophe B 1912 (= C 1963), die aus dieser Vorgängerfassung stammen muß und die in C konsequenterweise neugefaßt ist, aber schon in B quer zur Handlung steht.[116] Signifikant ist aber auch das Vorgehen in *C: Um die eigene Konzeption des Geschehens zur Geltung zu bringen, tastet der Dichter/Sänger den Text, über den er memoriell verfügt, so wenig als möglich an – nur selten lassen sich Textänderungen als absichtsvoll erweisen –, vielmehr akzentuiert er ihn durch Zusatzstrophen. Da er aber gleichzeitig an zahllosen Stellen den Wortlaut neu faßt, hätte er – wenn er dies gewissermaßen ›am Schreibtisch‹ tat – seine Konzeption durchaus auch durch gezielte und weitergehende Eingriffe in den vorhandenen Text zur Geltung bringen können. Warum die üblen Absichten Brünhilds nur durch zwei Zusatzstrophen kenntlich machen (C 821 und 822) und den Frauenstreit dann so erzählen, wie er schon vorher erzählt wurde, so daß schließlich doch der Eindruck entstehen kann, als hätte Kriemhild ihn vom Zaum gebrochen? So vermittelt der Text der Fassung *C aber den Eindruck eines irritierenden Splittings: Laufend wird der Wortlaut verändert, ohne daß man sagen könnte warum. Dann wieder werden Zusätze hinzugefügt, deren Grund sich leicht einse-

---

115 Vgl. wiederum unten Kapitel 7.4.
116 Vgl. zur Analyse der Stelle sowie zu den Voraussetzungen der Analyse unten Kapitel 7.4.

hen läßt, auch wenn sie oft nur punktuellen Gewinn abwerfen. Wenn nun aber schon Änderungen, warum dann nicht kontinuierlich und einheitlich in einer konsequent durchgearbeiteten Neufassung anstatt in der Form dieses irritierenden Splittings von unmotivierten Abweichungen und erkennbar motivierten Zusatzstrophen?

Dieses irritierende Vorgehen entspricht allerdings der üblichen Tradierungsform von Heldendichtungen: Vorhandener Text wird beibehalten und vermehrt. Das Beibehalten schließt memoriell bedingte Abweichungen und memoriellen Abschliff nicht aus – das ist die eine Seite des zu beobachtenden Splittings. Was dagegen gar nicht mehr vorhanden ist, ist vergessen und muß oder kann ersetzt werden. Schon dabei, in der Regel aber erst aufgrund selbständiger Initiative schält sich leicht auch eine neue Episode oder eine neue Version heraus, die ausgebaut werden kann – dies ist die andere Seite.

Man arbeitet im Zuge solcher Anstrengung aber nicht wie am Schreibtisch und streicht einfach vorhandenen Text, wenn er noch im Gedächtnis ist. Das Gedächtnis ist keine Wachstafel, auf der man etwas leicht wieder auslöschen kann. Deswegen lassen sich konzeptionelle Eingriffe auch leichter durch Zusatzstrophen vornehmen als durch Änderungen von vorhandenem Text. Wie ließe sich andernfalls sicherstellen, daß sich etwa im Zuge eines Vortrags nicht doch wieder ›gestrichene‹ Textbestandteile ins Gedächtnis drängten und fälschlich abgerufen würden?

Jenes irritierende Splitting erklärt sich also recht einfach durch die Umstände mündlicher Tradierung: Man besitzt hier keinen Schreibtisch mit einem Stück Papier als Arbeitsfläche, auf der man mechanisch vorhandenen Text durch Streichen oder Radieren tilgen und anschließend neufassen kann. Das Gedächtnis dagegen verliert vorhandenen Text nicht nur leicht ›von allein‹, sondern es behält ihn auch. Und dann gestaltet es sich schwierig, mit diesem Text so zu verfahren, wie man es im Rahmen eines externalisierten Arbeitsprozesses, wie man es also auf einem Stück Papier täte. Text, der im Gedächtnis ist, bleibt im Spiel, hinzu kommt neu gebildeter Text, der den vorhandenen aufstockt.

Für die Ausgangsfrage führt diese Rekonstruktion eines nicht durch Schrift externalisierbaren Arbeitsprozesses zu keiner eindeutigen Klärung. Was die Tradierung einer Vorgängerfassung des ›Nibelungenliedes‹ im ›Nibelungenlied‹ selbst anbetrifft, so sind natürlich mehrere Dichter/Sänger am Werk, mindestens aber zwei. Was die Fassungen *A, *B und *C anbetrifft, so ist vermutlich derselbe Dichter/Sänger am Werk, der sich in *C dezidiert von der alten Auffassung des Geschehens löst. Löste er sich damit auch von selbst gedichtetem Text? Wenn die 14. Aventiure sein Text war und er in *C Brünhild die Schuld am Streit geben will, warum tat er es nicht schon in *A und *B? Oder war vielmehr die Vorgängerfassung schon so weit gediehen, daß sie hier weitgehend dem Text von *A und *B entsprach?

Auf diese Fragen wird es keine sichere Antwort mehr geben. Sicher ist es allerdings keineswegs, daß das ›Nibelungenlied‹ die originale Schöpfung eines schreibenden Autors darstellt,[117] zu dem sich dann ein weiterer gesellte, der seine eigene Schriftversion schuf. Dagegen spricht seine Arbeitsform. Insgesamt spricht einiges dafür, daß umfangreichere Textbestandteile einer Vorgängerfassung in das ›Nibelungenlied‹ eingegangen sind, als die Forschung es sich jeweils verdeutlicht. Von der mit diesen Textpartien verbundenen Auffassung des erzählten Geschehens entfernt sich aber der Dichter/Sänger des ›Nibelungenliedes‹, indem er zuletzt bei der Fassung *C anlangt. Sie ändert in Richtung einer gewissen Stimmigkeit und Konsistenz, da die Darstellung und Bewertung von Kriemhilds und Hagens Handeln nicht vom ersten zum zweiten Teil wechselt, sondern über den ganzen Text hin einheitlich erfolgt.

So ist es wahrscheinlich, daß der Dichter mit seiner neuen Konzeption weniger gegen seine eigene Fassung *B antritt, sondern gegen deren Vorgängerfassung, soweit sie in *B noch – z.T. gar unter Inkaufnahme von Inkonsistenzen – erhalten geblieben war. Dies spricht aber nun endlich nicht mehr gegen, sondern für ein und denselben Sänger als Dichter beider Fassungen. Denn er hat das ›Nibelungenlied‹ am Ende zu einem einheitlichen und eigenständigen Text geformt, der bald – gemessen an *A und *B – weiteste Verbreitung erfuhr.[118]

3.10 Räumliche Situierung der Handlung als Beispiel für die mnemonische Faktur des ›Nibelungenliedes‹

Die Vortragsform der höfischen Dichtung besteht in aller Regel im Vorlesen durch den Autor oder einen Vorleser, im Ausnahmefall mag es zu einsamer

---

117 Ich weiche hier ab auch von meinen Überlegungen in Haferland: Das Gedächtnis des Sängers, Kap. 7.

118 Vgl. Joachim Heinzle: Mißerfolg oder Vulgata? Zur Bedeutung der *C-Version in der Überlieferung des ›Nibelungenlieds‹. In: Blütezeit. Festschrift Leslie P. Johnson. Tübingen 2000, S. 207-220, hier S. 208f.: »Der *C-Bearbeiter [...] korrigierte den Text [der Not-Version, H. H.] selbst: beseitigte Motivationsdefizite, glättete Widersprüche, schuf Klarheit über Schuld und Unschuld, nahm Distanz zur Tradition, markierte und problematisierte die Historizität des Überlieferten. Auf dem Weg, den der Dichter des ›Nibelungenlieds‹ eingeschlagen hatte, voranschreitend, hat er damit den Prozeß der Verschriftlichung der mündlichen Nibelungen-Sage zum Nibelungen-Buch entscheidend weitergetrieben.« Mir scheint, daß der *C-Bearbeiter entweder den Text einer Vorgängerfassung oder aber auch sich selbst korrigierte, wobei er noch in einer mündlichen Tradition stand. Vielleicht hatte er aber durchaus die Absicht, in *C eine verbindliche Fassung und damit eine buchmäßig festzuhaltende Fassung herzustellen.

Wichtig ist Heinzles Hinweis, daß nicht die Fassung *B die Vulgata darstellt – wie etwa aus dem oben angeführten Zitat Edward Schröders entnommen werden kann und wie es die ältere Forschung gegeben sah –, sondern vielmehr die Fassung *C.

Lektüre gekommen sein. ›Erec‹, ›Iwein‹, ›Parzival‹, ›Tristan‹ usw. sind Buchdichtungen, sie besitzen einen Prolog, einen Epilog, Exkurse und auch gelehrt kommentierende Partien. Ein Text in dieser Umgebung – und das ›Nibelungenlied‹ stellt sich mit seinem Erzählen von höfischen Empfängen, Be-
wirtungen, von höfischen Lebensformen überhaupt in diese Umgebung –, der
beim Vortrag ganz anders behandelt wurde, rückte aber gleichzeitig weit ab
von dieser neuen Buchdichtung. Sein Vortrag scherte aus dem neuen höfischen Literaturbetrieb auffällig aus.

Tatsächlich spiegelt sich diese Abseitsposition, die für die strophische
Heldendichtung insgemein gilt, in deren textuellen Eigenschaften. Nicht nur
wird von der Buchdichtung keinerlei Notiz genommen – was in umgekehrter
Richtung keineswegs gilt –, auch das Fehlen typischer buchepischer Eigenschaften, die sich beim Abruf aus dem Gedächtnis als außerordentliche Bela-
stung erwiesen hätten, da Reflexionssprache weniger leicht zu speichern ist
als fortschreitende Erzählhandlung, zeichnet die strophische Heldendichtung
aus. Schon das ›Nibelungenlied‹ besitzt schließlich gegenüber den zeitgenössischen Buchepen besonders charakteristische Eigenschaften, die diese ihrerseits nicht besitzen und die dann nur in der Heldendichtung noch eine Rolle
spielen: z.B. die Aventiurengliederung und etwa die von Hugo Kuhn so genannte ›Szenenregie‹.[119] Daß die Aventiuren Erzähleinheiten darstellen, unterliegt keinem Zweifel, aber daß sie auch Merkeinheiten darstellen könnten,
hat man kaum je ernsthaft erwogen.[120] Dies gilt auch für die ›Szenenregie‹,
die man als Gestaltungsform begreifen kann, aber auch als Merkform.

Räumliche Situierung der Handlung dient als Gerüst für die Speicherung
des Texts im Gedächtnis. Mehrere Kodierungen müssen sich bei der Herstellung einer so langen Dichtung, die gleichwohl auswendig vorzutragen ist,
überlagern und ergänzen, soll der Abruf erleichtert oder überhaupt erst möglich werden. Über der rhythmischen und strophischen Kodierung des Wortlauts sorgt eine Hierarchie weiterer kodierender Faktoren für eine charakteristische Faktur, wie sie Gedächtnistexte, wenn sie erfolgreich tradiert werden
wollen, kennzeichnet.

»Der Raum im ›Nibelungenlied‹ ist Strukturfaktor.«[121] Der Grund ist nicht
eine entsprechende Darstellung aus freier dichterischer Entscheidung und äs-
thetischer Willkür, sondern die Nötigung, sich über verschiedene Eigenschaften des Erzählten wie auch des Erzählens den Abruf des Texts zu erleichtern.
Daß räumliche Ordnung prädestiniert ist für gesteigerte Merkleistungen, hat
sich schon die antike Mnemotechnik zunutze zu machen versucht.[122] Das Prin-

---

119   Kuhn: Über nordische und deutsche Szenenregie in der Nibelungendichtung.

120   Vgl. dazu unten Kapitel 7.7, S. 369-373.

121   Lienert: Raumstrukturen im ›Nibelungenlied‹, S. 109.

122   Vgl. als Darstellung der Methode und als Geschichte ihrer Rezeption Yates: Gedächtnis und Erinnern.

zip ist so einfach wie effektiv und nur auf den ersten Blick frappierend: Wer eine von ihm häufig begangene Wegstrecke sehr gut kennt und sich auf dieser Strecke etwa 50 auffällige Stellen einprägen kann, hat 50 Orte in einer festen Reihenfolge. Will er sich 50 Items (Zahlen, Silben, Wörter oder auch Redegegenstände) in einer festen Reihenfolge merken, dann kann er diese Orte als Kodierungsleiste zugrundelegen und die Items nacheinander an den Orten unterbringen, d.h. sie dorthin ›stellen‹ bzw. auf visuelle Weise mit ihnen verbinden. Der Abruf wird ihm dann entschieden weniger Schwierigkeiten bereiten, als wenn er sich die Items ohne Kodierung in derselben festen Reihenfolge merken wollte.

Da man sich heute leichter mit Spickzetteln behelfen kann, ist eine solche Methode aus der Übung gekommen und erscheint ungewohnt. Es handelt sich aber um eine ganz naheliegende Form der Kodierung. Sie löst zuvörderst das mnemonische Problem des Beibehaltens einer Reihenfolge, die das Material selbst von sich aus nicht aufweist und die man über ein mnemonisches Werkzeug sichert, das man schon mit sich führt. Probleme der Reihenfolge stellen sich im Zuge einer Narration, in der nicht jeder Handlungsbestandteil an den vorhergehenden als unmittelbar evidente Folge anschließt, aber fortlaufend. Die Narration erfolgt, wenn sie leichter im Gedächtnis behalten werden soll, deshalb am besten so, daß sie selbst Strukturen, eben auch Raumstrukturen ausweist, die der erzählten Handlung als mnemonische Stütze dienen können. Der Unterschied zur Mnemotechnik besteht freilich darin, daß die Kodierung nicht mitgebracht wird, sondern dem Material, bzw. hier dem Text, schon eingeformt ist. Deshalb tut ein Sänger gut daran, die narrative Räumlichkeit zu visualisieren, wenn sie ihm beim Abruf helfen soll.

Dies ist nun allerdings im ›Nibelungenlied‹ gar nicht immer möglich. Die Geographie von Kriemhilds Reise zu Etzel ist schwerlich visualisierbar, es sei denn, der Sänger, der sie dem Text einformte, kannte die Wegstrecke aus eigener Anschauung.[123] Es geht über Pföring an der Donau (B 1291,1), wo Giselher und Gernot sich verabschieden, durch Baiern nach Passau (Str. 1296,1), dann nach Everding (Str. 1302,1) und über die Traun bei Enns (Str. 1304,1) – d.h. auf der rechten Donauseite – bis nach Pöchlarn. Danach geht es vorbei an Melk (Str. 1328,1-2) nach Österreich und hier zuerst nach Mautern (Str. 1329), dann weiter zur Traisen (Str. 1331,1), nach Zeiselmauer (Str. 1332, 1336), das allerdings gar nicht auf der Route liegt[124] und das der Dichter in der Fassung *C dann geographisch richtig in ›Traismauer‹ verbessert (C 1359, 1363). Vor Wien wird Tulln passiert (Str. 1341,1-2) und dann in Wien, wohin Etzel entgegengekommen ist, Hochzeit gefeiert.

---

123 Vgl. auch Hempel: Pilgerin und die Altersschichten des Nibelungenliedes, S. 3f.
124 Vgl. zur Stelle Bumke: Die vier Fassungen der ›Nibelungenklage‹, S. 525-527 und 568-572.

Es ist offensichtlich, daß jener Sänger – einer Vorgängerfassung des ›Nibelungenliedes‹, der die Aufschwellung entstammt – diese Strecke, auch wenn er keinen Baum und keinen Strauch auf ihr nennt, kennen mußte, und sei es auch nur vom ausführlichen Hörensagen. Es war nicht sehr rücksichtsvoll, mögliche weitere Tradenten mit einer Reihe von bloßen Ortsnamen zu belasten, und ein Sänger oder Erzähler wie der, dessen Version in die ›Thidrekssaga‹ einging und der die Burgunden/Nibelungen dann nach Soest ziehen ließ,[125] hätte sich die Namen mühsam einprägen müssen und gewiß nicht gewußt, ob die Zuflüsse links- oder rechtsseitig in die Donau fließen. Es sieht nach der ›Thidrekssaga‹ tatsächlich so aus, als hätte dieser Erzähler eine oder die Vorgängerfassung des ›Nibelungenliedes‹, in der die Burgunden/Nibelungen über Rhein und Donau zu Rüdiger nach Pöchlarn unterwegs sind,[126] so umgebogen, daß er die Gäste einfach in Soest ankommen läßt, wo – wie allerdings vorher schon festgelegt wird – Attila residiert.

Der Erfinder der komplizierten Wegstrecken besaß allerdings eine kognitive Landkarte der Strecke, die er Kriemhild ziehen läßt, und für ihn konnte die Route deshalb als Kodierungsleiste dienen. Die ›mentale Geographie‹ im ›Nibelungenlied‹[127] verdient deshalb so genannt zu werden, weil sie als mentale Repräsentation einer Reiseroute den Handlungsverlauf kodiert, ja in der 21. und 22. Aventiure überhaupt erst Handlung schafft. Denn der Dichter nutzt die Route, um zu erzählen, und er hat nicht schon Stoff, den er durch die Route nur mnemonisch stützen müßte.

Auf diese Weise zu erzählen, ist neu und ungewöhnlich. Denn die Handlung wird außerordentlich erweitert – eine Erweiterungsleistung, die im ›Nibelungenlied‹ allerorten zu beobachten ist. Wenn man sich dahinter ein oder zwei germanische Heldenlieder vorstellen will, so sahen sie anders aus als das ›Nibelungenlied‹: Die Handlung war auf wenige eindrückliche Höhepunkte zugeschnitten, die außerordentliches Handeln in weitgehend unverbundenen Situationen erzählten – wie z.B. das doppelbödige Lachen Brünhilds über Sigurds Ermordung im ›Alten Sigurdlied‹.

Hugo Kuhn hat an den dem ›Nibelungenlied‹ parallel laufenden Erzählabschnitten der ›Thidrekssaga‹ demgegenüber die narrative Neuorientierung auf

---

125   Im Rahmen einer Vorlage der ›Thidrekssaga‹, die von der Vorgängerfassung des ›Nibelungenliedes‹ zu unterscheiden ist.

126   In der ›Thidrekssaga‹ (vgl. Bertelsen, Bd. II, S. 285 [= Erichsen, S. 388]) gibt es nur eine Überfahrt, und Rhein und Donau fließen zusammen. Nach Roswitha Wisniewski: Die Darstellung des Niflungenuntergangs in der Thidrekssaga. Eine quellenkritische Untersuchung. Tübingen 1961, S. 62-64, gehört die Reduktion auf eine Überfahrt schon einer »zweiten Quelle« an, die der Kompilator der Saga neben der Vorgängerfassung des ›Nibelungenliedes‹ benutzte.

127   Vgl. den Begriff bei Lienert: Raumstrukturen im ›Nibelungenlied‹, S. 105 u.ö., die ihn ihrerseits aufgreift.

eine auserzählte kontinuierliche Zeitfolge hin beobachtet. Er vermutet für die Vorlage den intensiven Gebrauch von Zeitadverbien und Präpositionalphrasen (*in den zîten, dô, innen des* usw.),[128] auch wenn die Erzählung vielfach noch springe. Damit verbinde sich gleichwohl eine Konzentration des Erzählens auf hervorstechende Gebärden – Kuhn spricht von einer ›Gebärdenszenenregie‹. So zeichne sich insbesondere für den zweiten Handlungsteil keine kontinuierliche Erzählung ab,

sondern eine dichte Reihe abgeschlossener kleiner Szenen, die sich aber um gewisse Handlungsgipfel häufen. Diese Szenen vergegenständlichen [...] fast durchweg ihren Sinn in einer Gebärde; jede Szene schließt sich als Gebärdenraum zusammen.[129]

Solche Gebärden sind immer szenisch eingebettet, deshalb wird mit ihnen nach Kuhn immer auch ein ›Gebärdenraum‹ gestaltet.

Auch im ›Nibelungenlied‹ ragen einige monumentale Gebärden aus der Handlung: Hagen schließt mit der Zerstörung des Schiffs eine Rückkehr der Burgunden aus (Str. 1581), er bleibt mit Siegfrieds Schwert über den Knien vor Kriemhild sitzen (Str. 1780-1783), und er bittet Rüdiger, der gegen die Burgunden kämpfen wird, ihm seinen Schild zu überlassen (Str. 2195). Joachim Heinzle hat hierfür auch von »demonstrativen Schau-Gesten« gesprochen und die hinter ihr stehende narrative Technik ›Schaubildtechnik‹ genannt.[130]

Sowohl der Begriff der Szenenregie als auch der der Schaubildtechnik werfen die Frage auf, für wen inszeniert wird und wer schauen soll: die Figuren der Handlung oder die Hörer des vorgetragenen Liedes? Notfalls wird man beides annehmen können. Allerdings ist Erzählen nicht Inszenieren und Zuhören kein Schauen. Vielleicht ist dies ein Indiz dafür, daß die Erklärung noch nicht ganz an ihr Ende gekommen ist. So hat Horst Wenzel weitergefragt, »wie die Inszenierungsform des Textes, die Kuhn so eindringlich beschreibt, sich erklärt und einzuordnen ist in den größeren Zusammenhang der mittelalterlichen Literaturverhältnisse«[131]. Denn »die Begrifflichkeit des Theaters faßt den von ihm [Kuhn, H.H.] herausgestellten Sachverhalt lediglich metaphorisch«[132].

---

128 Zur Zeitmarkierung im ›Nibelungenlied‹ vgl. Gillespie: Das Mythische und das Reale in der Zeit- und Ortsauffassung des ›Nibelungenliedes‹, S. 57f.

129 Kuhn: Über nordische und deutsche Szenenregie in der Nibelungendichtung, S. 204.

130 Heinzle: Das Nibelungenlied, S. 81-83. Vgl. auch Heusler: Die altgermanische Dichtung, S. 225f., mit einer ähnlichen Beschreibung zum Erzählstil der Sagas.

131 Horst Wenzel: Szene und Gebärde. Zur visuellen Imagination im Nibelungenlied. In: ZfdPh 111 (1992), S. 321-342, hier S. 323.

132 Ebd.

Wenzel gibt an, wo die Erklärung zu suchen ist:

Dem Charakteristikum von mündlicher Erzählung, die kollektive Überlieferung in einprägsamen Bildern zu erfassen, korrespondiert die Natur des menschlichen Gedächtnisses, das bildhafte Situationen besonders gut und lange aufbewahrt.[133]

Es wäre übertrieben, die Exorbitanz des Handelns germanischer Helden bereits als eine Art *imago agens* aufzufassen.[134] Es wird ja nicht erzählt, um die Behaltensleistung zu steigern, sondern was erzählt wird, ist aufgrund seiner vorweg denkwürdigen Gestalt geeignet, behalten zu werden.

Anders, wenn das Erzählen eine andere Form annimmt, wenn es gestreckt und in das Format einer kleinteilig erzählten Geschehensfolge gebracht wird. Ein in einer entsprechenden Erzählfolge als Schaubild hergerichteter Gebärdenraum hat offensichtliche mnemonische Vorteile. Denn eine auf Gebärden als Handlungsgipfel zugespitzte und in ihnen zentrierte Handlung läßt sich leicht behalten, besonders wenn zusätzlich eine Abschnittbildung hieran festgemacht ist.

Das Erzählformat muß immer auch den Beanspruchungen und Bedürfnissen der Sänger angepaßt werden, wenn es sich in Richtung einer kleinteiligen Geschehensfolge ändert. Dies gilt besonders nachhaltig für den evolutionären Schritt zu Langdichtungen. Dem aufgeschwellten Zusatztext muß ein Gerüst gegeben werden, von dem der umfangreichere Wortlaut nicht abfällt, die Aufschwellung braucht ein mnemonisches Skelett, damit sie im Gedächtnis von Sängern nicht wieder zusammensinkt und die Langdichtung unversehens auf den schmalen Umfang ehemaliger Kurzlieder zurückschrumpft.

Die Erweiterungsleistung des ›Nibelungenliedes‹ oder schon der Vorgängerfassung(en), die zur handlungsträchtigen Gebärde den geschauten Raum hinzufügt, in dem sich die Handlung nach Kuhns Beschreibung bühnenmäßig – in »bühnenhafter Raumbewegung«[135] – entfaltet, gleicht wieder aus, was als Ballast für das Gedächtnis hinzugekommen ist. Die Erweiterung wird in einen mnemonisch effektiven Rahmen gespannt, in dem die räumliche Situierung der Handlung eine zusätzliche Verankerung im Gedächtnis bedeutet.

Das gegenüber entfernteren Vorstufen zweifellos erheblich erweiterte ›Nibelungenlied‹ bedurfte wie auch schon die je erweiterten Vorgängerfassungen

---

133   Ebd., S. 328. Wenzel gibt seinen Erklärungsansatz allerdings schnell wieder preis, wenn er dem ›Nibelungenlied‹ mit dem »Raum der Schrift«, in den die Bilder eingehen, einen anderen Erklärungsrahmen aufzwingt. Danach schließt die volkssprachliche Schriftkultur an mündliche Traditionen nur an. So gerät schließlich der Gebärdenraum des ›Nibelungenliedes‹ auf eine Analyseebene etwa mit Parzivals Empfang auf der Gralburg.

134   Zu dieser antiken Mnemotechnik vgl. Herwig Blum: Die antike Mnemotechnik. Hildesheim, New York 1969, Teil 1.

135   Kuhn: Über nordische und deutsche Szenenregie in der Nibelungendichtung, S. 198.

einer solchen zusätzlichen, mnemonisch effektiven Präparierung, um überhaupt noch behalten werden zu können. Es ist also ein mnemonischer Schauraum, den es zugleich entfaltet und aus dem heraus die Sänger bei wiederholtem Vortrag mnemonische Stützung für den Abruf aus dem Gedächtnis erhielten. »Wenn etwas im NL. ›Theater‹ [...] ist«[136], dann – dies ist mein Schluß – ist es Theater für das Gedächtnis, weil man als Sänger leichter behält, was man so vor (auch vor die eigenen) Augen stellen kann, als spiele es sich auf einer Bühne ab. Was man visualisiert, läßt sich nachhaltiger im Gedächtnis verankern, als was man nur über den Wortlaut abruft.

Kuhn hat in differenzierender Beobachtung eine Reihe von räumlichen Arrangements aus dem ›Nibelungenlied‹ herausgespürt, deren immanente Anschaulichkeit man als mentale Bühne verstehen kann: beim Wettlauf zum Brunnen vor Siegfrieds Ermordung, bei der Ablage von Siegfrieds Leiche vor Kriemhilds Tür, bei der Bahrprobe, bei der Provokation Kriemhilds durch Hagen und Volker, bei beider Schildwacht und schließlich besonders herausgestellt bei den langwierigen Kämpfen im Saal Etzels, die in der ›Thidrekssaga‹ fehlen und definitiv zur Erweiterung des letzten Dichters gehören dürften. Kuhn sieht hier einen Typus szenischer Gestaltung auf die Spitze getrieben, wie er schon in der ›Spielmannsdichtung‹ des 12. Jahrhunderts zu vermuten und an den überlieferten Texten noch zu beobachten sei.[137] Hier greift man aber ein Rudiment mündlichen Erzählens, für das sich charakteristische mnemonische Techniken ausgebildet haben könnten. Die Sänger orientieren sich an signifikanten Gebärden, die zwar in eine Situation, aber noch nicht in einen durch Ortsadverbien und Präpositionalphrasen beschriebenen Raum eingebettet werden. Solche weitergehende Einbettung stellt dann den nächsten Schritt in der Entwicklung mnemonisch effektiven mündlichen Erzählens dar.

Im Streit der Königinnen und dem anschließenden Mordrat in der 14. Aventiure des ›Nibelungenliedes‹ sind der ältere Darstellungstypus eines bloßen Gebärdenraums, dessen Räumlichkeit nicht ausgestaltet wird, und der neuere Typus einer räumlich ausgestalteten Szenenregie miteinander verschränkt. Die Handlung springt noch, sie bleibt räumlich oft unbestimmt, und

---

136 »dann diese Szene« – Kuhn (ebd., S. 197) bezieht sich auf die Szene, in der der ermordete Siegfried vor Kriemhilds Tür abgelegt wird und sie, ohne ihn schon gesehen zu haben, ohnmächtig niedersinkt und mit einem Schrei aus ihrer Ohnmacht erwacht (Str. 1009). Gegen Kuhns Beschreibung solcher Episoden als theatermäßiger Szenen spricht u.a. an dieser Stelle, daß gerade (in Strophe 1008) davon die Rede war, wie Kriemhild Hagens Frage nach der verwundbaren Stelle einfällt und ihr schlagartig klar wird, was sich abgespielt hat. Dieser Gedankenprozeß ist aber narrativ anders vermittelbar als auf der Bühne. Was tatsächlich vorliegt, ist also eine auf ein bestimmtes Maß an Anschaulichkeit ausgreifende Narration.

137 Ebd., S. 206-209. Verglichen wird insbesondere der ›König Rother‹.

Kriemhild verschwindet nach der Szene vor dem Münster unversehens, ohne daß ihr Abgang genannt wird.[138] Dagegen stehen aber deutliche szenische Ausprägungen: Der Streit entwickelt sich, als die Königinnen gemeinsam einem Vesperturnier beiwohnen und ihre Männer unmittelbar vor Augen haben.[139] Die das Turnier beschreibende Strophe wird, wie oben gezeigt, in der Fassung *C ersetzt, aber der Dichter weiß um ihre Funktion, die Handlung räumlich-szenisch zu situieren, und schafft einen gleichwertigen Ersatz.

Im Gegensatz zur ›Thidrekssaga‹, in der nur eine einzige, zusammenhängende Situation erzählt wird, wird diese Situation im ›Nibelungenlied‹ in drei räumlich differenzierte Szenen zerlegt[140]: Die Königinnen trennen sich nach dem Vergleich ihrer Männer, um vor dem Münsterportal wieder aufeinanderzutreffen, wo Kriemhild Brünhild mit dem Kebsvorwurf aus der Fassung bringt und den Augenblick nutzt, um als erste das Münster zu betreten. Brünhild paßt aber beim Verlassen des Münsters wiederum Kriemhild ab, und nun weist diese Ring und Gürtel als vermeintliche Beweisstücke für den Vorwurf vor.

Eine raum-zeitlich dreifach gestaffelte Gesamtsituation, die nicht nur Vordergrundhandlung enthält, sondern in differenzierter Weise ausgestaltet ist, so daß das anschaulich auserzählte raum-zeitliche Gerüst die Vordergrundhandlung tragen kann. Gewiß kann man annehmen, daß hier nur eine größere Differenziertheit des Erzählens angestrebt wird und erreicht ist. Aber wenn strophische Heldendichtung im Mittelalter immer noch mündliche Dichtung ist, dann wird sich damit auch eine Funktion verbinden: Die »quasi räumliche Organisation des Textes«[141] wird zugleich auch ein mnemonisches Gerüst darstellen, um die erweiterte Handlung aus dem Gedächtnis abrufen zu können.

---

138 Vgl. ebd., S. 201, und unten Kapitel 7.7, S. 357.
139 Vgl. zu entsprechenden szenischen Ausprägungen Gillespie: Das Mythische und das Reale in der Zeit- und Ortsauffassung des ›Nibelungenliedes‹, S. 58f. Gillespie hebt aber nur auf »visuelle Effekte« ab, die es den Zuhörern ermöglichen sollen, sich die Szene jeweils vorzustellen. Vgl. zur 14. Aventiure Kuhn: Über nordische und deutsche Szenenregie in der Nibelungendichtung, S. 201f.
140 Ebd., S. 196f.
141 Lienert: Raumstrukturen im ›Nibelungenlied‹, S. 119.

4 Improvisieren oder Memorieren?
Exkurs über Parry, Lord und die Folgen

4.1 Improvisieren und Memorieren

Bilden Improvisieren und Memorieren überhaupt Gegensätze? Wer auf einem Instrument zu einer Folge von Grundtönen oder Akkorden improvisiert, wird sich dazu auf seine Fingerfertigkeit stützen. Er hat lange geübt, und bestimmte Bewegungsfolgen der Finger haben sich ihm infolge des Übens verselbständigt. Charakteristische Tonfolgen, besonders auffällig bei schnellen Läufen, sind schon in fertiger Gestalt als Folge von Muskelbewegungen programmiert und werden als fertige Module abgerufen, ohne daß von Ton zu Ton Entscheidungen über den nächsten Ton der Folge und seine Länge dazwischentreten. Die Module werden in gewissem Sinn auswendig beherrscht oder besser: automatisiert abgerufen.

Anders, wer die Grundtöne oder Akkorde mit improvisiert. Er wird sich auf eine kulturell vorgeprägte Folge von Grundtönen/Akkorden beziehen, die ›im Ohr‹ ist bzw. in seinem Gedächtnis haftet und von der er nur an bestimmten Stellen abweicht.

Aus beiden Formen der Improvisation ließe sich schließen: Kein Improvisieren ohne Memorieren. Allerdings ist deshalb Improvisieren nicht gleich Memorieren. Bei beiden Formen der Improvisation treten zwischen fest programmierte Folgen von unterschiedlich rhythmisierten Tönen und Akkorden immer wieder spontane Entscheidungen über den Fortgang.

Beim Memorieren ist dies aber ganz anders: Man kann sich eine längere Folge von Tönen/Akkorden bzw. die melodische und auch rhythmische Gestalt eines ganzen Stücks durchaus einprägen, ohne sich darauf einzustellen, spontane Entscheidungen zu treffen, wie es weitergehen soll. Dann ruft man die fertige Gestalt vom Anfang bis zum Ende aus dem Gedächtnis ab, man reproduziert sie. Dabei mögen sich Abweichungen nicht immer vermeiden lassen. Sie kommen aber nicht über spontane Entscheidungen, sondern mehr oder weniger unwillkürlich zustande. Es kann dabei auch passieren, daß man nicht weiter weiß. Im Zuge eines öffentlichen Vortrags kann man sich dann behelfen und die Gedächtnislücke überbrücken. Dabei ginge man vom Memorieren kurzfristig zum Improvisieren über, bis man den Anschluß an die partiell vergessene melodische und rhythmische Gestalt wieder hätte.

Von der Einstellung zum Spielen her – sind spontane Entscheidungen während des Spielens fortlaufend und auch in kleinen Abständen zu treffen, oder stellen sich Abweichungen von einer vorgewußten Gestalt gegebenenfalls nur unwillkürlich oder im Fall der Ausbügelung einer Gedächtnislücke willkürlich ein? – sind Improvisieren und Memorieren grundsätzlich und entschieden auseinanderzuhalten! Tut man dies, so wird es auch möglich, Mischformen zu beschreiben, bei denen unter besonderen Bedingungen Improvisieren in Memorieren umschlägt und Memorieren in Improvisieren.

Ein besonderer Unterschied sei noch einmal angemerkt: Wo Improvisieren sich auf vorgeprägte Module stützt, die automatisiert abgerufen werden, ist es nicht sinnvoll, den Begriff des Memorierens ins Spiel zu bringen. Auch wenn die Module beim Anlernen einmal memoriert wurden, werden doch automatisierte Handlungen ihrerseits nicht mehr memoriert. Niemand memoriert beim Autofahren, wie man Auto fährt.

Diese Überlegungen lassen sich auch auf Sprachverwendung übertragen: Es ist ein grundlegender Unterschied, ob man eine Rede auswendig vorträgt und gegebenenfalls unwillkürlich vom vorgewußten Wortlaut abweicht, weil Teile von ihm vergessen sind; oder ob man sich einen Spickzettel gemacht hat und frei formuliert bzw. extemporiert. Anders allerdings als bei musikalischer Improvisation oder beim Autofahren ist Automatisierung hierbei nicht auf vergleichbare Weise im Spiel. Denn man hat Textmodule oder Wortfolgen nicht etwa in den Zungen- oder in den Arm- und Beinmuskeln programmiert, und man produziert Sprache beim Sprechen schwerlich in derselben Form von Automatisierung, wie wenn man auf einem Instrument improvisiert oder Auto fährt. Gleichwohl gehen Theorien der Sprachproduktion von automatisierten Prozessen beim Sprechen aus, denn natürlich erfolgt etwa der Zugriff auf ein Wort im mentalen Lexikon wiederum auch nicht bewußt und memorierend. Mithin läßt sich der strukturelle Unterschied zwischen Improvisieren und Memorieren auch für die (Re)Produktion von Texten/Vorträgen aufrechterhalten.

Dies gilt schließlich auch für den Vortrag von Dichtungen, und es ist bei entsprechend idealtypisch zu unterscheidenden Vortragsformen von vornherein nicht zu erwarten, daß orale Kulturen nur eine von ihnen zur Ausprägung gebracht haben sollten. Zu erwarten ist vielmehr, daß jeweils beide in wechselnden Situationen zu unterschiedlichen Anteilen zur Geltung kommen. Daß also in oralen, mit Schrift noch nicht vertrauten Kulturen das Memorieren noch keine Rolle spielen können sollte, ist deshalb von vornherein nicht glaublich. Eben dies ist aber eine der impliziten Unterstellungen der *Oral-Formulaic Theory*, wie Parry und Lord sie für den Vortrag von mündlicher Dichtung geprägt haben.

Ein Argument erscheint dabei auf den ersten Blick besonders überzeugend und ist deshalb öfter anzutreffen: Erst durch Schreibenlernen erlangt man eine – visuell gestützte – Vorstellung davon, was eigentlich ein Wort ist, denn man trennt geschriebene Wörter voneinander, indem man einen Zwischenraum zwischen ihnen läßt. In oralen Kulturen ist eine solche Wahrnehmung – und die aus ihr hervorgehende Vorstellung – von Wörtern als sprachlichen Einheiten ganz unvertraut. Also kann auch Wortwörtlichkeit keine Beschreibungskategorie für orale Kulturen sein. Und also ist der Begriff des Memorierens von vornherein sinnlos, um den Umgang mit tradiertem Sprachgut zu beschreiben.

Für die Prämissen dieses Arguments lassen sich eine Reihe von Überlegungen und Beobachtungen anführen, aus denen Eckart Scheerer gefolgert hat:

Nach allem, was wir über primäre Oralität wissen, besitzt diese eine ›supralexikalische‹ Semantik; Bedeutungsträger sind ›Lautgruppen‹, die weit mehr als ein ›Wort‹ umfassen können, denn ›Wörter‹ sind vom Standpunkt der Artikulation und der Signalakustik keine natürlichen Einheiten.[1]

Wäre demzufolge die Idee einer Wortsemantik aus der Sicht des Sprachbewußtseins präliteraler Sprecher unsinnig – »hier kann es nur um eine Semantik des Diskurses gehen«[2] –, so wäre auch die Vorstellung eines aus einzelnen Wörtern aufgebauten und dann womöglich wortwörtlich memorierten Textes unsinnig. Auch hier kann es nur um eine aus größeren Diskurseinheiten bestehende Rede gehen. Die aber kann man nicht Wort für Wort wiederholen (wollen), sondern nur aufs neue halten. Dabei mag man eingeschliffene Diskurseinheiten wiederholen.[3]

Diese insoweit überzeugende Überlegung läßt allerdings eine Möglichkeit außer Betracht: Ein fester Wortlaut entsteht und hält sich nicht nur, wenn man Wort für Wort zu einem schriftlich festgehaltenen Text zusammenfügt, sondern auch, wenn man ihn aus irgendeinem Grund erinnert und allemal, wenn man Diskurseinheiten für die Erinnerung akustisch derart kodiert, daß sie nicht leicht voneinander loszueisen sind, ohne die Kodierung zu zerstören. Auf die Ebene von Einzelwörtern muß man dabei analytisch gar nicht herabsteigen können; die Kodierung sorgt dafür, daß der Wortlaut – ungeachtet seiner literalen ›Unanalysiertheit‹ – erhalten bleibt.

Scheerer hat diese Möglichkeit gesehen. Zwar hört der primär orale Sprachperzipient weder einzelne Wörter noch schon gar einzelne Laute (für die der literale Sprachbenutzer Buchstaben ›sieht‹):

Das bedeutet nicht, daß auf der Ebene primärer Oralität keinerlei Durchgliederung des kontinuierlichen Signalstroms vorgenommen wird; aber diese orientiert sich an relativ massiven Parametern wie Schalldruck und Grundfrequenz (phänomenal: Lautheit und Tonhöhe), deren zeitabhängige Variation Rhythmus und

---

1 Scheerer: Mündlichkeit und Schriftlichkeit, S. 168.
2 Ebd., S. 153.
3 Scheerer (S. 155f.) schließt sich entsprechend an die *Oral-Formulaic Theory* an.

Prosodie konstituiert. Auch (relativ globale) akustische Ähnlichkeit ist auf prä-literalem Niveau zugänglich und bewußt einsetzbar. Orale Poesie ist daher metrisch und rhythmisch und macht von Assonanz und Alliteration statt von ›exakten‹ oder ›reinen‹ Reimen Gebrauch.[4]

Rhythmus, Metrum und Formen des Reims sind in oralen Kulturen dazu da, Sprache, Rede und mit der Rede unvermeidlich auch ihre Bestandteile – Sätze, Ausdrücke, Wörter – in Versen zu binden. Ein illiterater Sänger mag keine Einzelwörter benennen können, aber er kann gebundene Verse wiederholen. Und deshalb gibt es hier Wortwörtlichkeit in einer akustisch kodierten Form der Rede.

Es gilt also nicht die kognitive Bedingungsfolge ›Wahrnehmung von Einzelwörtern – Fähigkeit zum Memorieren‹, sondern wortwörtliches Memorieren kann es auch ohne eine an den zugrundeliegenden sprachlichen Einheiten geschulte Vorstellung von Wortwörtlichkeit geben. Deshalb kann Wortwörtlichkeit gerade für orale Kulturen eine relevante Beschreibungskategorie darstellen, wenn auch keine für den Bestand vorhandenen grammatischen Wissens.

Seit Parry und Lord erscheint nun allerdings das Festhalten eines unveränderten Wortlauts und damit eines Textes bei jedweder *oral poetry* als ausgeschlossen. Ein einfaches Gegenbeispiel gegen die Priorität unvermeidlich improvisierter *oral poetry* stellen aber z.B. Kinderreime dar. Es handelt sich um feste Texte, die von Kindern auswendig gelernt und gewußt werden. Man mag dabei die Intervention von Erwachsenen unterstellen, die die Reime herstellen und immer wieder vermitteln. Das ändert nichts daran, daß mit der Schrift noch nicht vertraute Kinder sich ihren Wortlaut genau einzuprägen suchen und vermögen.

Jahrhundertelang sind die alten Kinderreime ganz und gar mündlich überliefert worden. Daran ist zu merken, daß das einfache Weitersagen kein so gebrechliches Vehikel ist, wie es einem Zeitalter vorkommen mag, das alles beliebig vervielfältigen und archivieren kann. [...] Erstaunlich bleibt, bei aller Anpassung und Variation, die Konstanz der Texte über lange Zeiträume hinweg. Die Kinder selber sind es, die auf dem ›richtigen‹, dem einmal zuerst vernommenen Text eigensinnig beharren.[5]

---

4 Ebd., S. 150.

5 Allerleihrauh. Viele schöne Kinderreime, versammelt von Hans Magnus Enzensberger. Frankfurt/M. 1961, S. 355. Enzensberger tritt allerdings den Nachweis der Existenz von über lange Zeiträume hinweg konstant bleibenden Texten nicht an und mag damit seinerseits einer romantischen Vorstellung aufsitzen. Das ändert aber nichts an der Fähigkeit illiterater Tradenten von Reimen, sich einen Wortlaut genau einzuprägen.

Zur Entstehung und Tradierung von Kinderreimen vgl. die Hinweise von Alfred Messerli: Artikel ›Kinderfolklore‹. In: EM, Bd. 7, Sp. 1269-1278.

Solche Texte sind nicht so lang wie epische Dichtungen, in der Regel sind sie sogar ausgesprochen kurz. Aber allein ihre große Zahl wie auch ihre Vielfalt erfordert eine nicht unerhebliche Gedächtnisleistung, wenn ein Kind mehrere von ihnen behalten will. Neben und wegen ihrer Klangsprachlichkeit und ihrer sprunghaften Assoziativität gehört die wortwörtliche Reproduktion zu den Prinzipien ihrer Poesie. Wann immer man das Aufkommen solcher Reime ansetzt – wohl sind sie in ihrer heute bekannten Form erst ein Reflex von Reimdichtung der Erwachsenen in einer Schriftkultur –, so geben sie doch ein Modell ab für eine *oral poetry*, die auf Wortwörtlichkeit baut. Unterstellt man das Vorhandensein von Schrift als Voraussetzung des Entstehens von Kinderreimen, so tauchen sie doch vollständig in die schriftlose Welt der Kinder ein und können hier zu ihrem Überleben offenbar leicht auf Schrift verzichten – was zu der Vermutung Anlaß gibt, es habe sie in irgendeiner Form auch schon vor der Einführung der Schrift gegeben.

Die Existenz von Gemeinschaftsliedern in oralen Kulturen stellt sicher, daß es hier memorierende Tradierung gibt und wohl immer schon gab. Gewiß sind solche Lieder von einer begrenzten Länge, gemessen etwa an umfangreichen Epen, wie sie Spezialisten memorieren oder gar improvisieren können. Gleichwohl muß man sich die Zahl solcher gemeinschaftlich gesungenen Lieder bei mehrstündigen oder -tägigen Festen vergegenwärtigen, um auf erhebliche Gedächtnisleistungen zu kommen, die wortwörtlich erinnerten Texten gelten.

Aber um Texte zu memorieren, muß eine lautsprachliche Kodierung nicht einmal immer vorliegen. In bestimmten sozialen Zusammenhängen kann Wortwörtlichkeit eine wichtige Rolle spielen, und dann erhält sie sich auch ohne Kodierung. So erzählt etwa David Livingstone von Boten afrikanischer Häuptlinge, die ihre Botschaften, da ihnen nicht – wie bei Liedern – Kodierungen bereits eingeformt waren, auf andere Weise einprägen mußten:

Sie überbringen oft auf sehr große Entfernungen äußerst lange Botschaften und sie geben sie beinahe Wort für Wort wieder. Sie gehen gewöhnlich zu zweit oder zu dritt und sagen während des Gehens jeden Abend die Botschaft auf, um nicht deren genauen Text zu verlieren. Einer der Gründe der Eingeborenen dafür, daß sie nicht schreiben lernten, war gewiß der, daß diese Menschen die Neuigkeiten ebenso gut in die Ferne tragen können wie ein Brief.[6]

---

6 David Livingstone: Narrative of an Expedition to the Zambesi and its Tributaries; and the Discovery of the Lakes Shirwa and Nyassa 1858–1864. London 1865, S. 267, hier zitiert nach Lucien Levy-Brühl: Das Denken der Naturvölker. In deutscher Übersetzung hg. und eingeleitet von Dr. Wilhelm Jerusalem. Wien, Leipzig 1921, S. 89, der weiteres Material zur Rolle des Gedächtnisses in oralen Kulturen sammelt. Seit Hermann Ebbinghaus: Über das Gedächtnis. Untersuchungen zur experimentellen Psychologie. Darmstadt 1992 (zuerst 1885 erschienen), Kap. 6 und 8, weiß man, daß das Behalten eine Funktion wiederholten Erlernens ist.

Wird hier eine Technik der Einprägung geübt, so wird andernorts die Aufmerksamkeit für den Wortlaut erzwungen:

Bei den Fon von Abome (einer westafrikanischen Klassengesellschaft) gehören die Barden, die am Hof des Königs die Geschichte interpretieren konnten und in verkürzter Form die Litanei aller Königsnamen absingen mußten, zu den angesehensten unter den Beamten des Hofes. Allerdings kostete sie auch schon ein einziger Irrtum beim Absingen der Litaneien den Kopf. Die Effizienz dieses Traditionssystems ist bemerkenswert. Der Bericht über die Eroberung der Hafenstadt Ouidah wurde von 1724 bis in dieses Jahrhundert textgleich tradiert.[7]

Gibt es also immer schon Umstände, die Wortwörtlichkeit begünstigen oder erfordern, so gibt es Gründe, Wortwörtlichkeit auch als ein Grundprinzip von Poesie zuzulassen, ja zu veranschlagen, das ihrer Erscheinung je als eine Form präliteraler Textualität zugrundeliegt. So hat Poesie denn immer schon auch ein Gedächtnisphänomen dargestellt: Ein fester Wortlaut wird erinnert, der dem Verfliegen der Worte im Alltag entzogen und mit der Erwartung einer gewissen Dauer im kollektiven Gedächtnis ausgestattet ist, auch und gerade in oralen Kulturen.

4.2 Improvisierender und memorierender Sängervortrag

»Das epische Lied entsteht nicht *für*, sondern *während* des Vortrages.«[8] Lords Beschreibung des Sängervortrags folgt einer konsequenten Ausarbeitung dieses Diktums. Ausgangspunkt für die weitgehende Behauptung war ursprünglich die sprachliche Gestalt des homerischen Textes. Dabei hat allerdings die Annahme, dieser Text könnte memoriert worden sein, kaum eine Rolle gespielt: Tausende von formal nicht weiter markierten oder zu strophischen Gebilden zusammengeschlossenen Hexametern – an eine Abspeicherung eines solchen nicht weiter gegliederten und kaum überschaubaren, breit dahinfließenden Textes im Gedächtnis mag man in der Tat gar nicht erst denken.

Im Zusammenhang einer Untersuchung der homerischen Epitheta, die einen zahlenmäßig recht begrenzten Bestand bilden und auffällig häufig und nicht immer recht passend wiederverwendet werden,[9] war Parry darauf gestoßen, daß sie nicht nur regelmäßig mit Namen und Substantiven zu einer festen Verbindung zusammentreten – dies war altbekannt –, sondern daß auch

7 Georg Elwert: Die gesellschaftliche Einbettung von Schriftgebrauch. In: Theorie als Passion. Niklas Luhmann zum 60. Geburtstag. Hg. von Dirk Baecker u.a. Frankfurt 1987, S. 238-268, hier S. 246f.
8 Lord: Der Sänger erzählt, S. 35 (Hervorhebungen vom Autor).
9 Aphrodite ist auch dann die ›lieblich lächelnde Aphrodite‹ (›Ilias‹ V 375), wenn sie, schwer verwundet, zutiefst betrübt ist.

andere Wortverbindungen sich in der ›Ilias‹ und ›Odyssee‹ auffällig häufig wiederholen.[10] Den wiederholten Gebrauch von Substantiv-Adjektiv-Verbindungen mag man noch einem bestimmten Ausdruckswillen zuschreiben, denn hierdurch wird ein charakteristischer Eindruck hervorgerufen. Durchaus nicht alle Wiederholungen lassen sich aber auf diese Weise erklären.

Parry konnte sich für seine Erklärung, in eine Traditionssprache eingehörte Sänger hätten lange epische Dichtungen wie die ›Ilias‹ und die ›Odyssee‹ im Zuge ihrer Vorträge improvisiert und dabei auf eine von vergangenen Sängergenerationen geschaffene überindividuelle Diktion zurückgegriffen, auf einige eher ethnographische Berichte über nicht-literale Sänger stützen. Insbesondere Slawisten, die sich mit der serbischen Epik beschäftigt hatten, war die Improvisationskunst der Guslaren schon länger bekannt.[11] Als erster ist aber wohl Wilhelm Radloff auf die Rolle der Improvisation beim Epenvortrag aufmerksam geworden. Schon in den 60er Jahren des 19. Jahrhunderts hatte er als russischer Beamter Kirgisien bereist und sich dort in der Absicht, Sprachproben des Dialekts der Kara-Kirgisen zu sammeln, umfangreichere Heldendichtungen diktieren lassen. Dazu bedurfte es eines umständlichen Arrangements, denn die Sänger brachten angesichts der Verlangsamung des Sprechflusses während des Diktats im Vergleich zu einem Vortrag keinen durchsichtig erzählten Text mehr zustande, da sie fortwährend den Faden verloren und durch versehentliche Auslassungen in Widersprüche gerieten. Radloff machte sich also bei Gelegenheit eines gewöhnlichen Vortrags zuerst mit dem Inhalt einzelner Episoden vertraut und suchte dann anhand der dabei gemachten Notizen den Sängern im Zuge eines anschließenden Diktats auf die Sprünge zu helfen.[12]

Vom Ablauf eines Vortrags hat Radloff eine vortreffliche Beschreibung gegeben, die Parry denn auch zitiert[13]:

Jeder nur irgend wie geschickte Sänger improvisirt stets seine Gesänge nach der Eingebung des Augenblicks, so dass er gar nicht im Stande ist, einen Gesang zweimal in vollkommen gleicher Weise zu recitiren. Man glaube nun nicht, dass dieses Improvisiren ein jedesmaliges Neudichten ist. Es geht dem improvisirenden Sänger gerade, so wie dem Improvisator auf dem Klavier. Wie der letztere verschiedene ihm bekannte Läufe, Uebergänge, Motive nach der Eingebung des Augenblicks in ein Stimmungsbild zusammenfügt und so das Neue aus dem ihm

---

10   Milman Parry: L'Épithète traditionelle dans Homère. Paris 1928.

11   Parry: Studies in the Epic Technique of Oral Verse-Making II, S. 330-336, zitiert u.a. Arbeiten von Mathias Murko, den er in Paris kennengelernt hatte, und Gerhard Gesemann.

12   Radloff: Proben der Volkslitteratur der nördlichen türkischen Stämme, S. XV (Radloffs Buch ist 1885 in St. Petersburg gleichzeitig auf deutsch und auf russisch erschienen).

13   Parry: Studies in the Epic Technique of Oral Verse-Making II, S. 334, Anm. 1.

geläufigen Alten zusammenstellt, so auch der Sänger epischer Lieder. Er hat eine ausgedehnte Uebung im Vortrage, ganze Reihen von Vortragstheilen, wenn ich mich so ausdrücken darf, in Bereitschaft, die er dem Gange der Erzählung nach in passender Weise zusammenfügt.[14]

Radloff denkt hier zunächst an solche Vortragsteile, die später Themen genannt wurden[15]:

die Geburt eines Helden, das Aufwachsen des Helden, Preis der Waffen, Vorbereitung zum Kampf, das Getöse des Kampfs, Unterredung der Helden vor dem Kampfe, die Schilderung von Persönlichkeiten und Pferden, das Charakteristische der bekannten Helden, Preis der Schönheit der Braut, Beschreibung des Wohnsitzes, der Jurte, eines Gastmahles, Aufforderung zum Mahle, Tod eines Helden, Todtenklage, Schilderung eines Landschaftsbildes, des Einbrechens der Nacht und des Anbruchs des Tages und viele Andere.[16]

Da solche Themen oder Skripts – Radloff nennt sie »Bildtheilchen« – parat und in beliebiger Folge abrufbar sind, kann ein geschickter Sänger »jedes beliebige Thema, jede gewünschte Erzählung aus dem Stegreif vortragen, wenn ihm nur der Gang der Ereignisse klar ist«[17]. Dabei sucht er nicht nach Worten, sondern sie stellen sich ein, als würde eine höhere Macht sie eingeben. Radloff zitiert hierzu die Selbstbeschreibung eines Sängers:

Ich kann überhaupt jedes Lied singen, denn Gott hat mir diese Gesangesgabe ins Herz gepflanzt. Er giebt mir das Wort auf die Zunge, ohne dass ich zu suchen habe, ich habe keines meiner Lieder erlernt, alles entquillt meinem Innern, aus mir heraus.[18]

Parry hat hierin eine Parallele zu zwei Stellen der ›Odyssee‹ (VIII 44f.; XXII 347f.) gesehen,[19] und natürlich drängt sich auch die Parallele zum Caedmon-Bericht aus Bedas ›Kirchengeschichte‹ auf[20] – Mahnung daran, daß solche Aussagen nicht immer nur aus philologischer Perspektive als Belege für einen altererbten Topos (die göttliche Inspiration der Dichter) zu behandeln sind, sondern auch als Aussagen über einen analysierbaren Vorgang: die Improvisation.

Dann aber ist an meiner oben gegebenen Darstellung etwas zu korrigieren: Entscheidungen über den Fortgang eines Liedes werden von den Sängern gar

---

14 Radloff: Proben der Volkslitteratur der nördlichen türkischen Stämme, S. XVI.

15 Vgl. Lord: Der Sänger erzählt, Kap. 4. Rubin: Memory in Oral Traditions, s. Index, spricht im Anschluß an die neuere psychologische Forschung passender von Skripts.

16 Radloff: Proben der Volkslitteratur der nördlichen türkischen Stämme, S. XVIf.

17 Ebd., S. XVII.

18 Ebd., S. XVII.

19 Parry: Studies in the Epic Technique of Oral Verse-Making II, S. 329f., Anm. 4.

20 Vgl. hierzu auch Harald Haferland: War der Dichter des ›Heliand‹ illiterat? In: ZfdA 131 (2002), S. 20-48, hier S. 44-48.

nicht als Entscheidungen wahrgenommen, sondern als spontane Eingebungen, die unter dem Druck einer Vortragssituation und dem Ansporn einer Zuhörerschaft zustandekommen.[21] Improvisation wäre kein bewußter Vorgang, in dessen Verlauf etwa Formeln zusammengefügt würden, sondern ein irreduzibel spontaner, in dessen Verlauf sich die sprachlichen Mittel der Darstellung beim Sänger gleichsam von selbst einstellen.[22] Nicht nur für die Sprachproduktion, sondern auch für andere Arten von kognitiv vermittelten Prozessen, in denen die Handlungskomponenten jedoch keiner ins Einzelne gehenden zentralen Kontrolle unterliegen, spricht man zunächst von Automatisierung.[23] Zum automatisierten Abruf der sprachlichen Mittel träte beim Sängervortrag aber ein Moment von Spontaneität.

Es ist auffällig, daß Radloff Formeln gar keine Beachtung schenkt, sondern seine Analyse der Sängertechnik an den genannten ›Bildtheilchen‹ orientiert. Der Kompositionsprozeß würde dementsprechend durch die anschauliche Disposition des Erzählten gelenkt und nicht durch eine Besinnung auf die zur Verfügung stehenden sprachlichen Mittel – auch alltägliches Sprechen erfolgt ja kaum unter Beachtung der sprachlichen Mittel.[24] Anders aber als beim alltäglichen Sprechen bekäme Intentionalität keine dominierende Rolle, sondern über der Beachtung des (anschaulichen) Gegenstands der Erzählung stellten sich die automatisierten Bestandteile des Vortrags spontan ein.[25]

Die Relevanz seiner Beobachtungen für das Verständnis der homerischen Epen hat Radloff deutlich gesehen und zu der seinerzeit diskutierten »epischen Frage« dezidiert Stellung genommen.[26] Er sucht auch ein Verständnis des Übergangs von einer Tradition des Improvisierens zu einer des Memorierens zu gewinnen, wobei er annimmt, daß bei einer erheblichen Länge der Lieder nur diese Reihenfolge möglich sei:

Mit der eindringenden Cultur, mit der Kenntniss des Schreibens und Lesens wird der Aöde verdrängt und an seine Stelle tritt der Rhapsode (wie der Akyn der Kasak-Kirgisen), der nicht mehr selbst singend schafft, sondern gehörte Lieder Anderer vorträgt.[27]

---

21 Radloff: Proben der Volkslitteratur der nördlichen türkischen Stämme, beschreibt dies sehr anschaulich auf S. XIV und XVIIIf.
22 Dies ist freilich auch von der *Oral-Formulaic Theory* betont worden, nachhaltig etwa von Michael N. Nagler: Spontaneity and Tradition: A Study in the Oral Art of Homer. Berkeley 1974, S. XXIIIf. und s. Reg. unter ›Spontaneity‹.
23 Vgl. etwa Willem J. M. Levelt: Speaking. From Intention to Articulation. Cambridge, London 1989, S. 20f. u.ö.
24 Die Parallele ist z.B. auch von Lord: Der Sänger erzählt, S. 66, betont worden.
25 Entsprechend habe ich oben, Kapitel 2.5, hinsichtlich situativer Einbettungen der Erzählhandlung argumentiert, die die Suche nach Formeln regieren.
26 Dabei insbesondere zum Phänomen der Zyklusbildung. Vgl. Radloff: Proben der Volkslitteratur der nördlichen türkischen Stämme, S. III, V, XX-XXVI.
27 Ebd., S. XXI.

Längere Lieder sind zu sehr im Fluß, als daß es denkbar wäre oder überhaupt sinnvoll erschiene, sie in toto auswendig zu lernen. Das ändert sich erst, wenn es bei entsprechenden Voraussetzungen einer beschränkten Literalität mit dem Ablernen eines geschriebenen Textes einmal zu einem Initialereignis kommt und dann längere Lieder von einer neuen Schicht von Sängern auch auswendig vorgetragen werden können.

Demnach wäre – wenn man den systematischen Gedanken ausformuliert – eine Tradition des Memorierens im rein oralen Stadium einer Kultur allenfalls für ein Kurzlied, zweifellos auch für das kurze Heldenlied, möglich, während sich eine Tradition des Improvisierens dort, wo die Schrift Einzug hält, schnell verliert, weil längere Texte den »Zustand der Flüssigkeit« aufgeben und nun auf andere Art im Gedächtnis festgehalten, ja von vornherein entsprechend präpariert werden können. Was vom Blatt abgelernt werden kann, ist von vornherein fest und über das Schriftbild kodierbar. Der konkrete Wortlaut umfangreicher Dichtungen kann nun für sich selbst allererst Gegenstand der Aufmerksamkeit werden, und dann wiederum kann er auch durch Zuhören angeeignet werden.

Überlegungen zur Ablösung memorierender aus improvisierender Mündlichkeit spielen bei Parry keine Rolle mehr. Dagegen analysiert er zum ersten Mal die Bedeutung der Diktion für den mündlichen Vortrag und umgekehrt: die Bedeutung des mündlichen Vortrags für die Diktion. Homers Diktion ist formelhaft und traditionell. Generationen von Sängern haben daran mitgewirkt, sie aufzubauen und an den jeweiligen Sprachstand und Dialekt anzupassen. Ein Sänger ist gegenüber einem »new way of saying« völlig indifferent,[28] es gibt kein Interesse an individueller Sprachgebung.[29] Man lernt diese überindividuelle Diktion, indem man sich bei Vorträgen einhört.[30]

Die Formelhaftigkeit der Diktion wird darin deutlich, daß beinahe in jedem beliebigen Stück des homerischen Textes Wortfolgen stecken, die an anderen Stellen mehr oder weniger häufig wiederkehren.[31] Auffällig ist dabei insbesondere, daß sie oft auf denselben Verspositionen wiederkehren. Bis zu den Untersuchungen Parrys galt die formelhafte Diktion zwar auch schon als traditionelle Dichtersprache, aber man stellte sich vor, daß Homer sie sehr bewußt im Sinne eines kunstvoll beherrschten Stils eingesetzt hatte.[32]

---

28 Parry: Studies in the Epic Technique of Oral Verse-Making I, S. 279.

29 Vgl. insbesondere Parry: Studies in the Epic Technique of Oral Verse-Making II.

30 Ein Sänger »makes his verses by choosing from a vast number of fixed phrases which he has heard in the poems of other poets«. Ebd., S. 329.

31 Vgl. hierzu insbesondere Parry: Studies in the Epic Technique of Oral Verse-Making I, mit der vielzitierten Bestimmung der Formel als »a group of words which is regularly employed under the same metrical conditions to express a given essential idea« (S. 272).

32 So z.B. in der von Parry benutzten Arbeit von Karl Meister: Die homerische Kunstsprache. Leipzig 1921.

Parry dagegen macht deutlich, daß Sänger unter Zwang handeln: Sie haben gar keine Zeit zu überlegen, wie sie formulieren sollen, der Vortrag zwingt sie, auf ein begrenztes Inventar von Formulierungen oder Wortfolgen zurückzugreifen, die den metrischen Bedingungen des Hexameters bereits derart genügen, daß nicht beides, der Hexameter und die Wortfolgen, erst – wie etwa beim einsamen Dichtvorgang – zueinander gebracht werden muß. Der Vortrag läßt nicht die Zeit, auf Wortsuche zu gehen und glücklich gefundene Wortfolgen metrisch einzupassen. Die Arbeit muß weitgehend vorher getan sein, und am besten fährt ein Sänger, wenn er ein vielfältiges Reservoir fertiger Bauteile aus einer Art von mentalem Lexikon einfach abrufen kann.

The poet who composes with only the spoken word a poem of any length must be able to fit his words into the mould of his verse after a fixed pattern. Unlike the poet who writes out his lines, – or even dictates them –, he cannot think without hurry about his next word, nor change what he has made, nor, before going on, read over what he has just written.[33]

Die Entdeckung der Rolle der Improvisation mithilfe von vorweg auch von anderen Sängern geprägten Modulen hat zu Recht größte Aufmerksamkeit auf sich gezogen und in der Homerforschung die gewohnte, schriftliterarisch voreingenommene Beschreibung des homerischen Stils korrigiert.[34] Aber sie hat auch blind gemacht gegenüber der Differenzierung eines primär improvisierenden und eines primär memorierenden Vortrags oder auch ihres Verhältnisses zueinander. Sollte nicht ein vielfach vorgetragenes Lied schließlich doch zu großen Teilen oder sogar als Ganzes ins Gedächtnis übergehen, so daß es im Rahmen eines langen Sängerlebens die Vortragsform wechselt? Wechselt es sie vielleicht auch in umgekehrter Richtung, so daß es ursprünglich einmal auswendig gelernt wurde und irgendwann aber nur noch frei extemporiert und dabei mit vielen Zusätzen versehen und aufgeschwellt wird?

Die Differenzierung kann noch ganz anders ausfallen: Denn womöglich wäre primär memorierende oder primär improvisierende Mündlichkeit zu unterscheiden, so daß die Vortragsform gar nicht der Entscheidung oder Praxis einzelner Sänger obläge. Gewiß, innerhalb einer Tradition des Memorierens könnte ein Sänger dazu übergehen, den memorierten Text aufzulösen und größere Partien zu improvisieren. Mit kleineren Partien hielte er dies immer schon so, da seinem Gedächtnis immer einzelne Teile des Textes entfielen. Täten es ihm immer mehr Sänger nach, so ließe sich auf diese Weise aus einer Art Vorreiterrolle heraus auch erklären, wie memorierende Mündlichkeit schließlich in improvisierende übergeht: Die nächste Generation von Sän-

---

33 Parry: Studies in the Epic Technique of Oral Verse-Making I, S. 269.

34 Vgl. den Forschungsbericht bei Alfred Heubeck: Die homerische Frage. Ein Bericht über die Forschung der letzten Jahrzehnte. Darmstadt 1974, S. 130-152.

gern dürfte dann bereits an einer Technik der Improvisation und an einem minimalen Formelvorrat partizipieren.

Aber auch der entgegengerichtete Übergang ist möglich: Wer die Übung des Improvisierens nicht mitbringt oder verliert oder wer seinen Vortrag irgendwann auswendig zu bewältigen in der Lage ist, tut sich mit einer weitgehend eingeprägten Textgestalt bei vielleicht reduziertem Repertoire leichter als mit der hohen Konzentration auf eine spontane Komposition, die vielfacher Gelegenheit zur Einübung und Übung bedarf. Wo die Lebensumstände Sängern aber die kontinuierliche Übung verwehren, wird eine Tradition des Improvisierens eingehen. Daß es indes primär improvisierende und primär memorierende Mündlichkeit geben muß, ist an der jeweilig vorherrschenden metrischen Form (stichisch vs. strophisch) abzuschätzen, die Memorieren erleichtern und Improvisieren erheblich erschweren kann; oder die Improvisieren erleichtern und Memorieren deshalb erübrigen kann.

Weitere Fragen schließen sich hier aber an: Wenn es geschieht, daß Lieder zunächst memoriert und nur je improvisierend ausgebessert und vervollständigt werden, wo und wann schlägt Memorieren in Improvisieren um? Ist Improvisieren nicht erst erreicht, wenn das Erzählen ohne jede vorherige Bindung zu fertigen Versen immer von Phrase zu Phrase bzw. von Formel zu Formel voranschreitet und also kleinformatig erfolgt und mit jedem Vers auf eine neue, spontane Eingebung bauen muß? Und bleibt es nicht bei memorierender Mündlichkeit, wenn vergessener Wortlaut nur je hier und da – scheinbar improvisierend, der Begriff ist in diesem Zusammenhang aber irreführend – ersetzt wird?

Wenn es einerseits so scheinen könnte, als ›entmischten‹ sich Improvisieren und Memorieren weitgehend und mit jeweils nur geringfügigem Einschlag des anderen und als etablierte sich je nur eine Form als vorherrschende Form der Tradierung, so müßte es andererseits ebensogut möglich sein, daß beide Formen einfach koexistieren: so daß es etwa verschiedenen Sängertypen zukäme, nach ihren Möglichkeiten oder Fähigkeiten entweder das eine oder das andere zu tun.[35] Dies ist allerdings nur dann möglich, wenn die metrische Form einen entsprechenden Wechsel zuläßt, der dann zu jener Koexistenz führen mag. Überhaupt begünstigen metrische Formen – je auch nach den Gegebenheiten der Prosodie der verschiedenen Sprachen – unterschiedliche kulturelle Ausprägungen des vorwiegend improvisierenden oder memorierenden Vortrags. Dies alles bedürfte allererst der vergleichenden Analyse.

---

35 Eleanor R. Long: Ballad Singers, Ballad Makers and Ballad Etiology. In: Western Folklore 32 (1973), S. 225-236, hat für orale Balladendichtung unterschiedliche Sängertypen zu differenzieren versucht, die sich auch dadurch auszeichnen, daß sie sich eng an einen vorgewußten Wortlaut halten oder improvisierend Abstand von ihm nehmen.

Einige Passagen bei Parry lassen sich so lesen, als denke er an eine zugrundeliegende memorierende Tradierung und unterscheide bessere oder schlechtere Sänger danach, zu wieviel improvisierter Zugabe sie fähig seien:

The poorer singer will repeat a poem with the loss of its most pleasing lines or its most dramatic moments, but the good singer will keep what is striking, and even add, on the pattern of other poems, lines which he knows will please, and new incidents, or give a fuller tale with many such borrowings.[36]

Entsprechend dem Eindruck, den Parry hier erweckt, scheinen spektakuläre Fälle des Epenvortrags begabter Sänger denn auch für ein Vermögen zur vollständig spontanen Improvisation zu sprechen. Lords Bericht von den besonderen Fähigkeiten des Avdo Međedović zeigt, daß ein Sänger ein nie vorher und dann nur einmal gehörtes Lied von erheblichem Umfang wiedergeben kann.[37] Er tut das bei Liedern von mehreren tausend Versen zweifellos nicht, indem er den Wortlaut auswendig lernt, auch wenn es immer wieder höchst überraschende Fälle von Merkfähigkeit gibt.[38] Vielmehr gibt er den Erzählinhalt in seiner Diktion wieder. Auswendigkeit kommt dabei nur zur Geltung, insofern er seine Diktion auch schon vorher parat hat. Avdo verfügte z.B. über das narrative Makromodul ›Versammlung‹ und brauchte hier im Grunde nur die Namen auszuwechseln, wenn er es für ein neues Lied verwendete. Ließe sich ein nur einmal gehörtes Lied dem Erzählinhalt nach derart aus bereitgehaltenen Modulen neu aufbauen, so könnte sich die Improvisationskunst eines Sängers durchaus weitgehend auf Überleitungspartien beschränken. Improvisation muß nicht durchgängig und kleinformatig, also über eine längere narrative Strecke hin durch kontinuierliches Neuformulieren, erfolgen. Sie kann auch im Fall eines zum ersten Mal gesungenen Liedes mit eigenständiger Handlung eine eher nur punktuelle Rolle spielen.

Differenzierungen und Fragen zum Verhältnis von Memorieren und Improvisieren, wie sie gerade vorgenommen und gestellt wurden und wie sie in der Forschung noch kaum zu vergleichenden Beobachtungen und Untersuchungen geführt haben, sind bei Lord zugunsten einer Übergeneralisierung der Geltung der Improvisation abhanden gekommen. In systematischer Ausarbeitung der Ansätze Parrys zur Beschreibung einer Tradition des Improvisierens hat er es unternommen, die Möglichkeit einer Tradition des Memo-

---

36 Parry: Studies in the Epic Technique of Oral Verse-Making II, S. 335.
37 Lord: Der Sänger erzählt, S. 120-125.
38 Am spektakulärsten ist das sogenannte Savant-Syndrom bei einigen Autisten, das mit einem außergewöhnlichen Gedächtnis verbunden ist. Für solche Autisten ist es charakteristisch, überaus umfangreiches Lernmaterial in kürzester Zeit speichern zu können. Vgl. Darold A. Treffert und Gregory L. Wallace: Inselbegabungen. In: Spektrum der Wissenschaft, Heft 9 (2002), S. 44-51.

rierens oder eines memorierenden Sängertyps wenn nicht auszuschließen, so doch stark einzuschränken.

Der von ihm untersuchte Typ serbischer Sänger hat »seine Epen nicht auswendig gelernt«[39] und macht »keine Anstrengungen [...], die Epen wörtlich wiederzugeben«[40]. Lord verbindet diese Behauptungen mit sehr aufschlußreichen Beschreibungen der oralen Perspektive auf Vorträge und Lieder:

Menschen, die nicht schreiben gelernt haben, denken nicht in Worten, sondern in Lautgruppen, und diese beiden Kategorien fallen nicht notwendigerweise zusammen. Wenn man den Sänger fragt, was ein Wort sei, wird er keine Antwort darauf wissen und eine Lautgruppe nennen, die aus einem Wort, einem Vers oder sogar einem ganzen Lied besteht. Der Begriff ›Wort‹ ist für ihn etwas ›Gesprochenes‹. Dringt man nun auf ihn ein und fragt, was ein Vers sei, so wird der Künstler, der deshalb berühmt ist, weil er mit Versen umzugehen weiß, durch diese Frage vollends außer Fassung geraten.[41]

So darf man denn bei seinen Liedern auch »keine wörtliche Übereinstimmung erwarten«[42]. An diesem letzten Schluß – ich habe Lords Überlegungen abgekürzt – fällt auch nach dem oben Ausgeführten die Übereilung auf. Eine Lautgruppe ist ja durchaus fest und Wörter sind hier gebunden: Könnte sich ein Sänger, wenn er an ein Lied denkt, nicht auf eine feste Sprachgestalt, anstatt nur auf den Gegenstand oder Stoff des Liedes, beziehen? Dann aber darf man bei seinen Liedern cum grano salis wörtliche Übereinstimmung erwarten.

Auch wenn man keine wörtliche Übereinstimmung ›auf Punkt und Komma‹ erwarten wird, ist es doch ein Unterschied, ob ein Sänger gelegentlich von einer vorgeprägten Sprachgestalt abweicht, sei es, weil er etwas vergessen hat oder etwas unwillkürlich ändert, oder ob es überhaupt keine textuelle Vorprägung gibt und der Sänger stattdessen seiner vers- oder formelweise gestaffelten spontanen Eingebung folgen muß. Hier wird der Nicht-Slawist aus Lords Darstellung aber nicht recht klug. Immer wieder scheint es, als beschreibe Lord memorierende oder zumindest gemischte Mündlichkeit, wie sie gegen seine Bekundungen möglicherweise tatsächlich vorliegt, aus der Sicht eines Apologeten der Improvisation: Da ist ganz unübersehbar davon die Rede, daß ein Sänger ein Lied vor dem Vortrag dichtet,[43] daß er es von einem anderen Sänger lernt,[44] daß alte Lieder tradiert werden[45] und daß »das

---

39 Lord: Der Sänger erzählt, S. 41.
40 Ebd., S. 49.
41 Ebd., S. 52.
42 Ebd., S. 56.
43 »Vor Leuten habe ich erst gesungen, als ich das Lied ganz fertig hatte [...]«, gibt ein Sänger zu Protokoll (ebd., S. 46).
44 Ebd., S. 56.
45 Ebd., S. 76.

gleiche Lied« wiederholt gesungen wird[46] – um dann hartnäckig in Abrede zu stellen, daß Auswendigkeit überhaupt vorkommen kann.

Einige von Lord zitierte Beispiele aus Epen stimmen über eine ganze Reihe von Versen so weitgehend überein, daß gar kein Zweifel daran bestehen kann, daß hier eine Erzählsequenz memoriert wird. In dem gerade genannten Fall eines wiederholt gesungenen Liedes liegt zwischen den beiden Vorträgen ein Zeitraum von 17 Jahren, und die weitgehende Wortwörtlichkeit der Wiederholung der 17 zitierten Verse springt geradezu ins Auge.[47]

Hierbei ist es aus der Perspektive des Memorierens durchaus sekundär, ob ein Lied immer »mit genau denselben Worten wiedergegeben« wird.[48] Viel kann beim aktiven Memorieren dazwischenkommen, und dennoch wird daraus noch keine Improvisation. Ein restriktives Verständnis des Memorierens als Wiederholung genau derselben Worte, wie Lord und auch schon Parry es auffassen,[49] zeigt sich ungewollt seinerseits als schriftliterarisch voreingenommen. So verfehlt es den phänomenologisch gravierenden Unterschied der beabsichtigten Wiederholung einer durchweg vorgewußten Sprachgestalt – wieviele Varianten sich dann beim Abruf auch immer einstellen – und einer kontinuierlichen, kleinformatigen Improvisation durch spontan eingegebenes Erzählen.

Lord hat Improvisieren und Memorieren der Dichotomie von mündlicher und schriftlich-literarischer Komposition untergeordnet, und danach wird Memorieren erst dann möglich, wenn es den niedergeschriebenen Text eines Epos gibt, an dem ein Sänger sich orientieren kann.[50] Da das Gedächtnis sich insbesondere gebundene Sprache leicht einprägen kann, auch wenn es noch nicht über sprachbeschreibende Kategorien verfügt und ausschließlich oral strukturiert ist, ist diese Unterordnung zweifellos unzulässig. Schon in einer oralen Kultur greift die Unterscheidung von Improvisieren und Memorieren, und es scheint von vornherein plausibler, jenes aus diesem abzuleiten.

Gelegentlich wird Ruth Finnegans Buch über *oral poetry*[51] der *Oral-Formulaic Theory* zugerechnet, aber es vertritt eine grundsätzlich konträre These, die den vorgebrachten Einwänden entspricht, und es ist eines der wenigen Bücher, das allererst dem Anspruch nachkommt, *oral poetry* umfassend zu beschreiben. Finnegan geht von dem einfachen Modell aus, daß ein Kind ein

---

46 Ebd., S. 108.
47 Vgl. ebd., S. 108-110.
48 Ebd.
49 Vgl. Parry: Studies in the Epic Technique of Oral Verse-Making II, S. 335. Der Fehler bestimmt noch die Überlegungen in dem Buch von Goody: The Interface Between the Written and the Oral.
50 Lord: Der Sänger erzählt, Kap. 6. Die Parallele zu den oben zitierten Überlegungen Radloffs liegt auf der Hand.
51 Finnegan: Oral Poetry, besonders Kap. 3.

Gedicht oder Lied zum Aufsagen oder Singen lernt, und leitet daraus ihr Grund-
modell des Vortrags eines Sängers ab:

He is repeating from memory a piece which has been composed *prior* to the
performance, either by himself or, more likely, by others, perhaps years or gene-
rations earlier.[52]

Finnegan diskutiert eine große Zahl von Beispielen für *oral poetry* aus verschiedenen Kulturen und oralen Gattungen und läßt erkennen, daß die Dinge
immer wieder anders liegen. Es gibt viele Fälle, »where memorisation pre-
dominates rather then the composition-in-performance characteristic of the
Yugoslav model«[53], so daß deutlich ist, »that a single model of the relation of
composition to performance will not cover all cases«[54]. Wenn es vor allem bei
längeren narrativen Dichtungen vorkommt, daß der Dichtvorgang im Zuge
des Vortrags erfolgt (*composition in* oder *during performance*), so ist er doch
in den meisten Fällen dem Vortrag vorgelagert, und eine Dichtung wird dann
beim Vortrag aus dem Gedächtnis abgerufen.

Freilich ist Finnegan sich bewußt, daß es hier weniger auf die Wortwörtlichkeit des Abrufs ankommt als auf die mentale Ausrichtung des Sängers auf
den hervorzubringenden Wortlaut: Ist dieser im großen und ganzen schon
vorhanden oder noch nicht? Reines Memorieren wird man kaum antreffen,
wenn man einen Vortrag an präziser Wiederholung eines feststehenden Wortlauts messen will.

This in itself weakens the memorisation theory. Variability has sometimes been
accommodated in the theory and explained in terms of faulty memorisation. So
variability *could* be seen as resulting from the misremembered versions of some
forgotten original. And indeed it is reasonable to attribute some variants to the
fact that singers may have forgotten musical or verbal phrases and filled the gaps
as best they could; and this is supported by the likelihood that literary pieces get
distorted over time or space.[55]

Gesteht man auch fürs Memorieren Variation zu, so ist diese nicht immer
gleich im Sinne der *Oral-Formulaic Theory* erklärbar: Beim Vortrag offenbar
werdende Lücken können spontan ausgebessert, ein Lied kann ergänzt werden – dies heißt nicht, es aus kleinen Modulen während des Vortrags neu
aufzubauen.

Gegen die Notwendigkeit, zwei (Ideal)typen von *oral poetry* – Memorieren und Improvisieren – zu unterscheiden und die sozialen und historischen

52 Ebd., S. 52 (Hervorhebung von der Autorin).
53 Ebd., S. 78.
54 Ebd., S. 79.
55 Ebd., S. 56. An anderer Stelle zitiert Finnegan einen Ausspruch der amerikani-
schen Balladensängerin Almeda Riddle: »It's scarcely ever, if you sing a song from memory,
that you'll sing it exactly word for word each time« (S. 125).

Kontexte ihres diachronen oder synchronen Auftretens (differenziert nach mündlichen Gattungen), ihrer Übergänglichkeit und ihrer eventuellen Vermischung näher zu bestimmen, hat Lord sich zuletzt auf wenig überzeugende begriffliche Differenzierungen zurückgezogen.[56] Den Begriff der Improvisation will er vermieden wissen, da durch ihn nicht ausgedrückt werde, daß die *composition in performance* eben eine »composition by formula and theme«[57], und zwar in einer traditionellen Diktion, sei. Tatsächlich aber kann der Begriff der Improvisation durchaus eine kontinuierliche Komposition aus vorgeprägten und gegebenenfalls traditionellen Bestandteilen bezeichnen. Wer ein Gericht improvisiert, wird die Zutaten im Haus haben.

Auf die vielen Hinweise auf ein Memorieren nicht nur kürzerer Lieder hin, wie sie auch von seiten solcher Forscher, die der *Oral-Formulaic Theory* nahestehen, kamen,[58] hat Lord Beispiele von Versionen längerer Epen in Augenschein genommen, um aber ein bewußtes Memorieren (*conscious memorization*) der Versionen auszuschließen: »They are memorable, and they are frequently repeated. Singers have not memorized them; they have remembered them.«[59]

Dies ist tatsächlich ein Unterschied, wenn man den Begriff der *memorization* an ein Schriftbild bindet. Es ist zweifellos sinnvoll, schriftgebundenes und aurales Memorieren zu unterscheiden, und in den nächsten Kapiteln werden sich z.B. in sogenannten Lauthülsen denn auch Indizien für rein aurales Memorieren finden. Um den relevanten Gegensatz zur Improvisation zu finden und zu bilden, ist diese Unterscheidung aber nicht zwingend oder notwendig.

Unter den von Lord herangezogenen Beispielen sind auch von Karl Reichl untersuchte, bei den Karakalpaken in Usbekistan gesammelte Versionen/Fassungen von Epen.[60] Reichl hat den situativen Rahmen eines Epenvortrags bei den Karakalpaken beschrieben, der am Abend beginnt und bis zum Morgen dauern kann, um am nächsten Abend fortgesetzt und bis auf drei oder mehr Nächte ausgedehnt zu werden. Zunächst werden kürzere Lieder improvisiert, ein längeres Epos kann sich dann aber über mehrere Nächte hinziehen.[61]

---

56 So etwa in Aufsätzen, die in Lord: Epic Singers and Oral Tradition, versammelt sind.

57 Albert B. Lord: Homer as an Oral-Traditional Poet. In: Ders., Epic Singers and Oral Tradition, S. 72-103, hier S. 76f.

58 So etwa die Arbeiten von Jeff Opland, die John M. Foley: The Theory of Oral Composition. History and Methodology. Bloomington, Indianapolis 1988, S. 88, kurz diskutiert.

59 Albert B. Lord: Central Asiatic and Central Balcan Epic. In: Ders., Epic Singers and Oral Tradition, S. 211-244, hier S. 237.

60 Vgl. Reichl: Oral Tradition and Performance of the Uzbek and Karakalpac Epic Singers.

61 Reichl: Epensänger und Epentraditionen bei den Karakalpaken, S. 168. Vgl. auch Reichl: Oral Tradition and Performance of the Uzbek and Karakalpac Epic Singers, S. 633.

Dabei wird ein Text vorgetragen, der vorher gelernt wurde. Werdende Sänger begleiten praktizierende Sänger über eine bestimmte Zahl von Jahren zu ihren Vorträgen und lernen dabei die vorgetragenen Epen, oft lernen auch die Söhne von ihren Vätern, die ihrerseits schon Sänger waren, umfangreiche Epen.[62] Vorgetragen werden Epen unterschiedlicher Gattungen: historische Epen, Heldenepen und Märchenepen.[63]

Reichl vergleicht exemplarisch den Anfang (19 bzw. 29 Verse) zweier Versionen des Heldenepos ›Qoblan‹, einmal eine von ihm selbst 1990 aufgezeichnete Version des Sängers Žumabay sowie dann eine Version von dessen Lehrer Esemurat, die 1940 aufgezeichnet wurde. Esemurat lernte das Epos seinerseits von seinem Vater, und die Tradierung des Epos läßt sich noch weiter zurückverfolgen. Ich möchte hier das Resümee zitieren, das Reichl nach dem Textvergleich zieht:

Überblickt man die Gesamtpassage, kann man 5 Typen der Textvariation unterscheiden: (1) Zeilenvertauschung und -verschiebung; (2) Zeilenwiederholung; (3) Zeilenauslassung; (4) Zeilenhinzufügung (Interpolation); (5) Zeilenvariation: Veränderung einzelner Lexeme der Zeile bei gleichbleibender ›Grobbedeutung‹. Diese Art der Variation, die sehr stark an Textvariationen, wie wir sie etwa bei der Überlieferung mittelalterlicher Texte (zumindest eines bestimmten Typs) finden, erinnert, mag bei genuin mündlicher Überlieferung überraschen. Was bei diesen Texten deutlich wird, ist, daß die Sänger nicht nur ein Handlungsgerüst und eine formelhafte Diktion erlernen, sondern auch einen konkreten Text. Obwohl der Textbegriff im Falle der mündlichen Dichtung problematisch ist, muß dennoch davon ausgegangen werden, daß für einen Sänger (in der hier zur Diskussion stehenden Tradition) ein Epos eine relativ feste Größe ist, die ihm zwar in einer variablen, aber dennoch formulierungsmäßig weitgehend festen Gestalt, präsent ist. Žumabay hat von seinem Lehrer Esemurat offensichtlich einen klar umgrenzten Text gelernt, und es ist ein solch klar konturierter Text, den er vorträgt. Dieser kann zwar beim Vortrag variiert werden, doch sind der Variation deutliche Grenzen gesetzt.[64]

Reichl macht deutlich, daß aus Gedächtnisfehlern resultierende »Textverderbnis im Falle der mündlichen Dichtung nicht unbedingt zu einem schlechteren Text führt«[65]. Denn es liegt gar nicht eigentlich Verderbnis vor, da ein vorgetragener Text immer sinnvoll bleibt und seine besondere Güte sich überhaupt erst in der Interaktion des Sängers mit den Zuhörern erweist.

Die von Reichl aufgelisteten Typen der Textvariation werde ich in den folgenden Kapiteln nach und nach sämtlich an der mittelhochdeutschen Heldendichtung beobachten können und als systematisch beschreib- und erklärbare

---

62 Reichl: Epensänger und Epentraditionen bei den Karakalpaken, S. 169f.
63 Ebd.
64 Ebd., S. 178.
65 Ebd.

Änderungskategorien bestätigt finden. Die Folgen des Memorierens sehen also in ganz unterschiedlichen Sprachen und Kulturen ähnlich aus – Indiz dafür, daß das Gedächtnis auf eine immer wieder parallele Weise arbeitet. Reichl selbst hat darauf aufmerksam gemacht, daß die von ihm aufgestellten Änderungskategorien etwa in der mittelenglischen Balladen- und Romanzendichtung einen weiteren Anwendungsbereich fänden.[66]

Folklore-Forscher haben wiederholt Änderungskategorien zusammengestellt,[67] zuletzt etwa Waltraud Linder-Beroud für die Beschreibung der Tradierung von Volksliedern.[68] Sie nennt: Strophenumstellungen, Strophenteilungen, Kontaminationen, Textlücken, Mißverstehen eines Fremdworts sowie Zersingungserscheinungen bei ungewöhnlicher Syntax. Dies ist ein vergleichbares Set möglicher Änderungen – anders als eine stichische Form von Epen läßt die strophische Gestalt von Liedern noch einmal andere Änderungstypen möglich werden –, so daß man schließen kann, daß das Gedächtnis den tradierten Texten, um was es sich auch handelt, immer wieder eine charakteristische Textur einformt.

Besondere Aufmerksamkeit verdient der von Reichl unter (5) aufgelistete Variationstyp, der bei Linder-Beroud etwas speziell unter den Rubriken ›Mißverstehen eines Fremdworts‹ sowie ›Zersingungserscheinung bei ungewöhnlicher Syntax‹ behandelt wird und sich weiter differenzieren und genauer beschreiben läßt. Wenn nach Reichl für einzelne Verse nur eine ›Grobbedeutung‹ erhalten bleibt, werden solche Verse als mnemonische Slots erkennbar, für die der konkrete Wortlaut verlorengegangen ist, nicht aber gleich der Erzählinhalt. Gelegentlich bleiben Lautfolgen, gelegentlich auch Satzskelette bei Verlust ursprünglicher syntaktischer Relationen erhalten. In beiden Fällen liegen höchst charakteristische Effekte vor, die ich mit den Begriffen der Laut- und Satzhülse benennen und an Beispielen erläutern werde. Hierbei ist das Beibehalten einer Grobbedeutung allerdings nicht immer gewährleistet. Reichl hat seinerseits Lauthülsen beobachtet: »Variants are often phonetically/graphemically so close that they look like reading of aural mistakes.«[69] Lauthülsen stellen also den Kardinalbeleg für aurales Memorieren dar. Deshalb liegt hier *remembering* im Sinne Lords vor.

---

66 Ebd., S. 185f. Vgl. zu diesem Überlieferungskomplex Tim W. Machan: Editing, Orality, and Late Middle English Texts. In: Vox intexta. Orality and Textuality in the Middle Ages. Hg. von Alger N. Doane und Carol Braun Pasternack. Madison (Wisconsin), S. 229-245; A. S. G. Edwards: Middle English Romance: The Limits of Editing, the Limits of Criticism. In: Medieval Literature. Texts and Interpretation. Hg. von Tim W. Machan. Binghamton, New York 1991, S. 91-104.

67 Vgl. insbesondere Krohn: Die folkloristische Arbeitsmethode, S. 59-91.

68 Linder-Beroud: Von der Mündlichkeit zur Schriftlichkeit?, S. 199f.

69 Reichl: Oral Tradition and Performance of the Uzbek and Karakalpac Epic Singers, S. 632.

Problematisch bleibt die Beschreibung der Sprache memorierter Heldendichtung als formelhafter Diktion. Ein Formelverzeichnis, wie Sievers es für
die germanische Stabreimdichtung beispielhaft zusammengetragen hat und
wie es auf schlagende Weise den traditionellen Charakter der Diktion illustriert, läßt sich etwa für die mittelhochdeutsche Heldendichtung nicht zu-
sammentragen.[70] Zweifellos gibt es eine Reihe von wiederkehrenden Formulierungen und Formeln, aber sie lassen sich nur in wenigen Fällen über die
einzelnen Dichtungen hinweg identifizieren und sind vor allem in den Dichtungen nicht so dicht gestreut, daß man glauben mag, sie hätten der Komposition von Vers zu Vers oder von Strophe zu Strophe entscheidende Dienste
geleistet. Auffällig ist hingegen die syntaktisch und lexikalisch stereotype
Diktion.

4.3 Die mnemonische Funktion von Rhythmus und Reim

In schwerlich adäquater Verallgemeinerung der grundlegenden Sprachfunk-
tionen, wie Karl Bühlers Organon-Modell der Sprache sie vorsah,[71] hat Roman Jakobson u.a. von einer poetischen Funktion der Sprache gesprochen.[72]
So prominent die poetische Sprachfunktion auch geworden ist: vermutlich
gibt es keine solche Funktion,[73] und der unzweifelhaften Freude an klangli-
cher Musterung des Gesprochenen entspricht keine besondere Sprachfunktion.
Scheinbare poetische Universalien wie Rhythmus (bzw. geregelte Prosodie)
und Reim (bzw. Alliteration und Assonanz), Vers und Versverbindung sind –
wo sie systematisch aufgegriffen werden – nicht immer schon im Sinne
Jakobsons auf eine Botschaft als solche ausgerichtete, sondern historisch entstandene Formen der Sprachverwendung, die ihrerseits eine Funktion erfüllen. Gibt es also keine poetische Funktion der Sprache, so aber doch zweifel-

---

70 Entsprechend ist zu fragen, ob dies für die Guslarendichtung, die Epen der Karakalpaken und anderer möglicherweise primär memorierender Traditionen möglich wäre.
71 Sprachverwendung dient dem Ausdruck, dem Appell und der Darstellung. Vgl.
Karl Bühler: Die Axiomatik der Sprachwissenschaften. Frankfurt [2]1976, S. 94-117; ders.:
Sprachtheorie. Die Darstellungsfunktion der Sprache. Neudruck der Ausgabe Jena 1934.
Stuttgart, New York 1982, s. Reg. zu ›Organon-Modell der Sprache‹.
72 »Die *Einstellung* auf die BOTSCHAFT als solche, die Ausrichtung auf die Botschaft um ihrer selbst willen, stellt die POETISCHE Funktion der Sprache dar.« Roman
Jakobson: Linguistik und Poetik. In: Ders., Poetik. Ausgewählte Aufsätze 1921–1971. Hg.
von Elmar Holenstein und Tarcisius Schelbert. Frankfurt 1979, S. 83-121, hier S. 92 (Hervorhebungen vom Autor).
73 Als eine der wenigen kritischen Stimmen zu Jakobsons aus der Bühler-Rezeption
der Prager Schule bezogenen Gedanken vgl. Eugenio Coseriu: Textlinguistik. Eine Einführung. Tübingen 1980, S. 56-68.

los eine Funktion – oder Funktionen – der poetischen Sprache. Jakobson hat sie wenn nicht übersehen, so doch übergangen.

Im Rahmen einer leider nur lockeren und weitmaschigen Argumentation hat Gert Kalow eine kaum beachtete konträre These zur der Jakobsons aufgestellt, die der Funktion der poetischen Sprache zu ihrem Recht verhilft:

Was wir als ›Literaturgattung‹ [sc. Lyrik, H.H.] betrachten [...], ist ursprünglich kein primär ästhetisches Phänomen, sondern eine Technik, sprachliche Mitteilungen dauerhaft zu fixieren und transportabel zu machen, ehe es die Schrift gab: akustischer Letternsatz. Atemschrift.[74]

Poetische Sprache wäre also eine Art Schrift vor der Schrift, ein akustisches Mittel, Sprache dauerhaft zu prägen – freilich nicht auf dem Papier, sondern im Gedächtnis.

Es ist nicht leicht, in älteren Arbeiten zur Metrik und zur Geschichte ihrer Formen – ich beschränke mich zunächst auf wenige deutschsprachige Titel – diese Funktion, die ich im folgenden in den Vordergrund stellen werde, klar genannt zu finden. So wird z.B. der Rhythmus in aller Regel als Schmuckform bewertet – eine Bewertung, die Jakobsons Annahme einer poetischen Sprachfunktion besonders entgegenkommt. In diesem Sinne hat Andreas Heusler von der »Lust an der rhythmischen Ordnung« gesprochen[75] und Franz Saran im Blick auf den Rhythmus vom ausschlaggebenden »Merkmal der Wohlgefälligkeit«.[76] Noch für Ulrich Pretzel ist wie schon für Heusler das »rhythmische Erlebnis«[77] die letzte zugängliche Orientierung der »selbstherrlichen Anlage«[78] des Rhythmus, wenn er von Tanz und Musik befreit ist.

Ist Rhythmus ursprünglich mit Tanz und Musik verbunden, so sieht Hermann Paul ihn zumindest in diesem Sinne als funktional an: »Der Rhythmus bildet sich ursprünglich bei musikalischem Vortrag.«[79] Daß auch die Melodie ursprünglich nicht ganz allein stand, betont Saran, wenn er Metren grundsätzlich auf die Erfordernisse von ›Bewegungsliedern‹ zurückführen will.[80] Hierbei ist an Tanzlieder zu denken, aber auch an Arbeitslieder, wie sie Karl Bücher als Ursprung des Rhythmus, ja des Volksliedes überhaupt, ausmachen zu

74 Kalow: Poesie ist Nachricht, S. 21f. Vgl. zum Folgenden auch Wenzel: Hören und Sehen, Schrift und Bild, S. 89-94.
75 Heusler: Deutsche Versgeschichte, Bd. I, S. 21
76 Saran: Deutsche Verslehre, S. 133.
77 Ulrich Pretzel und Helmuth Thomas: Deutsche Verskunst, mit einem Beitrag über altdeutsche Strophik. In: Deutsche Philologie im Aufriss. Unter Mitarbeit zahlreicher Fachgelehrter hg. von Wolfgang Stammler. Bd. I-III. Berlin ²1962, Bd. III, Sp. 2357-2546, hier Sp. 2363. Vgl. auch Heusler: Deutsche Versgeschichte, Bd. I, S. 6f.
78 So eine treffende Formulierung Heuslers: Deutsche Versgeschichte, Bd. I, S. 20.
79 Hermann Paul: Deutsche Metrik. In: Grundriss der germanischen Philologie. Hg. von Hermann Paul. Bd. I-III. Strassburg ²1905, Bd. II, 2, S. 39-140, hier S. 45.
80 Saran: Deutsche Verslehre, S. 137, 226.

können glaubte.[81] Die ursprüngliche Verbindung von Bewegung, Melodie und Versrhythmus hatte schon Platon postuliert,[82] für den sie noch eher, als dies heute der Fall ist, lebendige Gegenwart war.

Die Funktion des Rhythmus, Sprache mnemonisch zu kodieren, bleibt in dieser Analysetradition gänzlich unbeachtet.[83] Anders als in Deutschland ist sie allerdings in Frankreich beachtet worden, und Marcel Jousse hat bereits vor Jahrzehnten eine Vielzahl von Arbeiten und Belegen zusammengetragen, die sie herausstellen.[84] Dabei führt er den Rhythmus u.a. auf physiologische Mechanismen wie die Atmung zurück. Bei der Behandlung der mnemonischen Funktion des Rhythmus zitiert er ausgiebig aus einer Arbeit de la Grasseries und setzt dabei eigene Zusätze oder Ersetzungen in eckige Klammern:

Le premier [*Schème rhythmique*] *fut un* [*Schème rhythmique*] *didactique*; même le premier [Schème rhythmique que notre rhétorique a nommé] *épique*, [est pour les Récitateurs qui l'emploient], *narratif*, didactique, ... *mnémonique*. Chez tous les peuples, le [Schème rhythmique] d'abord fut la seule forme de l'histoire, il fut aussi celle des notions seules connues de la science, [science imagée et concrete, nécessairement, *à la manière de* laquelle nous faisons artificiellement et par écrit ce que nous appelons la *poésie*] ... *Le premier* [*Schème rhythmique*] *fut donc non* [*une expression*] *de sentiment, mais surtout* [*une expression mnémonique*] *de pensée.*

---

81   Bücher: Arbeit und Rhythmus, sieht den Ursprung rhythmischer Formung der Sprache in »rhythmisch gegliederten Körperbewegungen, wie sie zur Ausführung schwerer körperlicher Arbeit notwendig sind und in vielen Kulturen durch Arbeitsgesänge begleitet und unterstützt werden« (S. 393).

82   ›Nomoi‹ 653a-655d.

83   Die mnemotechnische Funktion von Rhythmus (bzw. Metrik) nennen etwa Terry V. F. Brogan: Artikel ›Meter‹ und ›Prosody‹. In: The New Princeton Encyclopedia of Poetry and Poetics. Hg. von Alex Preminger und Terry V. F. Brogan. Princeton, New Jersey 1993, S. 768-783, 982-994, hier S. 776 und 985f.; Christoph Küper: Artikel ›Metrik‹. In: RL, Bd. 2, S. 591-595, hier S. 593. Vgl. auch Koch, Oesterreicher: Sprache der Nähe – Sprache der Distanz, S. 30f.

Als erste haben G. E. Müller und F. Schumann: Experimentelle Beiträge zur Untersuchung des Gedächtnisses. In: Zeitschrift für Psychologie 6 (1894), S. 81-190, 257-339, und Ernst Meumann die mnemonische Rolle des Rhythmus experimentalpsychologisch untersucht. Vgl. ders.: Untersuchungen zur Aesthetik und Psychologie des Rhythmus. In: Philosophische Studien (hg. von Wilhelm Wundt) 10 (1894), S. 249-323, 393-430, hier S. 423-430, und ders.: Ökonomie und Technik des Gedächtnisses. Experimentelle Untersuchungen über das Merken und Behalten. Leipzig ²1908, S. 23f. Ältere Darstellungen zur Psychologie des Gedächtnisses widmen dem Rhythmus und Reim als mnemotechnischen Kodierungen häufig noch besondere Aufmerksamkeit. Vgl. z.B. Marx Lobsien: Das Gedächtnis. Eine übersichtliche Darstellung der Ergebnisse der neuesten Forschungen. Osterwieck, Leipzig 1913, S. 58-60.

84   Marcel Jousse: Études de Psychologie Linguistique. Le Style oral rhythmique et mnémotechnique chez le verbo-moteurs. Paris 1925, vgl. bes. Kap. XIff.

Pourquoi fut-it tel? Lorsque l'écriture était inconnue ou peu connue, [surtout sous la forme portative et vulgarisée de nos *vade-mecum* modernes imprimés], la mémoire seule dut tout conserver. Elle chercha [instinctivement] un *moyen mnémonique*; [...].[85]

Der Rhythmus als mnemonische Kodierung kommt auch heute noch in der üblichen Praxis zum Tragen, daß Kinder Verstexte auswendig lernen und nicht Prosatexte, und er hat in der Tradition des Lehrgedichts, das die Versform als Merkform geradewegs sucht, eine bewährte Gebrauchsgeschichte.[86] Es dürfte die ursprüngliche Funktion von Rhythmus (bzw. Prosodie und Metrum) und Reim (bzw. Alliteration und Assonanz), Vers und Versverbindung sein, Sprache in entsprechend gebundener – und damit kodierter – Form von alltäglich gesprochener Sprache abzuheben und dem Gedächtnis zu überantworten. Was für den Rhythmus gilt, läßt sich ganz parallel auch für den Reim geltend machen, ohne daß ich dies noch einmal ausführlich demonstriere.[87]

Maurice Bowra hat für Lieder aus Kulturen, die unter steinzeitähnlichen Bedingungen leben, den Zusammenhang von Rhythmisierung und Einprägsamkeit betont[88] und Eric A. Havelock im Rahmen einer ›Allgemeinen Theorie der primären Oralität‹[89] die Bedeutung einer Erhaltung der Tradition im lebendigen Gedächtnis herausgearbeitet, wie sie durch »Umwandlung des Denkens in rhythmisches Sprechen« gewährleistet wird.[90] Havelock eröffnet eine

---

85   Ebd., S. 115. Ich übernehme die eigenwillige Zitierweise (mit den Kursivierungen) von Jousse, der nach seiner Angabe aus A. de la Grasserie: Essai de rhythmique comparée. Louvain 1892, S. 13f., zitiert. Vgl. auch Raoul de la Grasserie: Des Principes Scientifiques de la Versification Française. Paris 1900, Kap. II.

Jousse, der auch die ersten Forschungen (von F. S. Kraus) zu den Guslaren anführt, unterscheidet gemäß seinen Thesen zwischen *récitateurs* und *improvisateurs* und rechnet die Guslaren zu den *récitateurs* (Kap. XII).

86   Vgl. Klopsch: Einführung in die Dichtungslehren des lateinischen Mittelalters, S. 75f. Zum Lehrgedicht im mittelalterlichen Schulbetrieb vgl. etwa die Hinweise bei Klaus Grubmüller: Mündlichkeit, Schriftlichkeit und Unterricht. Zur Erforschung ihrer Interferenzen in der Kultur des Mittelalters. In: Deutschunterricht 41 (1989), S. 41-54, hier bes. S. 48-51.

87   Vgl. als eine der wenigen experimentalpsychologischen Untersuchungen hierzu Gordon H. Bower und Laura S. Bolton: Why Are Rhymes Easy to Learn? In: Journal of Experimental Psychology 82 (1969), S. 453-461, die die These vertreten, daß Reime die Wahlmöglichkeiten der Reimwörter einschränken und deshalb die Chance erhöhen, nach dem ersten Reimwort als Stimulus auch das zweite Reimwort (als Response) richtig zu treffen. Allerdings scheint es nicht sehr plausibel, den Abruf von auswendig gelerntem Wortlaut als eine Art Wortsuche mit Wahlmöglichkeiten zu rekonstruieren.

88   Bowra: Poesie der Frühzeit, S. 16. An späterer Stelle betont Bowra ähnlich wie Bücher: Arbeit und Rhythmus, die Entstehung von Liedern aus rhythmischen Handlungen und Bewegungen (S. 42-47).

89   Havelock: Als die Muse schreiben lernte, S. 109-130.

90   Ebd., S. 121.

breitangelegte Untersuchungsperspektive, in der die Formen der Mündlichkeit an die Form der Gesellschaft zurückgebunden werden.

Orale Kulturen, die sich noch kein künstliches Gedächtnis – in Form schriftlicher Aufzeichnungen – haben zulegen können, sind genötigt, ein unverzichtbares Minimum an Überlieferung über das natürliche Gedächtnis parat zu halten und alle Formen sozialer Regelung über in Ad-hoc-Situationen aus diesem Gedächtnis eingespeistes Wissen abzuwickeln. Was dies heißen kann, läßt sich an einem drastischen Beispiel aus dem Bereich mittelalterlicher Rechtsbräuche – hier der Ziehung von Grenzen – verdeutlichen:

Um möglichst weit in die Zukunft hinein die Erinnerung sicherzustellen, wurden sehr oft Kinder zur Grenzziehung hinzugezogen, denen durch damit verbundene unangenehme Erlebnisse (Ohrfeigen u. dgl.), aber auch in angenehmer Weise durch Geschenke das Geschehen desto lebhafter ins Gedächtnis eingegraben wurde.[91]

Bedient die Überlieferung sich hierzu physischer und psychischer Sensationen, so erfordern andere Wissensbestände andere Arten der Abspeicherung unter Nutzung anderer ›Sensationen‹. Sprachlich gebundenes Wissen läßt sich nicht in der gleichen Weise abspeichern wie die Erinnerung an singuläre autobiographische Ereignisse und Lokalitäten, hier müssen vielmehr Kodierungen hinzutreten, die das Speichern der viel größeren und anders strukturierten Informationsmenge – d.h. in diesem Fall auch des Wortlauts – sicherstellen. Dies können Lautsensationen leisten.

Nach Havelock, der keine Anstrengungen macht, die Wissensbestände auch nach Art ihrer Speicherung und Überlieferung systematisch zu differenzieren, ist poetische Sprache »ursprünglich ein Mittel zur Aufbewahrung kultureller Informationen zu ihrem Wiedergebrauch oder, weniger umständlich gesagt, ein Mittel zur Errichtung einer kulturellen Tradition«[92]. Der akustische Rhythmus wäre entsprechend eine Art kleinformatiger Sensation, die Sprache leichter abzuspeichern erlaubt.[93] Havelock beschreibt zunächst einmal charakteristische Eigenschaften ›mnemonischer‹ Sprache – dazu gehört etwa auch eine narrative Syntax – und legt sich nicht mit Parry und Lord auf

---

91 R. Hoke: Artikel ›Grenze‹. In: Handwörterbuch zur deutschen Rechtsgeschichte. Hg. von Adalbert Erler und Ekkehard Kaufmann. Bd. I. Berlin 1971, Sp. 1801-1804, hier Sp. 1802.
Vgl. auch Grimm: Poesie im Recht, hier S. 181: »man findet in urkunden des mittelalters öfters die formel: testes per aurem tracti. besonders pflegte man kleine kinder, als die sich eines langen lebens zu freuen hätten, mit zu wichtigen vorfällen zu nehmen und ihnen unerwartet ohrfeigen zu geben, oder sie in die ohrlappen zu pfetzen, damit sie sich spät nachher der sache erinnerten.«
92 Havelock: Als die Muse schreiben lernte, S. 121.
93 Zum Rhythmus vgl. ebd., S. 121f. Meine Verwendung des Begriffs der Sensation findet sich nicht bei Havelock.

einen Modus fest, nach dem sie abgerufen wird. Es kann nach Havelock deshalb durchaus Situationen geben, in denen ein Wortlaut memoriert wird.

Die angeführten elementaren Eigenschaften poetischer Sprache sind relativ leicht als mnemonische Kodierungen erkennbar. Üblicherweise werden Kodierungen, die explizit als Mnemotechnik dienen, allerdings getrennt vom Lerninhalt eingeführt. Das Kodierungssystem wird vorher und unabhängig erworben, sei es, daß es sich um Orte handelt, die man sich nach eigener Anschauung in einer bestimmten Reihenfolge einprägt, um zu lernende Items an ihnen unterzubringen,[94] oder um Bilder, Gerüche, Geräusche usw. Neben solchen, z.T. exotischen, anschaulichen oder sinnlich-konkreten Kodierungssystemen gibt es abstrakte und gleichwohl sinnfällige, die mit einem sprachlich gefaßten Lerninhalt leichter eine unmittelbare Verbindung eingehen können.[95] Ein Reim ist z.B. wie der Rhythmus notwendig hörbar und sinnfällig, er ist aber nicht anschaulich, sondern reine Lautsensation, die aus dem Wortlaut herausragt und ihn gleichsam einpflockt.

An einfachsten Beispielen kann man sich die Funktion des Rhythmus verdeutlichen: Zahlen- und Buchstabenreihen mit mehr als ca. fünf Zahlen/Buchstaben prägt man sich immer nur rhythmisiert ein (z.B. bei Telefonnummern). Daß rhythmische Gruppierung dem Lernmaterial aufgeprägt wird, um es leichter und dauerhafter abspeichern zu können, ist noch an einst gelerntem Material zu beobachten, das solche Aufprägung längst entbehren könnte: Wer das Alphabet im Selbstversuch in einer unvertrauten Rhythmisierung hersagt – etwa bestehend aus lauter Dreiergruppen (ABC DEF GHI usw.) – wird dazu tendieren, Buchstaben zu verlieren. Rhythmische Gruppierung sorgt also auch für einen geregelten, stockungsfreien Abruf.[96] Durch Rhythmus und Reim gebundene Sprache ist aber immer akustisch kodierte Sprache, die über die aufgeprägte Kodierung besonders leicht im Gedächtnis gespeichert und leicht auch wieder abgerufen werden kann. »Intensiv rhythmisierte Texte werden besonders leicht gelernt.«[97]

Ein unscheinbares, aber doch aufschlußreiches Beispiel dafür liefert etwa das Märchen vom Froschkönig, das erste und berühmteste der Grimmschen ›Kinder- und Hausmärchen‹, das ihr Gewährsmann den Grimms in einer Form

---

94 So nach der bekanntesten Methode, deren Geschichte Yates: Gedächtnis und Erinnern, dargestellt hat.

95 Typen von Kodierungssystemen werden an der Praxis von Gedächtniskünstlern am deutlichsten. Vgl. als ein extremes Beispiel Alexander R. Luria: The Mind of a Mnemonist. New York 1968.

96 Vgl. zu entsprechenden Techniken der Speicherung und des Abrufs z.B. Murray Glanzer: Storage Mechanisms in Recall. In: Human Memory. Basic Processes. Hg. von Gordon Bower. New York u.a. 1977, S. 125-189, hier S. 180-184 u.ö.

97 Wolfgang Braungart: Ritual und Literatur. Tübingen 1996, S. 183. Braungart untersucht den Zusammenhang von Rhythmus und Wiederholung und rekapituliert einige Rhythmustheorien (ebd., S. 183-186).

darbot, die Wilhelm Grimm mehrfach überarbeitete, u.a. auch um Unstimmigkeiten zu beseitigen. Der Gewährsmann (oder schon ein Vorgänger) hatte vergessen, daß es ursprünglich drei Königstöchter waren, denen der Frosch sich aufdrängte.[98] Nicht vergessen hatte er aber die Verse, mit denen der Frosch sich bei der jüngsten Königstochter in Erinnerung brachte: »Königstochter, jüngste, / Mach mir auf, / Weißt du nicht [...]«. Die Verse zeugen deutlich von einer Vorgängerfassung mit mehr als einer Königstochter (da es bei nur einer Königstochter keine jüngste geben kann), und während der Gewährsmann sich darauf nicht besonnen hatte, blieben ihm doch die Verse getreuer als das ursprüngliche Motivrepertoire in Erinnerung.[99]

Daß rhythmisierte Texte besonders leicht behalten werden, ist ein Faktum von solcher Trivialität und Bekanntheit – vgl. z.B. schon Quintilian: ›Institutio oratoria‹ XI 2,39 –, daß es erstaunt, wenn es in der Gedächtnispsychologie gelegentlich in Vergessenheit geraten zu sein scheint.[100] Aber hier ist die mnemonische Funktion des Rhythmus immer wieder auch deutlich gesehen und herausgestellt worden.[101] Rhythmus (bzw. regelmäßig markierte Prosodie) und Reim (bzw. Alliteration und Assonanz) sind älteste mnemotechnische Einrichtungen oraler Kulturen, die sprachliches Kulturgut zu kodieren und damit zu konservieren erlauben.[102] Erst in Schriftkulturen haben sie, ihrer ursprünglichen Funktion entkleidet, den Charakter eines bloß auralen Schmucks angenommen.

Ihre Rolle als Gedächtnisstütze für einzuprägenden Wortlaut hat David C. Rubin anhand dreier mündlicher Gattungen (Epen, Balladen und Auszähl-

---

98 Eine Fassung mit drei Königstöchtern haben die Grimms auch in den Anmerkungen zu den ›Kinder- und Hausmärchen‹ abgedruckt.

99 In der nur in den Anmerkungen abgedruckten, weniger ›zersagten‹ Fassung sind auch die Verse in wohl vollständigerer Form bewahrt. Vgl. zu diesem Beispiel Albert Wesselski: Versuch einer Theorie des Märchens. Reichenberg 1931, S. 117: »[...] es ist selbstverständlich, daß die in Rhythmus und Reim gebundene Rede nicht so leicht vergessen wird wie die ungebundene, ja daß sich die Verse unabhängig von der Geschichte erhalten, zu der sie ursprünglich gehören oder gehört haben [...].« Dies ist denn auch mit denselben Versen geschehen, die unter den Kinderliedern im Anhang zu ›Des Knaben Wunderhorn‹ erscheinen.

100 Nur so ist die Abrechnung mit der Gedächtnispsychologie, die George A. Miller, Eugene Galanter und Karl H. Pribram: Strategien des Handelns. Pläne und Strukturen des Verhaltens. Stuttgart 1973, in ihrem erfolgreichen Buch (Kap. 10) vorgenommen haben, zu verstehen, in der sie sich in besonderer Ausführlichkeit auf die mnemonische Funktion von Rhythmus und Reim einlassen.

101 Vgl. z.B. Neisser: Kognitive Psychologie, s. Reg. zu ›Rhythmisierung‹.

102 Dies hat insbesondere Eric A. Havelock: Preface to Plato, Cambridge/Mass. 1963, nachhaltig herausgestellt und -gearbeitet. Vgl. auch ders.: The Alphabetic Mind: A Gift of Greece to the Modern World. In: Oral Tradition 1 (1986), S. 134-150, hier bes. S. 134-137. Nach Kalow: Poesie ist Nachricht, sind Rhythmus und Reim nicht ästhetische Phänomene, sondern Fixatoren, die »als Elemente einer Schrift vor der Schrift« (S. 43) Sprache akustisch mustern und so ins Gedächtnis stellen (S. 53, vgl. auch S. 101).

reime) untersucht.[103] Dabei hebt er weniger auf die akustische Bindung des Wortlauts durch Lautsensationen ab als auf die Einschränkung der Wahlmöglichkeiten für Wörter, die einander auf seriellen Positionen folgen und sich beim Abruf leichter einstellen, wenn nur wenige Wörter ›passend‹ erscheinen. Die etwas technische Erklärung soll auch für den Rhythmus gelten,[104] zuallererst aber für den Reim:

The repetition of a sound is an aid to memory. When a sound repeats, the first occurrence of the sound limits the choices for the second occurrence and provides a strong cue for it.[105]

Voraussetzung einer solchen Erklärung ist der eigentümliche Charakter mündlicher Traditionen: »Oral traditions, like all oral language, are sequential.«[106] Und daraus wiederum folgt: »Recall in oral traditions is serial. It starts at the first word, or perhaps a rhythm or melody, and proceeds sequentially.«[107]

Was dies heißt, läßt sich an einer Erfahrung verdeutlichen, die jederman vertraut ist: Wer nämlich in einem Wörterbuch oder Lexikon ein Lemma mit einem bestimmten Anfangsbuchstaben aufschlagen will und auf einen anderen Anfangsbuchstaben trifft, muß sich das Alphabet in Erinnerung rufen, um die Entfernung abzuschätzen, die ihn noch von dem gesuchten Anfangsbuchstaben trennt. Dazu memoriert er das Alphabet, und wenn es ihm nicht leicht fällt, irgendwo einzusteigen, wird er vermutlich noch einmal die vollständige Buchstabenreihe vom A bis zum gesuchten Buchstaben rekapitulieren.

Noch ausgeprägter scheint die Rolle der Serialität etwa bei der Erinnerung von Melodien. Eine Melodie behält man als Ganze, und es gelingt kaum, sie von einem beliebigen späteren Ton als dem Anfangston an zu singen. Der Abruf orientiert sich an der seriell realisierten Gestalt.

Nach Rubin sind mündliche Texte in einer vergleichbaren Form im Gedächtnis repräsentiert: als Serien von Wörtern, die wie Kettenglieder ineinan-

---

103 Rubin: Memory in Oral Traditions, s. Reg. zu ›Rhythm‹ und ›Rhyme‹.

104 Ebd., S. 183: »Rhythm is a constraint, like others, limiting word choice and making words with the correct number of syllables or stress pattern more discriminable. [...] Rhythm provides an organizing principle that allows all aspects of the performance to be integrated.«

105 Ebd., S. 75. Diese Erklärung folgt der von Bower und Bolton (vgl. Anm. 87, dort auch meinen Einwand gegen die Erklärung). Zutreffend bleibt gleichwohl, daß Reime dem Gedächtnis für den zugehörigen Text beispringen. Auf andere gedächtnispsychologische Untersuchungen und plausiblere Erklärungsversuche stützt Adrian Pilkington: Poetic Effects. A Relevance Theory Perspective. Amsterdam, Philadelphia 2000, S. 138-140, seine These, »that at the time as the first word of the rhyming pair is contacted in the lexicon by the incoming sensory stimulus, the second word is also contacted. There would also be activation of the concept attached to this second rhyming word and possibly access to its encyclopaedic entry« (S. 139).

106 Rubin: Memory in Oral Traditions, S. 175.

107 Ebd., S. 176.

dergreifen, so daß ein Wort das nächste hervorruft. Man kann dann nicht einfach eine beliebige Stelle ansteuern, sondern muß gegebenenfalls den ganzen Text noch einmal durchgehen, um sie zu finden.

Das Material, das ich in den folgenden Kapiteln durchgehen werde, stützt eine solche Erklärung, die vermutlich für Abzählreime mit vielen bedeutungsleeren ›Wörtern‹ größere Geltung beanspruchen kann, kaum. Es sind noch ganz andere mnemonische Orientierungen im Spiel, wenn hunderte, ja tausende von Strophen behalten werden. Grundlegend sind dabei Rhythmus und Reim, und sie stellen akustische Sensationen und Markierungen dar, die die Texte mustern. Solche Musterungen sind es vornehmlich, die dem Gedächtnis die Einprägung ermöglichen und die den Abruf erleichtern, denn an ihnen bleiben auch die Wörter haften.

Auch eine Melodie ist für das Gedächtnis keineswegs nur eine bloße Folge von Tönen, sondern eben eine Gestalt, die auf einer hierarchisch höheren Ebene als der der bloßen Tonfolge musikalisch integriert ist. Auch hier haftet deshalb die Erinnerung nicht so sehr an der seriellen als vielmehr an der musikalischen Struktur.[108]

4.4 Die mnemonische Funktion von Vers und Strophe

Was für Rhythmus und Reim gilt, gilt auch für den Vers und die Verbindung von Versen zu einer Strophe. Hier wirkt freilich eine zusätzliche Form der Kodierung: sie besteht in der Gruppierung gemessener oder gezählter Einheiten.[109] Der mnemonische Effekt der Gruppierung ist von vergleichbar trivialer Natur wie der von Rhythmus und Reim: Eine unregelmäßige Folge von betonten und/oder unbetonten Silben kann man sich ebenso schlecht merken wie eine ununterbrochene Folge von Versen. Gruppierung zu einer regelmäßigen Folge von betonten und/oder unbetonten Silben sowie einer unterbrochenen Folge von Versen erhöht die Behaltensleistung dagegen ganz erheb-

---

108   Vgl. hierzu Ray Jackendoff: Consciousness and the Computational Mind. Cambridge (Mass.), London 1987, Kap. 11.

109   Statt von Gruppierung spricht Christoph Küper: Sprache und Metrum. Semiotik und Linguistik des Verses. Tübingen 1988, S. 88, differenzierter von hierarchischer Strukturierung: »Diese *hierarchische Strukturierung von* (mehreren) *kleineren metrischen Einheiten zu* (wenigeren) *größeren* ist – neben der sequentiellen Ordnung der kleineren Einheiten – eine der wichtigsten Funktionen metrischer Organisation. Als Gliederungsgrößen kommen dabei vor allem Lautfiguren, Versfüße und Zäsuren in Betracht, die sämtlich eine Folge von Silben als den kleinsten metrisch relevanten Einheiten zu einer größeren Einheit zusammenfassen.« (Hervorhebung vom Autor) Auch hierarchische Strukturierung hat einen mnemonischen Effekt. Unglücklicherweise beschränkt Küper sich aber in seinem Buch weitgehend auf die Effekte von metrischer Schrift- und Lesedichtung.

lich.[110] Wie denn auch das spontane Behalten unverbundener Items (Buchstaben, Zahlen, Silben usw.) sich durch das Bilden von Gruppen als elementarer Kodierungsstrategie sofort erheblich verbessern läßt.[111] Aber dies ist nicht der einzige Effekt: Gruppierung erleichtert wie auch schon Rhythmisierung nicht nur das Behalten, sondern auch das Abrufen des Gelernten. Gruppierung und Rhythmisierung sind Formen von Organisiertheit innerhalb des Lernmaterials.[112] Ihnen lassen sich weitere Formen von Organisiertheit (Reihenbildung bzw. Aufzählung, semantisch besetzte Satzstellungen wie z.B. Parallelismen, narrative Schemata, usw.) hinzufügen, die sich unterschiedlich kategorisieren lassen.[113]

Wichtig ist, daß Rhythmus und Reim, Vers und Strophe als elementare Eigenschaften poetischer Sprache einem Text von Anfang an eingeprägt sind und nicht von außen an ihn herangetragen werden. Diese Eigenschaften ermöglichen Speicherung und Abruf entsprechend abgefaßter Texte aber besonders leicht.

Wie Rhythmus und Reim, so sind auch Vers und Strophe bereits in Kulturen gebräuchlich, die unter steinzeitähnlichen Bedingungen existieren.[114] An dem aufschlußreichen Beispiel der *filid*, die Träger der hochentwickelten Gedächtniskultur im mittelalterlichen Irland waren, hat Paul Gaechter gezeigt, daß Vers und Strophe zu konstitutiven Mitteln erhoben werden können und wurden, große Mengen an Material für das Gedächtnis zu fixieren.[115] So mußten die *filid*, um zu Medien der kulturellen Aufbewahrung des Rechts zu werden, immer auch Metrikspezialisten sein.

Wo die Strophenform an den Bewegungsablauf des Tanzes gebunden wird und wo sie mit einer Melodie einhergeht, dort wird der Strophenbau regelmäßig. Unter dem Gesichtspunkt der Memorierbarkeit können Melodie und Tanz als zusätzliche Kodierungsformen für den Text verstanden werden. Er ist zusätzlich gebunden und geht deshalb weniger leicht verloren. Der ursprüngli-

---

110 Hier wäre die Beschreibung für unterschiedliche metrische Systeme zu differenzieren.

111 Vgl. Neisser: Kognitive Psychologie, s. Reg. zu ›Gruppierung‹.

112 Zu Formen der Organisiertheit und zum dadurch erleichterten Abruf vgl. Baddeley: Die Psychologie des Gedächtnisses, Kap. 11. Auf der Manuskript- oder Buchseite würde der akustischen Gruppierung die visuelle Gliederung entsprechen, die als Merkhilfe altbekannt ist. Vgl. Carruthers: The Book of Memory, bes. Kap. 3, zu mittelalterlichen Erwähnungen und Anwendungen dieser Mnemotechnik. Rein mündliche Formen solcher Organisiertheit werden bei Havelock: Als die Muse schreiben lernte, ›angedacht‹.

113 Hier eröffnet sich ein Arbeitsfeld, in dem Einsichten der Gedächtnispsychologie und die Analyse mündlicher Tradierungsformen (über die Arbeit von Rubin: Memory in Oral Traditions, hinaus) noch zusammenzuführen wären.

114 Vgl. Bowra: Poesie der Frühzeit, zu Versen u.a. S. 50ff., zur Strophe bes. S. 86-102.

115 Gaechter: Die Gedächtniskultur in Irland, S. 31-34.

che Sinn von στροφή (›Tanzwendung‹) könnte die Herkunft der Strophe aus der regelmäßigen Verbindung von Versen mit rhythmischer Bewegung bedeuten.

Während Melodie und Tanz allerdings nur äußerliche Faktoren der Bindung für einen Wortlaut darstellen, stellen Rhythmus, Reim, Vers und Strophe immanente Bindungsfaktoren dar. Sie müssen bei poetischen Texten nicht immer gleichzeitig realisiert sein. Hier läßt sich leicht ein Gesetz formulieren: Je größer die Zahl der Bindungsfaktoren für einen Wortlaut, desto leichter seine Memorierbarkeit und desto kleiner die Gefahr seiner spontanen Auflösung. Ein hochgradig gebundener Wortlaut übersteht deshalb Reibungsverluste der Tradierung eher unversehrt als ein ungebundener Wortlaut. Auch dies ist noch eine Trivialität und eine vielfach formulierte Erfahrung.[116]

Dieses Gesetz wäre zu ergänzen: Wo die Zahl der Bindungsfaktoren für einen Wortlaut verringert wird, dort können sich Spontaneität und Improvisation beim Vortrag einen Spielraum verschaffen, ohne daß der Wortlaut gleich alle Eigenschaften poetischer Sprache verlieren muß. Er kann mit spontaner Variation durchbrochen oder gleich aus Versatzstücken unterschiedlichen Formats, die fertig bereitstehen, aus dem Stegreif produziert werden. Dies ist nun von erheblicher Bedeutung für die Bewertung der *Oral-Formulaic Theory* bei der Erklärung der Modalitäten des Vortrags. Es ist zu erwarten, daß der Vortrag längerer Heldendichtungen, wenn er aus dem Stegreif erfolgt, nicht die Gesamtheit aller verfügbaren (immanenten) Bindungsfaktoren ausschöpft, da dies eine kognitive Überforderung beim aktuellen Kompositionsvorgang wäre. Umgekehrt ist zu erwarten, daß eine Heldendichtung, die dies aber tut, schwerlich aus dem Stegreif vorgetragen, sondern vorher mit Bedacht geschmiedet wurde, um als ganze aus dem Gedächtnis abgerufen zu werden.

Das Gesetz kann demnach folgende Ausformulierung erhalten, für die sicherlich Ausnahmen einzuräumen sind,[117] die aber dennoch eine gewisse Geltung beanspruchen darf: Strophische Heldendichtungen werden memorierend vorgetragen, stichische Heldendichtungen werden improvisierend vorgetragen. Der zweite Teil dieser Ausformulierung entspricht der Erfahrung der *Oral-Formulaic Theory*. Die von ihr untersuchten Dichtungen sind in aller Regel stichisch. Daß strophische Heldendichtungen dagegen meist anderen – näm-

---

116 Vgl. Rubin: Memory in Oral Traditions, S. 178f.: »Songs with highly constrained choices will be more stable than those with fewer constraints; the words from previously sung variants will have fewer alternatives, and those alternatives will be more likely to be cued again.« Die Rolle von Bindungsfaktoren wird völlig übersehen in dem sonst vielfach aufschlußreichen Buch von Goody: The Interface Between the Written and the Oral., hier bes. Teil II, Kap. 3, und Teil III, Kap. 8.

117 Z.B. die Dichtung der Skalden und vielleicht auch altfranzösische Heldenlieder (mit Laissenstrophen), für die das Formensystem des Altfranzösischen sowie seine Wortstellung andere Möglichkeiten der Komposition eröffnete. Vgl. dazu aber unten.

lich unabhängig von einer Vortragssituation vorgenommenen und ihr vorausliegenden – Kompositionsprozessen und deshalb auch anderen Vortragsbedingungen unterliegen, ist von ihr hingegen nicht beachtet worden.

Daß leicht(er) behalten wird, was metrisch gebunden und in Strophen gegossen ist, ist ähnlich wie im Fall von Rhythmus und Reim eine Alltagserfahrung. Die Gedächtnis- und Lernpsychologie hat dies gelegentlich berücksichtigt,[118] und daß etwa die Einteilung eines Textes in kurze Einheiten das Behalten erheblich erleichtert, kennt bereits das mit dem Auswendiglernen u.a. der Psalmen beschäftigte gelehrte Mittelalter als eine Selbstverständlichkeit, die im Schulbetrieb allenthalben zum Zuge kam.[119] Mit der Bildung von Strophen, die den Wortlaut von Dichtungen über lange Strecken in regelmäßiger Weise zu partialisieren vermögen, scheint diese Einsicht in der immer schon geübten Praxis einer Gedächtniskultur, mnemonische Erleichterungen dem zu erinnernden Material einzuprägen,[120] implizit vorweggenommen.

Traditionen des Memorierens gelten in Gedächtniskulturen denn auch noch nicht ausschließlich der Dichtung, sondern umgekehrt: das Dichten dient zunächst eher dem Gedächtnis. »Zumindest in vorschriftlichen Kulturen dürfte der Vers das entscheidende Mittel gewesen sein, wie man Texte ›verschnürt‹ und ›transportabel‹ macht.«[121] Dies meint, daß solche ›Texte‹ ihren Weg von Gedächtnis zu Gedächtnis nahmen.

Solche Tradierung wird besonders deutlich bei Gesetzen und Rechtsregeln in schriftlosen Kulturen. So hat Jacob Grimm die These aufgestellt, »dasz das recht mit der poesie entsprungen ist, dasz es in seiner gestalt poetisch gebunden gewesen zu sein scheint, dasz es gleich den gedichten voll lebendiger wörter und in seinem gesammten ausdruck bilderreich [ist]«[122]. Grimm belegt die These mit einer Vielzahl sprachgeschichtlicher Indizien sowie sprachlicher Zeugnisse. Daß metrische Bindung geeignet ist, Gesetze für lange Zeit im zugleich individuellen und kollektiven Gedächtnis zu konservieren, beweist schon Strabos Notiz (›Geographica‹ III 1, 6), die Iberer besäßen metrisch gebundene Gesetze (νόμοι ἔμμετροι), die nach ihrer Angabe 6000 Jahre alt seien.

---

118   Vgl. z.B. John McGeoch: The Psychology of Human Learning. New York ²1962, 360-362. Als ein Beispiel einer empirischen Untersuchung zum Effekt von Intonation beim Abruf auswendig gelernter Materialien vgl. Murray Glanzer: Intonation Grouping and Related Words in Free Recall. In: Journal of Verbal Learning and Verbal Behavior 15 (1976), S. 85-92.

119   Vgl. Carruthers: The Book of Memory, u.a. S. 82-85.

120   Vgl. die Darstellung von Gaechter: Die Gedächtniskultur in Irland, mit vielen anschaulichen Beispielen.

121   Karl Eibl: Die Entstehung der Poesie. Frankfurt/M., Leipzig 1995, S. 23.

122   Vgl. Grimm: Poesie im Recht. Ich verdanke den Hinweis auf diese wie die folgenden Arbeiten Christian Saar.

Wie viele Gattungen von Rechtsversen es gibt, läßt die umfangreiche Sammlung deutscher Rechtsverse von Eberhard von Künßberg ermessen.[123] Künßberg benennt dabei ihre Funktion für die ältere, schriftlose Zeit der germanischen Kultur: »Die Rechtssagdichtung war [...] für den mündlichen Vortrag der Gesetze bestimmt, ihre Gebundenheit hat insbesondere eine Gedächtnishilfe gebildet.«[124]

Alle Formen der mündlichen Vertextung von Sprechhandlungen über eine Bindung ihrer sprachlichen Einheiten sind ursprünglich Formen ihrer Verdauerung, ohne daß hierzu die Schrift herangezogen würde oder schon herangezogen werden könnte.[125] Es ist dann nicht nur eine sich wiederholende Sprechsituation, die die Verdauerung bewirkt,[126] sondern die lautliche Bindung der sprachlichen Einheiten erlaubt ihre Einprägung ins Gedächtnis, aus dem sie bei Bedarf abgerufen werden können.

4.5 Traditionen des Memorierens: Mande-Epen, Bylinen und Chansons de geste

Gordon Innes hat Versionen eines Epos über den Helden Sunjata sowohl von verschiedenen Griots wie auch von demselben Griot aus der westafrikanischen Region der Mande-Stämme[127] verglichen und festgestellt, daß die Versionen verschiedener Griots stark voneinander abweichen können, daß aber verschiedene Vorträge desselben Griots eine weitgehende Identität des Wortlauts aufweisen, insofern ein durchbrochenes Gerüst von Versen unverkennbar erhalten bleibt.[128] Die Beispiele, die Innes untersucht, stammen von den Mitgliedern einer Familie, von zwei Brüdern und von ihrem Vater, von dem die Brüder es lernten. Diese Praxis des Tradierens ist auch in anderen Kulturen anzutreffen.[129] Die zwei von Innes gegenübergestellten und verglichenen Versionen des Vaters, Bamba, sind – bei allen Unterschieden – doch immer wieder im Wortlaut ganzer Verse sowie in der Versfolge identisch, so daß der

---

123 Eberhard Freiherr von Künßberg: Rechtsverse. In: Neue Heidelberger Jahrbücher. Heidelberg 1933, S. 89-167.

124 Ebd., S. 90. Vgl. als Überblick zur Rolle der Dichtung im Recht Ekkehard Kaufmann: Deutsches Recht. Die Grundlagen. Berlin 1984, S. 147-161.

125 Vgl. Ehlich: Funktion und Struktur schriftlicher Kommunikation, S. 18f.

126 So Ehlich, ebd.

127 Vgl. Lexikon der Völker. Regionalkulturen in unserer Zeit. Hg. von Wolfgang Lindig. München 1986, S. 217f.

128 Gordon Innes: Stability and Change in Griot's Narrations. In: African Language Studies 14 (1973), S. 105-118.

129 Vgl. Krohn: Die folkloristische Arbeitsmethode, S. 59f.

Griot nur je hier und da von einer offensichtlich vorgewußten Sprachgestalt abweicht. Innes erklärt den Befund folgendermaßen:

The evidence from Bamba [...] shows that a griots version may be remarkably stable, both in content and language, over a period of time. Different interpretations of this evidence are no doubt possible, but, taken along with other evidence, it suggests to me a pattern of life in which a griot in his younger days travels extensively, listens to other griots and borrows selectively from them, repeatedly modifying his own version until eventually he arrives at a version which seems to him the most satisfying. With repetition, this version will become more or less fixed, and even the words will tend to become fixed to some extent. But even this version will of course vary from performance to performance, depending upon such factors as who happens to be present and in whose honour the performance is being given.[130]

Bei aller Varianz zwischen Versionen verschiedener Griots, die weit auseinandergehen können, wird man hier gleichwohl von einer memorierenden Mündlichkeit sprechen müssen, denn das Zuhören scheint nicht analytisch zu erfolgen, so daß der werdende Griot die gehörten Epen bis auf die Ebene von Phrasen und Formeln zerlegt, um seine Version des Stoffs beim Vortrag von hier ausgehend zu formieren und neu aufzubauen. Er merkt sich ganze Erzählsequenzen und montiert zunächst auf dieser Ebene neu. Wo er zu neuen Formulierungen gelangt, sind sie nicht aus einem Reservoir von Phrasen und Formeln gespeist, sondern überbrücken Gedächtnislücken und Lücken zwischen angezogenen Sequenzen. Selbst äußerst unterschiedliche Versionen eines Stoffs wären demnach mit einer Tradition des Memorierens vereinbar.

Dies ist nun etwa für afrikanische Heldendichtung gar nichts besonderes, und in anderen Stämmen oder Kulturen besitzt die Unterscheidung zwischen dem Urheber einer Dichtung und ihrem Sänger ganz explizit Geltung, wobei der Sänger über einen vorher verfaßten Text verfügt und nach der Güte seines Gedächtnisses und seiner Spontaneität dazu übergehen kann, »to fill in the gaps or make whatever adjustments are necessary«[131].

Unberührt von der *Oral-Formulaic Theory*, weil lange vor ihrem durchschlagenden Erfolg, hat Reinhold Trautmann die ›Lebensform‹ russischer Bylinen untersucht.[132] Sie sind nicht sehr lang und erreichen höchstens wenige hundert Verse. Dafür kennt ein begabter Sänger oder eine Sängerin aber

---

130 Ebd., S. 118.

131 Isidore Okpehwo: African Oral Literature. Backgrounds, Character, and Continuity. Bloomington, Indianapolis 1992, S. 68.

132 Trautmann: Die Volksdichtung der Grossrussen. In Deutschland ist Trautmanns Arbeit insbesondere von Theodor Frings und Maximilian Braun: Heldenlied. Nachschrift zu M. Brauns Aufsatz (Zur Frage des Heldenlieds bei den Serbokroaten). In: Beiträge 59 (1935), S. 289-313, für das Verständnis der Heldendichtung auch außerhalb Rußlands rezipiert worden.

schon einmal mehrere Dutzend von ihnen. Die Sänger wollen sie so singen, wie sie sie gelernt haben – »es sind fertige, sagen wir ganz einfach, auswendig gekonnte Lieder«[133]:

jeder Sänger ist bestrebt, so zu singen, wie er es lernte, – alte Überlieferung in Handlungsablauf und Handlungsaufbau, Darstellung von Geschehnissen und Menschen sucht er bewußt festzuhalten: er will nicht dichten, nicht improvisieren – diese Stufe der Entwicklung ist lange vorbei –, sondern das gelernte und durchs Gedächtnis festgehaltene Lied möglichst getreulich wiedergeben.[134]

Lesen und Schreiben sind im Umkreis der Sänger selten, »alle guten Sänger konnten es nicht; lernten sie es, so gaben sie das Singen auf«[135]. Gelernt werden Bylinen im Zusammenhang mit ihrer Melodie schon in der Kindheit – oft vom Vater oder Großvater –, und wenn man hierin geübt ist, kann man das ganze Leben hindurch hinzulernen. So wird von einem bekannten Sänger berichtet, »daß er nach einmaligem Hören ein Lied nachsingen konnte, als er schon 65 Jahre alt war«[136].

Trautmann glaubt, »daß der Sänger nicht nur das gelernte Lied bewußt so wiedersingen will, wie er's lernte, sondern daß das auch im großen und ganzen geschieht«[137]. Wenn eine Byline bei einem einzelnen Sänger, der sie in der Jugend erlernte, weitgehend erhalten bleiben kann und die Tradierung so fortgeht, gerade wenn sie innerhalb einer Familie erfolgt,[138] dann ist damit zu rechnen, daß einzelne Bylinen zumindest ihre stoffliche Formung über Jahrhunderte beibehalten:

Diese feste, jahrhundertealte Formung unterscheidet die klassische Byline von den formlosen epischen Gesängen etwa der Minusinschen Tataren und jeder echten Improvisation [...]. Trotz aller Formung erhält sich die Dichtart eine gewisse Freiheit, dem Individuum und dem Augenblick Spielraum lassend.[139]

Der Vergleich von im 19. Jahrhundert in einem Zeitabstand von zehn und mehr Jahren aufgezeichneten und publizierten Fassungen einzelner Sänger führt Trautmann zu dieser Einschätzung. In einem signifikanten Fall liegt gar nahezu ein halbes Jahrhundert zwischen den Fassungen eines Liedes:

---

133 Trautmann: Die Volksdichtung der Grossrussen, S. 113.
134 Ebd., S. 25.
135 Ebd., S. 19.
136 Ebd., S. 21.
137 Ebd., S. 26.
138 So hält Trautmann es in der Geschichte eines Einzelliedes für die Norm, »daß beim gleichen Individuum und innerhalb des engsten menschlichen Kreises, den er beherrschen kann, die gleiche Liedfassung auch über große Zeiträume sich bewahrt« (S. 115).
139 Ebd., S. 45.

etwas schmächtiger ist es geworden, ging von 260 Versen auf 243 zurück, – aber kein einziger wesentlicher Vers ging dabei verloren, die Liedfassung ist durchaus identisch, nur unbedeutende, dekorative Verse fehlen.[140]

Gegen eine die Zeiten überdauernde Formung steht allerdings die z.T. erhebliche Varianz, zu der es kommen kann, wenn eine Byline von einem anderen Sänger, insbesondere außerhalb der eigenen Familie, übernommen wird. Dann kann sie von ihm im Zuge einer längeren Aneignung so aufgeschwellt werden, daß sie ihren Umfang verdoppelt[141] oder völlig umgebaut wird.[142]

Von besonderem Interesse ist nun, daß Bylinen Bausteine, »geprägte Wendungen, die ein Dichter mehr oder weniger wörtlich übernimmt«[143], über Jahrhunderte vererbt haben: Sie »erscheinen überall dort, wo gleiche Situationen ihre Anwendung erlauben oder erfordern«[144]. So unterscheidet Trautmann zwei Stadien der Entwicklung der Bylinendichtung, ein aödisches und ein rhapsodisches.[145] Das aödische, von dem noch die Formelhaftigkeit zeugt, ist durch Komposition aus dem Stegreif gekennzeichnet und könnte erst im 17. Jahrhundert endgültig abgestorben sein, das rhapsodische beginnt in dem Augenblick, in dem »der Bauer einziger Träger der Byline wurde«[146]. Anders also als Radloff (s.o.), der ein rhapsodisches Stadium mit dem Einfluß der Schrift verbindet, bindet Trautmann es an eine neue Trägerschicht. Sicherstellen läßt sich jedenfalls am Beispiel der Bylinen, daß Memorieren von Heldendichtung, ja daß der diachrone Übergang von improvisierender zu memorierender Heldendichtung nicht notwendig etwas mit der Einführung von Schrift zu tun hat. Der Lebenszyklus der Gattung in ihrem Medium kann sich offensichtlich unterschiedlich gestalten.[147]

Wenn man heute Versionen von Heldendichtungen aus dem Mund von lebenden Sängern auf Band aufzeichnet oder auch noch Zugang zu Publikationen aus dem 19. Jahrhundert hat, die gesungene Versionen enthalten, deren Sänger seinerzeit berühmt waren, dann befindet man sich in einer anderen Lage, als wenn man nur über mittelalterliche Manuskripte verfügt, aus denen die Möglichkeit eines konstitutiv mündlichen Vortrags der aufgeschriebenen

---

140 Ebd., S. 113.
141 Ebd., S. 30, vgl. auch S. 116.
142 Ebd., S. 117f. Den Umbau führt Trautmann auf »reiche landschaftliche Gruppenbildung der Liedfassungen« zurück (S. 118).
143 Ebd., S. 84.
144 Ebd.
145 Ebd., S. 112f.
146 Ebd.
147 Vgl. den Gedanken eines *life cycle* von Heldendichtung bei Geoffrey S. Kirk: The Songs of Homer. Cambridge 1962, S. 96, der vier Stadien unterscheidet: »originative, creative, reproductive, and degenerate«.

Heldendichtungen erst zu erschließen ist. Hat man deshalb die Mündlichkeit der mittelhochdeutschen strophischen Heldendichtung vollkommen verkannt, so war es im Fall der französischen Chansons de geste leichter, ihren ursprünglichen Vortragscharakter zu erschließen, weil sich hier von der Institution der Jongleurs mehr Wissen erhalten hat[148] und in den Chansons auch einige namhafte Dichter genannt werden, deren Texte die Jongleurs dann vortrugen. Deshalb hatte Jean Rychner bei seinem frühen Versuch, die *Oral-Formulaic Theory* noch vor dem epochemachenden Werk Lords für einen neuen Gegenstand zu rezipieren, ein leichteres Spiel, philologische Schwerfälligkeit beiseitezuschieben und von den überlieferten Schrifttexten auf deren einst ganz andersartige Lebensform zurückzuschließen: »cette littérature *orale* nous est parvenue écrite« heißt es,[149] aber:

La chanson de geste n'est pas dans le manuscrit que nous ouvrons, nous n'en tenons là qu'un reflet; elle était ailleurs, dans le cercle au centre duquel chantait le jongleur, soumise à des conditions très particulières.[150]

Der Vortrag der Jongleurs hat in den überlieferten Texten mancherlei Spuren hinterlassen, besonders auffällig, wenn ein Vortrag unterbrochen und vertagt, aber auch wenn er im Kampf um die Aufmerksamkeit der Zuhörer durch Höreranreden, Rekapitulationen, Ankündigungen, Überleitungen und Sympathiebekundungen für die erzählten Helden begleitet wird.[151] Rychner vermutet, daß die schriftliche Überlieferung in Repertoirehandschriften wurzelt, die als Gedächtnishilfe dienen mochten und deren Existenz ein Faktum von nachrangiger Bedeutung sei.[152] Sie konnten wohl auch zirkulieren, und dann wird es verständlich, wenn Verfasseransprüche angemeldet wurden[153] und Dichternamen erhalten geblieben sind. So sind denn *trouveurs/auteurs* von *jongleurs/executeurs* zu unterscheiden.[154]

Das stellt aber klar, daß die Texte festliegen und memoriert werden: Chansons de geste stehen nicht in einer Tradition des Improvisierens. Nun hat Rychner allerdings beobachtet, daß, wo Fassungen verglichen werden können, die Texte keineswegs festliegen, sondern eine charakteristische Varianz

---

148   Vgl. Faral: Les jongleurs en France au Moyen Age.

149   Jean Rychner: La Chanson de geste. Essai sur l'art epique des jongleurs. Genf, Lille 1955, S. 26 (Hervorhebung vom Autor).

150   Ebd., S. 155.

151   Ebd., Kap. 1 und 3.

152   Ebd., S. 35f. Größere Bedeutung hatte Léon Gautier den Handschriften zugemessen (zitiert oben in Kapitel 3.5 auf S. 103), der den Umstand bloßen Memorierens betonte.

153   Ebd., S. 20f.

154   Ebd., S. 22. Einmal läßt sich dem Prolog einer Chanson, der ›Bataille de Loquifer‹, entnehmen, daß der Verfasser, Graindor de Brie, sie auf seinen Sohn vererbt (S. 22).

aufweisen, die zwar noch dieselbe Laisse wiedererkennen läßt, aber eben in deutlich veränderter Form. Deshalb ist der »caractère mouvant« zu erklären:

les récits étaient mouvants parce que l'art du jongleur n'est pas scripturaire, mais oral, et qu'une récitation chantée tient toujours quelque chose de l'improvisation, n'est jamais tout à fait identique à elle-même; selon les circonstances, le jongleur chantera une version plus ou moins complète, plus ou moins ornée, l'improvisation amènera sur ses lèvres d'autres mots, et ainsi de suite.[155]

Improvisation hat also immer nur »dans une certaine mesure« statt,[156] innerhalb der Grenzen des Memorierens und nicht von Grund auf. Für diese begrenzte Improvisation zieht Rychner die *Oral-Formulaic Theory* heran, und damit tut er es keineswegs gemäß dem Anspruch, den sie selbst hinsichtlich der Reichweite ihrer Erklärung erhoben hat. Die Frage ist dann, ob sie überhaupt zu Recht herangezogen werden kann. Denn womöglich vergessene Stellen spontan zu flicken, ist etwas ganz anderes, als eine Dichtung im Zuge des Vortrags von Grund auf zu improvisieren.

Rychner macht allerdings wahrscheinlich, daß Formeln, Motive und Themen für ein gemischtes Verfahren beim Vortrag der Chansons sprechen: »en récitant, en improvisant« hangelt der Jongleur sich durch; und daß er Formeln zur Verfügung hat, ermöglicht es ihm, wenigstens streckenweise zu improvisieren.[157] »Il ne peut pas mémoriser chaque vers. Il opère avec des groupes des mots, faits à la convenance du sujet«[158] – und, gemäß Parrys Formeldefinition, »à certaines conditions métriques«[159].

Freilich ist die Formeldichte, wenn man Rychners Beispielsammlung durchgeht,[160] nicht gerade sehr hoch, so daß es ebensogut scheinen könnte, als verdankten sich die Formeln weniger den akuten Zwängen der Improvisation als denen einer vorgängigen Komposition, die einer stereotypen Sprache bedarf, wenn sie dem Gedächtnis das Behalten erleichtern will.

Rychner zitiert zur Veranschaulichung der Fassungsvarianz eine Laisse aus drei Fassungen der ›Prise d'Orange‹,[161] von der ich hier nur die Anfangsverse nach den Fassungen der Handschriften AB und D wiedergebe.[162]

---

155 Ebd., S. 33.
156 Ebd., S. 68.
157 Ebd., Kap. 5.
158 Ebd., S. 149.
159 Ebd., S. 147.
160 Ebd., S. 141-146.
161 Ebd., S. 29-31.
162 Nach Claude Regnier: Les redactions en vers de la Prise d'Orange. Paris 1966. Nach Regnier kennt der Jongleur der Fassung D die Chanson »par cœur« (S. 83).

Or fu Guillelmes as fenestres au vent,
Et de François tiex .LX. en estant
N' i a celui n' ait fres hermine blanc,
Chauces de soie, sollers de cordoan;
Li plusor tienent lor fauconceaus
   au vent.
Li cuens Guillelmes ot mout le cuer
   joiant;
Regarde aval par mi un desrubant;
Voit l' erbe vert, le rosier florissant
Et l' orïol et le melle chantant.

Il en apele Guïelin et Bertran,
Ses .II. neveus que il pot amer tant:
»Entendez moi, franc chevalier
   vaillant.
[...].«
(AB, V. 74-85)

Or est Guillelmes aus fenestres a vent,
En sa conpaigne tex .XX. et .C.
Il n' i a cil qui n' ait bon garnement
De brunes pias et chier pailles de blanc;
Li plussor portent lor falconcias volent.

Li cuens regarde dejoste un desrubant;

Vit l' erbe fresche et lou rogier plantant
Et l' orïol et la melle chantant.
Li cuers del ventre li sospire griement,
Il en apelle Guïelin et Bertran:

»Consailliés moi, franc chevalier
   vaillant;
[...].«
(D, V. 29-39)

(Nun stand Wilhelm bei den Fenstern
   im Wind
von den Franken standen etwa sechzig
   bei ihm,
es gibt keinen, der nicht einen neue
   weißen Hermelinmantel trägt,
seidene Beinkleider und Schuhe aus
   dem Leder aus Cordoba;
die meisten haben ihre Falken bei sich
   im Freien.
Graf Wilhelm empfand große Freude
   im Herzen;
er blickt einen steilen Abhang hinab;

er sieht das grüne Gras, die blühende
   Rosenhecke,
Pirol und Drossel, die singen.

Er ruft Guielin und Bertran herbei,
seine beiden Neffen, die er so sehr
   liebte:
»Hört mir zu, tapfere Ritter.
[...].«)[163]

(Nun steht Wilhelm bei den Fenstern
   im Wind,
in seinem Gefolge von etwa
   20100 Männern
gibt es keinen, der nicht prächtige
   Kleidung trägt
aus braunen und kostbaren weißen
   Mänteln;
die meisten haben ihre Jagdfalken
   bei sich.

Der Graf blickt einen steilen Abhang
   hinab,
er sieht das frische Gras, die roten
   Blumen,
Pirol und Drossel, die singen.
Der Graf seufzt aus tiefem Herzen,
er ruft Guielin und Bertran herbei,

»Helft mir, tapfere Ritter,
[...].«)

---

163   Ich zitiere die Übersetzung der Fassung AB von Bodo Hesse aus: Wilhelmsepen. Le Couronnement de Louis. Le Charroi de Nîmes. La Prise d'Orange. Eingeleitet von Michael Heintze, übersetzt von Bodo Hesse. München 1993.

Die kurze Partie zeigt, daß Verse jeweils ausgelassen und zugesetzt werden, daß der Wortlaut einschließlich der Laissenreime z.T. erheblich variiert, daß aber ein Gerüst an identischen oder nahezu identischen Versen sich auch durchhält – Indiz dafür, daß hier ein Text jeweils variierend memoriert wird.

Es wäre methodisch überzeugender gewesen, wenn Rychner abgeänderte Stellen der Fassungen daraufhin untersucht hätte, ob denn in ihnen Improvisation tatsächlich zum Zuge kommt und ob also dort, wo das Memorieren offensichtlich aufhört, Formeln und Motive auch erkennbar ihre Dienste tun. Denn diese – schon an der zitierten Partie zu beobachtende – typische Varianz ist sein einziger Beleg dafür, daß die Texte überhaupt im Vortrag abweichend, und das heißt nach seiner Schlußfolgerung: improvisierend, vorgetragen wurden.

Was Rychner tatsächlich nachgewiesen hat, ist, daß Formelhaftigkeit und Motivik beim Kompositionsprozeß eine entscheidende Rolle spielen. Nicht festgestellt ist damit, wann dieser Kompositionsprozeß stattgefunden hat. Es scheint aber, als sei er einem Vortrag je schon vorausgegangen. Dann aber hat Formelhaftigkeit hier nichts mit Improvisation zu tun, sondern mit Memorieren. Und vielleicht stellt sie auch eher sprachliche Stereotypie dar als Formelhaftigkeit in dem Sinne, in dem sie von der *Oral-Formulaic Theory* bemüht wird.

Dies wäre ein Befund, wie er sich auch für die mittelhochdeutsche strophische Heldendichtung herausstellt. Traditionen des Memorierens dürften also recht verbreitet sein, so daß der Eindruck trügt, den die *Oral-Formulaic Theory* von ihrem vermeintlichen Gegenstand, der *oral poetry* aller Zeiten und Kulturen, vermittelt hat. Eine begrenzte Reichweite besitzt auch ihre Beschreibung der oralen Technik der Komposition: Nur im offenbar seltenen Ausnahmefall eines tatsächlich improvisierten Vortrags steht eine formelhafte Diktion im Sinne eines ›mentalen Sängerlexikons‹ zur Verfügung; im Rahmen einer Tradition des Memorierens kann ein solches Lexikon entbehrt werden, denn die Komposition findet ohne Zeitdruck vor dem Vortrag statt.

5 Gewalt und Gedächtnis.
Zur mündlichen Tradierung des ›Eckenliedes‹

5.1 Gewalt

Die vom 14. Jahrhundert an zur Aufzeichnung gebrachten bäuerlichen Weistümer regeln das dörfliche Leben weit durchgreifender, als es nach heutiger Rechtsvorstellung angemessen erschiene. Schädigungen aller Art werden in größter Differenziertheit beobachtet – so daß auch der Wegnahme von Rüben und Kraut aus dem Garten eines anderen am hellichten Tag im Gegensatz zum Diebstahl in der Nacht noch gedacht wird –; aber auch ehrverletzende Worte und Handlungen sowie Folgen von Tätlichkeiten werden genauestens bedacht. So heißt es im Weistum von Tannegg und Fischingen im Kanton Thurgau:

Welcher den andern schlecht mit der fuest ain truchnen [unblutigen] *straich, ist verfallen dry schilling pfenning, fallt er zu der erd von des straichs wegen, und bluet nit, ist ain pfundt mit gnad, blüet er aber und fallt nit, ist sechs pfundt pfenning. Fallt er aber von des straichs wegen, und bluet, das ist zehen pfundt, daß als mit gnad.*[1]

Die sorgfältige Unterscheidung der Folgen von Gewalteinwirkung mit den daran bemessenen Geldstrafen läßt indirekt auf die Häufigkeit entsprechender Vorkommnisse schließen.

Lang ist deshalb die Liste an Belegstellen zu den im Register der Grimmschen Weistümersammlung aufgeführten Begriffen ›Rauferei‹ und ›Ehrenkränkung‹.[2] Zur Differenzierung der verschiedenen Ehrkränkungen, die einen hinreichenden Anlaß für eine Rauferei abgeben, legen seit dem Spätmittelalter viele Rechtsquellen – neben Weistümern auch die Stadtrechte – Kataloge von Schimpfwörtern an, die im Rahmen von Beleidigungen vorgebracht werden und mit unterschiedlichen Geldbeträgen je nach dem Grad der Kränkung zu büßen sind.[3]

---

1 Weisthümer. Gesammelt von Jacob Grimm. Erster Teil. Mitherausgegeben von Ernst Dronke und Heinrich Beyer. Nachdruck der 1. Auflage von 1840, Darmstadt 1957, S. 281.

2 Ebd., Siebenter Teil. Namen- und Sachregister. Verfasst von Richard Schröder, S. 235, 340.

3 Rudolf His: Das Strafrecht des deutschen Mittelalters. Zweiter Teil. Die einzelnen Verbrechen. Weimar 1935, S. 109-119. Eine eigene Sammlung – mit mehreren hundert Einträgen aus dem 16. und 17. Jahrhundert – hat Karl-S. Kramer zusammengestellt. Vgl. ders.: Hohnsprake, Wrakworte, Nachschnack und Ungebühr. Ehrenhändel in holsteinischen Quellen. In: Kieler Blätter zur Volkskunde XVI (1984), S. 49-85.

Dörfliche Gemeinschaften wie auch die breiten städtischen Unterschichten bilden ein dichtes Milieu, in dem ununterbrochen Konflikte kleineren Ausmaßes brodeln, die an Ort und Stelle ausgetragen werden. Sie unterliegen gemeinschaftlicher Beobachtung und rufen, wenn sie mit zeitlicher Verzögerung und Vorbereitung auf Gewalttaten ausgetragen zu werden drohen, nach genossenschaftlicher oder obrigkeitlicher Regelung. Neben endemischen Ausbrüchen kollektiver Gewalt[4] wird die frühneuzeitliche Gesellschaft durch eine kontinuierliche gewalttätige Austragung individueller Konflikte geradezu ›massiert‹. Erst in der Neuzeit lassen sich entsprechende Vorfälle mit dem zunehmenden Vertrauen auf rechtssichernde Institutionen auf ein Minimum reduzieren.

Es sind aber nicht nur Rechtskonflikte, die mittels Gewalt ausgetragen werden, denn ihr Regulativ ist im weitesten Sinne die Ehre.[5] Dies macht deutlich, daß der Konfliktrahmen das, was rechtlich geregelt werden kann, entschieden übergreift. Der Einzelne hat in der Wahrung seiner Ehre das Bild, das sich die Gemeinschaft von ihm macht, zu verteidigen und zu sichern. Wo ihm das nicht gelingt, gräbt sich leicht ein ehrenrühriger Spitzname in das kollektive Gedächtnis ein.[6] Die Ehre reguliert, ob und wie man sich gegen Beleidiger mit niedrigerem Sozialstatus zur Wehr setzt, und fordert, daß man der Herausforderung Gleichgestellter angemessen begegnet.

Ein Aspekt individueller Gewalt bleibt aber bei der Beobachtung der Reaktionen auf Ehrkränkungen unterbelichtet: das Motiv zur Ehrkränkung. Wer den Status souveräner Selbstbehauptung von der Gemeinschaft (noch) nicht gewürdigt sieht, kann ihre Aufmerksamkeit provozieren wollen. Dies treibt ihn dann zur Suche nach Anlässen der Gewaltausübung, und es dürfen nichtige Anlässe sein, wenn sie nur zum erwünschten Ziel – der Anerkennung individueller Souveränität – führen.

Auf einer solchen Suche nach Anlässen, einen Streit vom Zaum zu brechen, wird in der Regel die Verantwortlichkeit umgekehrt, wenn nämlich etwas in einem Willkürakt als Ehrkränkung definiert wird, das gar nicht so ge-

---

4 An französischen Quellen hat dieses Phänomen etwa Natalie Z. Davis: Die Riten der Gewalt. In: Dies., Humanismus, Narrenherrschaft und die Riten der Gewalt. Gesellschaft und Kultur im frühneuzeitlichen Frankreich. Frankfurt/M. 1987, S. 171-209, untersucht.

5 Vgl. Richard van Dülmen: Kultur und Alltag in der Frühen Neuzeit 2. Dorf und Stadt. München 1992, S. 194-214; Karl-S. Kramer: Grundriss einer rechtlichen Volkskunde. Göttingen 1974, S. 46-60.
Die Quellenlage erlaubt erst für die Frühe Neuzeit einen genaueren Blick. Vgl. als Beispiel einer Quellenanalyse Klaus-J. Lorenzen-Schmidt: Beleidigungen in schleswig-holsteinischen Städten im 16. Jahrhundert. Soziale Norm und soziale Kontrolle in Städtegesellschaften. In: Kieler Blätter zur Volkskunde X (1978), S. 5-27.

6 Zur Rolle der Spitznamen vgl. Norbert Schindler: Widerspenstige Leute. Studien zur Volkskultur in der frühen Neuzeit. Frankfurt/M. 1992, S. 78-120.

meint war, oder die Ehrkränkung provoziert wird, um nur die Gelegenheit zum Gewalteinsatz zu bekommen.

Bei dieser Suche nach Bestätigung, die im Erfolgsfall gleichzeitig eine notwendige Gelegenheit zum Ausleben des angestauten Konfliktpotentials darstellt, gerät der Zwang zur Ehrverteidigung zum rituellen Schauspiel: Der Suchende selbst provoziert einen Angriff auf seine Ehrbarkeit, um sodann ›berechtigterweise‹ den Angreifer ›körperlich zurechtweisen‹ zu können. Die geglückte Verteidigung bestätigt den eigentlichen Aggressor in seinem ehrbaren Ruf und hebt das momentane Selbstwertgefühl.[7]

Das prekäre Gleichgewicht von Gewalt heischender Herausforderung[8] und ihrem Parieren durch ostentative Verteidigungsbereitschaft, das den tödlichen Ausgang eines nachfolgenden Kampfs immer möglich erscheinen läßt,[9] kennzeichnet das dichte Milieu dörflicher Gemeinschaften wie städtischer Unterschichten der frühneuzeitlichen und zweifellos schon der mittelalterlichen Gesellschaft. Hier versagen zwar historische Quellen, aber literarische Texte bieten einen gewissen Ersatz.

Neidharts Winterlieder etwa zeigen oder inszenieren ein dörfliches Milieu, in dem die Mädchen den Hauptanlaß allen Streits bilden. Rivalen versuchen einander zu schaden, einer etwa zertrampelt Neidharts Blumenbeete und singt dabei provozierend Liebesliedchen (Winterlied 17, Str. V). Rivalen stehlen und zerstören auch die Liebesgaben ihrer Nebenbuhler, um eigene Ansprüche zu behaupten. Unvergessen bleibt eine solche Kränkung bei Neidhart, dessen Spiegel Engelmar Friederun stahl,[10] und Neidhart gedenkt der ›Untat‹ über viele Lieder hinweg und, wie es einmal heißt, über einen Zeitraum von dreißig Jahren.[11] Er rächt nicht selbst die Kränkung, aber seine Schadenfreude ist groß, als Engelmar eines Tages infolge einer Schlägerei einen Fuß verliert und auf einer Stelze daherkommt.[12] Engelmars Spiegelraub wird von Neidhart im Gedächtnis seiner Zuhörer als Chiffre für die unverhältnismäßige Bedeutung nichtiger Ereignisse im dichten Milieu des Dorfs festgehalten.

---

7 Müller-Wirthmann: Raufhändel. Gewalt und Ehre im Dorf, S. 107.

8 Zur Herausforderung im Wortsinn (»Einer läuft vor das Haus eines anderen und fordert diesen unter ehrenrührigen Reden auf, aus dem Hause zu kommen und sich mit ihm, dem ›Herausforderer‹, zu schlagen.«) vgl. Karl-S. Kramer: Das Herausfordern aus dem Haus. Lebensbild eines Rechtsbrauchs. In: Bayerisches Jahrbuch für Volkskunde (1956), S. 121-138 (das Zitat S. 121).

9 Vgl. Müller-Wirthmann: Raufhändel. Gewalt und Ehre im Dorf, S. 82: »Da man in der Wahl auch sonstiger Mittel [gemeint ist neben dem Tragen von Messern die Benutzung auch anderer Waffen, H. H.] nicht gerade wählerisch verfuhr, hatten deshalb die Händel mitunter tödlichen Ausgang.«

10 Vgl. z.B. Winterlied 32, Str. V: Nach diesem ›traumatischen‹ Vorfall seien alle seine Annäherungsversuche bei Mädchen – so der Sänger – erfolglos geblieben.

11 Vgl. Winterlied 22, Str. II,8.

12 Winterlied 22, Str. II d und e.

Aus nichtigen Anlässen der Selbstbehauptung können dramatische Folgen erwachsen. Dieser archetypische Erlebnishintergrund, der gewiß auch schon für das Frühmittelalter Geltung beanspruchen kann und dem auch im Frauenstreit des ›Nibelungenliedes‹ ein Denkmal gesetzt wird,[13] wird besonders in der aventiurehaften Dietrichepik verhandelt. Sie schwenkt von den Massenschlachten der historischen Dietrichepik und Heldendichtung auf die Darstellung individueller und individuell motivierter Gewalt um, die dann allerdings weitere Kreise zieht. Im ›Laurin‹ stellt Hildebrand Laurins gewalttätiges Vorgehen gegen Eindringlinge, die sich im Tiroler Wald in seinen Wirkungsbereich wagen, als etwas dar, was der Ehre Dietrichs Abbruch tut. Damit werden Ansehen und Selbstbild Dietrichs in der Öffentlichkeit gefährdet, und das ›Schauspiel‹ der Selbstbehauptung und Suche nach Selbstbestätigung ist angestoßen. Dietrich zieht mit Witege los, der in symbolischer Schädigung Laurins Rosengarten zertrampelt. Dadurch muß Laurin sich provoziert sehen.

Als Erzählrahmen für den Auszug Dietrichs wird die arthurische *âventiure* bemüht,[14] aber die Erzählstruktur ist doch eine ganz andere, und so gibt es denn schnell gravierende Unterschiede zur *âventiure*: Der Protagonist ist nicht allein, sondern er hat einen Begleiter und braucht mit Witege einen Katalysator der Gewalt: Da man nach Hildebrands Worten von der Zwergen-*âventiure* bloße Gewalt zu erwarten hat (›Laurin‹ A, V. 29-40), stellt Witege sich unter der Vorgabe einer Selbstüberhebung Laurins auf solche Gewalt ein (V. 130). Der Verlauf der anschließenden Kämpfe macht deutlich, daß es für Dietrich nicht etwa um Bewährung und Identitätsfindung zur Herrschaftsübernahme, auch nicht um eine Zurückweisung von Gewalt in der Außerkraftsetzung gewaltgebundener *costumes* und schließlich in keiner Weise um höfische Ehre

---

13 Das ambivalente Bild des ›Nibelungenliedes‹ (A und B) von Kriemhild, die den Streit mit Brünhild grundlos vom Zaum bricht, wird im ›Rosengarten‹ A zu einem negativen Bild. Ihr wird vom Erzähler *hôchvart* attestiert (Str. 178,1), und ihre Herausforderung Dietrichs wird von Rüedeger als *kintlîch* (Str. 115,3) und von Biterolf als *grôze affenheit* (Str. 111,4) kritisiert. Ohne die Folgen zu verantworten setzt sie ihre Herausforderung aus bloßer Profilierungssucht durch. Im gattungsmäßig isoliert stehenden ›Biterolf‹ scheint die Nichtigkeit der Kampfanlässe in der aventiurehaften Dietrichepik karikiert zu werden, und aus einer Lappalie – Dietleib findet, daß die Wormser Könige ihm nicht angemessen begegneten: sein juveniler Stolz ist verletzt – erwächst ein Weltkrieg.

14 Der ›Laurin‹ schließt sich dem *âventiure*-Schema zunächst deutlicher als das ›Eckenlied‹ an, wenn er das Auffinden des Rosengartens durch Dietrich und Witege als Zufallsereignis in den Rahmen einer Pirschjagd stellt und seine Zerstörung als Provokationshandlung faßt. Vgl. auch Paulus B. Wessels: König Laurin. Quelle und Struktur. In: Beiträge 84 (1962), S. 245-265, hier S. 259. Die Parallelen gehen aber nicht so weit, wie bei Meyer: Die Verfügbarkeit der Fiktion, Kap. IV, herausgestellt. Das schließt Anspielungen (z.B. auf Erecs *verligen*) und poetische Anleihen bei der Artusdichtung (Prolog, descriptio) nicht aus.

geht.[15] Es geht um Ehre nur als Anlaß von Gewaltausübung zur öffentlichen Selbstbehauptung.

Mit den *âventiuren* der Artusdichtung zeigt dieser Zuschnitt von Dietrichs Abenteuer deshalb nur oberflächliche Gemeinsamkeiten. An die Stelle der Bewährung tritt die Psychodynamik der Überwindung anfänglicher Zurückhaltung im Einsatz von Gewalt – auch dies eine archetypische Komponente von Gewaltkontexten. Es gilt für Dietrich, durch den gewalttätigen Handlungskontext genötigt, die eigene Zögerlichkeit, die er zunächst mit wohlfeiler Lebensweisheit zu kaschieren sucht (V. 307-330), hinter sich zu lassen.

Idealtypisch im Sinne elementarer sozialer Gewaltepisoden beschränkt das ›Eckenlied‹ sich zunächst auf die zwei Hauptkontrahenten Ecke und Dietrich. Wenn auch hier der Erzählrahmen durch einen Frauendienst Eckes höfisch veredelt und als *âventiure* drapiert ist, führt der Handlungsverlauf am Ende doch wiederum in rohe Gewalt mit katastrophalen Folgen für den Herausforderer Ecke und seine ganze Familie.

Nicht Dietrich erscheint hier als Herausforderer, sondern Ecke. Dieser sieht sich durch das große Ansehen, das *lop*, das Dietrich als furchtloser Held genießt, derb zurückgesetzt und will sich auf ein todbringendes Kräftemessen einlassen. Drei Königinnen schalten sich zusätzlich ein, um ihn zu veranlassen, Dietrich vor ihr Angesicht zu bringen, damit sie den berühmtesten der Helden einmal zu sehen vermöchten. Gelänge Ecke dies, so hätte er Dietrich deklassiert und sich unübersehbar gemacht. Aber er wird zum Opfer seiner zu hoch gesteckten Ziele. Dietrich läßt sich wiederum nur nach einigem Zögern auf den Kampf ein, aber umso nachhaltiger ist sein Sieg. Er begibt sich – Eckes auf dessen eigenen Wunsch abgeschlagenen Kopf am Sattel – dann selbständig zu den Königinnen und sieht sich auf dem Weg dorthin gezwungen, auch noch mehrere zur Blutrache entschlossene Familienmitglieder Eckes zu töten.

Für einen solchen Plot war ein Publikum am Hof schwerlich privilegiert, und er war für ein solches Publikum nicht bevorzugt geeignet und wohl nicht einmal gedacht,[16] so daß denn das ›Eckenlied‹ über drei Jahrhunderte – be-

---

15   Joachim Heinzle: Überlieferungsgeschichte als Literaturgeschichte. Zur Textentwicklung des Laurin. In: Kühebacher (Hg.), Deutsche Heldenepik in Tirol, S. 172-191, hier bes. S. 182-184, hat auf weitere Unterschiede der Dietrichdichtung im Verhältnis zum Artusroman, insbesondere auf den statischen Heldentypus, hingewiesen.

16   Verfehlt scheint mir deshalb die weitgehende Rückbindung der Handlung des ›Eckenliedes‹ an das höfische *âventiure*-Schema, wie sie z.B. Marie-Luise Bernreuther vornimmt. Vgl. dies.: Herausforderungsschema und Frauendienst im ›Eckenlied‹. In: ZfdA 117 (1988), S. 173-201. Daß das Medium des ›Eckenliedes‹ die Schriftlichkeit sei und es die thematische und stilistische Nähe zur höfischen Literatur suche (ebd., S. 173f.), steht im Kontrast zu meinen folgenden Überlegungen, auch wenn man zwischen der Ausgangsfassung und den Folgefassungen unterscheidet und Bernreuthers Analyse ausschließlich auf die Ausgangsfassung beschränkt.

gonnen schon mit einer Vorform, deren Inhalt die ›Thidrekssaga‹ in teilweise vielleicht wörtlicher Übereinstimmung nacherzählt[17] – immer neue Rezipientengruppen erschließen konnte, denen Gewalt kein Anlaß zu zivilisierender Überformung und zur Ausdifferenzierung von auf Fairness bedachten Umgangsformen schien, sondern die sich am Spiel aus der Kontrolle geratender Gewalt ergötzten. Unfair ist schon die körperliche Größe Eckes, unfair das Anlegen der von Ortnit stammenden unzerstörbaren Rüstung, mit der die an ihm gar nicht interessierten ›höfischen‹ Damen ihn ausstatten: und doch oder vielleicht auch gerade deshalb erhält er von Dietrich – in nicht schemagerechter Inversion eines auf den Erfolg des ausziehenden ›Helden‹ ausgerichteten Erzählschemas[18] – die grausame Quittung für seine Anmaßung.[19] Die Rüstung bleibt unversehrt, aber Ecke geht wiederholt zu Boden, wo Dietrich ihn erdrückt und schließlich durch die Schlitze der Kopfbedeckung ersticht – keine besonders ritterliche und ritterlich herbeigeführte Todesart.

Das ›Eckenlied‹ erzählt deshalb sowenig wie der ›Laurin‹ von ritterlicher Bewährung im chancengleichen Kampf. Ecke unterzieht sich nicht einem standesmäßigen Ritual, er will sich nicht messen, sondern er will sich aus *übermuot* schlagen (E_2 28,4; 86,2; 89,5). Höfisches Sich-Messen zielt auf höfische Ehre und kennt kein Hineinziehen der Familien oder, wie im ›Laurin‹, der Leute der Kontrahenten in eine Eskalation der Rache; unhöfisches Sich-Schlagen zielt dagegen auf Schädigung und Verletzung des Gegners und kann deshalb die hinter den Kontrahenten stehenden Personenverbände leicht involvieren. So geschieht es im ›Eckenlied‹, so auch im ›Laurin‹. Erzählt wird ein brutaler Abgleich von Gewalt und keine höfische *âventiure*.

---

17 Die Stellen sind aufgelistet bei Friese: Thidrekssaga und Dietrichepos, S. 76-85. Kritisch gegenüber der Annahme einer Vorform, von der die ›Thidrekssaga‹ abhängt, ist Heinzle: Einführung in die mittelhochdeutsche Dietrichepik, S. 122f.

18 Eine negative Bewertung des *âventiure*-Schemas vermag ich hierin nicht zu sehen. Vgl. Francis B. Brévart: *won mich hant vrouwan usgesant* (L 43,4). Des Helden Ausfahrt im ›Eckenlied‹. In: Archiv für das Studium der neueren Sprachen und Literaturen 220 (1983), S. 268-284, hier S. 279f. Vgl. ähnlich bereits Heinzle: Mittelhochdeutsche Dietrichepik, S. 235f. Daß der ausziehende Held nicht sein Glück, sondern seinen Untergang erreicht, ist auch keine Verkehrung des *âventiure*-Schemas, sondern es konterkariert eine schon in vorliterarischen Gattungen des Erzählens geläufige Erwartung.

19 Matthias Meyer: Zur Struktur des ›Eckenliedes‹. In: Heldensage – Heldenlied – Heldenepos. Ergebnisse der II. Jahrestagung der Reineke-Gesellschaft. Gotha 16.–20. Mai 1991. Greifswald 1992, S. 173-185, arbeitet zwar auch die Übernahme eines Artusstrukturmodells heraus, sieht aber deutlich die Bruchstellen: zunächst das »Skandalon der Ausfahrt [Eckes, H.H.] mit Tötungsabsicht« (S. 177), dann den Wechsel des Strukturmodells mit dem Untergang Eckes (S. 183f.). Daß der Verfasser hier bewußt mit zwei Strukturmodellen operiert (vgl. auch Meyer: Die Verfügbarkeit der Fiktion, S. 187-236, hier die Zusammenfassung auf S. 233-236), kann ich nicht sehen.

Ich vertiefe im folgenden keine Interpretation des ›Eckenliedes‹,[20] sondern beschränke mich anhand des Vergleichs zweier Fassungen des 15. Jahrhunderts[21] mit der einem zu vermutenden Ausgangstext im 13. Jahrhundert vergleichsweise näherstehenden Fassung E_2 auf den Nachweis, daß der Text aus dem Gedächtnis vorgetragen und ohne Schriftstütze tradiert wurde. Schon deshalb steht er weit ab von der höfischen Buchdichtung des 13. Jahrhunderts und muß nicht immer schon an ihren Erzählnormen und -strukturen gemessen werden, als wäre dieser Bezug eine unabdingbare Voraussetzung jeder Interpretation.[22]

Der im folgenden herausgearbeitete Befund verträgt sich mit einigen weiteren Annahmen, die ich vorweg anführe: Das Publikum des ›Eckenliedes‹ – überhaupt der mittelhochdeutschen Heldendichtung – dürfte, abgesehen von den durch die Drucke ab Ende des 15. Jahrhunderts erschlossenen Leserschichten, immer schon ein eher illiterates und nicht notwendig auf höfische Bildung bedachtes Publikum gewesen sein, dem ein Vortrag durch Ablesen zumindest nicht selbstverständlich war. Das setzt voraus, daß eine Vortragsform bis ins 15. Jahrhundert überlebt hat, die sich nicht auf ein vorliegendes Buch stützte. Man kann die Existenz und das Fortleben einer solchen Vortragsform nicht mehr direkt beweisen, aber indirekt aus einer Reihe von Indizien erschließen: z.B. auch aus den Umständen der Verwendung von Schrift in der Heldendichtung selbst. Privatbriefe etwa, in der höfischen Buchdichtung zum neuen und besonders vornehmen Kommunikationsmedium hochstilisiert, besonders wenn es um *minne* geht, spielen in der Heldendichtung keine Rolle. Hier zählen nur Staatsaktionen, und dann schickt man Boten, die – auch wenn sie einen Brief mitführen – mündlich vorbringen, was auszurichten ist.[23]

---

20 Eine neuere Bemühung um den Text verzeichnet die älteren Interpretationsversuche: Vgl. Hartmut Bleumer: Narrative Historizität und historische Narration. Überlegungen am Gattungsproblem der Dietrichepik. Mit einer Interpretation des ›Eckenliedes‹. In: ZfdA 129 (2000), S. 125-153.

21 Der zwei vollständig überlieferten Fassungen E_7 und e_1.

22 Joachim Heinzle: Wandlungen und Neuansätze im 13. Jahrhundert (1220/30–1280/90). In: Geschichte der deutschen Literatur von den Anfängen bis zum Beginn der Neuzeit. Hg. von Joachim Heinzle. Band II: Vom hohen bis zum späten Mittelalter. Teil 2. Königstein/Ts. 1984, S. 157, weist darauf hin, daß das Herausforderungsschema und das Befreiungsschema der aventiurehaften Dietrichepik sich mit Erzählschemata der Artusepik eng berühren, was zu einem Konkurrenzverhältnis der Gattungen im System der höfischen Literatur führen mußte. Zieht man die Möglichkeit in Betracht, daß das Publikum für Artus- und Heldendichtung nicht durchweg dasselbe und ständisch inhomogen war, so ist die Unterstellung einer entsprechenden Konkurrenz nicht naheliegend.

23 Hier ließen sich im Vergleich von Heldendichtung und höfischer Buchdichtung signifikante Unterschiede herausarbeiten. Material dazu sammelt Horst Wenzel: Boten und Briefe. Zum Verhältnis körperlicher und nicht-körperlicher Nachrichtenträger. In: Gespräche – Boten – Briefe. Körpergedächtnis und Schriftgedächtnis im Mittelalter. Hg. von Horst Wenzel. Berlin 1997, S. 86-105. Zum Boteninstitut insbesondere an Beispielen aus

So hat man wohl tatsächlich auf illiterate Adressaten mitgegebener Briefe Rücksicht genommen und nehmen müssen. Kommt die mündlich ausgerichtete Botschaft solchen Adressaten entgegen, so mag das Erzählen mündlicher Botschaften auch den Grad der Alphabetisierung des Publikums von Heldendichtung reflektieren: Die erzählte Welt der Helden hat in der Nutzung der Schrift der Welt der potentiellen Rezipienten nichts voraus.

Illiterate Rezipienten werden sich nicht gern etwas vorlesen und dadurch an ihre mangelnde Vorbereitung auf ein ihnen unzugängliches Medium erinnern lassen haben. Dies mußte einen natürlichen Schutz für eine Vortragsform darstellen, die deshalb Jahrhunderte überleben und sich – selbst wenn sie sich auf schriftlich vorliegende und ursprünglich vom Blatt auswendig zu lernende Dichtungen stützte – bis ins Spätmittelalter hinein erhalten konnte.

Die Alphabetisierung des Publikums von Heldendichtung sagt indes wenig aus über seine ständische Zusammensetzung – wie auch umgekehrt. Aber daß es sich im Vergleich zum Publikum der höfischen Buchdichtung in besonderem Maße als nach unten offen erweist,[24] legt unabhängig nahe, daß

---

der Heldendichtung vgl. Stephan Müller: Datenträger. Zur Morphologie und Funktion der Botenrede in der deutschen Literatur des Mittelalters am Beispiel von ›Nibelungenlied‹ und ›Klage‹. In: Situationen des Erzählens. Aspekte narrativer Praxis im Mittelalter. Hg. von Ludger Lieb und Stephan Müller. Berlin, New York 2002, S. 89-120. Ausnahmen von der mündlich übermittelten Botschaft erzählen allerdings die ›Virginal‹ und der ›Rosengarten‹, wo Botschaften durch Briefe ausgerichtet werden. Im ›Rosengarten‹ muß die Botschaft Kriemhilds von einem Lesekundigen (im ›Rosengarten‹ A einem Kaplan [Str. 45ff.], im ›Rosengarten‹ D einem Schreiber [Str. 22ff.]) vorgelesen werden, der erst herbeigeholt werden muß. Die Absender und Empfänger von Privatbriefen in der höfischen Buchdichtung können dagegen selber lesen.

24 Schlumpf: *Die frumen edlen puren*, S. 94-134, hat die Stellen aus gelehrt-chronikalischen Werken des Spätmittelalters, die die Rezeption von Heldendichtung bezeugen, nach dem Vorgang u.a. von Grimm: Die deutsche Heldensage, noch einmal zusammengestellt und zeigt anhand von Erwähnungen insbesondere des ›Eckenliedes‹, daß Heldendichtung hier als zu den Bauern ›herabgesunkene‹ Kunst gilt. Gerade die Drucke des ›Eckenliedes‹ werden offenbar im 16. Jahrhundert auch von Bauern gelesen. Vgl. Flood: Die Heldendichtung und ihre Leser in Tirol im späteren 16. Jahrhundert, S. 149f. Daß dies für die Dietrichdichtung überhaupt gelten dürfte, hat Rosenfeld: Heldenballade, S. 69f., wahrscheinlich gemacht.

Hoffmann: Mittelhochdeutsche Heldendichtung, S. 38-44, hat die Möglichkeit, daß Heldendichtung ein im Vergleich zur höfischen Buchdichtung anders zusammengesetztes, z.T. auch nichtadliges Publikum ansprach, nur widerwillig eingeräumt, aber selbst auf den Zeugniswert der Besitzverhältnisse der Handschriften hingewiesen, aus denen Werner Fechter: Das Publikum der mittelhochdeutschen Dichtung. Frankfurt/M. 1935, S. 69-75, klar auf ein solches, anders zusammengesetztes, Publikum für Heldendichtung geschlossen hatte. Kurt Ruh: Epische Literatur des deutschen Spätmittelalters. In: Europäisches Spätmittelalter. Hg. von Willi Erzgräber. (Neues Handbuch der Literaturwissenschaft 8). Wiesbaden 1978, S. 117-188, hier S. 152, rechnet ab der zweiten Hälfte des 15. Jahrhunderts auch mit nichtadligen Rezipienten von Heldendichtung. Heinzle: Mittelhochdeut-

schrift- und buchgebundene höfische Orientierungsnormen nicht sein primäres Interesse darstellen und daß es Unterhaltung in einem anderen stofflichen und medialen Rahmen sucht und findet. Dies lädt nicht dazu ein, Heldendichtung als Forum der Replik auf höfische Buchdichtung im Medium der Buchdichtung zu interpretieren. Diese startet vielmehr in einer medialen Enklave, Heldendichtung überlebt dagegen ohne große Berührung mit höfischer Buchdichtung im Soziotop der Illiteraten, zu dem eine andere erzählte Welt gehört: Gewalt bricht hier unkontrolliert aus und kann in ihren Folgen nicht begrenzt werden.

Die Wirkung des ›Eckenliedes‹ war – an den Rezeptionszeugnissen gemessen – erheblich.[25] Das Publikum wird sich der Homologie zwischen Textstruktur und Struktur der eigenen Lebenswelt, in der man darauf vorbereitet sein mußte, sich zu schlagen, bewußt gewesen sein. Von der auch daraus zu erklärenden Nachfrage nach dem ›Eckenlied‹ hängt dann auch die Bereitschaft ab, es für den Vortrag auswendig zu lernen. Wo das Gedächtnis für die Beobachtung von Gewaltepisoden lebensweltlich trainiert ist, dort ist es naturgemäß für das Behalten solcher Episoden, auch wenn sie nur als Erzählstoff begegnen, präpariert. Teile des Publikums selbst könnten deshalb den Text in größerem oder kleinerem Maße beherrscht haben.

Eine mündliche Vortragssituation, von der man annehmen kann, daß sie für das ›Eckenlied‹ durchaus typisch war, hat Heinrich Wittenwiler im ›Ring‹ dargestellt[26]: Während des ungehemmten Schmausens bei der Bauernhochzeit von Bertschi Triefnas und Mätzli will Utz vom Hag wenigstens einen der konkurrierenden Fresser kaltstellen und fordert deshalb Guggoch, *der selber lieder tichten chan / Von Dietreichen dem Perner* (V. 5922-5923), auf, etwas vorzutragen, da man lieber ein Lied hören wolle als sich nur den Bauch vollzuschlagen. Guggoch ist stolz und beginnt, ohne zu bemerken, daß derweil das Schmausen ohne ihn weitergeht, gleich mit dem ›Eckenlied‹: »*Es sassen held in einem sal, / Die assen wunder über al*«, / *Et cetera bis an ein end.* (V. 5929-5931)

Es gehört zur parodistischen Komik im ›Ring‹,[27] wenn Guggoch den zweiten Vers seiner Eingangsstrophe, der nach allen Fassungen *si rettont wunder ane zal* lauten müßte, in charakteristischer Varianz vorträgt – hier angepaßt an

---

sche Dietrichepik, S. 274-279, stellt dies anhand einer Überschau von Handschriftenbesitzern sicher.

25 Vgl. die umfangreiche Anführung von Rezeptionszeugnissen bei Schlumpf: *Die frumen edlen puren*, S. 98-115; Grimm: Die deutsche Heldensage, s. Reg. unter ›Ecke‹.

26 Ich zitiere Heinrich Wittenwiler: Der Ring. Frühneuhochdeutsch/Neuhochdeutsch. Nach dem Text von Edmund Wießner ins Neuhochdeutsche übersetzt und hg. von Horst Brunner. Stuttgart 1991.

27 Vgl. Edmund Wießner: Kommentar zu Heinrich Wittenwilers Ring. Leipzig 1936, zu V. 5929f.

die Vortragssituation. Es ist offensichtlich, daß er das Lied auswendig kann, ist er doch angeblich auch in der Lage, (Zusatz-)Strophen aus dem Stegreif zu verfassen. Wenn man für den, der Lieder von Dietrich von Bern und Ecke vortragen kann, gewohnheitsgemäß Wein kommen läßt – so Hugo von Trimberg im ›Renner‹ im Kontext einer Kritik der Trunkenheit (V. 10348-10351) –, so gehören entsprechende Vorträge gewöhnlich zum Essen und Zechen. Dies sind Situationen, die in Chaos und Gewalt enden können, ganz so, wie das ›Eckenlied‹ in der Fassung Guggochs es, ausgehend von einem Festschmaus, erzählt.

Auch die Situation, in der Guggoch das ›Eckenlied‹ im ›Ring‹ vorträgt, endet so, und der Wittenwiler geht denn auch dazu über, einen Verschnitt der Erzählhandlungen des ›Rings‹ und des ›Eckenliedes‹ zu bilden: Dietrich und Ecke greifen selbst in die brutale Schlägerei ein, die nach dem Festschmaus der Bauern losbricht, und auch hier erschlägt Dietrich Ecke, bevor am Ende das ganze Dorf Lappenhausen ausgelöscht wird und Bertschi Triefnas sich nach dem Tod auch seiner Braut allein in eine Einsiedelei zurückziehen muß. Dichtung und dargestelltes Leben sind sich so nah, daß sie ineinander umschlagen.

Ausgelöst wird die Katastrophe aber durch eine Lappalie: Aus verliebtem Überschwang kratzt Eisengrein seine Gredel am Handrücken, und sie fängt an zu bluten (V. 6447-6457). Ihr Onkel Schindennack versteht das falsch und fährt Eisengrein an. Der aber kann nicht an sich halten und beleidigt Schindennack. So eskaliert der Streit, und alle Anwesenden werden in Mitleidenschaft gezogen, ja in den Tod. Dahinter steckt aber eine archetypische Struktur: Ein nichtiger Anlaß wächst sich zu katastrophalen Folgen aus, wenn die Beteiligten sich – sei es auch ohne jede Berechtigung – in ihrer Ehre verletzt sehen und in nichts nachlassen.

5.2 Auswendigkeit und Kodierung

Auf den schon im 15. Jahrhundert entstehenden Drucken strophischer Heldendichtung findet sich in der Titelüberschrift öfter die werbende Angabe, die Lieder seien sehr kurzweilig zu lesen, zu hören und zu singen.[28] So auch auf dem Augsburger Druck des ›Eckenliedes‹ von ca. 1491, wo es heißt, das Lied sei *gar kurczweilig zu lesen unnd zu horen, auch zu singen.*[29] Sang man die Heldenlieder, so wohl – wie auch Wittenwilers ›Ring‹ bezeugt – nicht vom Blatt, sondern auswendig. Melodie und Strophenform – beim ›Eckenlied‹ der

---

28 Vgl. Brunner: Epenmelodien, S. 149 und dazu auf S. 161f. Anm. 4.
29 Vgl. Teil 3, S. 3 der zitierten Ausgabe.

auch für andere Dichtungen verwendete Bernerton[30] – kannte man und den Text vermutlich auch. Wo sich die zitierte Angabe findet, handelt es sich jedenfalls um noch beherrschbare Texte wie neben dem ›Eckenlied‹ den ›Sigenot‹, den ›Wunderer‹, das ›Lied vom hürnen Seyfrid‹ und den strophischen ›Herzog Ernst‹. Für die wie das ›Eckenlied‹ gleichfalls im Bernerton abgefaßte ›Virginal‹ wäre eine entsprechende Sangbarkeit ›aus dem Kopf‹ aufgrund ihres beträchtlichen Umfangs dagegen schon einer bemerkenswerten Gedächtnisleistung gleichgekommen. Es läßt sich zeigen, daß auch diese Gedächtnisleistung für Spezialisten keine Besonderheit darstellte.

Es gibt eine Reihe von Zeugnissen, die eine auswendige Beherrschung von Heldendichtung im Spätmittelalter wenn nicht belegen, so doch nahelegen.[31] So folgt z.B. im ersten Druck des ›Heldenbuchs‹ nach der sogenannten ›Heldenbuch-Prosa‹ eine gereimte Vorrede, deren erste sechs Verse aus des Strikkers Prolog zum ›Pfaffen Amis‹ übernommen sind und die Gewohnheiten der Vergangenheit loben. Dann heißt es unter Nennung weiterer vorbildlicher Gewohnheiten:

> *Lesen in eim bůche*
> *Man auch gern gerůche*
> *Und nam auch des wol achte*
> *Wer gůte gedicht machte*
> *Wort und darczů weise*
> *Das horte man vil leise*
> *Und lernte es vil gerne.*[32]

Demnach lernte man neben dem Lesen von Büchern strophische Dichtung durch Zuhören auswendig, um sie dann singen zu können. Dies taten offensichtlich nicht nur berufsmäßige Sänger,[33] sondern auch andere Interessenten, die sich auf diese Weise unterhielten und ›bildeten‹. Die Auswendigkeit auch von Heldendichtung, für die die Gewohnheit der Vergangenheit wohl erneut empfohlen wird, war danach eine einst vertraute ›Routine‹.

---

30 Eine formale Beschreibung des Tons vgl. bei Heinzle: Einführung in die mittelhochdeutsche Dietrichepik, S. 100-103. Vgl. des weiteren die Hinweise im Kommentar von: Das Eckenlied. Mittelhochdeutsch/Neuhochdeutsch. Text, Übersetzung und Kommentar von Francis B. Brévart. Stuttgart 1986, S. 257f. Zur Melodie vgl. Brunner: Epenmelodien, S. 175f. Vgl. auch Brunner: Strukturprobleme der Epenmelodien, S. 315-320.

31 Die Zeugnisse für die Existenz von Berufssängern und die Art ihres Vortrags sichtet Heinzle: Mittelhochdeutsche Dietrichepik, S. 82-92. Danach sowie nach dem Vorkommen »memoriell bedingter Textvarianten« (ebd., S. 90) ist grundsätzlich mit auswendigem Vortrag und gedächtnismäßiger Tradierung zu rechnen.

32 Heldenbuch. Nach dem ältesten Druck in Abbildung hg. von Joachim Heinzle. I. Abbildungsband. Göppingen 1981, S. 8.

33 Wie es der Prolog des ›Wolfdietrich‹ D nahelegt, nach dem der Text von zwei *meistern* aus einem Buch auswendig gelernt und dann in der Welt verbreitet wird. Vgl. unten Kapitel 8.7.

Dies geht u.a. auch aus einer Vorrede des Wiedertäufers Joachim Aberlin zu drei von ihm verfaßten Merkliedern zur Bibel hervor, in der er die Länge seiner Lieder verteidigt:

Es darff sich auch niemands der lenge / als ob es vnmüglich zů behalten / beschwern. Dann ob ainer schon di summ des alten vnd newen Testaments für sich neme zů singen / so ist sy nit allein nutzlicher vnd weger / sonder auch wol als kurtz vnd ring zů lernen als der Berner / Ecken außfahrt / Hertzog ernst / der hürne Sewfried / auch andere vnütze / langwirige vnd haillose lieder vnd maistergesang (der schandparen / ehrlosen vnd vnchristlichen / so ainer oberkait zů uerbieten wol anstůnd / geschwigen) damit man nit allain die zeyt übel angelegt / sonder ouch offt vnd dick biß zů den blůtigen köpffen widereinander gesungen hat.[34]

Die Stelle läßt deutlich werden, daß man strophische Heldendichtung mit einigem Zeitaufwand und Mühe auswendig lernen mußte, um sie dann in einer Art Wettgesang zu singen. Dies könnte man gemeinsam im Wettstreit miteinander (etwa hinsichtlich der Lautstärke?) oder nacheinander (hinsichtlich einer veranschlagten Textgenauigkeit und Vollständigkeit) oder schließlich – was am wahrscheinlichsten scheint – einander korrigierend und ergänzend getan haben.

Der strophische ›Herzog Ernst‹ der Druckfassungen endet mit zwei Versen, die Aufschluß zum Wettgesang enthalten könnten: *Schenckt ein und gebt mir zů trinken / Sing ein ander der es künd baß.*[35] Es wird nicht gleich deut-

---

34 Zitiert nach Brunner: Epenmelodien, S. 162, der nach Markus Jenny: Geschichte des deutschschweizerischen evangelischen Gesangbuches im 16. Jahrhundert. Basel 1962, S. 171, zitiert. Einen anderen Druck mit einem anderen Wortlaut der Stelle zitieren John L. Flood: Theologi et Gigantes. In: Modern Language Review 62 (1967), S. 654-660, hier S. 655, und danach Heinzle: Mittelhochdeutsche Dietrichepik, S. 90. Auf die Stelle hingewiesen hat zuerst Oskar Jänicke: Zeugnisse und Excurse zur deutschen Heldensage (Zweite Nachlese). In: ZfdA 3 (1872), S. 310-332, hier S. 325 (auch in Grimm: Die deutsche Heldensage, S. 697-719, hier S. 712). Jänicke weist auch (S. 325f.) auf die Vorrede von Johannes Mathesius zu der Ausgabe der Evangelienlieder von Nikolaus Herman hin, in der Mathesius nach dem Nutzen von Liedern über Hildebrant und Sigenot im Gegensatz zu Liedern mit geistlichem Inhalt fragt. Auch hieraus kann man schließen, daß Heldenlieder so gut wie geistliche Lieder auswendig beherrscht wurden – auch angesichts ganz ungleicher Länge.

35 Das Lied von Herzog Ernst. Kritisch hg. nach den Drucken des 15. und 16. Jahrhunderts von Kenneth C. King. Berlin 1964, Str. 89,12-13. Zu den Fassungen vgl. ebd. die Einführung.

Der Wettstreitcharakter scheint auch noch einzugehen in das ›Lied vom hürnen Seyfrid‹, das zwar gelesen werden soll, von dem es in der Titelüberschrift aber doch heißt: *Und wenn jr das leßt recht und eben, / So werdt jr mir gewunnen geben.* Vgl. Kenneth C. King: Das Lied vom Hürnen Seyfrid. Critical Edition wih Introduction and Notes. Manchester 1958, S. 103. Im ›Grobianus‹ klingt das einander überbietende Erzählen von Taten der Helden aus der Heldenepik an (V. 2255-2260), freilich nicht im Sinne eines konkurrierenden Vortrags von Dichtungen.

lich, was der andere Sänger besser können soll: singen überhaupt oder eben das gerade gehörte Lied? Angesichts des Umstandes, daß die Fassung des Dresdner Heldenbuchs z.B. nur 54 statt 89 Strophen enthält, ist es nicht unwahrscheinlich, daß hier eine angestrebte Vollständigkeit des Strophenbestandes gemeint ist.

Noch 1616 berichtet Johannes Staricius in seinem ›Ernewerten und Künstlichen Helden Schatz‹, der Wormser Stadtrat habe im Rahmen von öffentlichen Auftritten der Meistersängerschule die Gedächtnisleistung eines korrekten Heruntersingens des ›Liedes vom hürnen Seyfrid‹ mit einer besonderen Gratifikation bedacht:

Wan auch jemand in der Singschulen der maister gesänge in loco publico daselbsten [d.h. in Worms] *die Geschichte vom Hörnin Seyfried memoriter also außsingen kann, daß von den deputirten obseruatoribus, Merckern oder Judicirern, wie man sie zu nennen pfleget, kein Verßlein ausgelöscht oder notiret wird, sondern selbige gantz außsinget, so wird jhme ein gewiß stück Geld, zu schuldiger Verehrung, vom Rath der Stadt Wormbs, alter Gewohnheit nach, geraichet.*[36]

Angesichts einer solchen, wohl in den Meistersängerschulen fortbestehenden Praxis des auswendigen Vortrags darf man vermuten, daß bereits mittelalterliche Sänger ihr heldenepisches Repertoire, und nicht nur dieses, auswendig beherrschten.[37] Sie mochten über Aufzeichnungen der Texte verfügen, die Vortragssituation wird ihnen aber nicht immer oder nur im Ausnahmefall erlaubt haben, sie auch zu verwenden. Um lange Dichtungen auswendig vorzutragen, mußten sie auf textuelle Eigenschaften vertrauen können, die ihnen ein leichtes Einprägen, Behalten und Abrufen des Texts erlaubten. Der Text mußte ungeachtet einer geeigneten Thematik ein hohes Maß an äußerer Regelmäßigkeit und textueller Integration aufweisen, um das Gedächtnis nicht übermäßig zu beanspruchen, und er mußte zugleich auf irgendeine Weise kodiert sein.

Wo mehr Material behalten wird, als sich über die spontanen Funktionen des Gedächtnisses und sein unmittelbares Fassungsvermögen einprägen läßt, müssen grundsätzlich Formen der Kodierung hinzutreten. Auf welche Weise sie sich auch immer einstellen und wie verschieden sie sich über ihren aktiven Einsatz gestalten lassen – sie verbinden doch immer das noch unbekannte Material mit schon Bekanntem. Gedächtniskünstler verfahren hierbei ganz

---

36   Zitiert bei Eugen Kranzbühler: Worms und die Heldensage. Mit Beiträgen zur Siegel- und Wappenkunde, Münz- und Baugeschichte der Stadt. Hg. von Friedrich M. Jllert. Worms 1930, S. 193. Die Druckfassung des ›Liedes vom hürnen Seyfrid‹ umfaßt 179 Strophen.

37   Vgl. Heinzle: Mittelhochdeutsche Dietrichepik, S. 84-90, mit Belegen zum ›Stand‹ der Berufsrezitatoren (für strophische Dichtung rechnet man besser mit Sängern) und zur Art ihres Vortrags.

mechanisch: Sie haben sich eine Kodierungsform zurechtgelegt, die sie immer wieder zum Einsatz bringen. Ihre ›Kunst‹ besteht darin, diese Kodierungsform, über die sie routiniert verfügen, mit dem Lernmaterial so zu verbinden, daß es an ihr haften bleibt und umso leichter erinnert und abgerufen werden kann. Der Eindruckserfolg von Gedächtniskünstlern besteht dann darin, daß sie das nicht entsprechend präparierte und geübte Gedächtnis in der Behaltensleistung um ein Vielfaches übertreffen.

Auch das ungeübte Gedächtnis arbeitet immer schon mit Formen der Kodierung, über die es automatisiert verfügt. Letztlich können alle Gedächtnisinhalte sich gegenseitig kodieren, wenn sie aktiv miteinander verbunden werden, und es müssen nicht erst die Inhalte selbst sein, die sich durch Herstellung einer Verbindung kodieren, sondern es können schon die visuell, auditiv, gustatorisch, olfaktorisch oder taktil wahrnehmbaren Eigenschaften des erinnerten Materials sein, die für die Kodierung sorgen. In sehr verschiedener Weise ist dies in die Theoriebildung zu mnemonischen Techniken sowie in deren Gebrauchsgeschichte eingegangen.[38]

Ein trainiertes Gedächtnis kann auch im Alltag hilfreich oder unverzichtbar sein – so ist ein Kellner, der sich leicht merken kann, welche Bestellungen an welchem Tisch und von wem vorgenommen wurden, offensichtlich im Vorteil gegenüber seinen Kollegen. Training bedeutet dabei, eine Form der Kodierung in Anschlag zu bringen.[39]

Unterschiedliche kulturelle Umwelten fordern das Gedächtnis naturgemäß auf sehr verschiedene Weise, und in einer in Hinsicht auf alltagsrelevante Wissensbestände wenig komplexen Umwelt, die eher auf persönlichen Verhältnissen als auf institutionellen gründet und noch keine Massenmedien kennt, mag das Gedächtnis über Kapazitäten frei verfügen, die in der modernen Welt durch zahllose Regeln institutioneller Settings und die Massenmedien ungleich stärker ausgelastet sind. Es ist denkbar, daß solche Kapazitäten in einer Weise genutzt werden, die uns heute als unwahrscheinlich erscheint. So ist zu erwarten, daß uns charakteristische Kodierungsformen der vormodernen Welt gar nicht mehr auffallen.

Die vielen verstreuten Hinweise zu Mnemotechniken im gelehrten Schrift-

---

38 Vgl. als knappe Orientierung hierzu Jörg J. Berns: Artikel ›Mnemonik‹. In: RL, Bd. 2, S. 616-620.

39 Vgl. als Analyse eines entsprechenden Falls K. Anders Ericsson: Analysis of Memory Performance in Terms of Memory Skill. In: Robert J. Sternberg (Hg.), Advances in the Psychology of Human Intelligence. Vol. 4. Hillsdale, New Jersey 1988, S. 137-179, hier S. 151-160.

Wer oft das bekannte Gedächtnisspiel ›Memory‹ spielt, wird die Reihenfolge, in der er neue Karten aufnimmt, zu systematisieren suchen, da er dann die Bilder auf den Karten in Verbindung mit ihren – in fester Reihenfolge gespeicherten – Fundorten leichter im Gedächtnis ›unterbringen‹ kann. Auch das ist eine Form der Kodierung.

tum des Mittelalters machen deutlich, wie allgegenwärtig und geläufig Gedächtnistraining und die Nutzung von Kodierungsformen waren.[40] Dies gilt nun freilich vorrangig für den Umgang mit gelehrten und geistlichen Inhalten und ihre Speicherung. So empfiehlt z.B. Robert von Baseforn, als einfache Kodierungsreihen für nacheinander zu besprechende Gegenstände einer Predigt die sieben Gnadengaben Gottes, die acht Seligpreisungen der Bergpredigt, die neun Engelordnungen, die zehn Gebote und die zwölf Tagesstunden zu nutzen,[41] und in den Predigten u.a. Bertholds von Regensburg stößt man auf Schritt und Tritt auf entsprechende, explizit hervorgekehrte, ja zum Strukturgerüst ganzer Predigten gemachte mnemonische Orientierungen.[42]

Aber es wäre ganz falsch, die Notwendigkeit des Gedächtnistrainings für die Aufnahme umfangreicher Inhalte und schon die Bereitstellung großer Gedächtniskapazitäten auf den gelehrten und geistlichen Bereich zu beschränken. Nicht nur hier mußte Lernmaterial behalten werden. Volksliedforscher etwa konnten dies noch in neuerer Zeit immer wieder feststellen, wenn sie Lieder sammelten.[43] So sind auch die Gedächtniskapazitäten, die etwa ein spätmittelalterlicher Meistersänger – der einem Handwerk als Hauptbeschäftigung nachgehen mochte – unvermeidlich aufbringen mußte, nie unter dem Gesichtspunkt der mnemonischen Speicherung untersucht worden, obwohl das obige Zitat Joachim Aberlins seine Gedächtnisleistung deutlich würdigt und das Zeugnis des Johannes Staricius das Pensum erkennen läßt, das man neben dem Meistersang noch bewältigte. Meistersänger trugen aus dem Kopf vor – eine Illustration aus Georg Hagers ›Dreizehntem Liederbuch‹ zeigt einen Meistersänger, wie er den im Gemerck sitzenden Merkern vorträgt, die seinen Vortrag in Hinsicht auf Wortlaut und Tonfolge auf Schritt und Tritt kontrollieren.[44] Die Merker allerdings bedienen sich einer Niederschrift, während diese für einen Sänger selbst nur als Gedächtnishilfe außerhalb des Vortrags Bedeutung besitzt.[45]

Ein Sänger muß aber bei der Abfassung eines neuen Liedes darauf achten, daß seine alleinige Urheberschaft für sein Lied außer Zweifel steht, wenn er einen neuen Ton (Melodie + Strophenform) schafft. Adam Puschmann hat dafür eine Regel aufgestellt:

---

40 Vgl. hierzu Carruthers: The Book of Memory, die dies, vielfach überraschend, herausarbeitet.

41 Vgl. ebd., S. 107.

42 Vgl. Wenzel: Hören und Sehen, Schrift und Bild, S. 72-89.

43 Vgl. Meier: Kunstlieder im Volksmunde, S. LXXXVIII-XC, der entsprechende Äußerungen von Sammlern zitiert. Danach ist es etwa Anfang des 19. Jahrhunderts durchaus nichts Ungewöhnliches, wenn 20jährige Dienstmägde mehr als 100 mehrstrophige Lieder auswendig wissen.

44 Die Illustration ist leicht zugänglich in Nagel: Meistersang, S. VI.

45 Vgl. Bert Nagel: Der deutsche Meistersang. Poetische Technik, musikalische Form und Sprachgestaltung der Meistersinger. Heidelberg 1952, S. 71.

Er mus aber fleiſſig warnemen, das keines Verſen Melodey, ſo er tichtet, in ei-
nem andern Meiſter Thon mit der Melodey eingreiffe und berůre, ſo weit ſich 4
Syllaben erſtrecken.[46]

Das heißt, er muß die anderen Töne, bzw. die Melodien, kennen. Immer wird
er deshalb auch Teile des Textes gekannt haben, was schon aus der bis in die
Frühe Neuzeit häufig begegnenden kennzeichnenden Angabe der Melodie
eines Liedes durch *in dem done*: [es folgt der erste Vers des Liedes] zu schließen ist. Die Melodie wird hier durch den Text kodiert, und umgekehrt dürften
größere Teile des Wortlauts der Texte allein durch die Melodie kodiert werden.

Die Urheberschaft für Melodien sucht Puschmann durch folgende Regelung zu sichern:

Der ſelbe Meiſter ſol ſelbs den Thon benamen, und ein Geſetz, darin er jn beweret,
ſelbst in ein Bůchlein ſo ins Polpet [= Pult] *gehorig, zum gedechtnus einſchreiben,*
mit beygeſetzter Jahrzal und Tag.[47]

Ob nun jeder Sänger beim Abfassen eines neuen Liedes sich an dieses Büchlein hielt, das er je neu durcharbeitete, erscheint zweifelhaft. Es diente der
öffentlichen Kontrolle, u.a. durch die Merker. Der Sänger mußte aber die
Melodien, bei denen sein neuer Ton unerlaubte Anleihen machen konnte, selbst
kennen oder damit rechnen, daß sein Ton von den anderen Meistersängern
nicht als neuer Ton anerkannt wurde. Grundsätzlich brauchte er ein vorzügli-
ches musikalisches und auch semantisches Gedächtnis, »um eigene und fremde
Lieder auswendig singen zu können«[48].

Das wird so recht erst deutlich, wenn man sich ihre Zahl vor Augen führt:
Die ›Nürnberger Meistersinger-Protokolle‹ verzeichnen für die Zeit von 1575–
1689 eine Zahl von an die 500 Tönen,[49] auf die zu einem größeren Teil bei der
Abfassung eines neuen Tons Rücksicht genommen werden mußte, da viele
von ihnen im Gemerckbuch genannt wurden.[50] Sehr viel umfangreicher noch
ist die Zahl der in diesen Tönen gesungenen Lieder. Eine riesige Textmenge

---

46 Adam Puschmann: Gründlicher Bericht des deutschen Meistergesangs. Erste Auflage (1571). Hg. von Richard Jonas. Halle 1888, S. 26.

47 Ebd., S. 28.

48 Nagel: Meistersang, S. 90f.

49 Nürnberger Meistersinger-Protokolle von 1575–1689. Hg. von Karl Drescher. 2
Bde. Stuttgart 1897, s. das Tonregister Bd. 2, S. 197-214.

50 Die differenzierende Benennung der Melodien und Töne zeigt, daß auf vorhandene Benennungen Rücksicht genommen wurde und daß die Melodien und Töne also bekannt waren. So wird etwa eine *winterweis* in *warme winterweis* oder in eine *nas winterweis* differenziert. Ebd., S. 213. Zur Verwendung und Bezeichnung von Tönen vgl. auch
Johannes Rettelbach: Variation – Derivation – Imitation. Untersuchungen zu den Tönen
der Sangspruchdichter und Meistersinger. Tübingen 1993, bes. S. 44-49.

also, für die – selbst wenn sie nur zum kleineren Teil im Gedächtnis haftete – erhebliche Gedächtniskapazitäten bereitgestellt werden mußten.

Adam Puschmann hat das Vergehen der Töne mit dem Hinscheiden von Sängern bedauert und sich entschlossen, die Töne, die er selbst beherrschte, aufzuzeichnen:

Als habe ich dieſe meine groſe mühe vnd vleis vber Mich genumen, volgende 350 Meiſter Töne welche jch von meiner jugent an bishero gelernet, in dieſes Buch auffzu notiren, auff das nicht auch ein ziemliche anzal der töne ſonderlich der alten, mit mir abſterben teten, wie zu voren mit ettlichen verſtorbenen Singern geſchehen.[51]

Die Angabe Puschmanns läßt das Gedächtnisvolumen erahnen, das ein Meistersänger erreichen konnte. Nur in einer Welt, in der noch keine Massenmedien solche Kapazitäten in Beschlag nehmen, scheint eine entsprechende Bindung des Gedächtnisses überhaupt denkbar.

So kommen auch in der Heldendichtung erhebliche Textmengen zusammen. Hier kommen aber nun charakteristische, in langem Gebrauch stehende Kodierungstechniken zum Einsatz. Es gibt keine Nötigung zur Erfindung neuer Töne, im Gegenteil: altbewährte Töne werden immer wieder neu benutzt. Der schon genannte Bernerton, der insbesondere für die ›Virginal‹, den ›Goldemar‹, den ›Sigenot‹, den strophischen ›Herzog Ernst‹ und das ›Eckenlied‹ verwendet wurde, dürfte in diesem Sinne weniger als eine schmuckvolle Strophen-, sondern vielmehr als eine Kodierungsform zu verstehen sein. Dieser Aspekt auch anderer Epenmelodien und -strophen ist bisher ganz unbeachtet geblieben.[52] Daß eine bekannte Epenmelodie bzw. ein Ton für neue, bis dahin unbekannte Dichtungen verwendet wird, bedarf aber der Erklärung.

Im Mittelalter ist es zunächst nichts Außergewöhnliches, wenn Töne, die schon bekannt sind, für neue Dichtungen übernommen werden. Das entbindet den Dichter von der zusätzlichen Leistung der Erfindung eines Tons, und es erleichtert natürlich insbesondere die Annahme und Tradierung des neu gedichteten Textes, für den nicht auch die Melodie neu erlernt werden muß. Hier mußte zunächst gerade auch die Aufzeichnung der Melodie erhebliche Schwierigkeiten bereiten, und durch den rein sprachlichen Verweis auf einen bekannten Ton (über den Namen des Tons oder seines Erfinders oder – wie beim Bernerton – der Hauptfigur der in diesem Ton abgefaßten Dichtungen) ließ sich das Problem der Identifizierung der Melodie lösen, wobei der Ton, der im Gedächtnis haftete und nicht gesondert zu erlernen war, allein mündli-

---

51 Das Singebuch des Adam Puschmann nebst den Originalmelodien des M. Beheim und Hans Sachs. Hg. von Georg Münzer. Leipzig 1906, S. 96.

52 Zu Epenmelodien vgl. Brunner: Epenmelodien, sowie ders.: Strukturprobleme der Epenmelodien, zu den Strophenformen den Überblick und die Literaturhinweise bei Ursula Schulze: Artikel ›Epenstrophe‹. In: RL, Bd. 1, S. 453-455.

cher Tradierung unterlag. Seine Bekanntheit und Zugänglichkeit, wenn ihm bereits mehrere Dichtungen unterlegt waren, kam der leichteren Aneignung des Wortlauts zugute.

Dies gilt für strophische Dichtung des Spätmittelalters überhaupt, also für Spruchdichtung, Meistergesang, für das historisch-politische Lied, für weltliche Lieddichtung und ihre geistlichen Kontrafakturen.[53] Es gilt aber auch für die Strophik der Heldendichtung. Ist ein Ton für eine bestimmte Erzählweise eingeführt, ja womöglich schon für eine Gattung kennzeichnend und von Vortragenden und Zuhörern entsprechend internalisiert, so bedeutet es eine Erleichterung, wenn er für weitere Erzählstoffe aufs neue verwendet werden kann. Modernem Formgefühl mag das widersprechen, und denkt man an die zu unterstellende Vielfalt der Minnesangmelodien, so ist ein entsprechendes Formgefühl durchaus nicht erst modern. Freilich ist ein Ton der Heldendichtung eben gerade keine Schmuckform, durch deren Erfindung sich ein *meister* auszeichnet, sondern eine Kodierungsform. Das heißt, ihre Aufgabe besteht nun auch nicht mehr nur darin, einen neuen Text leichter anzueignen, sondern sie bildet eine Art Gefäß, in dem der Text zum ungehinderten Abruf leichter aufbewahrt werden kann.

Daß insbesondere Epenmelodien Texte kodieren, kann, wenn man solche Melodien nicht aus eigener Erfahrung einmal entsprechend für eine größere Menge Text verwendet und dies nach Art etwa eines Gedächtniskünstlers demonstriert oder demonstriert bekommt, nicht leicht positiv nachgewiesen werden. Es ist allerdings eine Alltagserfahrung, daß Texte von Liedern, die man kennt, nicht einfach auswendig hergesagt werden können, ohne daß es zu Textverlusten kommt. Singt man sie dagegen, so vermeidet man Textverluste sehr viel leichter.[54] Dies beweist indirekt eine effektive Kodierung von Texten durch Melodien.

---

53 Zur Übernahme von Tönen insbesondere in der Spruchdichtung, aber auch im Meistergesang und Minnesang vgl. Gisela Kornrumpf und Burghart Wachinger: Alment. Formentlehnung und Tönegebrauch in der mittelhochdeutschen Spruchdichtung. In: Christoph Cormeau (Hg.), Deutsche Literatur im Mittelalter. Kontakte und Perspektiven. Hugo Kuhn zum Gedenken. Stuttgart 1979, S. 356-411. Zum Meistergesang vgl. Horst Brunner: Die alten Meister. Studien zur Überlieferung und Rezeption der mittelhochdeutschen Sangspruchdichter im Spätmittelalter und in der frühen Neuzeit. München 1975.

54 Meier: Kunstlieder im Volksmunde, S. LXXVIIf., führt Hinweise und Belege dafür an, daß »die Singweisen noch fester als die Texte im Gedächtniß« haften und daß das Textgedächtnis ohne Singen leicht versagt. Er resümiert: »Daß Text und Melodie als untrennbare Einheit empfunden werden, das zeigt uns deutlich der von manchen Volksliedforschern beobachtete Umstand, daß dem Volke die Lieder nur gesungen im Gedächtniß haften, daß es hingegen auch beim Text unsicher wird, wenn es die Lieder nur rezitiren soll.« (S. LXXVI) Vgl. zur kodierenden Funktion von Melodien auch Wanda T. Wallace: Memory for Music: Effect of Melody on Recall of Text. In: Journal of Experimental Psychology: Learning, Memory, and Cognition 20 (1994), S. 1471-1485.

So ist anzunehmen, daß für Heldendichtung immer wieder benutzte Epen-strophen und -melodien die Funktion einer Kodierung erfüllten. Der Berner-ton ist angesichts mehrerer in ihm abgefaßter Heldendichtungen, für die man mündliche Tradierung und vorauszusetzende Speicherung im Gedächtnis sehr wahrscheinlich machen kann,[55] als besonders effektive Kodierung anzuse-hen.

5.3 Die Fassungen E_7 und e_1 des ›Eckenliedes‹ im Verhältnis zur Fassung E_2. Zur Erklärung der Entstehung von Lauthülsen

Die Fassungen E_2, E_7 und e_1 des ›Eckenliedes‹, auf deren auswahlweisen Ver-gleich ich mich im folgenden beschränke, sind – dies ist die Voraussetzung der folgenden Darlegungen – von einer vielfach veränderten Ausgangsfassung abgeleitet, auf die sie gemeinsam zurückgehen. Denn sie teilen unter Auslas-sung, Hinzufügung, Umstellung und Ersetzung von Strophen und Strophen-blöcken einen größeren gemeinsamen Strophenbestand, zu dem sie auf ir-gendeine Weise gekommen sein müssen. Dies ist z.B. bei den Versionen A und D vom ›Rosengarten‹, die auch im Textbestand gänzlich selbständig (d.h. nirgendwo wortlautidentisch) sind, nicht der Fall. Deshalb liegen hier nicht Fassungen eines Texts, sondern Versionen einer Erzählung bzw. desselben Stoffs vor.

Dies bedeutet allerdings eine terminologische Festlegung, die auch anders möglich wäre: Ich spreche für das ›Eckenlied‹ von Fassungen, insofern die drei vollständigen oder annähernd vollständigen Fassungen einen gemeinsa-men Strophenbestand teilen. Insofern sie im Erzählinhalt hier und da und be-sonders am Ende deutlich auseinandergehen, wären sie allerdings gleichzei-tig auch als Versionen zu bezeichnen.

Es ist offensichtlich, daß eine terminologisch eindeutige und unmißver-ständliche Festlegung hier Probleme bereiten muß, und es wäre unglücklich,

---

55 Eine methodisch ähnlich ausgerichtete Untersuchung wie die folgende ließe sich auch für andere Dichtungen der aventiurehaften Dietrichepik vornehmen, so etwa für ver-schiedene Fassungen des ›Sigenot‹, die in der analytisch verfehlten, ›kritischen‹ Ausgabe Schoeners (Der Jüngere Sigenot. Nach sämtlichen Handschriften und Drucken. Hg. von A. Clemens Schoener. Heidelberg 1928) zerstückelt in den Apparat gepreßt worden sind, aber auch für Dichtungen in anderen Tönen als dem Bernerton, wie z.B. dem ›Wunderer‹ in der Fassung des Dresdner Heldenbuchs (vgl. Der Helden Buch in der Ursprache. Hg. von Friedrich H. von der Hagen und Alois Primisser. Bd. II. Berlin 1825, S. 55-73) und der des Straßburger Drucks (vgl. Le Wunderer. Fac-simile de l'Edition de 1503. Hg. von Georges Zink. Paris 1949). Auch hier ist von mündlicher Tradierung über die Kodierungsform der Epenstrophen und -melodien auszugehen. Zum ›Ortnit-Wolfdietrich‹ und zur ›Virginal‹ vgl. dagegen die folgenden Kapitel.

für ein und denselben Text zugleich von einer Fassung und von einer Version zu sprechen. Da es aber im Sinne der terminologischen Festlegung durchaus reine Versionen – ohne gemeinsam geteilten Wortlaut, wie eben beim ›Rosengarten‹ A und D – und annähernd reine Fassungen – ohne nennenswerte stoffliche Divergenz, wie z.B. beim ›Nibelungenlied‹ A und B – gibt, scheint dies eine vertretbare Notlösung,[56] zumal sie in der Forschung noch am ehesten Verbreitung gefunden hat.[57] Ein Stoff oder Erzählinhalt kann demnach in mehreren Versionen realisiert sein (keine Wortlautidentität), ein Text – und entsprechend natürlich auch der Text einer Version – in mehreren Fassungen (weitgehende oder gegebenenfalls auch nur partielle Wortlautidentität).

Ich möchte den Nachweis einer Kodierung der Heldendichtung durch Epenmelodien und -strophen am Beispiel des ›Eckenliedes‹ mittelbar anhand eines Phänomens versuchen, bei dem die Kodierung nur unvollkommen gelingt, das aber gerade deshalb die Art des Informationsflusses und die Arbeit des Gedächtnisses beim Lernen und Abrufen des Textes deutlich erkennen läßt. Es handelt sich um Textstellen, an denen ein Wortlaut, d.h. die Lautform bzw. der Klang einer Wortfolge oder auch nur eines Wortes, annähernd erhalten bleibt, ohne daß mit ihm aber noch die ursprüngliche Bedeutung verbunden wird. Stattdessen wird eine neue Bedeutung bzw. ein gleich oder ähnlich klingendes Wort mit einer neuen Bedeutung untergeschoben. Ich spreche in diesem Fall von einer Lauthülse. Die Lautform haftet dabei – dies ist die Annahme – an der Melodie, würde sich doch sonst die neue Bedeutung auch neue Worte suchen.

Ein Beispiel soll auf das Phänomen hinführen – ich wähle es aus dem Bereich der spätmittelalterlichen Lieddichtung, für die vielfach mündliche Tradierung der Lieder unzweifelhaft ist. Es handelt sich um das Lied ›Mit ganzem willen wünsch ich dir‹, das u.a. im Lochamer Liederbuch überliefert ist. Der Abgesang der ersten Strophe beginnt folgendermaßen: *in deinem gepot / fraw vein on spot / so weleib ich dein alleyne / [...]*.[58] Das Lied ist auch im Augsburger und Rostocker Liederbuch überliefert, aus denen ich die entspre-

---

56 Natürlich ließe sich auch von verschiedenen Versionen einer Fassung – statt von Fassungen einer Version – sprechen.

Für den Fall, daß ein Sänger eine von ihm aufgegriffene Version nur mit memoriell bedingten Änderungen niederschreibt oder niederschreiben läßt, ist es im übrigen nicht ganz adäquat, von einer eigenen Fassung zu sprechen.

57 Sowohl Heinzle: Mittelhochdeutsche Dietrichepik, S. 17f., als auch Hoffmann: Mittelhochdeutsche Heldendichtung, z.B. S. 141, 157, – dieser allerdings nicht durchgehend einheitlich – gebrauchen die Begriffe entsprechend.

58 Das Lochamer-Liederbuch. Einführung und Bearbeitung der Melodien von Walter Salmen. Einleitung und Bearbeitung der Texte von Christoph Petzsch. Wiesbaden 1972, Nr. 31 (S. 89-91). Ich zitiere den handschriftlichen Text nach Konrad Ameln (Hg.): Locheimer Liederbuch und Fundamentum organisandi des Conrad Paumann. Faksimiledruck. Berlin 1925, Neudruck Kassel, Baden 1972.

chenden Verse anführe: *in deinem gepot / fraw sunder spot / so pin ich dein   so pin ich dein / [...]* und *In dynem gebot / fru vnde spot, / so blibe ich din, / [...]*.[59]

An der geringfügig veränderten Strophenform der Parallelüberlieferung im Augsburger und Rostocker Liederbuch – hier gibt es jeweils keine Melodieeinträge – kann man sehen, daß sich neben Textänderungen auch die Melodie geringfügig geändert haben muß. Für den hier in Betracht kommenden Vers dürfte dies in Bezug auf die im folgenden vorgenommenen Überlegungen allerdings nicht ins Gewicht fallen. Seine Lautform, sein Klang haftet an der wie immer in Mitleidenschaft gezogenen Melodie wie – um ein unschönes Bild zu gebrauchen – Fleisch, das sich nicht vom Knochen lösen läßt. Aus *fraw vein on spot* oder *fraw sunder spot* ist im Rostocker Liederbuch *fru vnde spot* geworden. Liegt ein Schreiberversehen oder Schreiberwillkür vor? Auf den ersten Blick scheint dies kaum anders möglich.

Dagegen spricht aber der gesamte Kontext der Überlieferung und des Gebrauchs des Liedes.[60] Melodie- und weitere Textänderungen lassen nur auf ein Nach- und Umsingen schließen, und es gibt für dieses Lied in allen drei genannten Liederbüchern weitere Spuren der Folgen solchen Umsingens. Überhaupt gibt es viele Beispiele für das Umsingen von Liedern in spätmittelalterlichen Liederbüchern.[61] Ein Schreiberversehen kommt deshalb schon vom Gebrauchskontext her nicht in Betracht.

Stattdessen bieten sich zwei andere Erklärungsmöglichkeiten an: eine informationstheoretische und eine gedächtnispsychologische. Die informationstheoretische läßt sich exemplarisch zuspitzen: Es liegt ein Fall gestörter Informationsübertragung vor, ein Hörfehler. Für einen Niederdeutsch sprechenden Nachsänger, dessen Hörfehler ins Rostocker Liederbuch einging, war das Hören des oberdeutschen Liedes von ›Rauschen‹ begleitet, sein Dialekt wies im Verhältnis zu dem in einem anderen Dialekt gehörten Lied eine ›Kode-Diskrepanz‹ auf, und er hörte sich den Text so ›zurecht‹, wie er ihn am ehe-

---

59   Ich zitiere: Ein Augsburger Liederbuch vom Jahre 1454. Hg. von Johannes Bolte. In: Alemannia 18 (1890), S. 97-127 und 203-237, hier S. 108f. (Nr. 14); Das Rostocker Liederbuch nach den Fragmenten der Handschrift neu hg. von Friedrich Ranke und Joseph M. Müller-Blattau. Halle 1927, S. 240f. (Nr. 20).

60   Vgl. eine Analyse der Umformungen dieses Liedes sowie des überlieferungsgeschichtlichen und Gebrauchskontextes bei Christoph Petzsch: Das Lochamer-Liederbuch. Studien. München 1967, S. 143-173. Vgl. allgemein Linder-Beroud: Von der Mündlichkeit zur Schriftlichkeit?, S. 99-104. Zu beachten ist hier auch, daß *fru unde spat* eine geläufige Formel ist. Vgl. Christoph Petzsch: Hofweisen. Ein Beitrag zur Geschichte des deutschen Liederjahrhunderts. In: DVjs 33 (1959), S. 414-445, hier S. 417.

61   Eine Systematisierung der Änderungen hat Walter Wiora versucht. Vgl. ders.: Systematik der musikalischen Erscheinungen des Umsingens. In: Jahrbuch für Volksliedforschung 7 (1941), S. 128-195. Auch der Bernerton ist zumindest melismatisch umgesungen worden, wie die Formanalyse (vgl. Heinzle: Einführung in die mittelhochdeutsche Dietrichepik, S. 101f.) ergibt. Vgl. zu entsprechenden Verzierungen Wiora, S. 173-176.

sten verstand.[62] Die niederdeutschen Vokalqualitäten erlaubten ihm, aus *fraw sunder spot* die ganz andere Bedeutung und in Verbindung damit die Lautfolge der verbreiteten sprachlichen Formel *fru unde spot* herauszuhören.

Für den vorliegenden Fall weist diese Erklärung eine gewisse Plausibilität auf, in Anbetracht der im folgenden diskutierten Beispiele ist aber eine andere Erklärung auch noch zu erwägen. Sein Gedächtnis könnte dem Nachsänger einen Streich gespielt haben: Er hatte den Liedtext richtig gehört und vielleicht sogar richtig verstanden, vergaß aber den Bedeutungszusammenhang, und beim Nachsingen schob sich ihm mehr oder weniger unwillkürlich eine neue Bedeutung unter eine Lautform, die mehr oder weniger fest an der Melodie haften blieb, wobei aber die neue Bedeutung nun auch die Lautform zurechtstutzte – ein neuer Wortlaut rückte ein. Kein Hörfehler also, sondern eine Gedächtnislücke mit unwillkürlicher Ausfüllung der Lücke durch neuen Wortlaut.

Das Phänomen ist im weiteren Sinne bekannt. Beim Hören von Liedern löst sich nicht immer gleich der ganze Text – obwohl vielleicht richtig gehört – in ein kontinuierliches Verständnis auf, aus dem heraus er erinnernd wieder aufgebaut werden kann. Dieser Umstand kann, neben anderen wie dem Verhören, zum ›Zersingen‹ eines Liedes führen.[63] Der vorliegende Fall ist ein Spezialfall des Zersingens – die Lautfolge wird weitgehend festgehalten, die Bedeutung wird dagegen ersetzt.

Schon John Meier hat sich zur Erklärung des Zersingens nicht zwischen der informationstheoretischen und der gedächtnispsychologischen Erklärung entschieden. Er rechnet einerseits mit einer »mangelhaften Aufnahme durchs Ohr«[64], andererseits mit Assoziationen des Gedächtnisses, in dem die Lieder aufbewahrt werden und das sich beim Zersingen selbständig macht.[65] Dies legt nahe, daß zu einer adäquaten Erklärung des Zersingens informationstheoretische und gedächtnispsychologische Aspekte in Kombination heranzuziehen sind, ohne daß immer gleich entscheidbar ist, welche Seite die Hauptlast der Erklärung zu übernehmen hat.

Meier führt eine Vielzahl von Beispielen an: »Diana wird zu ›Die Anna‹ [...], ›Hebe, sieh in sanfter Feier‹ > Hebe sie usw.«[66] Weiteres: ›Weltall‹ wird

---

62 Ich folge Werner Meyer-Eppler: Grundlagen und Anwendungen der Informationstheorie. Berlin, Heidelberg, New York ²1969, S. 440-489.

63 Vgl. hierzu Dessauer: Das Zersingen.

64 Meier: Kunstlieder im Volksmunde, S. LXXXIV.

65 Welche zentrale Rolle das Gedächtnis spielt, wird allerdings besonders deutlich erst beim Zusammensingen verschiedener Lieder, für das Meier »stofflich-formale Assoziationen« verantwortlich sieht: S. LXXXVIII-CXII.

66 Ebd., S. LXXXIV. Vgl. auch Dessauer: Das Zersingen, S. 62-70, die von ›Lautassoziationen‹ spricht. Ira E. Hyman und David C. Rubin: Memorabeatlia: A Naturalistic Study of Long-Term Memory. In: Memory and Cognition 18 (1990), S. 205-214, hier

zu ›Weltthal‹, ›Ural‹ zu ›Urwald‹, ›Senner‹ zu ›Sänger‹, ›Herzliebchen‹ zu ›Hört Liebchen‹, ›Ehemals mein Geliebter‹ zu ›Ehgemahl geliebter‹, ›schöne Rarität‹ zu ›schöne Dorothe‹, ›Klippen, Felsen, hohe Berge‹ zu ›Geliebte Felsen, hohe Berge‹, ›Was wir beide wissen, niemands erfahren soll‹ zu ›Was wir beide wissen, wie mans erfahren soll!‹, ›Sie drückte den blühenden Buhlen ans Herz‹ zu ›Sie drückte den zärtlichen Busen ans Herz‹, ›Auch wenn nachts die Elfen weben‹ zu ›Und wenn des Nachts die Else schläget‹ oder gar zu ›Des Nachts, wenn ihre Eltern schliefen‹.[67] Bei solchen Beispielen wird nicht selten ein unsinniger Text in Kauf genommen, so daß hier eine mangelhafte Aufnahme durchs Ohr als Erklärung zu bevorzugen ist. Meier erklärt die Änderungen denn auch folgendermaßen:

Bei der Aufnahme der Volkslieder wird auf die Melodie geachtet; der Text steht erst in zweiter Linie. So kommt es denn, daß eine frische Melodie einen öden und langweiligen Text lange Zeit mit fortschleppen kann und daß man zu einer hübschen Weise den unsinnigsten Text ruhig singt und sich nicht dadurch stören läßt.[68]

Dies läßt sich nicht auf Heldendichtungen übertragen, denn die Melodie ist eingeschliffen und kehrt in Hunderten von Strophen, ja über mehrere Dichtungen hin wieder; andererseits spielt aber der Text eine entscheidende Rolle, denn es wird vorrangig erzählt und erst in zweiter Linie gesungen. Wenn in Fassungen von Heldendichtungen gleichwohl Lauthülsen begegnen, so muß man damit rechnen, daß auch hier das Gedächtnis interveniert und nur mehr einen verblaßten Klang bereithält, der vom erzählenden Sänger dann mit Sinn gefüllt werden muß. Denn im Unterschied zum Volkslied kann sich Erzähldichtung nicht oft einen unsinnigen Text leisten.

Aber auch bei Liedern muß man gelegentlich noch auf andere Erklärungen zurückgreifen. So bei der Lauthülse, die der Schlußvers des in der Weingartner Liederhandschrift Reinmar zugeschriebenen ›sumerlaten-Liedes‹ in der Fassung bereithält, die das ›Lied vom edlen Moringer‹ liefert. Bei Reinmar bittet der Sänger einen jungen Konkurrenten, *daz ir mich rechent an der alten brût,*

S. 210f., zitieren aufschlußreiche Beispiele von Lauthülsen beim Abruf von Beatles-Songs aus dem Langzeitgedächtnis. So heißt es z.B. bei dem Vers *wonder how you manage to feed the rest* aus ›Lady Madonna‹ einmal: *wonder how you manage to be caressed.*

67 Meier: Kunstlieder im Volksmunde, S. LXXXII-LXXXVI. Etwas anders als bei diesen Beispielen liegt die Sache bei den sogenannten Volksetymologien, wo nicht das Verhören oder das Vergessen zu einer sekundären Motivierung eines Wortes oder einer Wortgruppe führt, sondern vorwiegend die Unkenntnis der Bedeutung. Viele Beispiele finden sich bei Karl Gustav Andresen: Deutsche Volksetymologie. Leipzig 1919, S. 47-147. Zu vergleichbaren Beispielen aus der Tradierung von folklorisierten Liedern vgl. Linder-Beroud: Von der Mündlichkeit zur Schriftlichkeit?, S. 200 und 204f., sowie Krohn: Die folkloristische Arbeitsmethode, S. 73f.

68 Meier: Kunstlieder im Volksmunde, S. LXXXVI.

/ *und slaht mit sumer latten dran!*[69] Im ›Lied vom edlen Moringer‹ bittet der aus der Ferne zurückkehrende Moringer den inzwischen an seine Stelle gerückten Minnesänger, den Herrn von Neifen: *Rich mich an der alten Braut / und schlach mit deiner Lautten an!*[70] Daß der Herr von Neifen nun statt mit Weidengerten mit seinem Instrument dreinschlagen soll, geht vielleicht auf den Umstand zurück, daß im Prozeß der mündlichen Tradierung des Textes *latten* als ungebräuchlich gewordenes Wort durch ein anderes, verständliches ersetzt wurde.

In den Fassungen E_7 und e_1 des ›Eckenliedes‹ trifft man auf Lauthülsen, die dagegen als Hörfehler erklärt werden können. Sie sind dann auf einzelne ›verhörte‹ Wörter beschränkt und haben zu keinem weiterreichenden Eingriff in den Text geführt – ich hebe die betroffenen Wörter durch Fettdruck hervor.[71] Auf seinem Weg zu Dietrich trifft Ecke auf den von Dietrich schwer verwundeten Helfrich und ruft bestürzt: *ich gesach nie wunden mer so tief / geslagen in **allen landen.*** (E_2 56,5-6) In E_7 52,5-6 heißt es dagegen: *so tiff wunden ich nie sach / geslagen so **ellenden.*** Als Ecke Dietrich zum Kampf auffordert, macht dieser ihn darauf aufmerksam, daß sein aggressives Auftreten nicht zu seinem Frauendienst passe, und beginnt seinen Satz mit: *wår ich als du den vrȯwan **zart** / [...]* (E_2 88,5), während es in E_7 93,5 heißt: *wer ich als du in frawen **art** / [...]*.

Die Lage stellt sich anders dar, wenn der Text einer deutlicher hervortretenden Umarbeitung unterzogen wird, denn dazu könnte zusätzlich eine Gedächtnislücke genötigt haben. Die Evidenz, die aus anderen in den folgenden Kapiteln aufgezeigten memoriellen Mechanismen (darunter insbesondere Satzhülsen, s.u. Kapitel 7.2) hervorgeht, stellt aber sicher, daß Umarbeitungen des Wortlauts auch durch Gedächtnislücken bedingt sind. Solche Umarbeitungen zeigen, daß eine Zusammenhanglosigkeit festgestellt und durch Einbringung einer neuen Formulierung kleineren oder größeren Ausmaßes geglättet wird. Es ist auszuschließen, daß diese Prozedur schon beim Hören oder gleich danach erfolgt, vielmehr wird sie im Nachhinein, bei einem späte-

---

69 Reinmar: Lieder. Nach der Weingartner Liederhandschrift (B). Mittelhochdeutsch/ Neuhochdeutsch. Hg., übersetzt und kommentiert von Günther Schweikle. Stuttgart 1986, Nr. XXX, Str. 3,6-7.

70 Deutsche Volkslieder. Texte und Melodien. Hg. von Lutz Röhrich und Rolf Wilhelm Brednich. Bd. I. Düsseldorf 1965, Nr. 19, Str. 30,6-7.

71 Ich gehe im folgenden von der Annahme aus, daß die mit Strophe 245 abbrechende Fassung E_2 der mit E_7 und e_1 gemeinsamen Ausgangsfassung vergleichsweise näher steht und einen ›ursprünglicheren‹ Text bietet. Natürlich stellt E_2 diese Ausgangsfassung nicht selbst dar. So kann man etwa zeigen, daß Verletzungen des Reimschemas vorkommen, vgl. z.B. Str. 3,7. Es ist allerdings auch möglich, daß sie gerade der Ausgangsfassung angehören, die für diesen (Halb-)Vers noch keinen Reim vorsah. Vgl. Heinzle: Einführung in die mittelhochdeutsche Dietrichepik, S. 102.

ren Abruf aus dem Gedächtnis, vorgenommen, und deshalb ist das versagende Langzeitgedächtnis unweigerlich beteiligt.

An den Varianten läßt sich eine solche Prozedur geradezu ablesen, aber ihr muß kein bewußter prozeduraler Ablauf entsprechen. Die Situation der Aufzeichnung wird sich von einer Vortragssituation nicht prinzipiell unterscheiden: Der Text wird zugleich aus dem Gedächtnis abgerufen und im Gedächtnis hergestellt, so daß ein reproduktiver und ein produktiver, konstruktiver Prozeß parallellaufen: Nicht viel anders, als würde der Vortrag einen Sänger zwingen, die Situation zu retten und auf irgendeine Weise einen Text hervorzubringen. Dann hat die Reproduktion nicht den Vorrang, sondern die Zuhörer wollen etwas hören, und Gedächtnislücken müssen notgedrungen in einen erneuerten Text verwandelt werden.

Die folgenden Beispiele belegen diesen Fall, in dem zusätzlich oder sogar ausschließlich die gedächtnispsychologische Erklärung am Platz ist. Als Ecke auf den verwundeten Helfrich trifft, erfragt er seinen Namen und will wissen (so nach E_2), wohin Dietrich geritten ist. Dann will er ihn nicht weiter belästigen: *nu tů mir sin **fart** bekant, / so frag ich dich nicht mere* (E_2 59,5-6). Anders fragt er in E_7, wo es heißt: [...] / *und thun mir deyne **wort** bekant / so frag ich dich nit mere* (E_7 55,5-6). Angesichts des Klangs von *fart* ist hier – wenn es ursprünglich war, was wahrscheinlich ist – im Gedächtnis *wort* gegen *fart* hindurchgeschlüpft, was durchaus einen Sinn ergibt. Um aber zu der neuen Bedeutung zu kommen, war ein minimaler Formulierungsaufwand erforderlich, denn *seyne wort* hätte keinen Sinn ergeben. So spricht hier einiges dafür, daß das Gedächtnis die tönende Verbindung von Melodie und Artikulation festhielt, für die die Bedeutung verloren gegangen war und der deshalb eine neue Formulierung beigegeben werden mußte, um sie wieder sinnvoll zu machen.

Die folgenden Beispiele lassen dies noch deutlicher hervortreten. Als Ecke hört, daß man Dietrich allerorten lobt, verdrießt ihn das sehr, und er kritisiert das Verhalten der Leute: *vil menger in nach **wåne** lobt, / und etswer nach liebe: / dů welt wol halbů tobt.* (E_2 6,11-13) Nach e_1 9,11-13 verdrießt es ihn, *das man so vil nach **wunne** lept / unnd etwan nach der liebe / die welt vil sere strept.* Dies ist zwar für sich sinnvoll, aber nicht im Kontext. Zugleich ist hier ganz deutlich, daß ein Klang festgehalten wird, der noch ›im Ohr‹ sein muß, ohne daß er aber die ursprüngliche Bedeutung transportiert.

Nach E_2 14,1-3 will Ecke dann nicht weiter darauf achtgeben, daß man nur das Beste über Dietrich sagt, *swa man in **hồret** nemmen.* Nach e_1 11,1-3 will er sein Vorhaben nicht lassen, **auch wenn** man nur das Beste über Dietrich sagt und ihn *darzů zum **hồchsten** nennet.* Ecke nimmt sich daraufhin vor, Dietrichs Lob zu vernichten: *sin nam der wirt **genaiget*** (E_2 27,10). In e_1 22,10 bleibt von der Formulierung nur die Absicht, sich zu Dietrich zu begeben, übrig: *auff in bin ich **genaiget***. Hier bleibt das Wort mit seiner Bedeutung erhalten, aber es wird anders verwendet. Laute und Bedeutung sind im Gedächtnis geblieben, aber nicht mehr der Verwendungskontext.[72]

Als Ecke auf der Suche nach Dietrich auf Hildebrant trifft, läßt er ihn wissen, daß er sich im Auftrag dreier Damen auf den Weg gemacht habe *noch mere danna durch* **got** (E_2 43,13). In e_1 39,13 hat er sich dagegen für seine Damen *mer den durch rotes* **gold** auf den Weg gemacht, das er vielleicht Dietrich hätte abgewinnen wollen. Im Kampf gegen Dietrich kann dieser dann wenig gegen ihn ausrichten, da seine Rüstung unzerstörbar ist: Ecke *was hert alsam ein* **berk** (E_2 111,4). In e_1 88,4 ist Ecke dagegen *sicher alß ein* **ber**. Nach dem Sieg über Ecke fordert Dietrich später auf dem Weg nach Jochgrimm noch Eckes Bruder zum Kampf. Dieser will nicht ausweichen und sagt: *Ze fliehen han ich niendert mût. / du solt min* **erb** *und och min gût / so niht vergeben niessen.* (E_2 195,1-3) Auch in e_1 170,1-3 ist Fasold zum Kampf bereit: *Des trag ich gen dir hochen mût / du solt mein* **berg**, *land unde gût / vergebens nymmer niessen.*

Weitere Beispiele aus E_7: In E_2 125,1 verflucht Dietrich die Königin, in deren Auftrag Ecke ihn herausfordert : *Des werd ir* **sele** *niemer rat.* In E_7 149,1 heißt es dagegen: *Des werd der* **selben** [sc. der Königin, H.H.] *nymer rat.* Als er Ecke tödlich verwundet hat, beklagt er seinen Sieg und sagt dabei: *ich darf mich nût* **gelichen** */ ze kainem, der mit eren gar / lebt* [...]. (E_2 141,6-8) In E_7 heißt es: *ich pin nit* **wunickleichen** */ gen eynem man, der er hot zwar.* (E_7 170,6f.) Die von Fasold bedrängte Jungfrau unterrichtet Dietrich über die Reichweite von Fasolds Herrschaft: *im dienent riche* **künge** *zart.* (E_2 171,9) In ganz irreführendem Anklang an die drei Königinnen, die Ecke zu Dietrich schickten, und in unsinnigem Bezug sagt sie in E_7 205,9: *mir dinten hocher* **kongin** *drey.*

Die Beispiele mögen genügen. Sie sind unscheinbar, aber in bezug auf eine mündliche Tradierung von einer Ausgangsfassung abgeleiteter Fassungen des ›Eckenliedes‹, wie ich meine, für sich allein schon durchaus beweiskräftig. Eine mündliche Tradierung erfordert die Aufbewahrung des Textes im Gedächtnis, dabei unterlaufen offensichtlich gerade im Fall der Verbindung des Textes mit einer Melodie ›Fehler‹[73] des genannten Typs, die im Fall des ›Eckenliedes‹ notdürftig – aber auch mit erstaunlicher Findigkeit – korrigiert werden. Die Korrektur findet zweifellos in Hinsicht auf anstehende Vorträge, vielleicht auch in ihrem Verlauf, statt und prägt sich als neuer Wortlaut dem Ge-

---

72 Dies geschieht öfter bei Reimwörtern: Vgl. z.B. e_1 76,8 zu E_2 102,8; e_1 89,10 zu E_2 112,10; u.ö.

73 Der Fehlerbegriff ist hier sicherlich zu problematisieren, da ein entsprechender ›Fehler‹ immer schon korrigiert begegnet und deshalb kaum als Fehler wahrgenommen werden kann. Andererseits zeigt der Korrekturaufwand, daß eine Irregularität im Wortlaut bemerkt und behoben wurde. Oft gelingt die Einpassung der neuen Formulierung in den Kontext auch nicht perfekt.

dächtnis ein, um bei irgendeiner Gelegenheit dann auch den Weg aufs Papier zu finden.

Von häufig in mittelalterlicher Textüberlieferung auftauchenden Varianten läßt sich der angeführte Typ allerdings nur bei genauerem Hinsehen unterscheiden: So gibt es viele zunächst ähnlich gelagerte Fälle, bei denen in gleichbleibender Textumgebung durch minimale Eingriffe neue, oft etwas ungewöhnliche Formulierungen entstehen. Im ›Jüngeren Titurel‹ sagt etwa Titurel nach der Handschrift A zu seinem Sohn: *du bist mir hie nu leider gar vereinet / al miner kinde uf* **erbeteil** *dem grale* (Str. 621,2-3),[74] während die Handschrift B am Ende *uf* **erde teil** *dem grale* hat. Oder Titurel will etwas über den sagen, der den Gruß der Frauen erlangt: *belibet ers ane sunde, daz im di kusche mit der stæte* **nahet**, */* [...] (Str. 618,2), während es in den Handschriften D und E heißt: *daz* **in** *di kusche mit der stæte* **vahet**. Dies scheinen kombinierte Verschreibungen zu sein. Einige Schreiber mögen sich bei Verlesungen so behelfen, daß sie ihnen durch eine weitere Änderung neuen Sinn zu verleihen suchen. Sie werden ihren Verlesungen ökonomisch begegnen, den Reparaturaufwand auf ein Minimum beschränken und nicht beginnen, selbst in größerem Umfang zu dichten. Dies zeigen die Varianten zum ›Jüngeren Titurel‹, die im Vergleich zu denen des ›Eckenliedes‹ auf ein Minimum an Umfang reduziert bleiben.

Wenige Schreiber mögen in Ausnahmefällen auch den Sinn durch geringfügige, mit Absicht vorgenommene Änderungen um- oder entstellen.[75] In allen diesen Fällen entstehen jeweils neue, sinnvolle Formulierungen, die über bloße Verschreibungen und iterierende Varianten hinausgehen.

Den zitierten Varianten aus den Fassungen des ›Eckenliedes‹ liegt aber wohl ein anderer Entstehungsvorgang zugrunde, der schon dadurch wahrscheinlich wird, daß im Gegensatz zu den üblicherweise lokal begrenzten – und bei der Textherstellung durch Ausweisung der Stelle (d.h. des veränderten Worts oder Satzteils) begrenzbaren – Brandherden von Änderungen im Zuge des Abschreibens ein Flächenbrand eingetreten ist, der unaufhörlich zu neuen Formulierungen führt und sich mit den üblichen philologischen Methoden der Textherstellung nicht mehr unter editorische Kontrolle bringen

---

74 Ich zitiere: Albrecht von Scharfenberg: Jüngerer Titurel. Nach den ältesten und besten Handschriften hg. von Werner Wolf. Band I. Berlin 1955. Auf diese und ähnliche Beispiele weist mich Joachim Heinzle hin.

75 John A. Asher: *Der übele Gêrhart.* Einige Bemerkungen zu den von Gabriel Sattler geschriebenen Handschriften. In: Festschrift Hans Eggers. Hg. von Herbert Backes. Tübingen 1972, S. 416-427, illustriert einen besonders signifikanten, wohl einmaligen Fall und zeigt, daß Gabriel Sattler in absichtsvollen Verschreibungen wie *Wie ser ain man* **wyse** *vert* anstelle von *wie sêre ein man* **missevert** Rudolfs von Ems ›Guten Gerhart‹ in humoristischer Absicht verunstaltet. Den Hinweis auf den Aufsatz von Asher verdanke ich Christoph Fasbender.

läßt. Die zitierten Varianten tendieren vor diesem Hintergrund deshalb letztlich auch zu einer anderen Gestalt: In durch ganz neue Formulierungen veränderter Textumgebung bleiben immer noch charakteristische Lauthülsen gleich, anstatt daß bei gleichbleibender Textumgebung durch geringfügige, kombinierte Eingriffe neue Formulierungen entstehen.

Um diesen Unterschied zu verdeutlichen, führe ich eines der oben zitierten Beispiele noch einmal an. Ecke kann es nicht ertragen, daß man Dietrich allerorten lobt, während andere, die das Lob ebenso verdient hätten, leer ausgehen, und sagt: *vil menger in* [Dietrich] *nach* **wåne lobt,** / *und etswer nach liebe:* / *dů welt wol halbů tobt.* (E$_2$ 6,11-13) Nach e$_1$ 9,11-13 ist er gereizt darüber, daß jene anderen nicht in den Genuß des Umstandes kommen, *das man so vil nach* **wunne lept** / *unnd etwan nach der liebe* / *die welt vil sere strept.* Es wäre einem schreibenden Bearbeiter unweigerlich aufgefallen, daß diese neue, Ecke in den Mund gelegte und für sich sinnvolle Formulierung im weiteren Kontext sinnlos dasteht. Ecke erregt sich ja über den ungerechtfertigten Ruf, den Dietrich genießt. Dazu paßt die Schlußfolgerung schlecht, nach der jederman nur nach seinem Gusto lebt. Wer die schriftliche Entstehung dieser Variante annimmt, muß die Anstrengung erklären, die der Bearbeiter unternimmt, um die Formulierung in vielfacher Verlesung neu zu fassen und dann doch inhaltlich so zu entstellen, daß sie im Kontext keinen Halt mehr findet. Die Anstrengung erscheint zusätzlich als ein besonderes Kunststück, da sie einen wenn auch kleinen Teil des Wortklangs noch rettet.

Vergleicht man den neuen Text der Fassung e$_1$ durchgehend mit der dem vermuteten Ausgangstext näherstehenden Referenzfassung E$_2$, so wird ein Motiv für den erheblichen und kontinuierlichen Formulierungsaufwand nicht erkennbar. Dagegen scheint es, als seien die neuen Formulierungen vielmehr beiläufig entstanden und nicht Folge gezielter Überarbeitung. So dürften Gedächtnisversagen und eine unwillkürlich (re)konstruktive Gedächtnisarbeit die Erklärung für Kunststücke wie das zitierte sein, die wohl keinem schreibenden Bearbeiter jemals eingefallen wären.

5.4 Unvollständige Bottom-up-›Informationen‹ aus dem Gedächtnis und Top-down-Reparaturen

Es gibt nun aber noch weitere Fehlertypen und -quellen in den Fassungen des ›Eckenliedes‹ – von Fehlern läßt sich hier allerdings nur sprechen, wenn man ein wortgetreues Gedächtnis als Norm voraussetzt –, bei denen Gedächtnisverluste vorauszusetzen sind, die zu unumgänglichen Reparaturen führen. Nicht dazu gehören Fälle, in denen ein mittelhochdeutsches Wort oder die Art seiner Verwendung nicht mehr geläufig ist, so daß es ersetzt oder anders verwendet werden muß.[76] Recht häufig sind dagegen Verluste von Reimwörtern mit einer im folgenden notwendig werdenden Reparatur des Reims.[77] Daß dies zu Besserungen etwa in der Reinheit der Reime führt, läßt sich nicht feststellen, im Gegenteil. So bliebe auch hier der Arbeitsaufwand für einen schreibenden Bearbeiter, der durch seine Arbeit nichts erreicht, unerklärlich.

Es gibt auch Vertauschungen oder Verschiebungen von Versen innerhalb einer Strophe – mit anschließenden Anstrengungen, das Reimschema zu erhalten –,[78] und die verantwortlichen Sänger montieren unwillkürlich auch Teile verschiedener Strophen zusammen, indem sie anstelle einer vergessenen Partie eine spätere assoziierend antizipieren.[79] Diese Montage wäre für einen schreibenden Bearbeiter schließlich ein vollends unnützer Aufwand, und auch auf eine mechanische Weise – wie etwa beim Augensprung – läßt sie sich nicht erklären.

In vielen weiteren Fällen lassen sich nun nicht mehr einfach Fehlertypen kategorisieren, sondern es ist eine individuelle Beschreibung der jeweiligen Stelle geboten, die Ad-hoc-Hypothesen zur Erklärung der Abweichung zuhilfe nimmt. Dabei kann auf allgemeine Regeln zurückgegriffen werden, die sich wiederum zunächst nur als Arbeitshypothesen formulieren lassen, wie z.B.: Funktionswörter werden leichter vergessen als Inhaltswörter.

Ich verzichte auf eine ausladende Diskussion solcher Stellen – auf zwei von vielen gehe ich unten auf S. 211-214 näher ein –, um stattdessen die Beobachtungen zu dem signifikantesten Fehlertyp zu systematisieren und ihn in Hinsicht auf die zugrundeliegende kognitive Verarbeitungsstruktur zu analysieren. Wie stellt sich die Lage für einen vortragenden oder den Vortrag durch vorbereitendes Memorieren übenden Sänger dar, wenn er das ›Eckenlied‹ aus dem Gedächtnis abrufen muß? Was geschieht, wenn ihn sein Gedächtnis – und dies ist in den Fassungen E_7 und e_1 für fast jede Strophe in unterschiedlichem Ausmaß vorauszusetzen – verläßt?

---

76 Z.B. scheint in E_7 29,6 das mhd. *enblanden* nicht mehr verstanden worden zu sein, in E_7 16,6 und 32,6 wird das mhd. *verwâzen* nicht mehr verstanden.

77 Schon der erste Vers der ersten Strophe führt die Fassungen auf unterschiedliche Reimwörter. Wer die Fassungen im Zuge eines Abschreibvorgangs entstanden denkt, müßte für den erheblichen und nicht recht nachvollziehbaren Arbeitsaufwand des Neudichtens durch einen schreibenden Bearbeiter eine plausible Erklärung präsentieren.

78 Siehe im Vergleich zu den entsprechenden Partien in E_2 z.B. E_7 27,5-7; 53,2-6; 54,3; 61,8-10; 104,8-10; 122,2-4; 125,4-5; 189,1-2; 192,7-10; 214,11-13; 223,9-10 und e_1 14,4-5; 15,6; 70,4; 108,8-10; 173,4-5.

79 Hier fällt dann in der Regel die zugehörige Strophe aus. Vgl. in der Ausgabe Brévarts die Marginalverweise zu den Strophen E_7 45, 158, 180 und 206, sowie zu e_1 111, 144, und 152. Vgl. zum Phänomen auch Petzsch: Assoziation als Faktor und Fehlerquelle in mittelalterlicher Überlieferung. Es kommt auch zum Zusammenbau der Reste zweier weiter auseinanderliegender Strophen.

Ein Sänger arbeitet offenkundig mit größeren oder kleineren Restbeständen des einmal gehörten und gelernten Wortlauts, die sein Gedächtnis ihm anbietet. Was den unmittelbaren Wortlaut bzw. den Klang anbetrifft, so bekommt er von seinem Gedächtnis letztlich nur Bottom-up-›Informationen‹[80]: Das heißt, er erinnert im kritischen Fall, den der belegte Fehlertyp darstellt, tatsächlich nur noch den Wort**laut** bzw. Laute, die sich an der sie kodierenden Melodie abgelagert haben und denen er für einen Sekundenbruchteil oder auch länger keinen Sinn abzugewinnen vermag.

Dies ist die Voraussetzung für einen konstruktiven Prozeß, der weitgehend der Mustererkennung zu gleichen scheint, die die Gestaltpsychologie am Gegenstand der Gestaltwahrnehmung vielfach untersucht hat.[81] Die durch die Wahrnehmung gebotenen Informationen sind unvollständig, gleichwohl erkennt man etwas, indem man die Informationen so ergänzt, daß sie eine Gestalt, ein Muster, einen Sinn ergeben.[82] Den unvollständigen Bottom-up-Informationen kommt eine Top-down-Verarbeitung entgegen, die ihnen die Gestalt, das Muster und den Sinn gibt, mit dem das Bewußtsein sie festhält.

Üblicherweise versteht man Bottom-up-Informationen als sensorische Informationen.[83] In einer gewissen terminologischen Irregularität verstehe ich sie im folgenden dagegen als memorielle ›Informationen‹: Wer einen Wortlaut aus dem Gedächtnis abruft, bekommt von diesem etwas angeboten, auch wenn dies nicht im eigentlichen Sinne Informationen sind. Reicht dieses Angebot nicht aus, um einen verständlichen Satz hervorzubringen, so muß ein Prozeß der Sprachproduktion in Gang gesetzt werden, der für Verständlichkeit des zu formulierenden Satzes sorgt. Dies wird ein Top-down-Prozeß sein, der gemäß dem geforderten Erzählinhalt Reparaturen vornimmt.

Was für die Wahrnehmung gilt, läßt sich analog also auch für das Gedächtnis konzeptualisieren: Auch das Gedächtnis arbeitet konstruktiv, wenn es Gedächtnislücken scheinbar selbsttätig ergänzt,[84] ja man mag seine Arbeit im

80 Ich verwende im folgenden Begriffe, die ursprünglich aus der Computerlinguistik stammen. Vgl. zum Bottom-up- und Top-down-Parsing Peter Hellwig: Parsing natürlicher Sprachen: Realisierungen. In: István S. Bátori, Winfried Lenders, Wolfgang Putschke (Hgg.), Computational Linguistics/Computerlinguistik. Ein internationales Handbuch zur computergestützten Sprachforschung und ihrer Anwendungen. Berlin, New York 1989, S. 378-432.

81 Vgl. z.B. Wolfgang Metzger: Gesetze des Sehens. Die Lehre vom Sehen der Formen und Dinge des Raumes und der Bewegung. Frankfurt 1953.

82 Donald A. Norman und David E. Rumelhart: Gedächtnis und Wissen. In: Diess. (Hgg.), Strukturen des Wissens. Wege der Kognitionsforschung. Stuttgart 1978, S. 21-47, zeigen, daß auch Gedächtnisrepräsentationen in diesem Sinne konstruktive Prozesse sind.

83 Vgl. z.B. John R. Anderson: Kognitive Psychologie. Heidelberg, Berlin, Oxford ²1996, S. 58-63 u.ö.

84 Dies können Zeugenbefragungen vor Gericht bestätigen, die nach einem verstrichenen Zeitraum erneut vorgenommen werden: Zeugen legen sich ihre Erinnerungen zurecht, umso auffälliger, je länger sie sich vom zu bezeugenden Vorgang entfernen.

Zuge des konstruktivistischen Theorietrends der Konstitution von Wahrnehmung vollständig parallelisieren, indem man ihm eine Art konstruktiver Auf-
rundung zuschreibt.[85] Voraus geht im zur Diskussion stehenden Fall eine un-
vollständige Echospeicherung,[86] die beim Abruf einen Prozeß der Sinnbildung
erzwingt. Dieser Prozeß wird *top down* gelenkt, indem ein Sänger nach seiner
Kenntnis des Erzählinhalts selbständig in den Wortlaut und Aussageinhalt
einer Stelle eingreift. Dies geschieht aber im Unterschied zum gewöhnlichen
Verlauf des Abrufs aus dem Gedächtnis, der *bottom up* erfolgt und bis zu
einem gewissen Ausmaß automatisiert werden kann.[87]

Im Fall des einen oben aus dem ›Eckenlied‹ zitierten Beispiels hat das
Gedächtnis in einer Melodiefalte die Lauthülse *ber*[*k*] festgehalten, aber nicht
den vollständigen zugehörigen Satz (*wan er* [Ecke] *was hert alsam ain berk*)
oder seinen konkreten Inhalt. Hier wäre es also nicht die Wahrnehmung, der
etwas unvollständig dargeboten wird, sondern das Gedächtnis liefert dem
Sänger einen unvollständigen Text bzw. nur einen an der Melodie haftenden
Klang. Die Top-down-Verarbeitung ergänzt nun *ber*(*k*) durch einen neuen,
sinnvollen Satz: *her Eck was sicher alß ein ber*. Die (Re-)Konstruktionsarbeit
geht von einer Gedächtnisspur aus, die über den auditiven Kanal als rein akustische Kodierung gespeichert ist. Sie stellt die Bottom-up-Information dar.
Aber auch die Top-down-Verarbeitung kann sich noch auf einen Gedächtnis-
rest stützen: Es muß in dem Satz, dessen Formulierung noch gefunden werden und der mit *ber*(*k*) enden muß, etwas über Ecke gesagt werden, über seinen Kampfvorteil.

Beide orientierenden Anhaltspunkte im Gedächtnis, die *bottom up* und *top
down* geliefert werden, führen hier aber nicht dazu, daß der vollständige ursprüngliche Wortlaut wieder ›einfällt‹, sondern es kommt zu einem Kompro-
miß in einer neuen Formulierung, zu einer Kompromißbildung zwischen der
Bottom-up- und der Top-down-Ausrichtung beim vortragenden Sänger.

---

85   Zu konstruktivistischen Gedächtnistheorien vgl. Siegfried J. Schmidt (Hg.): Gedächtnis. Probleme und Perspektiven der interdisziplinären Gedächtnisforschung. Frank-
furt/M. 1991, zur thematisierten Parallele die Einführung des Herausgebers, S. 34: »Der
Erinnerungsprozeß scheint [...] strukturell der *Wahrnehmungssynthese* zu entsprechen.«
(Hervorhebung vom Autor) Vgl. insbesondere den Aufsatz von Gebhart Rusch: Erinnerungen aus der Gegenwart. In: Ebd., S. 267-292. Sicher gestattet aber ein konstruktivisti-
scher Zugang zum Gedächtnis nur eine Teilerklärung, denn zweifellos gibt es neben der
Konstruktion von Erinnerungen auch den bloßen Abruf des Erinnerten.

86   So der Begriff von Neisser: Kognitive Psychologie, Kap. 8.

87   Die gedächtnispsychologische Beschreibung dieses Vorgangs kann sich etwa auf
die Konzeption eines impliziten Gedächtnisses im Gegensatz zum expliziten, bewußten
stützen. Vgl. z.B. Daniel L. Schacter: Implicit Memory: Historical and Current Status. In:
Journal of Experimental Psychology: Learning, Memory, and Cognition 13 (1987), S. 501-
518. Dagegen setzen William F. Brewer und John R. Pani: The Structure of Human Memory.
In: The Psychology of Learning and Motivation (hg. von R. D. Hawkins und G. H. Bower)
17 (1983), S. 1-38, eine gesonderte Kategorie des *rote linguistic skill* an.

Hier ist ein markanter Unterschied zum Abruf bzw. Aufsagen auswendig gelernter Texte, wie wir es praktizieren, zu konstatieren: Wir fühlen uns genötigt, uns an den Wortlaut zu halten, und wenn er uns nicht mehr einfällt, brauchen wir eine Gedächtnishilfe, um im Text weiterzukommen. Schlimmstenfalls bleiben wir bis auf weiteres stecken. Eine Top-down-Ausrichtung, wie sie ein Sänger des ›Eckenliedes‹ nutzen konnte und mußte – sich nämlich im weitesten Sinne an auf den Erzählinhalt bezogene Gedächtnisreste zu halten, um unvollständig erinnerte Stellen mehr oder weniger notdürftig zu flikken –, ist uns in unserer Praxis im Umgang mit auswendig gelernten Texten abhanden gekommen.

Es dürfte eine Folge der konstitutiven Schriftlichkeit – die uns in entsprechenden Situationen leicht zuhilfe kommen kann – unserer Kultur sein, daß wir die Top-down-Funktion nicht mehr vergleichbar zu nutzen lernen. Schriftlichkeit zwingt unwillkürlich zu einer Alternative: etwas entweder ›auf Punkt und Komma‹ auswendig zu lernen oder gleich aus dem Speichermedium Schrift herauszuholen, d.h. abzulesen. Im übrigen ist der auswendig gelernte Text ja auch schriftlich in der Welt, d.h. sein Abruf ist gegebenenfalls am Schrifttext kontrollierbar, und dies reduziert die Abweichungstoleranz von vornherein.

Das Mittelalter kannte mit der Unterscheidung einer *memoria ad res* von einer *memoria ad verba*[88] eine ähnliche wie die von mir mithilfe anderer Begriffe entwickelte Unterscheidung und, daran festgemacht, die Empfehlung, wenn für die Speisung der *memoria ad verba* nicht genug Zeit zur Verfügung stehe, den Lernstoff der *memoria ad res* zuzuführen.[89] Gelegentlich finden sich ›Zitate‹ selbst von Versen aus Vergils ›Aeneis‹ oder den Psalmen, die – aus dem Gedächtnis vorgenommen – nur noch Paraphrasen darstellen.[90] Hierfür läßt sich nur die *memoria ad res* verantwortlich machen. Allerdings führt sie nicht in einem solchen Ausmaß zu Änderungen, wie es die Top-down-Orientierung bei Sängern strophischer Heldendichtung tut.

Schwerlich haben diese nun aber jemals etwas von der *memoria ad res* bzw. jener gelehrten Unterscheidung gehört. Sänger von Heldendichtung gehen fortwährend in großer Selbstverständlichkeit mit ihrem Gedächtnistext auf eine Weise um, die keinerlei Achtung vor dem Buchstaben bezeugt. Das Gedächtnis ist denn auch kein Kopiergerät, und zwei Gedächtnissysteme – neben dem Gedächtnis für den Wortlaut das für Ereignisfolgen – müssen zu-

---

88 Vgl. Carruthers: The Book of Memory, bes. S. 86-91.

89 Zum ersten Mal wird die Unterscheidung zusammen mit der Empfehlung offenbar von Fortunatian in seiner ›Ars rhetorica‹ (III 14) vorgenommen. Vgl. Rhetores latini minores. Hg. von Carl Halm. Leipzig 1863, S. 81-134, hier S. 129.

90 Vgl. zwei Beispiele bei Pierre Riché: Education et culture dans l'occident barbare, VIe–VIIIe siècles. Paris 1962, S. 200, Anm. 146, die auch bei Carruthers: The Book of Memory, S. 87, zitiert werden.

sammenwirken, um überhaupt einen stockungsfreien Abruf von Texten beim Vortrag zu gewährleisten.

5.5 Das Gedächtnis für Ereignisfolgen: Zur Erklärung des geordneten Fortgangs des Erzählens beim Abruf aus dem Gedächtnis

Wenn es richtig ist, daß das Gedächtnis für Ereignisfolgen konstitutiv für das Überleben der menschlichen Gattung in ihrer Umwelt ist, so muß dies ein Gedächtnis für singuläre Ereignisfolgen sein. Es reicht nicht zu wissen, daß der Donner nach dem Blitz kommt, sondern nur die Auswertung auch einmalig erfahrener Episoden erlaubt, unter wechselnden und ganz unterschiedlichen Lebensumständen zu überleben. In der Gedächtnispsychologie hat sich vor einigen Jahrzehnten eine Unterscheidung aufgedrängt, die zwei verschiedenen Arten des Gedächtnisses gilt: die eines episodischen und eines semantischen Gedächtnisses.[91] Das semantische Gedächtnis speichert Sprache und Weltwissen – Wissensarten, die entkontextualisiert, meist unanschaulich und nicht raumzeitlich ›verortet‹ sind, während das episodische Gedächtnis die persönliche Erfahrung konkreter Ereignisse festhält.[92] Daß der Donner nach dem Blitz kommt, gehört damit – wie die Begriffe ›Donner‹ und ›Blitz‹ – zum semantischen Gedächtnis; wer sich aber etwa noch erinnert, wie er zu diesem Wissen über eine eigene Erfahrung gelangte, der kann es in seinem episodischen Gedächtnis zurückverfolgen.

Das episodische Gedächtnis stellt wie das semantische ein eigenes, selbständiges Gedächtnissystem dar, das »temporally dated episodes or events,

---

91 Vgl. die Unterscheidung zuerst bei Endel Tulving: Episodic and Semantic Memory. In: Ders. und Wayne Donaldson (Hgg.), Organization of Memory. London 1972, S. 381-403: »Episodic memory receives and stores information about temporally dated episodes or events, and temporal-spatial relations among these events. [...] Semantic memory is the memory necessary for the use of language. It is a mental thesaurus, organized knowledge a person possesses about words and other verbal symbols, their meaning and referents, about relations among them, and about rules, formulas, and algorithms for the manipulation of these symbols, concepts, and relations.« (S. 385 und 386) Inzwischen ist die Unterscheidung neuroanatomisch gestützt und spezifiziert worden. Vgl. M. A. Wheeler, D. T. Stuss und Endel Tulving: Toward a Theory of Episodic Memory: the Frontal Lobes and Autonoetic Consciousness. In: Psychological Bulletin 121 (1997), S. 331-354. Danach ist der Status eines – nicht-autobiographischen – Gedächtnisses für Ereignisfolgen (*event memory*, vgl. ebd., S. 333) in seiner Zugehörigkeit zum episodischen oder semantischen Gedächtnis bzw. zu beiden Gedächtnissystemen noch nicht endgültig geklärt.

92 Ich nehme hier eine weitgehende Vereinfachung der Unterscheidung vor, die Tulving: Elements of Episodic Memory, mit großer Akribie entfaltet.

and temporal-spatial relations among them«[93] enthält. Hierbei ist ausdrücklich an autobiographische Episoden gedacht, die sich in anderer Weise einprägen als Lernkontexte, wie sie etwa zum Erlernen der Sprache führen. Niemandem, der seine Muttersprache spricht, sind diese Kontexte beim Sprechen noch in Erinnerung, während z.B. Erfahrungen im Umgang mit komplexen Institutionen oft als im eigenen Lebenslauf auffindbare Episoden in Erinnerung bleiben.[94]

Zur Präzisierung, was eine Einheit des episodischen Gedächtnisses ausmacht, zitiere ich einen Abschnitt aus der Monographie von Endel Tulving über das episodische Gedächtnis:

The prototypical unit of information in the episodic system is an *event* or an *episode*. An event is something that occurs in a particular situation. It has always a beginning and an end in time, and the interval between two temporal boundaries is filled with some activity, frequently but not always by one or more ›actors‹. Events recorded in the episodic system always involve the rememberer, either as one of the actors or as an observer of the event. A person can witness or participate in events directly or vicariously. The remembering of vicariously experienced events – for instance, watching a play, reading a novel, or even comprehending a disembodied sentence such as ›a shabbily dressed man in his late fifties jumped off the Golden Gate bridge early this morning‹ – is governed by the same general principles that apply to the remembering of directly experienced events.[95]

Obwohl es nach dem Zitat so scheinen könnte, als sei das Gedächtnis für Ereignisfolgen, deren Kenntnis man aus zweiter Hand bezieht, ein Bestandteil des episodischen Gedächtnisses, ist es doch nur ein Derivat. Denn zwar hält es diese Ereignisse in ihrer Relation zueinander bzw. in ihrer Folge fest, aber es muß dies nicht in Bezug auf eine im eigenen Leben erfahrene raumzeitlich datierbare Episode tun. Dies mag anders sein, wenn man an der Aufnahme der Ereignisse affektiv beteiligt ist:

A person may also read about material, or vicariously experience events, that arouse an emotional state, and the information thus required may be ›emotional‹ to that extent that the episodic affect is conditioned to the semantic content of the episode.[96]

Aber auch im Fall von mit affektiver Beteiligung aufgenommenen Erzählinhalten wird man nicht in erster Linie an die Situation denken, in der man zuerst von ihnen hörte oder las, sondern an die Inhalte selbst, was nicht bedeutet, daß man die Aufnahmesituation vergißt. Die Inhalte geraten aber, alle-

---

93 Ebd., S. 21.
94 Mit einer »specification of the date and place of the to-be-remembered event«. Vgl. ebd., S. 25.
95 Ebd., S. 37 (Hervorhebung vom Autor).
96 Ebd., S. 43.

mal wenn sie nicht aus den Nachrichtenmedien frisch bezogen werden, in
eine gewisse Distanz zum eigenen Erfahrungsraum und werden in Abkapse-
lung von ihm verwahrt, gleichviel ob es sich um reale oder fiktive Erzählinhalte handelt.

Auch wenn das Gedächtnis für nicht datierte oder in der eigenen Lebens-
oder gar der Weltzeit nicht verortete Ereignisfolgen also ein Derivat des episodischen Gedächtnissystems ist und in das semantische Gedächtnis herüber-
wechseln kann, wird seine interne Struktur doch durch das episodische Raster
bestimmt, auf das hin man aus der eigenen Lebenswelt trainiert und durch das
episodische Gedächtnis programmiert ist. Ereignisfolgen lassen sich leicht
abspeichern, weil das episodische Raster die Weltwahrnehmung immer schon
bis zu einem bestimmten Grad der Auflösung von Ereignissen in einer Ereignisfolge treibt.[97] Eine solche Folge wird dabei auch beachtet oder unterstellt,
wenn die Ereignisse durchaus nichts miteinander zu tun haben.

Das Behalten von Erzählinhalten im Zuge der Tradierung von Heldendichtungen kann auf ein solches Raster bauen. Dies insbesondere dann, wenn
es sich nicht mehr am Wortlaut orientieren kann, der leicht vergessen wird.
Dann springt die Erinnerung an die Erzählhandlung ein bzw. an deren episodische Struktur, auf die Erzählhandlungen von Heldendichtungen leicht re-
duzierbar sind. Diese episodische Struktur ist die Orientierungsleiste, über
die die oben genannte Top-down-Funktion zum Zuge kommt. Dabei muß nicht
jedes Detail in Erinnerung bleiben, es muß aber gewährleistet sein, daß die
Ereignisfolge nicht grundlegend verletzt wird und der Anschluß an bereits
Erzähltes immer wieder aufgefunden werden kann.

Wie weit die Freiheiten von Sängern beim Umgang mit der Top-down-
Funktion gehen, möchte ich im folgenden zeigen, indem ich für einen Text-
ausschnitt – den Beginn des Kampfs zwischen Ecke und Dietrich bis zur Wende
des Kampfs – die drei hier verglichenen Fassungen in bezug auf ihren Erzählinhalt, der knapp zusammengefaßt wird, nebeneinanderstelle. Zusätze und/
oder Ausfälle der Fassungen erscheinen dabei als Lücken.

E_2	E_7	e_1
102: Dietrich kündigt seinen Widerstand an. Ecke zieht sein Schwert.	**105**: Dass.	**76**: Dass.
103: Dietrich zieht sein Schwert. Beide wünschen den Tag herbei. Kampf.	**106**: Dass.	**77**: Dass.

---

97 Nach Kant etwa, der Tulving unbekannt scheint, ist dies transzendentale Bedingung der Möglichkeit von Wahrnehmung überhaupt.

Gewalt und Gedächtnis

E_2	E_7	e_1
		78: Heftige Schläge Eckes: Dietrich bittet um Ruhepause.
	107: Dietrich will bis Tagesanbruch ruhen.	**79**: Dass. (weitgehend neu formuliert).
	108: Ecke geht darauf ein. Gegenseitige Vereinbarung.	**80**: Dass.
	109: Nachtwache Dietrichs. Danach weckt er Ecke.	**81**: Dass.
		82: Erzählereingriff. Ecke beklagt die Länge der Nacht.
	110: Nachtwache Eckes.	
	111: Ecke weckt Dietrich mit einem Fußtritt. Dietrich schwört Rache.	**83**: Dass.
	112: Dietrich springt auf und greift an. Gegenangriff Eckes.	**84**: Dass. (weitgehend neu formuliert).
	113 (entspricht E_2 107): Heftiger Kampf. Beschreibung des Kampfplatzes (verändert).	**85**: Heftiger Kampf. Beschreibung des Kampfplatzes und der Rüstungen (verändert)
104: Kampflärm. Blut fließt. Ruhepause.	**114**: Dass.	
105: Erneuter Kampf. Dietrich beklagt, daß Ecke ihn fand.	**115**: Dass.	
106: Feindseliger Kampf: Dampfen der Wunden.	**116**: Dass.	
107: Heftiger Kampf. Beschreibung des Kampfplatzes.	(vgl. E_7 113)	(vgl. e_1 85)
108: Ecke zerschlägt Dietrichs Schild.	**117**: Dass.	**86**: Dass.
109: Ecke triumphiert.		

208

E_2	E_7	e_1
	118: Dietrich weicht vor Ecke in den Wald zurück.	
110: Dietrichs Not. Abgeschlagene Äste schützen ihn.	**119**: Dass.	**87**: Dass. (verändert).
111: Eckes Rüstung ist unzerstörbar. Ecke will Dietrich gefangennehmen.	**120**: Dass. (weitgehend neu formuliert).	**88**: Dass.
112: Dietrich ruft Gott um Hilfe.		**89**: Dass.
113: Heftiger Kampf. Dietrich schlägt Ecke nieder.	**121**: Dass.	**90**: Heftiger Kampf (verändert). Ecke schlägt Dietrich nieder.
114: Ecke springt auf, schlägt durch Dietrichs Helm.	**122**: Dass.	**91**: Dass.
115: Ecke fragt Dietrich nach seiner Herkunft. Dietrich scheut den Kampf.		
116: Dietrich ruft Gott um Hilfe und denkt an Flucht.		
117: Dietrich muß vor Eckes Schlägen zurückweichen.	**123**: Dass.	**92**: Dass.
118: Ecke fordert Dietrich zur Aufgabe auf. Der lehnt ab.	**124**: Dass.	**93**: Dass.

Das auffälligste Ergebnis des Vergleichs der Fassungen E_7 und e_1 ist, daß sie – auch wenn sie auseinandergehen – immer wieder zum gemeinsamen, mit E_2 geteilten Strophenbestand zurückfinden, und zwar selbst dann, wenn sie, wie noch zu zeigen ist, den ›ursprünglichen‹ Wortlaut der Strophen kaum noch treffen. Grundsätzlich in Erwägung zu ziehen, wenn auch schnell zu verwerfen, ist die Möglichkeit, daß der Strophenbestand der Fassungen nur durch Auslassung zustandekommt, so daß ein ursprünglich umfangreicher Bestand durch Vergessen von Strophen von Fassung zu Fassung unterschiedlich ausgedünnt wird. Aber das langsame Auseinandergehen der Fassungen etwa ab E_2 68 (E_7 64; e_1 55), abweichende und miteinander konkurrierende Partien (wie z.B. E_7 65-68 und e_1 62 + 90,6 im Verhältnis zu E_2 68)[98] sowie die vollständig voneinander abweichenden Schlußpartien (in Strophe 223 kommt E_7 das letzte Mal mit E_2 185 zusammen und in Str. 173 e_1 das letzte Mal mit E_2 198) stellen eindeutig klar, daß eigenständige Partien, d.h. Insertionen bzw. Zusätze, zu veranschlagen sind. Der abweichende Strophenbestand kommt deshalb zwar auch durch gelegentliche Auslassungen, im wesentlichen aber durch Zusätze zustande.

So ist in der ausgewählten Textpartie ein charakteristischer Zusatz, die eigenartig kooperative Nachtwache und -ruhe der Kontrahenten (E_7 107-113; e_1 78-85), zu beobachten, die einen freilich nicht weiter auffälligen Zeitsprung der Ausgangsfassung ausfüllt. In E_2 103,5 wünschen die Kontrahenten den Tag herbei und in E_2 104,1 beginnt mit *Gem tag sungen du̇ vȯgellin* schon das Morgengrauen, aber hier ließ sich zur Not eine Erzähllücke ausmachen und füllen. Die Füllung der Lücke beleuchtet die differierenden Verhaltensweisen Dietrichs, der den nächtlichen Kampf scheut, und Eckes, der Dietrich am Morgen unsanft aus dem Schlaf holt; zugleich wirken die vor dem am Morgen fortgesetzten Kampf schlafenden und unsinnigerweise füreinander wachenden Helden ein wenig komisch.

An Zusätzen wird deutlich, daß am ›Eckenlied‹ weitergedichtet wird, daß der Text ›lebt‹ und keinem Eigentumsvorbehalt eines bestimmten Autors unterliegt. Sänger eignen sich ihn an, um ihn – wie Guggoch in Wittenwilers ›Ring‹ – je nach eigenem Gutdünken zu ergänzen und zu komplettieren. Neben Zusätzen, Auslassungen und gelegentlichen Umstellungen kann man dort, wo eine Strophe vollständig neu formuliert wird, von einer Ersetzung sprechen. Aber anders als Zusätze dürften Ersetzungen dieser Art, wie wohl zumeist auch Auslassungen und Umstellungen – vgl. im untersuchten Ausschnitt die Strophe E_2 107 (≈ E_7 113 und e_1 85) –, keine geplanten Eingriffe darstellen, sondern auf ein Versagen des Gedächtnisses zurückgehen, das durch einen (re)konstruktiven Prozeß überformt wird. Ein Abruf des Textes mit einer Reihe von Ersetzungen, Auslassungen und Umstellungen stellt deshalb eher einen Wiederbelebungsversuch dar und ist allein noch kein Indiz des Lebens des Textes.

Erklärungsbedürftig ist dabei aber folgender Umstand: Warum führt das Vergessen des Wortlauts ganzer Strophen nicht dazu, daß der Handlungsverlauf in Mitleidenschaft gerät, d.h. warum führt die notgedrungene Ersetzung einer Strophe nicht dazu, daß der Anschluß zur nächsten Strophe verpaßt und von

---

98 E_7 und e_1 empfinden offenbar ein Ungenügen daran, daß der wunde Mann, dem Ecke in E_2 auf dem Weg zu Dietrich begegnet, zurückbleibt, ohne daß man erfährt, was mit ihm geschieht.

nun an selbständig weitergedichtet wird? Denn wo der Wortlaut verloren ist, könnte man erwarten, daß auch anderes erzählt und dann unvermeidlich anders weitererzählt wird. So könnte erklärt werden, daß der Text von E_7 und e_1 irgendwann den mit E_2 geteilten Wortlaut verläßt und selbständig weitergeht.

Tatsächlich bleibt aber in dem untersuchten Abschnitt selbst in vollständig neu formulierten Strophen der Erzählinhalt cum grano salis erhalten, so daß der Handlungsverlauf kaum einmal in Mitleidenschaft gerät. Es muß also neben der Kodierung des Wortlauts durch die Melodie und die Strophenform eine Kodierung des Erzählinhalts geben, die ganz anders angelegt ist. Ihr werde ich im folgenden nachgehen und zitiere zu diesem Zweck ein Beispiel aus der in der obigen Tabelle dargebotenen Textpartie, das zeigen soll, daß die Struktur einer Strophe gerade auch den Erzählinhalt für die Aufbewahrung im Gedächtnis präpariert.

Dietrich ist im Kampf in Bedrängnis geraten und muß, da Eckes Rüstung sich als unzerstörbar erweist, vor Ecke zurückweichen:

Swa er [Dietrich] in do sach vor im stan,
so mů̊s er von dem ků̊nen gan
mit sigelosem strite,
wan er was hert alsam ain berk;
er kunde verhö̊wen nie das werk.
Egge slů̊g in an die wite.
er sprach:«du bist herus bekomen;
ich brá̊ht dich gern gesunden
den vró̊wan, hastu das vernomen?
ich twinge dich mit wundan.
das gelö̊be du mir wol fü̊r war:
e das ich dis erlasse,
du mů̊st e toter dar!«
(E₂ 111)

Her Diterich weichen do began,
und das inn zwang der kune man
mit sigehafftem streiten.
her Eck der was hert als ein stein,
Diterich kunt sein nit uberhaben sein.
Eck slug in auf die waiten.
»ich han dich auß den esten pracht,
noch sich die konigine!
tustu des nit, ich han gedacht,
ich zwing dich sein mit sinnen.
du must die frawen mein ye sehn.
und tustu des nicht geren,
fur war so mus es doch geschehn.«
(E₇ 120)

Es gibt hier zunächst deutliche Anzeichen dafür, daß die Version E_2 ›ursprünglicher‹ ist: Die hypotaktische Anlage der ersten vier Verse von E_2 gegenüber ihrer parataktischen Anlage in E_7 läßt sich als eine Art *lectio* (bzw. *memoria*) *difficilior* auffassen. Die Vereinfachung zur Parataxe ist leicht erklärbar – nicht der Inhalt ist in Vergessenheit geraten, aber die syntaktische Relation, der er unterworfen wurde. Funktionswörter wie *so* und *wan* sind nicht so leicht zu behalten wie die Bedeutung kompakter Aussagen (z.B. V. 4: Er war hart wie ein Fels).[99]

---

99 Natürlich gibt es auch Fälle, in denen eine charakteristische syntaktische Form gerade auch bei verändertem Wortlaut erhalten bleibt: Vgl. z.B. E_2 103,12-13: *so sů̊ ie mere huwen, / so es ie faster bran* und E_7 106,12-13: *ye fester sie do vachten, / ye mer es ob in pran.*

Auch Adjektive prägen sich als Inhaltswörter leichter ein, zur Not allein ihre bedeutungstragenden Bestandteile: So wird *sige-* in E_7 nicht mit *-los*, sondern mit *-hafft* verbunden, was nur mit einer anderen Formulierung und gedanklichen Verbindung (*mit sigelosem strite* ist auf Dietrich bezogen, *mit sigehafftem streiten* aber auf Ecke!) überhaupt möglich wird. *sige-* haftete offenbar – und hier nicht nur als Lauthülse – im Gedächtnis und wurde mit neuem Text umgeben.

Der Erzählinhalt bleibt aber – trotz neuer Formulierungen auch im folgenden Text – identisch. Die Erzählfolge bleibt so weitgehend intakt, daß die Rede Eckes jeweils in demselben Vers beginnt. Hier dürfte der Beginn des zweiten Teils der Strophe, der Kreuzreimgruppe, strukturierend und damit gedächtnisstützend gewirkt haben. Entscheidungen für bestimmte Formulierungen ziehen dann aber andere nach sich: *mit sinnen* ist durch den Reim erzwungen, das dafür verantwortliche Wort *konigine* geriet dagegen sicher als zufällige Ersetzung für *vrŏwan* in die Reimposition. Der von Ecke auf Dietrich ausgeübte Zwang, ihn zu den drei Königinnen zu begleiten, wird auch in E_7 120,11-13 deutlich, wenn auch unter Verwendung anderer Formulierungen.

Wo in E_7 – wie auch in e_1 – neue Formulierungen gewählt bzw. veranlaßt oder gar erzwungen werden, dort steht offenkundig immer noch ein memorielles Orientierungsschema im Hintergrund, das das Weitererzählen anleitet: In Vers 1-3 muß Dietrich weichen; in Vers 4 wird Eckes Unbezwingbarkeit (seine Härte) beschrieben; in Vers 5 kann Dietrich nichts ausrichten bzw. nicht verhindern, was geschieht; in Vers 6 treibt Ecke ihn vor sich her (wenn *waite* hier nicht als Körperteil aufgefaßt sein sollte); in Vers 7-13 fordert Ecke ihn auf, zu den Königinnen mitzukommen, und kündigt an, daß er gegebenenfalls Zwang anwenden werde. Auch für Vers 7-13 bietet E_2 aber eine Art *lectio* (bzw. *memoria*) *difficilior*: Ecke will Dietrich nämlich zur Not auch unter Zwang – durch Zufügung von Wunden –, ja als Toten zu den Königinnen schleppen: Mit dem Verlust der ›ursprünglichen‹ Formulierung geht in E_7 diese Zusatzaussage verloren; der neuen Formulierung gelingt es nicht mehr, so viele Detailaussagen zu verpacken, sie ist nicht mehr vergleichbar kompakt, und es kommt zu ›Informationsverlust‹.

Die Struktur der Strophe – dies läßt sich schließen – dient grundsätzlich als Orientierungsrahmen für das Gedächtnis: Nach den beiden Dreiversgruppen (Vers 1-3 und 4-6) wird der Beginn der Kreuzreimgruppe (Vers 7-10) im vorliegenden Fall als Einschnitt empfunden und die direkte Rede korrekt aufgenommen; in der abschließenden Waisenterzine (Vers 11-13) erscheinen die Formulierungen en bloc als austauschbar. So bilden die Dreiversgruppen, die Kreuzreimgruppe und die Waisenterzine auch in anderen Fällen grundsätzlich eigenständige formale Blöcke, mit denen bestimmte Handlungszüge oder Redehandlungen festgelegt werden, die auch bei neuen Formulierungen

oft erhalten bleiben.[100] Die Struktur der Strophe kodiert deshalb den Erzählinhalt.

Was für die innere Struktur der Strophe gilt, gilt auch auf der Ebene der
Strophen untereinander: Hinter einer gänzlich neu formulierten Strophe, für
die die innere Struktur der entsprechenden Strophe der Vorgängerfassung als
Gedächtnisstütze versagt, bleibt ein blockhaft gedrängter Erzählinhalt der
ganzen Strophe erhalten. Sonst geriete die strophisch organisierte Erzählfolge
aus dem Tritt. Die Beobachtung der oben ausgewählten Textpartie aller drei
Fassungen zeigt aber, daß auch bei neu formulierten Strophen der ›Strophentritt‹ des Erzählens am gemeinsamen Textbestand entlang immer wieder gefunden wird. So kehren die zwei abgeleiteten Versionen des ›Eckenliedes‹ –
von der gänzlich abweichenden Schlußpartie abgesehen – sogar nach umfangreichen Zusätzen immer wieder zum gemeinsam geteilten Strophenbestand
zurück.

Hier spielen Positionseffekte, die dafür sorgen, daß etwa Strophenanfänge
grundsätzlich leichter behalten werden als der Rest einer Strophe und die damit auch den Wiedereinstieg in im Gedächtnis noch vorhandenen Wortlaut
erleichtern,[101] eine Rolle; allerdings im Fall des ›Eckenliedes‹ eine zunehmend geringere, so daß die Abstände zwischen den Partien, in denen die Fassungen noch zusammenkommen, immer größer werden. So ist also die Strophenform als Form der Kodierung des Erzählinhalts dafür verantwortlich,
daß auch nach längerer Unterbrechung durch Zusätze das Gerüst des gemeinsamen Strophenbestandes noch beibehalten werden kann.

An einem weiteren Beispiel aus der oben diskutierten Textpartie läßt sich
noch einmal zeigen, wie weit sich die innere Struktur einer Strophe – bis hin
zu neuen Erzählzügen – unter diesen Bedingungen auch auflösen kann:

Da wart alrerst ain strit getan.	*Der streit hub sich in zorens krafft*
ien tŏrst ain zagehafter man	*von den fürsten so degenhafft*
niemer mit den ŏgen schŏwen.	*mit mǎngen grossen hawen.*
si tratent umbe die bome ain phat	*do in dem kle an mǎnger stat*
vor zorn an der selben stat;	*do machten sy ein weytes pfadt*
sus stritens durch die vrŏwan.	*eins morgens in dem thawe.*
her Egge in in dem ringe traip	*ir harnasch der was also klar,*
vil dik unz an das ende.	*ee sich der streit erhǔbe;*

---

100   In dieser Weise ersetzt z.B. e$_1$ 90 die beiden Dreiversgruppen (V. 1-6) im Verhältnis zu E$_2$ 113 und E$_7$ 121 und schließt sich aber von der Kreuzreimgruppe (V. 7-13) an
wieder weitgehend dem Text von E$_2$ und E$_7$ an. Gleichwohl wird durch den veränderten
Text der Dreiversgruppen eine analoge Kampfbeschreibung geliefert, so daß das Weitererzählen nicht aus dem Tritt gerät. Im Rahmen der Struktur der Strophe werden also Erzählzüge blockhaft durch die Strophenteile kodiert und bleiben selbst bei ausgetauschtem
Wortlaut erhalten.

101   Vgl. zu Positionseffekten Neisser: Kognitive Psychologie, S. 282f.

vor iren füzen niht belaip	*yecz was er aller missefar.*
so vil so in der hende.	*ir leüchten ward gar trüebe,*
so gar vertraten sú das gras,	*von plůt do můst es werden naß.*
das nieman mohte kiesen,	*sy trůgen unverschuldet*
was da gestanden was.	*einander grossen haß.*
(E₂ 107)	(e₁ 85)

Aus den beiden Dreiversgruppen (Vers 1-3 und 4-6) in E_2 sind in e_1 nur der Reim *phat/stat* und vielleicht auch der Schweifreim – als Lauthülse – erhalten geblieben, daneben Begriffe wie *strit* und *zorn*. Dennoch wird annähernd dasselbe erzählt: Ecke und Dietrich kämpfen zornig miteinander und zertreten dabei den Boden. Dies wird in E_2 noch einmal ausführlich geschildert; e_1 geht stattdessen von der Kreuzreimgruppe an auf die Blutspuren ein, die der Kampf auf den Rüstungen hinterläßt. Dies ist ein neuer Erzählzug. Freilich kann man ihn noch unter der sehr allgemeinen Angabe ›Spuren des Kampfs‹ verbuchen, und er greift nicht auf etwas über, was den Inhalt der folgenden Strophe – Ecke zerschlägt Dietrichs Schild – bildet.

Es gibt also nicht nur Lauthülsen, die bei Anfüllung mit anderen Wörtern erhalten bleiben, sondern auch einen Erzählrahmen, in dem andere Formulierungen unterkommen, ohne daß gleich etwas ganz anderes erzählt würde und die Erzählfolge aus dem Tritt geriete. Ich möchte hier von Handlungsslots sprechen, die das Format von Versen, Versgruppen und sogar ganzen Strophen annehmen können. Sie sind nur mehr auf einer sehr abstrakten Ebene kodiert: Sie werden offensichtlich mit sehr allgemein rubrizierten Inhalten bzw. Handlungsteilen verbunden, die – selbst wo der Wortlaut gänzlich verloren ist – immer noch einen Anhalt für das Weitererzählen bieten.

Hier greift die Top-down-Orientierung des Erzählgedächtnisses: Es verfügt, wenn man die zweigeteilte Speicherung – über die Ereignisfolge und über den Wortlaut – als Hierarchie versteht, weit oberhalb des Wortlauts über Inhalts- oder Handlungsrubriken, die das blockhafte und parzellierte Erzählen organisieren, da sie mit festen Slots (Strophenteilen und Strophen) verbunden sind. Sie stellen damit sicher, daß ein Sänger selbst dann, wenn ihn das Gedächtnis für den Wortlaut bzw. die unmittelbare Wortfolge verläßt, auf eine andere Gedächtnisart – das visuelle und, spezifischer und zugleich allgemeiner, das Gedächtnis für Ereignisse und Ereignisfolgen – ausweichen kann, um so weiterzuerzählen, daß er jederzeit wieder Anschluß an den vorhandenen Wortlaut findet.

Es gibt in den Fassungen E_7 und e_1 zahlreiche Strophen, die nur noch Trümmer des ursprünglichen Wortlauts bewahren. Die Trümmer sind neu zusammengefügt, oft unter Inkaufnahme von sinnlosen Anschlüssen und Partien.[102]

---

102 Bis hin zu sagengeschichtlichem Unsinn: So wird Witege in e_1 174 zum Sohn Helches gemacht.

In und hinter der Montage der Trümmer macht sich aber ein gleichbleibender Erzählrhythmus geltend, in dem die Erzählung gleichmäßig über die durch Strophen und Strophenteile bestimmten Erzählblöcke und -parzellen vorrückt.

Das Gedächtnis für den Wortlaut und das für die Ereignisfolge werden beim Vortrag, wo sie nicht mehr bruchlos ineinandergreifen – und das ist sehr häufig der Fall –, zu wechselnden Anteilen in Bottom-up- und Top-down-Orientierung beansprucht, und beide Orientierungen können sich auf charakteristische Eigenschaften des Tons, d.h. der Melodie und Strophenform, als je unterschiedlich eingesetzter Formen der Kodierung stützen. Dies ist die Voraussetzung einer mündlichen Tradierung längerer auswendig zu lernender Heldendichtungen.

5.6 Die Form der Tradierung

Die Tradenten der Fassungen des ›Eckenliedes‹ sind wie der Schöpfer der gemeinsamen Ausgangsfassung unbekannt. Spräche man von anonymen Tradenten, so würde man sich den Fassungen aber über eine schriftliterarisch voreingenommene Perspektive nähern und die Form der Tradierung irreführend und verzerrend beschreiben. Denn im Rahmen ihres alleinigen Wirkungskreises – beim mündlichen Vortrag vor einem zuhörenden Publikum – waren die Sänger natürlich nicht anonym. Jenseits konkreter Vorträge hatten sie hingegen keinen Grund, ihre Namen der Dichtung, der sie vielleicht Zusätze zufügten oder ihr sogar gänzlich neue Handlungszüge beigaben, einzuweben, denn an die Überlieferung eines Lesetextes dachten sie gar nicht. Daß es gleichwohl zu einer solchen Überlieferung kam, muß nicht ihre Absicht gewesen sein. Sie übernahmen mit dem Plot meist überkommenen Wortlaut und formulierten ihn oft unwillkürlich neu. Ihre Freiheit, auch selbständig zu erzählen, machte sie aber nicht zu Schöpfern gänzlich neuer Texte.

Zu bedenken und zu berücksichtigen ist allerdings das Abfassen einer Ausgangsfassung als Schrifttext. Auch hierbei zeigen die Verfasser von Heldendichtung kein Autorbewußtsein, so daß sie dem Schrifttext ihren Namen nie einschreiben.[103] Der von ihnen gefundene Wortlaut ist Dienst an der Tradierung des Stoffs und am Publikum. Wo ein Wortlaut neu gefunden, eine Dichtung verfaßt wird, gilt er/sie als potentieller Gemeinbesitz von Tradenten, und diese dürfen, ja sollen und müssen ihn aneignen, um ihn zu verbreiten. Schon beim Dichtvorgang ist damit immer auch an sie gedacht, und eine den Text okkupierende Selbstnennung des Dichters würde ihren Ausschluß bedeuten. Eine aktive Aneignung verführt sie dann aber dazu, durch umfangreiche Zu-

---

103   Dieses ›Anonymitätsgesetz‹ der Heldendichtung hat Höfler: Die Anonymität des Nibelungenliedes, hergeleitet. Vgl. auch Heinzle: Mittelhochdeutsche Dietrichepik, S. 92-96.

sätze Mitverfasser zu werden, so daß für Heldendichtung immer mit multipler Verfasserschaft gerechnet werden muß.

Wie wohl in das ›Nibelungenlied‹ (A und B) ein mehr oder weniger umfangreicher Vorgängertext eingegangen ist, so auch ins ›Eckenlied‹. Denn die Ausgangsfassung der Fassungen E_2, E_7 und e_1 des ›Eckenliedes‹ ist durch die inkompatiblen geographischen Angaben – die den Berg Jochgrimm (E_2 19) in die Gegend von Köln (E_2 1) verlegen – als Konstrukt erkennbar, in das Anschauungen vorausgehender Fassungen/Versionen eingeflossen sein dürften. Einiges spricht zugleich dafür, daß die Strophen 1-68 – bis zur Helferich-Strophe, die offensichtlich einen ursprünglichen Einsatz markiert – einen späteren Zusatz darstellen.[104] Schließlich lassen die zahlreichen Parallelen der Ecca-Episode aus der ›Thidrekssaga‹, die dem Wortlaut des ›Eckenliedes‹ an einer Reihe von Stellen nahekommen,[105] auf die partielle Textidentität einer vorausgehenden Fassung schließen, deren Wortlaut sich demnach vererbt hätte. Heldendichtung wäre also nicht jeweils totale Neuschöpfung, sondern mit dem Stoff überkommt auch alter Wortlaut.

Auch der Ton ist nicht immer neuerfunden. Das Dichten in einem seinerseits aber überindividuell gewordenen Ton unter dem Formzwang einer stereotypen Sprache erlaubt es nicht, die verschiedenen Verfasser und ihre Textanteile über Stileigenschaften voneinander zu sondern und zu scheiden. An den überlieferten Fassungen des ›Eckenliedes‹ kann man sehen, daß Heldendichtung nicht von individueller Dichtersprache lebt; die Verfasser bleiben vielmehr hinter der entindividualisierten Sprache unkenntlich. Das ›ich‹ der Texte – vgl. im ›Eckenlied‹ die Strophe 1,2: *das ich ů sag, das ist war* – ist offen, von beliebigen Nachsängern besetzt und beansprucht zu werden.

Wenn es also scheint, als ließe sich für Heldendichtung nirgendwo ein Datum eines absoluten Neuanfangs festlegen, so gab es gleichwohl wie immer zusammengeflossene Ausgangsfassungen für eine von ihnen abzuleitende weitere Tradierung. Die Derivate scheinen nicht aus unterschiedlichen Zuflüssen gemischt, sondern die Überlieferungsgestalt von Heldendichtung im Mittelalter legt insgesamt nahe, daß eine Ausgangsfassung zugleich ausgedünnt und angereichert wird. Das ›Nibelungenlied‹ (A oder B) markiert ebenso wie eine hinter den Fassungen E_2, E_7 und e_1 des ›Eckenliedes‹ stehende Ausgangsfassung einen Fixpunkt, mit dem ein punktueller Neuansatz für weitere Tradierung gemacht ist. Es scheint zudem, daß solche Ausgangsfassungen als Schrifttexte niedergelegt und nicht freihändig entworfen und ohne einen Schriftträger eingeprägt wurden.

---

104 Vgl. zuerst Helmut de Boor: Zur Eckensage. In: Ders., Kleine Schriften II. Berlin 1966, S. 1-12 (zuerst 1922 erschienen), und Heinzle: Mittelhochdeutsche Dietrichepik, S. 161. Als Rekapitulation der Forschung vgl. auch den Kommentar in der in Anm. 30 genannten Ausgabe Brévarts, S. 271f.

105 Vgl. Friese: Thidrekssaga und Dietrichepos.

Das schriftliche Abfassen von Ausgangsfassungen, wie man es als typisch auch für Lieddichtung im Mittelalter ansehen kann, ist nun aber nicht die Normalform, die man mündlicher Tradierung gemeinhin unterstellt. Hierbei rechnet man nicht einmal mit der Tradierung eines identischen Textes. Mythen, Märchen, Sagen und viele andere genuin mündliche Gattungen kennen keinen vergleichbar identischen Text. Nach Claude Lévi-Strauss, der in Hinsicht auf eine andere, archaischere mündliche Gattung – die der Mythen – eine Extremposition vertreten hat, sind Mythen nie auf einen Wortlaut rückführbar, sondern nur auf Mytheme, die in Form eines bestimmten Inhalts angebbar sind; und um eine strukturale Analyse ansetzen zu können, bedarf man aller verfügbaren Versionen. Nur aus ihrer Zusammenstellung ist die Struktur eines Mythos als der virtuellen Gesamtheit aller seiner Versionen abzufiltern. »Il n'existe pas de version ›vraie‹ dont toutes les autres seraient des copies ou des échos déformés. Toutes les versions appartiennent au mythe.«[106]

Ob sich auch Märchen, Sagen und andere mündliche Gattungen für eine strukturale Analyse im Sinne von Lévi-Strauss eignen, ist durchaus zweifelhaft, und die Vielzahl ihrer Versionen dürfte nicht auf eine analytisch relevante virtuelle Gesamtheit jeweils aller Versionen zu trimmen sein.[107] Wenn es auch hier scheint, daß es keine ›wahre‹ Version gibt, so muß man doch unterstellen, daß es eine raumzeitlich konkrete Abhängigkeit der Versionen gibt. Auch wenn diese vielleicht nicht im Bewußtsein einer solchen Abhängigkeit erzählt werden, so ist die Abhängigkeit samt der Unterstellung einer Ausgangsfassung doch analytisch relevant.[108]

---

106 Claude Lévi-Strauss: La structure des mythes. In: Ders., Anthropologie structurale, Paris 1958, S. 227-255, hier S. 242. Ich zitiere den französischen Text, da die deutsche Übersetzung für *version* den Begriff der Fassung verwendet.

107 Für Lieder z.B. hat allerdings Max Ittenbach: Mehrgesetzlichkeit. Studien am deutschen Volkslied in Lothringen. Frankfurt/M. 1932, ein Gesamtbild der Varianten eines Liedes in der Tradierung als Grundlage der Analyse gefordert. Er unterscheidet vom eingesetzlichen Kunstgedicht das mehrgesetzliche Volksgut. Für Lieder führt das auf »eine nur willkürlich aus ihrem Zusammenhang mit anderen Liedern herauszuschneidende Variantenmenge, davon jede ein nur lose zusammengehaltenes Konglomerat verschiedenartiger Bestandteile, in deren Herkunftsgeschichte eine Gestaltbetrachtung des Ganzen notwendig großenteils aufgeht« (S. 68). Die Parallele zum Ansatz von Lévi-Strauss ist frappierend. Für Ittenbach ist dementsprechend das Zersingen konsequenterweise kein Maß der Entfernung von einer heilen Fassung, sondern konstitutiver Bestandteil des Stils des Volksliedes.

108 Seit Antti Aarne: Leitfaden der vergleichenden Märchenforschung. Hamina 1913, sucht die geographisch-historische Forschungsmethode die ursprüngliche Form eines Märchens zu rekonstruieren. Zur Bewertung der Methode vgl. Lutz Röhrich: »und wenn sie nicht gestorben sind ...« Anthropologie, Kulturgeschichte und Deutung von Märchen. Köln, Weimar, Wien 2002, S. 369f. Die Unterstellung einer Ausgangsfassung bleibt natürlich mehr noch dann analytisch relevant, wenn man mit Albert Wesselski: Märchen des

Dies gilt nun in noch höherem Maß für einige mittelalterliche, ja noch neuzeitliche Gattungen mündlicher Dichtung, für die man klar zwischen Entstehungskontext und Tradierung unterscheiden kann und muß. Es gibt einen zu veranschlagenden Ausgangspunkt: die Entstehung der Dichtung unter Zuhilfenahme der Schrift, und sei es auch nur zur Aufzeichnung oder Verschriftung und nicht gleich zur durchgängigen Komposition der Dichtung auf dem Blatt.[109] Die Aufzeichnung erlaubt dabei, die Herstellung einer Dichtung von ihrer Einprägung zu trennen und somit beides effektiver zu handhaben.

In nuce läßt sich dies schon bei der Lieddichtung beobachten: Die ›Limburger Chronik‹ erzählt etwa von einem Barfüßermönch auf einer Maininsel, *der di beste lide unde reien in der wernde* [= Welt] *von gedichte unde von melodien* [*machte*], die deshalb allgemein beliebt waren. Er hält offensichtlich den Text schriftlich fest, den Spielleute dann verbreiten: *pifer unde ander spellude furten den sang unde gedichte.*[110] Hier kann der Ausgangspunkt genannt werden, weil er noch bekannt ist. Nicht alle Hörer der weiterverbreiteten Lieder werden aber von diesem Entstehungskontext erfahren haben. Lernten sie den Wortlaut ihrerseits, so wurden die Lieder folklorisiert: »Die Individualpoesie wird zur Collectivpoesie.«[111]

John Meier hat nachhaltig demonstriert, daß es für folklorisierte Kunstlieder als ›Collectivpoesie‹ prinzipiell problematisch ist, ihre ursprüngliche Gestalt, die dann wieder auf ›Individualpoesie‹ reduziert wäre, rekonstruieren zu wollen.[112] Stattdessen sind ihre gleichwertigen[113] Fassungen, deren eigenes Existenzrecht zu respektieren ist, zu sammeln. Das bedeutet aber nicht, daß sie nicht, wo die Umstände es erlauben, von einer Ausgangsfassung abgeleitet werden können. Bei Kunstliedern ist Meier in einer Vielzahl von Fällen (in 336 von 567 in sein Verzeichnis aufgenommenen Kunstliedern im Volksmund) in der Lage, Verfasser und Erstdruck anzugeben.[114] Die Sänger der in alle deutschen Länder verbreiteten Fassungen werden dazu nie oder kaum je in der Lage gewesen sein. Da die ›Zirkulationsgeschwindigkeit‹ der

---

Mittelalters. Berlin 1925, S. XI-XXIII, nicht mündliche, sondern schriftliterarische Ausgangsfassungen ansetzt.

109   Auf die Umstände der Entstehung von Heldendichtungen, soweit sie sich aus einigen charakteristischen Eigenschaften von Heldendichtung erschließen lassen, komme ich in Kapitel 7.6 und 7.7 zurück.

110   Die Limburger Chronik des Tilemann Elhen von Wolfhagen. Hg. von Arthur Wyss. In: Monumenta Germaniae Historica. Deutsche Chroniken und andere Geschichtsbücher des Mittelalters. Vierter Band. Erste Abteilung. Hannover 1883, Nachdruck Dublin, Zürich 1973, Kap. 108.

111   Meier: Kunstlieder im Volksmunde, S. XVI.

112   Ebd., S. XV-XXXII. Er akzeptiert eine entsprechende Rekonstruktion nur als heuristisches Prinzip.

113   Meier verwendet den Begriff ebd., S. XXXII.

114   Ebd., S. 1-55.

im Vergleich zur Heldendichtung kürzeren folklorisierten Kunstlieder sowie die ›Rate‹ ihres Zersingens und Zusammensingens höher ist, ist hier auch die Entfernung von der Ausgangsfassung mit gelegentlich gänzlichem Verlust des ursprünglichen Wortlauts ungleich größer.

Von solchen Unterschieden abgesehen gibt es bei Fassungen von Heldendichtungen im Spätmittelalter viele Parallelen zu bis in die Neuzeit immer wieder folklorisierten Kunstliedern.[115] Heldendichtungen müssen gleichfalls für den freien Vortrag auswendig gelernt werden, und dazu bedarf es der Vorgabe des gelesenen oder gehörten Textes. Dieser hat einen eigenen Entstehungskontext, der allerdings nicht der Entstehung von ›Individualpoesie‹ gleichzustellen ist. Denn eine fixierte Ausgangsfassung, wie sie weiterer Tradierung zugrundeliegt, kann ihrerseits schon Vorgängerfassungen aufnehmen und verarbeiten. Die Tradierung führt die neue Ausgangsfassung von ihrer Fixierung wieder hinweg. Mehr noch werden Kunstlieder im Zuge der Folklorisierung aus dem Kontext ihrer Primärrezeption gelöst. Der Erhalt des konkreten Wortlauts ist in beiden Fällen ungesichert.

Mittelalterliche Vorstellungen von schriftlicher Entstehung und mündlicher Tradierung von Heldendichtungen, wie sie in den Prolog des ›Wolfdietrich‹ D und den Epilog der ›Nibelungenklage‹ eingehen (vgl. unten Kapitel 8.7), lassen die Differenz von Entstehungskontext und Tradierung klar hervortreten, auch wenn sie sich hierzu fingierter Konstruktionen bedienen. Im Gegensatz zu folklorisierten Kunstliedern ist bei Heldendichtungen allerdings die Zirkulationsgeschwindigkeit angesichts des Trägheitsmoments der z.T. außerordentlich langen Texte geringer, die Zahl der Fassungen ungleich kleiner und die Rate des Zersingens niedriger: denn nur Spezialisten können sie tradieren.

Die Diskussion der letzten Jahrzehnte zur Variation in der Überlieferung mittelalterlicher Texte hat zum Begriff des unfesten Texts geführt,[116] der gelegentlich dahingehend (miß)verstanden wird, ein identischer Text sei gar nicht voraus- oder anzusetzen und primär sei allein die Variante und die Varianz.[117] Aber selbst mündliche Tradierung von Dichtung orientiert sich im Mittelalter bei aller Anfälligkeit für Abweichungen in der Regel zumindest an einer mündlich-festen Vorgabe, wenn nicht eben auch an einem ursprünglichen Schrifttext. Die memorierende Tradierung von Heldenliedern stützt sich – anders als

---

115   Weniger bei Versionen, die natürlich in höherem Maße gleichberechtigt sind.

116   Vgl. ein Resümee der Diskussion bei Bumke: Die vier Fassungen der ›Nibelungenklage‹, S. 53-60.

117   So könnte man z.B. Bernard Cerquiglini: Éloge de la variante. Histoire critique de la philologie. Paris 1989, bes. S. 57-69, 105-116, verstehen wollen. Cerquiglini hat allerdings im wesentlichen die Differenz mittelalterlicher Schriftlichkeit zum Zeitalter des Buchdrucks im Auge, und aus dieser Perspektive ist seine Diagnose (»La variance de l'œuvre médiévale romane est son caractère premier, [...]«, S. 62) leicht nachvollziehbar.

z.B. beim Märchen, das nur auf eine ursprüngliche Form zurückgeht – auf einen festen Text, der Ausgangs- und Angriffspunkt aller eintretenden Änderungen ist, die dann freilich seine Stabilität vergleichbar in Mitleidenschaft ziehen. Selbst wenn dieser Text nicht mehr auszumachen ist, ist er als analytische Größe zu veranschlagen. Wo immer in verschiedenen Traditionszeugen wortlautidentische Partien bzw. ihre Trümmer auftauchen, führen sie auf den Ausgangspunkt eines festen Textes zurück.

Es ist allerdings möglich, daß auf verschiedene Ausgangspunkte zurückzuführende eingefügte Textpartien sich wie bei den Fassungen des ›Eckenliedes‹ verschränkt haben und aus multipler Verfasserschaft zusammengeflossen sind. Aber dies ist nur eine Abwandlung des Grundmodells. Eingebracht wurden sie in einen Text, der gemeinsamer Ausgangspunkt war. Unfestigkeit von Texten im Mittelalter ist deshalb dort, wo der Begriff in Anschlag gebracht wird, immer nur relativ – zu einem Ausgangstext mit einem festen Wortlaut – und nicht absolut wie im Fall mündlicher Prosaerzählungen – Mythen, Märchen, Sagen usw. – zu verstehen.

Für die Fassungen E_2, E_7 und e_1 des ›Eckenliedes‹ sind Zwischenträger so wenig wie die Ausgangsfassung dingfest zu machen, so daß nicht anzugeben ist, wie sie ausgesehen haben und wo die Zusätze eingeflossen sind, aber die Tradierung ist dennoch nach Maßgabe eines entsprechenden Modells vorzustellen.[118] Es ist dabei nicht auszuschließen, daß Abschriften, von denen der Text abgelernt wurde, als Zwischenträger angesehen werden müssen; wie man auch davon ausgehen muß, daß zu Beginn der Tradierung einem niedergeschriebenen Text eine entscheidende Dominanz einzuräumen ist. Es muß aber bei aller über Jahrhunderte bewahrten und letztlich durch einen Schrifttext verbürgten Textstabilität auch mit einer Tradierung von Mund zu Mund (bzw. von Mund zu Ohr und wieder von Mund zu Ohr) gerechnet werden. Das bezeugen die charakteristischen Folgen solcher Tradierung.

So sind mit der einzuräumenden schriftlichen Überlieferung und der mündlichen Tradierung zwei mediale Formen anzusetzen, die in vager Analogie zu einer darwinistisch und lamarckistisch gedachten Vererbung beschrieben werden können: Einmal setzt die Überlieferung über Abschriften am Schrifttext als einer Art Genotyp an,[119] das andere Mal die Tradierung an einem allein über das Ohr aufgenommenen Text als dem Phänotyp.[120] Hierbei schleichen

---

118   Es besitzt nicht die Zuversicht des textkritischen Stemmas, das Carl von Kraus für das ›Eckenlied‹ entworfen hat (vgl. ders.: Bruchstücke einer neuen Fassung des Eckenliedes [A]. In: Abh. d. Bayer. Akad. d. Wiss., Philos.-philol. und hist. Kl., XXXII. Bd, 3. u. 4. Abh., Teil 1 und 2. München 1926, Teil 2, S. 58).

119   Die Analogie ist insofern vage, als eine Abschrift – im Gegensatz etwa zum Druck – keine besonders getreue Kopie darstellen muß.

120   Ich übernehme die Analogie von Susan Blackmore: Die Macht der Meme, oder: Die Evolution von Kultur und Geist. Darmstadt 2000, S. 109-115.

sich aber ganz andere Typen von Kopierfehlern ein als beim schriftlichen Kopieren des Genotyps. Denn Hörfehler, Fehler des Langzeitgedächtnisses und Top-down-Reparaturen interferieren beim mündlichen Tradieren eines Textes in anderer Weise als Augensprünge, Fehler des Kurzzeitgedächtnisses und Eigenmächtigkeiten beim Anfertigen von Abschriften.

Die Spuren des Zersingens einer Ausgangsfassung – der E_2 vergleichsweise nähersteht – in den Fassungen E_7 und e_1 des ›Eckenliedes‹ machen es äußerst wahrscheinlich, daß eine Tradierung in allein mündlicher Weitergabe stattgefunden hat. Denn diese Spuren wären auszuschließen, wenn die Tradenten die Gelegenheit gehabt hätten, sich an einem Schrifttext zu orientieren, der zur Hand war. Natürlich ist es grundsätzlich denkbar, daß sie ursprünglich vom Blatt abgelernt hatten und diesen Text daraufhin auswendig zersangen. Im Rahmen einer solchen Mischung von schriftlicher Überlieferung und mündlicher Tradierung hätten sie es dann freilich einfacher gehabt, den Text bei oder vor der Wiedergabe zu einer erneuten schriftlichen Aufzeichnung wiederzubeschaffen und zu konsultieren, als einen unvollständig erinnerten Text vielfach zu reparieren. Das Zersingen spricht deshalb eher für eine intermittierende, rein mündliche Existenzform der entsprechenden Fassungen des ›Eckenliedes‹, d.h. für eine Wanderung des Textes von Mund zu Mund. Für den Wiedereingang der Fassungen in die schriftliche Überlieferung sorgte dann eine auswendige Niederschrift bzw. ein Diktat.

Eine konkrete Vorstellung der mündlichen Tradierung muß verschwommen bleiben: Wieviele ›Sitzungen‹ benötigte ein Sänger, bis er den Text beherrschte? Lauschte er nur Vorträgen, oder stellte sich ihm ein geübter Sänger allein für den Lernvorgang zur Verfügung? Über welche Kenntnisse verfügte er, war er illiterat,[121] vielleicht gar behindert, wie ja als Sänger von Heldendichtung und anderer mündlicher Dichtung von der Antike bis in die Neuzeit immer wieder Blinde genannt werden?[122]

---

121 Zu illiteraten Spielleuten vgl. die Hinweise bei Walter Salmen: Der fahrende Musiker im europäischen Mittelalter. Kassel 1960, S. 73-111. Vgl. z.B. ebd., S. 102: »Die vielen mittelalterlichen Bilder mit Szenen aus dem Spielmannsleben beweisen, daß der fahrende Musiker, wie auch der Ménestrel, stets ohne Schriftvorlage, einzig gestützt auf sein gutes Gedächtnis und das handwerkmäßig erlernte Rüstzeug, sang und spielte. Ausgestaltendes wie auch veränderndes Dazutun waren dabei unerläßlich.« Auch literarische Episoden bestätigen dieses Bild, etwa einige Strophen aus dem ›Salman und Morolf‹ (Str. 252-257), die deutlich werden lassen, daß ein Spielmann seine Kenntnis eines Liedes, bzw. einer *wîse* (auch der Worte?), nur dem Hören zu verdanken hat. Der Begriff des Spielmanns ist allerdings vage, und es ist unklar, ob die Tradenten von Heldendichtung zu den Spielleuten zu rechnen sind.

122 Vgl. viele Beispiele bei Meier: Werden und Leben des Volksepos, S. 155f.; Paul Zumthor: Einführung in die mündliche Dichtung. Berlin 1990, S. 192-197; Rudolf Schenda: Von Mund zu Ohr. Bausteine zu einer Kulturgeschichte volkstümlichen Erzählens in Europa. Göttingen 1993, S. 131-138.

Die Wege, die die Tradierung ging, lassen sich nicht angemessen in einem graphischen Schema nach Art eines Handschriftenstemmas darstellen, eher ist wohl – von der Wurzelspitze des Ausgangstextes abgesehen – mit einer rhizomatischen Struktur, einem Geflecht mit Knotenpunkten, zu rechnen. Ein Sänger konnte den Text im Prinzip von mehreren Seiten hören,[123] und er hat ihn sicher, zumal wenn er zu den Fahrenden zu zählen war, nach mehreren Seiten hin verbreitet. So mußten sich mehrfach Knotenpunkte bilden,[124] wie sie beim Prozeß des Abschreibens als Kontaminieren verschiedener Vorlagen eher immer nur vereinzelt auftreten. Von solchen Knotenpunkten vermitteln die hier untersuchten Fassungen des ›Eckenliedes‹ gewiß nur einen schwachen Eindruck. Allerdings legt die Form der Textabweichungen nahe, daß die Fassungen allein aus einer entsprechenden Form der Tradierung zu verstehen sind.

Die Knotenpunkte sind als Wegmarken einer lebendigen Tradierung aufzufassen. Daß diese bis in die Druckgeschichte hineinreicht und ausschließlich mündlich tradierte Texte schließlich im Druck erscheinen, beweist, daß ein breites und bereits lesendes Publikum sich im 16. Jahrhundert, aber wohl auch schon längst vorher, nicht so sehr für die Bewährung des Musterritters interessierte, die das höfische Buchepos ausmaß, sondern für die bestürzenden Folgen von aus der Kontrolle geratender Herausforderung und Gewalt, wie sie in ihrer Lebenswelt an der Tagesordnung waren.

Besonders relevant ist in diesem Kontext die Notiz im ›Jüngeren Titurel‹ (Str. 3364,1), Blinde sängen vom hornhäutigen Siegfried, was sich nur auf die Tradierung eines entsprechenden Liedes beziehen kann. Vgl. auch Heinzle: Mittelhochdeutsche Dietrichepik, S. 89, und unten, Kapitel 8.6, S. 424.

123 Dies hat für die Überlieferung anderer mündlicher Gattungen Walter Anderson: Kaiser und Abt. Die Geschichte eines Schwanks. Helsinki 1923, hier bes. S. 399f., angenommen.

124 Z.B. stimmt e_1 88 weitgehend mit E_2 111 überein, teilt aber die charakteristische und auffällig abweichende Formulierung *auß den ôsten* mit E_7 120. Es muß deshalb Knotenpunkte der Tradierung gegeben haben, über die e_1 mit E_2 **und** E_7 verbunden ist.

6 Ortnits Schlaf, sein Tod und Wolfdietrichs Rache

6.1 Der ›Ortnit‹ A (und W) und der ›Wolfdietrich‹ A des Ambraser Heldenbuchs

In Lamparten (der Lombardei) mit der Residenz Garte regiert Ortnit, der sich alle umliegenden Länder weit und breit tributpflichtig gemacht hat. Was ihm noch fehlt, ist eine gleichrangige Ehefrau. Nur außerhalb seines Herrschaftsbereichs läßt sie sich noch finden. Ortnits Oheim Ilias von Riuzen weiß von einer, die angemessen wäre. Sie wohnt jenseits des Meeres und ist die Tochter Machorels, der in Suders (= Tyrus), seiner Residenz in Surie (Syrien), sitzt und unter den Heiden eine ähnliche Machtfülle vereint wie Ortnit unter den Christen. Kaum hat Ortnit von ihr gehört, als sein Entschluß, um sie zu werben, unverrückbar feststeht – gegen alle Warnungen: Machorel will seine Tochter nicht freigeben, es heißt, er wolle nach dem Tod seiner Frau die eigene Tochter zur Ehefrau nehmen. Alle Zeichen deuten auf eine gefährliche Brautwerbung.

Die Werbungsfahrt gerät also zur Kriegsfahrt mit einem großen Heeraufgebot. Vorher aber begibt Ortnit sich noch auf eine *âventiure*, für die seine Mutter ihn mit einem Zauberring ausstattet und ihm auch die Richtung zu einer Felswand im Gebirge weist. Vor dieser Wand steht eine Linde, in deren Ästen Ortnit ein schlafendes Kind entdeckt. Als er es wegtragen will, setzt es sich mit größter Kraft zur Wehr, so daß es kaum zu überwinden ist. Ortnit erkennt, daß es sich tatsächlich um einen Zwerg handelt, der sich zu allem Überfluß als sein, Ortnits, Vater vorstellt. Er erfüllte seiner Mutter einst den Wunsch nach einem Kind, das sie mit ihrem Mann nicht bekam. Alberich, so sein Name, besorgt Ortnit aus dem Innern des Gebirges eine unzerstörbare Rüstung und ein Schwert und kann von ihm, da er Entfernungen zu Lande offenbar schwerelos überwindet, von nun an allezeit herbeigerufen werden. Dies ermöglicht der Zauberring, den Ortnit von seiner Mutter ausgehändigt bekam und der zur Entfaltung seiner Wirkung ans Licht gehalten werden muß.[1]

Der Ring und seine Wirkung kommen Ortnit sehr zustatten, als er dann mit Heeresmacht vor Suders eintrifft. Ohne den übernatürlichen Helfer, der sich unsichtbar machen kann, bliebe sein Unternehmen vergeblich. Auch so kommt es in den anschließenden Kämpfen gegen die Heiden noch zu riesigen Verlu-

---

1 Ein Ring, über den man Zwerge sichtbar machen kann, spielt auch im ›Laurin‹ eine besondere Rolle (›Laurin‹ A, V. 1255-1260, 1527-1530), im ›Iwein‹ (V. 1201-1245) andererseits ein unsichtbar machender Ring.

sten der Christen. Aber Ortnit gelangt über eine Taktik Alberichs, der schönen Heidentochter die Überlegenheit des christlichen Gottes zu demonstrieren, schließlich in ihren Besitz. Allerdings ist er, bevor sie sich freiwillig überstellt, vor Entkräftung eingeschlafen und muß von Alberich mit Faustschlägen geweckt werden (Str. 436).

Nachdem Alberich und Ilias von Riuzen auf der Heimfahrt die Heidentochter – sie bleibt im ›Ortnit‹ A ohne Namen – getauft haben und Ortnit sie zu seiner Frau gemacht hat, ergibt sich für den untröstlichen Machorel die Gelegenheit zu einer bizarren Rache. Ein Jäger erbietet sich ihm an, die Eier eines Drachen in Ortnits Herrschaftsbereich zu verbringen. Mit der Vorgabe, er brächte seltene Tiere als Geschenk des reumütigen und zur Taufe bereiten Schwiegervaters, wird er dort freundlich empfangen und mit allem versorgt. So läßt er die Drachen in einer Höhle schlüpfen, zieht sie groß, bis er sich selbst gerade noch vor ihrer Gefräßigkeit in Sicherheit bringen kann.

Weit und breit fressen die Drachen nun alles, was ihren Hunger stillt, und einer von ihnen gelangt gar bis vor die Stadtmauern von Garte. Ortnit entschließt sich, ihn zu töten. Seine Frau muß ihm beim herzzerreißenden Abschied versprechen, im Falle seines Todes nur den, der seine Rüstung und sein Schwert, dazu den Drachenkopf oder die Zunge des Drachen bringe, als ihren nächsten Ehemann zu wählen. Schließlich versichert Ortnit sich noch seines Ringes,[2] um Alberich herbeirufen zu können, was er, kaum daß er an der ihm bekannten Felswand mit der Linde davor angelangt ist, auch tut.[3]

Alberich aber scheint nun nicht mehr bereit, ihm noch einmal tatkräftig beizuspringen. Der gottesgläubige Zwerg erteilt ihm dagegen eine letzte, nüchterne Auskunft zum bevorstehenden Kampf mit dem Drachen:

> »nu lîda« sprach der kleine   »swaz dir von im widervert.
> du wirst sîn wol inne   waz dir got hât dâ beschert.
>
> Aber mit einem dinge   ich dich noch træsten sol.
> kumst du mit im ze strîte,   du slehst den wurm wol.
> ich wæne abe' an im kleine   werde dîn gewin,
> und vindet er dich slâfent,   er treit dich entriuwen hin.
>
> Ich wil dir daz verbieten,   daz du entslâfest niht.
> sô sage ich dir zewâre,   daz dir heil an im geschiht.

---

2 Str. 554. Dieser Ring ist nicht zu verwechseln mit einem Ring, den Ortnit seiner Frau zum Abschied abverlangt (Str. 546, er wird schon einmal Str. 410 beansprucht). Vgl. die Verwechslung bei Uta Störmer-Caysa: Ortnits Mutter, die Drachen und der Zwerg. In: ZfdA 128 (1999), S. 282-308, hier S. 285f.

3 Dies wird nicht ausdrücklich gesagt. Es ist aber dieser Ring, den er dann Alberich wieder zurückgeben muß (Str. 560-561).

Der ›Ortnit‹ A (und W)

> *got müeze dich gesegenen. gip mir mîn vingerlîn,*
> *gesent dich got her widere, sô ist ez aver dîn.«*
> (Str. 558,3-560,4)

Ohne den Ring, den er zurückgibt, ist Ortnit nun ganz auf sich allein gestellt. Er reitet bis in die Nacht auf der Suche nach dem Drachen, entfacht ein Feuer, um ihn herbeizulocken, will schließlich weiter, muß aber aus Übermüdung ein wenig ausruhen und – schläft ein (Str. 567).

Da erst kommt der Drache. Ortnit schläft wie ein Toter; der Hund, den er mitgenommen hat, vermag ihn nicht zu wecken. Er sucht ihn zu beißen, aber die unverwüstliche Rüstung läßt Ortnit nichts merken. Der Drache verschlingt ihn kopfüber bis zu den Sporen – *daz kom von den schulden, daz er in slâfende vant* (Str. 572,2). Auch die jungen Drachen, denen Ortnit nun in den *holen berc* gebracht wird, können der Rüstung nichts anhaben, sie saugen ihn durch ihre Öffnungen hindurch (*diu [...] sugen in durch daz werc* [Str. 574,4]).

Auch wenn zunächst niemand in der Lage ist, seinen Tod zu beweisen, die Drachen zur Strecke zu bringen, Ortnits unvertilgte Knochenreste zu bestatten und seine in der Drachenhöhle liegende Ausrüstung zu bergen, bleibt nicht verborgen, was Ortnit zustieß. Seine Frau verfällt in Kummer, und sein Land bleibt unbestellt. Der Text endet mit dem Ausblick auf einen Heilbringer:

> *dem dô diu küniginne von Lamparten wart gegeben,*
> *und der den wurm tôte von dem Ortnit wart verlorn,*
> *des müezet lange bîten, wan er ist noch ungeborn.*
>
> *Er muoz in sorgen wahsen von dem der wurm wirt erslagen.*
> *ich wil iu sîn geslehte und sînen vater sagen,*
> *seht, daz was von Berne Dietriches alter an.*
> *ditz liet daz hœret gerne: alrêrst hebt es sich an.*
> (Str. 596,2-597,4)

Der ›Ortnit‹ ist damit auf eine Fortsetzung hin angelegt und deshalb Teil eines Doppelepos. Wolfdietrich, der Held des zweiten Teils, wird Ortnits Tod rächen, und er wird im ›Wolfdietrich‹ A des Ambraser Heldenbuchs deutlich auf diese Rolle hin konzipiert. Wie der ›Ortnit‹ A (sowie die anderen Fassungen des ›Ortnit‹) ist auch der ›Wolfdietrich‹ A in Aventiuren eingeteilt, deren erste mit den Worten *daz sol des wurmes vîndes êrste âventiure sîn: / noch lebte ûf Garte in sorgen diu arme künigin* (Str. 33,3-4) endet. Eine entsprechende Schlußformel klingt auch am Ende der folgenden Aventiuren an, während ab der 5. Aventiure andere *sorgen* hervorgehoben werden, meist diejenigen Wolfdietrichs, auf dessen Rache am Drachen hin erzählt wird – dabei darf man gespannt sein, ob auch er die Schlafprobe bestehen muß und ob er sie im Gegensatz zu Ortnit bestehen wird.

In Kunstenobel (Konstantinopel) in Griechenland herrscht Hugdietrich, der mit der Schwester Botelungs – des Vaters von Etzel – verheiratet ist. Wäh-

rend einer mehrjährigen Abwesenheit Hugdietrichs auf einem Kriegszug ge-
biert seine Frau seinen dritten Sohn, der später unter den Verdacht gerät, ein
Bastard zu sein. Wenige Tage vor der Geburt hört die Mutter eine Stimme, die
ihr aufträgt, sich mit dem Kind, das Gott in seine Obhut nehmen will, zu
einem in der Nähe wohnenden Einsiedler zu begeben. Dieser legt ihr nahe,
des Kindes Taufgewand aufzubewahren. Das legendarische Motiv des später
mitwachsenden Taufgewandes geht auf eine legendarische Quelle zurück,[4]
wie denn der ›Wolfdietrich‹ in allen Versionen aus vielen Richtungen stoffliche Zurüstung und Motive, bevorzugt Legendenhaftes, angezogen hat.[5]

Vor der Geburt des Kindes hatte der falsche Ratgeber Saben der Königin in
der Abwesenheit ihres Gatten vergeblich beizuliegen versucht, und er rächt
sich nach Hugdietrichs Rückkehr durch Verleumdung, indem er das Kind bei
ihm als Bastard in Verdacht und Mißkredit bringt. Hugdietrich veranlaßt seinen treuesten Vasallen, Berchtung, es zu töten, aber als dieser es im Wald
aussetzen will, beobachtet er, wie es eine Horde Wölfe bezähmt. Er nennt es
deshalb *Wolf hêr Dietrîch* (Str. 113,4) und läßt es bei einem Waldbauern.

Die Königin verweigert forthin die Bettgemeinschaft mit Hugdietrich, der
sich nun von Saben bewegen läßt, Berchtung für die ihm unterstellte Tötung
des Kindes zur Verantwortung zu ziehen. Berchtung wird gefangen, hat aber
vorher den Vorgang der versuchten Aussetzung schriftlich festhalten lassen
und den Bericht an die Königin geschickt. Als die Wahrheit an den Tag kommt,
wird Wolfdietrich an den Hof geholt und Berchtung freigelassen.

Bald nach dem Tod Hugdietrichs wiegelt Saben aber die beiden Brüder
gegen Wolfdietrich auf, und sie vertreiben ihn mitsamt der Mutter um des von
ihnen allein beanspruchten Erbes willen. Mittellos muß Wolfdietrich mit seiner Mutter zu Berchtung fliehen. Dort läßt er sich durch den von seiner Mutter aufbewahrten Bericht Berchtungs – der als Motiv wohl der Tafel des
Gregorius abgeschaut ist und an dieser Stelle auch *tavel* heißt (Str. 306,1)[6] –
seiner rechtmäßigen Herkunft versichern. Dann fällt er mit Berchtungs Beistand in Griechenland ein, brandschatzt das Land, bis er die Gegenwehr seiner Brüder herausfordert. Im Kampf gegen ihr Heer fallen sechs der sechzehn
Söhne Berchtungs. Mit den verbleibenden zehn und Berchtung selbst entzieht Wolfdietrich sich den Feinden und sucht Zuflucht auf Berchtungs Burg.

Wolfdietrich gerät nun immer mehr in die Rolle seines Nachkommen Dietrich von Bern, als dieser sich von Ermrich vertrieben sieht. Er will nicht ta-
tenlos bleiben und den Verlust, den Berchtung an seinen Söhnen um seinet-

---

4 Die ›Vita beate virginis Marie et salvatoris rhythmica‹. Hg. von A. Vögtlin. Tübingen 1888. Vgl. hier das Kapitel ›De tunica Jesu‹, S. 195f.
5 Viele Quellen hat Schneider: Die Gedichte und die Sage von Wolfdietrich, aufge-
deckt. Zu legendarischen Motiven vgl. ebd., S. 302-312.
6 Schneider: Die Gedichte und die Sage von Wolfdietrich, hat diese Parallele nicht
bemerkt.

willen erlitt, rächen. Dazu will er um Hilfe ausreiten, aber Berchtung kennt überhaupt nur einen, der helfen könnte: Ortnit von Lamparten – *sie enwesten aber leider daz in der wurm het hin getragen* (Str. 419,4).

Wolfdietrich läßt sich für diesen Ritt ausstatten – über Pferd und Rüstung seines Vaters hinaus gibt seine Mutter ihm sein Taufgewand mit, das sicherer sein soll als eine Rüstung, und er hat dann auch Berchtungs Bericht bei sich (wie Gregorius bei seiner Aussetzung seine Tafel) – und schwört vor seinem Abritt, daß er erst seinen elf Dienstleuten zuhilfe kommen werde, bevor er daran denke, sich eine Frau und ein Land zu erobern. Mehrere Tage reitet er in den Wäldern irre, läßt seine schwere Rüstung zurück und wird, als er endlich unter einer Linde entschläft, von einem Meerweib gefunden und beobachtet, die sich nach seinem Erwachen mit ihm verbündet, ihn mit einem Heilkraut zu Kräften kommen läßt (eine ›Iwein‹-Parallele?) und ihm den Weg nach Lamparten weist.

Auf dem Weg dorthin rettet er eine Jungfrau aus der Gewalt von Räubern und hört endlich schon von weitem Ortnits Frau um ihren Mann klagen. Als sie gerade zu einer Kammerjungfrau sagt, Ortnit habe ihr bei seinem Abschied nur in Bezug auf **einen** Retter noch Hoffnungen gemacht – Wolfdietrich selbst nämlich (davon war im ›Ortnit‹ allerdings nicht die Rede) – antwortet ihr dieser von der Burgmauer aus und stellt sich alsbald vor. Nachdem er von Ortnits Tod hört, gibt er vor, *durch âventiure* hergekommen zu sein, und will ihn an der Drachenbrut rächen. Liebgart (zum ersten Mal auch fällt der Name von Ortnits Frau) kann ihn nicht abhalten, und Wolfdietrich begibt sich auf die Suche. Er trifft auf eine um ihren von den Drachen getöteten Mann trauernde Frau, begibt sich in der folgenden Nacht des Schlafs und erreicht schließlich die Felswand, an der die Gefahr droht: *in luste sêre slâfens, daz tuon ich iu bekant* (Str. 580,2), betont der Dichter. Als er sich schlafen legt, kommt der Drache aus seiner Höhle. Ein Zwerg (ist es Alberich?) beginnt laut zu rufen, aber Wolfdietrich schläft zu fest. Sein Pferd sucht den Drachen zu vertreiben, als er endlich doch aufwacht und ihn selbst verfolgt.

Er folgt seinen Spuren bis zu der Höhle, rührt dort aber die Jungen nicht an, sondern wendet sich wieder zum Wald, wo er den Drachen mit einem Löwen kämpfen sieht. Er nimmt den Kampf auf, aber Lanze und Schwert zerbrechen, und er gerät in Lebensgefahr.

Der Text der Ambraser Handschrift bricht hier nach Strophe 606 ab, und schon die vorhergehenden 200 Strophen hat die Forschung nicht mehr dem Verfasser des ›Ortnit‹ A, der auch der Verfasser des ›Wolfdietrich‹ A sein könnte, wenn man in den leichten Unstimmigkeiten zwischen beiden Texten keinen Gegenbeweis sieht, zusprechen wollen.[7] Wie es weitergegangen wäre

---

7 Amelungs Beobachtungen zur andersartigen Textgestalt (vgl. im Vorwort seiner Ausgabe S. XLIIIf.) sind zutreffend; ob man deshalb gleich auf einen zweiten Verfasser

oder -ging, kann man dem Schluß des ›Wolfdietrich‹ in der Fassung des Dresdner Heldenbuchs entnehmen.

Mit seinem Schwanz trägt der Drache Wolfdietrich zu seinen Jungen, die ihn vergeblich auszusaugen suchen – Wolfdietrichs mitgewachsenes Taufgewand schützt ihn vor dem Schicksal Ortnits. Als die Jungen ihr Interesse an ihm verlieren, tut er sich in der Höhle um und stößt auf die Rüstung Ortnits. Auch dessen Kopf liegt noch im Helm. Wolfdietrich bestattet die leiblichen Überreste und legt Ortnits Rüstung an. Das korrespondiert der Anweisung Ortnits an seine Frau, ihn nur dann für tot zu erklären, wenn jemand mit Beweisstücken dafür aufwarte: wenn er neben Ring, Drachenhaupt oder -zunge und Schwert auch seine Rüstung vorweisen könne. Dieser solle dann ihr nächster Ehemann sein (›Ortnit‹ A 546-549). Daraus spricht Ortnits Sorge um die Zukunft seines Landes.

Die Drachenbrut schläft mitsamt dem Vater, als Wolfdietrich sie nun angreift. Er wird aber von dem alten Drachen verschlungen und muß sich aus seinem Inneren mit dem Schwert Ortnits herausschneiden.[8] Dann kann er endlich die Drachen töten. Er findet auch noch Ortnits Ring – nicht den, den dieser Alberich hatte zurückgeben müssen, sondern den seiner Frau, der ihr als Beweisstück seines Todes dienen sollte (›Ortnit‹ A 546) – und schneidet den Drachen die Zungen heraus. Alberich kommt herbei und stärkt ihn, und nach einer Reihe von weiteren Abenteuern kann Wolfdietrich sich als der Rächer Ortnits dessen Frau aneignen, mit ihrer Hilfe seine Brüder und Saben in Griechenland vernichten, seine elf Dienstleute befreien und ihnen Griechenland untertan machen.

6.2 Die Schlafprobe

Das Motiv der Schlafprobe (genauer: der Probe des Wachbleibens) ist alt und verbreitet zugleich. Gilgamesch sucht nach Unsterblichkeit. Auf seiner langen, mit vielen Hindernissen und Proben ausgestatteten Suche begegnet er Utnapischtim, der zu ihm sagt: »Auf, begib des Schlafs dich sechs Tage und

---

schließen muß, scheint mir zweifelhaft. Die Fragwürdigkeit dieser Methode sticht z.B. auch bei Schneider: Das mittelhochdeutsche Heldenepos, S. 116f. (hier an der ›Rabenschlacht‹ vorexerziert), ins Auge.

8 Hier liegt ein verbreitetes Erzählmotiv vor. Vgl. Thompson: The Folktale, S. 343. Der Vorgang erinnert zunächst auch an Jona, der sich nach einem Tiefschlaf im Schiffsbauch über Bord werfen läßt, um den Wellengang zu besänftigen, und der dann von einem großen Fisch gefressen, allerdings nach drei Tagen und Nächten wieder an Land gespien wird. Das Unversehrtbleiben nach dem Verschlingen widerspricht jeglicher Anschauung, ist aber in Mythos – vgl. z.B. die Kinder des Kronos – und Märchen – vgl. z.B. das deutsche Märchen vom ›Wolf und den sieben Geißlein‹ – weit verbreitet.

sieben Nächte.«[9] Aber Gilgamesch wird dennoch vom Schlaf wie von einem Nebel überfallen.

Das Märchen ›Der goldene Vogel‹[10] stellt einen ganz anderen Kontext mit einem anderen Ausgang her: Von den drei Söhnen des Königs, die herausfinden sollen, warum von seinem Baum jeden Morgen ein Apfel fehlt, bleibt nur der dritte, dem nichts zugetraut wird, bei der nächtlichen Lauer wach und ist auch im folgenden erfolgreich.

In Aarne-Thompsons ›Motif-Index of Folk Literature‹ haben die ›Tests of vigilance‹ eine eigene Rubrik erhalten.[11] Angesichts ihrer wechselnden narrativen Kontexte tut man nicht gut daran, ihnen eine konstante Symbolik, etwa die Bedrohung durch den Tod, zuzuschreiben. Das Motiv ist ein Versatzstück mit je unterschiedlicher narrativer Einbindung. Als solches ist es zunächst eher bedeutungsleer und stellt einfach einen Handlungszug dar.

Während die Schlafprobe im europäischen Märchen wenig verbreitet scheint,[12] begegnet sie im russischen Zaubermärchen sehr häufig.[13] Hier kann auch der Tod durch Verschlingen unmittelbar folgen, wenn der Held die Probe nicht besteht. Er wird z.B. in einem von Aleksandr Afanas'ev nacherzählten Märchen angedroht, das Vladimir Propp zitiert[14]: »›Sieh zu‹, sagt zu ihm [zum Helden, H. H.] Wolf Schlingerachen, ›du darfst auf keinen Fall schlafen! Wenn du einschläfst, verschlinge ich dich sofort.‹«

In der ›Thidrekssaga‹ treffen Thidrek und Fasold auf einen fliegenden Drachen, der einen Mann von den Füßen bis unter die Arme verschlungen hat, während Kopf und Schultern aus seinem Maul heraushängen. Der Mann lebt, kann noch sprechen und ruft Thidrek und Fasold um Hilfe an: » [...] reitet

---

9 Das Gilgamesch-Epos. Neu übersetzt und mit Anmerkungen versehen von Albert Schott. Ergänzt und teilweise neu gestaltet von Wolfram von Soden. Stuttgart 1978, Elfte Tafel, V. 199. Vgl. auch A. Leo Oppenheim: Das Gilgamesch-Epos. In: Das Gilgamesch-Epos. Hg. von Karl Oberhuber. Darmstadt 1977, S. 434-445.

10 Brüder Grimm: Kinder- und Hausmärchen. Nach der Großen Ausgabe von 1857, textkritisch revidiert, kommentiert und durch Register erschlossen. Hg. von Hans-Jörg Uther. Darmstadt 1996, Nr. 57. Vgl. hierzu und zu einigen weiteren Beispielen Lüthi: Das Volksmärchen als Dichtung, S. 111f. und s. Reg. unter ›Schlaf(en)‹.

11 Stith Thompson: Motif-Index of Folk Literature: A Classification of Narrative Elements in Folktales, Ballads, Myths, Fables, Mediaeval Romances, Exempla, Fabliaux, Jestbooks, and Local Legends, 6 Bde., Helsinki 1932–1936, Bd. 1, S. 369 (H1450-H1499, vgl. hier bes. die Hinweise unter H1471: Watch for devastating monster). Auf das Vorkommen des Motivs in Indianererzählungen verweist Thompson: The Folktale, S. 341f.

12 Ein Beispiel aus Ostpreußen vgl. in Walter Scherf: Das Märchenlexikon. 2 Bde. München 1992, Bd. 1, S. 726-731 (›Königssohn Katt‹).

13 Beispiele aus der Sammlung Alexandr Afanas'evs werden ebd. eingehend behandelt. Vgl. z.B. Bd. 2, S. 1162-1167 (›Sturmrecke Ivan Kuhsohn‹), S. 1421-1423 (›Zar-Jungfrau‹) u.ö.

14 Vladimir Propp: Die historischen Wurzeln des Zaubermärchens. München, Wien 1987, S. 95. Siehe hier, S. 94-97, weiteres zur Schlafprobe.

hierher und helft mir. Dieses abscheuliche Ungeheuer holte mich von meinem Schild, während ich schlief. Im Wachen wäre mir das nicht zugestoßen.«[15] Die Episode steht in der ›Thidrekssaga‹ unabhängig von der Erzählung von König Hertnits Tod im Kampf gegen einen sein Land verheerenden Drachen,[16] die als Hauptquelle des ›Ortnit‹ gilt. Möglicherweise stammt das Kernmotiv der Episode (das Verschlingen durch ein Untier nach nicht bestandener Schlafprobe), das in den ›Ortnit‹ eingegangen zu sein scheint, aus dem Bereich des russischen Zaubermärchens.[17]

Tatsächlich ist wohl aber der Stoff des ›Ortnit‹ aus russischer Folklore über die mittelniederdeutsche in die mittelhochdeutsche Dichtung eingedrungen. Hermann Schneider hat sich hier Karl Müllenhoff[18] angeschlossen: Garte als Ort von Ortnits Residenz dürfte aus dem Namen Gardaríki für Rußland abgeleitet sein, in dem der zweite Teil bekannter Städtenamen – wie z.B. Nowgorod und Holmgarden – steckt[19]: Die Erzählung vom Tod des Königs Hertnit im Kampf gegen einen Drachen, die auf niederdeutsche Lieder als Quellen der ›Thidrekssaga‹ zurückgehen wird, könnte Hertnits Reich als Gardaríki bezeichnet haben. Dies wiederum dürfte ein hochdeutscher Nachdichter des im Norden kursierenden Stoffs als Garda am Gardasee mißverstanden haben, um daraufhin sämtliche Örtlichkeiten der Handlung falsch bzw. neu zu lokalisieren. Ortnits Oheim Ilias von Riuzen weist ebenfalls in die Richtung eines russischen Stoffs.[20]

---

15 ›Thidrekssaga‹ (Erichsen), S. 169. Vgl. Bertelsen, Bd. I, S. 197: *hann riðit hingat oc dvgið mer. þessi hinn micli anscoti toc mic sovandi af minom scildi. En ef ec væra vacandi oc viðr hvinn þa myndi mic alz ecki sacat hava.*

16 ›Thidrekssaga‹ (Bertelsen), Bd. II, S. 359f. (= Erichsen, S. 436f.).

17 Daß es sich dann in Deutschland einer gewissen Beliebtheit erfreute, bezeugt die ›Virginal‹ (Str. 180): auch Rentwin wird im Schlaf von einem Drachen verschlungen. Vgl. auch Heinzle: Einführung in die mittelhochdeutsche Dietrichepik, S. 140f. Auf einige wenige Beispiele für Drachenkämpfe in der mittelhochdeutschen Dichtung verweist Schmid-Cadalbert: Der ›Ortnit AW‹ als Brautwerbungsdichtung, S. 202f.

18 Karl Müllenhoff: Zeugnisse und Excurse zur deutschen Heldensage. In: ZfdA 12 (1865), S. 253-386, hier S. 351f. (auch in Grimm: Die deutsche Heldensage, S. 539-672, hier S. 637f.).

19 Vgl. Schneider: Die Gedichte und die Sage von Wolfdietrich, S. 385. Vgl. zur Herleitung des ›Ortnit‹ aus russischer Erzähltradition ebd., S. 382-387, und auch Viktor Schirmunski: Vergleichende Epenforschung I. Berlin 1961, S. 98-101, sowie die zustimmende Stellungnahme bei Hoffmann: Mittelhochdeutsche Heldendichtung, S. 133f. Die Fakten sind nach dem älteren Forschungsstand zusammengestellt bei Barend Symons: Heldensage. In: Grundriss der Germanischen Philologie. Hg. von Hermann Paul. Bd. 3. Strassburg 1900, S. 606-734, hier S. 679-681.

20 Anderen stofflichen Abhängigkeiten, darunter der möglichen Abhängigkeit der Rolle Alberichs im ›Ortnit‹ von der des Elfenkönigs Auberon in dem französischen Versepos ›Huon de Bordeaux‹ (vgl. kritisch dazu Schneider: Die Gedichte und die Sage von Wolfdietrich, S. 387-393), gehe ich im folgenden nicht nach. Sie müssen sich nicht gegenseitig ausschließen. Möglich ist auch eine Überlagerung paralleler stofflicher Handlungskon-

Neben Namensformen und stofflichen Indizien weisen aber auch Handlungszüge und Motive – z.B. die auch in russischer Folklore häufige Brautwerbung,[21] der übernatürliche Helfer, der Drache als Schadenstifter u.a.m.[22] – in diese Richtung. Die Brautwerbung, ein auch in der mittelhochdeutschen Literatur verbreitetes Erzählschema,[23] ist allerdings in Volkserzählungen aus aller Welt so oft anzutreffen, daß es unmöglich ist, aus ihr auf eine Herkunft aus einer bestimmten Erzählkultur zu schließen. Deshalb ist es aber auch nicht selbstverständlich, die Brautwerbung im ›Ortnit‹ aus der mittelhochdeutschen Dichtung herzuleiten. Ihr Zusammentreten mit anderen mehr oder weniger charakteristischen Handlungszügen und Motiven des russischen Zaubermärchens, das auch die Bylinendichtung aus sich gespeist hat,[24] läßt es vielmehr als möglich erscheinen, daß sie in Niederdeutschland im Verein mit den genannten anderen Motiven rezipiert worden ist.

Ich zitiere im folgenden aus Propps Analyse russischer Zaubermärchen[25] einige Reformulierungen von Handlungszügen dieser Märchen, um ihre stoffliche und motivische Nähe zum ›Ortnit‹ herauszustellen.[26] Propp analysiert

---

struktionen. Möglich schließlich auch die umgekehrte Entlehnungsrichtung, wenn man Vorstufen des ›Ortnit-Wolfdietrich‹ in Betracht zieht.

21 Ingeborg Schröbler: Wikingische und spielmännische Elemente im zweiten Teile des Gudrunliedes. Halle 1934, S. 55-59, sieht mit Baesecke und Heusler u.a. bei Fredegar die frühesten Spuren der Existenz von Brautwerbungsgeschichten in der europäischen Literatur. Sie will das Brautwerbungsschema deshalb nicht aus der Bylinendichtung herleiten, wo es – wie Schröbler als Frings-Schülerin sieht – auch verbreitet ist und schon aus byzantinischer Tradition stammen dürfte (S. 63-71).

22 Vgl. Propp: Morphologie des Märchens, passim. Freilich sind dies in aller Folklore verbreitete Motive. Nur ihr Beieinanderstehen im ›Ortnit‹ kann eine gewisse argumentative Kraft beanspruchen, die mir überzeugender erscheint als die verschiedenen sagengeschichtlichen Konstruktionen, die die ›Ortnit‹-Forschung über Schneiders Bemühungen hinaus hervorgebracht hat. Vgl. hierzu den Forschungsbericht bei Dinkelacker: ›Ortnit‹-Studien, S. 33-56. Schmid-Cadalbert: Der ›Ortnit AW‹ als Brautwerbungsdichtung, Kap. 6.6, sieht die Drachengeschichte im ›Ortnit‹ »ohne vergleichbare Parallele« (S. 183). Gerade aber in der Drachengeschichte zeigt sich vermutlich »eine unmittelbare russische Prägung der ›Ortnit‹-Dichtung«, die Schmid-Cadalbert allerdings bezweifelt (S. 185).

23 Vgl. hierzu die die ältere Forschung zusammenfassende Arbeit von Schmid-Cadalbert.

24 So teilen die Bylinen ihren berühmten Helden Ilja Muromec mit dem Märchen. Vgl. Lev G. Barag: Artikel ›Il'ja Muromec‹. In: EM, Bd. 7, Sp. 41-45.

25 Auf Heldendichtung ist Propps Analyse insbesondere von Ruth R. Hartzell Firestone: Elements of Traditional Structure in the Couplet Epics of the Late Middle High German Dietrich Cycle. Göppingen 1975, angewendet worden. Zum ›Ortnit‹ vgl. Paul H. Gottschalk: Strukturelle Studien zum ›Ortnit‹ und den mittelhochdeutschen Spielmannsepen. Diss. University of Colorado. Zur Kritik vgl. Schmid-Cadalbert: Der ›Ortnit AW‹ als Brautwerbungsdichtung, S. 35-38. Ich ziehe Propp im folgenden nur zur Klärung des Quellen- bzw. Herkunftsproblems heran.

26 Ich lasse die Kursivierungen in Propps Text weg.

solche Handlungszüge als »Funktionen der handelnden Personen«[27], um dann ihre Kombinationen und Kombinationstypen zu untersuchen, denn nach ihm entstehen die Märchen aus den genannten Funktionen als ihren letzten Elementen. So sind denn auch die Märchen aus der Sammlung Afanas'evs, die Propps Material darstellen, historisch mehr oder minder zufällig entstanden, und aus ihren Elementen lassen sich immer wieder andere Märchen bauen.

Ich ordne die folgenden Zitate schon im Sinne einer Kombination an, wie sie dem ›Ortnit‹ parallel läuft, auch wenn sie natürlich Lücken für das Auserzählen läßt. So ähnlich mochte ein russisches Zaubermärchen oder auch schon ein Heldenlied ungefähr aufgebaut sein, das dem ›Ortnit‹ letztlich als Grundlage gedient haben könnte:

Der Held ist ledig und zieht aus, sich eine Braut zu suchen, damit ist der Ausgangspunkt für die Handlung gegeben.[28]

Nach der Schürzung eines Knotens – der Held verläßt z.B. zur Brautwerbung das Haus –

tritt eine neue Gestalt auf, die man als Schenker oder genauer als Geber bezeichnen kann. Gewöhnlich begegnet ihm der Held zufällig im Walde oder unterwegs [...], von ihm bekommt er ein bestimmtes Mittel, gewöhnlich mit übernatürlichen Eigenschaften, das später die Aufhebung des Mangels oder Schadens ermöglicht.[29]

Als Zaubermittel können fungieren: [...] Gegenstände, aus denen ein übernatürlicher Helfer auftaucht (ein Feuerzeug, in dem ein Pferd verborgen ist, ein Ring, in dem kräftige Burschen stecken), [...].[30]

Der Held kann durch den Schenker geprüft und nach Maßgabe seiner Reaktion belohnt werden.

Die Funktionen Prüfung des Helden durch den Schenker – Reaktion des Helden und Belohnung stellen [...] einen bestimmten Komplex dar [d.h., sie treten nicht isoliert auf, H. H.].[31]

Nach der Beendung einer Sequenz (wie im ›Ortnit‹ der Gewinnung der Braut)

tritt eine neue Gestalt in das Märchen ein, die als Gegenspieler des Helden (Schadenstifter) bezeichnet werden kann. Er hat die Aufgabe, die friedliche Atmosphäre der glücklichen Familie zu stören und ihr irgendein Unglück, einen Schaden oder Verlust zuzufügen. In dieser Rolle können auftreten Drache, Teufel, Räuber, Hexe, Stiefmutter usw.[32]

Der Drache verwüstet das Zarenreich.[33]

Oder:

---

27 Propp: Morphologie des Märchens, S. 26.
28 Ebd., S. 40.
29 Ebd., S. 43.
30 Ebd., S. 47.

31 Ebd., S. 65.
32 Ebd., S. 33.
33 Ebd., S. 39.

Die Schlafprobe

Der Drache hat bereits sämtliche Bewohner des Dorfes verschlungen, dasselbe Schicksal droht jetzt auch dem einzigen überlebenden Bauern.[34]

Der Held entschließt sich nun, den Gegenspieler zu bekämpfen, und tritt zum Kampf an.

Der Held und sein Gegner treten in einen direkten Zweikampf.[35]

Der Held reagiert mechanisch auf die Anwendung des Zaubermittels bzw. anderer Gegenstände mit übernatürlichen Eigenschaften, d.h., er schläft ein, verletzt sich usw. Diese Funktion kann auch isoliert auftreten, d.h., niemand schläfert den Helden ein, er versinkt von selbst plötzlich in einen tiefen Schlaf, natürlich nur, um dem Gegenspieler die Arbeit zu erleichtern.[36]

Der Verfolger versucht, den Helden zu verschlingen.[37]

Der falsche Held macht seine unrechtmäßigen Ansprüche geltend. [...] Der General behauptet, den Drachen getötet zu haben.[38]

Der falsche Held kann entlarvt werden, z.B. ist er

nicht imstande, die Köpfe des Drachen hochzuheben.[39]

Ein Lied, das diese Funktionen oder Handlungszüge vereinte, die sämtlich Handlungszügen des ›Ortnit‹ (und ›Wolfdietrich‹[40]) entsprechen, ist nicht erhalten, auch kein späteres Märchen, das aus diesen Funktionen entsprechend montiert wäre. Natürlich sind die Märchen aus der Sammlung Afanas'evs im 19. Jahrhundert – Jahrhunderte nach der Entstehung des ›Ortnit‹ – zusammengekommen, und man kann nicht sicher sein, wie das russische Zaubermärchen etwa des 12. Jahrhunderts aussah, wenn es die Gattung überhaupt schon gab. Wenn das Erzähluniversum dieser Märchen aber aus einem Pool gemeinsamer Handlungszüge und Motive schöpft, so kann das für eine relative Konstanz zumindest dieses Pools sprechen. Trifft man die Schlafprobe schon im ›Gilgamesch-Epos‹ an, so ist das Alter charakteristischer Handlungszüge und Motive offensichtlich sehr groß. Dies gilt z.B. sicher für das Ver-

---

34 Ebd., S. 38.
35 Ebd., S. 53.
36 Ebd., S. 35.
37 Ebd., S. 58.
38 Ebd., S. 61.
39 Ebd., S. 63.
40 Der zuletzt angeführte Handlungszug spielt dann im ›Wolfdietrich‹ D eine Rolle: Herzog Gerwart will durch Vorweisen des Haupts des Drachen den Sieg über ihn beanspruchen (Str. 1691-1763). Schneider: Die Gedichte und die Sage von Wolfdietrich, S. 329 und 390, sieht hier den ›Tristan‹ als Motivspender. Er vermutet die Einwanderung des Handlungszugs auf diesem Weg in den ›Huon de Bordeaux‹, wo der Betrüger Gerhart heißt. Das ist in Anbetracht der Verbreitung des Handlungszugs aber durchaus nicht zu sichern.

schlungenwerden durch ein Monster.[41] Deshalb ist es möglich, daß man vielleicht schon Ende des 12. Jahrhunderts die Handlung des ›Ortnit‹ aus den Vorräten und Versatzstücken des Pools so montieren konnte, wie man es heute noch kann.

Da in der ›Thidrekssaga‹ eine Schlafprobe vor Hertnits Kampf gegen den Drachen keine Rolle spielt,[42] hat Claude Lecouteux eine Herleitung von Ortnits Schlaf aus der naturkundlichen Literatur des Mittelalters versucht. Er kann die Nennung einer Schlangenart nachweisen, die Menschen durch den Schlaf, in den sie sie versetzt, tötet.[43] Aber der Drache, der Ortnit zu seinen Jungen trägt, versetzt ihn nicht in den Schlaf, noch tötet er ihn auf diese Weise. Seine Jungen saugen Ortnits Eingeweide aus der Rüstung. Lecouteux verkennt den Charakter der Schlafprobe als internationalem Erzählmotiv.[44] An der Schlafprobe hätte eine Interpretation des ›Ortnit‹ denn auch allererst anzusetzen. Aber inwieweit ist sie überhaupt interpretierbar?

Wenn Heinz Rupp Zweifel anmeldete, ob der ›Ortnit‹ überhaupt eine Heldendichtung genannt werden könne,[45] wenn die Kämpfe in Syrien ihn eher in die Nähe der Kreuzzugsdichtung rücken[46] und die Brautwerbung in eine Gattung ›Brautwerbungsdichtung‹,[47] so läßt sein narrativer Rumpf in der Tat Züge des Märchens erkennen, freilich – da der Held stirbt – eines Antimärchens.[48] Für die Interpretation bedeutet dies, daß es ungeachtet einiger vermutlicher Reminiszenzen aus der höfischen Literatur[49] nicht möglich ist, die Schlafprobe in deren Sinne zu psychologisieren und den Text dementsprechend auf eine Schuld Ortnits hin zu befragen. Vielmehr gilt es, die Erzählform des Märchens, die in den entscheidenden Augenblicken der Prüfung Ortnits nicht aufgehoben wird, zu erkennen:

Das Märchen begründet und erklärt nicht; aber es stellt dar. Seine Figuren wissen nicht, in was für Zusammenhängen sie stehen; aber sie lassen sich von diesen Zusammenhängen tragen und gelangen zum Ziel. Die jenseitigen Gestalten fügen sich nicht zu einem wohlgeordneten und überschaubaren Ganzen; wir sehen

---

41 Vgl. auch Anm. 8.

42 ›Thidrekssaga‹ (Bertelsen), Bd. II, S. 359 (= Erichsen, S. 436). Wie gezeigt, kommt eine Schlafprobe nur unabhängig von der Episode mit Hertnits Drachenkampf vor.

43 Claude Lecouteux: Des Königs Ortnit Schlaf. In: Euphorion 73 (1979), S. 347-355, hier das Zitat aus des Hrabanus Maurus Schrift ›De universo‹ auf S. 355.

44 Vgl. hierzu auch Heino Gehrts: Der Schlaf des Drachenkämpfers Ortnit. In: Euphorion 77 (1983), S. 342-344.

45 Vgl. hierzu unten, Kapitel 8.1, S. 377.

46 Vgl. die Hinweise von Müllenhoff: Das Alter des Ortnit.

47 Schmid-Cadalbert: Der ›Ortnit AW‹ als Brautwerbungsdichtung.

48 Vgl. zum Begriff André Jolles: Einfache Formen. Legende, Sage, Mythe, Rätsel, Spruch, Kasus, Memorabile, Märchen. Witz. Tübingen 1930, S. 241f.

49 Wie Schneider: Die Gedichte und die Sage von Wolfdietrich, Kap. 7, sie zusammengetragen hat.

sie nur, wenn sie in die Handlung eingreifen, erhaschen also nur eine kleine Wendung ihres Wirkens; aber diese ordnet sich sinnvoll in das Gefüge der Handlung ein. Die Märchenhandlung selber erscheint als in sich geschlossen und doch abhängig von unsichtbaren Ordnungen. Vieles wird wirksam, ohne sichtbar zu werden. Manches wird sichtbar, aber nicht durchschaut.[50]

Man kann nicht erfolgreich fragen, warum Alberich den eigenen Sohn in den Tod gehen sieht – er tut es erkennbar ungern (vgl. Str. 561,2: *Alberîches herze von der reise betrüebet was*) – und nichts unternimmt. Sein Handeln bleibt unerklärt, und eine einzige, ganz bestimmte Erklärung kann es nicht geben. Alberich formuliert als Jenseitiger eine Bedingung für ein Gelingen, an der Ortnit versagt. Zugleich trifft Ortnit aber keine Schuld.[51] Zwar schläft er ein, da er nach langer Suche ermüdet ist. Aber er wurde vorgewarnt. Deshalb bleibt auch sein Schlaf letztlich unerklärt, er ereignet sich. Denn Ortnit schläft ein, obwohl er wissen muß, daß er nicht einschlafen darf.

Im ›Wolfdietrich‹ B wie D wird Ortnits Drachenkampf nachträglich in die Handlung eingeschaltet, und hier ist es dann eine Zauberlinde, die einen Schlaf herbeiführt, dem niemand – auch Ortnit nicht – widerstehen kann (B 516f.; D 819f.). Dies ist eine märchengemäße Rationalisierung der Ereignis›logik‹ des Märchens.[52] Sie macht allerdings das anrührende Schicksal Ortnits zunichte, da der Schlaf ihn hier nur mehr durch äußerlich einwirkenden Zauber übermannt. Schlaf aber hat es an sich, nicht zu kommen, wenn man es will, und zu kommen, wenn man es nicht will. So wird man in anderer Weise Opfer, als durch äußere Einwirkung eines Zaubers.

Wie das ›Eckenlied‹, so läßt auch der ›Ortnit‹ einen nur scheinbar erfolgversprechenden Handlungsverlauf in der Katastrophe enden. Nimmt man den ›Wolfdietrich‹ hinzu, so bleibt allerdings ein guter Ausgang der Gesamthandlung gewahrt. Der ›Ortnit‹ und der ›Wolfdietrich‹ bilden aber ein Stoffamalgam aus importierter russischer Folklore und heimischer Heldensage,

---

50 Max Lüthi: Das europäische Volksmärchen. Form und Wesen. München [6]1978, S. 56.

51 Der Interpretation von Carola L. Gottzmann: Heldendichtung des 13. Jahrhunderts. Siegfried – Dietrich – Ortnit. Frankfurt/M. u.a. 1987, S. 191, der Schlaf stehe »symbolisch für das Versagen des christlichen Herrschers, gegen die Heiden aktiv vorgegangen zu sein«, folge ich nicht. Auch der Versuch von Lydia Miklautsch: Väter und Söhne: ›Ortnit AW‹ und ›Wolfdietrich A‹. In: 4. Pöchlarner Heldenliedgespräch. Heldendichtung in Österreich – Österreich in der Heldendichtung. Hg. von Klaus Zatloukal. Wien 1997, S. 151-170, hier S. 161, Ortnits »vollständiges Versagen als Held« von seiner »Unfähigkeit, sich der Väter zu entledigen«, abhängig zu machen, scheint mir nicht überzeugend. Das Versagen läßt sich nicht ableiten.

52 Vgl. auch Schmid-Cadalbert: Der ›Ortnit AW‹ als Brautwerbungsdichtung, S. 199f. Dazu die Bewertung der finalen narrativen Struktur des ›Ortnit‹: »Ortnits Einschlafen bedarf keiner sekundären Begründung durch das Zaubermotiv.« (Ebd., S. 201)

wie es ursprünglich nur im mündlichen Medium zusammenlaufen konnte.
Hier verschmolz es schließlich auch zur Texteinheit des ›Ortnit-Wolfdietrich‹.

6.3 Die Integration von Ortnits Drachenkampf in den ›Wolfdietrich‹ B und D

Sämtliche Fassungen des ›Ortnit‹, ja sogar alle handschriftlichen Bezeugungen mit Ausnahme der Handschriften A, W und Ka und das heißt also: der ›Ortnit‹ in den Handschriften a, b, c, e, f, g, y und im Druck z sind/ist verkürzt um den Schluß der Dichtung.[53] Und zwar fehlen die Strophen AW 522-597, in denen Ortnit sich zum Drachenkampf entschließt und im Kampf den Tod findet. Dieser Schluß ist als Episode in neugedichteter Form in den auch sonst neugedichteten ›Wolfdietrich‹ B eingefügt – und der ›Wolfdietrich‹ D übernimmt dann die Episode mitsamt den ersten beiden Teilen des ›Wolfdietrich‹ B (B 1-531, hier umfaßt die Episode die Strophen 473-530; dem entsprechen unter Einfügung zweier neuer Episoden und einer Reihe von Zusatzstrophen im ›Wolfdietrich‹ D die Strophen 1-839, hier umfaßt die Episode die Strophen 775-839).[54]

Aus dem Doppelepos ›Ortnit‹ A und ›Wolfdietrich‹ A ist damit ein zusammenhängender Text geworden, und ohne seinen Schluß kann der Rumpf-›Ortnit‹ nicht mehr als für sich stehender Text gelten. Er bildet mit dem ›Wolfdietrich‹ forthin keine bloße Überlieferungseinheit wie etwa im Fall des ›Nibelungenliedes‹ und der ›Klage‹, die in fast allen Handschriften hintereinandergestellt sind, sondern eine Texteinheit. Deshalb handelt es sich bei den sogenannten Fassungen des ›Ortnit‹ eigentlich um Fassungen dieser Texteinheit ›Ortnit-Wolfdietrich‹.[55] Beim ›Ortnit‹ A und ›Wolfdietrich‹ A im

---

53 Zu den Handschriften vgl. Wolfgang Dinckelacker: Artikel ›Ortnit‹. In: VL, Bd. 7, Sp. 58-67, hier Sp. 58f. Über die Handschrift d kann keine Aussage mehr gemacht werden, sie ist – wie c, von der aber zwei Abschriften existieren – verbrannt. Auch die Bruchstücke des ›Ortnit‹ in der Handschrift C, die Jänicke in seiner Ausgabe des ›Wolfdietrich‹ D auf S. 3-10 abdruckt, erlauben keine Aussage, da die entsprechenden Strophen fehlen.

Die Zahl der Fassungen hat Dinkelacker in seinen ›Ortnit‹-Studien zu klären versucht. Für Fassungen scheint mir allerdings nicht Dinkelackers Frage relevant, wo sich ein eigener Gestaltungswille zeigt, sondern welche Handschriften sich als Abschriften erweisen lassen und welche nicht.

54 Wie der ›Wolfdietrich‹ C, dessen Bruchstücke Jänicke in seiner Ausgabe des ›Wolfdietrich‹ D auf S. 14-15, 20-22 und 137-139 abdruckt, sich hinsichtlich eines solchen Inserats verhielt, läßt sich nicht mehr sicher klären. Zum partiell eigenständigen Inhalt des ›Wolfdietrich‹ C im Vergleich zum ›Wolfdietrich‹ B s. auch die Zusammenfassung bei Wolfgang Dinkelacker: Artikel ›Wolfdietrich‹. In: VL, Bd. 10, Sp. 1309-1322, hier Sp. 1316f.

55 Die Forschung hat die Texteinheit auseinandergerissen und die Texte getrennt ediert. Erst Kofler: Ortnit und Wolfdietrich D, geht neue Wege.

Ambraser Heldenbuch kann man dagegen nicht von einer Texteinheit sprechen, sie bilden zwei getrennte Texte, auch wenn sie zyklisch miteinander verbunden sind. Dasselbe gilt für die gekürzte Fassung beider Texte im Dresdner Heldenbuch.

Da einige der Handschriften die Texteinheit ›Ortnit-Wolfdietrich‹ nur in Abschrift bieten – nämlich die Handschriften b, c, f und g[56] –, muß man noch genauer unterscheiden: Die Texteinheit ›Ortnit-Wolfdietrich‹ liegt in den Handschriften a, e, y und im Druck z in vier eigenen Fassungen vor – nimmt man die Bruchstücke der Handschrift C hinzu: in fünf –, beim ›Wolfdietrich‹ handelt es sich dabei um die sogenannte Version D[57] (bzw. bei den Bruchstücken der Handschrift C um die Version C). Tatsächlich läßt sich die Textur, d.h. die Typik der Varianz der Fassungen des ›Ortnit‹ in den anschließenden ›Wolfdietrich‹ D der Handschriften a, e, y und und des Drucks z hinein verfolgen.[58] So hat man es also mit vier (bzw. fünf) Fassungen der Texteinheit ›Ortnit-Wolfdietrich‹ (in den Handschriften a, e, y und im Druck z sowie in C) zu tun und mit zwei Fassungen des Doppelepos ›Ortnit‹ A + ›Wolfdietrich‹ A (im Ambraser Heldenbuch und im Dresdner Heldenbuch).[59]

Der zu vermutende Tradierungsweg macht die Angelegenheit nun allerdings noch komplizierter. Eigenartigerweise ist der ›Wolfdietrich‹ B, dessen Dichter die Verzahnung von ›Ortnit‹ und ›Wolfdietrich‹ vermutlich herbeiführte,[60] ausschließlich – in drei Handschriften[61] – isoliert überliefert. Eher noch als der um seinen Schluß gebrachte ›Ortnit‹, der in seiner Rumpfform nicht isoliert überliefert ist und dessen eigenständige Überlieferung auch kaum noch einen Sinn gehabt hätte, ließ sich aber der ›Wolfdietrich‹ B mit der inserierten Episode von Ortnits Tod durchaus getrennt vortragen und überliefern, denn Ortnit wird hier noch vor seinem Drachenkampf als Held eingeführt, zu

---

56   Vgl. hierzu die Hinweise von Kofler: Ortnit und Wolfdietrich D, S. 7f.

57   Die im ersten Teil nicht mehr als eine Fassung des ›Wolfdietrich‹ B ist, nach diesem ersten Teil (also nach B 531) aber eine erheblich erweiterte Version.

58   Für die Handschrift a läßt sich das jetzt aus der Ausgabe von Kofler: Ortnit und Wolfdietrich D, schließen. Mir liegt im folgenden nicht daran, die Eigenarten der Fassungen (z.B. kürzt e im ›Ortnit‹-Teil nicht unerheblich, wie Amelung und Jänicke in ihrer Ausgabe des ›Ortnit-Wolfdietrich‹, Dritter Teil, S. XI, und Vierter Teil, S. Vf., betonen) und ihre Abhängigkeiten weiter aufzuschlüsseln.

59   Nämlich dem ›Ortnit‹ A + ›Wolfdietrich‹ A im Ambraser Heldenbuch sowie in der Fassung (Ka) des Dresdner Heldenbuchs.

60   Das ist nicht endgültig geklärt. Vgl. zur Abhängigkeit der Fassungen insbesondere Kofler: Ortnit und Wolfdietrich D, S. 12-16.

61   Den Handschriften B, H und K. Vgl. zur Überlieferung des ›Wolfdietrich‹ B Edward R. Haymes: Die ›Wolfdietrich‹-B-Überlieferung zwischen Franken und Tirol. In: Jahrbuch der Oswald von Wolkenstein Gesellschaft 2 (1982/83), S. 89-98. Zum Verhältnis von ›Wolfdietrich‹ B und D vgl. ebd., S. 95f. Anders als Haymes scheint es mir eindeutig, daß die Fassung B (nicht die Handschriften, die alle erst dem 15. und 16. Jahrhundert angehören) Ausgangspunkt der Fassung D war.

dem Wolfdietrich Kontakt aufnimmt und mit dem er nach einer Art Kom-
mentkampf eine Schwurbruderschaft eingeht, so daß Ortnit ihn nun unterstützt (>Wolfdietrich< B 343-472).[62] Wolfdietrich lernt Ortnit also noch als
Lebenden kennen – eine einschneidende Änderung gegenüber dem Doppelepos >Ortnit< A + >Wolfdietrich< A, wo Wolfdietrich zum Zeitpunkt des Todes
Ortnits nicht einmal geboren ist (vgl. >Ortnit< A 596,4). Die Änderung erscheint im übrigen merkwürdig unmotiviert, denn die Kontaktanbahnung zu
Ortnit kommt Wolfdietrich in den Sinn, ohne daß sie vorbereitet wäre (>Wolf-
dietrich< B 343). Wolfdietrich gibt in einer als Exposition fungierenden Erklärung gegenüber seiner frisch gewonnenen Frau mehr schlecht als recht
den Grund dafür an.[63] Daraus könnte man schließen, daß diese Episode >von
hinten< motiviert ist und einen Mangel des Textes büßt, dem eine ungezwun-
gene Einführung Ortnits in die Handlung nicht gelingt.

Zwischen dem Doppelepos >Ortnit< A + >Wolfdietrich< A und der Texteinheit >Ortnit-Wolfdietrich< läßt sich aber nun eine charakteristische erzählstrukturelle Differenz beobachten. Das Doppelepos betont die Schlafprobe:
Ortnit schläft vor dem Drachenkampf ein und ist nicht mehr zu wecken (>Ortnit<
AW 567-571), Wolfdietrich schläft auch ein, läßt sich aber gerade noch recht-
zeitig wecken (>Wolfdietrich< A 584-589). Der >Wolfdietrich< B tilgt diese
Korrespondenz, da die Schlafprobe für Wolfdietrich keine Rolle mehr spielt,
jedenfalls nicht vor dem Drachenkampf.[64] Er schläft vor dem Drachenkampf
gar nicht erst ein, sondern begibt sich, als er den Drachen hört, gleich in den
Kampf (>Wolfdietrich< B 666ff.). Stattdessen kommt ein anderes Motiv zum
Zuge, eben die Schwurbruderschaft: Wolfdietrich rächt seinen Schwurbruder
Ortnit. *ir geltet mir den keiser* kündigt er, zur Höhle des Drachen gewandt, an
(ebd., Str. 664,3). Damit wird aber für die Texteinheit >Ortnit-Wolfdietrich<
das Motiv der Schlafprobe wenn nicht blind, so doch um seine beide Texte
verbindende und zentrierende Funktion gebracht. An seine Stelle tritt die

---

62 Heino Gehrts (vgl. ders.: Das Märchen und das Opfer. Untersuchungen zum europäischen Brüdermärchen. Bonn 1967, hier S. 262-283) hat aus diesem Motiv der Schwurbruderschaft auf den stoffgeschichtlichen Ursprung der Verbindung von >Ortnit< und >Wolf-
dietrich< in einem Zweibrüdermärchen geschlossen. Die Verbindung liegt aber schon mit
dem >Ortnit< A und dem >Wolfdietrich< A vor, die das Motiv der Schwurbruderschaft noch
nicht kennen. Es ist andererseits nicht überzeugend, mit Holtzmann (Der grosse Wolf-
dieterich, S. XXI) diese beiden Texte in der Textentwicklung hintanzustellen und als spätere Reduktionsstufe aufzufassen, der der >Wolfdietrich< D vorausgeht. So wird das Motiv
der Schwurbruderschaft wohl vom Dichter des >Wolfdietrich< B isoliert aufgegriffen worden sein: nicht im Dienst einer Verbindung der Texte, sondern zu ihrer Ineinanderschach-
telung.

63 Er will eine viele Jahre zurückliegende Zinsforderung Ortnits vergelten, was dann
wiederum nicht erklärt, warum er sein *geselle* werden will (Str. 344-347).

64 Wolfdietrich schläft dagegen unter einer Zauberlinde in Lamparten ein und provoziert dadurch Ortnit (>Wolfdietrich< B 350-353).

Schwurbruderschaft, über die dann auch die Rache Wolfdietrichs für Ortnit besonders betont wird. Die neue Konzeption der Gesamthandlung wird aber in den ›Wolfdietrich‹ hineingezogen, und im Grunde kommt er nun auch ohne den ›Ortnit‹ aus.

Ortnits Tod steht mit der Einführung Ortnits in die Handlung des ›Wolf-dietrich‹ B nicht mehr isoliert im Text, und es ist nicht auszuschließen, daß der Dichter auf diese Weise eine alleinstehende Version des ›Wolfdietrich‹ schaffen wollte, für die er den letzten Teil des ›Ortnit‹ abschnitt und einbaute. Den ›Ortnit‹ voranzustellen war nicht mehr unbedingt notwendig, denn eine Rückblende (›Wolfdietrich‹ B 473-476) klärt die Vorgeschichte notdürftig. Für dieses Szenario spricht, daß der ›Wolfdietrich‹ B nur allein überliefert ist, was an sich schon auffällig und erklärungsbedürftig ist.

Sollte dieses Szenario zutreffen, so hat die weitere Tradierung beider Dich-tungen den Plan des Dichters zunichte gemacht, denn der beschnittene ›Ortnit‹ wurde dem ›Wolfdietrich‹ wieder vorgeschaltet, so schon beim bruchstück-haft überlieferten ›Ortnit-Wolfdietrich‹ C, von dem man deshalb annehmen – wenn auch nicht sichern – kann, daß er auf den Änderungen des ›Wolfdiet-rich‹ B aufbaut. Da der ›Ortnit‹ in allen seinen oben genannten Fassungen – außer natürlich in A (W) und Ka, die zum Doppelepos gehören – jeweils vor dem ›Wolfdietrich‹ steht, müßte ein Nachfolger (als erster vielleicht der Dichter von C?) ihn wieder herbeigezogen haben.

Möglich ist indes auch ein anderes Szenario. Denn gegen jenen Plan spricht, daß der Nachfolger die Schnittstelle genau abpassen mußte, um den verkürz-ten ›Ortnit‹ wieder an den ›Wolfdietrich‹ heranzurücken. Wäre dies schon keine besondere Leistung, so scheint es aber wiederum, daß das Abschneiden des Schlusses und sein Inserieren in die Handlung des ›Wolfdietrich‹ kombi-nierte Bearbeitungsschritte darstellen, die zur Verzahnung der beiden Dich-tungen führen sollten. Im Rahmen eines solchen Plans mußte es ein Span-nungsmoment für potentielle Hörer bedeuten, vom Tod Ortnits zunächst gar nichts zu erfahren. Der Dichter des ›Wolfdietrich‹ B beseitigte dann auch einige Unstimmigkeiten, wie sie das Doppelepos enthielt, so Ortnits angebli-che Erwähnung Wolfdietrichs als seines angemessenen Nachfolgers gegen-über seiner Frau Liebgart (›Wolfdietrich‹ A 532-533), obwohl der nach dem ›Ortnit‹ A ja noch gar nicht geboren sein konnte. Da Ortnit und Wolfdietrich sich aber im ›Wolfdietrich‹ B persönlich kennengelernt und aneinander ge-messen haben, hofft Ortnit mit Grund auf Wolfdietrich als seinen angemesse-nen Nachfolger (›Wolfdietrich‹ B 483-485).

Allerdings schafft der Dichter auch neue Unstimmigkeiten, denn der ›Wolf-dietrich‹ B schließt nicht ganz sauber an die Schnittstelle im ›Ortnit‹ an, da die in den ›Wolfdietrich‹ inserierte Episode von Ortnits Tod neu gefaßt wird: Nicht ein Jäger Machorels soll nun die Drachenbrut nach Lamparten gebracht haben, wie es die 6. und letzte Aventiure des beschnittenen ›Ortnit‹ noch erzählt, sondern ein Riesenpaar (›Wolfdietrich‹ B 473ff.).[65] Dies könnte wiederum für eine getrennt geplante Tradierung des ›Wolfdietrich‹ B sprechen.

Wie immer es sich hiermit verhält, der Dichter des ›Wolfdietrich‹ B schuf eine Initialversion, die am Anfang einer Tradierung von ›Ortnit‹ und ›Wolfdietrich‹ als Texteinheit stand, welche dann ihrerseits weitere, neue und aufgeschwellte Fassungen des ›Wolfdietrich‹ veranlaßte, während der ›Ortnit‹ – von der Reihe von Zusatzstrophen abgesehen, die er sicher schon im Zuge der kombinierten Bearbeitung zu dieser Initialversion erhielt – keine vergleichbare Textentwicklung zu neuen, im Umfang verdoppelten Fassungen mehr durchmachte, sondern seine einmal gefundene Gestalt über die Zahl seiner Fassungen weitgehend beibehielt.[66]

Werden ›Ortnit‹ und ›Wolfdietrich‹ von nun an als Texteinheit tradiert,[67] so bedeutet dies für eine mündliche Tradierung eine ganz erstaunliche Leistung: Das Gedächtnis mußte mehr als zweieinhalb Tausend Strophen bewältigen – eine Textmenge, die gegebenenfalls unter den störanfälligen Umständen mündlicher Tradierung anzulernen war, d.h. durch Zuhören. Aber mehr noch würde ein Ablernen vom Blatt erstaunen. Nur Spezialisten des Auswendiglernens konnten dies überhaupt leisten, und sie werden die Mühe nur in sicherer Einschätzung einer entsprechend großen Nachfrage eingegangen sein.

Diese Nachfrage wird sich auch bemerkbar machen im Weiterdichten an dem Text, in seiner weniger strukturellen als inhaltlichen Offenheit für Zuwächse, die aber auch die Struktur auflösen und neu formieren können. So bei der Ersetzung der strukturellen Funktion der Schlafprobe durch die Schwurbruderschaft im ›Wolfdietrich‹ B. Zuhörerinteresse und Erzählfreude, weniger aber wohl eine erzählstrukturelle Ambi- oder Polyvalenz des Textes, führen dazu, daß an ihm weitergebaut wird.

Man könnte den Vorgang des Weiterdichtens auch aus einer offenen Anlage des Doppelepos heraus erklären, das in der Tat neben der doppelten Schlaf-

---

65 Andere Anschlußprobleme nennt Kofler: Ortnit und Wolfdietrich D, S. 16f.

66 Sämtliche Fassungen des ›Ortnit‹ außer der des Ambraser und Dresdner Heldenbuchs setzen eine Vorgängerfassung voraus, mit der sie eine erhebliche Zahl von Änderungen teilen. Dies fällt besonders ins Auge bei der Abtrennung einer 6. Aventiure nach AW 443 und bei der Überleitung zum ›Wolfdietrich‹ nach AW 531. Vgl. auch Dinkelacker: Ortnit-Studien, S. 370f. und 378f. Auffällig sind in einigen Handschriften die Anpassungsbemühungen an den ›Wolfdietrich‹: So bietet etwa die Handschrift a eine Zusatzstrophe (a 540), in der sich der Jäger, der die Drachen nach Lamparten bringt, Machorel (bzw. hier: Nachaol) als Velle vorstellt. So heißt er im ›Wolfdietrich‹ (D 789; in B heißt er Helle). Auch wird Ortnit ab a 508 als *keiser* tituliert, wie im ›Wolfdietrich‹ B, C und D üblich.

67 Unklar ist die Gestalt der Verbindung von ›Ortnit‹ C und ›Wolfdietrich‹ C, von denen nur wenige Reste erhalten sind. Im ›Wolfdietrich‹ C werden eine andere Herkunft und andere Taten Wolfdietrichs erzählt als im ›Wolfdietrich‹ B. Die Reste des ›Ortnit‹ C lassen aber mit Ausnahme memoriell bedingter Änderungen keine eigene Erzählkonzeption erkennen.

probe schon die Rächerrolle Wolfdietrichs aufweist, die sich dann durch die Schwurbruderschaft weiter akzentuieren ließ.[68] Gleichwohl ist das Doppelepos in sich geschlossen und hätte es bleiben können. Es gibt keinen textinternen Zwang, kein Gattungsgesetz, Bruchstellen an den Tag zu ziehen, Erzählschemata zu ersetzen oder einzufügen und den Text umzubauen. Es gibt neben der Neigung der Sänger, punktuelle Zusätze anzubringen, eine in der strophischen Heldendichtung verbreitete Tendenz, aus dem Handlungsgang auszubrechen und Zusatzstrophen fortwuchern zu lassen. Hierzu veranlaßt aber eher ein textexterner Anreiz, der die Erzählfreude stimuliert, als eine textinterne Strukturambivalenz. Man erzählt für ein Publikum, das unterhalten werden will, und dabei erweisen sich Strukturen immer schon als variabel.

In diesem Rahmen ist es unvermeidlich, nach der wie auch immer vermittelten Abhängigkeit der Fassungen von einem Ausgangstext und, soweit absehbar, auch voneinander bzw. von gemeinsamen Zwischenträgern zu fragen und sie in eine zu vermutende Reihe ihrer jeweiligen Entfernung vom Ausgangstext zu bringen. Denn natürlich kann es dazu kommen, daß die verschiedenen Fassungen nicht nur verschiedene Entwicklungsmöglichkeiten eines für bestimmte Änderungen anfälligen Ausgangstextes sind, sondern ganz anders oder auch gleichzeitig »Manifestationen einer fortschreitenden Depravierung des Urtextes«[69]. Für das an Episoden überbordende und Strukturen verunklarende Erzählen des ›Wolfdietrich‹ D und allemal für den ihm vorgeschalteten Rumpf-›Ortnit‹ läßt sich dies kaum von der Hand weisen. Der primäre, äußere Anreiz zur Fassungsbildung ist denn auch mit verschiedenen Möglichkeiten und Resultaten des Weiterdichtens verträglich. Die die Fassungsbildung stimulierende Offenheit des Mediums Heldendichtung läßt alles zu, was Zuhörer letzthin verkraften.

6.4 Die Fassungen des ›Ortnit‹, am Beispiel der Handschrift a

Zu den Anregungen der *New Philology* gehört die allerdings nicht neue Einsicht, daß es nicht für alle Texte – insbesondere bei Texten bestimmter Gattungen – sinnvoll ist, aus verschiedenen Handschriften ein Original herstellen zu wollen.[70] Denn wenn Abweichungen nicht erkennbar Fehler darstellen und

---

68 Eine solche Erklärung hat Heinzle: Mittelhochdeutsche Dietrichepik, S. 203-223, am Beispiel des ›Laurin‹, des ›Rosengarten‹ und der ›Virginal‹ vorgeschlagen.

69 Diese Möglichkeit will Heinzle ausschließen. Vgl. ebd., S. 213.

70 Ich beziehe mich insbesondere auf den Vorschlag von Stephen Nichols, den noch existierenden Handschriften den Vorrang gegenüber nur synthetisch hergestellten Archetypen oder Originalen einzuräumen. Vgl. ders.: Why Material Philology?. In: ZfdPh 116

eine für den Text vertretbare Bedeutung besitzen und wenn gegebenenfalls nicht einmal feststellbar ist, welche abweichende Textpartie primär bzw. gegenüber welcher dann primären Textpartie die Abweichung eingetreten ist, dann kann man sich gezwungen sehen, für beide voneinander abweichenden Textpartien eine Art Originalität anzusetzen. Das Problem kann sich über die einzelne Textstelle hinaus auf eine Summe von Abweichungen ausweiten, die einen eigenständigen Text, eine Fassung, ergeben.

Man kann es dabei bewenden und die Frage auf sich beruhen lassen, wie denn – von den Abweichungen abgesehen – die identischen Textpartien zu erklären und herzuleiten sind.[71] Wer es dagegen besonders radikal meint, wird den Begriff des Originals ganz verwerfen und sich auf die Abweichungen als gleichsam überlieferungsontologisch primäre Differenzen verlegen, aus denen sich mittelalterliche Texte allererst konstituieren sollen. So schafft man eine irisierende Parallele zu den Signifikantenketten, die der Theorie nach nur aus Oppositionen letztlich Sinn aufbauen sollen.[72]

Geht man von jenen wegweisenden Anregungen der *New Philology* den Weg bis hierhin, so ist zu fragen, ob man Arthur Amelung aus der Ratlosigkeit, in der er sich bei der Herausgabe des ›Ortnit‹ gegenüber der Überlieferung des Textes befand, hätte heraushelfen können und ob sich einem selbst überhaupt die Verhältnisse der Handschriften und der Status ihrer Varianten erhellen. Amelung suchte nach dem »ursprüngliche[n] text des ›Ortnit‹«, glaubte ihn in den Handschriften A und W am ehesten greifen zu können, während die Texte aller weiteren Handschriften »durch eine menge kleiner zusätze, auslassungen, umstellungen und mannigfach veränderten wortlaut« gekennzeichnet seien.[73] Von ihren Schreibern gestattete sich nach seiner Ansicht jeder unbedenklich »die willkürlichsten änderungen am texte«[74].

Im Spagat möchte ich die *New Philology* gegen Amelung ins Feld führen und gleichzeitig Amelung gegen eine auf andere Weise fehlorientierte *New Philology* verteidigen. Denn er war im Recht, wenn nicht nach dem ursprünglichen, so doch nach einem ursprünglicheren Text des ›Ortnit‹ zu suchen, während es ebenso richtig war, den Text einiger Handschriften separat zu drucken, wie dies Adelbert von Keller für den Text des gedruckten Heldenbuchs und Justus Lunzer für den aus Linhart Scheubels Heldenbuch taten, da die ›willkürlichen Änderungen‹ eigener Beachtung und Dokumentation be-

---

(1997). Sonderheft: Philologie als Textwissenschaft. Alte und neue Horizonte. Hg. von Helmut Tervooren und Horst Wenzel, S. 10-30.

71 Bei »gleichwertigen Parallelfassungen« will z.B. Bumke: Die vier Fassungen der ›Nibelungenklage‹, es bewenden lassen.

72 Den Zusammenhang von poststrukturalistischer Theoriebildung und Überlieferungsanalyse streife ich hier nur.

73 Deutsches Heldenbuch. Vierter Teil. Ortnit und die Wolfdietriche, S. IX und X.

74 Ebd., S. XII.

dürfen. Wenn man vielleicht auch nicht mehr das Original finden oder rekonstruieren kann, so muß man doch nicht gleich die Unterstellung, daß die überlieferten Fasssungen nach einer Relation ihrer Abhängigkeit voneinander bzw. von einer anzusetzenden Ausgangs- sowie einer Vorgängerfassung zu reihen sind, preisgeben – einige Fassungen werden dann ›ursprünglicher‹ sein als andere. Denn nur mit dieser Unterstellung als Voraussetzung läßt sich ein adäquates Modell der Entstehung der Änderungen aufstellen.

Das Ergebnis der Forschung des 19. Jahrhunderts, die Handschrift A – und die Handschrift W, die sich zu A, bzw. A zu W, nicht in einem Verhältnis der Fassungsbildung, sondern nur in einem Verhältnis der Handschriftenfiliation befindet, wie sie über Abschriften zustandekommt – biete einen ursprünglicheren Zustand des ›Ortnit‹ als die anderen Fassungen, ist überzeugend.[75] Die ältere Forschung hat freilich versäumt, die Eigendynamik der Fassungsbildung zu analysieren. Stattdessen hat sie die Fassungen dem Abschreibprozeß eingereiht und als unberechenbare Abschriften verbucht.

Ausgehend von dieser voreiligen und unbedachten Unterstellung hat Wolfgang Dinkelacker seine ›Ortnit-Studien‹ darauf angelegt, die Eigenart und -leistung dieser Fassungen zu beschreiben – ein Fortschritt gegenüber ihrer bloßen Abwertung zu unzuverlässigen Abschriften. In Quer- und Längsschnitten durchstreift Dinkelacker die sechs von ihm festgestellten Fassungen (in den Handschriften A, a, z, e, y, Ka)[76] nach charakteristischen Episoden, hervorgehobenen Figuren und auffälligen Darstellungsformen und beschreibt die Unterschiede detailliert. Dies fügt sich zu der Voraussetzung, jede einzelne der Fassungen könne »als Ausdruck‹ eines eigenen Gestaltungswillens gelten«[77]. Gelte dies auch nicht für eine Fassung als Ganzes, so doch jeweils für die Summe ihrer Details.[78]

Eine mit großer Akribie erstellte Vergleichstabelle[79] erfaßt am Ende für die Fassungen auch Differenzen kleineren Formats: Verzeichnet werden neben den für den behaupteten Gestaltungswillen am ehesten ausschlaggebenden zusätzlich eingefügten und ausgelassenen Strophen auch Umstellungen von Strophen und Versen, anders geteilte Strophen sowie Ersetzungen von Strophen, Verspaaren, Versen,[80] ja von Reimen und Reimwörtern. Daß sich in der

75 Schon deshalb, weil – wie oben gezeigt – sämtliche Fassungen zu einem Zweck verfaßt sind, der sich erst jenseits des ›Ortnit‹ AW (und des ›Wolfdietrich‹ A) ergab: zur Verbindung mit dem ›Wolfdietrich‹ B, C oder D.

76 Auch die Bruchstücke des ›Ortnit‹ C lassen eine Fassung erkennen!

77 Dinkelacker: Ortnit-Studien, S. 62.

78 Am Ende seiner Untersuchungen präzisiert Dinkelacker seine Formulierung: Von einem übergreifenden Gestaltungswillen könne nicht die Rede sein, vielmehr sei er auf einzelne Erzählabschnitte beschränkt (S. 304).

79 Ebd., S. 322-386.

80 Etwas mißverständlich spricht Dinkelacker von Versen öfter als von Zeilen.

Summe aller dieser Differenzen auch ein eigener Gestaltungswille geltend macht, läßt sich schwerlich bestreiten. Wie die Zusatzstrophen, auch wenn sie nicht auf eine übergreifende neue Konzeption abzielen, von vornherein selbständiges Dichten einbegreifen, so läßt sich selbstverständlich auch für die anderen Differenzen, z.B. für die Veränderung von Reimwörtern und Reimen, absichtsvolle Neugestaltung annehmen.

Aber läßt sich dies tatsächlich annehmen? Mir scheint, daß mit einer solchen Voreinstellung eine ernstzunehmende Möglichkeit außer Acht gelassen wird, und ich werde deshalb die Analyse der Fassungen mit der konträren Voreinstellung beginnen: daß die genannten Differenzen letztlich nicht Ergebnis eines Gestaltungswillens sind. Grundsätzliche Zweifel an den Voraussetzungen seiner Analyse begegnen bei Dinkelacker nicht, und deshalb fehlen Fragen, die sich aus dieser Richtung stellen müssen: Wie denn ist es zu erklären, daß alle mit dem ›Wolfdietrich‹ B-D verbundenen Fassungen des ›Ortnit‹ immer wieder inhaltlich unerheblich ändern? Dabei bedeuten diese Änderungen aber gleichzeitig erheblichen Aufwand, denn allein die Veränderung eines Reimworts geht fast immer mit einer neuen Formulierung einher.

Allgemein ist zu fragen: Wozu brauchte man fünf neue Fassungen des ›Ortnit‹, wenn sie je nur im Großen und Ganzen dieselbe Vorgeschichte zum ›Wolfdietrich‹ enthalten? Der ›Ortnit‹ ist in diesen Fassungen ja zum bloßen Anhängsel des ›Wolfdietrich‹ geworden und soll dabei doch in Fragen seiner dichterischen Gestaltung mehr Aufmerksamkeit erhalten haben als irgendeine andere mittelalterliche Dichtung, für die kaum jemals eine solche Vielzahl von abweichenden Fassungen nachzuweisen ist – Fassungen in der Heldendichtung ausgenommen?

Fragen, wie seine Vergleichstabelle sie zu den verzeichneten Abweichungen aufdrängt, bleiben bei Dinkelacker ungestellt: Warum weist der ›Ortnit‹ z.B. in der Handschrift a gegenüber dem ›Ortnit‹ AW an ca. 25 Stellen umgestellte Strophen und Verspaare auf, warum an ca. 20 Stellen eine anders umgebrochene Strophenteilung, warum in ca. 35 Strophen vertauschte Verse und warum in knapp 150 Strophen veränderte Reime und Reimwörter, obwohl damit für den von Dinkelacker beschriebenen Eigencharakter dieser Fassung wenig oder gar nichts erreicht ist? Wer in allen diesen Fällen eine Absicht hinter den einzelnen Abweichungen nachweisen wollte, dürfte sich überfordert sehen.

Die summierten Abweichungen sind mit Sicherheit nicht alle beim Schreiben der Handschrift a eingetreten, und es ist auch möglich, daß sie sämtlich übernommen worden sind, wenn die Handschrift nur eine Abschrift einer verlorenen Handschrift darstellt. Hier Beweise liefern zu wollen, ist aussichtslos. Nicht aussichtslos ist es, vom Charakter der einzelnen Abweichungen her zu argumentieren, wie immer sie sich dann in der Tradierung summiert haben.

244

Bemüht man sich einmal Stelle für Stelle um eine konkrete Erklärung der Abweichungen, so muß man feststellen, daß in den meisten Fällen der Nachweis einer Änderungsabsicht schwerfällt. Und wenn sich ein übergreifender Gestaltungswille ausmachen läßt, dann besteht er nur in einer Vereinfachung und Begradigung des Erzählverlaufs.[81] Dies läßt sich gelegentlich als Erklärung anführen, oft aber ist jeweils nur deutlich, daß die Abweichungen eingetreten sind und daß sie mit einer gewissen Beliebigkeit eingetreten zu sein scheinen. Amelungs Eindruck von den »willkürlichsten änderungen am texte« ist zutreffend.

Gleichzeitig muß man aber sehen, daß solche Abweichungen für einen Bearbeiter, der mit einer ihm vorliegenden Handschrift arbeitete, einen außerordentlichen Arbeitsaufwand bedeuteten. Dies umso mehr, wenn diese Handschrift die Verse nicht zeilenmäßig absetzte, wie es in einigen der erhaltenen Handschriften der Fall ist – z.B. in der mit a viele Abweichungen teilenden Handschrift e, aber auch im Ambraser (A) sowie im Dresdner Heldenbuch (Ka). Dann nämlich mußte der Bearbeiter etwa bei der Umstellung von Versen zunächst die Verse oder Strophenteile als Erzähleinheit aus ihrer Umgebung im geschriebenen Text lösen und sich merken, um sie dann im Kopf neu zu disponieren und niederzuschreiben. Bei einer so komplizierten Operation erwartet man eine sichtliche Besserung und nicht bloße Willkür im Ändern.

Die Umstellung von Strophen war ein noch viel mühseligeres Geschäft. Man mußte den je umgebenden Text, aus dem die Strophen herausgenommen und in den sie hineingestellt wurden – das Vorziehen von Strophen und Strophenteilen ist dabei die Regel –, so gut kennen, daß man sie auch wirklich passend plazieren konnte. Man mußte also den Text vorwärts wie rückwärts gut im Auge haben und sich ihn auch einprägen. Auch bei abgesetzt geschriebenen Strophen wie Versen war dies keine leichte Operation.

Ich möchte an nur einem Beispiel illustrieren, wie sich eine Umstellung von Versen in Verbindung mit erneuerten Reimen auswirkt. Zu Beginn der 5. Aventiure spornt Ortnit nach den Handschriften A und W seine Leute zu einem neuen Angriff auf Muntabur an, und er fordert Ilias von Riuzen auf, die Fahne voranzutragen. Machorel getraue sich angesichts der Überlegenheit der Angreifer nicht mehr zur Wehr zu setzen.

Die mir her haben gevolget,	*Ich han min her geachtet uff*
die wil ich alle manen.	*ſůbentz tusent man:*
Yljas von Riuzen,	*Ja kan mir der heiden mit*
nim mînen sturmvanen.	*ſtritte nit gewinnen an,*

---

81 Die von Dinkelacker: Ortnit-Studien, S. 283-301, festgestellten ›Fassungstendenzen‹ bestehen weitgehend aus Glättung, Straffung und Raffung.

sehzehen tûsent helde
die volgen uns an den graben:
uns getar der heiden nimmer
die burc mit strîte vor gehaben.
(›Ortnit‹ AW 352)

Ich gibe den kŭnen Ruſſen
die baner an die hant,
Er kan mir das her geleiten
wol zŭ des ſteines want.
(›Ortnit‹ a 364)[82]

Bezeichnet man die Reihenfolge der Verse in AW als abcd, so stehen sie in der Handschrift a in der Folge cdb(x), wenn man von der einschneidenden Änderung auch des Wortlauts absieht. Der letzte Vers bewahrt hier nichts mehr von dem Informationsgehalt des ersten in AW und ist neu verfaßt. Auch die übrigen sind grundlegend umgestaltet, obwohl noch klar zu erkennen ist, an welchem Informationsgehalt sie sich orientieren. Natürlich sind nicht nur die Reime verändert – sie scheinen in der Regel einer neuen Formulierung zum Opfer zu fallen und werden offenbar notgedrungen verändert. Auch die Rahmung der Formulierungen kann sich ändern: In a spricht Ortnit Ilias nicht mehr direkt an, was keinen Gewinn für die szenische Gestaltung darstellt.

Für eine Vielzahl von Abweichungen ist Dinkelackers Vergleichstabelle, wie man allein an diesem Beispiel schon sehen kann, für das nur die erneuerten Reime und die neue Versreihenfolge verzeichnet werden, zu grobmaschig angelegt, und sie wird deshalb von allen Abweichungen, die sich nicht mindestens auf ein Reimwort auswirken, unterlaufen. Dies ist nicht zu kritisieren, denn eine Tabelle kann nicht immer alles erfassen. Gleichwohl ist es zur Einschätzung des Umfangs, in dem Abweichungen eingetreten sind, wichtig, sich dies vor Augen zu führen.

Ein weiteres Beispiel: Ortnits Truchseß Hiuteger, Vater von Engelwan und Helmnot, die gerade gesprochen haben, beugt sich Ortnits Verlangen, ihn bei der Brautwerbung zu unterstützen. Die Strophe AW 33 wird bei Dinkelacker als mit der Strophe a 35 identisch erfaßt – beide Strophen haben aber folgenden Wortlaut:

Dô sprach der truhsæze,
ir vater Hiuteger,
»wir wizzen dînen ernest
und irren dich nicht mêr.
dir gebent ûf dirre bürge
zwên und sibenzic dienstman
ieslîcher hundert ritter,
wilt du sis niht erlân.«
(›Ortnit‹ AW 33)

Do ſprach der zweiger vatter
der truſſehſſe Hŭtiger:
»Kŭnig, wir sehen dinen willen,
wir ſument dich nit mer;
Ich fŭre ab diser burge
zwen und subentzig man,
Ieclicher hundert ritter,
welt ir sy es nit erlan.«
(›Ortnit‹ a 35)

---

82 Ich zitiere die Handschrift a nach der Ausgabe von Mone, auch wenn diese (vgl. die Angabe Mones, S. VI) der Handschrift dort nicht buchstabengetreu folgt, wo ihr Text fehlerhaft oder verderbt ist. Vgl. zur Handschrift auch Kofler: Ortnit und Wolfdietrich D, S. 49.

Die hier zu beobachtenden Abweichungen sind gewiß nicht so auffällig wie beim vorhergehenden Beispiel, aber die Frage, warum ein Bearbeiter sie sich zuschulden kommen lassen haben sollte, ist ebenso schwer zu beantworten: Welcher Anlaß bestand, die Formulierungen überhaupt anzutasten? Dabei hat der Bearbeiter immerhin u.a. die syntaktische Funktion des Satzteils aus Vers 4a als Akkusativobjekt verunklart.

Ich möchte die Fragen, die sich zu den von Dinkelacker erfaßten Abweichungen sowie zu den nicht mehr erfaßten stellen ließen, hier nicht anhand der vielen Beispiele langatmig auflisten, sondern stattdessen unvermittelt die entgegengesetzte These aufstellen und zu belegen versuchen: Die Fassungen des ›Ortnit‹ weisen nicht infolge eines ausgeprägten Gestaltungswillens eine durchgehende, deutlich eigene Faktur auf, sondern sie weisen die Textur eines memoriellen, nicht-intentional geänderten Textes auf. Sie sind jeweils Verschriftlichungen eines aus dem Gedächtnis abgerufenen, auswendig gewußten Textes, dessen veränderliche Gestalt vielleicht bei wiederholtem Abruf fest geworden war oder eben erst gefunden wurde, wenn nämlich Gedächtnisverluste zu überbrücken waren.

Ein Sänger oder Sprecher, der den Text abruft, wird sich grundsätzlich veranlaßt sehen, nicht baren Unsinn herzusagen, denn dann könnte er nicht mehr auf Zuhörer hoffen. Deshalb wird jede Abweichung von einer Vorgängerfassung beim ersten Hinhören als sinnvoll erscheinen. In der Niederschrift erscheinen viele Abweichungen allerdings bei genauem Hinsehen als wenig sinnvoll, wie sich noch zeigen wird. Aus einem insgesamt gleichwohl verständlichen Text läßt sich aber leicht auf einen Gestaltungswillen schließen, während er doch tatsächlich nur unvollkommen aus dem Gedächtnis abgerufen und bei Gedächtnislücken spontan neuerzählt wurde. Dieser Verwechslung ist jeder erlegen, der eine Fassung des ›Ortnit‹ als Werk eines Bearbeiters mit einem eigenen Gestaltungswillen auffaßt.

Hier zeigt sich im übrigen auch, daß der Begriff der Fassung nicht adäquat ist, denn er impliziert geplante Eingriffe eines Bearbeiters, wie sie etwa bei einem auswendigen Diktat nicht vorliegen. Schon die Begriffsverwendung kann deshalb eine irrtümliche Auffassung der Sache präjudizieren.[83]

Daß nun Abweichungen bei der Entstehung solcher ›Fassungen‹ unwillkürlich eintreten sollen, ist zunächst gewiß nicht leicht einzusehen. Aber schon für die Alltagsrede wäre es eine Übertreibung anzunehmen, daß alles, was man sagt, infolge durchgängiger Planung der Rede gesagt wird. Man feilt

---

83 Dinkelacker: Ortnit-Studien, S. 62, sieht z.B. nur die Alternative der Abschrift einer Handschrift oder der gezielten Neugestaltung einer Vorlage. So ist seine Feststellung der Zahl der Fassungen (sechs) aufgrund der inadäquaten Fassungsdefinition auch nicht gleich verbindlich. Die von ihm nicht als Fassungen gewerteten Texte der Handschriften b, c, (d) und f sowie g – vgl. ebd., S. 103-111 – wären noch einmal zu sichten und zu bewerten.

nicht immer am Ausdruck. Gleichwohl wird man beim Wort genommen. Anders beim Sänger von Heldendichtung: Er plant kaum je, sondern ruft ab. Ideal wäre es, wenn er den Wortlaut seines Textes ›auf Punkt und Komma‹ gespeichert hätte, und dies wird ihm zweifellos durch die metrische und strophische Bindung des Textes erheblich erleichtert.

Unterschiede in der Genauigkeit der Abspeicherung sind aber beim Vergleich von Fassungen in der Heldendichtung auf Schritt und Tritt zu beobachten, und es gibt vergleichsweise genaue, aber auch sehr willkürlich verfahrende Fassungen. Es ist offensichtlich, daß das Gedächtnis weniger oder mehr versagen kann und daß dann ein spontanes Vermögen, den vergessenen Wortlaut zu ersetzen, zum Zuge kommen muß. Auch dieses Vermögen bindet sich noch an Gedächtnisreste, über denen es weiterformuliert. Die Sache muß, wenn Gedächtnislücken erst beim Vortrag virulent werden, schnell vonstatten gehen, denn beim Vortrag wäre Verzug verhängnisvoll: Kein Zuhörer ließe sich so halten.

Der Vorgang ist dem alltäglichen Sprechen zu vergleichen: Ein Sänger sucht, wenn er nur noch den Erzählinhalt und wenige Wortlautreste erinnert, nach Worten und Formulierungen, nur daß er sie unmittelbar dem rhythmischen und metrischen Sprechfluß einpassen muß. Gleichwohl werden eine Reihe von Effekten provoziert, die sich in der Alltagsrede nicht einstellen, denn diese orientiert sich nicht an einem zu erinnernden Wortlaut.

Ein solcher Effekt ist das unwillkürliche Vorziehen von Strophen, Strophenteilen und Versen, die sich an die Stelle von weniger deutlich erinnerten Strophen, Strophenteilen und Versen drängen. Voraussetzung dieses Effekts ist, daß vergleichsweise lose Reihenfolgen von Strophen, Strophenteilen und Versen zur Auflösung tendieren und prinzipiell auch anders dargeboten werden können. Unabhängig davon kann auch eine besonders starke Assoziation zweier Stellen zur Störung der Reihenfolge von Textsegmenten führen.[84] Beides erklärt die vorherrschende Tendenz bei Umstellungen (die gegebenenfalls auch als Nachstellungen erscheinen können), die aus der Feder und dem Kopf eines planenden Bearbeiters nicht leicht zu erklären sind. Was hätte ihn veranlassen können, mit den Augen immer wieder unberechenbar vorauszueilen, um später geschriebene Partien ohne Not nach vorn zu ziehen? Wie andererseits soll er dies planvoll getan haben, wenn ein entsprechender Plan kaum je erkennbar wird?

Anders als Dinkelacker, aber gestützt auf seine Tabelle zum Strophenbestand der Fassungen des ›Ortnit‹, gehe ich von folgendem Szenario für die Entstehung dieser Fassungen aus: Die Ausgangsfassung aller dieser Fassungen steht dem ›Ortnit‹ AW nahe, bzw. dieser bietet den zuverlässigsten Eindruck, wie

---

84 Diesen Vorgang erklärt an einem anderen Gegenstand Petzsch: Assoziation als Faktor und Fehlerquelle in mittelalterlicher Überlieferung.

die Ausgangsfassung ausgesehen haben wird. In Zurichtung zunächst auf den ›Wolfdietrich‹ B und die Bildung einer Texteinheit ›Ortnit-Wolfdietrich‹ ist dann eine Fassung entstanden, die für die Gemeinsamkeiten aller weiteren Fassungen verantwortlich ist, welche sämtlich den weiteren Fassungen/Versionen des ›Wolfdietrich‹ vorgeschaltet wurden. Ich werde im folgenden nicht versuchen, der vermittelten Abhängigkeit dieser Fassungen genauer nachzugehen, sondern weitgehend am Beispiel der Handschrift a die Mechanik beleuchten, mit der Abweichungen gegenüber einer Fassung eingetreten sind, die dem ›Ortnit‹ AW nahestand. Für diese Fassung zitiere ich deshalb stellvertretend den ›Ortnit‹ AW.

Gegenüber einem solchen Anschluß an Amelungs Beobachtungen erscheint mir Dinkelackers methodisches Vorgehen als Rückschritt und als Verzeichnung der Sachlage. Denn er läßt im Vergleich der Fassungen ihre Mehrheit darüber entscheiden, was als Abweichung zu gelten hat.[85] Erscheint also ein bestimmter Wortlaut in den Handschriften a, e, y und z, nicht aber in A und W, so haben nach Dinkelacker nicht a, e, y und z geändert, sondern A und W. Überlieferung und Tradierung sind aber keine Angelegenheit demokratischer Mehrheiten, deshalb ist dieses methodische Prinzip nicht handhabbar. Man ist genötigt, nach näherer Einsicht in die Sachlage der Überlieferung und Tradierung des untersuchten Textes zu suchen, eine Nötigung, die sich nicht durch Einführung eines mechanischen Prinzips ablösen läßt.

So erscheinen mir sämtliche Beschreibungen Dinkelackers von angeblichen Änderungen in AW als Fehlanalysen. Zwischen dem ›Ortnit‹ AW und den anderen Fassungen besteht sehr wohl ein Verhältnis vermittelter Abhängigkeit, und sie lassen sich auch in eine chronologische Folge – zuerst AW, dann die anderen Fassungen – bringen.[86]

6.5 Der ›Ortnit‹ als *oral poetry*?

Nach Norbert Voorwinden ist Dinkelacker in seiner Beschreibung der Fassungen des ›Ortnit‹ »von einer vorgefaßten Meinung« ausgegangen, die er, koste es, was es wolle, verteidige und sich deshalb in Widersprüche verwik-

85 »Unterschiede, die gegen die Übereinstimmung einer Mehrzahl von Fassungen stehen, gelten als Abweichungen; aus ihnen sollen Gestaltungstendenzen abgeleitet werden.« Dinkelacker: Ortnit-Studien, S. 283. Diese methodische Klärung, von Dinkelacker als »mechanisches Prinzip« eingeführt, erfolgt spät, nachdem vielfach Änderungen in den Handschriften a, e, y und z, die freilich nur aus der Perspektive meines Szenarios so erscheinen, als Änderungen in AW beschrieben worden sind, so z.B. bei der Schilderung des Fests zur Hochzeit zwischen Ortnit und der Heidentochter (in a: Str. 508-528). Vgl. ebd., S. 182f.
86 Vgl. anders Dinkelacker: Ortnit-Studien, S. 183.

kele.[87] Tatsächlich stößt man nicht auf solche Widersprüche, dagegen läßt Dinkelacker allerdings Probleme, die sich aus seiner ›vorgefaßten Meinung‹ ergeben, unthematisiert und unerklärt.

Der Vorwurf, von einer vorgefaßten Meinung auszugehen, läßt sich nun aber auch gegen Voorwindens Versuch erheben, den ›Ortnit‹ als *oral poetry* im Sinne der *Oral-Formulaic Theory* zu erweisen. Und auch meine Anstrengungen, ein grundsätzlich anderes Modell mündlicher Tradierung in Betracht zu ziehen, lassen sich leicht als vorgefaßte Meinung charakterisieren. Die Frage ist dann, ob auch vorgefaßte Meinungen das Richtige treffen können und welche es am Ende tut. Hier hilft nichts weiter, als zur Beobachtung der Texte zurückzukehren. Gleichzeitig kann es aber auch hilfreich sein, die Fronten noch einmal nachzuzeichnen.

Dinkelacker hat sich mit der Möglichkeit, die Fassungen des ›Ortnit‹ könnten im Sinne der *Oral-Formulaic Theory* entstanden sein, ganz explizit auseinandergesetzt, und sein entscheidender Einwand läuft dem von Hans Fromm parallel, nicht viele, sondern nur ein Dichter habe das ›Nibelungenlied‹ verfaßt, weil ein auch in den Fassungen noch weithin erkennbarer identischer Wortlaut nur einen Urheber haben könne.[88] Dann sei aber dieser Wortlaut kaum im Sinne mündlicher Weitergabe auf die Fassungen gekommen. Dinkelackers Einwand geht gleichfalls von der Beobachtung eines über weite Strecken gemeinsamen Wortlauts der Fassungen aus, von kleinformatigen Varianten wird abgesehen. Nahezu ein Drittel der Strophen erscheint in allen von Dinkelacker festgestellten Fassungen weitgehend unverändert, ein Vergleich jeweils nur zweier Fassungen weist noch erheblich mehr gemeinsamen Text auf. Dieser Befund ist nicht verträglich mit der Annahme einer je spontanen Hervorbringung der Fassungen:

So weitgehende Gemeinsamkeiten lassen sich nicht mit der zufälligen Übereinstimmung nach gleichen Prinzipien improvisierter Fassungen erklären. Sie legen, ebenso wie die wörtlichen Entsprechungen ganzer Zeilen [...], die Annahme eines festformulierten Textes nahe, der alle Fassungen beeinflußt hat.[89]

Für improvisierte Fassungen schließt Dinkelacker sich eng an Lords Darstellung an und stellt klar, daß die einzelne Ausformung einer Dichtung keinen verbindlichen Wortlaut hervorbringt:

Ihr Wortlaut ist nicht verpflichtend, weder für den Sänger selbst, wenn er sein Lied wiederholt, noch für andere Sänger, die es in ihr Repertoire übernehmen:

---

87 Voorwinden: Zur Überlieferung des ›Ortnit‹, S. 193.

88 Fromm: Der oder die Dichter des ›Nibelungenliedes‹?, S. 284-286. Fromms Aufsatz ist ein Jahr nach Dinkelackers ›Ortnit-Studien‹ erschienen und nimmt nicht Bezug auf sie.

89 Dinkelacker: Ortnit-Studien, S. 282.

Der ›Ortnit‹ als *oral poetry*?

Keiner von ihnen hat einen Begriff davon, daß es die wörtlich fixierte, gültige Form eines Liedes geben könnte oder sollte.[90]

Dieser unfeste Charakter von *oral poetry* läßt, gemessen am Befund der ›Ortnit‹-Fassungen, für diese nur noch einmal folgenden Schluß zu:

Der beträchtliche Fundus an gemeinsamen Strophen, die weitgehenden wörtlichen Übereinstimmungen lassen sich nicht mit zufälliger Übereinkunft nach gleichen Prinzipien improvisierter ›Aufführungen‹ erklären.[91]

So sei es vielmehr »wahrscheinlich, daß hinter der gesamten Überlieferung ein einzelner, ausformulierter ›Ortnit‹-Text zu suchen sei«[92], der »auf die gesamte Überlieferung gewirkt hat«[93]. Diese Überlieferung mag Dinkelacker nicht anders denn als handschriftliche denken, so daß die Fassungen als schriftliche Bearbeitungen eines handschriftlich vorliegenden Textes erscheinen.

Dinkelacker konzediert aber nun, daß die Verfasser der Fassungen »sich einer einfachen, mündlicher Kompositionsweise nahestehenden poetischen Technik« bedienten,[94] welche die Verwendung eines formelhaften Stils sowie traditioneller Handlungsformeln und Handlungsschemata beinhalte. Diese Technik müsse bis ins 15. Jahrhundert hinein, als die letzten Fassungen entstanden, im Gebrauch gewesen sein.

Im Gegensatz zu Dinkelacker sieht Voorwinden in der Gemeinsamkeit des Wortlauts größerer Teile einer Dichtung mit anderen Fassungen keinen Hinderungsgrund, sie zur *oral poetry* zu rechnen. Keineswegs müßten die Fassungen schriftlich entstanden sein: Ein Sänger könne von einem anderen gelernt und dabei durchaus eine ganze Reihe identischer Verse übernommen haben.[95] Deshalb fasse Dinkelacker den Begriff der *oral poetry* zu eng. Wenn aber der gemeinsame Wortlaut zu einem Teil Folge des Formelgebrauchs sei, so könne gar kein Zweifel an der Mündlichkeit der Dichtung bestehen – Voorwinden weist etwa auf die besondere Häufigkeit der Inquit-Formel (*Dô sprach* [...]) im ›Ortnit‹ hin.[96]

Er sammelt dann einige Argumente, die er direkt aus Dinkelackers Darstellung übernimmt, die nämlich – ohne es zu wollen – allererst das Material dafür liefere, den ›Ortnit‹ der *oral poetry* zuzurechnen: Der Stoff des ›Ortnit‹

---

90 Ebd., S, 306.
91 Ebd., S. 307.
92 Ebd., S. 304.
93 Ebd., S. 308.
94 Ebd., S. 308.
95 Voorwinden: Zur Überlieferung des ›Ortnit‹, S. 188, zitiert hier Parry: The Making of Homeric Verse, S. 443.
96 Voorwinden: Zur Überlieferung des ›Ortnit‹, S. 190f. Der Hinweis führt freilich nicht weiter, denn die Gemeinsamkeit des Wortlauts beruht nicht auf dem Gebrauch von Formeln.

sei älter als der Text, dieser sei also vorgängig mündliche Dichtung; die Abweichungen überschritten »bei weitem den Grad, den man bei schriftlicher Überlieferung findet«[97]; es gäbe eine größere Zahl von Charakteristika mündlicher Dichtung: Wiederholung, Variation, z.T. sparsamste Angaben zu Raum und Zeit, ein festes Handlungsgerüst bei den verschiedenen Fassungen, hohen Formelgehalt, einen hohen Grad an Typisierung der Figuren, szenisch-episodisches Erzählen mit Konzentration auf das gerade Erzählte.[98]

Dies alles lasse nur die Annahme zu,

daß der ›Ortnit‹ irgendwann als mündliche Dichtung entstanden ist, daß er zunächst vom Dichter selbst, später auch von anderen Sängern vorgetragen wurde und daß er schließlich zu verschiedenen Zeiten und an verschiedenen Orten schriftlich fixiert wurde.[99]

Mir scheint Dinkelacker mit seiner Schlußfolgerung, der gemeinsame Wortlaut der Fassungen lasse auf einen gemeinsamen Ausgangstext schließen, im Recht. Aber das schlösse Voorwinden wohl gar nicht aus. Es könnte ja der mündliche Ausgangstext eines Sängers sein, der von Nachsängern ohne Vermittlung durch eine Schriftvorlage tradiert würde. Tatsächlich erklären sich einige charakteristische ›Verderbnisse‹ des Wortlauts – ›Fehlstellen‹ wie Anschlußfugen und Lauthülsen etwa –, wie ich noch deutlich machen möchte, nur durch eine entsprechende Tradierung.

Es gibt keine Nötigung, das wortwörtliche Beibehalten von Textbestandteilen mit Schriftlichkeit in Verbindung zu bringen. Wie aber kommt es zu einem so zähen Festhalten am Wortlaut in allen Fassungen? Sollten alle Nachsänger sich gegen die Voraussage der *Oral-Formulaic Theory* doch mehr oder weniger sklavisch an ihre Lehrmeister, bzw. alle aneinander gehalten haben? Der Begriff der *oral poetry*, wie ihn die *Oral-Formulaic Theory* gefaßt hat, ist zu eng, um dies noch adäquat zu erklären. Aber rechnet man ihr auch solche Dichtungen zu, die memorierend tradiert werden, so wäre ihr auch der ›Ortnit‹ zuzurechnen, freilich zunächst nur, was die Form seiner Tradierung anbetrifft.

Offen ist die Frage, ob der ›Ortnit‹, so Dinkelacker, schriftlich oder ob er, so Voorwinden, mündlich entstanden ist. Über die Tradierung der Fassungen läßt sich diese Frage nicht entscheiden. Ein Blick auf die relative Ausgefeiltheit des ›Ortnit‹ AW im Vergleich zu den in der Regel eher abgeschliffenen Fassungen bestärkt die Intuition, daß der Ausgangstext ein schriftlicher gewesen sein dürfte. Dagegen steht Voorwindens Hinweis auf den häufigen Gebrauch von Formeln im ›Ortnit‹ wie auch in anderen Heldendichtungen wie dem

---

97 Ebd., S. 192.
98 Ebd.
99 Ebd., S. 193.

›Nibelungenlied‹. Über die Brauchbarkeit dieses Umstandes als Kriterium für Mündlichkeit ist viel gestritten worden. Ein sicheres Kriterium stellt es nicht dar.

Nun kann aber von Formelhaftigkeit im Sinne der *Oral-Formulaic Theory* für den ›Ortnit‹, den ›Wolfdietrich‹ oder auch andere Heldendichtungen überhaupt nicht die Rede sein. Was es in der mittelhochdeutschen Heldendichtung zweifellos gibt, sind erzähltechnische Formeln durchaus verschiedener Art. Das hervorstechendste Beispiel: *Ez wuohs in Burgonden* [...] heißt es zu Beginn des ›Nibelungenliedes‹ (Str. 2,1), und zu Beginn der zweiten Aventiure: *Dô wuohs in Niderlanden* [...] (Str. 20,1). Ein Erzählabschnitt mit der Jugend des/eines Protagonisten kann so beginnen, deshalb beginnen Dichtungen oft so. *Ez wuohs in Irlande* [...] heißt es entsprechend in der ›Kudrun‹ (Str. 1,1), *Ez wuohs in Lamparten* [...] im ›Ortnit‹ (AW 3,1), *Ez wuohs in Kunstenopel* [...] im ›Wolfdietrich‹ (B 1,1) und *ez wuohs ein heiden zwelef jâr* [...] in der ›Virginal‹ (Str. 1,2). Wie auch Inquit-Formeln dienen diese und vergleichbare Formeln allein erzähltechnischer Gliederung. Eine Erzählung muß beginnen, ein Sprecherwechsel muß gekennzeichnet werden usw., so daß sich hierfür charakteristische, immer wieder aufgegriffene Formeln einbürgern. Solche Formeln dienen auch in der *oral poetry* der Komposition der Erzählhandlung, nicht aber der Komposition eines einzelnen Verses. Um im Wortlaut einer improvisierten Dichtung voranzukommen, braucht man aber Formeln für jeden einzelnen Vers – sonst kommt man nicht voran. Mit erzähltechnischen Formeln ist einem hier nicht, bzw. nur ganz unzureichend gedient. Kompositionstechnische Formeln ganz anderen Zuschnitts sind erforderlich, um eine improvisierte Dichtung voran- und überhaupt zustandezubringen.

Gewiß gibt es auch hier noch Beispiele, die in die erforderte Richtung gehen. Die Strophen 506-606 des ›Wolfdietrich‹ A sind übersät von Formeln wie *als ich vernomen hân* (Str. 507,1 u.ö.), *als uns ist geseit* (Str. 512,4 u.ö.) oder *als uns das ist bekant* (Str. 514,3 u.ö.) – zweifellos um die Vers- und Reimbildung voranzubringen. In dieser Funktion finden sie sich neben ähnlich lautenden auch in anderen Heldendichtungen. Zu häufiges Zurückkommen auf solche Flickformeln zeigt aber auch eine gewisse Verlegenheit, eine größere Zahl an anderen Formeln mit größerer Abwechslung heranziehen zu können, es zeigt, daß es keinen Formelschatz gibt, der tatsächlich Vers für Vers von Nutzen ist.

Oft glaubt man mit dem Hinweis auf wenige erzähltechnische Formeln und ihr wiederholtes Vorkommen den Nachweis erbracht, eine Dichtung sei formelhaft. Dabei unterläuft leicht die Verwechslung erzähltechnischer mit im eigentlichen Sinne kompositionstechnischen Formeln, die ein anderes Format haben müssen. Sie gehören in der Regel gleichfalls einer überindividuellen, traditionellen Sängersprache an, von der sich – hat man nur Zugriff auf die Dichtungen – ein Verzeichnis anlegen ließe, das aus hunderten von

Beispielen bestände, entsprechend der Dichte, in der sie gefordert sind und vorkommen müssen. Ein solches Verzeichnis läßt sich aber für die hochmittelalterliche Heldendichtung nicht anlegen, andernfalls läge es zweifellos schon vor.[100] Was sich allein zeigen ließe, wäre die Wiederkehr stereotyper Satzmuster,[101] aber das ist etwas ganz anderes.[102]

Für Fassungen von Heldendichtungen ist die kompositorische Arbeit längst getan, und sie wird oft nur punktuell an der einen oder anderen Stelle erneuert. Sie war und ist ihrerseits aber wohl keine improvisierende Anstrengung, sondern die bedachte, vermutlich schriftliche Niederlegung eines festen Textes, auch wenn abzusehen ist, daß die memorierende Mündlichkeit, in die er eingehen wird und soll, seiner Festigkeit Schaden zufügen wird. Für leichte Behaltbarkeit ist aber durchaus vorgesorgt. Die sprachlichen und narrativen Mittel, die Dinkelacker und Voorwinden unter Rekurs auf charakteristische Eigenschaften von *oral poetry* anführen, sind sämtlich Mittel, die gerade auch der mnemonischen Speicherung von Dichtung dienen können und dienen.

Der ›Ortnit‹ also als *oral poetry*? Im Zuge der Tradierung: ja; im Zuge der Entstehung der Ausgangsfassung, soweit diese als Herstellung eines festen Texts mittels Verschriftung erscheint: nein.[103] Allerdings mag die Herstellung nicht in ständigem Kontakt mit der Niederschrift erfolgt sein, wie es z.B. bei einem Diktat geschieht, wenn der je gedichtete Text nicht noch einmal vom Schreiber vorgelesen wird. Dann trennt die Niederschrift nicht mehr viel vom Schmieden eines kürzeren Heldenliedes im Kopf, das auch ohne Schriftvermittlung eingeprägt werden kann.

6.6 Die Umstellung von Strophenteilen

Der Bernerton, in dem u.a. der Großteil der aventiurehaften Dietrichdichtung abgefaßt ist, besitzt eine recht komplizierte Strophenform, die man als Kanzonenform, bestehend aus zwei Stollen und dem Abgesang, auffassen kann

---

100   Dodson: A Formula Study of the Middle High German Heroic Epic, S. 61, 73, 89f., 94ff., verzeichnet z.B. nur wenige Fälle über mehrere Texte gestreuter Formeln, deren Formelcharakter zudem bestritten werden kann.

101   Hierfür ist das Verzeichnis von Bäuml, Fallone: A Concordance to the ›Nibelungenlied‹, aufschlußreich.

102   Vgl. oben Kap. 3.3. Es wäre lohnend, die Sprache der strophischen Heldendichtung einheitlich und im Kontrast zur zeitgenössischen Reimpaardichtung zu beschreiben.

103   Zu einem anderen Ergebnis gelangt Ruth R. Hartzell Firestone: A New Look at the Transmission of ›Ortnit‹. In: Amsterdamer Beiträge zur älteren Germanistik 18 (1982), S. 129-142, hier S. 141, die mit Voorwinden an eine mündliche Entstehung denkt, andererseits aber eine ausschließlich schriftliche Überlieferung annimmt, da sich schon die strophische Form nicht mit *oral poetry* im Sinne von Parry und Lord vertrage.

(4ma / 4ma / 3wb / 4mc / 4mc / 3wb // 4md / 3we / 4md / 3we / 4mf / 3wx / 3mf). Für die Abfassung der Texte hat die schwierige Strophenform Nachteile, denn es ist aufwendiger, sie zu füllen. Die Sprache muß in diese Form, die den Text sehr viel weitergehend reglementiert als die Nibelungenstrophe und der noch einfachere Hildebrandston, erst gebracht werden, und das Dichten ist naturgemäß schwieriger. Für die Speicherung des Textes im Gedächtnis aber hat dies Vorteile, denn sie gelingt leichter: Die Strophenform bietet mehr Anhaltspunkte, die den Wortlaut unverrückbar zu kodieren erlauben, wobei auch die differenziertere Melodie ihre Rolle spielt. Die Slots für den Erzählinhalt sind mnemonisch effektiver markiert.

Innerhalb der Strophe sind deshalb Vertauschungen und Umstellungen von Versen erschwert, die Verse sitzen fester im Strophengerüst. Erschwert ist insbesondere das Umstellen von Verspaaren und -gruppen. Da das Gedächtnis, wo es keiner Kodierung folgen kann und wo ein Erzählinhalt nicht vollständig die Reihenfolge der Verse regiert, sich leicht selbständig macht und eine solche Reihenfolge umwirft,[104] kann man den Bernerton als eine besonders effektive Merkform auffassen, die sich wohl gerade deshalb erfolgreich gegenüber anderen Tönen zu behaupten vermochte. Denn er bietet dem Gedächtnis hinreichende Orientierung über die unmittelbare Erzählfolge hinaus. So kommt es neben gelegentlichen Vertauschungen von Versen eher selten zur Bewegung von ganzen Strophenteilen, da z.B. Stollen und Abgesang grundsätzlich nicht den Platz miteinander wechseln können. Nur wo der Abgesang (V. 7-13) oder die ihn abschließende Waisenterzine (V. 11-13) mehr oder weniger locker an den vorhergehenden Text anschließen, kommt es vor, daß diese Teile aus einer folgenden Strophe vorrücken und den zur Strophe gehörenden Text verdrängen.[105]

Man hat nie überlegt, welche Funktion die vier Hebungen des letzten Halbverses der Nibelungenstrophe eigentlich besitzen, da man sie nie unter einem funktionalen Gesichtspunkt betrachtet, sondern ausschließlich als metrischen Schmuck verstanden hat. Tatsächlich dürften sie aber eine mnemonische Markierung bedeuten, die es verhindert, daß Verspaare sich aus ihrer Bindung innerhalb einer Strophe lösen und die Strophengrenzen sich aufzulösen

---

104 Die Experimentalpsychologie hat dies an Serien beliebiger zu lernender Items immer wieder beobachten können. Vgl. Neisser: Kognitive Psychologie, S. 283-295.

105 Z.B. in der Fassung E$_7$ des ›Eckenliedes‹ gegenüber E$_2$ in den Strophen 45, 88, 206. Michael Baldzuhn: Vom Sangspruch zum Meisterlied. Untersuchungen zu einem literarischen Traditionszusammenhang auf der Grundlage der Kolmarer Liederhandschrift. Tübingen 2002, bes. 443-445, beobachtet für die Lieder der Kolmarer Handschrift Vertauschungen von Strophen und Strophenteilen. Obwohl er sieht, daß die Lieder konzeptionell vorwiegend mündliche Dichtung darstellen (S. 494), erwägt er als Grund der Vertauschungen nur Schreiberversehen. Hier wie in anderen Gattungen der Literatur des Spätmittelalters (Märe, Minnerede u.a.m.) sind Ausmaß und Umfang memoriell bedingter Bildung von Varianten erst noch festzustellen.

beginnen. Wenn die Vorläuferform der Nibelungenstrophe aus einem einfachen Langzeilenpaar bestand, so bedeutete die Aufstockung um ein weiteres Langzeilenpaar ein Problem, denn ein solches Paar konnte vergessen werden, ein Paar der folgenden Strophe aufrücken und so alle Folgestrophen durch Auflösung der Strophengrenzen in Mitleidenschaft ziehen. Einer derartigen Auflösung ließ sich aber durch ein metrisches Merkmal des Strophenendes vorbeugen, wenn man nicht gleich zu einer anderen Strophenform überging.

Der Hildebrandston, nach dem ›Jüngeren Hildebrandslied‹ benannt und mit einer archaischeren Strophenformyy (3w + 3ma / 3w + 3ma / 3w + 3mb / 3w + 3mb) verbunden, als die Nibelungenstrophe sie darstellt – der sie freilich ganz nahesteht –, weist dieses Merkmal nicht auf.[106] Deshalb kommt es im ›Ortnit‹, der wie auch der ›Wolfdietrich‹ im Hildebrandston abgefaßt ist, zu dem angesprochenen Effekt: Verspaare wechseln nicht nur ihre Plätze, sie fallen auch aus, so daß das anschließende Verspaar der Folgestrophe vorrücken kann und die Strophengrenzen für eine ganze Reihe von Folgestrophen nun jeweils in die Mitte der alten Strophen fallen.

Ein solcher Effekt stört vermutlich den Abruf des Textes erheblich, da er sein Gesamtgefüge aus der Fassung bringt, wenn denn überhaupt noch eine aus zwei Langverspaaren bestehende Strophe als mnemonischer Orientierungsrahmen dient. Es bedarf eines gezielten Eingriffs – ein weiteres Verspaar muß ausgelassen oder eines hinzugedichtet werden –, um wieder in den Strophentritt zu kommen und den Anfangspositionseffekt, nach dem man den Anfang eines Textsegments leichter erinnert als den Folgetext,[107] für den ungehinderten Abruf der weiteren Strophenfolge nutzen zu können. Dies setzt voraus, daß man Strophen infolge einer Markierung durch die Melodie überhaupt noch als Einheiten wahrnimmt und nicht einfach in Verspaare auflöst.

Ich greife ein Beispiel aus dem ›Ortnit‹ heraus: Kurz vor dem Ende der dritten Aventiure gerät die Fassung der Handschrift a aus dem Tritt.[108] Ortnit hat von Alberich seine Rüstung sowie Schwert und Schild erhalten und will die Waffen ausprobieren. Er sucht nach einer *âventiure*, aber niemand stellt sich ihm in den Weg. So reitet er drei Tage bis Garte zurück, wo ihn der Burggraf in der neuen Rüstung, die im Morgengrauen leuchtet, nicht erkennt. Als er ihn auch, nachdem er sich vorgestellt hat, noch nicht erkennen will,

---

106 Zur Beschreibung des Tons vgl. Brunner: Strukturprobleme der Epenmelodien, S. 304-306.

107 Vgl. Neisser: Kognitive Psychologie, S. 282, s. auch ebd. das Register zu ›Positionseffekt‹.

108 Allerdings kann man dieses ›Stolpern‹ nicht dem Tradenten der Fassung, wie sie in die Handschrift a eingeht, selbst zuschreiben, wie man aus Dinkelackers Tabelle ersieht. Auch die anderen Fassungen geraten hier aus dem Tritt, und man muß zunächst offenlassen, wo genau der ›Fehler‹ zum ersten Mal aufgetreten ist. Selbst wenn man die im Vergleich ursprünglichste Fassung ausmachen könnte, könnte sie den Fehler schon ererbt haben.

nimmt Ortnit die Gelegenheit wahr, sich als Heide vorzustellen, der Ortnit erschlagen habe, um so den Burggrafen zum Kampf zu veranlassen und die Waffen zu testen. Der Burggraf gerät beinahe zu Tode, weil er der Rüstung nichts anhaben kann, während Ortnits Schwert die Rüstung des Burggrafen ohne Mühe zerschmettert.

Vom Losritt Ortnits bis zu seinem Kampf mit dem Burggrafen geraten nun die Verspaare der Handschrift a durcheinander und die Strophenfolge aus dem Tritt. Ich stelle dies in der folgenden Tabelle dar, die deutlich machen soll, daß dies den Erzählinhalt nicht um seine Logik bringt und daß die Erzählfolge des Texts der Handschrift a durchaus stimmig bleibt. Ich setze deshalb in die linke Spalte die Strophenzahlen von a (nach der Ausgabe Mones), rechts daneben die Strophenzahlen des Texts der Handschrift A (und W; nach der Ausgabe Jänickes), der umgestürzt wird, während die rechte Spalte den Inhalt nach AW – in der Erzählfolge von a – festhält. So sieht man aber, daß an dieser Erzählfolge durchaus nichts stört: Sie erscheint als narrativ gleichwertig, und meine Unterstellung ist, daß sich das Gedächtnis eines Sängers diesen Weg gleichsam selbsttätig gesucht hat. Die Ausfälle und Umstellungen sind unwillkürlich erfolgt, kleinste magnetische Kräfte zwischen Partikeln des Erzählinhalts, die vorher nur locker zusammenhielten, haben seine Neuorganisation bewirkt.

›Ortnit‹ a	›Ortnit‹ AW	Inhalt des ›Ortnit‹ AW
201	189	Ortnit nimmt den Schild an sich und will aufbrechen. Alberich erinnert ihn daran, daß man ihn mit dem Ring herbeirufen kann.
202	190	Ortnit bricht auf. Er nimmt sich vor, Rüstung und Waffen im Kampf zu erproben.
203	191,1-2	Er reitet zu dem Felsen zurück und ist ungehalten, da sich ihm keine Gelegenheit zum Kampf bietet.
	192,3-4	Er beklagt, daß sie sich nicht bietet.
204	192,1-2	Drei Tage reitet er vergeblich auf der Suche nach einer Gelegenheit.
	191,3-4	Er nimmt sich vor, vor Garte nach ihr zu suchen.
205	193,3-4	In Garte glaubt man, Ortnit habe den Tod gefunden.
	194,1-2	Die Mutter ist untröstlich.
206	193,1-2	Wer gut auf ihn zu sprechen ist, ist betrübt, nicht aber, wer schlecht auf ihn zu sprechen ist.
	194,3-4	Ortnits Mutter stürbe, würde er nicht bald kommen.
207	195	Am vierten Morgen kommt Ortnit nach Garte. Der Morgenstern beleuchtet seine Rüstung.
208	196,3-4	Es wird gerade Tag, als er vor Garte absitzt und sein Pferd an einen Baum bindet.
	197,1-2	Er nähert sich dem Burggraben, als wolle er die Burg erstürmen.

209	197,3-4	Der Wächter will Ortnit trotz seiner leuchtenden Rüstung nicht aufschließen.
	198,1-2	Ortnit befiehlt ihm aufzuschließen. Er solle sein Kommen in der Burg bekannt machen.
210	198,3-4	Der Wächter ruft laut und erinnert an Ortnits Ausritt vor vier Tagen.
	199,1-2	Vor der Burgmauer hielte ein Mann, als stünde er in Flammen.
211	199,3-4	Er behaupte, er sei Ortnit, sehe aber aus, als sei er gerade der Hölle entsprungen.
	200,1-2	Die Königin erwacht und sieht durch das Fenster den Feuerschein.
212	200,3-4	Sie stellt fest, daß die Rüstung ihres Sohnes bei seinem Ausritt nicht wie Kerzenlicht gebrannt habe.
	201,1-2	Alle Burgbewohner gehen auf die Zinne, um das Phänomen zu bestaunen.
213	202,3-4	Der Burggraf will die Identität des Fremden erfahren. Der stellt sich als Ortnit vor.
	203,1-2	Der Burggraf bezweifelt dies, weil Ortnit keine solche Rüstung trug.
214	202,1-2	Ortnits Stimme ist wegen der Schallwirkung des Helms nicht zu erkennen.
	203,3-4	Er stellt sich nun als *wilder heide* vor, der Ortnit erschlagen habe.
215	204	Er fordert die 72 Dienstmänner auf der Burg, von deren Existenz er durch Ortnit wisse, auf, ihren Herrn zu rächen.
216	205	Der Burggraf entschließt sich zur Rache und legt seine Rüstung an, während die Mutter den vermeintlichen Tod Ortnits beklagt.

Der Text von a gerät mit dem Vorziehen des Verspaars 192,3-4 bzw. mit der Vertauschung der Verspaare 192,1-2 und 192,3-4 aus dem Tritt, danach erneut mit dem Ausfall des Verspaars 196,1-2. Dieses Verspaar kann entbehrt werden, da gesagt wird, daß der Wächter Ortnit nicht erkennt, was aber aus dem Kontext hervorgeht. Erst der Ausfall des Verspaars 201,3-4 ermöglicht es nach einigen weiteren Umstellungen, daß die ursprüngliche Strophengestalt und -folge wieder ins Lot kommt.

Daß hier nicht etwa ein isolierter Besserungsversuch eines Bearbeiters an einer einzelnen Stelle vorliegt, kann man daran ersehen, daß die Folgen nicht eng begrenzt werden. Auch sonst führt Umstellung und/oder Verlust eines Verspaars oft zu einer ganzen Folge von neuen Strophenteilungen. Das Gedächtnis weiß sich nicht immer so plötzlich und so stellenbezogen zu helfen wie ein Bearbeiter. Die gestürzte Strophenordnung andererseits einem Bearbeiter zuzuschreiben, fällt schwer. Nicht nur, daß eine Bearbeitungstendenz nur gewaltsam zu unterstellen und kaum signifikant ist,[109] die Mühen der Umorganisation der Strophenteile, das Ausschauen, ob es denn so geht, stünden in keinem Verhältnis zum Aufwand. Der Bearbeiter müßte gedächtnismäßig wenn nicht über den gesamten Wortlaut der Textpartie, so doch über ihren Erzählinhalt verfügen, um die Umordnung sinnvoll vornehmen zu können. Für diesen Fall erwartet man aber einen merklichen Vorteil seiner neu disponierenden Anstrengung.

Dagegen kann man auf andere Weise plausibler erklären, was geschah, als zunächst das Verspaar AW 192,3-4 vorgezogen wurde: Es scheint doch das Gedächtnis zu sein, das hier zwei Unmutsäußerungen Ortnits vertauscht, der direkt davor beklagt, daß er *niht ze strîten* findet (AW 191,2). Die zweite, stärker betonte Unmutsäußerung (AW 192,3-4: *dô sprach der Lamparte »ich vil unsælic man, / daz ich nâch mînem willen niht ze vehten hân«*) wird vorgezogen. Sie hallt dann im fortlaufenden Text von a nach, denn während Ortnit nach AW solange reitet, *daz er von übermüete deheiner ruowe pflac* (AW 192,1-2), heißt es in a: *das er im unmûte keiner frôiden pflag* (a 204,1-2). Nun wird aber die ursprünglich erste Unmutsäußerung (AW 191,3-4: *er sprach: »sol ich daz wunder von dem swerte niht gesehen? / mit mir enstrîtet niemen, ez muoz vor der bürge geschehen.«*) nachgetragen (a 204,3-4). Beide Unmutsäußerungen enthalten kein eindeutiges Merkmal ihrer textuellen Reihenfolge, so daß sie in der zu vermutenden Vorgängerfassung nur locker auf ihrem Platz saßen und ihn besonders leicht wechseln konnten. Nicht eine inhaltliche Assoziation verursacht in diesem Fall das Vorziehen eines Verspaares, sondern die inhaltliche Gleichwertigkeit von Strophenteilen, die einem Sänger die Orientierung schwer machen mußte.

Nimmt man den Text der Handschrift a genauer in den Blick, so stellen sich einige Ungenauigkeiten und Ungereimtheiten heraus, die es als sicher erscheinen lassen, daß zumindest hier kein Bearbeiter mehr zu Werke ging. So fällt z.B. auf, daß die Chronologie von Ortnits Heimritt leicht gestört ist. Nach AW reitet er *nâch strîte unz an den dritten tac* (Str. 192,1) und kommt *an dem vierden morgen* in Garte an (Str. 195,1f.), was der Wächter richtig mitgerechnet hat (Str. 198,4: *Ez ist hiute der vierde morgen daz mein hêrre hinne schiet*). Nach a sucht er *untz an den vierden tag* nach einer Kampfgelegenheit (Str. 204,1) und reitet noch einmal *untze an den vierden morgen* bis Garte (Str. 207,1). Ist dies also doppelt zu zählen? Der Wächter hat in jedem Fall falsch mitgezählt: *Es iſt der ſechste morgen, das min herre von uns ſchiet* (Str. 210,2). Auch die Handschrift y und der Druck z haben wie a für die Angabe *unz an den dritten tac* (AW 192,1) die Angabe *bis an den firden tag* (y 180,1) bzw. *uncz an den fierden tag* (z, S. 54, V. 37). In z stellt

---

109   Dies gälte natürlich genauso für eine Analyse aus umgekehrter Richtung – so daß AW ändert und nicht a –, wie Dinkelacker sie hier bevorzugen würde.

der mitzählende Wächter klar, daß die folgende Angabe der Ankunft in Garte ›am vierten Morgen‹ nicht doppelt zu zählen ist, da Ortnit seit vier Tagen weg sei. Gleichwohl bleibt die erste Angabe (›bis zum vierten Tag‹) mißverständlich.

Da alle Fassungen erstaunlicherweise in vielen Fällen dieselben Umstellungen von Strophen und Strophenteilen über den ganzen Text hin aufweisen – so auch in der untersuchten Partie –, ist davon auszugehen, daß diese Umstellungen auf einen gemeinsamen Ausgangspunkt zurückgehen. Da sich gleichwohl alle Fassungen noch einmal im Wortlaut voneinander unterscheiden, ist es nicht ganz leicht herauszufinden, welcher Wortlaut denn zusammen mit den Umstellungen eintrat. So müssen Fehlstellen, wie sie z.B. in a begegnen, keineswegs in Verbindung mit den Umstellungen eingetreten sein, sondern können einer späteren Fassung oder erst a selbst angehören. Es ist dennoch nicht unwahrscheinlich, daß die irreführende Angabe ›bis zum vierten Tag‹ in einer allen verglichenen Fassungen vorausliegenden Fassung in Verbindung mit den Umstellungen eingetreten ist, da sie durch alle Fassungen hindurch ebenso regelmäßig begegnet wie die Umstellungen. Den gemeinsamen Ausgangspunkt bildet dann die Fassung eines Sängers, der in Anbetracht seiner Unsicherheit im Wortlaut und Erzählverlauf die Feinabstimmung der Chronologie aufgegeben und zugunsten einer vereinheitlichten Zahlenangabe (das Gedächtnis hält nur die Zahl Vier fest) vereinfacht und damit irreführend gestaltet hat.

Die narrative Integration eines in Teilen vergessenen und an einer Reihe von Anschlüssen und Stellen notdürftig geflickten bzw. neugebildeten Textes bleibt bei Angaben, die über eine gewisse Zahl von Strophen hin wechseln und zugleich konsistent gehalten werden müssen, leicht auf der Strecke. Beim Umstellen von Verspaaren erleidet sie allerdings nicht immer den gleichen Schaden, denn die Erzählfolge verkraftet solche Umstellungen oft recht gut, ja sie kommen überhaupt erst dadurch zustande, daß die Erzählfolge nicht immer eine notwendige Handlungsfolge darstellt. Deshalb ist auch angesichts der tabellierten Kette von Umstellungen nicht eindeutig konstatierbar, daß hier bereits durch sie allein eine Verschlechterung des Textes eintrat. Vielmehr läßt sich auch dafür argumentieren, daß sie ebenso stimmig oder gar – unter einem bestimmten Blickwinkel – stimmiger ist.

Die Möglichkeit der Umstellung von Strophenteilen und auch von Strophen[110] erlaubt einen Durchblick auf die Faktur heldenepischer Texte: Sie besteht in einer Kompartimentierung des Erzählinhalts in kleine Zellen als

---

110 Für die Umstellung von Strophen gilt dasselbe, was ich hier nicht näher aufzeige, da es eine zu platzraubende Darstellung erforderte. Auf ein Problem, das sich hier ergibt, komme ich gleich noch einmal zurück.

Merkeinheiten (Halbverse, Verse und Verspaare), die eine dichte und in möglichst eindeutiger Folgerelation stehende Handlungsfolge zu erzählen suchen, ohne dies immer garantieren zu können. Wo die Folgerelation locker und wenig eindeutig ist, kann es geschehen, daß die Erzählzellen beim auswendigen Abruf in eine neue Reihenfolge gebracht werden. Aber auch, wo die Folgerelation eindeutig ist, kann sie noch durch Assoziation einer Erzählzelle mit einer später stehenden gestört werden: die Verse werden dann aneinander angeschlossen, während die übersprungenen Verse nachfolgen und Fugen aufklaffen lassen können.

Durch das lückenhafte Gedächtnis eines Sängers, aber auch durch memorielle Mechanismen wie schließlich durch Unaufmerksamkeiten kann die narrative Integration eines aus dem Gedächtnis abgerufenen Textes auf vielfältige Weise gestört werden.[111] Dies kennzeichnet die charakteristische Textur der Fassungen von Heldendichtung. Webfehler schleichen sich ein, die man überhören mag, beim Lesen der Fassungen aber nicht mehr übersehen kann.

6.7 Fehlstellen als Folgen des Vergessens: Anschlußfugen, narrative Inkonsistenzen, Lauthülsen und Satzhülsen

Das Gedächtnis ist nicht unschuldig, ist keine *tabula rasa*, auf der etwas eingetragen wird, das unveränderlich Bestand hat. Es speichert sein Material vielmehr gemäß bestimmter Vorgaben – wie ja schon die Wahrnehmung gestalthaft und unter Angleichung an Bekanntes verfährt oder erfolgt –, und allemal können dann beim Abruf vorgegebene Schemata intervenieren und memorielle Effekte auftreten. Was man erinnert, ist deshalb in unterschiedlichem Ausmaß und Umfang gefiltert, zurechtgelegt, verformt und entstellt.

Dies gilt sogar für explizit gelernte Inhalte, die über eine Merkform bereits für die Aufnahme durch das Gedächtnis präpariert sind. Die Umstellung von Strophen und – bei unzureichender Präparierung der Strophenform – Strophenteilen ist eine in den Fassungen der mittelalterlichen Heldendichtung so regelmäßig begegnende Erscheinung, daß man hier direkt auf einen Automatismus des Gedächtnisses schließen möchte: Wo eine Erzählfolge relativ locker ist, treten mit einer gewissen Wahrscheinlichkeit Umstellungen auch von ganzen Strophen ein. Dies muß nicht weiter auffallen, wie z.B. bei der Vertauschung der Strophen A 1633 und 1634 in der Handschrift B des ›Nibelungenliedes‹ (bzw. umgekehrt der entsprechenden Strophen B 1695 und 1696 in A). Es fällt nur auf, wenn sich Anschlußfugen ergeben, wie z.B. im ersten Vers

---

111 Vgl. zur beschränkten Aufmerksamkeit auch Kapitel 7.6.

der Strophe 18 der Handschrift A des ›Nibelungenliedes‹[112] sowie im ersten Vers der Strophe 879 der Handschrift C (vgl. hierzu oben Kapitel 3.7, S. 110) nach dem Verlust der zu erwartenden Position dieser Strophen in der Strophenreihenfolge. Es läßt sich allerdings nicht sicher sagen, ob diese wenigen Fälle von Umstellungen in den Handschriften A (oder B) und C des ›Nibelungenliedes‹ infolge des fehlerhaften Abrufs des Textes aus dem Gedächtnis eingetreten sind. Denn natürlich sind auch Schreiberversehen denkbar.[113]

Wenn aber neben den bloßen Automatismus von im Abruf zufällig den Platz wechselnden Textbestandteilen oft auch eine manifeste Assoziation gleichsam magnetisierter Partikel des Erzählinhalts tritt, dann kann auch eine ganze, später stehende Strophe aufgrund ihres leicht assoziierbaren Erzählinhalts, bzw. eines seiner Details, vorgezogen werden. Die hierbei oft eintretenden Folgeprobleme – nicht mehr paßgerechte Anschlüsse in der hinterlassenen Lücke oder am Ende der verstellten Strophe – müssen dann gegebenenfalls durch neue Formulierungen behoben werden, wenn sie nicht einfach als minimale Brüche im Erzählzusammenhang, als Anschlußfugen, sichtbar werden sollen.

Ich gebe aus der Fassung der Handschrift a des ›Ortnit‹ ein Beispiel für das provisorische Kitten einer Anschlußfuge. Bei der Ankunft seiner Flotte in Suders ist Ortnit verzagt, weil er auf Alberichs Hilfe verzichten zu müssen glaubt. Auf einmal aber steht Alberich neben ihm, ohne daß Ortnit weiß, wie er hergekommen sein könnte. So fragt er denn: *wer hât dich her braht?* (AW 227,1; ebenso a 238,1) und freut sich über seine Anwesenheit.

Am Ende derselben Strophe – von hier an zitiere ich die Stelle zusammenhängend – ergreift aber nun Alberich das Wort und beginnt mit *helt, dir ist nicht kunt* [...] (AW 227,4), um im folgenden auszuführen, was Ortnit nicht bekannt ist. In a wird dieser Redebeginn indes unwillkürlich auf Ortnits Frage, wer Alberich hergebracht habe, bezogen, der Redebeginn wird mit der Frage assoziiert, denn ihre Beantwortung steht noch aus. Deshalb heißt es im Sinne einer abgeschlossenen Behauptung: *es iſt dir gar vnkunt* [sc. wer ihn, Alberich, hergebracht habe] (a 238,4). Im sicher ursprüngliche(re)n Text von AW aber wird an den Redebeginn der im folgenden artikulierte Sachverhalt

---

112   Die Vertauschung der Strophen 18 und 19 in A kann man beobachten in: Das Nibelungenlied. Abbildungen, Transkriptionen und Materialien zur gesamten handschriftlichen Überlieferung der I. und XXX. Aventiure. Hg. und eingeleitet von Otfrid Ehrismann. Göppingen 1973, Abb. IV. Dies ist ein Fall, wo B etwas Ursprüngliches bewahrt oder wiederhergestellt haben muß.

113   Oft sind diese aber erkennbar, wenn Übersprungenes – wie z.B. in der Handschrift B bei Strophe 460 die Verse 1-3 – am unteren Blattrand nachgetragen wird, und es ist nicht unbedingt zu erwarten, daß paßgerecht ausgeschnittene vollständige Strophen von Schreibern verstellt werden. Dies setzt jedenfalls voraus, daß die Strophen in der Vorlage abgesetzt oder durch Initialen markiert waren.

der *triuwe* Alberichs angeschlossen. So kommt es hier zu einem Strophensprung, der in a unwillkürlich vermieden wird. Nun zieht aber a, da die Rede Alberichs mit der Behauptung *es iſt dir gar vnkunt* beendet ist, die Gegenrede Ortnits aus der Strophe AW 229 vor und erzeugt damit Anschlußprobleme am Anfang und Ende der Strophe. Ich stelle den Wortlaut der ganzen Partie aus AW und a einander gegenüber:

mit zühten sprach der kleine	*Mit zuchten ſprach der cleine:*
«helt, dir ist niht kunt,	*»es iſt dir gar vnkunt.«*
	Do ſprach der Lamparter:
	»durch got bewiſe mich,
	Sagen mir uff din truwe,
	wo heſtu verborgen dich?«
	Er ſprach: »ob dem kiele ich
	uff dem maſtbŏm ſaß,
	Ich hette dich wol recht gewiſet,
	ich wolte dich verſůchen bas;
Daz ich so grôze triuwe	*Das ich ſo gantze truwe*
ze dînem lîbe hân.	*zů dinem libe han,*
du læst mich harte lîhte,	*Du lieſſeſt mich vil lichte,*
sô wil ich dich niht lân.	*ſo wil ich dich nit lan,*
du vergizzest mîn vil dicke,	*Du uergeſſeſt min gar lichte,*
sô vergaz ich dîn nie.	*ſo uergaß ich din nie,*
enphâch mich swie du wellest,	*Nu emphohe mich, wie du welleſt,*
ich bin doch bî dir hie.«	*ich bin recht bi dir hie.«*
Dô sprach der Lamparte	
«durch got berichte mich.	
sage mir ûf dîn triuwe,	
wâ hâst verborgen dich?«	
»oben ûf dem masboume	
in der keibe ich saz:	
ich hiet mich wol gewîset,	
wan daz ich dich versuochte baz.«	
(AW 227,4-229,4)	(a 238,4-240,4)

Das Anschlußproblem am Anfang der vorgezogenen Strophe fällt nicht weiter ins Gewicht. Am Ende der Strophe wird aber eine größere Reparatur notwendig, um keine Anschlußfuge aufklaffen zu lassen. In AW (Str. 229,4) sagt Alberich, nachdem er sein Versteck genannt hat: ›Ich hätte mich gern zu erkennen gegeben, nur wollte ich dich auf die Probe stellen.‹ Hieran schließt indes der Vers AW 228,1 (›[...] daß ich vollständig loyal zu dir stehe‹) nicht an. In a wird deshalb an dieser Stelle ein Strophensprung hergestellt und Vers a 239,4 folgendermaßen auf den Anschluß an 240,1 geöffnet: ›Ich hätte es dir gern gezeigt – ich wollte dich [aber] auf die Probe stellen –, daß ich gänzlich loyal zu dir stehe.‹

Der Anschluß ist hergestellt, auch wenn die Rolle des Halbverses a 239,4b als Parenthese nicht auf den ersten Blick ersichtlich ist und die Fuge nur mit diesem nicht gleich offensichtlichen Verständnis der Verse gekittet erscheint.[114] Die ganze Operation ist so kompliziert, daß man geneigt sein mag, an einen schreibenden Bearbeiter zu denken, aber sie ist auch so unnötig, daß man ihren redaktionellen Sinn nicht einsehen kann. Die vordergründige Verbindung der Aussage *helt, dir ist niht kunt* mit der vorhergehenden Frage *wer hât dich her braht?* rechtfertigt schwerlich den Aufwand. So ist diese Verbindung denn auch wohl auf bloße Assoziation hin zustandegekommen, in deren Gefolge eine Anschlußfuge entstand und gekittet werden mußte.

In gedächtnispsychologischen Experimenten mit dem Kurzzeitgedächtnis für Folgen inhaltsleerer Items sind assoziative Mechanismen leicht beobachtbar, und Assoziation gilt als plausibelste Erklärung von Umstellungen in gelernten Folgen. In der Erinnerung an eine gelernte Folge, und das heißt: bei ihrem Abruf, hat zunächst jedes Element die Tendenz, das folgende Element hervorzurufen. Auditive Ähnlichkeit eines vorhergehenden Elements mit einem nicht unmittelbar folgenden kann aber dazu führen, daß dieses vorgezogen wird, weil eine assoziative Interferenz die genaue Erinnerung an die Folge dominiert.[115]

Dies läßt sich nicht bruchlos auf das Langzeitgedächtnis für Texte übertragen, und an die Stelle auditiver Assoziationen treten inhaltliche Verbindungen bzw. Anschlüsse. Aber es ist doch deutlich, daß im diskutierten Fall der

---

114 Dinkelacker: Ortnit-Studien, S. 287, analysiert die Stelle anders. Er hält die Reihenfolge in a für primär und geht davon aus, daß die Umstellung in AW vorgenommen wurde. Dadurch werde in eine im Kontext wenig sinnvolle Aussage (a: *es iſt dir gar vnkunt*) Sinn gebracht, indem ein neuer syntaktischer Zusammenhang hergestellt werde (AW: *helt, dir ist niht kunt, / Daz ich so grôze triuwe ze dînem lîbe hân*). Diese Analyserichtung scheint mir unzutreffend: Sie übersieht die Anschlußfuge in a und setzt voraus, daß der partiell sinnlose Text – wie kommt er in AW zustande? – einer ursprünglichen Strophenfolge im wesentlichen durch die Umstellung einer Strophe gebessert werden kann und wird.

Es ist angemessen, damit zu rechnen, daß auch in AW Änderungen gegenüber der Ausgangsfassung eingetreten sein könnten. Dies bleibt jedoch Spekulation. Der Textvergleich von AW mit den anderen Fassungen zeigt dagegen an hinreichend vielen Stellen einfach erklärbare Änderungen gegen den Text von AW sowie Verschlechterungen des Textes, so daß die Annahme, die anderen Fassungen könnten ursprünglicheren Text bewahrt haben, wie AW ihn nicht mehr besitzt, wenig Anhalt hat. An der diskutierten Stelle ist die Lauthülse *kiele* für *keibe* (= Mastkorb, eine *lectio difficilior*) ein Indiz für die Ursprünglichkeit von AW.

115 Eine Reihe von Experimenten diskutiert in Verbindung mit den Erklärungen Neisser: Kognitive Psychologie, S. 287-295.

Sachverhalt, daß etwas *unkunt* ist, im Zuge des Erzählverlaufs – als kontinu- ierlichem Textabruf – nach vorn angeschlossen wird und nicht wie ursprüng- lich nach hinten. Eine assoziative Vermittlung des zugleich inhaltlich moti- vierten Anschlusses scheint dabei möglich.

Der assoziativ vermittelte Anschluß nach vorn betrifft in der Regel – wie z.B. im Fall des Vorziehens der Strophe E_2 107 in den Fassungen E_7 und e_1 des ›Eckenliedes‹ (vgl. Kapitel 5.5, S. 208) – einzelne Strophen. Wo der Handlungs- verlauf locker ist, kann es zu komplizierteren Umstellungen kommen bis hin zu einer durcheinandergewürfelten Strophenfolge. Mit einem lockeren Hand- lungsverlauf und dem strophisch-blockhaften Voranschreiten des Erzählens hängt es auch zusammen, daß Anschlußfugen – sei es für das Publikum oder den Sänger selbst – oft gar nicht wahrnehmbar werden.

Gleichwohl kann es zu minimalen narrativen Inkonsistenzen kommen. So benachrichtigt im ›Ortnit‹ AW und a Alberich Ortnit über die bedrohliche Lage seines Onkels Ilias im Kampf gegen die Heiden (AW 312 = a 326). Ortnit spricht Ilias daraufhin an und kommt ihm zuhilfe (AW 313 = a 327). In a greift er nun auch gleich in den Kampf ein und kann die Heiden erfolgreich zurückschlagen (a 328; hier wird AW 316 vorgezogen!). Ilias aber hat die Hoffnung auf Hilfe aufgegeben und liegt mit Banner und Schwert in den Hän- den wehrlos am Boden, wo Ortnit ihn noch unverwundet vorfindet (a 329- 330 = AW 314-315).

Es ist nicht folgerichtig, daß Ilias noch nach dem Erfolg Ortnits in Hoff- nungslosigkeit verfällt. In AW ist die Reihenfolge denn auch umgekehrt: Ortnits Kampfheil folgt auf die Darstellung der hoffnungslosen Lage des Ilias.

Neben assoziativ bedingten Umstellungen mit notwendig werdender Über- formulierung von Anschlußfugen und Umstellungen mit narrativen Inkonsi- stenzen gibt es einen gänzlich anderen Typ von Änderungen, der nicht an den seriellen Abruf von Reihen von Erzähleinheiten oder Textbestandteilen ge- bunden ist: Es gibt Fehlstellen aufgrund bloßer Gedächtnislücken, an denen neue Wörter und Formulierungen nicht mehr ganz das treffen, was im Erzähl- zusammenhang eigentlich zu erwarten wäre und ursprünglich auch erzählt wurde. Grundsätzlich ist allerdings der Abruf von Sängern aus dem Gedächt- nis immer schon aktiv und auf den sinnvoll darzubietenden Erzählinhalt des Abzurufenden gerichtet. Zumindest ihre fokussierte Aufmerksamkeit darf nicht versagen, und ihre Gestaltungskraft ist neben den autonomen Mechanismen des Gedächtnisses kontinuierlich gefragt. Der Vortrag einer Dichtung gestat- tet nicht, daß ein Sänger steckenbleibt, wenn er etwas nicht genau erinnert, er nötigt aber zugleich auch dazu, einen verständlichen Text hervorzubringen. So kann, was locker in einer Erzählfolge sitzt, ausfallen oder den Platz wech- seln, und was verblaßt oder ganz vergessen ist, kann nachgebessert und auf- gefüllt werden, ohne daß an der Textoberfläche immer gleich eine Zusammen- hanglosigkeit oder eine Fehlstelle wahrnehmbar wird. Dies muß nicht zwangsläufig in einer Vortragssituation geschehen, es kann sich auch in der Vorbereitung auf sie einnisten.

Durch Assoziationen oder Gedächtnislücken herbeigeführte Änderungen sind nur im Ausnahmefall sofort als unzusammenhängender oder sinnloser Text erkennbar. Dies läßt die Textur memorieller Fassungen dann auch leicht mit disponierend geplanten Fassungen verwechseln. Bei genauerem Hinsehen lassen sich aber oft doch Fehlstellen erkennen, die besonders beim Vergleich mit dem vermuteten Ausgangstext eine latente, im Ausnahmefall auch eine manifeste Textverderbnis offenbaren.

Ich spreche von Fehlstellen zunächst ganz allgemein in Bezug auf inhaltliche Abweichungen gegenüber einer Vorgängerfassung, die – so die explanative Unterstellung – die Folge von Gedächtnislücken sind. Auch wenn sie nur im Ausnahmefall als ›Fehler‹ erkennbar sind, ist dennoch, wenn man nur eine Fassung über eine längere Textstrecke hin mit einer dem vermuteten Ausgangstext näherstehenden Fassung vergleicht, offensichtlich, daß hier Ausfälle repariert werden.

Ich bringe eine Reihe von Beispielen aus dem Vergleich der Fassungen der Handschriften AW und a des ›Ortnit‹. Zunächst Beispiele nur aus der Strophe AW 87 (= a 94): Ortnit will vor seiner Werbungsfahrt in den Wald auf *âventiure* reiten, seine Mutter weist ihm den Weg *in die wilde* (AW 81,3). Darauf heißt es: *Dô meit er daz gevilde   als in sîn muoter bat, / und kêrte in die wilde   âne strâze und âne phat.* (Ebd., Str. 87,1-2) In der Handschrift a heißt es dagegen: *Do ſuchte er das gewilde* [...] (a 94,1), wohl weil Feld (*gevilde*) und undurchdringlicher Wald (*wilde*) hier zusammengeworfen werden. Die Aussage wird aber dadurch eine andere, vor allem wird sie redundant, da im folgenden Vers *Do kert er gegen der wilde* [...] (a 94,2) stehenbleibt – eine Redundanz, die oft das Signum von im Wortlaut abgeschliffenen Fassungen ist.

Nach dem Rat seiner Mutter hält Ortnit dann seinen Ring ins Sonnenlicht, damit dieser seine Wirkung entfalten kann: *dô habte er gegen der sunne   daz vingerl und die hant.* (AW 87,3) In a heißt es dagegen: *Do ſchowete er vil dicke das golt an ſiner hant* (a 94,3), wohl weil Ortnit schon vorher einmal (a 87,2) den Ring ausgiebig betrachtete. Da Ortnit in der Folge Alberich – der durch die Wirkung des Rings herbeigerufen wird – antrifft, wird der Erzählinhalt hier freilich leicht entstellt. Denn Alberich wird nicht dadurch herbeigerufen, daß Ortnit seinen Ring betrachtet. Die Steinwand aber, an der Ortnit Alberich dann unter einer Linde liegen sieht, erreicht er, indem er *grôz ungeverte ze tal* (›durch unwegsames Gelände ins Tal hinunter‹, AW 87,4) reitet. In a reitet er dagegen *one geuerte zů tal* (›ohne Begleitung ins Tal hinunter‹, a 94,4). Dies ist wenig sinnvoll, denn daß er allein reitet, weiß man bereits. Hier liegt wohl eine Lauthülse vor.

Die Fehlstellen dieser Strophe in der Handschrift a werden durch unterschiedliche Mechanismen herbeigeführt: durch Lautähnlichkeit sowie durch

Assoziation eines kurz vorher erzählten Inhalts. So drängen sich neue Formulierungen sowie ein neuer Erzählinhalt in den Text, ohne daß freilich die Fehlstellen beim Hören (und Lesen) der Fassung der Handschrift a allein sofort erkennbar würden.

Bei einem anderen Typ von Fehlstellen kommt ein anderer Mechanismus zum Zuge: Es ist in strophischer Heldendichtung üblich, direkte Reden strophenweise zu arrangieren und möglichst durch Inquit-Formeln einzuleiten; geschieht dies nicht, so kann es schwierig werden, beim Hören den Redewechsel mitzubekommen. Diese Schwierigkeit bezeugen die Fassungen, wenn sie einen Redewechsel übergehen. Nachdem Alberich Machorel die Überlegenheit des christlichen Gottes eingeredet hat und, unsichtbar wie er ist, nicht gefangengenommen werden kann, will er wissen, wie Machorel sich zu der Werbung Ortnits stellt: *waz sol ich dem künege sagen?* (AW 284,4b) Machorel unternimmt einen letzten Versuch, sich entgegenzustellen. Er hofft auf die Hilfe des eigenen Gottes und will eine Werbung in aller Form – mit Brief und Siegel: *Daz mir got müeze richten über iuwer beider leben! / ich wil dir niht gelouben, du solt mir brieve geben.* (AW 285,1-2) Diese Rede Machorels zieht der für den Wortlaut der Handschrift a verantwortliche Sänger zu der Frage Alberichs: *was ſol ich dem kunige von dir ſagen? / Das mir got müſſe richten uber din werdes leben? / Ich wil min botſchaft werben, man müß mir briefe geben;* [...]. (a 298,4b-299,2) Weiter geht es mit der Rede Alberichs, der, da er keiner formellen Werbung zu bedürfen meint, auf Machorel einschlägt (a 299,3-4 = AW 285,3-4).

Um die ›falsch‹ zugewiesene Rede mit ihrem Wortlaut zu retten, sind minimale Retuschen notwendig: Nicht Machorel fordert Brief und Siegel, sondern Alberich. Der Sänger wird diese Retuschen nach dem Zwang vorgenommen haben, einen sinnvollen Text zu bieten. Alberich kann nicht sinnvoll sagen: *ich wil dir niht gelouben, du solt mir brieve geben*, eine Änderung des Wortlauts ist hier unvermeidlich. So sagt er: *Ich wil min botſchaft werben, man müß mir briefe geben.* Der Sänger, der seinen Text ›im Ohr‹ gehabt haben dürfte, sitzt zunächst einer Fehlerinnerung auf, nach der er die Rede nicht Machorel, sondern Alberich zuweist. Dann aber kommt er mit dem Wortlaut nicht zurecht und macht ihn passend. Diese hier deutlich hervortretende Reihenfolge von Fehlerinnerung und Retuschierung ist für alle Fehlstellen anzusetzen. So steht am Ende ein mehr oder weniger sinnvoller Text, der als Folge eines geplanten Eingriffs erscheint, wie ihn auch ein Redaktor vorgenommen haben könnte. Nur an der Beliebigkeit und Zufälligkeit sowie an der kontextuellen Begrenztheit des Eintretens entsprechender Änderungen ist abzunehmen, daß hier nicht Planung vorliegt, sondern jeweils punktuelle Versuche, sich immer wieder aufs neue aus der Affäre zu ziehen, nachdem die genaue Erinnerung verblaßt ist.

Es muß freilich nicht immer eine Fehlerinnerung sein, die den Prozeß des

Änderns anstößt, auch eine mißverstandene Formulierung kann dafür sorgen. Dieser Fall kann eintreten, wenn der Text ursprünglich allein durch Hören eingeprägt wird. Es ist aber am konkreten Beispiel kaum je auszuschließen, daß das Mißverständnis sich nicht auch erst später eingeschlichen hat. Zwischen ursprünglichem Verhören und einer späteren Fehlerinnerung ist nicht klar zu unterscheiden. Als Ortnit im Zuge seiner *âventiure* mit Alberich kämpft, heißt es, daß auf die Dauer die körperliche Stärke des Größeren das Übergewicht gewinnt: *doch zôch an der lenge des grôzen* [sc. Ortnits] *sterke hin.* (AW 104,3) Diese Verwendung von *hin ziehen* scheint sehr selten,[116] so daß die Formulierung nicht verstanden worden sein könnte. Die Handschrift a bietet deshalb aus Verlegenheit die kaum verständlichere Formulierung: *Doch zoch die grŏffy und die lenge fur hin.* (a 113,3)

Im Verlauf des Kampfs zeigt Alberich sich dann zu siegessicher, was ihm zu seinem Nachteil ausschlägt – er lacht überheblich und zieht deshalb den Kürzeren: *und hiete er niht gelachet, sô hiet ern* [sc. Ortnit Alberich] *niht überkomen.* (AW 105,2) Der Bezug der Pronomen ist hier nicht auf das erste Hören hin eindeutig, und in a wird daraus die im Kontext unsinnige Formulierung: *Hette er nit gelachet, er* [sc. Alberich] *wer nie dannan komen.* (a 114,2) Das Reimwort *kumen* ist noch in Erinnerung, die angeschlossene Verlegenheitsformulierung ist im Text von a allein als Textverderbnis erkennbar, da es auch hier nicht darum geht, daß Alberich davonkommt, sondern daß er sich die Möglichkeit des Siegs im Kampf verbaut. Ob und wann ein Mißverständnis der ursprünglichen Formulierung eintrat, ist nicht mehr zu entscheiden.

Eine andere Stelle: Machorel wirft dem unsichtbaren Alberich Steine nach, ohne ihn treffen zu können. Aus Ärger rauft er sich die Haare: *dô wart er aber sô zornic daz er sîn hâr ûz brach.* (AW 377,4) In a reißt dagegen Alberich Machorel die Barthaare aus: *Elberich dem kunige den bart uff deme munde brach.* (a 387,4) Hier könnte ein falsches Verständnis des Verses beim ersten Hören vorausgegangen sein: *dô wart er* [Alberich] *aber sô zornic daz er* [Alberich] *sîn* [Machorels] *hâr* [sc. das Barthaar] *ûz brach.* Aus diesem Verständnis könnte die neue Formulierung hervorgegangen sein.

Als Alberich sich im Zuge der Belagerung der Burg Machorels diesem nähert, um ihm zu drohen, kündigt Machorel im Gegenzug den Belagerern, die sich zu nahe an die Burgmauer herangewagt haben, dasselbe Schicksal an, das bisher allen Werbern bzw. ihren Boten widerfuhr: *des* [weil sie sich zu nahe an die Burg herangewagt haben] *muoz mîn burcmûre iwer aller houbet tragen.* (AW 375,4) In a sagt er nur voraus, daß alle Belagerer den Kopf verlieren (*uff tragen* = ›opfern‹[117]) müßten: *Das mŭß man ab umb und umb die höbter uff*

---

116 Lexers ›Mittelhochdeutsches Handwörterbuch‹, Bd. III, Sp. 1103, kennt nur diese Stelle.

117 Vgl. Benecke, Müller, Zarncke: Mittelhochdeutsches Wörterbuch, Bd. III, Sp. 72.

tragen. (a 385,4) Die Formulierung aus AW dürfte in diesem Fall – als ›auditio difficilior‹ (denn es mußte die grausame Praxis Machorels, die nur einmal vorher genannt wurde [AW 19 = a 20], noch in Erinnerung sein) – einfach vergessen worden sein. Ein Beispiel deshalb auch für die mangelnde narrative Integration von Fassungen, die sich unvermeidlich einstellt, wenn dem Gedächtnis größerflächig gestreute Details der Handlung verloren gehen.

Es gibt einen weiteren, besonders charakteristischen Typ von Fehlstellen, bei dem verblassende Erinnerung und aktive Retuschierung des verlorenen Wortlauts zu einem neuen Wortlaut führen, der wiederum nicht im geringsten auffällt, wenn man nicht Fassungen unmittelbar miteinander vergleicht. Erinnert wird noch der ursprüngliche Klang, aber das Wort oder die genaue Formulierung stellen sich nicht mehr ein. So wird der Klang in Resten beibehalten, in oder über ihn wird aber ein neues Wort oder eine neue Formulierung gelegt. Diese Erscheinung – bekannt vom Zersingen von Liedern, wenn ein nicht mehr verstandener, aber (annähernd) stehenbleibender Wortlaut anders betont, phrasiert oder aufgefaßt wird – ist so charakteristisch, daß sie als hervorstechendstes Indiz für Gedächtnisverlust mit nachfolgender Reparatur gelten kann.

Es geht also um Lauthülsen.[118] Sie begegnen nicht notgedrungen und sind auch nicht übermäßig häufig. Ich gebe einige Beispiele für Lauthülsen einzelner Wörter, wiederum aus dem ›Ortnit‹ der Handschrift a, die ich dem zu vermutenden ursprünglicheren Wortlaut in AW gegenüberstelle:

›Ortnit‹ AW		›Ortnit‹ a	
2,3:	*von einem künicrîche*	2,3:	*Von einem kunge riche*
16,3:	*ich wil mich getræsten*	16,3:	*Joch wil ich genieſſen*
18,2:	*ich hân geheien lange*	18,2:	*Ich hab ſo lange gehalten*
25,3:	*sîner unreinekeit*	25,3:	*an der ungerechtikeit*
38,3:	*Garte und al mîn êre*	40,3:	*Garten und ander erbe*
94,4:	*dîn lîp vil unberuochet*	101,4:	*Din lip gar unbehůter*
125,1:	*Du wilt mich hôhe twingen*	134,1:	*Du wilt mich zu hohe triben*
303,1:	*vil michel wart ir schal*	316,1:	*kreftig wart ir ſchar*
321,1:	*mir wirret schiere niht*	336,1:	*do von ſcheide ich nicht*
391,1:	*hilf mir ûz den sorgen*	406,1:	*So ſoltu mir es ſagen*
409,3:	*nu wis sîn frideschilt*	420,3:	*nú biß min froide ſchilt*
453,2:	*dem argen vater mîn*	465,2:	*den armen vatter min*

Nicht in allen diesen Fällen mag eine hinter der neuen Formulierung stehende Lauthülse des ursprünglichen Textes offensichtlich sein.

Es gibt aber Fälle, in denen ein erinnerter Lautcharakter deutlicher wird, weil sich eine deutlicher abweichende Formulierung über eine gleichwohl alte Lauthülse legt. Für die folgenden Beispiele markiere ich die Stellen:

---

118   Vgl. oben Kapitel 5.3.

›Ortnit‹ AW		›Ortnit‹ a	
6,1:	*Nâch rechter küniges wirde* *in sîner* **jugende** *er ranc*	5,1:	*Noch rechtes künĩges wurde* *er ſere noch* **tugende** *rang*
13,2:	*sîn lîp hat* **môren vel**	14,2:	*ſin lip iſt* **mordes vol**
39,2:	*ich wil dich,* **hêrre**, *stiuren* *zuo dîner* **hervart**	42,2:	*Ich wil dich* **hohe** *ſturen zů* *diner* **mer fart**
164,2:	*und [ir] sît über alle künege* *baz danne* **risen** *genôz*	177,2:	*Du biſt ab allen kungen* *einre roten* **roſen** *genoß*
192,2:	*daz er von* **übermüete** *deheiner ruowe pflac*	204,2:	*Das er im* **vnmůte** *keiner* *fröiden pflag*
367,2:	*ich mache daz noch hînte* *ir* **schallens** *wirt geswigen*	378,4:	*Ich truwe mit minen liſten iren* *ſchieſſen wol angeſigen*
507,1:	*Er hât enboten uns beiden* *minne und* **friuntschaft**	554,1:	*Er ſendet dir ſin minne vnd* *dunckeſt in* **geſchlacht**

Das Phänomen der Lauthülsen weist eine gewisse Familienähnlichkeit auf mit Fällen, in denen ein notdürftig erhaltener Wortlaut anders gerahmt wird. So, wenn ein Teil einer direkten Rede – wie bei dem oben bereits angeführten Beispiel – einem anderen Sprecher zugewiesen wird oder wenn er – wie beim folgenden Beispiel – zur Erzählerrede wird. In gewissem Sinne ließe sich hier von Äußerungshülsen sprechen, denn die Formulierungen bleiben in Rumpfform erhalten und werden nur anders gerahmt bzw. in indirekte Rede oder Erzählerrede aufgelöst.

Ich stelle drei Verse aus AW und a einander gegenüber. Alberich muß sich nach der Gewinnung der Tochter Machorels gegen Ilias von Riuzen durchsetzen, der dennoch die Fortsetzung des Kampfs und den Tod Machorels will:

Mit zorne sprach der kleine *»wie solte ein schœnez wîp,* *bî dem gewinnen freude,* *der ir vater nam den lîp?* *er möht wol tuon mit êren* *des in diu frouwe bat.* *[...].«* (AW 418,1-3)	*Mit zuchten ſprach der cleine:* *»Ruſſe, ich wil dir ſagen,* *Wie wil ſy den zů frunde kieſen,* *der den vatter het erſlagen?«* *Der Ruſſe wolte nit gewern,* *das in der cleine bat;* *[...].* (a 428,1-3)

Der dritte Vers der anzitierten Strophe birgt im Abvers in AW und a dieselbe Formulierung (*des in [...] bat*), die aber in a zur Erzählerrede aufgelöst worden ist und ein anderes Subjekt – *der cleine* statt *diu frouwe* – erhalten hat. Ausgehend wohl von einer verblaßten Erinnerung, die einen Teil der Formulierung der Äußerung Alberichs bewahrt, mußte der ganze Vers umgebaut werden.

Äußerungs- oder Satzhülsen dieser Art begegnen öfter[119]: Ähnlich wie beim

---

119 Vgl. z.B. a 434,1 (zu AW 422,1); 457,3 (zu 445,3); 531,2 (zu 486,2). In Analogie

Klang von Wörtern ist jeweils nur noch die Formulierung einer Äußerung bzw. das Skelett eines Satzes in Erinnerung, nicht aber die jeweilige kontextuelle Einbettung. Wie Lauthülsen und Fehlstellen überhaupt, wie schließlich alle im Erzählverlauf merkbaren Folgen von Vertauschungen, Umstellungen und Auslassungen zeugen sie von Gedächtnislücken, zugleich aber von einer unter dem Druck der Umstände stehenden Formulierungsarbeit, die sich gezwungen sieht, die Lücken zu überbrücken und einen für Zuhörer verständlichen Text zu liefern.

6.8 Bearbeitungsspuren oder Spuren der Schwierigkeiten beim Aufzeichnen mündlich tradierter Texte? Der ›Ortnit‹ (y) in Linhart Scheubels Heldenbuch

Justus Lunzer hat für die von ihm herausgegebenen Fassungen des ›Ortnit‹ und ›Wolfdietrich‹ aus Linhart Scheubels Heldenbuch (auch Piaristenhandschrift – nach ihrem letzten Aufbewahrungsort, dem Wiener Piaristenkloster – genannt) angenommen, der Bearbeiter der Fassungen habe die Texte selbst geschrieben bzw. der Schreiber sei mit dem Bearbeiter identisch.

Die vielen vom schreiber selbst vorgenommenen verbesserungen von stellen, die er anfangs anders wiedergegeben und dann gestrichen hat, beweisen, daß er zugleich der verfasser der bearbeitung war und daß er, wie es auch beim Nibelungenliede der Piaristenhandschrift der fall war, ›während des übersetzens schrieb (oder während des schreibens übersetzte).‹[120]

Es wäre von erheblichem Interesse, Lunzers Beobachtung zu bestätigen, und könnte man in diesem Fall die Arbeitsspuren eines schreibenden Bearbeiters dingfest machen, so hätte das ein nicht unerhebliches Gewicht für weitere Fälle von unterstellten schriftlichen Bearbeitungen.[121]

---

zu Laut- und Äußerungshülsen läßt sich von Satzhülsen sprechen, wo ein syntaktisches Skelett bewahrt bleibt, in dessen Rahmen Wörter wechseln. Vgl. dazu unten Kapitel 7.2.

120 Vgl. die Vorbemerkung zu seiner Ausgabe, S. XIII.

121 In immerhin einem weiteren Fall – der Bearbeitung des ›Nibelungenliedes‹ in der Piaristenhandschrift – konnte Lunzer (vgl. ders.: Die Nibelungenbearbeitung k) den Bearbeitungscharakter sicherstellen. Vgl. zu den im folgenden diskutierten Stellen auch Elisabeth Wachler: Der Ortnit-Text der Wiener Piaristen-Handschrift und seine Vorlage. Diss. Wien 1932, Teil II, S. 50ff., die mit Lunzer von einem schreibenden Bearbeiter ausgeht. Sie muß ihm allerdings in einiger Ratlosigkeit neben dem Kleben am Wortlaut der Vorlage auch großzügige Flüchtigkeit und hastiges Redigieren unterstellen (S. 62). Sie stößt ihrerseits auf das Phänomen der Lauthülsen und beschreibt es folgendermaßen: »Er [der Schreiber, H. H.] nimmt Worte, deren Bedeutungsgehalt oder deren Beziehung im Satze er nicht mehr fasst, auf, *deutet sie nach ihrem Klang* zu einem neuen Ausdruck um und stellt sie so in neue syntaktische Gebilde.« (S. 65, Hervorhebung von der Autorin)

Lunzer hat die Verbesserungen im Apparat seiner Ausgabe vermerkt und seine Argumentation damit leicht nachprüfbar gemacht. Es kommen häufiger vor: 1. Verbesserungen von Wortformen und einfachen Schreibfehlern: Str. 4,4 *im* verbessert aus *in*; Str. 23,4 *dise* verbessert aus *diser*; Str. 25,2 *Ir* verbessert aus *Ich*; Str. 30,3 *helffen* verbessert aus *hellen*; Str. 40.2 *manchem* verbessert aus *manchen* usw. 2. Ausgetauschte Wörter: Str. 294,1 *kaiser* über gestrichenem *kunig*; Str. 437,1 *jeger* über gestrichenem *kayser*. 3. Berichtigte Namen (nur im ›Wolfdietrich‹, nicht im ›Ortnit‹). 4. Nachträgliche Änderungen von Reimwörtern.

Die ersten drei Typen von Verbesserungen, die immer das Richtige in den Text setzen, könnten einfach Verbesserungen von Schreibfehlern sein, wie immer diese zustande kamen. Signifikant ist aber der vierte Typ, und hier ist Lunzers Beobachtung und Behauptung zunächst unabweisbar, so daß ich auf drei Beispiele (von fünfen im ›Ortnit‹) näher eingehe. Ich stelle neben den Wortlaut von y den von den überlieferten Fassungen jeweils am nächsten stehenden Wortlaut, ohne behaupten zu wollen, der Bearbeiter habe gerade diesen vor Augen oder im Kopf gehabt.

Beim ersten Beispiel fragt Ortnits künftige Braut ihre Mutter, wer außer ihnen beiden noch zugegen sei, da sie Alberich nicht sehen kann, obwohl er (*es* bezieht sich auf das vorstehende *zwerglin*) ihre Hände in die seinen nimmt. Der Schreiber schrieb zuerst: *da in sin hende nam* und verbesserte *fie* aus *nam*:

Wann es ir schnewis hende	*Ir hende minneclîchen*
da in sin hende fie,	*er in sîn hende gevie.*
Si sprach: »zart edle muter,	*diu vrouwe sprach zir muoter*
wer ist nu bi uns hie?«	*»wer ist bî mir hie?«*
(y 330,3-4)	(AW 390,1-2)

Es ist möglich, daß der Schreiber hier seinem Sprachgefühl gegen den mhd. Phraseologismus folgte – man **nimmt** Hände in die seinen –, sich nach einem Blick in seine Vorlage aber darüber belehren ließ, daß er dann auch den Reim abändern mußte, um deshalb zu dem ursprünglichen Reimwort zurückzukehren.

Das folgende Beispiel erfordert eine andere Erklärung. Alberich führt Ortnit und seine Braut davon. Der Schreiber schrieb zuerst: *da da das wasser floß* und veränderte dann *da* zu *und* und *floß* zu *ran*.

Wachler sieht sich auch genötigt, die Mechanik der Arbeitsweise als »Erinnerungstechnik« zu beschreiben (S. 67), so daß nicht mehr viel fehlt, von einem Bearbeiter mit einem letztlich unverständlichen redaktionellen Programm und einer inkonsistenten Arbeitsweise zu einem Sänger überzugehen, dessen Gedächtnis die vermeintlichen Bearbeitungsspuren zu verantworten hat.

Das zwerglin furt si balde,
und da das wasser ran.
Ortnit baißt von dem rosse
da nider uff ain plan.
(y 383,1-2)

Do wiſete in der cleine,
do er das waſſer vant,
Do erbeiſſete der Lamparter
nidder uff das lant.
(a 467,1-2)

Dem Schreiber fehlte vielleicht das Reimwort zu *floß*, und er setzte *ran* erst ein, nachdem er im Kopf den Reim auf *plan* gebildet hatte. Dieser Reim findet sich in keiner überlieferten Fassung (der Reim *vant/lant* aus a hätte sich eher angeboten), und wahrscheinlich wurde er neu gebildet, wie denn die Neubildung von Reimwörtern in den Fassungen an der Tagesordnung ist. Warum aber schrieb er nicht einfach den Reim seiner Vorlage ab? Sollte hier schon *ran/plan* gestanden haben, so hätte er sich mit seiner ersten Schreibung *floz* nur ein Versehen zuschulden kommen lassen. Die Frage nach dem Grund der Neubildung von Reimwörtern stellte sich dann für die Vorlage. Wahrscheinlicher ist indes, daß dieser Schreiber den Reim neu bildete, und dies könnte eine Folge des Umstandes sein, daß er sich beim Abruf des Textes verunsichert fühlte. Dann war er kein Schreiber und auch kein Bearbeiter, sondern ein Tradent des Textes, der ihn aus dem Kopf niederschrieb.

Im letzten Beispiel stellt Machorels Jäger diesem die schrecklichen Folgen des Aussetzens der Drachenbrut in Lamparten in Aussicht: Die nach Nahrung suchenden Drachen würden alles vernichten, was ihnen begegnete. Der Schreiber schrieb zuerst: *der hunger tut in wee* und veränderte dann die Formulierung zu *der hunger sygt [i]n an*.

Kumens zu iren tagen,
der hunger sygtn an,
So mag in in der weltte
auch nymant vor gestan.
(y 426,1-2)

koment si zuo ir jâren,
in tuot der hunger wê:
sô wæne ich, in dem lande
vor in iht bestê.
(AW 494,3-4)

Hier ist der ursprüngliche Wortlaut, wie ihn AW hat, offenbar noch vor Augen. Warum aber änderte der Schreiber und suchte nach einer neuen Formulierung, um wieder einen Reim herzustellen, wenn er doch nur weiterschreiben mußte? Der Vorteil seiner Änderung ist nicht zu sehen. Wieder aber könnte er beim Abruf gestolpert sein.

Lunzer hat richtig beobachtet, daß der Schreiber den Text beim Schreiben veränderte und deshalb mit dem Bearbeiter identisch sein muß. Er hat aber unerklärt gelassen, warum er den Text eigentlich veränderte. Dieser Frage kommt bei wenigen weiteren Stellen nun besondere Bedeutung zu. Hier ist tatsächlich umfangreicher Wortlaut – ein Vers, ein Verspaar oder mehrere Verse – gestrichen worden, und die unmittelbare Arbeit am Text sticht ins Auge. Von den drei Stellen greife ich die heraus, bei der gleich mehrere Verse gestrichen worden sind, und hebe diese Verse durch Unterstreichung hervor. In der

rechten Spalte steht zum Vergleich der Wortlaut von AW (soweit er y entspricht) sowie die Angabe der in AW entsprechenden Verse.

Ortnit trifft auf den in den Ästen einer Linde schlafenden Alberich und
betrachtet ihn:

»Du hast an dinem libe	*Du hâst an dînem lîbe*
ain wunigliches klait.	*vil ritterlîchiu kleit.*
Tar ich dich nit auff wecken?	*ich getar dich niht geschrecken.*
wie bin ich so verczait?«	*wie bin ich sô gar verzeit?*
Daz kint waz wunderschone,	*durch dîn kindes schoene*
gestelt nach aller wünn.	*tar ich dir niht getuon.*
»Wolt got«, so sprach der kaiser,	*daz wolte got von himele,*
»und daz du werst min sün.«	*und wærest du mîn suon!«*

<u>*Du hast an dinem libe*</u>	(≈ AW 95,1; s.o.)
<u>*ain kaiserlich gewant*</u>	
<u>*Er stund in manchem dencken*</u>	(≈ AW 98,2; s.u.)
<u>*da er de klaine fant*</u>	
<u>*Fur war du pist geporen*</u>	(≈ AW 98,3; s.u.)
<u>*vo hohem adel gut*</u>	
<u>*wie ich dich find alaine*</u>	(≈ AW 98,4; s.u.)
<u>*du bist nit unbehut*</u>	
<u>*ich han nach abenture*</u>	(≈ AW 99,1; s.u.)
<u>*geritten dise nacht*</u>	

Im gfil gar wol der klaine,	*in dûhte harte schœne*
schon was sin obedach.	*daz kint und ouch sîn dach.*
Daz kam im von dem staine,	*ez kom von einem steine,*
das im das hail geschach,	*daz er in ligen sach,*
Und von dem fingerline,	*In einem vingerlîne,*
das er furt an der hant.	*daz fuorte er an der hant.*
Er stund in manchen dencken,	*er stuont in manegem muote*
da er den klainen fant.	*dâ er ez ligende vant.*

Er sprach: »du bist geporen	*er sprach »dîn grôziu schœne*
von hohem adel gut.	*und dîn wât ist alsô guot:*
Wie ich dich find alaine,	*swie ich dich eine vinde,*
du bist nit unbehut.	*du bist niht unbehuot.*
Ich han nach abenture	*Ich bin nâch âventiure*
geritten dise nacht:	*geriten dise naht.*
Sidt das mich Crist von himel	*nu hât mich got der guote*
hat zu dir her gebracht.«	*under dise linden brâht.«*
(y 88-90)	(AW 95,1-4 und 97,3-99,2)

Angenommen, der Bearbeiter habe an seiner Vorlage entlang den Text neu
gefaßt. Diese Vorlage hat sich nicht so weit von AW entfernt, daß man den
Inhalt und z.T. den Wortlaut von AW nicht noch deutlich erkennen kann, wenn

auch vielleicht schon in der Vorlage bestimmte Änderungen eingetreten sein mögen. Was hat den Bearbeiter nun bewogen, den später durchgestrichenen Text zu schreiben? Möglicherweise verirrte sich sein Auge, und er schrieb den ersten Vers der schon geschriebenen Strophe (AW 95,1 entsprechend) noch einmal ab. Oder dieser drängte sich infolge eines Versagens des Kurzzeitgedächtnisses beim Schreiben erneut auf. Dann allerdings änderte der Bearbeiter das Reimwort, um den Reim mit dem zweiten Vers einer der folgenden Strophen herstellen zu können – bzw. der übernächsten Strophe, da in seiner Vorlage, wie auch in der Handschrift e, die Strophe AW 96 vermutlich ausgefallen war –, auf die sein Auge vorsprang. In seiner Vorlage standen also die Strophen AW 95, 97, 98, 99 usw., und nach dem Niederschreiben der Strophe 95 schrieb er deren ersten Vers versehentlich noch einmal, veränderte im Fluge den Reim, weil er inzwischen auf den zweiten Vers der Strophe 98 – sei es mit dem Auge oder aus dem irrenden Gedächtnis – vorgesprungen war. Strophe 97 hatte er dabei aber übersehen oder vergessen und schrieb dann einfach weiter. Danach erst entdeckte er, daß ihm die Verse AW 97,3-98,1 (was aber ist mit den Versen AW 97,1-2, die fehlen?) entgangen waren, und er setzte noch einmal neu an, die schon geschriebenen Verse wieder ausstreichend.

Diese Erklärung der Ausstreichung ist allerdings nicht recht überzeugend. Das Vorspringen mit den Augen oder aus dem Gedächtnis im fliegenden Wechsel mit der rückwirkend vorgenommenen Reimänderung scheint eine zu komplexe Operation, um nicht noch einmal den prüfenden Blick in die Vorlage zu erzwingen, wo der ›Fehler‹ des unnötig wiederholten Verses und des Überspringens einer ganzen Strophe gleich auffallen mußte.

Noch unerklärlicher aber: Warum ließ sich der Bearbeiter bei seiner Verbesserung unter Nachholung der Verse AW 97,3-98,1 (bzw. der diesen Versen entsprechenden Verse seiner Vorlage: die Strophe 97 muß also hier zumindest zum Teil gestanden haben) die Verse AW 97,1-2 entgehen, die in keiner Fassung und Handschrift, wie immer umformuliert, fehlen und deshalb sicher auch in seiner Vorlage zu finden waren.[122] Sie erzählen, wie Ortnit Alberich betrachtet (*Von golde und ouch von sîden was sîn* [Alberichs] *gewæte gar. / dô stuont er* [Ortnit] *unde schouwet den lîp und ouch daz hâr*). Ihr Ausfall ist aber ein äußerst folgenreicher Umstand, denn von nun an teilt der Bearbeiter über die nächsten 20 Strophen – nach kurzem Einhalt sogar über die nächsten 100 Strophen – die Strophen je in der Mitte und stürzt damit die Strophenordnung um, gegen alle anderen Fassungen und Handschriften und deshalb vermutlich auch gegen seine Vorlage. Wenn in dieser Vorlage aber die Strophenanfänge – durch Initialen und/oder Absetzung in eine neue Zeile, wie

---

122 Vgl. zum Folgenden die Tabelle Dinkelackers auf S. 335f. mit den Angaben zur Stelle.

z.B. in der Handschrift e[123] – markiert waren, so mußte sein Auge sofort auf diese Verlagerung der Strophenanfänge stoßen, und er hätte sich deshalb selbst eine außerordentliche Mühe bereitet, die Teilung je von Strophe zu Strophe neu vorzunehmen.[124] Näher hätte es schon gelegen, ein Verspaar neu einzufügen, um die verlagerte Teilung nicht über so viele Strophen mitzuschleppen.

M.E. zeigen diese Überlegungen folgendes: Es ist richtig, mit Lunzer einen Schreiber (oder vielleicht auch nur einen Diktierenden?) anzunehmen, der an seinem Text unmittelbar arbeitete und an wenigen Stellen deutliche Spuren dieser Arbeit hinterließ. Es ist nicht richtig, mit Lunzer – als wäre dies selbstverständlich – vorauszusetzen, daß er nach einer Vorlage arbeitete. Das Gegenteil – daß er ohne Vorlage aus dem Kopf schrieb – läßt sich wiederum auch nicht beweisen, ist aber doch keineswegs auszuschließen und durchaus nicht unwahrscheinlich.[125]

Die untersuchte Stelle ist die einzige, an der y von den anderen Handschriften über eine längere Strophenfolge hin abzuweichen beginnt. Viel spricht dafür, daß der ›Bearbeiter‹ den Text auswendig parat hatte und sein Gedächtnis ihn an dieser Stelle nachhaltig im Stich ließ. Es bot ihm einen Wortlaut an, den er zur Strophe rundete, und nachdem diese geschrieben war, fielen ihm drei vergessene Verse ein (den Versen AW 97,3-98,1 entsprechend), die mit verarbeitet werden mußten. Also strich er den bereits geschriebenen Text oder ließ ihn streichen und faßte ihn neu. Aber seine Erinnerung war immer noch so lückenhaft, daß ihm ein Verspaar nicht mehr einfiel (AW 97,1-2). Deshalb verschoben sich für viele folgende Strophen die Strophengrenzen. Dies allerdings fiel ihm nicht weiter auf, denn er hatte keinen Schrifttext vor Augen, sondern schrieb oder diktierte aus dem Gedächtnis. Er war kein Bearbeiter, übersetzte nichts, sondern war selbst leibhaftiger Agent der Tradierung von Heldendichtung, war ein Sänger. Und der Hildebrandston gab ihm nicht wie die Nibelungenstrophe eine ausreichende Orientierung, wo ein Strophenende vorlag. Leicht ließ sich der Text der Strophen nach Zusatz oder Wegfall eines Verspaars eben auch über eine längere Strecke neu gruppieren, so daß die Strophenmitte nun als neues Strophenende erschien. Das Gedächtnis nahm hieran keinen Anstoß.

---

123 Vgl. Haymes: Ortnit und Wolfdietrich, S. XLVI-LIII.

124 Die Handschrift y selbst setzt Strophenanfänge immer in eine neue Zeile und teilt die Strophen durch – allerdings wohl nachträglich eingebrachte – Querstriche, »die mit tinte über die seite gezogen sind« (Lunzer in der Einleitung zu seiner Ausgabe, S. IX). Vgl. auch Haymes: Ortnit und Wolfdietrich, S. LXXf. Die Markierung zeigt, daß dem Schreiber (demselben?) die Strophenordnung nicht gleichgültig war.

125 Mir scheint sich die Verschreibung in der von Grimm gedruckten Handschrift des ›Rosengarten‹, über die Holz in seiner ›Rosengarten‹-Ausgabe (S. LI) rätselt, auf dieselbe Weise zu erklären. Eine Durchsicht der Handschriften von Heldendichtungen unter diesem Gesichtspunkt täte not.

Auch für die oben angeführten Reimberichtigungen läßt sich nun mit größerem Nachdruck eine entsprechende ›Kopfarbeit‹ annehmen. Der Tradent – nicht: der Schreiber oder Bearbeiter – stockte beim Abruf des Textes im Zuge der Niederschrift, er hielt ein und korrigierte sich. Es liegen hier also Umstände der Aufzeichnung vor, an die man bevorrechtigt Überlegungen über die Rückkehr mündlich tradierter Texte in die Schriftlichkeit knüpfen könnte und müßte. Denn wie die Ethnographen von *oral poetry* immer wieder beobachtet haben, muß die Verlangsamung des Sprechflusses im Zuge einer Niederschrift oder auch eines Diktats unvermeidlich Probleme beim Abruf des Textes bereiten. Nie aber kann man dies einmal in flagranti feststellen, immer trifft man nur auf Texte, für die alle aus der Aufzeichnungssituation resultierenden Schwierigkeiten bereinigt scheinen. Es muß ein Desiderat bleiben, hier weitere Beobachtungen und Schlußfolgerungen zusammenzutragen.

Wenn diese Überlegungen aber richtig sind, so träfe man nicht erst, wie sonst immer, in der Textur einer Fassung auf die Arbeit eines Sängers, sondern beim ›Ortnit-Wolfdietrich‹ in Linhart Scheubels Heldenbuch auch einmal schon in den Verbesserungen einer Handschrift und also beim Schreiben. Zusätzlich zur Textur der Fassung schlügen die Beschränkungen der Aufzeichnungssituation in der Niederschrift durch. Dabei fällt dann allerdings auch auf, wie sicher der Text abgerufen wurde, denn die ausführlicher diskutierte Stelle ist die einzige gewichtige Störung im Text. Dehnt man diese Überlegungen auf den an den ›Ortnit‹ anschließenden ›Wolfdietrich‹ aus, so ist das Ergebnis um so frappierender, als der Text von erheblich größerem Umfang ist.[126] Zweieinhalbtausend Strophen mußte der Sänger für die Texteinheit ›Ortnit-Wolfdietrich‹ beherrschen, ein Umfang, der es nicht als unwahrscheinlich erscheinen läßt, daß auch der Dichter des ›Nibelungenliedes‹ über seinen Text mit bemerkenswert genauer Erinnerung verfügen konnte.

6.9 Ortnits Tod im ›Wolfdietrich‹ B und D
sowie in der Fassung y

Der ›Wolfdietrich‹ D ist in seinem Anfangsteil (Str. 1-839) nur eine erweiterte Fassung des ›Wolfdietrich‹ B, dessen Strophen 1-530 hier in den ›Wolfdietrich‹ D eingehen. Dabei kommt es zu allen Erscheinungen, die dem Gedächtnis beim Abruf von Merkeinheiten unterlaufen können. Nimmt man die Strophen als solche Einheiten, d.h. geht man nicht auf die Ebene des Wortlauts

---

126 Ich führe das hier nicht mehr durch, gehe aber im folgenden noch einmal auf Änderungen im ›Wolfdietrich‹ aus Linhart Scheubels Heldenbuch (y) ein.

herunter, so kommt es zu Ausfällen,[127] Umstellungen[128] und Ersetzungen[129] und – durch memorielle Mechanismen allein nicht mehr bedingt – zu selbständigen Zusätzen.[130] Gerade einige besonders willkürliche Verwerfungen der Erzählfolge (Teilungen von Strophen nach Ausfällen sowie Umstellungen von Strophen und Strophenteilen) legen nahe,[131] daß die Umstellungen und Teilungen, die natürlich auch ein planender Bearbeiter vornehmen kann, wenn er einen (dann aller Wahrscheinlichkeit nach auch erkennbaren) Grund dafür hat, nicht auf Planung zurückzuführen sind. Schließlich der Wortlaut des ›Wolfdietrich‹ D: Er zeigt durchgehend alle Spuren einer memoriellen Fassung des ›Wolfdietrich‹ B. Also könnte sein Dichter ein Tradent des ›Wolfdietrich‹ B gewesen sein, der sich veranlaßt sah, an dem Text weiterzudichten.

Der Tod Ortnits wird im ›Wolfdietrich‹ B neu erzählt: Der Riese Helle und seine Frau Runze – nicht mehr einer der Jäger Machorels – haben zwei junge Drachen nach Lamparten gebracht, die sie aufziehen. Als Ortnit gegen sie zu Felde zieht, nachdem sie sein Land zu verwüsten beginnen, muß er erst das Riesenpaar töten. Danach sucht er nach den Drachen. Er trifft einen von ihnen im Kampf mit einem Elefanten an, dem er helfend beispringt. Der Drache flieht, und gemeinsam mit dem Elefanten verfolgt Ortnit ihn. Unter einer Zauberlinde schläft Ortnit aber ein, während der Elefant erneut den Kampf aufnimmt, der für ihn nicht gut ausgeht: Er wird vom Drachen zu Tode gestürzt. Währenddessen versucht Ortnits Hund vergeblich, seinen Herrn zu wecken. Darauf heißt es – und ich zitiere den ›Wolfdietrich‹ B, den ›Wolfdietrich‹ D sowie die Fassung y des ›Wolfdietrich‹ D:

---

127 Von den Strophen B 24, 115, 179, 214, 220, 226, 228-230, 249, 322, 340, 395-397, 455, 474, 506, 530.

128 Von Str. B 127 (= D 132) vor B 126 (= D 131); B 173-176 (= D 220-223) nach B 211 (bzw. D 219) – diese Umstellung ist mit weiteren Eingriffen abgestimmt und wohl geplant –; B 289-392 (= D 381-384) nach B 296 (= D 380); B 414, 415, 413 (= D 647-649) in dieser Folge vor B 412 (= D 650).

129 Der Strophen B 18 (durch D 25), 43 (durch D 51), 49 (durch D 53/54), 75/76 (durch D 81), 117 (durch D 121), 121 (durch D 125/125), 132 (durch D 139), 167 (durch D 177), 237/238 (durch D 244), 245/246 (durch D 251), 279 (durch D 364/365), 321 (durch D 528), 326 (durch D 533), 350 (durch D 571/572), 421 (durch D 656/657), 465 (durch D 763), 471 (durch D 771), 475 (durch D 776), 510 (durch D 812).

130 Von Str. D 1-6, 24, 27, 60-61, 73, 131, 134, 142, 148, 170, 202, 208, 218/219, 224, 262-327 (Olfan-Abenteuer + Einführung Ortnits), 336-347, 350-352, 359, 374, 376, 387-506, 524-526, 529, 537-543, 547, 549-552, 554, 556, 564, 602-603, 605-606, 612-613, 615, 624-629, 633, 639, 644, 659-668, 673-690, 704-712, 720, 722-750, 757-758, 762, 767-769, 773-774, 791-792, 832-838.

131 So entsprechen sich z.B. in der folgenden Strophenreihe: D 804 = B 502 (mit Vertauschung von Vers 3 und 4b); D 805 = B 503 (nur Reste vorhanden) und 504,1-2; D 806 = 504,3-4 + einen Plusvers + 505,2; D 807 = B 505,3 + 505,1 + zwei Plusverse; D 808 = B 507 (vorgezogen); D 808 = B 506 (nachgestellt); D 810 = B 508.

Dô der wurm den sige
  an dem helfant gewan,
dô kêrte er undr die linden,
  den hêrren er dâ nam:
er slant in über die ahsel
  vaste in sînen kragen:
er wolte in sînen kinden
  zeiner spîse hân getragen.

Des enwart niht innen
  der keiser lobesam,
unz er kam ûz der linden:
  do erwachte der küene man.
dô huop er ûf sîn hende
  »owê der grôzen nôt!
nu hilf mir, got von himele,
  oder ich muoz ligen tôt«.

Er greif dem wurm in den hals,
  er woltz swert gezogen hân.
als er den arm ruorte,
  der tugenthafte man,
er lief ze einem steine
  und stiez den küenen degen,
daz er muost zerbresten
  und ouch verlôs sîn leben.

Er truoc in mit gewalte
  beidiu berc unde ouch tal:
er leite in für diu jungen,
  diu heten grôzen schal.
alsô wart der keiser
  in den berc getragen.
er wart der würme spîse,
  daz wil ich iu sagen.
(B 525-528)

Do der wurm wilde den sig
  an dem helfant gewan,
er hub sich under die linden
  und schlant den künen man.
mit schilte und mit helme
  fast in sinen kragen
er begunde in den jungen
  zu einem luder tragen,

Das sin nie ward innen
  der keiser lobsam.
Do er kam uz der linden,
  do erwachet der küne man.
Sin hende leit er zusamen:
  »owe, herre got, dirre not!
sol ich von dem wurme
  one wer hie ligen dot?«

Er greif dem wurm in den munt
  und wolt das swert gezogen han,
do sach in den arm regen
  der wurm Schadesam;
er lief zu einem bome
  und stiez im daz hopt daran,
daz im brach daz herze in dem
  libe dem keiser lobsam.

Er trug in mit gewalte
  uber berg und tal,
daz er sin nit enfalte;
  grosz was sin schal,
bisz er in brahte
  mit im in den berk.
er leite in den jungen für,
  sie sugen in durch daz werk.
(D 827-830)

Und da der wurm gesiget
  dem starcken helffant an.
Er hub sich zu der linden
  hin zu dem werden man,
Er schlant bis an die uchssen
  den edlen kaiser her
Und bracht in sinen jungen,
  di sollten in verczer,

Daz sin doch nie ward innen
  der wunderkune man,
Bis er kam us der linden:
  allerst er sich besan:
»Her got, kum mir zu hilffe
  in miner lesten not,
Sol ich von disem wurme
  an wer hie ligen tot!«

Da wolt er in dem wurme
  sin schwert gezogen han:
Da daz enpfant der wurme,
  da liff er in den tan,
Stis in wider di baume
  mit sines helmes tach,
Daz im in sinem libe
  sin kunes hercze brach.

Er trug den totten ritter
  hin uber berg und tal,
Es ging von siner stymme
  ain grausamlicher schal,
Er trug den herren palde
  in ainen holen berck
Und legt(en) in fur den jungen;
  sugen in durch daz werck.
(y 773-776)

Die Versionen/Fassungen stehen nahe beieinander. Während die hier nicht zitierte Fassung z des gedruckten Heldenbuchs einen Anlaß hat umzuformulieren, da sie für die Herstellung der Heunenweise Zäsurreime bildet, besteht ein solcher Anlaß für die zitierten Fassungen/Versionen nicht. So sind die neuen Formulierungen vom Standpunkt eines Bearbeiters her – zumindest was eine offenkundige Absicht anbetrifft – unmotiviert. Die Abweichungen halten sich freilich in engen Grenzen, und der Text läuft zwischen den verschiedenen Fassungen weitgehend synchron. Hier und da wird die Syntax umgebrochen, und öfter werden auch ohne Not Leitwörter ersetzt – an-

dere aber werden beibehalten und scheinen als mnemonische Pfeiler zu dienen.

Konzentriert man sich auf den Inhalt, so bleibt er ungeachtet der einen
oder anderen veränderten Formulierung nahezu identisch. Ich gehe dazu die
Langverse durch und numeriere sie Vers für Vers:

B 525 (D 827; y 773): 1. Als der Drache den Elefanten besiegt hat, 2. begibt er
sich zur Linde und ergreift Ortnit (D: verschlingt ihn; y: nähert sich Ortnit). 3. Er
schlingt ihn bis zu den Schultern in seinen Hals (D: mit Schild und Helm), 4. und
will ihn seinen Kindern als Nahrung bringen (D: bringt ihn seinen Jungen als
Lockspeise; y: die ihn verspeisen sollen).

B 526 (D 828; y 774): 1. Ortnit merkt das nicht, 2. bis er aus der Reichweite
der Linde gelangt: da erst erwacht er. 3. Er hebt seine Hände zur Klage und beklagt seine Lage in direkter Rede. 4. Anruf Gottes in direkter Rede.

B 527 (D 829; y 775): 1. Er greift in den Hals des Drachen, um sein Schwert zu
ziehen. 2. Als er den Arm bewegt (D: Der Drache sieht ihn den Arm bewegen; y:
Der Drache bemerkt es und läuft in den Wald), 3. läuft der Drache zu einem Stein
und schlägt ihn daran (D: zu einem Baum und schlägt sein Haupt daran; y: schlägt
ihn mit seinem Helm an einen Baum), 4. so daß seine Knochen bersten (D und y:
sein Herz zerbricht) und er stirbt.

B 528 (D 830; y 776): 1. Der Drache trägt ihn über Berg und Tal 2. zu seinen
Jungen, die laut schreien (D: [mit Kraft], damit er ihn nicht verliert, dabei macht
er großen Lärm; y: Seine Stimme ist schrecklich laut). 3. So wird der Kaiser in
einen Berg getragen (D: bis er Ortnit in einen Berg getragen hat; y: Er trägt ihn in
einen ausgehöhlten Berg), 4. und er wird zur Nahrung der jungen Drachen (D und
y: und legt ihn den Jungen vor: die saugen ihn durch die Rüstung hindurch).

Es ist nicht entscheidend, ob Ortnit an einem Stein oder an einem Baum zerschmettert wird und ob die Jungen den Lärm aus Heißhunger machen oder ob
der alte Drache ihn verursacht, als er Ortnit heranschleppt. Dies sind vielleicht die auffälligsten inhaltlichen Änderungen, aber ihretwegen hätte sich
ein Bearbeiter kaum an die Arbeit gemacht und die Strophen teilweise neu
durchformuliert. Auch andere Gründe (Änderung der metrischen Struktur,
Reimänderung und -besserung u.a.m.) sind nicht auszumachen, so daß eine
Analyse Erfolg verspricht, die den unvollkommenen Abruf des aus dem Stand
reparierten und begradigten Textes aus dem Gedächtnis in Betracht zieht.
Natürlich muß man hierbei nicht an eine Vortragssituation denken, nicht einmal an eine vortragsähnliche Situation. Wer immer verantwortlich war für
den Wortlaut von D und y: er mochte auch genug Zeit haben, sich an den Text
zu erinnern. Aber weder hatte er eine Handschrift bei sich – dann hätte er den
Text von B abgeschrieben oder zur Abschrift vorgeholt –, noch erinnerte er
sich tatsächlich Wort für Wort an das, was er einmal gelernt haben mußte.
Vielleicht hatte er sich seinen eigenen Text in einer Reihe von Anläufen zu-
rechtgesungen und konnte ihn nun vorstellen; vielleicht war dies eine Gele-

genheit, ihn zurechtzulegen und für die Zukunft festzuhalten – er kam jedenfalls nicht ohne Gedächtnislücken durch und mußte auf sein Vermögen, selbst zu dichten und auszubessern, zurückgreifen. Daß es dabei jederzeit auch zu neuen Versen, Verspaaren, ja zu punktuellen Zusätzen von Strophen kommen konnte, liegt auf der Hand. Es kam allerdings schließlich auch zum Einbau ganz neuer Episoden.

In der ersten der zitierten Strophen zeichnet sich dies kaum ab. Zwischen *den sige an einem gewinnen* (B 525,1f., ebenso D) und *an einem gesigen* (y 773,1f) ist der Unterschied nicht groß – das Gedächtnis mag sich in geringfügigen phraseologischen Differenzen schnell irreführen lassen. Größer ist er zwischen *kêren* und *sich heben* im zweiten Vers bzw. dritten Halbvers. In beiden Fällen führt dies nicht zu gravierenden Folgen, d.h. es muß auch für die folgenden Verse nicht völlig neu disponiert werden. Die Version D zieht dann *[er] slant* vor, tilgt *über die ahsel* und braucht deshalb einen Ersatzvers, der angibt, wie weit Ortnit verschlungen wird. Der Text von y muß sich dagegen an einer Fassung orientiert haben, die B noch näher stand, denn er behält zunächst die Versfolge von B – was kein Zufall sein wird –, ersetzt aber dann den nächsten Halbvers (Vers 3b der Strophe), um zu dem unsauberen Reim *her/verczer[n]* zu kommen. Es ist unklar, ob dieser Reim infolge des Vergessens eines Halbverses (*vaste in sînen kragen*) oder allein durch die Nachstellung und Erweiterung des Akkusativobjekts (*den edlen kaiser her* statt *in*) erzwungen wurde.

Zur allgemeinen Charakterisierung der Systematik des Eintretens von Abweichungen läßt sich folgendes sagen: Schon geringfügige syntaktische oder lexikalische Änderungen können zu Anschlußproblemen führen. Sie erzwingen neue Reime und neue Formulierungen, die die folgenden Formulierungen und Verse in Mitleidenschaft ziehen können. Gedächtnislücken können Flickverse erzwingen. Um kumulative Effekte zu vermeiden und im Strophengefüge weiterhin zurechtzukommen, muß das Strophenende im Auge bzw. Ohr sein, damit die Folgestrophen nicht in Mitleidenschaft gezogen werden.

Auffällig ist die relative Unversehrtheit der Strophenanfänge: B 525: *Dô der wurm* [...], so auch die anderen; B 526: *Des enwart niht inne* [...], die anderen: *Das sin nie ward innen* (bei vorhergehendem Strophensprung); B 527: *Er greif dem wurm* [...], anders nur y; B 528: *Er truoc* [...], so auch die anderen. Diese Unversehrtheit ist durch den Anfangspositionseffekt zu erklären. Der Effekt stellt gleichzeitig sicher, daß die Strophenenden als anzupeilende Schlußpunkte im Bewußtsein bleiben, denn der anschließende Neubeginn einer Strophe legt den Formulierungsspielraum für in Mitleidenschaft gezogene und zu reparierende Verse fest. Der eben verzeichnete Strophensprung wird zwar riskiert, aber die Formulierung bleibt weitgehend identisch.

Der Hildebrandston macht es allerdings schwer, Strophenanfänge wirklich zu sichern, da die Strophe als metrische Einheit nicht genügend markiert ist.

Nur der Wortlaut taugt zur Sicherung und mit ihm ein jeweils markanter Neueinsatz des Erzählens. Anders aber als bei der Nibelungenstrophe und dem Bernerton ist das Strophenende eben nicht auch unverwechselbar fixiert. Deshalb kommt es im Zuge der Fassungsbildung nach dem Ausfall eines Verspaares immer wieder zu ›falschen‹ Teilungen, die das letzte Verspaar einer vorhergehenden mit dem ersten einer folgenden Strophe zu einer neuen verbinden.

Bleibt eine Strophe intakt, so sind die syntaktischen und lexikalischen Auflösungstendenzen zur Strophenmitte hin deutlich stärker als zu Beginn, wie es sich an den zitierten Strophen und auch sonst immer wieder beobachten läßt. Nur wenn die Auflösungseffekte sich nicht kumulieren, wird das Strophenende nahtgerecht erreicht. Die Faktur der Texte macht dies aber möglich. Selbst Halbverse noch werden möglichst mit kurzen Sätzen (z.B. B 525,2a: *dô kêrter undr die linden*, u.ö.), mit Nebensätzen (z.B. B 526,2a: *unz er kam ûz der linden*, u.ö.) oder mit abgeschlossenen und herausgerückten Satzteilen wie einem erweiterten Akkusativobjekt (z.B. y 773,3b: *den edlen kaiser her*, u.ö.) bestückt, oft reichen Sätze nicht über einen Langvers hinaus. Die ›kurz angebundene‹, karge und knappe Diktion fügt sich in einen beinahe hämmernden Rhythmus, und dieser Rhythmus leitet wiederum die Wort- und Formulierungssuche. Die epische Sprache scheint sich dabei gleichsam von selbst zu machen, ein Problem stellt allein noch der Reim dar. Hier beobachtet man allerdings im Zuge der Fassungsbildung auch vielfache Reimverschlechterung (wie z.B. y 773,3b + 4b: *her/verczer[n]*).

Es gehört zu den vielen Unklarheiten der Tradierung des ›Ortnit-Wolfdietrich‹, daß die Version D in der genauen Beschreibung der Todesart Ortnits (*sie sugen in durch daz werk*) wieder zu der Formulierung des ›Ortnit‹ A zurückkehrt, obwohl der Text des ›Wolfdietrich‹ B mit einem anderen Wortlaut zugrundeliegt.[132] Ein Tradent könnte sich bei dem eindrücklichen Wortlaut selbständig gemacht und an der Vorgängerfassung vorbei erinnert haben.[133]

Tradenten sind in den Text, den sie aus ihrem Gedächtnis abrufen, eingehört und eingesprochen. Sie vergessen leicht etwas, aber ebenso leicht können sie die entstehenden Textlücken reparieren. Leicht auch schieben sie Zusatzstrophen ein, und wo sie sich an punktuelle Wucherungen gewöhnt haben, gehen sie schließlich auch dazu über, ganze Episoden einzufügen oder gar einen Text neu zu dichten. Dies geschieht beim ›Wolfdietrich‹, für den zugleich immer mehr Stoff aufgehäuft wird, so daß die ursprünglich klaren

---

132 In y bleibt auch die Ortsangabe für das schreckliche Geschehen (y 776,3: *in ainen holen berck*) näher am ›Ortnit‹ A.

133 Dafür spricht, daß es weitere solcher Übereinstimmungen mit dem ›Ortnit‹ A gibt: So ist anläßlich des Buchs, an das sich Wolfdietrich vor dem Drachenkampf erinnert (D 1654/55 = VIII 118/119), in y von einer *tavel* die Rede (y 1577,2), während die D-Überlieferung den Begriff nicht kennt und B diesen Zusatz gar nicht hat.

Konturen des ›Wolfdietrich‹ A verschwimmen und der Text nicht nur erweitert, sondern neu aufgebaut wird.

6.10 Wolfdietrichs Rache im ›Wolfdietrich‹ D und im ›Wolfdietrich‹ (y) aus Linhart Scheubels Heldenbuch. Die memorielle Organisation der Erzählfolge

Ab Strophe 840 macht sich der ›Wolfdietrich‹ D gegenüber dem ›Wolfdietrich‹ B selbständig (D 839 entspricht noch B 531), fügt umfangreiche Episoden ein (zunächst Str. 840-1059, D 1060 entspricht dann wieder B 534) und erzählt in B vorhandene Episoden gänzlich neu. Nur vorübergehend kommt es noch einmal zur Aufnahme einzelner Strophen aus B.[134] Mit der zunehmenden Einfügung immer umfangreicherer Partien geht also der Dichter des ›Wolfdietrich‹ D dazu über, auch den ›Wolfdietrich‹ B, dessen Wortlaut ihm zum Ende hin immer stärker entfallen sein mochte, neu zu dichten.

Einiges spricht dafür, daß er dabei auch ein Buchepos schaffen wollte.[135] So wird etwa schon in den ersten sechs Strophen, wohl im Anschluß an die erste Strophe des ›Ortnit‹ A, ein Fundbericht fingiert, nach dem der Text in Buchform aufgefunden wurde,[136] und in einer späteren Strophe wird Wolfram von Eschenbach als Verfasser fingiert.[137] Als sich die häßliche Rauhe Else in eine schöne Frau verwandelt und den Namen Sigewinne (bzw. Sigeminne) annimmt, heißt es: *Vor in dem buche was sie die ruhe Else genant, / nun hiez sie Sigewinne, die schönste über alle lant.* (D 558,1-2)[138] Überhaupt gilt das

---

134 So entsprechen sich z.B. Str. B 665 und D 1615 (= VIII 79), B 667 und D 1618/1619 (= VIII 82/83), B 668 und D 1620 (= VIII 84), B 670 und D 1621 (= VIII 85), B 669 und D 1622 (= VIII 86), B 673 und D 1626 (= VIII 90), B 674 und D 1627 (= VIII 91), B 675 und D 1628 (= VIII 92), B 683 und D 1641 (= VIII 105), B 688 und D 1646 (= VIII 110), B 708 und D 1679 (= VIII 143). Ich gebe im folgenden die Strophenzählung von D sowohl nach der Ausgabe Holtzmanns wie auch nach der Jänickes (mit vorgesetzter lateinischer Abschnittzählung) an.

135 Der ›Wolfdietrich‹ D ist in verschiedenen Fassungen greifbar, deren Verhältnis zueinander nicht geklärt ist. Für die im folgenden angeführten Stellen ist deshalb im Gegensatz zu dem von mir erzeugten Eindruck nicht gleich entscheidbar, wo sie in der Tradierung des ›Wolfdietrich‹ eingetreten und ob sie bei der Abfassung des Ausgangstextes des ›Wolfdietrich‹ D alle auf einmal eingetreten sind.

136 Vgl. hierzu unten, Kapitel 8.7.

137 In einigen Handschriften nennt der fingierte Wolfram sich in der ersten Person (vgl. die Ausgabe Jänickes, V 133,3), in anderen wird er dagegen in der dritten Person genannt (vgl. die Ausgabe Holtzmanns, Str. 969). Es ist nicht eindeutig, ob dies auch als Verfasserangabe zu werten ist.

138 Diese Bezugnahme auf das Buch findet sich allerdings nicht in allen Handschriften.

Buch als Gegenstand von großer Faszinationskraft,[139] so, wenn die Tochter Belians dem ihr fremden Wolfdietrich ein Buch mit einer Weissagung seiner Geburt vorliest (D 1149-1152 = VI 90-93) oder wenn Wolfdietrich sich vor dem Kampf mit dem Drachen seiner Identität versichert, indem er sich auf ein Buch seines Vaters Hugdietrich besinnt, das seine Herrschaftsrechte festhält (D 1654-1656 = VIII 118-120). Im Text ist schließlich, wie schon im ›Ortnit‹ A (Str. 2,2),[140] vom Vorlesen als einer ihm neben dem Singen angemessenen Rezeptionsform die Rede (D 448,2 = IV 58,2). Das spricht dafür, daß an einen Vortrag gedacht war, der entweder durch Vorsingen oder durch Vorlesen erfolgen konnte. Dem ›Wolfdietrich‹ wird wie dem ›Ortnit‹ eine Alternative eröffnet: Neben das auswendige Vorsingen tritt das (Vor)lesen aus einem Buch.

Wenn nun aber der Dichter auch die Möglichkeit des Vorlesens offenhielt, so legt das nicht gleich fest, worüber er als Vorlage tatsächlich verfügte, wie es andererseits auch nicht festlegt, wie sein Text schließlich tradiert wurde. Auch der ›Ortnit‹ A entschied als schriftlicher Ausgangstext einer mündlichen Tradierung nicht darüber, wie er aufgegriffen und vereinnahmt wurde. Nicht die Handschrift jedenfalls geriet in Umlauf und wurde abgeschrieben, sondern von einer mündlich tradierten Fassung leiten sich andere Fassungen ab.

Daß der Dichter des ›Wolfdietrich‹ D also eine schriftliche Vorlage in der Hand hatte, läßt sich nicht einfach voraussetzen, vielmehr sind die Abweichungen seines Textes vom ›Wolfdietrich‹ B zu erklären, und man erklärt sie nicht erfolgreich als Folge einer schriftlichen Bearbeitung von B. Hat er also über eine Handschrift verfügt, so muß sie wohl von einem Tradenten stammen, der seinerseits nur über sein Gedächtnis verfügte. Ich greife noch einmal ein kleines Indiz hierfür auf, um damit zu einem Vergleich zweier Fassungen des ›Wolfdietrich‹ D überzuleiten. An ihm soll dann beispielhaft die im Fall von Gedächtnislücken eintretende Formulierungsarbeit untersucht werden.

Eine regelmäßige Erscheinung bei der Entstehung von Fassungen sind Umstellungen von Textbestandteilen. Warum aber sind Strophenfolgen und Strophen, Verspaare, Verse und Halbverse, ja selbst Satzteile und Wörter überhaupt vertausch- und umstellbar? Weil weder die Handlungslogik noch die Erzählfolge immer auch die Folge von Strophen, Verspaaren, Versen und Halbversen in ihrem Wortlaut, geschweige denn von Satzteilen und Wörtern unverrückbar festlegt. Dann aber hat auch das Gedächtnis nicht immer genügend Anhaltspunkte – gerade wenn die vom Wortlaut her *bottom up* gerichtete Kodierung ausfällt, was sie sehr häufig tut –, eine gegebenenfalls auch

---

139 Vgl. wiederum unten Kapitel 8.7.
140 Vgl. ebd.

anders herzurichtende Reihenfolge von Textbestandteilen und dabei notgedrungen auch von Handlungsbestandteilen beizubehalten.

Ich zitiere ein Beispiel für die Umstellung eines Halbverses. Als Ortnit
gegen den Riesen Helle (in D: Velle) kämpft, der die Drachenbrut in sein
Land gebracht hat, hört dessen Frau Runze den Kampflärm und stürmt herbei. Da sie ihre Eisenstange vergessen hat, reißt sie einen Baum aus der Erde,
den sie als Waffe benutzen will. Ich setze den Wortlaut von B in die linke
Spalte, indem ich die Halbverse zur besseren Übersicht absetze und die Abverse einrücke, und in die rechte den Wortlaut von D, in dem die Umstellung
vorgenommen worden ist.[141] Der umgestellte Halbvers ist hervorgehoben.

[...]	[...]
einen jungen boum si nam.	*einen jungen baum sie nam.*
Si swanc in über die ahsel,	*den brach sie uz der erden,*
seht, daz wil ich iu sagen:	*also wir noch hören sagen.*
den enmöht von swære ein wagen	*sin möht ein einiger wagen*
nimmer haben getragen.	*genug gehebet han zu tragen.*
die tolden und die este	*Este und dolden*
liez si hangen dran:	*lies sie hangen daran,*
dô huop si sich vil balde	***sie swang in uber die ahseln***
zuo der linden dan.	*und hub sich von dan.*
(B 504,4b-505,4b)	(D 806,2b-807,2b)

Wann in der Erzählfolge Runze den Baum über die Schulter legt: nachdem
beschrieben wird, wie der Baum aussieht (vgl. *sie swang in uber die ahseln* in
D), oder davor, ist recht gleichgültig. So gerät der entsprechende Halbvers
aus B, der sich leicht und ohne weitere Eingriffe verrücken läßt, in D ans
Ende der Beschreibung des Baums, die im übrigen – wie am Rande zu beobachten ist – auch *tolden* und *este* vertauscht, was möglich ist, da *este* nicht im
Reim steht.

An dem kleinen Beispiel ist wiederum offensichtlich, welchen Umstand
ein schreibender Bearbeiter sich bereitet hätte, der in diesem Fall freilich für
sich ins Feld hätte führen können, daß die von ihm gewählte Erzählfolge logi-
scher ist: Eine Information darüber, was Runze mit den Ästen macht, erwartet
man, bevor man erfährt, daß sie den Baum über die Schulter(n) legt. Der
Bearbeiter hätte aber die ganze Partie aufmerksam in den Blick nehmen müssen. *tolden* und *este* steht noch so nahe beieinander, daß man die Begriffe auf
einen Blick erfaßt und leicht auf dem Weg von einer Vorlage zum eigenen
Papier vertauscht. Aber *Si swanc in über die ahsel* kann man nicht mehr allein
auf diesem Weg umstellen, hier muß man einhalten und genau disponieren.
Meist muß man bei einer solchen Umstellung auch neu formulieren.

---

141 Ich übergehe die an dieser Stelle verschobene Strophenteilung in D.

Um wieviel umständlicher war es dann, Strophenteile neu zu montieren und ganze Strophen und Strophenfolgen ohne Not zu verrücken! Was im Fall der zitierten Stelle von der Erzähllogik her noch zu rechtfertigen gewesen wäre, findet aber in den vielen Fällen kompliziertester Umstellungen kaum je eine Rechtfertigung. Die Umstellungen erfolgen fast immer, ohne daß man zu sagen wüßte warum.

So besorgt diese Arbeit noch das Gedächtnis selbst, nachdem es sich einer Arbitrarität in der Reihenfolge von Handlungselementen ausgeliefert sieht. Wo der Wortlaut partiell vergessen ist, sind auch Handlungslogik und Erzählfolge öfter einmal gelöst, und Handlungselemente können in die eine oder andere Folge gebracht werden. Gelegentlich können sie das – wie in dem Beispiel – schon bei annähernd gleichbleibendem Wortlaut. Wird aber Formulierungsarbeit erzwungen, so kann diese am Ende allerdings nur einer anderen Instanz als dem Gedächtnis aufgeladen werden: Eine andere Hirnregion muß zusätzlich aktiviert werden, um die Umstellung von Handlungselementen in einen glatten Formulierungsfluß zu übersetzen. Die neue Handlungs- und Erzählfolge aber ist letztlich gleichwohl Resultat der Willkür eines sich selbst überlassenen Gedächtnisses, das dem Sprechvermögen eine sich unwillkürlich einstellende Handlungsfolge anbietet, die dann in Worte gefaßt werden muß.

Der Abruf aus dem Gedächtnis hat offenkundig zwei Schichten einer Erzählung zu berücksichtigen: den Wortlaut und, wo er ausfällt, die Erzähl- und Handlungsfolge. Entsprechend müssen auch zwei Seiten des Gedächtnisses beteiligt sein, wenn die Erzählung wiedergegeben wird. Aber das reicht nicht: Da der Wortlaut kaum je vollständig intakt bleibt, ist ebenso selbständige Sprachproduktion notwendig, die natürlich nicht allen Parametern alltäglichen Sprechens unterliegt. Genährt wird sie zunächst allein durch das Gedächtnis.

Wenn die *bottom up* bestehenden Kodierungen des Wortlauts versagen, gibt es immer noch andere Kodierungen, die nicht gleich ihrerseits ausfallen und an die sich die Sprachproduktion halten kann, um mit ihren Formulierungen voranzukommen. Solchen *top down* eingestellten Kodierungen möchte ich mich nun zuwenden, denn in der Beherrschung ihrer Anwendung wird das Geheimnis der Spezialisten des Sangs ebenso liegen wie in der wortwörtlichen Speicherung von Text.

Wo immer die Fassung des ›Wolfdietrich‹ D aus Linhart Scheubels Heldenbuch (= y) im Zuge der Tradierung von diesem abzweigt,[142] sie stellt eine

---

142 Ich behandle im folgenden den ›Wolfdietrich‹ D als Referenzfassung für den Text der Handschrift y. Das soll nicht bedeuten, daß er die unmittelbare Vorgängerfassung von y darstellt. Einige Indizien deuten darauf hin, daß es eine Vorgängerfassung des ›Wolfdietrich‹ D gab, der y durchaus noch nähersteht (aufgrund der gelegentlich größeren Nähe

selbständige Fassung des ›Wolfdietrich‹ D dar, wobei sie zunächst einmal dessen Abweichungen vom ›Wolfdietrich‹ B weitgehend teilt.[143] Der ›Wolfdietrich‹ D aber erzählt auch den Drachenkampf Wolfdietrichs neu, trotz einiger aus dem ›Wolfdietrich‹ B übernommener Strophen und mit weitgehend identischem Inhalt.

Wolfdietrich kommt zu der Höhle, in der Ortnit sein Leben ließ, und will den Drachen – der in D Schadesam heißt – herausrufen. Der ist aber nicht daheim. Wolfdietrich folgt ihm auf seiner Spur, bis er ihn mit einem Löwen kämpfen sieht, dem er zuhilfe kommen will. Es entbrennt ein heftiger Kampf, in dessen Verlauf er feststellen muß, daß sein Schwert den Drachen nicht verletzen kann. Der Löwe wird getötet und mitsamt Wolfdietrich in die Höhle zu den Drachenjungen geschleppt, die vor Hunger schreien und zuerst den Löwen verspeisen, während Wolfdietrich sich hinter den herumliegenden Leichnamen verbirgt. Doch sie finden ihn bald und wollen ihn wie Ortnit aussaugen, aber sein Hemd unter der Rüstung verhindert dies.[144]

Der alte Drache holt Wolfdietrichs Pferd, und als die Jungen sich an ihm gütlich getan haben, vergnügen sie sich mit den Leichnamen, die der Alte ihnen zum Spielen bringt. Auch Wolfdietrich wird stundenlang durch die Höhle geworfen. Nach langer Ohnmacht kommt er, während die Jungen schlafen, wieder zu sich und entsinnt sich seiner Herkunft und Bestimmung. Danach tut er sich in der Höhle um, findet ein Schwert, das aber bei seiner Erprobung am Fels zerschellt. Er tröstet sich damit, daß Gott auch Noah, Daniel und Jona aus ihrer Not half. Danach geht es folgendermaßen weiter (ich stelle neben den Text von D den von y):

Dô gienc er in dem berge	*Er sach vil manegen toten*
aber hin zetal:	*in dem gebirg so wit,*
der ritter ellende	*Er kam, da er fand ligen*
nam einen grôzen val	*den edeln kunig Ortnit:*
über den keiser rîche,	*Bi im so fand er ligen*
den herren lobesam:	*Rose, sin waffen gut:*
dâ von Wolfdietrîche	*Sin knopff waz ein karfunckel,*
ein grôze fröude gewan.	*lucht als ain fures glut.*

---

zu B, vgl. z.B. in der oben zitierten Strophe 525 die Übereinstimmung zwischen B und y) als der Text des ›Wolfdietrich‹ D selbst.

143   Wie sie oben in Anmerkung 125-130 zusammengestellt sind. Die Angaben Lunzers in seiner Ausgabe zu den Parallelstrophen im ›Wolfdietrich‹ B sind mißverständlich, denn sie erwecken den Eindruck, die Fassung y habe sich am ›Wolfdietrich‹ B orientiert.

144   Anders als im ›Wolfdietrich‹ A erhält er dieses Hemd in B von Sigeminne (B 349, 687/88), und wie auch in Ortnits Schwert Rose ist *sant Pangrâzien heiltuom* darin versiegelt. In D erstreitet er es im Kampf gegen einen Heiden, und es hat einmal – passend zu dem ihm schließlich bestimmten Zweck – dem hlg. Georg gehört (D IV 57-59 = Str. 447-449).

Er vant bî im nâhe
    ein wâfen wolgetân:
sîn knopf was ein karfunkel
    und schein den herren an.
ze beiden sînen sîten ez
    krefticlîchen sneit.
ez was unden bî dem orte
    wol einer spannen breit.

Er stiez ez in den steine
    daz ez lûte erklanc:
dô tet daz swert reine
    nie kein abewanc.
er namz zem andern ecke
    und sluoc ez in den stein,
daz daz fiur sô wilde
    in dem berge erschein.

Dô sach er wâ der alte
    bî den jungen lac.
er liez es got walten
    und gap im einen slac.
der wirt wart erzürnet,
    der gast huop den strît:
daz swert sneit den wurm
    an der selben zît.

Sich huop in dem berge
    ein ungefüeger sturm:
dô vaht Wolfdietrîch
    und der starke wurm.
daz triben si die naht
    biz ûf die imbîzzît:
dô sluoc er dem wurme
    manege wunden wît.

Swaz er sîn mohte erlangen,
    daz sluoc er im von dan:

Daz schwert was wol geschliffen
    und fraischamlichen schnait,
Sin kling lucht als ain spigel
    wol zwayer spannen brait,
Von arabischem golde
    so was der fessell sin,
Ain bort von klarer siden,
    der gab vil lichten schin.

Er schlug daz schwert mit kreften,
    daz es so lut erclanck,
Uff ainen hertten felse:
    es tet nie kainen wangk.
Er hib vil grosser stucke
    da uß dem hertten stain,
Daz dar uz sprang daz fure
    und in dem wald erschain.

Und da Wolffditeriche
    di guten klingen fant,
Er hub sich wunderpalde
    hin gen der staines want,
Da er fand alt und junge
    dort bi ainander lign:
»Ich hoff, mit gottes hilffe
    woll ich uch angesign.«

Er sprang hin zu den wurmen,
    und da der altte lag,
Er gab im mit dem schwertte
    ain grymmiglichen schlag:
Der wurm der wart erzurnet
    wol czu der selben czit:
Da hub sich vor dem hole
    ain rytterlicher strit.

Da hub sich von in baiden
    der allergroste sturm:
Der helt schlug grymmiglichen
    hin uff den starcken wurm,
Und daz es in dem birge
    da also lut erdoß:
Er hib dem wurm mit krefften
    manch tiffe wunden groß,

Manch ungefuges stucke
    hib er von im hin dan:

dô sach er ab im hangen
   manc stücke freissam.
die wunden gunden smerzen
   den wurm freislîch:
do begunde er umbe trîben
   Wolf her Dieterîch.

Der wurm ungefüege,
   lanc unde grôz,
der nam ûf den fürsten
   manegen herten stôz:
undr eines steines ecke
   enthielt sich der werde man,
biz der ritter edele
   ein niuwe kraft gewan.

Der wurm begunde wüeten
   nâch dem werden man,
er sturmte in dem berge
   her unde dan.
er sluogz fiur ûz dem steine
   daz ez in dem loche enbran:
dô kêrte wider in den berc
   der tugenthafte man.

»Kêre, wurm, her umbe:
   ich wil dich mê bestân«.
dô er die stimme erhôrte,
   er kêrte gên dem man.
er leint sich ûf vil hôhe
   und liez einen lûten gal:
er stiez imz swert in den rachen
   daz er viel hinder sich zetal:

Von demselben stiche
   er wider ûf gespranc.
wie balde Wolfdietrîch
   daz swert über in geswanc!
er namz zem andern orte
   und gap im einen slac
daz der vâlant wilde
   vor im tôt gelac.
(D VIII 125-134)

Der wurm der waz erzurnet
   und grain den rytter an:
Im tetten wee di wunden,
   di im der rytter schlug:
Daz im der arge wurme
   di lenge nicht vertrug.

Der wurm waz ungehure,
   gar starck, lanck unde groß:
Er det dem edlen fursten
   vil manchen hertten stoß:
Hinder di großen paume
   sprang hin der kune man,
Bis er gerwet wider
   und newe krafft gewan.

Der wurm begunde wuten
   und nam des heldes war:
Er traib in durch daz birge
   mit krefften her und dar:
Er schlug hin nach dem wurme
   daz fewr us herttem stain,
Und daz es in dem hole
   und in dem birg erschain.

Er sprach: »du schnoder tufel,
   nu ker dich gen mir her!«
Da daz erhort der wurme,
   im waz uff in beger:
Er ginet uff gar witte,
   tet ainen luten gal:
Wolffditrich stis den wurme
   wit hinder sich zu tal.

Der wurm sprang von dem schwertte,
   da er des stichs enpfant.
Sin schwert begund da fassen
   der wunderkun wigant,
Er gab dem argen wurme
   manch ungefugen schlag
und hib in da zu stucken,
   daz er da tote lag.
(y 1585-1595)

Außerhalb der Höhle tötet Wolfdietrich noch das Drachenweibchen und danach – in die Höhle zurückgekehrt – elf Junge, während das letzte überlebende Junge erst achtzig Jahre später von Wolfdietrichs Nachkommen Dietrich

von Bern getötet werden kann (D VIII 142,4 = Str. 1678,4 nach der Ausgabe Holtzmanns). Den toten Drachen schneidet er die Zungen heraus.

Dann begibt er sich noch einmal zu Ortnit und spricht zu ihm: *got gnâde dîner sêle, edeler keiser hêr: / unser beider vînt ist tôt und geirrt uns niemer mêr.* (D VIII 146,3-4 = Str. 1682,3-4) Ein Engel, der ihm erscheint, gibt ihm Erlaubnis und Rechtfertigung, Ortnits Rüstung anzulegen. Ortnits leibliche Überreste verstaut er in seiner eigenen Rüstung und deponiert sie in der Höhle, die er auf dem Weg nach Garte verläßt – als künftiger Herrscher von Lamparten.

Das Schlafmotiv wird im ›Wolfdietrich‹ D nicht noch einmal berührt, obwohl es in B noch eine Rolle spielte. Hier allerdings schläft der alte Drache, bevor er von Wolfdietrich erlegt wird (B 704). Die Rache für den übel zu Tode gekommenen *keiser* hat sich aber auch hier schon in den Vordergrund geschoben.

Ich wende mich nun dem Vergleich der aus der Version D und deren Fassung y zitierten Strophen zu. Lunzer hat den ›Ortnit-Wolfdietrich‹ aus Linhart Scheubels Heldenbuch für eine Übersetzung gehalten, bzw. für eine bearbeitende Übersetzung.[145] Daß es sich aus seiner Sicht auch um eine Bearbeitung handeln muß, geht in Anbetracht der zitierten Stelle auf den ersten Blick daraus hervor, daß es zum Ausfall inhaltlicher Angaben (etwa von D VIII 125,4) sowie zu Zusätzen kommt (y, 1586,3-4[146]; 1588,1-2 und 4). Nun erklären sich aber schwerlich alle Änderungen nur als Folge einer hier und da eingreifenden Bearbeitung, denn sie gehen viel weiter, und nahezu jeder Satz ist betroffen. Da die Handlungsfolge weitgehend gewahrt bleibt, ist der Gedanke an eine Übersetzung naheliegend. Also spricht alles für eine bearbeitende Übersetzung. Gleichwohl scheinen die ›Übersetzungen‹ einer Reihe von Stellen ganz ohne Not vorgenommen zu werden. Und auch die Absichten hinter den ›Bearbeitungs‹schritten bleiben wiederum rätselhaft.

Am auffälligsten ist hier die Verlegung des Kampfs ins Freie: *in dem gebirg* (y 1585,1) und *in dem birge* (y 1591,3) heißt in y ›in dem Gebirge‹ und nicht ›innerhalb des Berges‹, was aber *in dem berge* aus D (D VIII 125,1) meint. Auch weitere Angaben – *in dem wald* (y 1587,4) statt *in dem berge* (D VIII 127,4) sowie *Hinder di großen paume* (y 1592,3) statt *undr eines steines ecke* (D VIII 131) – sind darauf abgestimmt, daß der Kampf unter freiem Himmel vor und nicht in der Höhle stattfindet. Zwei von D unabhängige Stellen kommen hinzu (*hin gen der staines want*, y 1588,2; *vor dem hole*, y 1589,4), und die Abstimmung reicht über die zitierte Partie hinaus. Dies spricht sehr für eine kohärente, narrativ integrierte Bearbeitung. Aber wozu war diese Verlegung gut? Denn genau besehen, führt sie dann doch in die narrative Inkohärenz: In einem *holen bergk* war Ortnit von den Drachenjungen aus seiner

---

145 Siehe das Zitat oben auf S. 271.

Rüstung gesaugt worden (y 776,3; auf S. 279 zitiert), dorthin wird auch Wolfdietrich gebracht, und die Jungen werfen den leblosen Körper des ohnmächtigen Wolfdietrich in der Höhle umher (y 1574f.). Nun soll Ortnit aber (vgl. y 1585ff.) auf einmal unter den vielen im Wald verstreuten Leichen liegen, wo sich auch die Drachenjungen aufhalten?

Auch in den anderen Fällen sticht die völlige Willkür der sei es bearbeitenden, sei es übersetzenden Bemühungen ins Auge: Warum werden das Stolpern Wolfdietrichs über den Leichnam Ortnits (D VIII 125), die auf beiden Seiten geschärfte Klinge von Ortnits Schwert (D VII 126,3), die prägnante Unterscheidung von *wirt* und *gast* (D VIII 128,3) und die Angabe der Dauer des Kampfs bis zum Morgen (D VIII 129,3) als Details der Erzählung preisgegeben? Warum kommen nur der redundante Hinweis auf den Zorn des Drachen (y 1591,4 wie schon 1591,2 und 1589,3) oder die hyperbolische Angabe, daß er *zu stucken* zerhauen worden sei (y 1595,4), hinzu, so daß der Informationsverlust entschieden größer ist als der Informationsgewinn?

Man muß sich verdeutlichen, daß solche Fragen sich über den ganzen Text hin und nahezu zu jeder Strophe stellen und die Annahme eines wie immer planvoll arbeitenden Bearbeiters und Übersetzers in erhebliche Bedrängnis bringen. Gewiß ist auch die Annahme, hier habe ein Sänger aus dem Kopf diktiert oder geschrieben, auf den ersten Blick nicht plausibler, aber vielleicht doch auf den zweiten Blick.

Daß eine aus dem Gedächtnis geholte Textgestalt bei einem unvollkommenen Abruf in Hinsicht auf ihren Informationsgehalt tendenziell verarmen wird, daß lexikalisch und syntaktisch komplexere, okkasionelle Formulierungen einem gewissen Abschliff zum Opfer fallen werden, ist von vornherein zu erwarten. Daß ein Sänger für entfallene oder zwangsweise zu verändernde Formulierungen andererseits ihm vertrautere einführen wird, ist ebenso zu erwarten. Dies ruft dann allerdings den Eindruck einer Übersetzung besonders leicht hervor.

Eine besondere Schwierigkeit für die Annahme einer aus dem Gedächtnis geholten Textgestalt stellt sicherlich der Umstand dar, daß Änderungen in y über eine Reihe von Strophen hinweg miteinander korreliert sind: Den Kampf ins Freie zu verlegen erforderte mehrere koordinierte Eingriffe in den Text, und dies sieht sehr nach der Spur eines Bearbeiters aus. Unmöglich ist die alternative Erklärung freilich nicht: Ein Sänger mußte mit dem inneren Auge sehen, was er erzählte, dann konnten sich auch koordinierte Änderungen nahezu unwillkürlich einstellen. Da ein Grund für die Verlegung nicht absehbar ist, ja da sie in die makrostrukturelle Inkohärenz führt und deshalb eine auffällige Unaufmerksamkeit voraussetzt, könnte sie sich als unwillkürliche Ausfüllung einer Gedächtnislücke ergeben haben oder einfach auf ein spontanes Mißverständnis – z.B. der Formulierung *in dem berge* – zurückgehen. Wie auf der Ebene des Wortlauts memorielle Mechanismen bei der Umstellung von Textpartien wirksam werden können, so offenbar auch im Rahmen eines eher *top down* eingestellten Abrufs aus dem Gedächtnis: Es scheint möglich, daß Teile der Erzählhandlung ›um‹visualisiert werden. Der für die Fassung y verantwortliche Sänger hat jedenfalls, aus welchem Grunde immer, den Drachenkampf anders visualisiert, und er erzählt ihn deshalb auf in sich kohärente Weise anders.

Eine solche alternative Erklärung der Fassungsvarianz stößt aber auf weitere Schwierigkeiten: Da der Wortlaut weitgehend nur noch rudimentär erhalten ist, wie arbeitete überhaupt das Gedächtnis des Sängers, was merkte er sich, um wiedererzählen zu können? Für den Wortlaut ist die Frage nach Merkeinheiten anscheinend leicht zu beantworten, was aber ist eine Merkeinheit, wenn der Wortlaut weitgehend vergessen ist? Wie bringt das Gedächtnis es fertig, bei einer strophen-, ja oft versgetreuen Erzählfolge zu bleiben, wenn doch ganz viele Anhaltspunkte der konkreten Sprachgestalt der Vorgängerfassung sich verflüchtigt haben? Das Beispiel des Textes von y fordert zu einer Erklärung heraus, die ich nur als Hypothese aufstellen kann. Dazu ist es nötig, ein wenig auszuholen.

Die experimentelle Gedächtnispsychologie hat es leicht zu bestimmen, was eine Merkeinheit ist, denn sie sorgt dafür, daß solche Einheiten nicht miteinander verbunden sind. Unverbundene und beliebige Folgen von Zahlen, Buchstaben, Silben oder Wörtern müssen eingeprägt werden, und dabei hat sich herausgestellt, daß das Kurzzeitgedächtnis sich nach einer kurzen Darbietung des Materials kaum mehr als ungefähr sieben solcher unverbundenen Merkeinheiten (Chunks) merken kann.[147]

Wer allerdings über eine längere Zeit hin entsprechenden Experimenten ausgesetzt ist, trainiert seine Merkleistung, indem er sich Kodierungstechniken zurechtlegt, die ihm erlauben, die Chunks miteinander zu verbinden. So kann er etwa versuchen, in Zahlenreihen bedeutungsvolle Zahlen hineinzuprojizieren – Jahreszahlen, Daten mit Tages-, Monats- und Jahresangabe, Maße ihm vertrauter Objekte, Meßergebnisse ihm bekannter Messungen usw. –, und seine Merkleistung wird sich unter den gleichen experimentellen Bedingungen erheblich verbessern.[148] Oder er kann einfach versuchen, die Items zu gruppieren und zu Gruppen von drei, vier oder fünf Items zusammenzubinden. Auch

<hr/>

146 Dieser Zusatz findet sich ähnlich schon in der Überlieferung von D: Vgl. die Lesart zu D VIII 126, nach 4.

147 Vgl. George A. Miller: The Magical Number Seven, Plus or Minus Two: Some Limits in our Capacity for Processing Information. In: Psychological Review 63 (1956), S. 81-97.

148 Eine ausführliche Beschreibung und Analyse solcher Techniken bei ganz unterschiedlich gelagerten Fällen von Merkleistungen bieten William G. Chase und K. Anders Ericsson: Skill and Working Memory. In: Gordon H. Bower (Hg.), The Psychology of Learning and Motivation. Advances in Research and Theory, Bd. 16 (1982), S. 1-58.

dies erhöht die Merkleistung um ein Vielfaches.[149] Die Frage ist dann, ob der Begriff der Merkeinheit, des Chunks, unter diesen Umständen umdefiniert werden muß.

Nicht nur eine Kodierungstechnik, auch die Zeit, die man aufwendet, um sich etwas einzuprägen, verbessert natürlich die Lernleistung. Dabei kann Lernmaterial im übrigen sehr leicht ins Langzeitgedächtnis überführt werden, das unter anderen Bedingungen arbeitet als das Kurzzeitgedächtnis und keine entsprechenden Kapazitätsgrenzen kennt. Kommt das Interesse für einen Gegenstandsbereich hinzu, so kann man sich schnell zum Spezialisten entwickeln. Recht auffällig und gut untersucht sind etwa die mnemonischen Fähigkeiten von Schachgroßmeistern.[150] Sie haben viele Jahre ihres Lebens mit dem Schachspielen verbracht und können sich strategisch signifikante Stellungen der Figuren mit einem kurzen Blick auf das Brett vollständig merken – auch wenn sie vor einer anschließenden Abfrage durch eine Ablenkung unterbrochen werden[151] –, während nicht geübte Kontrollpersonen nicht annähernd so viele Einzelheiten erfassen. Deshalb gewinnen Schachgroßmeister im Blitzschach auch gegen eine Vielzahl gleichzeitig gegen sie spielender Gegner.

Für Schachkenner sind die Relationen der Figuren auf dem Brett zueinander, ist also deren Stellung über ihren strategischen ›Sinn‹ kodiert, d.h. sie ist eingebettet in eine Folge von anschließenden Zügen oder assoziiert mit nur einem folgenden Zug, die/der vorher gelernt worden sind/ist. Zugrunde liegt eine erhebliche Lernleistung, und man hat geschätzt, daß Schachgroßmeister sich weit mehr als 10.000 Stellungen, ja sogar ein Vielfaches davon, gemerkt haben.[152] Als Chunk ist in diesem Fall nicht die Stellung einer einzelnen Figur zu verstehen – analog etwa zu unverbundenen Chunks wie gelernten Zahlen usw. –, sondern die Stellung einer größeren Zahl von Figuren auf dem Brett, die sich ein geübter Spieler in einer kurzen Zeitspanne einprägen kann,[153] da er in seinem Langzeitgedächtnis solche Stellungen bereits kodiert gespeichert hat. Also handelt es sich um eine Art Makro-Chunk.

Auch mittelalterliche Sänger von Heldendichtung müssen Spezialisten gewesen sein, und das Beispiel der Schachgroßmeister mag anregen, ihre Fä-

---

149 Vgl. Ericsson: Memory Skill, S. 194-197.

150 Vgl. Chase, Simon: The Mind's Eye in Chess.

151 Neil Charness: Memory for Chess Positions: Resistance to Interference. In: Journal of Experimental Psychology: Human Learning and Memory 2 (1976), S. 641-653.

152 Herbert A. Simon und K. Gilmartin: A Simulation of Memory for Chess Positions. In: Cognitive Psychology 5 (1973), S. 29-46, hier S. 43.

153 Vgl. Chase, Simon: The Mind's Eye in Chess, S. 228, die bei ihren Experimenten eine Zeitspanne von zwei Sekunden angesetzt haben. Anzunehmen ist, daß die ›Ränder‹ eines Chunks hier durch die strategische Relevanz der Stellung einzelner Figuren bestimmt werden.

higkeiten zu analysieren. Ist für Schachgroßmeister die mnemonisch komplexe Stellung der Figuren eine Merkeinheit, so für Sänger nicht ein Wort oder
ein Satz, überhaupt im Rahmen einer *top down* eingestellten Imprägnierung
des Gedächtnisses nicht der Wortlaut, sondern eine episodisch eingebundene
Handlungseinheit. Wo aber beginnt diese und wo endet sie? Die Analogie zu
Schachstellungen versagt zunächst, selbst wenn auch hier die Stellung der
Figuren für das Gedächtnis unscharfe Ränder haben kann, wo sie strategisch
irrelevant ist. Dennoch ist sie klar definierbar, solange der nächste Zug noch
nicht ausgeführt ist, während die Grenzen einer Handlungseinheit erst noch
anzugeben sind.

Hier muß man metrische Eigenschaften des Textes bzw. seine Strophenform, die die Handlungseinheit zur Erzähleinheit formt, zuhilfe nehmen. Es
ist naheliegend, die Strophe und ihre Teile als metrisch bestimmte Gußform(en)
einer Handlungseinheit zu bestimmen, und die Beobachtung zeigt, daß die
Faktur strophischer Heldendichtung darauf eingerichtet ist. Dies sticht am
deutlichsten hervor, wenn etwa eine Wechselrede strophisch arrangiert ist, so
daß eine Strophe immer den Redebeitrag jeweils eines Gesprächspartners
bringt.

Aber auch die Textur der Fassungen spricht für die Strophe als elementarer
Merkeinheit, denn ungeachtet von Umstellungen, Ausfällen und Zusätzen wird
der Einstieg in die Strophenfolge einer Vorgängerfassung immer wieder gefunden – eine Ausnahme stellen die Dichtungen im Hildebrandston dar, der
die Strophen metrisch nicht hinreichend markiert und deshalb Irritationen bei
der Fixierung von Strophen erzeugt. Gerade aber bei Ersetzungen von Strophen wird andererseits schnell deutlich, daß Gedächtnislücken oft durch die
Strophenform markierte Ränder haben. Ersetzungen machen dort halt, wo
der nächste Strophenbeginn Einhalt gebietet.

Als Merkeinheit ist die Strophe für Sänger sowohl inhaltlich als auch metrisch (und musikalisch) bestimmt. Metrisch kanalisiert sie den Formulierungsfluß und begrenzt seinen Umfang. Inhaltlich kompartimentiert und bündelt
sie den Erzählfluß.

Grundsätzlich ist vom Gedächtnis für den Wortlaut von Erzähltexten[154] das
Gedächtnis für die Handlungs- bzw. Ereignisfolge zu unterscheiden,[155] dem
ein strophisches Arrangement der Erzählfolge zur Einschreibung von Merkeinheiten ins Gedächtnis auf besondere Weise stützend beispringen kann. Im
Rahmen einer anders angesetzten Unterscheidung ist vom Gedächtnis für den

---

154 Als einer abgeleiteten Form des semantischen Gedächtnisses. Vgl. als immer
noch instruktiven Forschungsbericht zu Untersuchungen über das semantische Gedächtnis Baddeley: Die Psychologie des Gedächtnisses, Kap. 13.

155 Als einer abgeleiteten Form des episodischen Gedächtnisses. Vgl. oben Kapitel 5.5.

Wortlaut aber auch das räumliche und visuelle Gedächtnis für anschauliche Bestandteile der Erzählhandlung zu unterscheiden.[156] Die auf die eine oder andere Weise gedoppelte Art der Speicherung – Wortlaut versus Handlungsfolge oder Wortlaut versus räumliches Arrangement der Handlung und Bildhaftigkeit – erhöht grundsätzlich die Behaltensleistung für Texte.

Um die mnemonische Technik von Sängern zu verstehen, ist es hilfreich, an diese Unterscheidungen anzuknüpfen und die eben schon erwogene Möglichkeit einer unwillkürlichen Visualisierung der Erzählhandlung im folgenden noch einmal näher in Betracht zu ziehen. Ein Sänger muß nicht nur Merkeinheiten aneinanderreihen, er muß auch ›sehen‹, was er erzählt, dann gelingen sowohl Speicherung wie Abruf leichter. Es gibt Darstellungsformen in der Heldendichtung, die ein solches Sehen offensichtlich begünstigen: so z.B. die oben angesprochene räumliche Situierung der Handlung im ›Nibelungenlied‹. Sie bewirkt u.a. eine räumliche Konkretisierung der Handlung, die deshalb räumlich ›gesehen‹ werden kann.

Auf der anderen Seite fehlen auffälligerweise Darstellungsformen, die ein solches Sehen behindern könnten. So fehlt jede Art entfalteter Reflexion der Handlung, wie sie etwa in einem Exkurs untergebracht werden könnte. Es gibt weitgehend nur Handlung, und wo diese in Beschreibung übergeht, ist die Beschreibung durch den Gang der Handlung motiviert und eng auf ihn abgestimmt. Ein Beispiel aus der zitierten Textpartie: Wolfdietrich findet Ortnits Schwert – so wie es ihm vor Augen steht, wird es dem Hörer beschrieben (D VIII 126). Auch der Sänger kann es dabei vor dem inneren Auge haben.

Ich gehe für die ersten fünf Strophen der aus D zitierten Partie die Kompartimentierung in Handlungszellen oder Slots durch und reduziere den Inhalt von D dazu auf ein mittleres Maß an Informationen über den Handlungsverlauf, wie ein Sänger sie hätte abspeichern können:

1. Wolfdietrich durchstreift die Höhle und stolpert über Ortnits Leichnam. Er freut sich, ihn zu finden.
2. Neben Ortnit findet er ein Schwert mit einem Edelsteinknauf, der ihm entgegenstrahlt. Das Schwert besitzt zwei scharfe Schneiden und ein zwei Spannen breites Blatt.
3. Wolfdietrich erprobt es am Fels: Es klingt laut und prallt nicht ab. Auch die andere Schneide schlägt Funken aus dem Stein.
4. Wolfdietrich sieht den alten Drachen bei seinen Jungen und greift ihn mit dem Schwert an. Der Drache wird zornig, gleichzeitig verletzt ihn der Schwertstreich.
5. Ein heftiger Kampf beginnt. Er währt die ganze Nacht hindurch, und der Drache empfängt tiefe Wunden.

---

156 Vgl. hierzu besonders die Arbeiten von Allan Paivio, insbesondere ders.: Mental Representations: A Dual Coding Approach. New York 1986.

Es ist auf den ersten Blick deutlich, daß der Verfasser von y sich nicht an den hier gebotenen Informationen orientiert hat, denn er erzählt abweichend (so stolpert Wolfdietrich z.B. nicht über Ortnit). Rekapituliert man ausführlicher, so steigt die Zahl der Abweichungen. Hält man die Angaben kürzer, so sinkt sie, und gleichzeitig wird deutlich, daß die Strophen in sich geschlossene und gegeneinander abgegrenzte Merkeinheiten darstellen. Oft läßt sich der Inhalt dieser Einheiten in die Form einfacher Sätze bringen, aus denen allein sich der ›Ortnit‹ nacherzählen ließe:

1. Wolfdietrich trifft auf Ortnits Leichnam.
2. Er findet sein Schwert.
3. Er erprobt das Schwert.
4. Er entdeckt den Drachen und greift ihn an.
5. Ein heftiger Kampf beginnt.

Der Text von y gerät auch aus diesem an sich sehr übersichtlichen und einprägsamen Handlungstakt, da der Schwertfund schon mit in die erste Strophe hineingezogen wird. So wird die Beschreibung des Schwerts in der Folgestrophe erweitert (um die Verse *Von arabischem golde   so was der fessell sin, / Ain bort von klarer siden,   der gab vil lichten schin*), vermutlich um den Takt wieder aufzunehmen. Die Zusatzstrophe läßt dann den klargeschnittenen Handlungsgang etwas verschwimmen, der neue Text bleibt aber weiter im Takt.

Rekapituliert man ausführlicher, so stößt man auf immer mehr Feinheiten, die in y verlorengehen. Ich weise nur auf eine hin: Das Schwert hat nach D zwei scharfe Schneiden (VIII 125,3), und Wolfdietrich erprobt auch beide (VIII 127,3). In y strahlt dagegen auch die Klinge (Str. 1586,2), und Wolfdietrich schlägt Stücke aus dem Stein (Str. 1587,3). Hier steht wieder Informationsverlust gegen neu gegebene Information – der Verlust scheint unwillkürlich einzutreten und die neue Information willkürlich gegeben.

Bei genauerem Hinsehen wird deutlich, daß man die Strophe als Merkeinheit natürlich weiter zerlegen kann – wie man im übrigen auch eine Stellung von Figuren auf dem Schachbrett in Details zerlegen kann. Oft sind Detailinformationen unterhalb der Strophengrenze versweise arrangiert, aber immer geht das nicht auf.

Hier wird es nun aber für die Imprägnierung des Gedächtnisses noch einmal interessant. Da der Wortlaut in y vielfach abgewandelt ist, muß man davon ausgehen, daß Details des Handlungsverlaufs nicht (nur) über den Wortlaut eingeprägt und abgerufen werden, sondern daß sie einerseits episodisch gereiht und dabei andererseits ›gesehen‹ werden. Wenn es hier zu Verlagerungen von narrativen Details auf kleinem Raum kommt, so bleiben sie doch in ihrer Summe im Strophenpaket recht gut eingeschnürt.

Um die Untergliederung von Strophen zu analysieren, zitiere ich noch ein-

mal eine Strophe aus der bereits zitierten Partie sowie die ersten beiden Verse
der anschließenden Strophe:

Dô sach er wâ der alte	*Er sprang hin zu den wurmen,*
bî den jungen lac.	*und da der alte lag,*
er liez es got walten	*Er gab im mit dem schwertte*
und gap im einen slac.	*ain grymmiglichen schlag:*
der wirt wart erzürnet,	*Der wurm der wart erzurnet*
der gast huop den strît:	*wol czu der selben czit:*
daz swert sneit den wurm	*Da hub sich vor dem hole*
an der selben zît.	*ain rytterlicher strit.*
Sich huop in dem berge	*Da hub sich von in baiden*
ein ungefüeger sturm:	*der allergroste sturm:*
dô vaht Wolfdietrîch	*Der helt schlug grymmiglichen*
und der starke wurm.	*hin uff den starken wurm.*
(D VIII 128,1-129,2)	(y 1589,1-1590,2)

Versucht man, einen gemeinsamen Nenner der jeweils gebotenen Informationen der vollständig zitierten Strophe zu bilden, so gelingt das durch Reduktion für die ersten drei Verse:

1. Unter den Drachen der alte Drache:
2. Wolfdietrich gibt ihm einen Schlag.
3. Der Drache wird zornig.

Für den vierten Vers läßt sich kein gemeinsamer Nenner mehr bilden. In y
wird gegenüber D eine Vertauschung der umformulierten Halbverse 3b (*wol
czu der selben czit*) und 4b (*ain rytterlicher strit*) vorgenommen, was hier für
die Mechanik des Gedächtnisses spricht und nicht für den Augensprung eines
schreibenden Bearbeiters. Vielleicht kommt der verantwortliche Sänger dadurch aus dem Rhythmus. Die Ortsangabe in Vers 4a (*Da hub sich vor dem
hole*) scheint jedenfalls eine Verlegenheitslösung, um den letzten Vers, für
den der ursprüngliche Inhalt ausfällt, zu füllen. Wie verlegen der Sänger hier
ist, zeigt sich darin, daß sich ihm der unmittelbar folgende Vers aufdrängt (*Da
hub sich* [...]), dessen Beginn er dann mit dem Beginn der folgenden Strophe
gleich noch einmal aufnehmen muß – eine Redundanz und Einfallslosigkeit
auch in der Formulierung, die ein schreibender Bearbeiter angesichts seiner
Freiheiten vielleicht doch nicht aus eigener Entscheidung angestrebt hätte.
Das suchende Gedächtnis aber gerät leicht in Redundanzen und droht im erinnerten Wortlaut ›rührenden‹ Formulierungen dort besonders leicht aufzu-
sitzen, wo es eine Lücke überbrücken muß.

    Wenn ein Sänger nun ein aus jenem gemeinsamen Nenner bestehendes
Handlungselement, einen Chunk also, in Verbindung mit dem Slot, der seine
textuellen Ränder markierte, erinnerte, so mußte er es nur noch in Worte fassen. Freilich ist an der zitierten Stelle dann doch noch sehr viel mehr in Erin-

nerung, und mit Teilen des Wortlauts bleiben auch die Reime und Reimwörter noch erhalten, was keineswegs die Regel ist. Allerdings hat sich hinter den Reimen einiges verschoben: Es ist z.B. ein Unterschied, ob Wolfdietrich sieht, wo der alte Drache bei den Jungen liegt – so D – oder ob er dorthin zu den Drachen springt, wo der alte Drache liegt – so y. Als Merkrest dieses Verses läßt sich folgendes angeben:

Wolfdietrich tut etwas in Hinsicht auf den alten Drachen, der bei den Jungen liegt (*lac* muß das Reimwort sein).

Darauf muß dann *slac* reimen, und damit beginnt sich schon der nächste Vers zu formieren. So füllen sich um Merkreste herum die Strophen neu. Die Merkreste füllen Slots. Die Sprachproduktion läßt Formulierungen über solche Merkreste fließen, oder anders: Was behalten wurde, wird als Baustein neu eingemörtelt, und dies geschieht für jeden Halbvers je aufs neue. Die Handlung ist aber doch so weitgehend bis auf Reste des Wortlauts abgespeichert, daß kein neues Haus entsteht, sondern das alte wird annähernd mit denselben Steinen wieder aufgebaut.

Man kann die mnemonische Technik der Sänger als Spezialisten etwa so beschreiben: Schon die Faktur der von ihnen eingeprägten Texte ist auf Behaltbarkeit und leichten Abruf hin angelegt. Aus der Top-down-Einstellung auf das Erzählen von episodisch gereihten Handlungselementen heraus wird ein Erzählinhalt partiell neu ausformuliert, aber doch so kleinteilig, daß ein weitgehend identischer Inhalt nicht nur Strophe für Strophe, sondern oft Vers für Vers, ja sogar Halbvers für Halbvers mit geretteten Wortlautresten erhalten bleibt. Das Gedächtnis speichert die Erzählhandlung als eine in strophisch und damit metrisch gebundene Zellen kompartimentierte Handlungsfolge, die als solche besonders leicht abgerufen werden kann. Eine entsprechend organisierte Top-down-Einstellung kommt umso stärker zum Zuge, je weniger Merkreste durch die Bottom-up-Kodierung angeboten werden. Dann wird ein weitgehend identischer Erzählinhalt in Slots gefüllt, die die Erzählfolge organisieren.

So dürften zwei unterschiedlich angelegte und beim Vortrag oder Abruf je wechselnd involvierte Gedächtnisspeicher beteiligt sein: Der Wortlaut wird beim Abruf je noch ›gehört‹, der in der Erzählfolge über Chunks auf Slot-Positionen gehaltene Erzählinhalt je noch ›gesehen‹.

6.11 Das Sehen aus dem Gedächtnis

Ich habe die Verlegung von Wolfdietrichs Drachenkampf aus der Höhle, in der Ortnits Knochenreste liegen, heraus ins Freie als eine memorielle Visualisierung zu erklären versucht, die möglicherweise einem sprachlichen Mißverständnis aufsitzt. Denn sie führt sowohl in Rücksicht auf den Gesamttext wie auch in Rücksicht auf die nähere Textumgebung zu Unverträglichkeiten. Tatsächlich läßt sich die Stelle angeben, an der der für den neuen Wortlaut verantwortliche Sänger von einer Vorgängerfassung abweicht.

Nachdem die Drachenjungen sich in der Höhle, in die der alte Drache Wolfdietrich neben anderer menschlicher Speise geschleppt hatte (y 1573,2), mit seinem leblosen Körper vergnügt haben und seine Ohnmacht bis in die kommende Nacht andauert, erwacht er und beklagt sein Schicksal (y 1576-1579 ≈ D VIII 117-120). In D schließt folgender Vers an: *Dô gienc er im berge umbe, der ûz erwelte man.* (D VIII 121,1) Dies ist narrativ konsistent, denn er erwacht in der Höhle, um sich dann frei in ihr zu bewegen. In y aber heißt es: *Da ging [er] her und dare   dort vor der staines want* (y 1580,1). Das ist nicht stimmig, denn es wird so erzählt, als befinde sich Wolfdietrich nach seinem Aufwachen und während seiner Klage in der Höhle, gleich nach dem Ende der über drei Strophen in direkter Rede geführten Klage aber plötzlich unvermittelt außerhalb der Höhle. Im Zuge der mehrstrophigen Fokussierung auf die Klage Wolfdietrichs wird also seine Umgebung unversehens und wohl unbemerkt ausgetauscht.

Formulierungen aus D wie *im berge* scheint der Sänger von y bzw. schon einer Vorgängerfassung also als *in dem gebirg*, d.h. ›in dem Gebirge‹ und damit außerhalb des Berginnern, mißzuverstehen. Angesichts der sprachlichen Unklarheit spielt sein Gedächtnis ihm nun einen Streich und macht sich selbständig. Es visualisiert unwillkürlich eine Landschaft mit Bäumen, von der in D überhaupt nicht die Rede war. Das führt aber zu der unsinnigen Konsequenz – die ein schreibender Bearbeiter schwerlich in Kauf genommen hätte –, daß Ortnit nun auf einmal außerhalb der Höhle im Freien liegt (y 1585ff.), wo sich nun auch die Drachenjungen befinden. Die narrative Inkohärenz ist so auffallend – Ortnit war ja in der Höhle von den Jungen ausgesaugt und von Wolfdietrich dort auch aufgefunden worden –, daß sie einem Leser und Bearbeiter kaum entgehen kann.

Was bedeutet sie aber für das Gedächtnis eines Sängers? Es sucht sich räumlich-bildliche Anhaltspunkte in der Erzählfolge, die den Abruf und das Weitererzählen erleichtern. Beim Erzählen tastet es sich an ihnen entlang. Der Erzählinhalt muß möglichst auch anschaulich situiert sein, dann gerät das Gedächtnis nicht so leicht in Schwierigkeiten. Daß in der angesprochenen Partie der räumliche Hintergrund unversehens ausgewechselt wird, zeigt, wie sich das Gedächtnis in seiner unwillkürlichen Orientierungssuche auch selbständig machen kann.

Auf dem Weg zu einem umfassenderen Verständnis des ›Sehens‹ aus dem Gedächtnis ist es u.a. auch aufschlußreich zu prüfen, wie Sänger mit ihrer Erinnerung an Figuren der Handlung verfahren. Diese erhalten in den Texten keine Beschreibung, wie der Roman des 19. Jahrhunderts sie ihnen mitgegeben hätte. Sie bleiben weithin ohne jede Anschaulichkeit. Gleichwohl ist es beim Abruf von Fassungen aus dem Gedächtnis an der Tagesordnung, daß sie nicht mit dem Wortlaut der Vorgängerfassung bezeichnet werden, das heißt z.B. mit ihrem Namen, wenn er dort genannt war, sondern mit einer Kennzeichnung oder einem beschreibenden Begriff, bzw. auch umgekehrt. Wenn es z.B. im ›Nibelungenlied‹ B heißt, daß Gunther *an sîner vrouwen minne* denke (B 659,4), so steht der Wortlaut von C dagegen, nach dem er *an Prünhilde minne* denkt (C 665,4). Umgekehrt kann es aber auch statt *Dô sprach der künec Gunther* (B 350.1) heißen: *Dô sprach der künic rîche* (C 358,1). Dennoch kommt es so gut wie nie zu einer Verwechslung von Figuren.

Das heißt, wenn der Sänger hier auch nicht die Figur, von der er erzählt, anschaulich vor Augen haben muß, so denkt er doch an sie, während der Wortlaut bzw. die Weise, die Figur zu bezeichnen, darunter variieren kann. Meist geht gerade bei gleichsilbigen Äquivalenten der ursprüngliche Wortlaut ganz leicht verloren. Die Figur wird im Gedächtnis des Sängers also nicht über ihren Namen aufgerufen, sondern er weiß über den Handlungsverlauf, von wem jeweils die Rede sein muß, und er verbalisiert dies mit einer gewissen Willkür und Beliebigkeit. Die Handlungssituation, in die eine Figur eingebunden ist, macht sie für einen Sänger zwar nicht gleich sichtbar, aber ohne Irritation über das Gedächtnis auffindbar – wie immer sie dann bezeichnet wird.

Dinkelacker hat am ›Ortnit‹ der Handschrift a gezeigt, daß der Sänger – nach Dinkelacker: der Erzähler – die Bezeichnung Machorels wertend einfärbt, und zwar je nachdem, wer über ihn spricht bzw. in welchem Kontext von ihm die Rede ist. So spricht seine Tochter von ihm als ihrem *armen vatter* (a 465,2), wo an derselben Stelle in AW vom *argen vater* die Rede ist (AW 453,2), während er vom Erzähler im Zuge des Kampfs als *der ubel heiden* bezeichnet wird (a 480,1), wo in AW vom *alten heiden* die Rede ist (AW 467,3). Dinkelacker faßt seine Beobachtungen zur Figurenbezeichnung folgendermaßen zusammen: »Der Erzähler spricht über seine Figuren, als ob er sie reden und handeln sähe; er sieht in Szenen und Bildern, auch wo er berichtet.«[157] Hier kommt also hinzu, daß Machorel wenn auch nicht anschaulich, so doch moralisch qualifiziert wird.

Intuitiv ist bei Dinkelacker die mnemonische Technik des Sängers, nicht die literarische des Erzählers, erfaßt. Die Figuren selbst mögen unanschaulich bleiben, im Handlungszusammenhang aber werden sie lebendig; ihr Handeln wird gesehen.

An dieser Technik ist nichts Geheimnisvolles. Jeder im übrigen, der behält, was er in einem Abschnitt einer Erzählung gelesen hat, behält es aufgrund einer doppelten Kodierung, die auf der einen Seite den Wortlaut speichert, auf der anderen Seite aber ein Erinnerungsbild der erzählten Situation kon-

---

157 Dinkelacker: Ortnit-Studien, S. 220.

struiert. Das Zusammenwirken der zwei unterschiedlich arbeitenden Speichersysteme verbessert die Erinnerung erheblich.[158] Was in dieser Weise schon für das nicht spezialisierte Gedächtnis gilt, kann von Spezialisten routinisiert und ausgebaut werden. Es ist hilfreich, die abzurufende Erzählhandlung über ihren situativen Hintergrund aktiv zu visualisieren. Ich greife nur ein kleines weiteres Indiz aus dem ›Ortnit‹ der Handschrift a dafür heraus, daß solche Visualisierung tatsächlich stattfindet: Muntabur liegt auf einem Berg, das wird deutlich, als die Christen die Burg stürmen. Alberich, der das Heer der Christen dorthin führen will, nennt die besondere Lage Muntaburs (AW 354; vgl. a 366). Dies ist in AW zugleich die erste Stelle, an der dies gesagt wird. Als Alberich dann das Heer nach Muntabur geführt hat, wird die Beschreibung noch genauer: Die Burg liegt auch an einem Felsen. Alberich richtet den Blick der Christen geradezu dorthin: *ir sehet nu wol die hœhe und auch die steinwant.* (AW 361,4; vgl. a 373,2)

In a aber wird die Lage an einem Felsen schon vorher genannt, als Ortnit, bevor sich Alberich überhaupt als Führer anbietet, Ilias von Riuzen auffordert, das Heer nach Muntabur zu führen. Ortnit hat nämlich die Hoffnung, daß Ilias in der Lage sein wird, das Heer *wol zů der ſteines want* (a 364,4) zu führen. Ja, schon lange vor dem Eintreffen in Suders träumt Ortnit von einer *ouenture vor eines ſteines want* (a 82,1). Die Schlußfolgerung aus diesem Befund ist ganz eindeutig: Die Lage der Burg muß der Sänger ganz unabhängig vom Wortlaut seiner zu vermutenden Vorgängerfassung vor Augen gehabt haben, um mit der Angabe dieser Lage freizügig verfahren zu können. So konnte er sie, etwas unvermittelt, schon plazieren, bevor das Heer sich unmittelbar vor Muntabur befindet, ja er läßt Ortnit schon von diesem Ziel der Reise träumen.

Daß die Visualisierung der Handlung einer Heldendichtung, besonders natürlich der Orts- und Raumangaben, Spuren in der Textur der Fassungen hinterlassen kann, ist nur die eine Seite der Analyse, bedeutsamer noch ist die Einsicht, daß jene mnemonische Technik schon in die Faktur der Ausgangstexte eingeht. Wie es ja schon mnemonisch vorteilhaft ist, das Erzählen rhythmisch und metrisch-strophisch zu strukturieren, um den Wortlaut leicht behalten zu können, so ist es auch vorteilhaft, eine Erzählhandlung so anzulegen, daß eine geschickt ermöglichte Visualisierung die Handlungsfolge leicht abrufbar macht. Wie es in der eben untersuchten Partie des ›Ortnit‹ AW der Fall ist, auch wenn der Text von a die mnemonische Hilfestellung zur Unzeit zuhilfe nimmt.

158   Vgl. Allan Paivio und Mary Walsh: Psychological Processes in Metaphor Comprehension and Memory. In: Metaphor and Thought. Hg. von Andrew Ortony. Cambridge ²1993, S. 307-328, hier S. 320: »Dual coding enhances the probability of finding a common ground in long-term memory.« Vgl. auch Miller: Images and models, similes and metaphors, S. 358f. Weitere Literatur zur dualen Kodierung und zu besonders effektiv speichernden *holistic long-term memory images* vgl. bei Paivio und Walsh, S. 320-327.

7 Zur Textgestalt der strophischen Heldendichtung

7.1 Die Textur memorieller Fassungen

Beim Abschreiben von Handschriften kommt es zu einer ganzen Reihe von mehr oder weniger typischen Fehlern.[1] Denn man schreibt nicht Buchstabe für Buchstabe ab. Selbst dabei können typische Fehler auftreten, wenn es bei ähnlich geschriebenen Buchstaben zu regelmäßigen Fehlidentifikationen kommt. Man schreibt in der Regel auch nicht Wort für Wort ab. Versucht man aber ganze Sätze oder auch nur Satzteile zu behalten, so kommt es auf das Maß an Aufmerksamkeit und Konzentration an, wieviel man behält, wenn man mit den Augen von der Vorlage zum eigenen Blatt wandert. Auch spielt der kulturelle Wert und die Bekanntheit eines Textes seine bzw. ihre Rolle, wenn man sich gezwungen sieht, beim Entfallen des genauen Wortlauts noch einmal in die Vorlage zu schauen. Tut man das nicht, so interferiert leicht das eigene mentale Lexikon, und man bildet unwillkürlich Teile des Textes neu. Man kann auch dazu übergehen, bewußt die einem vertrauteren Partikel, ja Wendungen regelmäßig selbständig einzusetzen, wenn man den Wortlaut der Vorlage als wenig verbindlich erachtet.[2]

Varianz in den Fassungen von strophischer Heldendichtung ließe sich als konsequente Erweiterung dieses Vorgehens erklären: Ein Schreiber sucht sich gleich mehrere Strophen zu merken und schreibt sie aus dem Gedächtnis nieder.[3] Dabei vermeidet er mechanische Abschreibfehler, wie sie durch Augensprünge und andere Unaufmerksamkeiten zustandekommen, aber der Text konfiguriert sich ihm unwillkürlich neu. Das Ergebnis wäre eine nicht durch Fehler, sondern durch Neubildung des Wortlauts, auch der Erzählfolge, gekennzeichnete Varianz.

Allerdings erklärt diese Modellvorstellung nicht komplexere Varianten, für die ein erheblicher Aufwand nötig ist, den Text neu zu bilden. Ein Schreiber hätte es unter diesen Umständen leichter, noch einmal in seiner Vorlage nachzuschauen. Für ein bearbeitendes Neudichten würde man aber andererseits erwarten, daß die Varianten als durchgängig bewußte Eingriffe erscheinen.

---

1 Vgl. einen kurzen Überblick zu Schreiberversehen im Mittelalter bei Schmidt: Probleme der Schreiber – der Schreiber als Problem.

2 Vgl. zu iterierenden Varianten in mittelalterlichen Handschriften Karl Stackmann: Mittelalterliche Texte als Aufgabe. In: Festschrift für Jost Trier zum 70. Geburtstag. Hg. von William Foerste und Karl Heinz Borck. Köln, Graz 1964, S. 240-267, hier S. 258f.

3 Vgl. die in Kapitel 1, S. 16f., zitierte Erklärung Edward Schröders.

Dies kann man für Fassungen strophischer Heldendichtung allerdings nur im Ausnahmefall annehmen.[4]

Deshalb liegt die Vermutung nahe, daß eine Vorlage gar nicht existierte und die Fassungen vollständig aus dem Gedächtnis abgerufen wurden. In einem solchen Fall geschieht aber etwas grundsätzlich anderes als beim Abschreiben: Es ist nicht mehr das Kurzzeitgedächtnis von Schreibern, das zugunsten des eigenen mentalen Lexikons versagt, es ist nicht die ›Mechanik‹ der Augenbewegungen und es sind nicht Fehlidentifikationen von Buchstaben und Wörtern, die zu Fehlern, bzw. zu Varianten, führen. Ein Sänger ist vielmehr für den ganzen zu erinnernden Text auf sich gestellt, und er könnte sich allenfalls auf sein inneres Auge für die visuelle Schriftgestalt einer Vorgängerfassung, d.h. auf seine Erinnerung an die Blattseiten einer Handschrift verlassen. Es ist aber angesichts des Layouts von Handschriften, die Heldendichtungen überliefern, nicht sehr wahrscheinlich, daß sie hierbei Orientierung boten. So ist es im 13. Jahrhundert nicht die Regel, daß Strophen und Verse säuberlich abgesetzt werden und in einer neuen Zeile mit einer Initiale (bei Strophen) beginnen. Geschieht dies aber nicht, so macht die Unregelmäßigkeit der Zeilenumbrüche die mnemonischen Effekte der Strophenform, wie sie an die hörbaren Sensationen von Rhythmus und Reim gebunden sind, zunichte. Auditives und visuelles Gedächtnis kämen nicht überein. Deshalb ist das innere Auge von Sängern wohl kaum je auf eine visuelle Schriftgestalt gerichtet, sondern auf das erzählte Geschehen selbst.

Auch beim Abruf aus dem Gedächtnis gibt es nun aber eine ›Mechanik‹, über die Varianten – und das heißt hier nicht: Fehler, sondern, gemessen an einer vorauszusetzenden Vorgängerfassung, Fehlstellen – erzeugt werden: Die Assoziation auseinanderliegender Textpartien, die direkt aneinander angeschlossen werden, weist z.B. eine gewisse Parallele zum Augensprung auf. Und wie das Auge Textstellen verlesen oder überspringen kann, kann das Ohr sie verhören und das Gedächtnis sie verlieren. Dies sind gemeinsame Fehlerquellen analoger (nicht-digitaler) Reproduktion, die allerdings beim mechanischen Schreiben und beim Abruf aus dem Gedächtnis auf ganz unterschiedliche Weise zustandekommen.

So führt denn auch der vollständige Abruf eines Textes aus dem Langzeitgedächtnis im Ergebnis zu einer anderen Oberflächenstruktur als das Abschreiben oder Bearbeiten über ständig möglichen Augenkontakt mit einer schriftlichen Vorlage, die nur das Kurzzeitgedächtnis in Anspruch nimmt. Varianten, die dem Versagen des Langzeitgedächtnisses zuzuschreiben sind, weisen eine Typik auf, die es erlaubt, von einer Textur memorieller Fassungen zu sprechen: Lauthülsen, Satzhülsen, Vertauschungen, Umstellungen – diese

---

4 Vgl. die von Schröder und Schneider in Kapitel 1, Anm. 23, zitierten Charakterisierungen der Varianten.

Typen von Varianten begegnen so regelmäßig gemeinsam in Fassungen von strophischer Heldendichtung, daß diese Fassungen gegenüber Abschriften (mit ihren Verschreibungen und Augensprüngen) und auch Bearbeitungen (mit absichtsvollen Eingriffen) von Schrifttexten als eine eigene Größe erkannt werden müssen. Es ist nicht die Unaufmerksamkeit eines Schreibers und auch nicht die Absicht eines Bearbeiters, sondern das Versagen des Langzeitgedächtnisses, das den Fassungen strophischer Heldendichtung eine eigene Textur ›einschreibt‹.

Sicher können z.B. dieselben sequentiell relevanten Änderungskategorien – Vertauschung, Umstellung, Auslassung und Ersetzung (Hinzufügung bildet einen speziellen Fall) – auch bei schriftlichen Bearbeitungen vorkommen, und sie sind deshalb als Folgen von Gedächtnislücken verwechselbar mit gezielten Eingriffen. Aber bei Gedächtnistexten sind solche Änderungen wie Figuren auf einem anderen Hintergrund. Denn sie stellen sich ein, ohne daß eine Absicht vorliegt.[5] Wie beim Abruf einer Folge von zu erinnernden Items – Zahlen, Buchstaben, Silben o.ä. – treten sie als (notdürftig kaschierte) Störungen des Abrufs von gelerntem Material auf.

Während die Mechanik der Fehlerbildung beim gedankenlosen Abschreiben deutlicher zutagetritt, da der Sinn der betroffenen Textpartien beeinträchtigt wird, werden Gedächtnisverluste in dem Augenblick, in dem ein Sänger einen Text aus dem Gedächtnis abruft, willkürlich-unwillkürlich nachgebessert. Es ist leichter, sinnlosen Text niederzuschreiben – wenn man mechanisch schreibt –, als ihn zu sprechen. Vielleicht könnte man auch mechanisch sprechen, aber das Gedächtnis ist kein mechanischer Speicher, der Text von vornherein auch in sinnlosen Wortlautresten speicherte und ebenso wieder abrufen ließe. Und wo beim Abruf ein lückenhafter Wortlaut ins Bewußtsein tritt, stellt sich die unwillkürliche Nötigung ein, ihn als sinnvollen Wortlaut zu fassen, wenn man die Reproduktion sinnlosen Wortmaterials nicht zu einer Technik entwickelt.[6]

---

5 Dem kommt folgendes Resümee von Bumke: Die vier Fassungen der ›Nibelungenklage‹, S. 540, für die Änderungen im Text des ›Nibelungenliedes‹ C nahe: »Wenn man nach einer durchgehenden Bearbeitungsabsicht fragt, wird man sich wohl mit der Feststellung begnügen müssen, daß es dem *C-Bearbeiter offenbar darauf ankam, alles zu tun, was dazu beitrug, das ›Nibelungenlied‹ noch schöner, besser, eingänglicher und überzeugender zu machen.« Dieses bewußt zurückhaltende Resümee läßt sich noch als zu optimistisch erweisen. Dann wird aber deutlicher, daß auch im prominenten Fall des ›Nibelungenliedes‹ C zahlreiche absichtslose Änderungen vorliegen.

6 Ernst Pöppel: Grenzen des Bewußtseins. Wie kommen wir zur Zeit, und wie entsteht Wirklichkeit? Frankfurt/M., Leipzig 2000, hat für den vergleichbaren Fall der sinnlichen Wahrnehmung ein »Prägnanzgesetz« formuliert: »Was immer in unser wahrnehmendes Bewußtsein gelangt, erscheint in einer ›prägnanten‹ Gestalt. Wenn eine Reizsituation nicht eindeutig ist, dann wird sie auf der Grundlage unserer Hypothesen so gestaltet oder umgestaltet, daß der ins Bewußtsein gelangende Inhalt klar und deutlich ist. Mit anderen

Für Sänger kommt ein äußerer Faktor hinzu: Wer Zuhörer vor sich hat oder haben wird, der muß seine Aufmerksamkeit in anderer Weise bündeln, als wer einsam schreibt. Er wird versuchen, den Wortlautresten, die das Gedächtnis ihm gegebenenfalls lückenhaft anbietet, einen Sinn abzugewinnen, der auch vermittelbar ist.[7] Dabei nimmt er dann – oben so genannte – Top-down-Reparaturen vor.

Die Annahme von Top-down-Reparaturen an der Stelle von Gedächtnisverlusten läßt sich allerdings auch durch die Unterstellung charakteristischer medialer Faktoren von schriftlicher Überlieferung umgehen und der in der Regel sinnvolle Text der Fassungen von Heldendichtungen deshalb auch noch anders erklären. Es ist nämlich folgendes Szenario denkbar: Ein Schreiber hinterließ durch seine Unaufmerksamkeit einen verderbten Text, den der Schreiber einer weiteren Abschrift wiederherzustellen unternahm, ohne jedoch über eine andere Handschrift als die mit dem verderbten Text zu verfügen. Dieser Schreiber besserte dann ›aus dem Kopf‹ und erzielte auf diese Weise einen Text, der so aussah, wie eben die Fassungen aussehen. Auch er reparierte Sinnverluste, die freilich nicht durch Vergessen, sondern durch die Unaufmerksamkeit des vorhergehenden Schreibers zustandekamen.

Während eine solche Erklärung etwa das Auftreten von Lauthülsen sowie auch das Vorziehen von Strophen und Strophenteilen von Fall zu Fall durchaus erklären könnte (beim Vorziehen durch Augensprung des ersten Schreibers und nachträgliche Überarbeitung sinnstörender Anschlußfugen durch den zweiten), bleiben doch andere Änderungen wie Satzhülsen oder komplexere Textumstellungen unerklärt und bedürften zusätzlicher Ad-hoc-Hypothesen. Die charakteristische Textur der Fassungen strophischer Heldendichtung ließe sich auf diese Weise nicht einheitlich erklären, und im übrigen bliebe die Regelmäßigkeit und Dichte, mit der die genannten Änderungstypen gerade in der Überlieferung von Heldendichtung auftauchen, rätselhaft. Deshalb verspricht die Rückführung der Änderungen auf memorielle Mechanismen größeren Erfolg bei der Erklärung der Textgestalt von Fassungen.

Worten heißt das, daß es für den Erkennenden nie ein Chaos gibt, denn das Bedürfnis nach Prägnanz ordnet das möglicherweise vorhandene Chaos im Sinne einer subjektiven Ordnung.« (S. 78)

7   Schmidt: Probleme der Schreiber – der Schreiber als Problem, S. 182, versucht auch schon für scheinbar willkürliche Eingriffe von Schreibern, die er zu der Kategorie von Mutatoren zusammenfaßt, einen Erklärungsansatz, nach dem sie »sich nicht an den Wortlaut des Autors gebunden« sehen, sondern den Autortext »für ein Publikum« adaptieren. Mutatoren und Sänger stehen sich in dieser Hinsicht nahe.

7.2 Zur Erklärung der Entstehung von Satzhülsen

Oft scheint es am Wortlaut memorieller Fassungen, als würden sich kleinformatige Sinnrahmen selbsttätig in den Text einschalten. Dies kommt einer Fehlidentifikation von Buchstaben oder Wörtern gleich, obwohl der Vorgang komplexer ist. Ich greife ein Beispiel heraus, das auf einen bisher noch unzureichend nachgewiesenen memoriellen Mechanismus führt: die Bildung von Satzhülsen. Ich liefere dazu im folgenden Belege aus den Fassungen der ›Virginal‹.

Die Königin Virginal sowie die jungen Frauen ihres Gefolges hoffen, Dietrich von Bern kennenzulernen (V_{10} 356,9-13), als Hildebrand zu ihnen gelangt. Hildebrand glaubt indes, Dietrich sei längst anwesend, denn dieser ist vor ihm losgeritten – er hat sich aber zur Burg Muter verirrt. Hiervon wissen weder Hildebrand noch die Frauen etwas, und Virginal macht deutlich, daß sie sowie auch ihre Hofdamen Dietrich bisher nicht zu sehen bekamen. Ich stelle neben den Text der Heidelberger Handschrift (V_{10}) in dem Abdruck von der Hagens[8] den Text der Bruchstücke aus der Mettener Abteibibliothek (V_8),[9] die ich unten als Bruchstücke einer memoriellen Fassung bestimmen werde.

Die kúnigin uff iren eit do fprach:	*die Konegÿnne uf írn eít da sprach,*
»das ich in mit ougen nie gefach,«	*daz sýe yn mýt augen níe gesach*
noch ir megede reine.	*noch keýne ir megede reyne.*
(V_{10} 357,4-6)	(V_8)

Die Heidelberger Handschrift hat hier die *lectio difficilior*, eine Verschränkung von indirekter und direkter Rede sowie anschließend einen Übergang von direkter in indirekte Rede,[10] wie sie im Zuge der Durchsetzung schriftsprachlicher Normen zunehmend gemieden werden. Die Mettener Fragmente haben die Konstruktionsmischung aufgelöst. Man könnte glauben, ein Schreiber habe solche Normen im Zuge seiner Abschrift an dieser Stelle selbständig zur Geltung gebracht. Er mußte dazu nur *ich* durch *sye* ersetzen.

Aber Umwandlungen von direkter Rede in indirekte Rede oder Erzählertext – unter Austausch von Pronomen – und umgekehrt: von Erzählertext in Figurenrede kommen auch andernorts in mündlichen Fassungen vor,[11] so daß

---

8 Von der Hagen: Heldenbuch, Bd. II, S. 103-508.

9 Die Siglen nach Heinzle: Mittelhochdeutsche Dietrichepik, S. 329-333. Die Bruchstücke sind herausgegeben von Huber: Virginalbruchstücke aus der Benediktinerstiftsbibliothek Metten.

10 Vgl. Hermann Paul: Mittelhochdeutsche Grammatik. 23. Auflage neu bearbeitet von Peter Wiehl und Siegfried Grosse. Tübingen 1989, § 494,2.

11 Vgl. oben, Kapitel 6.7, S. 270. Vgl. als einzige weitere Stelle in den Mettener Fragmenten die der diskutierten Stelle gleich folgende Strophe 358,5, wo Erzählertext

sich die Vermutung aufdrängt, daß hier ein memorieller Effekt vorliegt. Möglicherweise wurde der veränderte Vers unwillkürlich anders gerahmt, indem sich die Überführung von direkter in indirekte Rede im Gedächtnis eines Sängers spontan einschaltete. Dies wäre ein mentaler Vorgang, der Fehlidentifikationen ähnelte. In Parallele zu Lauthülsen läßt sich hier von Satzhülsen sprechen, und es ist von vornherein zu erwarten, daß es auf dieser Ebene zu verwandten Erscheinungen kommen muß: Statt Klangresten werden Satzskelette bewahrt und die Sätze neu hergestellt und/oder anders gerahmt.

Es ist allerdings nicht sicherzustellen, daß V_{10} im diskutierten Beispiel wirklich zuverlässig für den Wortlaut der Ausgangsfassung stehen kann. Ein nochmaliger Vergleich der zitierten Stellen mit der Parallelstelle aus Linhart Scheubels Heldenbuch (V_{12}) zeigt, daß es schwierig ist, den Ausgangtext zu bestimmen, von dem die auch in V_{12} vorliegende, anders gebildete Satzhülse sich ableitet. Ich stelle alle drei Stellen zum leichteren Vergleich nebeneinander:

Die kúnigin uff iren	*die Konegȳnne uf írn*	*»auf meinen ait,«*
eit do ſprach:	*eít da sprach,*	*die kunigin sprach,*
»das ich in mit ougen	*daz sȳe yn mȳt augen*	*»mit augen ich in*
nie geſach,«	*níe gesach*	*nie gesach*
noch ir meged	*noch keȳne ir megde*	*noch meiner junkfraw*
reine.	*reyne.*	*keine.«*
(V_{10} 357,4-6)	(V_8)	(V_{12} 543,4-6)

In V_{12} ist der Wortlaut von V_{10} nicht wie in V_8 zu durchgängig indirekter Rede hin aufgelöst, sondern zu durchgängig direkter Rede hin. Aber war der Wortlaut von V_{10} wirklich ursprünglich, und läßt sich hier überhaupt mit dem Begriff der *lectio difficilior* operieren? Dies ist zweifellos problematisch, und die Stelle allein erlaubt keine Entscheidung. Nur pragmatische, unten deutlicher werdende Gesichtspunkte legen es nahe, V_{10} als Referenzfassung zugrundezulegen. Eine Referenzfassung ist aber nicht die Ausgangsfassung, und es ist deshalb für eine Einzelstelle grundsätzlich nicht sicherzustellen, ob die Änderung gegen die Ausgangsfassung nicht vielleicht eher in der Referenzfassung eingetreten ist, während die verglichene Fassung ursprünglichen Wortlaut bewahrt.[12] Die Richtung der Änderung läßt sich also nicht eindeutig

---

(*ſorge wurt [wart da?] nieman bůs*) in Figurenrede (hier Hildebrands: *Sorgen wirt mír nummer bůs*) transponiert wird. Da hier keine syntaktische Schwierigkeit beseitigt wird und Hildebrand in den vorhergehenden Versen schon spricht, besteht eine gewisse Wahrscheinlichkeit, daß der unmittelbar anschließende Vers unwillkürlich der Rede Hildebrands zugeschlagen wurde. Dies läßt denn auch auf denselben memoriellen Mechanismus bei der diskutierten Stelle schließen.

12   Unsicher macht an der diskutierten Stelle der Umstand, daß die Bruchstücke V_4 (vgl. dazu auch unten S. 319) hier mit V_8 zusammenstimmen – im übrigen auch in dem in Anm. 11 angesprochenen Vers 358,5! –, ohne daß man für V_4 den Fassungscharakter sicher feststellen könnte.

bestimmen. Für die hier vorgebrachte Argumentation ist das aber von nach-rangiger Bedeutung, denn Satzhülsen liegen vor, gleich in welcher Richtung sie abzuleiten sind.

Satzhülsen liegen dann vor, wenn das Gedächtnis statt eines punktuellen Klangs wie bei Lauthülsen eine Satzstruktur bewahrt hat, die über den Wort-laut klar identifizierbar ist. Allerdings wird der Wortlaut in einem bestimmten Umfang auch verändert. Dies hängt bei dem untersuchten Beispiel von der Auffassung der Stelle als direkter oder indirekter Rede ab. Alle drei Stellen in V_{10}, V_8 und V_{12} gehen hier auseinander, ohne daß man sagen könnte, daß er-sichtlich eine Korrekturtendenz von Schreibern vorwaltete. Es liegen gleich-wertige Formulierungen vor, die – so die im folgenden nahegelegte Rekon-struktion – dadurch zustandekommen, daß das Gedächtnis sich selbständig macht.

Wie weit der sich im Gedächtnis unwillkürlich einschaltende neue Sinn- oder Satzrahmen, der hier durch die Transposition eines Ausgangstextes in direkte oder indirekte Rede definiert ist, reicht und wo die bewußte For-mulierungsarbeit beginnt, wird sich nicht leicht auseinanderlegen lassen. Der Satzrahmen ist in V_8 gleichzeitig mit der Umwandlung von *ich* in *sýe* ›da‹ (bzw., wenn V_8 den ursprünglichen Wortlaut bewahrt hat, in V_{10} mit der Um-wandlung von *sýe* in *ich*), in V_{12} mit den analogen Umwandlungen von *iren* in *meinen* und von *ir* in *meiner* (bzw. auch hier entsprechend in umgekehrter Richtung). Diese Umwandlungen erfolgen aber in Realisierung des jeweils neuen Satzrahmens, so daß beide Operationen nur als zwei Seiten desselben Vorgangs erscheinen.

Dies ist nun typisch für die Dynamik der Bildung von Fehlstellen: Ausfälle im Gedächtnis werden durch Formulierungsarbeit überdeckt, die neuen Text anbringt, wo alter verloren ist – wobei es scheinen kann, als sei die Formu-lierungsarbeit vorgängig und absichtsvoll – und nicht etwa unwillkürliche Folge von Gedächtnislücken. Auch dies macht es auf den ersten Blick schwer, memorielle Fassungen von schriftlichen Bearbeitungen zu unterscheiden. Denn jede Veränderung scheint vom Inhalt auszugehen, und die Eingriffe scheinen mehr oder weniger intentional abgesichert. Wenn denn schon keine Bear-beitungsabsicht erkennbar ist, so ist doch der neue Text meist durchaus sinn-voll. Das unterscheidet ihn grundsätzlich von mechanischen Fehlern, wie sie beim unaufmerksamen Abschreiben von Handschriften auftreten können.

Bleibt der veränderte Text sinnvoll, so geht neben einer unwillkürlichen Reparaturtendenz des Gedächtnisses die implizite Nötigung eines Sängers voraus, einen verständlichen Text hervorzubringen. Ruft er einen Text aus dem Gedächtnis ab, dann sieht er sich gezwungen, sich etwas dabei zu den-ken, weil er Zuhörern etwas erzählen will. Auch für sich selbst wird es ihm nicht leicht möglich sein, eine sinnlose Wortfolge abzurufen. Seine willkür-lich-unwillkürliche Rekonstruktionsarbeit am partiell verhörten und/oder vergessenen Text füllt deshalb immer schon die Sinnlücken, die unmittelbaren Zuhörern aus diesem Grunde nicht auffallen konnten und die auch heutigen Lesern schriftlich überlieferter memorieller Fassungen nur dort auffallen, wo eine gewisse Alogik von Fehlstellen deutlicher hervortritt. An dem zitierten Beispiel ist das allerdings nicht der Fall. Daß hier ein besonderer memorieller Mechanismus am Werk ist, läßt sich nur erkennen, wenn die Typik von Satzhülsen näher beschrieben wird, was an weiteren Beispielen aus der ›Virginal‹ noch geschehen soll.

Es ist nun allerdings durchaus möglich, daß ein Sänger den Text vor seinem Abruf beim Vortrag auch noch einmal übt und die Veränderungen dabei in einer Weise festigt oder sogar festlegt, daß sie sich im Ergebnis nicht mehr von der Herstellung einer schriftlichen Bearbeitung unterscheiden lassen. Der Sänger hat dann zwar an veränderten Stellen keinen ursprünglichen Wortlaut mehr zur Verfügung, aber was er als Ersatz anbringt, kann durchaus vergleichbar explizit aus einer Änderungsabsicht hervorgehen. Bei Zusatzstrophen – wie z.B. den konzeptionell signifikanten Zusatzstrophen des ›Nibelungenliedes‹ C – ist die Beteiligung einer Absicht an der Herstellung des Textes dann ganz offensichtlich.

Sängern und ihrem Gedächtnis kommt man deshalb nur auf die Schliche, wenn man auf die charakteristische Textur memorieller Fassungen aufmerksam wird, die in stärkerer oder schwächerer Ausprägung immer wiederkehrt. Hier liegt zunächst wiederum die Analogie zu mechanischen Verschreibungen nahe: Dieselben Typen von Varianten treten immer wieder auf. Sie treten aber gemeinsam auf und markieren so eine Textur. Dahinter steht eine ›Mechanik‹ der kontinuierlichen, willkürlich-unwillkürlichen Reparatur verhörten und/oder vergessenen Wortlauts.

Wo immer also Wortlaut ohne ersichtlichen Grund ersetzt wird und Formulierungen eintreten, die weder besser noch schlechter sind, wo Textpartien vertauscht oder ausgelassen und Strophen umgestellt, ausgelassen, ersetzt oder hinzugefügt werden – gegebenenfalls unter Hinnahme von Anschlußfugen oder leichten Sinnstörungen –, wo Lauthülsen und Satzhülsen begegnen, ist der Verdacht angezeigt, daß eine mündlich tradierte, aus dem Gedächtnis abgerufene Fassung vor- bzw. der Niederschrift oder Abschrift letztlich zugrundeliegt. Einigermaßen sicher kann man darüber sein, wenn mindestens zwei dieser Erscheinungen zusammentreten und die Textur sich darin abzuzeichnen beginnt.

Gedächtnisse besitzen allerdings eine gewisse Individualität, und sie haben ihre Eigenheiten, wie denn der eine sich besser Zahlen, der andere sich besser Wörter merken kann. Deshalb kann man nicht erwarten, bei aus dem Gedächtnis geholten Fassungen von Heldendichtung immer auf dasselbe Set typischer Varianten und damit auf eine je identische Textur zu stoßen. Warum sollte es nicht auch einmal vorkommen, daß ein Text wortgetreu reproduziert wird? Seiner Niederschrift könnte man dann nicht mehr ansehen, ob sie eine Abschrift oder eine Reproduktion aus dem Gedächtnis ist.

Tatsächlich wird dies kaum vorkommen, und es genügt schon ein Indiz für eine memorielle Fassung, um einen Anfangsverdacht zu schöpfen und sich nach weiteren Indizien umzusehen. Ein solches Indiz könnten z.B. Strophenumstellungen darstellen, wie sie in der Tradierung des ›Ortnit‹ zu beobachten sind und hier offenkundig auf einen sehr nachlässigen Sänger zurückgehen,[13] wie sie weniger häufig aber z.B. auch in der Tradierung des ›Eckenliedes‹ begegnen.[14] In anderen Fällen sind sie selten. Einmal nur kommt es im ›Nibelungenlied‹ C dazu – mit einer unmittelbar ins Auge springenden Anschlußfuge[15] – und nicht sehr oft z.B. in der im Vergleich mit dem ›Ortnit‹ doppelt so langen ›Virginal‹ aus Linhart Scheubels Heldenbuch (V_{12}), wenn man die Fassung der Heidelberger Handschrift (V_{10}) als Referenzfassung dagegenhält. Es werden nur an vier Stellen Strophen umgestellt,[16] und in nur einem Fall ist mit einiger Sicherheit davon auszugehen, daß dies ungeplant und willkürlich geschieht.[17] Dies allein stützt noch nicht den Verdacht, daß eine memorielle Fassung vorliegt.[18]

Signifikanter im Sinne eines Anfangsverdachts sind aber veränderte Strophenteilungen oder Auflösungen von Strophen, wie sie besonders leicht bei Dichtungen im Hildebrandston eintreten, da er die beiden Langzeilenpaare einer Strophe nicht regelmäßig metrisch differenziert. Dieses Phänomen ist nicht nur für den ›Ortnit-Wolfdietrich‹ zu beobachten, sondern auch für die ›Rosengärten‹.[19]

---

13 Von dessen Text die anderen Fassungen – wie man Dinkelackers Tabelle (Ortnit-Studien, S. 326-379) entnehmen kann – abhängen.

14 Gegenüber E_2 werden in E_7 die Strophen E_2 13 und 107 vorgezogen. In e_1 werden die Strophen E_2 30,33 und 133 vorgezogen, die Strophen E_2 6, 26, 59 und 69 nachgetragen.

15 Vertauscht sind die Strophen C 878 und 879 (= B 871 und 870). Vgl. auch oben Kapitel 3.7, S. 110.

16 Nach V_{12} 96 (= V_{10} 37); V_{12} 135 (= V_{10} 44); V_{12} 256 (= V_{10} 133, hier ist allerdings die Strophenfolge in V_{10} offensichtlich nicht in Ordnung) und nach V_{12} 588 (= V_{10} 462).

17 Bei V_{12} 589 (= V_{10} 467). Diese Strophe wird ohne Not vorgezogen, dabei wird unwillkürlich ein Stück einer Rede Helferichs in den Mund Hildebrands gelegt.

18 Der Vergleich mit Strophenumstellungen etwa in der Überlieferung des ›Jüngeren Titurel‹, hier besonders in der von Werner Wolf in seinem zweiten Apparat als Repräsentant der Überlieferungsgruppe II abgedruckten Handschrift X, führt auf erhebliche Irritationen, da sie der Textur der Fassungen von Heldendichtungen auf den ersten Blick gleichen. Eine genaue Analyse, die sich um Erklärungen für sämtliche Umstellungen bemühte, täte in diesem Fall not.

19 Gut sehen und nachverfolgen kann man dies anhand der an Holz' Strophenzählung angeglichenen Zählung, die Klaus Klein für den ›Rosengarten‹ des Ms. germ. quart. 1497 der ehemaligen Preußischen Staatsbibliothek Berlin (nach Heinzles Sigelung: R_{20}) eingeführt hat. Vgl. ders.: Eine wiedergefundene Handschrift mit ›Laurin‹ und ›Rosengarten‹ (Fortsetzung). In: ZfdA 115 (1986), S. 48-78. Diese Fassung des ›Rosengarten‹ A hängt

Bevor ich dem vagen Anfangsverdacht für die ›Virginal‹ aus Linhart Scheubels Heldenbuch weiter nachgehe, möchte ich aber in einer methodisch exemplarischen Probe alle erhaltenen Textzeugen der ›Virginal‹ sichten und auf ihre memorielle Textur hin untersuchen.

7.3 Eine Gegenprobe: Überlieferung und Tradierung der ›Virginal‹. Und noch einmal Satzhülsen

Ähnlich wie beim ›Ortnit‹ AW, der neben der Wiener Handschrift im zwischen 1504 und 1516 geschriebenen Ambraser Heldenbuch noch recht spät überliefert ist, ist auch bei der ›Virginal‹ der Text der Heidelberger Handschrift (V_{10}), den man als Referenzfassung einem Vergleich mit anderen Fassungen zugrundelegen kann, spät überliefert – die Handschrift ist um 1440 bei Diebold Lauber geschrieben.[20] Für in der ersten Hälfte des 13. Jahrhunderts entstandene Heldendichtungen ist die späte Überlieferung einer der Ausgangsfassung wohl noch vergleichsweise nahe kommenden Textgestalt bemerkenswert.

Eine Reihe von Bruchstücken stehen dem Text der Heidelberger Handschrift im Wortlaut so nahe, daß sie ihm als vermutliche Abschriften einer gemeinsamen Vorlage an die Seite zu stellen sind. Einige als Fassungen erkennbare Textzeugen entfernen sich dagegen von einer gemeinsamen Ausgangsfassung so weit, daß sie editionsphilologisch eher unbrauchbar sind. Zupitza hat sie für seine ›kritische‹ Ausgabe nur im Einzelfall als Anregung für Emendationen herangezogen.[21] Das ist zu rechtfertigen, da es sich um memorielle Fassungen bzw. um Abschriften und/oder Bearbeitungen auf der Grundlage von Fassungen handelt, die zu stark abweichen, um kontinuierlich für eine Textherstellung herangezogen werden zu können. Daß sie aber hier

---

von der Fassung R_{12} (hg. von Bruno Philipp) bzw. einer gemeinsamen Vorgängerfassung ab. Anders als es Holz in der Einleitung zu seiner Ausgabe, S. XXIVf., vermutet, dürfte es keinerlei Anstrengung gegeben haben, verschobene Strophenteilungen zu reparieren. Sie sind immer unwillkürliches Resultat von vergessenen oder zugesetzten Verspaaren. Nur beim Vortrag wird die textuell bewegliche Strophengestalt durch die Melodie hervorgehoben worden sein.

20 Ich zitiere den Text der Heidelberger ›Virginal‹ im folgenden wieder nach dem Abdruck von der Hagens. Ich lasse dabei Verbesserungsvorschläge von der Hagens stehen.

Angaben zu den Handschriften s. bei Heinzle: Mittelhochdeutsche Dietrichepik, S. 329-333, und Heinzle: Einführung in die mittelhochdeutsche Dietrichepik, S. 135-137.

21 So konzediert er, daß z.B. »der text von w [= V_{12}, der Text von Linhart Scheubels Heldenbuch, H.H.] auf das richtige führen [kann]«. Deutsches Heldenbuch, Fünfter Teil, S. XII.

und da Emendationen ermöglichen, zeigt, daß auch der Text von V_{10} sich von der Ausgangsfassung entfernt hat und möglicherweise nicht einmal über Abschriften aus ihr herzuleiten ist, sondern selbst schon eine memorielle Fassung darstellt.[22] Dann ist es problematisch, so zu tun, als seien alle im folgenden angeführten Änderungen gegenüber diesem Text eingetreten. Da er aber durch einige Bruchstücke wiederum auch bestätigt wird, dürfte er dem Ausgangstext noch am nächsten stehen, und ich betrachte es für meine Zwecke als pragmatisches Vorgehen, im folgenden diesen Text als Referenzfassung der Ausgangsfassung bis auf weiteres gleichzusetzen.

Wenn man zwischen Überlieferung (durch Abschriften) und Tradierung (durch memorielle Fassungen) klar unterscheidet, so sind damit allerdings Mischformen zwischen Überlieferung und Tradierung nicht ausgeschlossen. Neben Abschriften und memoriellen Fassungen gibt es für die ›Virginal‹ denn auch Abschriften solcher Fassungen wie schließlich Bearbeitungen sei es von Abschriften oder von Fassungen. Ob Bearbeitungen wieder in die Tradierung eingegangen sind, läßt sich nicht sagen. Im Prinzip sind aber mehrfache Abzweigungen möglich: Fassungen können in die Überlieferung gelangen, bearbeitet werden und wieder in die Tradierung zurückkehren.

Einen interessanten Fall der Bearbeitung einer Fassung bietet die ›Virginal‹ des Dresdner Heldenbuchs (V_{11}).[23] In der letzten Strophe vermerkt der Bearbeiter das Ende *diſſes tichtes*, das in seiner alten Form *vir hundert vnd echte* Strophen habe, während *dis hie hundert vund dreiſſigke sein* (Str. 130,9-12). Dies zeigt, daß er eine Vorlage bearbeitete und die Strophen seiner Vorlage wie auch die seiner Bearbeitung – diese nachprüfbar richtig! – durchzählte. Die Dresdner Fassung des ›Ortnit-Wolfdietrich‹ ist demselben Bearbeiter zuzuschreiben,[24] der wegen der in den Schlußstrophen sowohl des ›Ortnit‹ als auch des ›Wolfdietrich‹ ebenso vermerkten Kürzungsarbeit Heldendichtungen für Vorträge von zumutbarer Dauer so zurechtstutzte, *das man auf einem sit-*

---

22 Dies wird z.B. durch die gestörte Strophenfolge nach Str. 133 sowie durch einige offensichtliche Fehler nahegelegt, die Verschreibungen, aber auch Lauthülsen darstellen könnten. Vgl. zwei Beispiele in Anm. 41. Die ältere Forschung hat, begonnen mit Wilhelm Wilmanns: Über Virginal, Dietrich und seine Gesellen, und Dietrichs erste Ausfahrt. In: ZfdA 15 (1872), S. 294-309, bis zu dem Aufsatz von Hugo Kuhn: Virginal. In: Ders., Dichtung und Welt im Mittelalter, S. 220-248 (Text), S. 283-297 (Anmerkungen), aufzeigen können, daß V_{10} Vorgängerfassungen voraussetzt, ohne indes die Lebensform solcher Fassungen als Gedächtnistexte in Betracht zu ziehen. Ich beschränke mich im folgenden ausschließlich auf die Untersuchung der Textoberfläche der Überlieferungszeugen im Vergleich zueinander bzw. zu V_{10}. Das Ergebnis hätte als Voraussetzung für ein erneutes Aufrollen der Rekonstruktion von Vorgängerfassungen zu dienen.

23 Abgedruckt bei von der Hagen, Primisser: Der Helden Buch in der Ursprache, Zweiter Teil, S. 143-159.

24 Vgl. Zarncke: Kaspar von der Roen, S. 57.

zen dick müg hörn anfanck vnd ent (›Wolfdietrich‹ 334,4)[25]. Ob damit Vorträge gemeint sind, die ablesend erfolgten, läßt sich nicht entscheiden. Immerhin aber sind es Vorträge, und das für Herzog Balthasar von Mecklenburg bestimmte Heldenbuch enthielt damit Dichtungen, die nicht auf einsames Lesen berechnet waren.

Bemerkenswert ist das Vorgehen des Bearbeiters, weil das Ergebnis auf den ersten Blick mit memoriellen Fassungen von Heldendichtung verwechselbar erscheint. Man erkennt – wenn auch nur bei genauem Hinsehen unter Nutzung der Querverweise, die Franz Stark in seiner Ausgabe der ›Virginal‹ aus Linhart Scheubels Heldenbuch (V_{12}) angebracht hat – Wortlautreste, die aus einer Fassung stammen müssen, aus der sich auch V_{12} herleitet. Denn nur V_{12} und V_{11} weisen die Janapas-Episode auf, aus der auch das folgende Beispiel stammt. Ich greife eine Strophe heraus, in der noch recht viele Wortlautreste stehengeblieben sind, wie sie sich über den Vergleich mit derselben Strophe in V_{12}, die ich in die rechte Spalte setze, abzeichnen (die Versangaben in der mittleren Spalte verweisen auf die Strophe in V_{12}). Helferich, Hildebrand und andere Helden müssen sich, nachdem Janapas Löwen auf sie gehetzt hat, ihres Lebens erwehren:

Die leben grymiglichen ruff,	vgl. V. 1	*Die leben teten mangen ruf,*
manch grymig leb ye auf ſie luff,		*das da der herren hawen schuf,*
mit yren groſen krewllen,	vgl. V. 7	*ir schleg so laut erclungen.*
vnd triben die furſten hin und her:	vgl. V. 4+5	*die starken tier in grimmer ger*
noch werten ſie ſich ir ſo ſer;		*die helde triben hin und her.*
die leben teten hewllen;		*nu horet, wie si sprungen:*
ir zenn die vingen auf die ſchleg,		*sie hetten lange scharpfe claw,*
das es ſo laut derclange;	vgl. V. 3	*ir zene lank gespitzet;*
ir ſtarcke pruſt putens entgeg;		*si deten drang den helden da,*
mancher in grimen ſprange	vgl. V. 9	*ir sarbat ward zerschlitzet.*
an ir vil gute ſarabat:	vgl. V. 10	*her Hildebrant det einen schlag*
vnd wer ſie nit ſo gut gewest,		*eim leben durch sein drüsel ein,*
ſie muſten von in all sein dot.		*und daz er tote vor im lag.*
(V_{11} 94)		(V_{12} 430)

Die vielen Umstellungen in dieser wie in anderen Strophen indizieren eine memorielle Textur, aber sie dürften hier einen anderen Grund haben: Der Wortlaut erscheint durchgängig eingeschmolzen und neugefaßt, und es sind nur wenige Formulierungen (hin und her treiben, laut erklingen) oder einfach Begriffe (*grimm, sarwat*) stehengeblieben, wie dies in der Regel bei Ersetzungen einzelner Strophen in memoriellen Fassungen der Fall ist. Da dies aber für den gesamten Text gilt und nicht hier und da einmal eine Gedächtnis-

---

25 Ich zitiere Amelungs Teilabdruck des Dresdner ›Ortnit-Wolfdietrich‹ im ›Deutschen Heldenbuch‹, S. 153-163, hier S. 163.

lücke über wenigen Resten durch einen neuen Wortlaut geschlossen wird, hat der Bearbeiter anscheinend an einer Schriftvorlage entlang gänzlich neu gedichtet.[26] Seine Vorlage von 408 Strophen wird aber ihrerseits bereits eine Fassung dargestellt haben, da V_{12} 866, V_{10} dagegen 1097 Strophen umfaßt. Dies verdeutlicht auch, wie weit Fassungen im Strophenbestand auseinandergehen können.

Eine besonders frappierende und ganz anders ausgerichtete Bearbeitung der ›Virginal‹ (V_7) ist in Resten einer kostspieligen Pergamenthandschrift des 15. Jahrhunderts »von einem vollen halben meter höhe und reichlich einem drittel meter breite«[27] erhalten. Sie bewahren Bruchstücke zwischen den Strophen 356-374 und 733-737. Zu derselben Handschrift scheint ein weiterer Rest mit einem Bruchstück des ›Rosengarten‹ zu gehören,[28] der dieselbe Bearbeitungsform aufweist – man greift hier also Reste eines durchgehend bearbeiteten Heldenbuchs. Nicht ausgeführte Initialen und Illustrationen[29] sowie die kalligraphische Schrift[30] stellen sicher, daß ein Prachtkodex geplant war.

Wie im Bruchstück des ›Rosengarten‹[31] sind nun aber bei der ›Virginal‹ die Verse regelmäßig umgestellt, und zwar die Verse 1-13 des Bernertons in der Reihenfolge 1 2 3 6 4 5 7 9 8 10 11 13 12. Hergestellt werden dadurch Paarreime mit einer Waise am Ende. Das hat zur Folge, daß der Prachtkodex keinen lesbaren Text bietet. Vielmehr reißt in jeder Strophe der syntaktische Faden, so daß der Text oft ganz unverständlich ist. Krasser könnten Bearbeitungsmarotten, wie sie nur im Buchmedium zustandekommen können, nicht ausfallen: Der Paarreim als bevorzugte Form der Buchdichtung wird gegen die in der Mündlichkeit lebende Strophe geführt. Es scheint gleichgültig, ob man den Text noch lesen und verstehen kann – er ist buchmäßig verwahrt, was gleichsam rückwirkend seine Prominenz bestätigt.

Ob diesem aufwendigen Projekt einer Versumstellung zweifellos durch sämtliche Strophen der ›Virginal‹ hindurch, das möglicherweise schon auf eine Vorlage zurückgeht und dann noch einmal abgeschrieben worden wäre,[32] aber letztlich eine memorielle Fassung zugrundeliegt, läßt sich nicht mehr mit Sicherheit sagen. Lauthülsen wie *E dan er mir gefolgig wurde* statt *ê [dan*

---

26 Eine Rekonstruktion des Dichtvorgangs wäre aufschlußreich.
27 Schröder: Waldeckische Findlinge, S. 413.
28 Vgl. die Indizien, die Heinzle: Mittelhochdeutsche Dietrichepik, S. 315f., Anm. 66, zusammenstellt.
29 Vgl. Schröder: Waldeckische Findlinge, S. 413.
30 Vgl. Karl Müllenhoff: Bruchstück des Rosengartens. In: ZfdA 12 (1965), S. 411-413, hier S. 411.
31 Vgl. das Bruchstück bei Müllenhoff, ebd.
32 Vgl. die von Schröder: Waldeckische Findlinge, S. 413f., dafür angeführten Anhaltspunkte.

er] mir bevolhen würde (V$_{10}$ 362,10) und eine Satzhülse ([O]*We das ich Jn ye geſach* statt *Owe, das er mich ie geſach* [V$_{10}$ 362,1]) könnten dafür sprechen, vielleicht aber auch einfach Verschreibungen darstellen. Dagegen spricht eine Überschrift an einer Stelle, an der sie auch in V$_{10}$ erscheint.[33]

Wenn im Dresdner Heldenbuch eine memorielle Fassung Vorlage einer Bearbeitung für eine andere (?) Vortragsform mit veränderten Ansprüchen geworden ist und die eben besprochenen Bruchstücke möglicherweise eine Abschrift als Vorlage haben, so zeichnet sich eine Verschränkung von mündlicher Tradierung und schriftlicher Überlieferung auch ein weiteres Mal ab. Daß eine memorielle Fassung in die schriftliche Überlieferung eingegangen ist, läßt sich feststellen, wenn zu der memoriellen Textur mechanische Abschreibfehler treten. In den schon genannten, dem 14./15. Jahrhundert angehörenden Mettener Bruchstücken (V$_8$) scheint es einige Abschreibfehler zu geben: *ir lieffen* scheint aus *eilff* (vgl. V$_{10}$ 349,2), *ir zorn* aus *ervarn* (vgl. V$_{10}$ 363,4) und *Genesyt* aus *ein ſite* (vgl. V$_{10}$ 441,9) verlesen.[34] An einer Reihe von Stellen werden Verse ausgelassen,[35] was einem Sänger, den der Bernerton zumindest zu improvisierter Vollständigkeit gezwungen hätte, nicht leicht unterlaufen wäre. Einmal – von Strophe 406,12 an – schreibt der Schreiber noch einmal Strophe 405,12-406,11 ab, als hätte sich sein Auge verirrt, und eine Strophe (Str. 353) wird am Rand nachgetragen, einmal auch ein Vers (Str. 420,6).

Darunter liegt aber der Text einer memoriellen Fassung, wie aus den erhaltenen Strophen zwischen Strophe 348 und 544 hinreichend hervorgeht. Ich führe eine Reihe von vermutlichen Lauthülsen an, die Referenzfassung V$_{10}$ steht in der linken Spalte (im Fall von Str. 422,10 fällt die Lauthülse mit einer Satzhülse zusammen):

370,12:	*das ſinget gegen der ſweren zit*	*Daz singet geín der somer zijt*
372,10:	*ſo wehes noch ſo cleine*	*So wenig noch so cleýne*
388,6:	*ſú kund' in wol gewar(n)en*	*sie kunde in wole bewarn*
390,10f.:	*[...] / gelebet, vnd ſoltent ir geſigen*	*Geleubet, sollet ír eren gesigen*
392,13:	*reht als ſu ein her geiaget*	*e sie brechte ein her geiaget*
406,13:	*wir ſattent ſu zu den vrowen hein*	*Wir schichten si zůn freůden hyn*
422,10:	*do horte ich fromde mere*	*Da hort er freude mere*

Daneben kommt es zu einigen Wort- (Str. 392,4; 421,12) und Versvertauschungen (Str. 415,4 und 5; 508,8 und 10, 533,7 und 8 sowie 9 und 10), zu Ausfällen von Strophen (Str. 360-362; 509-562; 536-542), zu ver- oder aus-

---

33   Ebd., S. 419, nach Strophe 737.

34   Auf Abschreibfehler ist zu schließen, wenn der neue Text offensichtlich unsinnig oder syntaktisch irregulär ist.

35   Huber: Virginalbruchstücke aus der Benediktinerstiftsbibliothek Metten, weist die Stellen in den Fußnoten nach.

getauschten Reimwörtern (Str. 421,4-5; 441,11 und 13; 443,1-2; 457,1-2) sowie zu einer Reihe von Formulierungsvarianten (am auffälligsten Str. 543,7-10), die auch einmal gravierend vom Erzählzusammenhang abweichen (Str. 352,11).

Es gibt auch Satzhülsen, und diese noch etwas undeutliche Kategorie der Beschreibung memorieller Fassungen läßt sich nun genauer umreißen. Besonders auffällig ist nämlich an den Bruchstücken, daß der Sänger im Rahmen gleichbleibender Satzumgebungen gelegentlich pronominale Bezüge umstellt, indem er die Pronomen auswechselt. So z.B. bei folgendem Beispiel: Ein Zwerg will Hildebrands Schild wegtragen, wird aber unter seinem Gewicht zu Boden gedrückt: *das blut ime vs den oren wiel, / er* [der Schild] *druckede in* [den Zwerg] *alſo vaſte.* (V_{10} 354, 9-10) Dies heißt in V_8: *Daz blůt ym ín dýe oren wil / uñ druckete ýn so faste.* Hier ist es also nicht der Schild, sondern das Blut, das auf den Zwerg – von innen – Druck ausübt. Durch minimale Veränderungen im Wortlaut wird der dargestellte Vorgang grundsätzlich anders aufgefaßt. Dies läßt sich auch andersherum ausdrücken: Der Vorgang wird grundsätzlich anders aufgefaßt, was nur minimalen Formulierungsaufwand bereitet. Was aber ist zuerst da, der veränderte Wortlaut oder die andere Auffassung des Vorgangs?

Daß hier eine Fehlstelle vorliegt, ist sehr wahrscheinlich: Was sollte einen Bearbeiter bewegen, die Druckausübung in Vers 10 vom Schild auf die Blutzirkulation zu verlagern? Im Kontext liegt es selbstverständlich näher, daß der für den Zwerg viel zu schwere Schild ihn mit entsprechenden Folgen für die Blutzirkulation niederdrückt – das soll letztlich auch in V_8 gesagt werden –, als daß der steigende Blutdruck nun auch noch von innen Druck ausübt. Dies führt vielmehr zu einer ungewöhnlichen, fast skurril anmutenden Vorstellung: von außen drückt der Schild, von innen das Blut.

Der Wortlaut kommt denn auch unwillkürlich zustande, dabei allerdings in integrierter Form: Blut, das wie in V_{10} aus den Ohren herausdrängte, könnte den Zwerg nicht drücken, da es einen Ausgang gefunden hätte. Da es aber von innen gegen die Ohren drängt, kann es auch Druck ausüben. Der Wortlaut ist ungeachtet der skurrilen Vorstellung sinnvoll, er stellt sich als ganzer ein, und deshalb scheint die unwillkürlich veränderte Vorstellung mit einer anderen Auffassung des Vorgangs den Anfang zu machen, und der Wortlaut richtet sich daraufhin nach ihr. Die Vorstellung wirkt wie eine Gestaltwahrnehmung, die die Details eines Vexierbildes nach der wahrgenommenen Gestalt modelt. Die Vorstellung ist aber durchaus nicht ganz frei, sie wird durch den Wortlaut gehalten und in ihrer Bewegungsfreiheit eingeschränkt: Verändert werden eine Präposition und ein Pronomen. Mehr gestattet die fest in Erinnerung befindliche Satzstruktur nicht.

Anders als bei der Auswechslung des Satzrahmens im Fall der Verwandlung von direkter in indirekte oder gar in Erzählerrede und umgekehrt, wird

316

in solchen Fällen ein Sinnrahmen ausgewechselt, denn es wird deutlich etwas anderes gesagt.

Ich führe weitere Beispiele für Satzhülsen an (V_{10} steht in der linken Spalte, die Satzhülsen von V_8 in der rechten Spalte sind mit den korrespondierenden Stellen in V_{10} fett gesetzt):

390,5-6:	*min hertze wart mir niemer fro,*	[Textausfall]
	es werde uch den in getrenket.	***Im werde als uch gedrencket.***
508,11:	*ich hette in balde erſtochen,*	*Ich hette vns schiere*
		gerochin:[Vers vertauscht]
	ſo mohtent wir mit eren leben.	***So mohtit ir mit eren lebn.***
543,2-3:	*mohte ich nů ein tegen han,*	*Mochte ich eynen degin han,*
	ſo wolte ich mit uch riten.	***so wolde ich myt yme riden.***

Das Phänomen der Satzhülsen tritt deutlicher hervor im Kontrast zu einem Fall, in dem auch das Verb ausgewechselt wird, so daß der Satz die Identität seines syntaktisch-semantischen Skeletts – soweit man hier von Identität sprechen kann – verliert. Dietrich beklagt sich vor der Schwester Nitgers darüber, daß der ihn bewachende Riese das für ihn, Dietrich, bestimmte Essen verzehrt, und fährt fort: *ſo het er ſich vermeſſen, / **Er welle haben** gar das gut, / das ime g(e)lobet würde.* (V_{10} 373,6-8) Dies heißt in V_8: *so hat er sich vír messen, / **ich musse ym geben** gar daz gut. / daz yme gelobet wurde.* Der Satzinhalt bleibt hier derselbe, das Satzskelett ist – im fett gesetzten Teil – verwandelt.

Satzhülsen ›funktionieren‹ anders: Das Satzskelett bleibt identisch,[36] aber der Satzinhalt wird verändert. Das Skelett wirkt wie eine Schablone, in der Raum für Varianz ausgespart ist. Im Gedächtnis bleibt die Schablone, bleibt das syntaktisch-semantische Skelett erhalten – anders als bei Lauthülsen wohl nicht allein gestützt auf den Klang, aber immer noch *bottom up*[37] –, während Rahmen (Figuren- vs. Erzählerrede bzw. direkte vs. indirekte Rede) oder Referenten wechseln können. Die Regel ist, daß Pronomen und Präpositionen ausgewechselt werden bzw. an andere Referenten gedacht wird.[38] Wo dagegen das Gedächtnis vom Satzinhalt her – ausschließlich *top down* – gelenkt

---

36 Von einem Satzskelett spreche ich im gegebenen Kontext, wenn in Verbindung mit ein und demselben Verb eine bestimmte Reihenfolge von Wortkategorien erhalten bleibt.

37 Vgl. zum Begriff oben Kapitel 5.4, S. 202f.

38 Ich stelle ein Beispiel aus dem ›Nibelungenlied‹ hinzu, um die Systematik von Satzhülsen zu veranschaulichen und zu belegen, daß es sich um einen typischen Vorgang handelt: In B 342,1 heißt es: *Der geſellen bin **ich** einer, daz ander **soltu** wesen.* In C 350,1 heißt es dagegen: *Der geſellen sît **ir** einer, der ander sol **ich** wesen.* Hier bleiben die Referenten (Siegfried und Gunther) zwar dieselben, sie werden aber in umgekehrter Reihenfolge genannt, da die zugehörigen Pronomen im Rahmen des Satzskeletts vertauscht werden (*ich* mit *ir* bzw. *du*).

wird, kann es mit dem syntaktisch-semantischen Skelett auch den gesamten konkreten Wortlaut verlieren.

Bei dem gerade angeführten Beispiel mit dem Verlust des ursprünglich verwendeten Verbs (*ich musse ym geben* statt *Er welle haben*) kann man – im gegebenen Zusammenhang: per definitionem – nicht mehr von einem noch identischen Satzskelett sprechen. Das Gedächtnis hat hier den erzählten Vorgang – [Dietrich erzählt:] Der Riese beansprucht sein Gut – bewahrt, es hat aber nicht das Skelett des Satzes bewahrt und zu seinen Gunsten den erzählten Vorgang preisgegeben. Wird der erzählte Vorgang bewahrt, so bedarf es anderer Anhaltspunkte als des syntaktisch-semantischen Skeletts: neben Slot-Positionen im Rahmen der Erzählfolge z.B. bildlicher Anhaltspunkte, um den Erzählinhalt abzurufen. Wenn Satzskelette *bottom up* gespeichert werden, indem das Skelett als Wortlaut in Erinnerung bleibt, während doch der Erzählinhalt sich ändern kann, so werden Satzinhalte dagegen *top down* gespeichert, indem sie eingebettet in die Handlungsfolge oder über konkrete Visualisierungen in Erinnerung bleiben, während der Wortlaut sich grundlegend ändern kann.

Daß Sänger mit bildlichen Anhaltspunkten arbeiten, läßt sich gleich noch einmal an einem Beispiel demonstrieren. Dietrich erzählt, wie er in einem Kampf gegen einen Drachen Funken aus dem Fels schlägt. Er trifft die Steine so, daß *dar vs die rote varwe ſchein* (V_{10} 414,4), bzw. – in V_8 – *dar vz die rode flamme drang*. Hier wird in V_8 gesehen, was erzählt wird, deshalb gerät der Sänger vom ursprünglichen Wortlaut ab und fällt im übrigen aus dem Reimschema.

Nicht an allen Bruchstücken der ›Virginal‹ läßt sich die memorielle Textur ähnlich gut beobachten wie hier. Einige Bruchstücke sind zu kurz, um zu einem sicheren Eindruck zu gelangen. V_5 umfaßt überhaupt nur fünf Verse.[39] V_2 zeigt über sechzehn Strophen hin nahezu ausschließlich Abweichungen in der Graphie,[40] so daß die Wahrscheinlichkeit sehr groß ist, daß zwischen V_{10} und V_2 allein schriftliche Überlieferung vermittelte. V_{13} hat eine Reihe von Formulierungsvarianten gegenüber V_{10}, von denen einige zu V_{12} stimmen, so daß es möglich erscheint, daß V_{12} hier der Ausgangsfassung ausnahmsweise näher steht als V_{10}.[41] Ob die Varianten von V_{13} noch einem Schreiber zuzutrauen oder einem Sänger zuzuschreiben sind, läßt sich nicht entscheiden.

---

39 Zupitza hat die Zugehörigkeit der Verse zur ›Virginal‹ in seiner Ausgabe, S. X, erkannt. Gedruckt sind sie zuerst bei Moriz Haupt: Goldemar von Albrecht von Kemenaten. In: ZfdA 6 (1948), S. 520-529, hier S. 524.

40 Vgl. das Bruchstück bei Barack: Dietrich und seine Gesellen.

41 Vgl. Heidrun Alex: Ein unbekanntes ›Virginal‹-Fragment in Augsburg. In: ZfdA 123 (1994), S. 201-206, hier S. 205f.
Es gibt weitere, von Zupitza in seiner Ausgabe nach V_{12} verbesserte Stellen, wo V_{12} ersichtlich den ›besseren‹ Text hat. So muß es im Kontext einer erwartungsvollen Begrü-

Das gilt auch für die Varianten der knapp acht Strophen von V_1 (zwischen Str. 155,12 und 178,11),[42] von denen allerdings zwei im Vergleich zu V_{10} den Eindruck von Satzhülsen machen:

got durch ſine gůte *Hat dich zů frúnden hergetragen,* *dem kúnne min zů troſte.* (V_{10} 158,6-8)	*got durch ſine gůte* *hat mir zv̊ fröden*[43] *har getragen* *dem kvnne din zetroste.* (V_1)
Mag ichs an dem gerechen niht, *der úch do hat verhöwen,* *dar an mir hertzeleit geſchicht.* (V_{10} 178,7-9)	*mag ichz an den gerechen niht* *die v́ch do hant v' howen* *d' an mir h' zeleit geleit.* (V_1)

Die Vergleichsstrecke ist aber zu kurz, um hier Gewißheit zu erlangen.

Obwohl V_4 immerhin ca. 28 Strophen liefert (zwischen Str. 270,10 und 358,8),[44] ist mit Ausnahme einiger auffälliger Formulierungsvarianten (z.B. Str. 247,13; 283,8-9; 345,7-10; 347,11) kein anderes Indiz einer memoriellen Textur erkennbar.[45]

In V_6[46] sprechen eine Reihe von Ausfällen einzelner Wörter (z.B. Str. 118,6: *uns*; 119,3: *iuch*; 126,5: *stuont*), auch einmal eines Verses (Str. 128,5) oder einer Strophe (Str. 134), eindeutig für die Arbeit eines Schreibers, der sich gelegentlich auch verlas oder verschrieb (z.B. Str. 120,13: *kel* statt *hel*; 126,9: *zippres eyne* statt *zippereſſen* bzw. *zyppressine*; 137,6: *hellen* statt *holen*; 140,1: *reyse* statt *rede*) und auch zu korrigieren suchte, was er nicht verstand (z.B. Str. 111,2-3; 135,13; 137,12). Da die Abweichungen von V_6 auf den Umfang von einem oder zwei Wörtern beschränkt bleiben – mit Ausnahme der Textausfälle – und es kaum je zu Formulierungsvarianten kommt, wird im Kontrast zu dieser Abschrift deutlich, was eine memorielle Fassung ausmacht.[47]

ßung zweifellos *die waren freüdenpere* (V_{12} 542,8) statt *Die warent froide lere* (V_{10} 356,8) heißen. Ebenso ist *keine froide wart so schone me* (V_{10} 373,12) im Kontext unsinnig. *kein fraw so schön auf erd nie wart* (V_{12} 559,12) gibt mit *fraw* den richtigen Hinweis. Für Emendationen kann V_{12} je nur an der Einzelstelle und in Bezug auf einen einzelnen Begriff weiterhelfen, da der Wortlaut durchgehend zu stark abweicht.

42   Vgl. Robert Priebsch: Ein neues Bruchstück der Virginal. In: Archiv für das Studium der neueren Sprachen und Literaturen 143 (1923), S. 30-34.

43   Hier scheint eine Lauthülse mit der Satzhülse verschränkt.

44   Vgl. Edward Schröder: Bruchstücke einer neuen Pergaments. der Virginal. In: ZfdA 33 (1936), S. 270-276.

45   V_4 weicht allerdings in Bezug auf die beiden oben besprochenen Satzhülsen (S. 306f. und Anm. 12) von V_{10} ab und stimmt zu V_8!

46   Vgl. das Bruchstück im ›Heldenbuch‹ von der Hagens, Bd. II, S. 516-522.

47   Deutlich wird allerdings auch, daß Lauthülsen nicht immer zweifelsfrei festzustellen sind. Vgl. V_6 135,13: *den blumen keyne fraude gebe* statt *den blumen cleinen fride gebe*. Liegt hier eine Verschreibung vor oder, was im Kontext einer Abschrift auszuschließen wäre, eine Lauthülse?

An den Bruchstücken V_3 und V_9 tritt dagegen die Textur memorieller Fassungen in je unterschiedlicher Ausprägung hervor. Besonders interessant sind die Bruchstücke V_3, weil sie zusammen mit Bruchstücken aus dem ›Eckenlied‹ (E_3) und dem ›Ortnit-Wolfdietrich‹ (C) zu einer Handschrift gehören: einem Heldenbuch des 13./14. Jahrhunderts,[48] in dem die im nächsten Kapitel noch herauszuarbeitende Eigenart von Heldenbüchern, mit immer anderen Fassungen aufzuwarten, bereits in vollem Umfang realisiert ist. Der Kontakt zum Medium muß deshalb in die Entstehung von Heldenbüchern hineinspielen, sei es auch nur ein über Abschriften vermittelter Kontakt. Zu einem so frühen Zeitpunkt, im 13./14. Jahrhundert, könnte es aber auch ein unmittelbarer Kontakt sein. Leider bleibt es eine bloße Vermutung, von dem Heldenbuch auf das Repertoire eines Sängers zu schließen.

Die Bruchstücke V_3 umfassen die Strophen 56,11-59,2 und 60,4-62,13[49], Teile des Texts zwischen Strophe 66 und 94[50] sowie die Strophen 96,2-116,5[51]. Neben regelmäßigen Formulierungsvarianten (besonders hervorstechend in Str. 69,10-13) trifft man hier auf Ausfälle von Strophen (Str. 71, 79-92, 103, 109-112, 114) und auf die Vertauschung von Verspaaren und Versen (76,7-8 und 9-10, 105,9 und 10). Strophe 108 zeigt einen charakteristischen Zerrüttungszustand, da die ersten zehn Verse in der Folge 4 5 6 1 2 3 7 8 9 10 gereiht sind. Als Vers 11 folgt Vers 109,12, dann endet die Strophe mit einem weiteren Vers zu früh. Auch andere Strophen haben nur zwölf Verse (Str. 105). Schließlich begegnen Lauthülsen (Str. 57,11; 58,12; 99,10; 104,13) und Satzhülsen (Str. 94,12-13; 102,13). Eine von ihnen lohnt es, noch einmal betrachtet zu werden. Im Rahmen eines Kampfs spricht Dietrich in Gedanken zu sich selbst:

»nůn můſt du helffe dich verwegen,	»nu můz ich helfe mich erwegen.
ſit dir nohen wil der dot.«	Sit mir nahen wil der dot.«
(V_{10} 94,12-13)	(V_3)

Die Pronomen wechseln hier in V_3, aber da es sich in V_{10} um eine Selbstanrede handelt, bleibt der Inhalt derselbe. Die Transposition der Selbstanrede in eine Gedankenrede scheint mechanisch vorgenommen, allerdings in Angleichung an den Fortgang der Selbstanrede als Gedankenrede schon in V_{10} in der Folgestrophe.

---

48 Hinweise zur Handschrift gibt Heinzle: Mittelhochdeutsche Dietrichepik, S. 291-293.

49 Abgedruckt im ›Heldenbuch‹ von der Hagens, Bd. I, S. LV-LVII.

50 Abgedruckt im ›Heldenbuch‹ von der Hagens, Bd. II, S. 511-515.

51 Vgl. Otto von Heinemann: Aus zerschnittenen Wolfenbüttler Handschriften. In: ZfdA 32 (1888), S. 69-123, hier S. 81-84.

Die Bruchstücke V_9 umfassen Strophen und Strophenteile zwischen Strophe 132 und 187,5[52] sowie zwischen Strophe 205 und 214,5 und Strophen und Strophenteile einer Episode, die V_9 mit V_{12} teilt und die in V_{12} zwischen Strophe 353,12 und 361,5 liegen.[53] An den gestückelten Resten zwischen Strophe 132 und 187,5, die als Flickstreifen in den Innendeckel einer Handschrift eingeklebt waren, kann man neben regelmäßigen Formulierungsvarianten[54] Umstellungen von Strophen (Str. 134, 135 und 136 in der Reihenfolge 136, 135, 134[55]), Auslassungen von Strophen (Str. 185-186, 206?, 209?), ein falsch einmontiertes Verspaar (Str. 134,4-5 wird in Str. 133 anstelle von Vers 4-5 einmontiert[56]) sowie eine Lauthülse (*und säst ir in dem hus gemach* statt *vnd ſehent jr iergent hus gemach* [V_{10} 210,12])[57] feststellen. Einmal wird ein Vers falsch bezogen:

Manheit bedarff ein ritter wol,	*manheit bedarf ein ritter wol*
milte jn rechter moſſe,	*milt in rechter mässe*
got er vor ögen haben ſol.	*er got vor ogen haben sol.*
(V_{10} 211,7-9)	(V_9)

Die Aufzählung von V_{10} wird so verfehlt – auch der wohl unwillkürlich falsch hergestellte Bezug ist ein charakteristisches memorielles Phänomen, das Satzhülsen sehr ähnlich ist.

Die Textpartie, die V_9 nur mit V_{12} teilt, läßt sich nicht mehr auf memorielle Effekte hin absuchen, denn ganz offensichtlich ist V_{12} von V_9 bzw. von einer Fassung, deren Abschrift V_9 darstellt,[58] abhängig und nicht umgekehrt.[59] V_9

---

52 Abgedruckt bei Wolfram Schmitt: Bruchstücke einer Virginalhandschrift in der Württembergischen Landesbibliothek Stuttgart. In: Studia Neophilologica 35 (1963), S. 269-274.

53 Abgedruckt bei Matthias Lexer: Dietrich und seine Gesellen. Bruchstücke. In: ZfdA 13 (1867), S. 377-381. Vgl. genaue Angaben zu den in V_9 erhaltenen Strophenteilen bei Heinzle: Mittelhochdeutsche Dietrichepik, S. 332f. Die von Lexer in der falschen Folge 3a, 3b, 4a und 4b gedruckten Bruchstücke, bei denen V_9 dem Text von V_{12} entspricht, gehören in die Folge 4b, 4a, 3b und 3a. Vgl. auch Heinzle: Zur Überlieferung der ›Virginal‹, S. 161f.

54 In Str. 140,7 werden dabei Satzteile vertauscht.

55 Diese Reihenfolge hat auch V_{12}, andererseits folgt der Text von V_9 oft V_{10} (vgl. etwa Str. 136,4 und 135,8).

56 Dies geschieht auch in V_{12}, was Schmitt bei den Angaben zu seinem Abdruck nicht berücksichtigt hat.

57 *durch schilte haften zins* scheint keine Lauthülse, sondern eine Verschreibung für *durch ſchulthafftigen zins* (V_{10} 132,12).

58 Wie aus einigen offenkundigen Verschreibungen und unverständlichen Stellen hervorgeht: Vgl. etwa *denk* statt *dunk* (V_{12} 358,8), die nicht reimenden Reimwörter *vasten* und *frowen* in Str. 356,3 und 6, die Verse 357,4.7.12-13; 360,9-11.

59 Zur Abhängigkeit der Fassung V_{12} von V_9 vgl. auch Heinzle: Zur Überlieferung der ›Virginal‹, S. 164f. Heinzles gegenüber Zupitza bezogene textkritische Position, »daß die scharfe Trennung zwischen den Texten w [= V_{12}, H.H.] und h [= V_{10}, H.H.] [...] wegen

hat etwa noch einen so ungewöhnlichen Vers wie *er haut dz krücz uff mich genomen* (= V_{10} 205,9: *er hat daz critze uff mich genomen*) beibehalten, aus dem V_{12} 328,9 *sein hilf hat er von mir genumen* macht. Entsprechend entfernt sich V_{12} öfter vom Text von V_9, den es aber voraussetzt.

Während V_9 zweifelsohne eine memorielle Fassung darstellt, von der V_{12} abzuleiten ist, könnte V_{12} ihrerseits eine memorielle Fassung dieser Fassung sein, die nun selbst auf memorielle Effekte gegenüber V_9 hin abzusuchen wäre. Aber die Vergleichsstrecke ist zu kurz. Eine Stelle könnte als Lauthülse erscheinen – *er pflag ir **aller geliche** / alsam ain tugenthafter wirt* heißt in V_{12}: *er pflag ir **adelleichen** / als noch ein tugenthafter wirt* (Str. 354,3-4)[60] –, und die Verse 11-13 der Strophe 356 sind ohne Not ersetzt. Aber für sich allein bedeutet das keinerlei schlagende Evidenz.

So ist es auch möglich, daß V_{12} nur eine übersetzende Bearbeitung darstellt.[61] Daß dies zumindest auch der Fall ist, wird schon auf den ersten Blick deutlich, wenn man etwa auf eine Stelle wie Strophe 223,3 trifft, wo der Vers *die junkfraw die ward weinen* den mittelhochdeutschen Vers *die magt begunde weinen* (V_{10} 102,3) in das vertrautere Frühneuhochdeutsch bringt.

Wenn man angesichts der zu knappen Vergleichsstrecke für das Verhältnis von V_9 und V_{12} auch kein eindeutiges Urteil über V_{12} als memorielle Fassung fällen kann, so ist doch offensichtlich, daß V_{12} im Vergleich zu V_{10} letztlich eine memorielle Fassung zugrundeliegen muß. Dies wird nun auf Schritt und Tritt deutlich, wenn man beide Fassungen vergleicht. Ich wähle nur eine kurze Teststrecke aus, zwei Strophen, in denen Rentwin gegen Drachen zu kämpfen beginnt:

REntwin der wart ſchier bereit,	Rotwein zu streiten was bereit,
von jme ſin[en] harneſch an geleit,	sein herz was kün und unverzeit,
den ſchilt er vor ſich druhte,	den schilt er fur sich rückte,
Sin ſwert daz nam er in die hant,	sein schwert das nam er in die hant,
ſú wurdent ſchier' vff in gebrant,	erzurnet was der kün weigant,
das ſwert er balde zuhte,	sein waffen er da zückte
Er wart ein verwegen man	und lief vil mangen wurm da an:
vff ſú do in dem walde;	die eilten gen im palde,
vnd lieff mit zorne die wurme an:	erzurnet ward der küne man

---

der Existenz eines vermittelnden Zeugen [nämlich V_9, H.H.] fragwürdig ist« (ebd., S. 165), kann ich nicht teilen. Mag auch Zupitza den Charakter der beiden Textzeugen V_{12} und V_9 verkannt haben, so war er doch zweifellos im Recht mit ihrer Abwertung für die Arbeit des Textkritikers.

60 Ich zitiere die ›Virginal‹ aus Linhart Scheubels Heldenbuch nach der Ausgabe von Franz Stark.

61 Wie auch das ›Nibelungenlied‹ k aus Linhart Scheubels Heldenbuch nach der Untersuchung Lunzers: Die Nibelungenbearbeitung k, eine übersetzende Bearbeitung darstellt.

ſú ſchuſſent gegen jme balde,
ſú ſchuſſen(t) jme her vnd dar,
alſo binen vmb ein hunig was (wab?)[62]
des nam der heilt do gůte war.

dort in dem grünen walde,
sie schussen umb in her und dar,
als pinlein umb ein honigfas,
des nam der edel ritter war.

»*Iſt, daz ich gefugen kan,*
ir boſen volendes man,
ich ſol mich an uch rechen:
Ir kument alle von mir niht,
ſo we ich (mir?) hie von uch geschiht,
min iſen [daz] ſol uch ſtechen
Vnd ſlagen uch durch den giel,
vnd durch des rucken zagel,
das blut mus von uch als kiel,
das wil ſin vwer hagel.
ir wolten(t) mich verſlunden han:
das ſol ich rechen hie an uch,
das (des?) truwe ich got ſunder wan.«
(V₁₀ 902-903)

Dar mit er da die würm anlief,
gar zorniglich der degen rief:
»*ich wil mich an euch rechen;*
ir kument lebend nit von mir,
der tot der muß euch nahen schir
von hawen und von stechen.«
er schlug ein wurm durch seinen giel,
durch rück und auch durch zagel;
sein schwert engstlichen nider viel,
sam schlug auf si der hagel.
»*ir woltend mich verschlunden han,*
das richt an euch mein werde hant,
und wil mir got hie beigestan.«
(V₁₂ 749-750)

Mehr als einen flüchtigen Eindruck können die zwei Strophen nicht vermitteln.[63] Ohne voreingenommene Betrachtung fällt an dem Wortlaut von V₁₂ nichts auf, was als untrügliches Zeichen einer memoriellen Fassung gelten könnte. Der Wortlaut hat seinen guten Sinn. Das ist in V₁₂ allerdings nicht überall der Fall, und hier und da hat Franz Stark sich in den Anmerkungen zu seiner Ausgabe gezwungen gesehen, den Text der Heidelberger Handschrift (V₁₀) zurate zu ziehen, um eine Stelle in V₁₂ zu verstehen.

Einige Unregelmäßigkeiten fallen an den Strophen aber doch auf: In Vers 9 von Strophe V₁₀ 902 bzw. V₁₂ 749 gerät Rentwin in Zorn, V₁₂ läßt ihn unnötigerweise auch in Vers 5 schon einmal in Zorn geraten bzw. bringt die Formulierung *erzurnet was (ward)* [...] zweimal, während hier in V₁₀ erst einmal die Drachen in Zorn geraten. Dann sind die Verse V₁₀ 749,8 und 10 in V₁₂ bei geringfügig veränderter Formulierung vertauscht. Abgesehen von ersetzten Versen sind die Verse V₁₀ 903,7-10 in V₁₂, 750,7-10 in Erzählertext verwandelt – wie dies auch etwa kurz vor der zitierten Stelle – in Str. V₁₂ 747,4 – bereits geschieht.

Man kann nach einem Motiv für diese Änderungen suchen und wird es zur Not finden. Man kann sie aber auch als Merkmale der Textur memorieller

---

62 Ist hier – gegen den Verbesserungsvorschlag von der Hagens – *honecfas* oder *honecwahs* zu lesen?

63 Eine ausführliche Analyse der beiden Fassungen im Vergleich mit der des Dresdner Heldenbuchs hat Justus Lunzer: Über Dietrichs erste Ausfahrt. In: ZfdA 43 (1899), S. 193-257, vorgenommen. Allerdings geht er – in diesem Fall unzutreffend – für V₁₂ von der Arbeit eines Schreibers oder Bearbeiters aus, so daß eine neue Untersuchung angezeigt ist.

Fassungen erkennen. Sucht man den Text von V_{12} dann nach weiterer Bestätigung für diesen Anfangsverdacht ab, so wird man Lauthülsen und Satzhülsen, Vertauschungen und Textumstellungen sowie unverkennbare Fehlstellen finden, die ich hier nicht mehr ausbreite. Da V_{12} sich als von V_9 abhängig erweisen läßt, kann es sich gar nicht anders verhalten, als daß auch in V_{12} noch der memorielle Charakter der Vorgängerfassung durchschlägt. Nicht abschätzen läßt sich, was V_{12} hier noch hinzutut.

7.4 Zur Dynamik der Fassungsbildung und zur Institution der Gedächtnisspezialisten

Der Begriff der Ausgangsfassung bezieht sich auf einen in der Regel nicht mehr unmittelbar greifbaren Text, von dem vorhandene Fassungen abzuleiten sind. Die Ausgangsfassung ist deshalb, wofern man ihren Wortlaut festlegen wollte, ein hypothetisches Konstrukt und darin dem meist ebenfalls nicht zurückzugewinnenden ›Lachmannschen Original‹ vergleichbar. Man verstünde die Sachlage aber falsch, wenn man meinte, das hypothetische Konstrukt auch als analytische Größe deshalb ganz preisgeben zu müssen. Reidentifizierbarer Wortlaut bildet sich nicht zufällig neu. Und wenn er gar von verschiedenen Seiten übernommen wird, so hat er einen gemeinsamen Ausgangspunkt.

Der Begriff der Referenzfassung bezieht sich per definitionem auf einen greifbaren Text, den man heranzieht, um ihn mit einer anderen Fassung zu vergleichen. Man zieht den Text aus Verlegenheit heran, weil man die Ausgangsfassung nicht mehr zur Verfügung hat. Der Begriff ist deshalb ein methodologischer Begriff, der nichts über eine tatsächliche Abhängigkeit von Fassungen aussagt.

Beide Begriffe fixieren also komplementäre Aspekte: Die Ausgangsfassung hat man nicht, aber man muß ihre Existenz unterstellen, die Referenzfassung hat man, aber man kann sie in der Reihe der Fassungen nicht unbedingt lokalisieren. Natürlich hat eine Fassung in der Reihe der Fassungen eine Vorgängerfassung, von der sie sich unmittelbar herleitet: Ein Sänger hat vielleicht nicht wie ein Bearbeiter immer eine Schriftvorlage, aber er hat die Vorgängerfassung in einer konkreten Lernsituation – oder einer Mehrzahl von Lernsituationen – in sein Gedächtnis aufgenommen.

Wo die Fassungen mündlich weitergegeben werden, sind sie den Anfälligkeiten der Aufnahme durchs Ohr, wo sie nur als Gedächtnistexte existieren, den Mechanismen des Gedächtnisses ausgeliefert. Hierbei sind sie einem charakteristischen Abschliff ausgesetzt, und man kann sich kaum vorstellen, daß sie in diesem Rahmen erheblich erweitert, daß die Fassungen gar zu Versionen ausgebaut würden. Nun ist allerdings zu beobachten, daß überall dort, wo aus Fassungen Versionen entstehen, d.h. wo Fassungen erheblich erweitert und zu neuen Texten ausgebaut werden, memorielle Fassungen als Ausgangspunkt dienen.

So geht die Fassung E_7 des ›Eckenliedes‹ ab Strophe 224 ($\approx E_2$ 185) endgültig eigene Wege gegenüber E_2. Zuvor fallen bereits Strophen aus, und E_7 erweitert z.T. selbständig. Die Fassung e_1 geht ab Strophe 174 ($\approx E_2$ 198) eigene Wege, vorher teilt sie einige Erweiterungen gegenüber dem Text von E_2 mit E_7 und hat eigene Erweiterungen und Ausfälle. Der Wortlaut des gemeinsam geteilten Textes ist aber nicht der von E_2, sondern gegenüber diesem ist offensichtlich memorieller Abschliff eingetreten – ungeachtet des Umstandes, daß E_2 selbst nicht die Ausgangsfassung darstellt.

Dieser Befund stimmt mit den Beobachtungen am ›Nibelungenlied‹ überein: Hier setzt die Fassung/Version *C einen memoriell veränderten Text von *B voraus. Nicht anders beim ›Ortnit-Wolfdietrich‹: Zum ersten Mal greift man einen memoriell umgestalteten Text in den Bruchstücken des ›Ortnit‹ C, für die die charakteristische Textur memorieller Fassungen zu konstatieren ist.[64] Die Bruchstücke des ›Wolfdietrich‹ C laufen nicht parallel zu einem Teil der Erzählhandlung des ›Wolfdietrich‹ B, so daß man hier keine weiteren Schlüsse ziehen kann. Der ›Wolfdietrich‹ D aber enthält memoriell umgestalteten Wortlaut des ›Wolfdietrich‹ B, bevor er ab Strophe 840 eigene Wege geht.

Dies gilt nun endlich auch für die Fassung/Version V_9 der ›Virginal‹, soweit man es den Bruchstücken V_9 entnehmen kann. Auch hier wird ein memoriell umgestalteter Rumpftext von V_{10} (bzw. einer Vorgängerfassung) forttradiert, der zu einer neuen Fassung/Version ausgebaut wird. Er geht dann in V_{12} ein.

Solche Beobachtungen erlauben nicht nur, sie erzwingen auch einige Schlußfolgerungen. Zuvor aber stellen sich Fragen: Warum war es den Dichtern der jeweils erweiterten Fassungen nicht möglich, in den Besitz eines dem Ausgangstext im Wortlaut näherstehenden Textes zu gelangen? Wenn es doch im 15., ja sogar im 16. Jahrhundert (im Zuge der Niederschrift des Ambraser Heldenbuchs!) noch möglich war, solche Texte zu beschaffen, warum griffen jene Dichter auf Gedächtnistexte zurück, die memoriellen Abschliff aufweisen?

Eine naheliegende Antwort ist diese: Weil sie sich diese Texte nicht als Diktate von Sängern beschafften, sondern weil sie möglicherweise selbst Sänger waren, welche die Texte, die sie erweiterten, auch tradierten. Rein memo-

---

64 Es kommt zu Ausfällen von Strophen (Str. 228, 314, 316; überprüfbar sind die folgenden Hinweise an den in der Ausgabe Jänickes am rechten Rand angebrachten Vers- und Strophenangaben aus dem ›Ortnit‹ AW), zu Vertauschungen von Verspaaren (z.B. in Str. 184) und Versen (z.B. von Str. 205,3 und 4), zu einer gelegentlich gestörten Strophenteilung (z.B. Str. 308f.), zu Lauthülsen (z.B. Str. 177,2) sowie zu Satzhülsen (z.B. Str. 213,3).

riell bedingte Veränderungen traten in ihrer Praxis als Sänger ein, ebenso aber gingen auch die Erweiterungen aus ihrer Praxis als Sänger hervor. Sie waren nicht nur Gedächtnisspezialisten, sondern Tradenten von Heldendichtung, die ebenso auch zu dichten verstanden.

Dies bedeutet nun allerdings eine gründliche Revision der Vorstellungen über die Entstehung und Überlieferung von Heldendichtung als Schrifttexten. Gewiß ist hier zu differenzieren. Der von der Fassung V_9 der ›Virginal‹ herzuleitende Text von V_{12} mag eine bloß übersetzende Bearbeitung darstellen, so daß es denn wie hier, so auch anderweitig immer wieder zur Einwirkung der Schrift gekommen sein mag. In die Rezeption drängte die Schrift sich auch in so frappierender Weise herein, daß sich die Leser der Drucke von Heldendichtung noch im 16. und 17. Jahrhundert – etwa beim ›Eckenlied‹, beim strophischen ›Herzog Ernst‹ oder beim ›Lied vom hürnen Seyfrid‹, auch beim gedruckten Heldenbuch – mit Gedächtnistexten konfrontiert sahen, die sie, ohne von ihrer Herkunft noch zu wissen, für Schrifttexte halten konnten.

Auch die Entstehung einer Heldendichtung mag gegebenenfalls im Sinne einer Buchdichtung erfolgt sein. Die letzte Strophe der Heidelberger ›Virginal‹ $(V_{10})^{65}$ könnte dies – wenn sie ursprünglich sein sollte – für die Entstehung der ›Virginal‹ nahelegen, mehr noch Stellen, an denen der Blick des Dichters der Ausgangsfassung in verdächtiger Weise über die Grenzen des Mediums hinausschweift: Einmal wird Parzival erwähnt (Str. 1045) und zweimal auf Alexander den Großen angespielt (Str. 868, 936). Da dies in strophischer Heldendichtung höchst selten geschieht, während umgekehrt die höfische Buchdichtung von Beginn an schon im 12. Jahrhundert auf die Heldendichtung Bezug nimmt,[66] wird es etwas bedeuten: Der Dichter der ›Virginal‹ könnte belesen gewesen sein und, wie z.B. die Rolle, die Schrift und Briefwechsel im Text spielen,[67] zusätzlich nahelegt, ungeachtet der gewählten Strophenform eine Buchdichtung verfaßt haben.

Wenn dies der Fall war, so hat sich jedoch die ›Institution‹ der Gedächtnisspezialisten seines Texts angenommen und ihn, unbekümmert um die Art und Weise seiner Entstehung, reoralisiert und mündlich tradiert. Dies scheint in anderen Fällen – z.B. bei der ›Rabenschlacht‹ – nicht geschehen zu sein: die Überlieferung läßt jedenfalls nichts davon erkennen. Die ›Virginal‹ ist indes aus ihrem Buchdasein herausgelöst und dabei erweitert worden, ohne daß

---

65 Zitiert unten in Kapitel 8.3, S. 396.

66 Vgl. hierzu auch Victor Millet: Das 12. Jahrhundert und die Heldensage. In: Wolfram-Studien XVI. Aspekte des 12. Jahrhunderts. Freisinger Kolloquium 1998. Hg. von Wolfgang Haubrichs, Eckart C. Lutz und Gisela Vollmann-Profe. Berlin 1999, S. 256-281, bes. Kap. 3 und 4.

67 Vgl. Timo Reuvekamp-Felber: Briefe als Kommunikations- und Strukturelemente in der ›Virginal‹. Reflexionen mittelalterlicher Schriftkultur in der Dietrichepik. In: Beiträge 125 (2003), S. 57-81.

man sich die Mühe machte, eine Vorlage mit ›gutem alten‹ Wortlaut aufzu-
treiben. Der Text wurde so genommen, wie er im Kopf war. Das schließt nicht
gleich aus, daß die Erweiterung zur Version schriftlich erfolgte, sei es durch
Diktat oder eigenhändige Niederschrift. Aber so, wie der Text schon als
Gedächtnistext existierte, konnte im Prinzip auch noch der weitergeführte
Dichtvorgang erfolgen: freihändig nämlich, ohne Schreibwerkzeug in Reichweite, so daß Gedächtnisarbeit hinzukommen mußte, um den neu entstehenden Wortlaut gleichzeitig einzuprägen. Auch wenn es schwerfällt zu glauben,
daß dies bei hundert, ja Hunderten von Strophen möglich gewesen sein sollte
– selbst wenn die Faktur der strophischen Heldendichtung gerade auch hierauf angelegt ist –, muß man die Möglichkeit erwägen.

Auf Seiten der Gedächtnisspezialisten bedeutete eine Niederschrift immer
nur ein »momentanes Herausfallen aus der eigentlichen Lebensform«[68] der
Texte. Denn diese hafteten zunächst nur im Gedächtnis. Dessen Eigenheiten
boten sie dabei eine breite Angriffsfläche, wie sie auch der narrativen Willkür
der Sänger ausgeliefert waren. Die Dynamik der Fassungsbildung resultiert
deshalb nicht aus einer ›strukturellen Offenheit der Texte‹, weder im Sinne
ihrer konstitutiven Variabilität in der Überlieferung – dies wäre nur das zu
konstatierende Faktum und nicht schon eine Erklärung –, und schon gar nicht
im Sinne einer Offenheit der narrativen Strukturen, die eine produktive Am-
bivalenz aufwiesen und deshalb die Fassungsbildung stimulierten.[69] Denn es
ist grundsätzlich keine Eigenschaft der Texte, daß sie immer wieder in Fassungen begegnen, sondern eine Folge ihrer Lebensform als Gedächtnistexte.

Etwas anderes noch könnte aber Gegenstand der Revision werden: Denn
wie hat man sich den Dichter des ›Nibelungenliedes‹ vorzustellen, zumal wenn
– was offen ist – bei der Entstehung des Textes eine schriftliche Aufzeichnung ihre Rolle zugewiesen bekam? Als Vielleser, der den ›Eneasroman‹ für
die Darstellung der Liebe Kriemhilds zu Siegfried und den Trojaroman – mit
dem Raub Helenas als historischem Exempel dessen, was eine schöne Frau in
der Welt anrichten konnte – für die Konzeption des ›Nibelungenliedes‹ heranzuziehen wußte?

Die Strophe B 1912 gibt hierzu einen Fingerzeig.[70] Sie stellt sicher, daß der

68 Klaus Grubmüller: Gegebenheiten deutschsprachiger Textüberlieferung bis zum
Ausgang des Mittelalters. In: Sprachgeschichte. Ein Handbuch zur Geschichte der deut-
schen Sprache und ihrer Erforschung. Hg. von Werner Besch u.a. (HSK 2). Berlin, New
York ²1998, 1. Teilband, S. 310-320, hier S. 312.

69 So Heinzle: Mittelhochdeutsche Dietrichepik, S. 231f. Heinzle hat (ebd.) allerdings auch auf die »Freiheit der Tradierenden« hingewiesen und damit den Schlüssel zu
einer Erklärung der Fassungsbildung geliefert.

70 Vgl. zu dieser Strophe zuerst Heusler: Lied und Epos in germanischer Sagendichtung, S. 36f. Vgl. auch Heinzle: Das Nibelungenlied, S. 38-42, und Heinzle: Zur Funktionsanalyse heroischer Überlieferung: das Beispiel Nibelungensage, S. 210-212.

Dichter eine Vorgängerfassung ausbaute. Diese erzählte im Kontext der Strophe zweifellos, wie Kriemhild Etzels Eingreifen und den Kampf seiner Leute mit den Burgunden herbeiführt: indem sie ihren Sohn hereinbringen läßt und ihm – so freilich nur noch nach dem Zeugnis der ›Thidrekssaga‹ und unabhängig davon auch der ›Heldenbuch-Prosa‹ – aufträgt, Hagen zu ohrfeigen und damit zu einer Gegenreaktion zu provozieren. Kriemhild will demnach, daß Hagen ihrem und Etzels Sohn etwas antut, um Etzel, der den Burgunden freundlich gesonnen ist, in ihr Rachehandeln hineinziehen zu können.

Die Strophe 1912 betont noch das grausige Handeln Kriemhilds, deren schrecklicher Plan ist aber für den Handlungsverlauf gar nicht mehr notwendig, denn sie hat gerade Etzels Bruder Blödelin für den Kampf gegen die Burgunden gewonnen (B 1903-1910). Deshalb spielt er im folgenden auch keine Rolle mehr. Die Ermordung ihres Sohnes erfolgt erst später, als der Kampf zwischen Hunnen und Burgunden bereits erfolgreich angezettelt ist. Die Fassung *C läßt die Betonung des grausamen Kalküls Kriemhilds dann konsequenterweise weg und korrigiert damit einen recht auffälligen Motivationsfehler in *B.[71]

Das in Strophe 1912 äußerst negativ bewertete Kalkül Kriemhilds (*wie kunde ein wîp durch râche immer vreislicher tuon?* B 1912,4) kann sich nur auf die Funktionalisierung ihres Sohnes in ihrem Racheplan beziehen, und man muß schließen, daß die provozierende Ohrfeige, von der die ›Thidrekssaga‹ und die ›Heldenbuch-Prosa‹ erzählen, im Kontext der/einer Vorgängerfassung des ›Nibelungenliedes‹ erzählt wurde. Nur infolge einer Unaufmerksamkeit des Dichters dürfte die Strophe im ›Nibelungenlied‹ B stehengeblieben sein.

Die Retusche in C (hier in Str. 1963) und die in B quer zum Handlungsverlauf stehende Strophe lassen es als äußerst wahrscheinlich erscheinen, daß noch mehr Strophen einer Vorgängerfassung im Text des ›Nibelungenliedes‹ stehen, ohne daß man allerdings die Möglichkeit besäße, sie auszuweisen. Es wird aber nicht gerade nur dort eine Strophe stehengeblieben sein, wo sie nicht mehr zum Handlungsverlauf paßte, sondern eher werden dort Strophen bewahrt geblieben sein, wo sie keinen Anstoß erweckten.

Dann aber fügt sich das ›Nibelungenlied‹ in das Bild, das gerade von der Tradierung der strophischen Heldendichtung gezeichnet wurde. Der Dichter war kein Vielleser, sondern ein Gedächtnisspezialist, der Heldendichtung tradierte. Nur zufällig erscheint seine Dichtung als Ausgangstext einer breiten Überlieferung, tatsächlich war sie in ihrer Zeit nicht einmal eine Ausgangsfassung, sondern eine erweiterte Fassung/Version im Zuge der Tradierung

---

71 Müller: Das Nibelungenlied, S. 33-35, sieht anders als Heusler und Heinzle keinen Motivationsfehler in der Existenz der Strophe.

›des‹ ›Nibelungenliedes‹. Auch wenn Heuslers ›Ältere Not‹[72] bzw. eine Fassung, die sich so bezeichnen ließe, heute in keiner Bibliothek zu finden ist, muß es sie zumindest in einer mündlich tradierten Form gegeben haben. Die Strophe B 1912 gehörte zu ihr. Möglicherweise auch schon – wie oben wahrscheinlich gemacht – der Frauenstreit, so wie die 14. Aventiure ihn erzählt. Und dann vermutlich noch weit mehr Partien. Der Dichter des ›Nibelungenliedes‹ stand damit in einer Reihe von Tradenten, die bis ins Spätmittelalter strophische Heldendichtung ins Gedächtnis aufnahmen und auswendig wiedergaben.

Es mag mißverständlich sein, von solchen Tradenten als einer Institution zu sprechen, denn sie haben zweifellos keine Schulen gebildet, um die Tradierung von Heldendichtung über die Jahrhunderte hin zu gewährleisten. Aber dies ist Angelegenheit einer weiteren oder engeren Definition des Begriffs der Institution. Nicht nur dies hat Walter Haug in seiner These verkannt,

daß eine wörtlich festgelegte mündliche Tradition nur dort möglich ist, wo es Institutionen, irgendwelche schulmäßigen Instanzen, gibt, die die getreue Wiedergabe tragen und kontrollieren. Ohne eine derartige Kontrollinstanz kann sich eine wörtlich festgelegte Tradition nicht halten. Von einer solchen Instanz gibt es im Mittelalter aber keine Spur.[73]

Verkannt ist hier auch, daß es zur Tradierung strophischer Lieder keiner schulmäßigen Instanz wie etwa zum Erlernen des Korans oder des Veda bedarf. Eine Kontrollinstanz mag für heilige Texte von Bedeutung sein, für Heldendichtung braucht es sie nicht. Sozialtheoretisch gesehen können hier überindividuell eingespielte Kodierungsformen funktionale Äquivalente zu schulmäßigen Institutionen bilden. Sie ersetzen schulisch zu vermittelnde Techniken des Auswendiglernens. Anstelle schulischer Traditionspflege sind über sie Behaltenshilfen dem Lernmaterial je schon eingeformt, ohne von außen an es herangetragen werden zu müssen.[74]

---

72 Vgl. Heusler: Nibelungensage und Nibelungenlied, S. 37-49. Sie wird – anders als Heusler glaubte – sicher kein von vornherein für Lektüre bestimmtes Buchepos dargestellt haben.

73 Haug: Mündlichkeit, Schriftlichkeit und Fiktionalität, S. 386. Vgl. zu schulischen Institutionen im Rahmen mündlicher Tradierung auch Jan Assmann: Kulturelle Texte im Spannungsfeld zwischen Mündlichkeit und Schriftlichkeit. In: Literaturkanon – Medienereignis – kultureller Text. Formen interkultureller Kommunikation und Übersetzung. Hg. von Andreas Poltermann. Berlin 1995, S. 270-292, hier bes. S. 277-282.
Es ist immerhin möglich, daß beim Übergang von stabreimender Heldendichtung zur hochmittelalterlichen Heldendichtung zunächst Kleriker in die Rolle von Sängern einrückten. Dann gäbe es tatsächlich eine Instanz mit gewissen Bildungsvoraussetzungen. Tatsächlich lassen sich hier aber nur Vermutungen anstellen.

74 Goody: The Interface Between the Written and the Oral, S. 182-189, beschreibt die Rolle von Schulen für Auswendiglernen und reoralisierte Tradierung und übersieht seinerseits die Rolle überindividueller Kodierungsformen.

Daß mündlich tradierte Erzählstoffe und Texte auf bestimmten Bahnen bzw. durch charakteristische Kanäle (*conduits*) laufen, haben Linda Dégh und Andrew Vászonyi gezeigt.[75] Tradenten sind immer spezialisiert auf bestimmte Gattungen von Folklore, und umgekehrt suchen solche Gattungen sich bestimmte Tradenten. Man kann sich dies verdeutlichen, wenn man überlegt, wie es möglich ist, daß ein Spiel wie das aus Walthers von der Vogelweide sogenanntem ›Halmorakel‹ – beim Abreißen eines Blatts spricht man mit: ›Er/Sie liebt mich‹, ›Er/Sie liebt mich nicht‹ usw. – noch heute von Jugendlichen gespielt wird: Es sind nicht etwa Erwachsene, die es immer wieder vermitteln, sondern Kinderfolklore wird über Jahrhunderte von Kindern und Jugendlichen tradiert. Ist es nicht wie in diesem Fall eine Altersgruppe, so sind es bestimmte Persönlichkeiten, die sich je auf Märchen, Sagen, Witze und andere mündliche Gattungen oder Typen von Folklore spezialisieren, um sie zu tradieren.

In einem besonderen Sinn braucht es aber noch einmal Spezialisten, wenn Texte tradiert werden, die wie Heldendichtungen höchste Ansprüche an das Gedächtnis ihrer Tradenten stellen. Dann müssen Kodierungsformen bereitstehen, damit der Umfang des zu lernenden Materials bewältigt werden kann. Die Spezialisten müssen sich in irgendeiner Weise einhören, müssen also bei einer hinreichenden Zahl von Vorträgen anwesend sein können.[76] Es scheint, als sei solche Lehrzeit zu unspektakulär gewesen, als daß das Mittelalter darüber Mitteilung gemacht hätte. Auch sind es wohl nicht viele Tradenten gewesen, wie man am Zustand und an der Zahl der Fassungen ersehen kann. Mit einer höheren zweistelligen Zahl wird man indes rechnen müssen.

Auch wird sich mit den spezialisierten Sängern eine Institution verbinden: Für den Vortrag muß es charakteristische, im Vorhinein anvisierte Situationen oder Gelegenheiten gegeben haben, auf die hin die Texte je schon eingerichtet waren. Schon diese Einrichtung der Texte spricht dagegen, im Zuge einer Interpretation zu sehr auf den Gebrauch der Schrift zu setzen.[77]

---

75 Linda Dégh und Andrew Vászonyi: The Hypothesis of Multi-Conduit Transmission in Folklore. In: Dan Ben-Amos und Kenneth S. Goldstein (Hgg.), Folklore. Performance and Communication. Den Haag, Paris 1975, S. 207-252.

76 Zur ›Sozialisierung‹ solcher Spezialisten vgl. die Hinweise bei Finnegan: Oral Poetry, S. 188-201.

77 Ich nenne als ein Beispiel unter vielen Walter Haug: Montage und Individualität im ›Nibelungenlied‹. In: Knapp (Hg.), Nibelungenlied und Klage, S. 277-293, der das ›Nibelungenlied‹ als »intertextuelles Formulierungsspiel« (S. 286) und als »so etwas wie einen ersten psychologischen Roman« (S. 287) versteht, in dem Kriemhild »zur ersten Gestalt in der mittelalterlichen Literatur [wird], die ihre persönliche Erfahrung als ihr Schicksal annimmt und ihr Leben individuell entwirft« (S. 288). Daß Kriemhild ihre Erfahrung zu ihrem Schicksal macht und dabei in der Unbedingtheit ihrer Rache in irgendeinem Sinne auch individuell handelt, ist zuzugeben. Daß man dies vom Gesichtspunkt moderner Individualität, wie gerade der moderne Roman sie darstellt, aus betrachten muß, ist aller-

7.5 Die sprachliche Faktur der Texte:
Stereotypie statt Formelhaftigkeit

Daß die Sprache strophischer Heldendichtungen eine andere ist als die der zeitgenössischen Buchdichtung in Reimpaarversen, ist auf den ersten Blick offensichtlich. Möchte man dies auf die Strophenform zurückführen, so belehrt ein einziger Blick in Wolframs ›Titurel‹ oder in Albrechts ›Jüngeren Titurel‹ darüber, daß eine solche Korrelation nicht besteht: In Strophen gegossene Sprache kann auch ganz anders aussehen als in der strophischen Heldendichtung. Sprache und Strophik der Heldendichtung erfüllen also unabhängig voneinander eine Funktion. Es ist gleichwohl dieselbe: Sie erleichtern das Behalten und den Abruf der Texte.

Die Strophenform stellt sicher, daß die Texte in gleichmäßige und deshalb leichter zu speichernde Einheiten geteilt sind, die in der Regel syntaktisch geschlossen erscheinen, während es solche Einheiten in der Reimpaarversdichtung nicht gibt. Die Sprache richtet sich auf die Strophenform als Korsett ein und überspielt sie nicht leichthin. Im Gegensatz etwa zum Bogen- oder Hakenstil der Stabreimdichtung, bzw. zur Verlagerung von Satzgrenzen in die Versmitte, enden Sätze in der Nibelungenstrophe und im Hildebrandston nur selten in der Versmitte zwischen An- und Abvers, indem sie die Zeilenenden übergreifen. Die Strophe ist für die Sprache keine Spiel-, sondern eine Füllform, in die der Text, so gut es geht, ›hineingegossen‹ wird.

Die Sprache ist syntaktisch und lexikalisch stereotyp. Kennzeichen der syntaktischen Stereotypie ist die häufige Wiederkehr elementarer Satzmuster[78] und die Armut an komplexen Satzformen. So gibt es z.B. keine umfangreichen Parenthesen, und mehrstufige dependentielle Hierarchien wie von untergeordneten Sätzen abhängige Sätze werden gemieden. Ich illustriere einige Eigenschaften dieser Sprache im folgenden unsystematisch und auf sehr elementare Weise und stütze mich dabei auf die erste Strophe des ›Ortnit‹:

> *Ez wart ein buoch funden   ze Suders in der stat,*
> *daz het geschrift wunder,   dar an lac manic blat.*
> *die heiden durch ir erge   die heten daz begraben.*
> *nu sul wir von dem buoche   guote kurzwîle haben.*
> (›Ortnit‹ AW 1)

---

dings kaum noch selbstverständlich. Dieser Gesichtspunkt wird aber nahegelegt durch Haugs Prämisse, daß das »kühne literarische Experiment, das das ›Nibelungenlied‹ meiner Interpretation zufolge darstellt, [...] jedenfalls nur auf schriftlicher Basis denkbar [ist]« (S. 293, Anm. 17).

78   Vgl. oben, Kapitel 3.3, die knappen Hinweise zum ›Nibelungenlied‹.

Die Strophe versucht, ihre Information kompakt zu liefern, mit dem vorhandenen Platz auszukommen und die Strophenstruktur ökonomisch zu nutzen. Das Bemühen ist deutlich, Halbverse mit paßgenauen syntaktischen Einheiten zu füllen. So werden die adverbiale Bestimmung des Ortes *ze Suders in der stat* wie auch der zugehörige Satz *Ez wart ein buoch funden* je in einen Halbvers gepresst, obwohl dies gegen die syntaktisch zu erwartende Wortstellung verstößt. Die anschließenden Angaben über das aufgefundene Buch werden nicht hypotaktisch untergeordnet, sondern als selbständige Sätze parataktisch angereiht.

Auch der nächste Satz (*die heiden durch ir erge   die heten daz begraben*) verletzt die zu erwartende Wortstellung: Da Subjekt und Prädikat hier nicht in den ersten Halbvers passen, wird das Subjekt vorangestellt und durch eine adverbiale Bestimmung ergänzt, das verbale Prädikat wird im zweiten Halbvers durch die pronominale Wiederaufnahme des Subjekts zu einem selbständigen Satz komplettiert, wobei das Pronomen zugleich den Auftakt des Halbverses füllen kann. Alle Sätze der Strophe passen in einen Vers, Halbverse werden zumindest durch syntaktisch geschlossene Einheiten gefüllt, so daß sich sowohl die Syntax als auch die Satzlänge den metrisch-strophischen Bedingungen beugen.

Die häufigen Verstöße gegen die zu erwartende Wortstellung, die äußerst knappe Diktion und das Vermeiden mehrstufiger dependentieller Hierarchien, die Respektierung von Halbversgrenzen als Grenzen syntaktischer Einheiten, die Zeilenenden als Anlaufstellen für Satzschlüsse, welche selten über zwei Langzeilen hinausreichen, das Strophenende als Abschluß eines blockhaft gepreßten Informationsgehalts – all solche Handicaps sind der Reimpaardichtung fremd. Anders als diese muß aber Heldendichtung im Gedächtnis speicherbare Erzählblöcke herstellen.

Ich möchte nur ein Verfahren ansprechen, das offensichtlich vorgesehen ist, das Problem einer mnemonisch effektiven Gestaltung der Strophe zu lösen. Beispiele dafür sind schon gefallen: *die heiden durch ir erge   **die** heten daz begraben* wie auch: [*Ez wart ein buoch funden ...*], ***daz** het geschrift wunder,   dar an lac manic blat*. Es geht um die auffällige Nutzung von (in den Beispielen fett gesetzten) Demonstrativpronomen, die keineswegs immer nur metrische Füllsel sind. Das sieht man am intensiven Umgang mit verschiedenen Möglichkeiten der Pronominalisierung sowie der Umwandlung von Relativsätzen, wie sie erwartbar gewesen wären, in selbständige Sätze. Das zweite der genannten Beispiele zeigt zwei selbständige Sätze, obwohl man an ihrer Stelle mindestens einen Relativsatz (*daz geschrift wunder hette* oder *dar an manic blat lac*) erwarten sollte – wenn man die Schwierigkeiten der Reimbildung einmal ausklammert.

Ein weiteres beliebig herausgegriffenes Beispiel – Alberich sagt zu Ortnit über das Schwert, das er ihm zu schenken verspricht: *diu klinge heizet Rôse, diu nenne ich mit namen.* (›Ortnit‹ 116,3) Es sollte eher heißen: *diu klinge, die ich nenne mit namen, heizet Rôse.* Oder besser noch: *diu klinge, diech mit namen iuch nenne, heizet Rôse.* Denn es ist ungewöhnlich, die Namensnennung noch zu betonen, nachdem sie schon erfolgt ist. Was den unmittelbaren Handlungsverlauf anbetrifft, ist diese Nachstellung verunglückt. Sicher erfolgt sie nicht im Dienste einer Fokussierung. Die Bildung des unabhängigen, selbständigen Satzes (*diu nenne ich mit namen*), der offensichtlich für einen erwartbaren Relativsatz eintritt, erfolgt dagegen im Dienste einer erleichterten halbversweisen Abtrennung, die wiederum eine leichtere Abspeicherung des Wortlauts begünstigt. Der Relativsatz hätte – wie gezeigt – sinnvollerweise an das Bezugswort (*klinge*) anschließen müssen und dann die Halbversgrenze überspielt. Solche Auflösung der inneren Strophenstruktur dürfte aber dem Gedächtnis Schwierigkeiten bereiten. Auch scheint eine parataktische Anreihung selbständiger Sätze – mit hervorstechender Rückwärtspronominalisierung durch ein Demonstrativpronomen – leichter speicherbar als eine hypotaktische Über- und Unterordnung, die den Erzählinhalt einer komplexeren Syntax unterwirft.

Daß hier ein in der Heldendichtung verbreitetes Verfahren der Ausbildung einer im Zusammenwirken mit der Strophenform mnemonisch effektiven Syntax vorliegt, läßt sich an weiteren Beispielen schnell deutlich machen. So nennt der Dichter des ›Nibelungenliedes‹ die Teilnehmer des Fests nach dem Sachsenfeldzug (die Pronomen sind wieder fett gesetzt):

> *Uoten* **die** *vil rîchen* **die** *sach man mit ir* [mit Kriemhild] *kumen.*
> **diu** *hete scœne vrouwen gesselleclîch genomen*
> *wol hundert oder mêre:* **die** *truogen rîchiu kleit.*
> (Str. 279,1-3)

Mithilfe der besonders hervorstechenden Demonstrativpronomen werden hier zwei Relativsätze, die man – wenn auch unter Mühen, Reime zu finden – hätte bilden können, durch Bildung selbständiger Sätze vermieden. Es hätte auch heißen können (ich spiele dies nur an der Übersetzung durch): ›Die mächtige Ute, die man mit ihr kommen sah, hatte an die hundert schöne Damen um sich geschart, die prachtvoll gekleidet waren.‹ Oder: ›Die mächtige Ute, die an die hundert schöne Damen um sich geschart hatte, welche prachtvolle Kleider trugen, sah man mit ihr kommen.‹ Eine solche Unterordnung der Sätze wird aber vermieden, da sie nicht vergleichbar leicht halbversmäßig blockhaft arrangierbar gewesen wäre.

Diese Art der Vermeidung von Relativsätzen – die nicht grundsätzlich vermieden werden –, der Rückwärtspronominalisierung durch Demonstrativpronomen und einer halbversweisen Aufteilung der erhaltenen selbständigen Sätze ist charakteristisch gerade für die Heldendichtung und in strophischen Buchdichtungen so nicht anzutreffen.[79] Sie klingt jederman, der in die eigentümliche Syntax der Heldendichtung eingehört ist, wie selbstverständlich im Ohr. Sie gehört zur Sprache nicht etwa nur des ›Nibelungenliedes‹, sondern ist in der strophischen Heldendichtung verbreitet. Dies wird einen anderen Grund haben als den eines gattungsgebundenen Kopierens einmal eingeführter Stilphänomene, in die sich auch die dichtenden Zeitgenossen einhörten. Nicht Stilphänomene liegen deshalb vor, sondern syntaktische Lösungen für ein mnemonisches Problem, das die Dichter von Heldendichtung immer wieder übernehmen. Das Nibelungische ist, trotz zu beobachtender Eigenheiten, nicht vorrangig Nibelungisch, sondern – beschriebe man es allgemeiner und systematisch – die Koine strophischer Heldendichtung.[80]

Ich belasse es bei dem kurzen, bloß veranschaulichenden Vergleich und dem einen Beispielfall mnemonisch bedingter Syntax – eine eingehende Beschreibung sprachlicher Stereotypie in der Heldendichtung sowie der ihr eigenen Syntax, die sich einem Vergleich mit der Sprache der höfischen Buchdichtung stellte, müßte systematisch, großflächig und sprachstatistisch vorgehen.

Räumt man eine immer wieder auch schriftliche Entstehung von Heldendichtungen ein, so wäre zu bedenken, ob denn die Unterschiede zur höfischen Buchdichtung überhaupt noch eine Funktion behalten, wenn die Rezeption als nachgelagerter Vorgang – auch als Tradierung des Textes – abgetrennt werden kann. Könnte die Diktion der Heldendichtung nicht ein ästhetisch autonomes Imitat einer mittlerweile funktionslos gewordenen Diktion darstellen? Auch mußte sich ein Dichter, wie z.B. der der ›Virginal‹, um die Schwierigkeiten einer Tradierung nicht mehr bekümmern, wenn sein Text einmal als Schrifttext in der Welt war. Die Tradierung konnte wie beim Kunstlied, das erst im Nachhinein folklorisiert wird, angehängt werden, und es lag in der Verantwortung der Tradenten, den Text mehr oder weniger getreu zu bewahren.

Tatsächlich ist dies mit einem Bruchstück des ›Lohengrin‹, dem ›Lorengel‹ aus Linhart Scheubels Heldenbuch, geschehen.[81] Hier ist ein Teil eines Buchepos nachträglich als Heldendichtung adaptiert und tradiert worden, ungeachtet seiner sprachlichen Schwierigkeiten. Offensichtlich verhält es sich

---

79   Satzmuster wie ›Pronomen + Substantiv + Pronomen + Verb [...]‹ (Beispiel: *Der wunsch der lac darunder*, ›Nibelungenlied‹, Str. 1124,1) bzw. ›Pronomen + Verb [...]‹ (anstelle eines untergeordneten Satzes mit Endstellung des Verbs) sind in der Heldendichtung signifikant häufiger vertreten als in der Reimpaardichtung (vgl. für das ›Nibelungenlied‹ Belege bei Bäuml, Fallone: A Concordance to the ›Nibelungenlied‹, z.B. S. 94f., 104f.). Dies bedeutet allerdings nicht, daß sie hier ausgeschlossen wären.

80   Allerdings müßten Dichtungen im Bernerton gesondert berücksichtigt und beschrieben werden.

81   Vgl. unten Kapitel 8.5, S. 418ff.

mit der Heldendichtung aber nicht so. Die sprachliche und noch die narrative Faktur nehmen Rücksicht auf den Vortrag, dieser ist in der Regel schon der Entstehung des Textes einverleibt. Die Dichter sind eingestellt auf eine Vortragssituation, in der sie selbst mit dem eigenen Text zurechtkommen müssen. So halten sie sich vermutlich vorsorglich und nicht imitierend an eine Diktion, die auf die Fassungsgrenzen des Gedächtnisses zugeschnitten ist.

Memorierender Vortrag bedarf des mnemonisch effektiven Baus der vorgetragenen Dichtung, d.h. neben einer Abfassung in mnemonisch effektiver Metrik und Syntax, deren Stereotypie das Gedächtnis nicht überbelastet, auch entsprechender ›textueller‹ Eigenschaften der Narration. Auf der Ebene der sprachlichen Faktur können dies auch Formeln sein. Dieser Umstand hat nun freilich die endemische Verwechslung von memoriell bedingter Formelhaftigkeit mit einer Formelhaftigkeit begünstigt, die für eine *composition in performance* unabdingbar ist. Bei genauem Hinsehen läßt sich beides aber doch klar auseinanderhalten.

Zunächst drängt sich allerdings die Verwechslung auf. So könnte man meinen, in der Heldendichtung regelrechte Formelsysteme zu identifizieren, wie sie improvisierendem Vortrag zur Verfügung stehen müssen.[82] Daton A. Dodson hat dies u.a. am ›Wolfdietrich‹ B vorexerziert. Hier können z.B. für das Adjektiv in *der wunderküene man* auch die Adjektive *vil getriuwe, tugenthafte, unverzagte, ûz erwelte, ungevüege* usw. eintreten.[83] Es ist kaum zu bestreiten, daß entsprechende und je nach Bedarf an den Kontext angepaßte Formeln auch kompositionstechnische Bedeutung besitzen könnten.

Zwei Beobachtungen stehen allerdings dagegen: Epitheta stellen den einzigen Fall dar, in dem sich eine Art Formelsystem abzeichnet – das ist für die in jedem Augenblick akuten Zwänge eines improvisierenden Vortrags wohl zuwenig. Zudem ist die ›Löslichkeit‹ dieses Systems in noch abstrakteren Satzmustern, die nicht mehr mit Formeln gleichzusetzen sind, auffällig. Das sieht man, wenn man Stück für Stück abgewandelte Beispiele dagegenstellt, für die jeweils nur noch die Wortkategorie identisch bleibt: *daz kleine kindelîn, ein edel künegîn, ein schoenez magedîn* usw. Vgl. auch das alternative Muster (Pronomen + Substantiv + Adjektiv): *die degen unverzeit, der fürste lobesam, diu frouwe hôchgeborn, der künic ûz erkorn, der wurm freissam, diu keiserinne rîch* usw.[84] Erweitert man das Satzmuster (Pronomen + Adjektiv + Substantiv

---

82 Vgl. Lord: Der Sänger erzählt, S. 65f.

83 Vgl. Dodson: A Formula Study of the Middle High German Heroic Epic, S. 105-112, mit den Belegstellen. Dies ist nur eine der vielen Studien zur Formelhaftigkeit mittelhochdeutscher Dichtung im Gefolge der *Oral-Formulaic Theory*. Vgl. auch den älteren Überblick von Edward R. Haymes: Das mündliche Epos. Eine Einführung in die *Oral Poetry*-Forschung. Stuttgart 1977, Kap. 1.

84 Vgl. Dodson: A Formula Study of the Middle High German Heroic Epic, S. 113-116.

+ Adjektiv), so finden sich wiederum eine Reihe von Belegen, die nicht formelhaft, sondern syntaktisch stereotyp sind.[85]

Die Formelliste Dodsons geht solcher Stereotypie nicht weiter nach, sondern kategorisiert weitere Formeln. Dabei sticht ins Auge, wie dünn die Aus-
beute ist, wenn man die akuten Zwänge einer Improvisation bedenkt. Dodson
findet Inquit-Formeln (*dô sprach* [...] o.ä.), wenige Formeln für einzelne Handlungen, Kampfhandlungen und Bewegungen, darunter auch solche, die sich
über einen ganzen Vers erstrecken (*Rôsen sîn guot swert   nam er in die hant,*[86]
dô îlte er vil balde, dô komen si vil schiere usw.), Beglaubigungsformeln (z.B.:
ich gibe dir des mîn triuwe, daz sage ich iu für war), Gesprächswendungen
(z.B.: *ich hilf dir ûz der nôt, mit dem willen dîn*), Beschreibungen (z.B.: *mit
unverzagtem muote, mit ellenthafter hant*), Formeln des Gefühlsausdrucks
(z.B.: *dô begunde er heize weinen, dô klagt er klegelîchen*), formelhafte Dro-
hungen oder Warnungen (z.B.: *ez gât iu an den lîp*), Zeitangaben (z.B.: *an der
selben stunt*), Anrufungen Gottes (z.B.: *nu hilf mir got von himile*), Beschreibungen des Grüßens und Empfangs (z.B.: *dô enphie man die geste*) und Formeln des Aventiurenschlusses (die im ›Wolfdietrich‹ B nicht vorkommen).

Oft sind die formelhaften Wendungen – deren Formelcharakter gelegentlich in Zweifel steht – nur zweimal belegt, und wenn man nach traditionellen
Formeln sucht, die über mehrere Texte hinweg vorkommen (z.B.: *den helm er
ûf bant, er sluoc im einen slac*)[87], sind sie an einer Hand abzählbar und selten
belegt. Von einer traditionellen Diktion kann deshalb nicht die Rede sein.

Auch wenn einige der wiederholten Wendungen die Reimnot vermindern
mögen, so ist doch nicht zu erkennen, daß ein spontaner Kompositionsvorgang durch sie entschieden befördert würde. Die Formeldichte ist nicht sehr
groß (ca. 20 %[88]), und verdächtig ist schon, daß die Formeln überhaupt auf
wenige semantisch typisier- und katalogisierbare Fälle reduziert sind. Denn
das hat zur Folge, daß sie nicht kontinuierlich in einen improvisierenden
Sprechfluß eingehen, sondern z.B. nur an narrativ markierten Stellen oder als
typische Episodenbestandteile auftreten können.

Dies bedarf einer anderen Erklärung, als die *Oral-Formulaic Theory* sie
vorschlägt. Walter Vogt hat sie lange zuvor gegeben:

Der Spielmann, der nicht vorliest, braucht starke Gedächtnishilfen; das sind die
Formeln und Reime. Wo sein Gedächtnis versagt, muß er improvisieren; dabei

---

85   Ebd., S. 47f. und 116f.
86   Immerhin an fünf Stellen: ›Wolfdietrich‹ B 701,1; 707,2; 724,1; 762,2; 782,2. Vgl.
ebd., S. 141.
87   Vgl. ebd., S. 71f., 73, zu Parallelstellen im ›Nibelungenlied‹.
88   Ebd., S. 98f.
89   Vogt: Die Wortwiederholung, S. 84.

kommt ihm der Wiedergebrauch kurz vorher dagewesener Wendungen, der ihm einen Teil der Gedankenarbeit erspart, sehr zu statten.[89]

Die Erklärung ist triftig.[90] Zu überlegen wäre nun, ob es nicht einen Unterschied zwischen Formeln und wiederholten Wörtern und Wendungen gibt. Nicht alle wiederholten Wendungen scheinen immer gleich formelhaft.[91] Das fällt besonders dann auf, wenn es sich um vollständige, versfüllende Sätze handelt: *des hete nâch verlorn den lîp der getriuwe Wolfdietrîch*, ›Wolfdietrich‹ B 690,2; vgl. ähnlich Str. 692,2;[92] *dô sprach der waldenære »vil lieben herren mîn / [...]«*, ebd., Str. 419,1; vgl. ähnlich Str. 421,1;[93] *er sluoc der linden este vor im nider ûf den plân*, ebd., Str. 490,4; vgl. ähnlich Str. 499,4;[94] *si erbeizten von den rossen nâch ritterlîchen siten*, ebd., Str. 120,2; 218,2; 254,2; ähnlich 170,2[95] usw. Oft liegen solche Wiederholungen dicht beieinander, d.h. der Dichter hat den Erstgebrauch des Satzes noch im Ohr. Deshalb liegen hier wohl Wiederholungen ganzer Sätze vor, die nicht gleich Formeln darstellen.

Vogt hat nun gezeigt, daß die Wiederholung auch schon bei einzelnen Wörtern ansetzt, die noch gar nicht formelhaft sein können. Wenn z.B. im ›Ortnit‹ Helmnot von Tuscan zu Ortnit sagt: *sô nim von mir ze stiure fünf tûsent küener man* (Str. 36,2), so dankt dieser ihm gleich im Anschluß mit den Worten: *du hâst mich gestiuret ûf lobelîchen strît* (Str. 37,2). Verschiedene Wortformen von *stiuren* korrespondieren also miteinander. Es ist nun aber durchgängig auffällig, daß entsprechende Responsionen systematisch angesteuert werden.[96] Wortformen und Wörter werden also gezielt wiederholt, ebenso auch Wortverbindungen, ja vollständige Sätze und im Ausnahmefall sogar Satzfolgen.[97]

---

90 Sie besitzt Geltung auch für andere Gattungen mündlicher Texte, so z.B. für Volksballaden. Eine entsprechende Analyse der Wiederholungsstruktur einer Volksballade vgl. etwa bei Otto Holzapfel (Hg.): Das große deutsche Volksballadenbuch. Mit einem Nachwort und Erläuterungen sowie acht Farbtafeln und zahlreichen Abbildungen. Düsseldorf, Zürich 2000, S. 507-509.

91 Daß bloße Wiederholung noch kein zureichendes Kriterium von Formelhaftigkeit sein kann, liegt auf der Hand: Man kann auch dasselbe sagen wollen – dann kann sich derselbe Wortlaut einstellen.

92 Vgl. Dodson: A Formula Study of the Middle High German Heroic Epic, S. 123-125, zu weiteren Beispielen. Dodson ordnet auch *whole-line formulae* seinen Formelkategorien zu.

93 Vgl. weitere Beispiele ebd., S. 135-138.

94 Vgl. weitere Beispiele ebd., S. 140-142.

95 Vgl. weitere Beispiele ebd., S. 144, 145f.

96 Vogt: Die Wortwiederholung, Kap. 1 und 2.

97 Vgl. Dodson: A Formula Study of the Middle High German Heroic Epic, z.B. S. 159 (›Wolfdietrich‹ B 194,2-4 und 200,2-4)

Von dieser Beobachtung ausgehend, scheint es, als sei Dodson – und ähnliches gilt für andere Formelanalysen – einer Fehlidentifikation aufgesessen: Ein Großteil der von ihm aufgelisteten ›Formeln‹ sind gar keine Formeln, sondern Wiederholungen von Wörtern, Wortfolgen, Wendungen, Sätzen und Satzfolgen. Ihre Wiederholung folgt aber offensichtlich einer mnemonischen Ökonomie: Zum Memorieren vorgesehene Dichtung erstrebt – wie auch unter Einsatz einer entsprechenden Ausflicktechnik aktuell memorierte Dichtung – keine kompositionstechnische Erleichterung, sondern nur Entlastung des Gedächtnisses. Dazu greift sie auf ein reduziertes Lexikon zurück, und ein Dichter oder Sänger scheut sich nicht, in wiederholten Wörtern, Wortfolgen, Wendungen, Sätzen und Satzfolgen zu ›rühren‹. Die medial bedingte Beschränkung der Aufmerksamkeit setzt die Ansprüche gegenüber abwechslungsreichem Ausdruck auf seiten der Zuhörer ohnehin herab, und die Monotonie der Sprache wird dadurch tendenziell neutralisiert.

Es sind konkrete Wiederholungen und vereinfachte wie auch verknappte Satzmuster – oft lexikalisch ähnlich gefüllt –, die die Sprache der memorierten Heldendichtung kennzeichnen. Beides kann leicht den Eindruck von Formelhaftigkeit hervorrufen, gelegentlich mag sich beides auch in der Erzeugung einer Formel treffen, aber tatsächlich liegt ein ganz anderes Phänomen vor als bei improvisierter Dichtung: Statt um Formelhaftigkeit handelt es sich um sprachliche Stereotypie. Die kann freilich von Dichtung zu Dichtung anders ausfallen und steht auch in einer Korrelation mit der Strophenform. Dichtungen im Bernerton wirken weniger archaisch und stereotyp. Dies könnte daran liegen, daß die kompliziertere Strophenform auch komplexere Sprache noch effektiv kodiert.

Die Forschung hat sich daran gewöhnt, die hier angesprochene sprachliche Faktur der Heldendichtung als fiktive oder fingierte Mündlichkeit auszugeben.[98] Die Funktion der Faktur wird damit unter Voraussetzung der Annahme, Heldendichtung sei Buchdichtung, hinwegerklärt. Die Faktur wird stattdessen als freie dichterische Entscheidung behandelt.

Unter fingierter Mündlichkeit hat man zunächst die Aufnahme genuin mündlicher Eigenschaften der Rede in die Erzählkunst und ihre Nutzung der direkten Rede verstanden.[99] Hiervon ist die fingierte Mündlichkeit eines literarischen Stils zu unterscheiden, der sich an eine Mündlichkeit anlehnt, die dem Dichter noch im Ohr ist oder auf der Zunge liegt. Der Dichter kann aber eine solche mündliche Diktion ins neue Basismedium hinüberziehen, weniger, weil er den Gewohnheiten seines Publikums entgegenkommen will – denn der Medienwechsel verletzt dessen Erwartungen schon ganz grundsätz-

---

98 Repräsentativ ist die Darstellung Curschmanns: Dichter *alter maere*.
99 Vgl. Paul Goetsch: Fingierte Mündlichkeit in der Erzählkunst entwickelter Schriftkulturen. In: Poetica 17 (1985), S. 202-218.

lich –, sondern weil die Diktion ihm selbst vertraut ist und er sie nolens volens literarisiert. In diesem Sinne muß er sie nicht gleich fingieren.

Die Sprache der strophischen Heldendichtung ist aber keine literarisierte Mündlichkeit, noch ist sie fingierte oder imitierte Mündlichkeit, sondern sie ist eine Sprache, mit der man Dichtungen so abfaßt, daß sie als Gedächtnistexte tradiert werden können. Sie besitzt eine unmittelbare Funktion, die auch im Hochmittelalter noch nicht überflüssig geworden ist. Denn sie wird bis ins Spätmittelalter für den auswendigen Vortrag von strophischer Heldendichtung gebraucht.

7.6 Die medial bedingte Beschränkung der Aufmerksamkeit und ihre narrativen Folgen: Wiederholungen und unstimmige Angaben

Gelesene Dichtung muß durchs Auge, gehörte dagegen durchs Ohr. Dabei spielt sich aber Unterschiedliches ab. Der geübte Leser ist gehalten, sich selbständig seinen Weg durch den Text zu bahnen, der Hörer kann nur zuhören. Anders als der Hörer kann der Leser deshalb eine Ökonomie des Lesens entwickeln,[100] während der Hörer dem Hörerlebnis ausgeliefert ist. Der Leser kann sich die Gelegenheit aussuchen, zu der er liest, er kann sich Zeit nehmen für den Leseakt, und er kann seine Augen nach Belieben lenken: die Seite nur abtasten oder Abschnitte wiederholt aufmerksam lesen.[101] Nichts davon kann der Hörer.

Der Leser kann sich also gegen äußere Störfaktoren abschirmen, indem er sich zum Lesen zurückzieht, er kann die Verweildauer über zu lesenden Stellen regulieren und seine Aufmerksamkeit selbständig kontrollieren und ausrichten. Lesen entlastet von Zwängen, die unter den anderen medialen Bedingungen des Zuhörens die Aufmerksamkeit umso stärker belasten. Denn beim Zuhören wird man leicht durch Nebengeräusche abgelenkt und kann weder die Verweildauer noch die Ausrichtung der Aufmerksamkeit auf beliebige Textpartien selbst regulieren.

Hinzu kommt ein weiterer Umstand: Visuelle Erinnerungsspuren prägen sich anders ein als auditive. Eigenschaften des Geschriebenen sowie der Blattseite geben für die Speicherung der Sprachzeichen im Gedächtnis einen zusätzlichen Anhalt, den die Lautkulisse nicht bietet.

Dies sind recht allgemeine Erwägungen, die indes zu Rückschlüssen für mündliche Dichtung nötigen und Erklärungen einiger ihrer Auffälligkeiten

---

100   Vgl. Eleanor J. Gibbs und Harry Levin: Die Psychologie des Lesens. Frankfurt/M. 1989, S. 327-339.

101   Vgl. Wolfgang Schnotz: Lesen als Textverarbeitung. In: Günther, Ludwig (Hgg.): Schrift und Schriftlichkeit, 2. Halbband, S. 972-982, hier S. 978f.

ermöglichen. Denn wenn die Aufmerksamkeit bei mündlichen Erzählvorgängen nicht vergleichbar entlastet ist wie beim Lesen, dann dürfte dies Folgen auch schon für die Textproduktion haben. Mündliche Dichtung wird ein charakteristisches *recipient design* aufweisen,[102] das anders beschaffen ist als bei Dichtungen, die fürs Lesen konzipiert sind.[103] Deshalb ist das, was ich für das Hören und Lesen skizziert habe, in gewissem Ausmaß auf das Sprechen und Schreiben bzw. auf das sprechende und schreibende Konzipieren von Dichtung übertragbar. Beides erfolgt in Rückkopplung an die jeweilige Rezeption.

Schreiben setzt Lesen als parallel vorgenommene oder auch als mental vorweggenommene Tätigkeit, allemal natürlich als Fähigkeit, voraus.[104] Die Selbständigkeit des Lesers kann umgesetzt werden in Reflexivität und Selbstbeobachtung des Schreibenden, umso mehr, als das Schreiben mehr Zeit beansprucht, als das Sprechen sie benötigt.[105] Unter den verschiedenen Kontrollmechanismen, die deshalb beim Schreiben zum Zuge kommen können, ist für die folgenden Beobachtungen von besonderer Bedeutung, daß man geneigt ist, Wiederholungen und Redundanz zu vermeiden, wie man sie im Zuge mündlichen Konzipierens von Dichtung, ja überhaupt beim Reden, nicht vermeidet.[106]

Schon antike Philologen, die Scholien zu Homer verfaßten und sich seinem Text als Schrifttext näherten, hat es immer wieder irritiert, daß ganze Versblöcke der ›Ilias‹ an anderer Stelle im Text nahezu wortwörtlich wiederauftauchen.[107] Sie hielten es für undenkbar, daß Homer gegen die unausge-

---

102 Vgl. zum Begriff Harvey Sacks, Emanuel A. Schegloff und Gail Jefferson: A Simplest Systematics for the Organization of Turn-Taking in Conversation. In: Language 50 (1974), S. 696-735, hier S. 727.

103 Einige Merkmale habe ich in Kapitel 2.7, S. 70ff., diskutiert.

104 Clemens Knobloch: Historisch-systematischer Aufriß der psychologischen Schreibforschung. In: Günther, Ludwig (Hgg.): Schrift und Schriftlichkeit, 2. Halbband, S. 983-992, hier S. 983f.

105 Chafe: Integration and Involvement in Speaking, Writing and Oral Literature, S. 36-38, leitet hieraus die erhöhte Selbstkontrolle des Schreibenden ab. Als Forschungsbericht über die Unterschiede zwischen Sprechen und Schreiben (z.B. die höhere grammatische Integration beim Schreiben und den höheren Grad der Involvierung beim Sprechen mit struktureller Fragmentierung der Sprache) vgl. William A. Foley: Anthropological Linguistics. An Introduction. Malden (Massachusetts) 1997, S. 425-427.

106 Ong: Oralität und Literalität, S. 44-46, arbeitet einige Gründe für diesen Umstand heraus: Das Reden setzt das Denken unter Zeitdruck, während die Langsamkeit des Schreibens ihm »die Möglichkeit gibt, seine normalen, redundanten Prozesse zu beeinflussen und zu reorganisieren« (S. 45).

107 So die ›Ilias‹-Verse Buch III 334-337 in Buch XVI 135-138. Vgl. Bowra: Tradition and Design in the Iliad, S. 89f. Ich habe oben in Kapitel 2.3, S. 41, auf entsprechende Versblöcke im ›Heliand‹ verwiesen.

sprochene Regel und implizite Praxis beim Schreiben und schreibenden Konzipieren von Dichtung, wortwörtliche Wiederholungen zu vermeiden, hätte verstoßen können und erklärten die Verse als sekundäre Zusätze.

Wiederholungen und Redundanz werden aber offensichtlich ganz unterschiedlich wahrgenommen: Beim Reden sorgen sie für Nachdruck, und fürs Hören sichern sie Wahrnehmung und Einprägung des Gehörten. Das Lesen bedarf dieser Nachhilfe weniger. Das hängt zusammen mit der Beschaffenheit der Basismedien: Die Rede ist flüchtig, die Schrift bleibt. Weil dies so ist, erlebt der Hörer seine Nötigung, der Leser dagegen seine Freiheit. Wer spricht, wird dem Hörer deshalb entgegenkommen, wer schreibt, verschont ihn mit unnötiger Wiederholung und Redundanz: das gehört zum je charakteristischen *recipient design* der Basismedien. Der Sänger, der für die Wiederholungen in der ›Ilias‹ verantwortlich ist, scheint jene implizite Praxis, die man beim konzeptionellen Schreiben einübt, noch nicht sehr weitgehend internalisiert zu haben.

Unempfindlichkeit gegen Wiederholungen ist ein genuines Merkmal mündlicher Dichtung. Wiederholungen werden nicht nur nicht vermieden, es gibt vielmehr regelrechte Verfahren ihrer Ritualisierung, wie sie in Wort-für-Wort-Wiederholungen magischer Formeln, im Parallelismus, im Refrain und anderen Eigenschaften mündlicher Dichtung unmittelbar zum Ausdruck kommen. Aber auch lexikalische Reduktion und die häufige Wiederkehr derselben Wendungen ist allgegenwärtig.[108]

Im ›Lied von Ermenrichs Tod‹[109] weiß Dietrich nicht, wo er Ermenrich (bzw. den *Konink van Armentriken* – der Name Ermenrichs ist hier als Landesname mißverstanden!) finden kann und gelobt: *Bi em ſo wold ik ſetten   min Sel und ok min Lif. / Bi em ſo wold ik ſetten   ein ſeker wiſſe Pant* [ein sicheres, zuverlässiges Pfand], / *Dat hoge hus to dem Berne,   dar to mins Vaders egen Land.* (Str. 3,2-4) Als Dietrich dann mit seinen Leuten vor der Burg Ermenrichs Einlaß begehrt und Reinhold von Meilan den Einlaß verweigert, sagt er zu ihm: *Scholdeſtu din Lif vorleſen   ſo bald und altohand, / Dat mine wold ik ſetten   vor ein ſeker wiſſe Pand, / Dat hoge hus tom Berne, darto mins Vaders egen Land.* (Str. 12) Er gebraucht dieselbe Wendung. Keinen Hörer des Liedes würde dies stören, ja vielleicht würde es nicht einmal auffallen, da für die Wendung unterschiedliche Gebrauchskontexte bestehen. Deshalb konnten diejenigen, die für den zersungenen Zustand des Liedes ver-

---

108   Vgl. z.B. für das Volksmärchen Lüthi: Das Volksmärchen als Dichtung, S. 91-109, hier S. 108: »Wiederholung von Lauten, Wörtern, Wortgruppen (Formeln) innerhalb des einzelnen Märchens ebenso wie über die Grenzen der einzelnen Erzählung hinaus ist ein grundlegendes Stilprinzip des Volksmärchens, Wiederholung ganzer Episoden, in leichter Abwandlung meistens, ist eines seiner wichtigsten Bauprinzipien.«

109   Vgl. den Text in: Balladen. Hg. von John Meier. Erster Teil. Leipzig 1935, S. 42-46.

antwortlich sind, sich auch ungestört beim Wiedergebrauch derselben Worte fühlen.[110]

Wie Hörer die stereotype Sprache der Heldendichtung ungerührt hinnehmen, so auch Wiederholungen von Wörtern, Wendungen, ganzen Sätzen, ja Versen und Verspaaren. Stereotypie und Wiederholungen besitzen hörerseitig ihr Komplement in einer charakteristischen Unempfindlichkeit gegenüber den Zumutungen des Mediums. Vogt, der Wiederholungen untersucht hat, erkennt in ihnen einen gesuchten Darstellungsstil, der ästhetisches Wohlgefallen beim Hörer hervorrufen will.[111] Eher setzen Wiederholungen aber die Toleranz der Hörer voraus. Die Toleranz wird immer schon begünstigt durch eine medial bedingte Beschränkung der Aufmerksamkeit.

Die Aufmerksamkeit beim Hören ist anders beschaffen als die Aufmerksamkeit, mit der man einen Lesevorgang begleitet, denn es kommen andere Selektionsmechanismen zum Zuge. Bleiben beim Lesen visuelle Erinnerungsspuren des Schriftbildes leicht erhalten und kann man Stellen auf einer Seite durch selbstgelenkte, vielfältige Augenbewegungen – auf verschiedenen Seiten durch Zurückblättern – noch einmal und dann gemeinsam ins Bewußtsein rufen und über ihnen meditieren, indem man sie aufeinander bezieht,[112] so bleibt Hören der Seqenzialität von Sprache strikt ausgeliefert. Der Einstellungswinkel des begleitenden Bewußtseins ist eingeschränkt; wie ein Lichtkegel erfaßt es den Erzählvorgang, kaum auf den Wortlaut selbst eingestellt, sondern auf das, was erzählt wird. Dabei verlieren sich leicht Details der Erzählhandlung, die das Gedächtnis nicht alle zusammen präsent halten kann.

Während das Lichtkegelmodell für die visuelle Wahrnehmung grundsätzlich inadäquat ist,[113] veranschaulicht es für das Hören fortschreitenden Erzählens – obwohl der Lichtkegel hier nur metaphorisch zu nehmen ist – das Verschwinden des Wortlauts gesprochener Sätze aus dem Bewußtsein. Das Lesen räumt der Sichtbarkeit dagegen eine privilegierte Rolle ein, es macht

110   Helmut de Boor: Das niederdeutsche Lied von Koninc Ermenrîkes dôt. In: Beiträge zur Deutschkunde. Festschrift Theodor Siebs. Emden 1922, S. 22-38, hier S. 22f., sieht in weiteren Wiederholungen des Liedes (in Str. 22 und 24) einen Redaktor am Werk.

111   Vogt: Die Wortwiederholung, S. 54-59. Eine aufschlußreiche Zusammenstellung von Wiederholungen hat Panzer: Hilde-Gudrun, S. 30-82, für die ›Kudrun‹ vorgenommen, ohne allerdings eine Erklärung für das Phänomen zu geben. Er kategorisiert die Wiederholungen lediglich als Stileigenschaften.

112   Zur Entstehung eines hierauf eingerichteten Lesetextes vgl. Ivan Illich: Im Weinberg des Textes. Als das Schriftbild der Moderne entstand. Frankfurt/M. 1991.

113   Axel Buchner: Räumliche Aufmerksamkeit: Einwände gegen das Lichtkegelmodell visueller Selektivität. In: Zeitschrift für Experimentelle und Angewandte Psychologie 35 (1988), S. 523-545. Daß unterschiedliche Komponenten der Aufmerksamkeit existieren und daß sie im Rahmen unterschiedlicher Wahrnehmungsbindung unterschiedliche Funktionen erfüllen, zeigt Neumann: Theorien der Aufmerksamkeit: von Metaphern zu Mechanismen.

Sprache überhaupt erst als Kommunikationsmedium sicht- und wahrnehmbar,[114] und gegen den ersten Anschein erfolgt die Wahrnehmung eines Textes gerade nicht nach Maßgabe eines Lichtkegels. Denn Visualität ermöglicht ein höheres Maß an Gleichzeitigkeit der Wahrnehmung, so daß sich die Wahrnehmung eines Textes leicht an der Wahrnehmung der Eigenschaften einer Blattseite bemißt, die man als ganze sichten kann. Visualität sorgt auch für eine zusätzliche Speicherung des geschriebenen Worts im Gedächtnis, wenn die gesehene Schrift die Rolle einer visuellen Kodierung der Textgestalt übernimmt.[115] Sie läßt den Wortlaut leichter erinnern, während beim Hören die konkrete Sprachgestalt des Erzählten kaum Gegenstand der Wahrnehmung wird.[116] Da die Schrift bleibt, ist sie geeignet, Gedächtnisspuren zu verstärken, sie gräbt sich nachhaltiger ins Gedächtnis ein.

Dies sind elementare mediale Bedingungen, die sehr verschiedene Einstellungen zum Erzählvorgang fördern. Während ein Sänger alles Entscheidende möglichst in den Lichtkegel des Bewußtseins stellen, und das heißt: der störanfälligen Aufmerksamkeit anheimstellen muß, die er durch sein Erzählen beim Hörer – und im übrigen bei sich – von Augenblick zu Augenblick herstellt, kann ein Schriftsteller darauf bauen, daß es sich nahezu von allein vor den Augen des Lesers versammelt.

Neben der Bemühung, die Aufmerksamkeit der Hörer durch das zu binden, was jeweils gerade in szenischer Anschaulichkeit erzählt wird, sind in der strophischen Heldendichtung die vielen verschiedenartigen expliziten Hinwendungen an die Hörer besonders auffällig.[117] Im Vergleich zu anderen Heldendichtungen erfolgt in der ›Rabenschlacht‹ das Appellieren an die Hörer, aufzumerken und zuzuhören, am nachhaltigsten. In den 1140 Strophen wird an nahezu 100 Stellen die Aufmerksamkeit der Hörer angesprochen und erheischt. *Nû merket vil besunder, / waz ich iu wil sagen* (Str. 96,1-2) heißt es, *nû hœret hie ze stunde* (Str. 102,3) und *Wellet ir nû bîten, / ich wil iu wizzen lân, / [...]* (Str. 132,1-2). Konkurrenzlos ist die Erzählung, die den Hörern geboten wird:

---

114   Dies scheint die Exteriorisierung zu bewirken, die Schrift mit sich bringt. Vgl. auch Ehlich: Funktion und Struktur schriftlicher Kommunikation, S. 28f.

115   Das schließt Subvokalisationen nicht aus, die gleichfalls kodierend wirken können.

116   Es ist ein allbekannter Umstand der Gedächtnispsychologie, daß man sich kaum an den Wortlaut erinnert, wenn man sich daran erinnert, was jemand gesagt hat. Vgl. z.B. Jürgen Bredenkamp und Werner Wippich: Lern- und Gedächtnispsychologie. Stuttgart, Berlin, Köln, Mainz 1977, Bd. II, S. 129f.

117   Vgl. als Zusammenstellung und Analyse vieler Beispiele Fluss: Das Hervortreten der Erzählerpersönlichkeit und ihre Beziehung zum Publikum in mittelhochdeutscher strophischer Heldendichtung.

Swaz ir bî iemannes tagen
her habt vernomen
od swaz ir ie gehôrtet sagen,
des bin ich an ein ende komen
mit diesem einen mære.
nû vernemt, wie ich iu daz bewære.
(Str. 109)

Wird so für die Erzählung geworben, so werden die Zuhörer immer wieder
unmittelbar eingestimmt auf die kommende Partie:

Nû hœret starkiu mære,
die ich iu sagen wil,
und merket sunderbære,
sô künde ich iu des wunders vil
und wil iu daz bescheiden.
nû lât iu ditze mære niht leiden.
(Str. 152)

Das *nû*, der Augenblick, in dem und für den erzählt wird, wird hier immer
wieder fixiert. Auf ihn müssen Sänger und Hörer sich gemeinsam konzentrie-
ren, in ihm müssen sie sich treffen. Daß er so häufig aufgerufen wird,[118] läßt
erahnen, daß die in ihm gebündelte Aufmerksamkeit für äußere Störungen
und Ablenkungen anfällig ist. Schon deshalb wird für diesen Augenblick erzählt, und das Erzählen belastet ihn nicht mit unnötigen Anforderungen an
die Fassungs- und Kombinationskraft der Hörer, so daß diese etwa en détail
parat haben müßten, was vor einigen oder einer Reihe von Augenblicken erzählt wurde.

Nun liegt hierin noch nicht gleich ein kardinaler Unterschied zur mittelalterlichen Buchdichtung, die in der Regel ebenfalls damit rechnet, Hörer – und
nicht Leser – zu erreichen und die oft ebenso nachdrücklich Aufmerksamkeit
heischt. Aber es fällt leicht, Eigenschaften der Buchdichtung aufzuspüren,
die in der strophischen Heldendichtung nicht begegnen würden und die doch
darauf reagieren, daß Zuhörer nicht alles parat haben. So hat Wolfram es zu
einer Erzähltechnik entfaltet, immer wieder auf etwas zurückzulenken, das er
bereits erzählt hat. Er erzählt in systematischer Rekurrenz. Da Hörer leicht
vergessen, baut er sein Erzählen so auf, daß er sie erinnert. So erinnert er sie
z.B., als er von Parzivals unruhigem Schlaf auf der Gralburg erzählt (›Parzival‹ 245,1-16), in korrespondierendem Bezug der Stellen an Herzeloydes
Traum, den er um einiges vorher dargestellt hatte (103,25-104,24), und er läßt
Parzival sich bei seiner zweiten Einkehr bei Trevrizent selbst genau an die
erste Einkehr erinnern (460,1-18). Solche explizite oder implizite Rekurrenz

---

118 Zu der charakteristischen Einfärbung des *nû* in der Heldendichtung vgl. am Beispiel des ›Nibelungenliedes‹ Curschmann: Dichter *alter maere*, S. 64f.

beruht auf den Möglichkeiten schriftlicher Konzeption und setzt den ständigen Kontakt mit der Niederschrift beim Schreiben voraus. Zurückweisende Aufmerksamkeitslenkung begegnet in der strophischen Heldendichtung aber so gut wie nirgendwo.

Ich komme damit zu der störanfälligen Aufmerksamkeit der Dichter selbst. Es geht nicht um die Fassungskraft von Hörern, wenn die Heldendichtung nie zurücklenkt, sondern um die beschränkten Möglichkeiten der Dichter, die sich nicht zumuten, im Geiste zu einer zuvor erzählten Stelle oder Episode zurückzukehren. Der Grund dafür scheint zunächst darin zu liegen, daß sie nicht in ständigem Kontakt zu einer Niederschrift dichten und das Fertiggestellte überlesen, um Rekurrenzen herzustellen oder auch nur Rückverweise vorzunehmen, sondern den Dichtvorgang nicht viel anders als eine Vortragssituation auffassen. Müssen sie beim Vortrag ohne Schriftvorlage auskommen, so kommt es beim Dichtvorgang nicht zur Rückkopplung mit dem Schreiben (im Fall eines Schreibers, dem diktiert wird, mit der Niederschrift). Sie dichten also, ohne sich des schon hergestellten Textes noch einmal zu versichern, [119] und lassen sich deshalb nicht auf das Wagnis ein, Anforderungen auch an die eigene Aufmerksamkeit zu überspannen – strophisches Erzählen ist auf ein reduziertes Maß an Rückerinnerung geeicht.

Indem die Selektion des mündlichen Erzählens sich, veranlaßt durch die mündliche Erzählsituation, wie sie offensichtlich auch den Dichtvorgang noch präformiert, zur aktiven Fokussierung gezwungen sieht, richtet sie sich auf eine beschränkte Aufmerksamkeit von Dichtern und Hörern ein.[120] Die Dichter selbst sehen sich – wie noch deutlich werden soll – durch diese Beschränkung beeinträchtigt, sie müssen durch einen Tunnel, den ihr linear-episodisches Erzählen unter den Bedingungen einer grundsätzlich störanfälligen Erzählsituation je nur ein Stück weit erhellt. Ihre auf den jeweiligen Augenblick fixierte Aufmerksamkeit führt zu charakteristischen Folgen in der Faktur von Heldendichtung, wie man sie gemeinhin nicht mit ihr in Verbindung bringt. So konzentriert sich die Erzählweise z.B. auf linear gereihte, szenisch an-

---

119   Man kann angesichts eines solchen Entstehungskontextes kaum von einer Verschriftlichung und von konzeptioneller Schriftlichkeit mittelalterlicher Heldendichtung sprechen, sondern allenfalls von Verschriftung (und distanzsprachlicher, elaborierter Mündlichkeit). Vgl. zu diesen deskriptiven Begriffen die Arbeiten Wulf Oesterreichers, etwa ders.: Textzentrierung und Rekontextualisierung. Zwei Grundprobleme der diachronischen Sprach- und Textforschung. In: Christine Ehler und Ursula Schaefer (Hgg.), Verschriftung und Verschriftlichung. Aspekte des Medienwechsels in verschiedenen Kulturen und Epochen. Tübingen 1998, S. 10-39.

120   Daß mündliches Erzählen im Alltag generell mit der beschränkten Speicherkapazität des Kurzzeitgedächtnisses konfrontiert ist und seine Informationsstruktur darauf einrichtet, zeigt Uta M. Quasthoff: Erzählen in Gesprächen. Linguistische Untersuchungen zu Strukturen und Funktionen am Beispiel einer Kommunikationsform des Alltags. Tübingen 1980, S. 111-118.

schaulich gestaltete Episoden, anstatt über Verschachtelungen geführte weitreichende Spannungsbögen zu bauen – sie läßt sich episodisch-szenisch beschränken und binden. Die Figurendarstellung etwa schnellt dabei im Extremfall auf immer wiederholte Epitheta zusammen, anstatt charakterisierende Beschreibungen weit im Text zu streuen und dem jeweiligen Handlungskontext anzupassen.

So sind Epitheta schon bei Homer wohl nur aus einer späterhin aufkommenden Perspektive ein Stilphänomen und neben ihrer möglichen technischen Rolle bei der Herstellung einer Dichtung aus dem Stegreif vielmehr auch Sprachreflexe der momenthaft gebundenen Aufmerksamkeit beim Vortrag. Die Figur, von der die Rede ist, wird immer wieder aufs neue ins Bewußtsein gerufen: mit der sie am meisten charakterisierenden Eigenschaft. Die Wiederholung ist nicht überflüssig, wenn ein Epitheton seine evozierende Kraft nicht verliert. Viel spricht dafür, daß es das in Anbetracht beschränkter Aufmerksamkeit beim Erzählen nicht tut. Als redundante Wiederholung wird ein Epitheton deshalb gar nicht erst wahrnehmbar.

Auch in der mittelalterlichen Helden- und Spielmannsdichtung gibt es Epitheta, die in scheinbar monotoner Manie wiederkehren: So wird Morolf im ›Salman und Morolf‹[121] zunächst so unvermittelt wie dann regelmäßig *der listige man* genannt, in 783 Strophen insgesamt 62mal. Daneben wird von seiner List erzählt, und hinzu kommen eine ganze Reihe variierter Erwähnungen dieser List wie: *Môrolf det in sîn liste schîn* (Str. 660,1).[122]

Man hat für die Entstehung der ›Ilias‹ argumentiert, daß der großformatige Bogen, die makrostrukturelle Organisation, der/die u.a. mit dem alle Kampfhandlungen begleitenden Groll Achills etabliert wird, wohl nur durch die Nutzung der Schrift möglich und zu erklären sei.[123] Sie gestattet für einen dichtenden Sänger die gelegentliche Ablösung der Aufmerksamkeit von der Bindung an eine konkrete Erzählsituation, sie ermöglicht einen vorausschauenden Überblick über den Verlauf des Erzählens und infolgedessen eine Zunahme der textuellen Komplexität. Potentielle Zuhörer mußten sich auf ein Hören des ganzen Werks – was nicht in einer einzigen, zusammenhängenden Vortragssituation zu erreichen war – einrichten, wenn sie die Beseitigung des

---

121 Ich übergehe hier die Problematik der Beziehungen zwischen Helden- und Spielmannsdichtung sowie ihrer Unterscheidung als Gattungen. Vgl. dazu auch Hoffmann: Mittelhochdeutsche Heldendichtung, Teil I. 3, der die Grenze nicht scharf gezogen wissen will. Als strophische Dichtung hat der ›Salman und Morolf‹ Aufnahme in das ›Straßburger Heldenbuch‹ (dem Cod. Bibl. Johann. B 81) gefunden und dürfte deshalb ins Medium Eingang gefunden haben.

122 Vgl. auch Vogt (Hg.): Salman und Morolf, S. CXXIII; zu weiteren Epitheta vgl. ebd., S. CL-CLIII.

123 Vgl. Joachim Latacz: Homer. Der erste Dichter des Abendands. München, Zürich 1989, S. 82-90.

zu Beginn gesetzten Hindernisses für einen schnellen Sieg der Achaier in Erfahrung bringen wollten. Die Möglichkeiten des neuen Mediums scheinen sich hier in die Strukturbildung der Dichtung einzuschalten und zugleich neue Rezeptionsformen zu erzwingen.

Das neue Medium erlaubt also ein neues Format: Ein Sänger, der aus dem Stegreif erzählt, wird dagegen klein- und großformatiges Erzählen nur in beschränktem Maße aufeinander abstimmen und nicht beliebig gegeneinander variieren können, und er wird nicht geneigt sein, einen Spannungsbogen aufzubauen, den er vielleicht nicht mehr rechtzeitig zum Ziel führen kann.[124] Er hat nicht gleich ein ganzes Werk im Blick und müßte seine Aufmerksamkeit, wenn er über den Augenblick des Erzählens hinaus vor- oder zurückblickte, von diesem Augenblick abziehen oder teilen. Dies erschwert es ihm, Worte und Formulierungen zu finden. Ein Lichtkegel wandert sukzessive mit dem Verlauf des Vortrags mit und läßt zurückliegende Teile des Wortlauts wie auch der Erzählung im einzelnen aus dem Bewußtsein entschwinden, ohne sich schon auf ausstehende Teile des Wortlauts erstrecken zu können. Der jeweilige Augenblick des Erzählens schlägt durch. Ihn von langer Hand vorzubereiten oder ihm einen unerwarteten Nachklang zu verschaffen, strapaziert die momenthaft gebundene Kraft der Disposition.

Dies ist freilich eine Erzählsituation, wie sie weder für memorierende Mündlichkeit noch gar für die epische Großdichtung des Mittelalters Geltung besitzt. Im Rahmen einer Tradition des Memorierens legt ein Dichter den Wortlaut jenseits des Vortrags fest. Zudem wird die übergreifende Disposition, wie sie zweifellos auch für das ›Nibelungenlied‹ und für mittelalterliche Heldendichtung überhaupt auszumachen ist, auch hier auf den Einsatz von Schrift zurückweisen.

Nun ist der Dichtvorgang im Rahmen von Traditionen des Memorierens zwar grundsätzlich vom Vortrag abgekoppelt, aber deshalb im Vergleich zur Improvisation nicht gleich völlig veränderten Bedingungen unterworfen. D.h. auch hier wandert ein Lichtkegel sukzessive mit dem Verlauf des Dichtvorgangs mit, um zurückliegende Teile des Wortlauts wie auch der Erzähldetails aus dem Bewußtsein entschwinden zu lassen, wenn man eine Niederschrift nicht kontinuierlich mit- und nachliest. In einer solchen Situation und allemal jenseits einer bestimmten Länge und Komplexität des gedichteten Texts gerät aber die Aufmerksamkeit für ihn vor eine Alternative: Ein Sänger verliert die Fähigkeit zu einem gleichzeitig die Einzelheiten wie auch das Ganze berücksichtigenden Erzählen. Seine Aufmerksamkeit kann sich entweder teilen, wenn er seine Erzählung als ganze im Blick hat und eine gerade begonnene Episode darauf abstimmt. Oder sie kann sich auf die einzelne Stelle richten, die gerade

---

124 Vgl. hierzu auch die ›klassischen‹ Darstellungen zur Technik der *composition in performance* bei Bowra: Heldendichtung, Kap. 6, und Lord: Der Sänger erzählt, Kap. 3.

in Worte gefaßt wird. Sie wird sich aber nur schwer auf das Ganze einrichten und zugleich der einzelnen Stelle ein detailliertes Profil geben können. Auch kann sie sich in Anbetracht einer gerade in Worte gefaßten Stelle kaum auf zurückliegende Stellen richten und schon gar nicht dabei noch die übergreifende Disposition beachten.

Eine entsprechende Unterscheidung von geteilter und gerichteter Aufmerksamkeit wird nun auch von psychologischen Theorien vorgeschlagen: Im Gegensatz zu gerichteter Aufmerksamkeit ermöglicht geteilte Aufmerksamkeit, eine Fülle von unterschiedlichen Informationen zu verarbeiten und sogar gleichzeitig mehrere Aufgaben zu lösen. Solche Parallelverarbeitung wird nur schwierig, wenn Aufgaben strukturell ähnlich sind.[125] So kann man einen Text auswendig aufsagen und gleichzeitig eine Rechenaufgabe lösen. Es scheint aber kaum noch möglich, gleichzeitig zwei Rechenaufgaben zu lösen oder zwei Texte aufzusagen. Parallele Verarbeitung stößt »dort an ihre Grenzen, wo die simultan ablaufenden Prozesse nicht mehr hinreichend gegeneinander ›isoliert‹ werden können«[126]. Anders als geteilte Aufmerksamkeit blendet aber gerichtete Aufmerksamkeit Parallelwahrnehmung und -verarbeitung von vornherein aus.

Mit geteilter und gerichteter Aufmerksamkeit sind Prozesse der Informationsverarbeitung korreliert: Gerichtete Aufmerksamkeit führt zu einer größeren Verarbeitungstiefe, geteilte Aufmerksamkeit dagegen zu einer größeren Verarbeitungsbreite.[127] Dies erlaubt nun einige Rückschlüsse auf nicht schriftgestützte Dichtvorgänge. Da ihnen alle Entlastungen verwehrt sind, die eine Niederschrift ermöglicht, müssen Sänger die Planung einer Dichtung ganz über das Gedächtnis bewältigen. Je stärker aber die Planung auseinanderliegende Textpartien aufeinander abstimmt, desto mehr muß die Aufmerksamkeit geteilt werden. Das führt zu einer verminderten Verarbeitungstiefe, während eine erhöhte Verarbeitungstiefe bei gerichteter Aufmerksamkeit wiederum die Breite der Verarbeitung beschränkt.

Für den Dichtvorgang lassen die unterschiedlichen Verarbeitungsprozesse also erwarten und voraussagen, daß die genaue Beachtung auseinanderliegender Textpartien bei auf den konkreten Erzählverlauf gerichteter Aufmerk-

---

125 Vgl. dazu Neumann: Theorien der Aufmerksamkeit: von Metaphern zu Mechanismen. Ältere Theorien der Aufmerksamkeit referiert z.B. Michael G. Wessells: Kognitive Psychologie. New York 1984, Kap. 3; als neueren Gesamtüberblick vgl. Odmar Neumann und Andries F. Sanders (Hgg.): Aufmerksamkeit. Göttingen u.a. 1996.

126 Neumann: Theorien der Aufmerksamkeit: von Metaphern zu Mechanismen, S. 91.

127 Ich übertrage das u.a. von David E. Rumelhart: Introduction to Human Information Processing. New York u.a. 1977, S. 95-101, hier S. 95, beschriebene Verhältnis zweier Formen der Informationsverarbeitung von der visuellen oder auditiven Wahrnehmung auf den andersartigen Vorgang des Dichtens, der aber vermutlich vergleichbaren Bedingungen unterliegt.

samkeit grundsätzlich behindert wird. Eine übergreifende Disposition muß noch keinen gravierenden Schaden nehmen, wenn man sich von geteilter zu gerichteter Aufmerksamkeit umstellt. Denn man kann sich ein weiteres Mal umstellen. Kaum zu leisten ist es aber, dabei noch auseinanderliegende narrative Details aufeinander abzustimmen. Geteilte Aufmerksamkeit geht in die Breite, aber bei auseinanderliegenden Stellen nicht mehr in die Tiefe.

Zu den Schwierigkeiten mündlicher Komposition eines festen Textes gehören im übrigen die Umstände, die es bereitet, bereits gedichteten Text gegebenenfalls im Nachhinein noch einmal neu zu fassen. Im Gedächtnis kann man nicht vergleichbar leicht radieren oder durchstreichen wie auf dem Pergament. Behinderungen und Schwierigkeiten, wie sie sich einer eventuellen absichtsvollen Änderung oder Berichtigung in den Weg stellen, könnten indes durch eine Niederschrift und eine kontinuierliche Kontrolle am Blatt sowie durch anschließende Korrektur leicht und effektiv beseitigt werden. Der Entstehungsvorgang von strophischer Heldendichtung scheint sich aber nicht gleich grundlegend zu ändern, als das Schriftmedium ins Spiel kommt. Nichts spricht dafür, daß die Möglichkeiten der Kontrolle durch eine Arbeit am Blatt genutzt wurden. Vielmehr sieht es danach aus, daß die Schrift nur dazu eingesetzt wurde, den Wortlaut zu speichern, um das Gedächtnis von einer gleichzeitigen Einprägung zu entlasten. Damit wurde aber immerhin Zeit gewonnen und Aufmerksamkeit freigesetzt für eine übergreifende Disposition.

Wenn man auch keinen Zugang mehr zum Dichtvorgang hat, so läßt sich aber doch indirekt zeigen, daß Dichter von Heldendichtung sich nicht selbst kontinuierlich am Blatt kontrollierten und korrigierten. Für das Beibehalten einer überkommenen Technik des Dichtens sprechen charakteristische Unaufmerksamkeiten aller Dichter von Heldendichtungen, die während einer Arbeit am geschriebenen Text leicht hätten behoben werden können. Zweifellos unterlaufen auch Schriftstellern Fehler, die auf ihre Unaufmerksamkeit beim Schreibvorgang zurückzuführen sind.[128] Aber sie treten nicht vergleichbar regelmäßig auf und können tendenziell jederzeit durch Korrigieren beho-

---

128 Ein willkürlich herausgegriffenes Beispiel aus Hartmanns ›Iwein‹: Nachdem Kalogrenant von seiner *âventiure* erzählt hat, will Artus selbst *in vierzehen tagen* (V. 900) zum Quell kommen. Iwein will ihm zuvorkommen und schon in drei Tagen da sein (V. 923f.). Er bricht auf, übernachtet auf dem Weg und kämpft am nächsten Tag erfolgreich gegen Ascalon. Nach Lunetes Mitteilung gegenüber Laudine sind es dann nur noch zwölf Tage bis zum erwarteten Eintreffen von Artus (V. 1838). Ein Bote, der Iwein angeblich holen soll, wird losgeschickt und braucht zwei Tage. Als Iweins Hochzeit mit Laudine bekanntgegeben wird, sind es aber dann auf einmal immer noch vierzehn Tage, die man bis zu Artus' Eintreffen zählt: vgl. V. 2403-2415.

Vgl. zu weiteren Beispielen auch Max Jellinek und Carl Kraus: Widersprüche in Kunstdichtungen. In: Zeitschrift für die österreichischen Gymnasien 44 (1893), S. 673-716. Ausgehend vom ›Nibelungenlied‹ verweist auf Beispiele aus dem modernen Roman Marianne Wynn: Zur ›Bedeutung‹ des ›Nibelungenliedes‹. In: John Greenfield (Hg.), Das

ben werden. Da Unaufmerksamkeiten in für den auswendigen Vortrag bestimmten Heldendichtungen in bemerkenswerter Regelmäßigkeit begegnen, dürften sie ein Indiz für die medial bedingte Beschränkung der Aufmerksamkeit, wie sie im Medium auf beiden Seiten – bei Hörern wie Dichtern – vorherrscht, darstellen und einen Entstehungsvorgang bezeugen, der noch nicht sehr weitgehend auf eine Nutzung der Schrift eingestellt ist.

Selbst das sorgfältig durchgestaltete ›Nibelungenlied‹ läßt eine Reihe von Unstimmigkeiten auch auf kleinem Raum erkennen, die dadurch entstehen, daß Angaben, die aus dem Lichtkegel des je augenblicklichen Erzählens herausgeraten sind, auch nicht mehr bedacht werden. Ich führe die bekanntesten an[129]:

Hagen trifft Siegfried tödlich durch das von Kriemhild auf sein Gewand genähte Kreuz (*er schôz in durch das kriuze*, Str. 981,2). Aber während Kriemhild das Kreuz auf sein *hergewæte* genäht haben muß, auf dem es Hagen zuvor auch in Augenschein nahm (Str. 903-908), hat Siegfried, als er ermordet wird, sein *pirsgewant* an (vgl. Str. 918, 975).

Im Kampf gegen Hagen bekommt Siegfried nur noch seinen Schild zu fassen, der durch den Schlag auf Hagen zerbricht (Str. 985). Aber als Kriemhild den Schild später sieht, scheint er unbenutzt (*mit swerten niht verhouwen*, Str. 1012,3).

In Strophe 1394 heißt es nach den Handschriften A und B, daß Kriemhild sich durch einen Kuß mit Giselher versöhnte, während es doch tatsächlich Gunther war, dessen Kuß erwähnt wird (Str. 1114) – die Unstimmigkeit findet sich dann im Text der Handschrift C (Str. 1421) behoben.

Hagens Bitte um einen neuen Schild (Str. 2194-2195) erlaubt Rüdiger, seine freundschaftliche Bindung an die Burgunden trotz des von Kriemhild und Etzel erzwungenen Kampfs gegen sie unter Beweis zu stellen: Rüdiger verschenkt seinen Schild an Hagen (Str. 2196-2197). Als er aber gleich danach in den Kampf stürmt, hat er unversehens einen anderen (Str. 2206,1: *den schilt huop Rüedegêr*).

Friedrich Panzer hat eine ganze Reihe weiterer, kleinerer Unstimmigkeiten angeführt, darunter einen weiteren Fall, wo *C korrigiert.[130] Danach kann die Herstellung der Fassung *C zumindest zu einem Teil auch als Korrekturgang verstanden werden, wie dies auch an anderen Stellen deutlich wird. So ist z.B. der Motivationsbruch von B 1912 in C 1963 getilgt (s.o.) und die text-

---

Nibelungenlied. Actas do Simpósio Internacional 27 de Outubro de 2000. Porto 2001, S. 9-25, hier S. 12f.

129   Es handelt sich um einen besonderen Typ von Unstimmigkeiten, den Heinzle: Mittelhochdeutsche Dietrichepik, S. 167, als »sachliche Unvereinbarkeit verschiedener Angaben« bestimmt hat.

130   Panzer: Das Nibelungenlied, S. 445-450. Vgl. auch Werner Hoffmann: Das Nibelungenlied. Stuttgart ⁶1992, S. 65f.

kritisch vieldiskutierte Stelle B 911,2-3 in C 919,2-3 verbessert[131] – alles unzweifelhaft Versuche, ›Fehler‹ unterschiedlicher Art auszumerzen.[132]

Ist die Fassung *C, wie oben wahrscheinlich gemacht, als auswendiges Diktat des Dichters schon von A und B zu erklären, so wirft das ein Licht auch auf die Entstehungsbedingungen von Heldendichtung. Die wenigen Korrekturen könnten im Kopf vorgenommen worden sein, so daß denn auch durchaus nicht alle Unstimmigkeiten beseitigt sind, ganz im Gegenteil: einige neue kommen hinzu. Der Dichter hätte demnach nicht die Gelegenheit wahrgenommen, sich vom Blatt ausgehend zu korrigieren. Nur was ihm zufällig auffiel oder von sich aus schon so signifikant war wie der Motivationsbruch von Strophe B 1912, verbesserte er.

Keineswegs muß dann die Schrift eine besonders hervorgehobene Rolle im Zuge der Komposition gespielt haben. Strophische Heldendichtung ließ sich nicht am Blatt auf mikrostrukturelle Stimmigkeit hin konzipieren. Sie wurde freihändig entworfen, und Unstimmigkeiten schlichen sich unvermeidlich ein, auch noch im Zuge einer Überarbeitung.

Nicht nur im Text des ›Nibelungenliedes‹ fallen bei genauem Hinsehen Unstimmigkeiten auf, sondern Heldendichtung überhaupt ist von ihnen übersät, auch in anderen Kulturen, auch bei Homer, der – so Horaz (›De arte poetica‹, V. 358f.) – gelegentlich in den Schlaf zu fallen scheint.[133] Anfällig für medial bedingte Erinnerungsfehler sind z.B. Zahlenangaben, die über eine gewisse Textstrecke hin gestreut sind und womöglich, wie z.B. bei Heeres-

---

131 Um den Mord an Siegfried zu arrangieren, schlägt Hagen vor, zur Jagd auszureiten: *sô wil ich jagen rîten   bern unde swîn / hin zem Waskenwalde,   als ich vil dicke hân getân* (B 911,2-3; A 854,3 hat gleichfalls *Waskem walde*). Vom Hof Gunthers in die Vogesen ist es aber viel zu weit für einen Jagdausflug. Deshalb heißt es auch in C 919,2-3: *sô wil ich jagen rîten   von Wormez über den Rîn, / und wil kurzewîle   zem Otenwalde hân.* Zum *Otenwalde* ist ein eintägiger Jagdausflug gut möglich, deshalb ist *Otenwalde* im Vergleich zu *Waskenwalde* zweifellos geographisch ›richtig‹. Willi Krogmann: Zur Textkritik des Nibelungenliedes. In: ZfdA 87 (1956/57), S. 275-294, hier S. 278f., hat angenommen, daß die geographisch richtige Angabe im Urtext gestanden haben müsse. Tatsächlich wird man aber annehmen müssen, daß hier eine Korrektur in *C vorliegt, die der Dichter selbst vorgenommen hat.

132 Als eine weitere Verbesserung nennt Heinzle: Konstanten der Nibelungenrezeption in Mittelalter und Neuzeit, S. 93, die Strophe C 1766,1.

133 Vgl. die aufschlußreichen Hinweise bei Bowra: Heldendichtung, Kap. 8, und Lord: Der Sänger erzählt, S. 142f. Vgl. auch schon Albert B. Lord: Homer and Huso II. Narrative Inconsistencies in Homer and Oral Poetry. In: Transactions of the American Philosophical Society 69 (1938), S. 439-445, und Bowra: Tradition and Design in the Iliad, S. 96-113. Für die mittelhochdeutsche Heldendichtung hat zuerst Heinzle: Mittelhochdeutsche Dietrichepik, S. 167-175, das Phänomen übergreifend gesichtet und beschrieben, mißversteht es aber aufgrund seiner falschen Vorentscheidung für eine konstitutive Schriftlichkeit der überlieferten Heldendichtungen als Stilphänomen.

aufgeboten, aufsummiert werden müssen.[134] Ein Beispiel aus dem ›Ortnit‹: Mit 30.000 Kriegern fährt Ortnit nach Suders (Str. 225,4), die Zahl hat er sich selbst gesetzt (Str. 44,1-2) und ebensoviele Rüstungen werden beschafft (Str. 53). Die Zahl muß erst einmal zusammenkommen, und Ortnit ersucht seine Vasallen deshalb um Unterstützung für das Aufgebot. Aber als er die Zahl nennt, hat er schon ein größere Zahl, als er nennt, beisammen,[135] und weitere Angebote scheinen hinzuzukommen. Denn es werden Ilias von Riuzen, Helmnot von Tuscan und Gerwart von Troyen einfach noch einmal mit (neuen?) Angeboten aufgeführt.[136]

Wie im ›Nibelungenlied‹, so sind auch im ›Ortnit‹ weitere Unstimmigkeiten zu beobachten.[137] Berüchtigt ist etwa auch die ›Rabenschlacht‹ für Widersprüche, die das Verständnis der Erzählhandlung entschieden beeinträchtigen: Nicht selten finden sich Kämpfer z.B. plötzlich auf der gegnerischen Seite genannt,[138] und wenn die vielen Widersprüche auch aus dem ›Buch von Bern‹ auf eine strophische Vorlage zurückgehen sollten,[139] dann erstand schon in dieser Vorlage auch einmal ein bereits gefallener Kämpfer unversehens wieder von den Toten auf – wie schon Pylaimenes bei Homer[140] – und wurde ein zweites Mal erschlagen.[141] Anders als im Fall der Handschrift C des ›Ni-

---

134   Beispielhaft ist Panzer: Hilde-Gudrun, S. 90-99, als Untersuchung der Zahlenangaben in der ›Kudrun‹. So hat Panzer denn auch später noch ein Auge für die durchweg sorgfältigeren Zahlenangaben des ›Nibelungenliedes‹ gehabt. Vgl. Panzer: Das Nibelungenlied, S. 163-166 und S. 447.

135   Nämlich 42.200. Vgl. Str. 28,4; 33,3-4; 36,2; 39,3; 43,2.

136   Vgl. Str. 46,2; 47,3; 48,4. Andererseits weist Müllenhoff: Das Alter des Ortnit, S. 185, darauf hin, daß im ›Ortnit‹ AW, von der angeführten Stelle abgesehen, eine auffällige Stimmigkeit der Zahlenangaben vorherrscht, die dann aber in den Fassungen in völlige Unordnung gerät.

137   Hinweise dazu bei Dinkelacker: ›Ortnit‹-Studien, S. 269-273, vgl. dort auch weitere Literaturhinweise. Eine Sammlung der Unstimmigkeiten im ›Ortnit-Wolfdietrich‹ D vgl. insbesondere bei Kofler: Ortnit und Wolfdietrich D, S. 16-21.

138   Vgl. Steche: Das Rabenschlachtgedicht, das Buch von Bern und die Entwicklung der Dietrichsage, S. 29-33.

139   Nach Holger Homann: Die Heldenkataloge in der historischen Dietrichsepik und die Theorie der mündlichen Dichtung. In: Modern Language Notes 92 (1977), S. 415-435, hier S. 434, sprechen die »inneren Unstimmigkeiten und offensichtlichen Fehler, besonders solche des Zählens« für mündliche Abfassung. Dies wird man nun allerdings nicht auf die Reimpaardichtung selbst beziehen können, die mündliche Abfassung sicher ausschließt, sondern auf eine strophische Vorlage, die unbereinigt übernommen worden zu sein scheint.

140   Vgl. zu den Stellen in der ›Ilias‹ Bowra: Heldendichtung, S. 329f.

141   Nämlich Alphart. Vgl. Steche: Das Rabenschlachtgedicht, das Buch von Bern und die Entwicklung der Dietrichsage, S. 99, zum ›Buch von Bern‹, V. 9526-9527 und 9692-9701. Steche unterscheidet widersprüchliche Zahlen-, Namen- und Zeit- sowie geographische Angaben. Undurchsichtig ist oft auch, wie Figuren ihren Aufenthaltsort oder Zuordnungsstatus ändern. So hält sich Dietleib erst bei Dietrich auf (V. 3635 u.ö.), dann

belungenliedes‹ – und auch hier handelt es sich nur um wenige Ausnahmen – machen Fassungen die Lage nicht besser. Sie fügen vielmehr meist neue Unstimmigkeiten hinzu, wie dies auch das ›Nibelungenlied‹ C an einigen Stellen tut.

Selbst das ›Eckenlied‹, das von seiner einfachen Anlage her und wegen seiner vergleichsweisen Kürze kaum viel Gelegenheit zu Unstimmigkeiten bieten sollte, ist nicht frei von ihnen: Als Seburg Ecke Ortnits Rüstung zukommen läßt, vermittelt sie ihm wichtige Informationen zu der Rüstung (Str. 21-24). Als Ecke aber später die Rüstung Dietrich anpreist (Str. 78-83), weiß er viel mehr über ihre Vorgeschichte, als Seburg ihm mitgeteilt hatte, ohne daß er eine andere Quelle für sein Wissen haben könnte.

Unstimmigkeiten gehören in solcher Regelmäßigkeit zur Heldendichtung, daß man nicht umhinkommt, sie systematisch zu erklären. Dabei erweist sich die Annahme, strophische Heldendichtung des Mittelalters sei Buchdichtung, als problematisch. Wenn ein Dichter seine Dichtung diktiert haben wird, muß sie nicht gleich Buchdichtung sein. Hier gibt es Differenzierungsmöglichkeiten.

Notwendig ist zunächst eine Unterscheidung zwischen textueller Mikro- und Makrostruktur.[142] Geeignet ist dann der Begriff des Fokus,[143] weil er den Einstellungswinkel des das Erzählen begleitenden Bewußtseins und die Engführung des Erzählprozesses zu beschreiben vermag, der/die von einem narrativen Thema oder Hintergrund aus ausgerichtet bzw. vorgenommen wird. Die Begriffe des Themas oder des Hintergrundes und der in Bezug hierauf gebildete Begriff des Fokus bzw. der Fokussierung lassen sich dabei relativ zu unterschiedlichen Beschreibungsebenen verstehen.

Eingeführt ist die Thema/Fokus-Unterscheidung für den Fall von Sätzen als Textelementen, für die der Begriff des Fokus die jeweils vermittelte neue Information beschreiben soll.[144] Es liegt aber nahe, ihn für Erzählungen zu verallgemeinern,[145] und Kenneth L. Pike hat ihn gar auf soziale Ereignisse

---

aber gehört er auf einmal zu Helches Leuten (V. 4679f.); Amelolt ist gefangen (V. 3763-3781), dann aber frei (V. 4445-4450); Liudeger und Liudegast gehören zu Dietrichs Leuten (V. 5899-5901), dann aber zu Ermrich (V. 8629-8632), usw.

Panzer: Hilde-Gudrun, S. 89-140, sucht für das Beispiel der ›Kudrun‹ verschiedene Arten von Unstimmigkeiten zu systematisieren. Er wirft dabei allerdings Unstimmigkeiten im eigentlichen Sinne mit Eigenheiten der narrativen Faktur von Heldendichtung zusammen. Zu den Unstimmigkeiten in der ›Kudrun‹ vgl. auch die Hinweise Karl Stackmanns in der Einleitung der ›Kudrun‹-Ausgabe, S. XV-XIX.

142 Vgl. etwa Teun A. van Dijk: Textwissenschaft. Eine interdisziplinäre Einführung. München 1980, S. 41-67.

143 Nicht zu verwechseln mit dem narratologischen Begriff der Fokalisation!

144 Vgl. das ›Metzler-Lexikon Sprache‹. Hg. von Helmut Glück. Stuttgart 1993, zu ›Fokus‹.

145 Vgl. etwa die Hinweise bei Margret Selting: Prosodie im Gespräch. Aspekte einer interaktionalen Phonologie der Konversation. Tübingen 1995, S. 90f.

wie Gottesdienste und Sportveranstaltungen angewendet.[146] Pike zeigt auch, daß die tatsächliche Fokusbildung – sei es bei Veranstaltern wie auch bei Teilnehmern an Veranstaltungen – ihrerseits auf unterschiedlich abstrakten Ebenen erfolgt.[147]

Erzählen ist ein Prozess kontinuierlicher Fokusbildung. Da mündliches Erzählen die Aufmerksamkeit von Hörern von Augenblick zu Augenblick binden muß und bei den Erzählern immer schon bindet,[148] tritt die Selektivität dieses sequentiellen Prozesses deutlicher hervor, und sie wird immer wieder thematisiert. Stellen wie die oben aus der ›Rabenschlacht‹ zitierten begleiten den Prozeß als Hervorhebung einer Fokusweiterführung oder auch eines Fokuswechsels. Die Hervorhebung richtet die Aufmerksamkeit aus. Daß solche Hervorhebung in Lesetexten unnötig ist und sogar irritieren würde, zeigt, daß Aufmerksamkeit über die Basismedien unterschiedlich elizitiert und gebunden wird.[149]

Auch in dem vom Vortrag abgekoppelten Dichtvorgang schlägt die unvermeidliche Einschränkung von Aufmerksamkeit durch. Die angesprochenen Unstimmigkeiten zu beheben würde bedeuten, mikrostrukturelle Kohärenz herbeizuführen. Das aber würde erfordern, im Zuge des Dichtvorgangs einen Doppelfokus oder sogar Mehrfachfokus zu bilden. Was viele oder auch nur einige Augenblicke zuvor gedichtet wurde, muß – wenn es nicht mehr in der Reichweite der fokussierten Aufmerksamkeit liegt – neu bewußt gemacht, aufs neue mental angesteuert werden. Dies stellt für mündliches Erzählen (und Dichten) aber ein strukturelles Problem dar.[150] Alle bereits erzählten Details bewußt zu halten, überfordert die zur Verfügung stehende Aufmerksamkeit und Gedächtniskapazität. Makrostrukturell mag eine Erzählung noch wohldisponiert sein, mikrostrukturell kohärent im Sinne der Abstimmung einzelner auseinanderliegender Stellen muß sie deshalb keineswegs sein. Im Zuge des Erzählens/Dichtens wird Aufmerksamkeit durch ihre Fokussierung an die gerade gedichtete Stelle gebunden, während Detailangaben in der Erinnerung verblassen. Die Chance, einen narrativen Schrifttext aufgrund visueller Gedächtnisspuren auch in seinen Details zu behalten, ist sehr viel größer, und

---

146 Kenneth L. Pike: Language in Relation to a Unified Theory of the Structure of Human Behavior. Den Haag, Paris 1967, S. 78-82 und Kapitel 4.

147 Er spricht vom *shift of focus*. Vgl. ebd., S. 113.

148 Zutreffend beschreibt Heinzle: Mittelhochdeutsche Dietrichepik, S. 173, die »Punktualität der Darstellungsweise als Folge einer bestimmten Perzipierungsart«, versteht dies aber fälschlich als »Ausfluß eines bestimmten Stilwillens«.

149 Allerdings können sie in Vorlesetexten, wie höfische Buchdichtungen sie zumeist darstellen, ähnlich häufig sein, so daß diese zunächst prinzipiell ähnlichen Bedingungen unterliegen.

150 Vgl. entsprechend schon die Erklärung von Bowra: Tradition and Design in the Iliad, S. 113: Homers Erzählen sei »so deeply concerned with the moment and its immediate future that it neglects some features which we regard as essential«.

vermutlich wären Unstimmigkeiten ein Anlaß, im Buch oder Manuskript zurückzublättern, sich seiner Irritation zu versichern und – als Dichter – Unstimmigkeiten zu beheben bzw. Fehler zu korrigieren.

Berücksichtigt man den Vortrag eines Liedes als soziales Ereignis, so muß man empirische Größen zulassen: Jeder Hörer wird einer Fluktuation seiner eigenen Aufmerksamkeit ausgeliefert sein, jener Lichtkegel des begleitenden Bewußtseins wird für ihn flackern, und darauf richten Sänger sich in ihren Appellen an die Hörer immer schon ein. Aber auch die Dichter von Liedern sind schon beim Dichtvorgang dieser Fluktuation ausgeliefert. Sie nehmen sich offensichtlich keine Zeit und greifen nicht zu geeigneten Mitteln, entstehende Unstimmigkeiten zu minimieren. Mikrostrukturelle Kohärenz könnten sie sicherstellen, wenn sie im niedergeschriebenen Text ihrerseits noch einmal zurückblätterten, um sich der eingebrachten und je an Ort und Stelle fokussierten Details noch einmal zu versichern. Sie tun das zweifellos nicht, sie überlesen nicht, was sie schon fertiggestellt haben, um es zu korrigieren, und werden so selbst zu Opfern ihrer Unaufmerksamkeit. Sie sind auf die Arbeit mit ihrem Gedächtnis präpariert, in dem sie nicht einfach Streichungen vornehmen können.

Sie mögen also eine Niederschrift benutzen, um die Komposition durch eine Planung ihrer Makrostruktur zu verbessern und sich eine Einprägung des umfangreichen Wortlauts zu erleichtern – sie arbeiten aber nicht kleinteilig, indem sie alle Details im Auge behalten. Es scheint, daß sie von der Niederschrift keinen weitergehenden Gebrauch machen. Von schriftlicher Komposition einer Buchdichtung kann deshalb im vollen Wortsinn keine Rede sein.

Panzer hat für einen Teil der Unstimmigkeiten vermutet, daß sie weder Hörern noch Dichtern überhaupt als solche erschienen wären: So seien Zahlenangaben als Tropen zu verstehen, die niemand je nachgerechnet hätte und die nur das Vorliegen einer Anzahl anzeigten, nicht aber eine Rechengröße angäben.[151] Auch das Kreuz auf Siegfrieds Kriegsgewand etwa könnte man in vergleichbarer Weise als Symbol für Kriemhilds Unvorsichtigkeit oder Siegfrieds Verletzlichkeit ansehen. Dann würde es belanglos, auf welchem Gewand es sich befunden hat. Entsprechendes läßt sich auch für weitere Beispiele anführen.

Aber nicht alle Unstimmigkeiten lassen sich auf diese Weise hinwegerklären, zumal im Fall des ›Nibelungenliedes‹ offenbar der Dichter selbst eini-

---

151   Panzer: Das Nibelungenlied, S. 165. Panzer bezieht seine Überlegung allerdings nur auf die ›Kudrun‹ und ausdrücklich nicht auf das ›Nibelungenlied‹. Daß Zahlenangaben aber auch anderswo entsprechend verwendet werden, läßt sich z.B. am ›Salman und Morolf‹ zeigen. Vgl. auch Vogt (Hg.): Salman und Morolf, S. CLVf., und Armin Wishard: Oral Formulaic Composition in the Spielmannsepik. An Analysis of ›Salman und Morolf‹. Göppingen 1984, S. 167-169. Panzers Erklärung kommt die Erklärung von Heinzle: Mittelhochdeutsche Dietrichepik, S. 170-174, nahe.

ge von ihnen beseitigen zu müssen geglaubt hat. So wird man etwa auch für das Kreuz auf Siegfrieds Gewand folgendermaßen argumentieren: Dem Dichter liegt an einem konkreten, sichtbaren Zeichen, auf das er Hagen denn auch zielen läßt (Str. 980,4: *er sach nâch einem bilde an des küenen gewant*). Deshalb muß dieses Zeichen sich notwendigerweise auf ein und demselben Gewand befinden.

Über der Prädominanz dieses Zeichens geraten allerdings beim Weitererzählen die Umstände seiner Anbringung *out of focus*. Der Wechsel von Siegfrieds Gewand wird in seinem kritischen Anschluß an das vorher Erzählte und den daraus erwachsenden Folgen für das Weitererzählen nicht mehr bedacht. Da die Aufmerksamkeit durch die Eigenschaften des Mediums eingeschränkt ist – auch beim Dichtvorgang, der offensichtlich nicht in kontinuierlicher Rückkopplung mit einer Niederschrift erfolgt –, verliert sich die Erinnerung an narrative Details. Verblaßte Angaben werden im Zuge je gegenwärtiger Fokusbildung unwillkürlich retuschiert oder neu festgelegt. Dabei gerät nicht noch einmal genau ins Bewußtsein, was oben bzw. vorhin erzählt wurde.

Die je nur gegenwärtige Fokusbildung ist im übrigen auch der Grund, weshalb in der strophischen Heldendichtung Rückverweise so gut wie nie vorkommen.[152] Sie fokussieren auseinanderliegende Teile des Erzählinhalts und erfordern deshalb die Bildung eines Doppelfokus. Rückverweise, selbst wenn sie auf den Zeitraum des Vortrags und innerhalb dieses Zeitraums auf zuvor Erzähltes Bezug nehmen, sind dagegen ein recht sicheres Indiz dafür, daß eine textuelle Integration vorliegt, wie sie erst das Basismedium der Schrift möglich macht und aufdrängt. Erzählen ohne Schriftstütze strebt solche Integration kaum je an.

So scheint die Niederschrift strophischer Heldendichtungen keine sehr hervorgehobene Rolle zu spielen, und der Dichtvorgang scheint sich nicht wesentlich von einem Vortrag zu unterscheiden: In beiden Fällen dominiert der unmittelbare Augenblick des mündlichen Erzählens – er sorgt dafür, daß die reduzierte Aufmerksamkeit auf die Textproduktion durchschlägt, während solche restriktiven Bedingungen der Textherstellung im Zuge der Arbeit an und mit einer schriftlichen Aufzeichnung ausgeglichen und durch nachträgliche Korrektur pariert werden können. Da strophische Heldendichtung in der Regel unkorrigiert bleibt, wird die Niederschrift ein ihr äußerlicher Vorgang geblieben sein.

---

152 Eine seltene Ausnahme stellt z.B. die ›Rabenschlacht‹ mit Str. 80,4 (*als ich iu ê hân geseit*) dar. Vgl. auch die ›Kudrun‹, Str. 952,1 (*als wir iu sageten ê*). Zu Rückverweisen im ›Biterolf‹, in dem sie als einer Buchdichtung sofort möglich werden, vgl. oben Kapitel 2, Anm. 148.

7.7 Die narrative Faktur der Texte: unvollständige Information, linear-episodisches Erzählen, stoffgeschichtlich bedingte Inkonsistenz und mnemonisch vorteilhafte Gliederung

Wo und wie entwickelt sich das Nachspiel, nachdem Brünhild vor dem Münster von Kriemhild gedemütigt und der Kebsvorwurf durch Vorweis von Ring und Gürtel bekräftigt wurde? Brünhild will sofort, daß Gunther kommt (Str. 851), und bleibt solange an Ort und Stelle vor dem Münster. Tritt sie dabei eigentlich unruhig von einem Fuß auf den anderen, setzt sie sich mit ihren Hofdamen auf die Stufen des Münsters oder bleibt sie wie angewurzelt stehen, solange Gunther unterwegs ist? Und schaut Kriemhild dabei reglos zu? Oder ist sie schon weggegangen?

Als Gunther dann eingetroffen ist und vor Ort unterrichtet wird, will er, daß Siegfried Farbe bekennt, und läßt ihn holen (Str. 855). Wie bewegt ihn nun, was er zu hören bekam? Wenn Kriemhild noch zugegen wäre, würde man erwarten, daß er sich ihr zuwendete. Als Siegfried kommt, steht er Gunther in einer Weise Rede und Antwort, als sei Kriemhild nicht mehr anwesend. Weder von Gunther noch von Siegfried wird sie angesprochen, aber man spricht die ganze Zeit über sie (Str. 857-862). Als Siegfried endlich seinen Reinigungseid abgelegt hat, scheinen alle auseinanderzugehen (Str. 863), aber wohin? Hagen trifft Brünhild später immer noch weinend an (Str. 863-864), und nach und nach kommen Ortwin, Gernot, Giselher und Gunther wieder hinzu, aber wo findet dies statt? Und was haben sie in der (kurzen oder langen?) Zwischenzeit getan? Erzählt wird nur der Höhenkamm des Geschehens, alles andere bleibt unterbelichtet und scheint gar – wie der Abgang Kriemhilds – vergessen worden zu sein.

Es gibt offenkundig recht unterschiedliche Anspruchsniveaus und Erwartungen an das, was eine Erzählung dem Leser oder Hörer an Informationen über den Handlungsverlauf oder die erzählten Situationen liefern muß.[153] Solche Erwartungen variieren kulturell und historisch, auch gemäß unterschiedlicher literarischer Gattungen und medial eingeschliffener Gewohnheiten. So gehört es zur Typik von erzählten Situationen in kürzeren Heldenliedern, den sogenannten Heldenballaden, von Dialog zu Dialog zu springen, ohne die situativen Umstände näher auszuleuchten. Die Erzählweise hat sich ins ›Nibelungenlied‹ hinübergerettet.[154]

---

153 Der Begriff der Information ist hier mißverständlich, da das Auserzählen von Erzählhandlungen nicht der Vermittlung von Informationen gleichkommt. Ich verwende den Begriff technisch.

154 Vgl. Kuhn: Über nordische und deutsche Szenenregie in der Nibelungendichtung, S. 203 u.ö.

Es dürfte ungeachtet eines solchen narrativen Usus aber auch eine Unterversorgung mit Information geben, die schnell zu Fragen führt. Der Dichter des ›Nibelungenliedes‹ kommt Erwartungen, ein Minimum an notwendigen Informationen nicht zu unterschreiten, meist entgegen, auch wenn man nicht mehr überprüfen kann, welche Lücken seiner sei es mündlichen Vorgabe oder schriftlichen Vorlage er dabei ausfüllt. Man ist angesichts der hervorstechenden Konturen des Vordergrundgeschehens kaum geneigt, weiter danach zu fragen, was im Hintergrund geschieht. Es ist von zweitrangiger Bedeutung, was Kriemhild tut, nachdem sie ihren Affront vorgebracht hat. Die Erzählhandlung kann sie vernachlässigen. Vielleicht sitzt der Dichter hier noch der Darstellung einer Vorgängerfassung auf.

Im ›Eckenlied‹ wird die Sorglosigkeit solchen Erzählens schon eher virulent. Ecke sitzt mit Vasolt und Ebenrot in einem Saal, und man redet über Dietrich und andere Helden (Str. 2). Fünfzehn Strophen später heißt es plötzlich *Hie waren noch gesessen bi / vil schóner kúneginne dri* (Str. 17,1-2). Was haben sie, die sich jetzt ins Gespräch einmischen, die ganze Zeit getrieben? Sie werden für die Handlung gebraucht, also müssen sie nun da sein. Der Dichter bemüht sich aber nicht weiter darum, zu informieren und zu erklären, was sie etwa vorher getan haben.[155]

Auch im ›Nibelungenlied‹ gibt es allerdings weitere Stellen, die einen durchsichtigen Aufbau vermissen lassen. Die 6. Aventiure beginnt damit, daß man sich über Brünhild in Worms einiges erzählt. Kaum hört Gunther davon (Str. 328), will er nach Isenstein und um Brünhild werben. Er spricht dies aus (Str. 329), ohne daß man erfährt, in welcher Situation und vor wem. Siegfried ergreift das Wort (Str. 330), also muß er dabei sein. Aber dann redet auch Hagen, und es scheint so, als würde er ein Zwiegespräch mit Gunther führen (Str. 331), auf das hin Gunther sich wieder Siegfried zuwendet (Str. 332). Die Konturen der Situation bleiben undeutlich. Soll Hagen Mitwisser der nun zwischen Gunther und Siegfried abgelegten Eide, sich gegenseitig zu helfen, sein, ist er gar an den Eiden beteiligt (Str. 333-335)?

Siegfried holt seinen Tarnmantel, und man bereitet sich zur Fahrt, ohne daß überhaupt geklärt ist, wer mitkommt. Das wird in einem Gespräch geklärt, das ebenso unvermittelt beginnt (Str. 339) und in das sich Hagen wie-

---

155   Ich halte auch die Verletzung von Wahrscheinlichkeitsregeln, die Jan-Dirk Müller: Woran erkennt man einander im Heldenepos? Beobachtungen an Wolframs ›Willehalm‹, dem ›Nibelungenlied‹, dem ›Wormser Rosengarten‹ und dem ›Eckenlied‹. In: Symbole des Alltags – Alltag der Symbole. Festschrift für Harry Kühnel. Hg. von Gertrud Blaschitz u.a. Graz 1992, S. 87-111, untersucht hat, für eine Folge dieser Art von unbekümmertem Erzählen. Wenn nicht erklärt wird, woher und woran die Helden einander (er)kennen, so deshalb, weil dies einen unverhältnismäßigen narrativen Aufwand – u.a. mit der Bildung eines Doppelfokus beim Erzählen (etwa einer Rücklenkung auf charakterisierende Eigenschaften oder Situationen des Kennenlernens) – bedeutete.

derum unvermittelt einmischt (Str. 346), so daß man annehmen muß, er sei die ganze Zeit anwesend, wo immer Gunther sich befindet.

Der Abschnitt II des ›Rosengarten‹ A (Str. 93-130) beginnt ohne jede Charakterisierung der Situation nur über eine Inquitformel mit einem Gespräch zwischen Dietrich und Hildebrand. Plötzlich redet aber Wolfhart, von dem gerade die Rede war, selbst mit (Str. 95). Ebenso ist später unvermutet Sigestab dabei, der sich als Bote anbietet, gerade als Dietrich sich einen Boten wünscht (Str. 108). Die Personen sind da oder weg, wie sie jeweils gebraucht oder nicht gebraucht werden. Eine konkrete Situation, die man sich dazu vorstellen müßte, gibt es nicht. Nur den abstrakten Bedarf des Erzählverlaufs.

Narrative Lücken, die Teile des Handlungsverlaufs und der erzählten Situationen im Unklaren lassen, sind in strophischer Heldendichtung an der Tagesordnung. Strophisches Erzählen richtet sich nicht darauf ein, gleitende Übergänge zu schaffen und solche Lücken zu schließen. Neben dem Gewicht, das nur den Vordergrund ausleuchtende Redeszenen mit oft von Strophe zu Strophe erfolgendem Sprecherwechsel für die Darstellung bekommen, liegt dies auch daran, daß die Strophen möglichst geschlossene Handlungsbestandteile für die Aufbewahrung im Gedächtnis bereitstellen müssen und daß sie so memorielle Slots bilden. Dabei gewöhnt man sich daran, daß die Handlung, bedingt durch das strophisch-blockhafte Erzählen,[156] ruckhaft voranschreitet und die Aufmerksamkeit auf Kernvorgänge gelenkt wird, deren situativer Hintergrund abgedunkelt oder undeutlich bleiben kann. Diese Erzählweise hat sich überindividuell eingespielt und als mnemonisch effektiv bewährt, da sie keinen unnötigen Ballast aufbürdet. Es liegt jedenfalls auch hier keine freie dichterische Entscheidung vor, die sie herbeigeführt hat.

Prototypisch erscheint die Erzählweise etwa zu Beginn des ›Liedes von Ermenrichs Tod‹, und wenn sie ursprünglich kürzeren Heldendichtungen angehörte, könnte sie von hier aus in Großdichtungen eingewandert oder aus kürzeren Vorgängerfassungen von ihnen übernommen worden sein. Fern in Frankreich wohnt ein König, den der Berner wegen seiner *Frolicheit*[157] vertreiben will (Str. 1,1-2). Ohne daß die Situation näher umrissen wird, geht Dietrich unvermittelt Hildebrand um Rat an (Str. 1,3-4). Hildebrand orientiert ihn über die Überlegenheit Ermenrichs sowie über den Tod am Galgen, den dieser Dietrich und seinen Leuten zugedacht hat (Str. 2). Als Dietrich aber nun nicht weiß, wo er Ermenrich finden kann, meldet sich unvermittelt Hilde-

---

156 Das blockhafte Erzählen, bezogen allerdings nicht allein auf Strophen, beobachtet Wachinger: Studien zum Nibelungenlied, S. 100f. In charakteristischer Weise erscheint strophisch-blockhaftes Erzählen z.B. auch in der bereits angesprochenen II. Aventiure des ›Rosengarten‹ A, wo hinter den direkten Reden sämtliche situativen Umstände einschließlich der Frage, wer überhaupt anwesend ist, unklar bleiben.

157 Meier schlägt in seiner Ausgabe des Liedes von ›Ermenrichs Tod‹ (vgl. oben Anm. 109), S. 42, *wreedicheit* (›Grausamkeit‹) als Besserung vor.

brands Frau von der Zinne – hat sie alles mitgehört? – und nennt ihm den Aufenthaltsort (Str. 4).

Wie die Situation genau aussieht, scheint unwichtig, wichtig ist dagegen, was geredet wird. Notwendige Informationen, die den Charakter einer Exposition besitzen, werden in die Reden hineinverlagert. Sie allein bringen die Handlung voran, bevor diese wieder in Erzählung übergeht.

In den Zusammenhang dieser Erzählweise gehört es auch, wenn Personen so unvermittelt aus der Handlung verschwinden, wie sie gegebenenfalls auftauchen.[158] Was ist mit dem Sohn Siegfrieds und Kriemhilds, was mit dem Gunthers und Brünhilds, was vor allem tut Brünhild, nachdem die Burgunden zu Etzel aufgebrochen sind?[159] Wozu aber andererseits das Gedächtnis mit ihnen belasten, wenn sie für die Handlung noch nicht oder nicht mehr gebraucht werden? Es ist eine Frage der Ökonomie des Behaltens, der Knappheit der memoriellen Ressourcen bzw. des Speicherraums, was man dem Gedächtnis zumutet. Was mit Brünhild geschieht, ist für den Untergang der Burgunden von nachrangiger Bedeutung und kann als memorieller Ballast beiseitebleiben.

Was derart für die knappe Erzählweise mündlicher Lieder gilt, hält sich bis in die Heldendichtung des 13. Jahrhunderts als eingespielter ›Stil‹ durch. Auch umfangreichen und in großer Detailfülle erzählten Heldendichtungen gelingt es nicht, die Erzählweise ganz abzustreifen. Sie bleibt in Grundzügen erhalten, auch wenn die Herstellung dieser Dichtungen in Verbindung mit einer Niederschrift Zeit und Gelegenheit verschafft, erzählte Situationen in größerer Ausführlichkeit auszumalen. Denn ihr Rückgrat ist das durch das Basismedium begünstigte linear-episodische Erzählen, und dieses Erzählen ist mehr als bloß eine Darstellungsform, es geht aus einer Anschauungsform hervor.

Diese linear-episodische Anschauungsform resultiert aus dem Umstand, daß man Ereignisse am leichtesten behält, wenn man sie in die Reihenfolge bringt, in der sie sich abgespielt haben (könnten).[160] Das Gedächtnis für Ereignisfolgen, das als memorielles Organisationsprinzip die einfache Zeitreihe, d.h. die zeitliche Folge der Ereignisse, zugrundelegt, verlöre diesen

---

158   Scheinbar nachlässig erzählte ›Zu- und Abgänge‹ der Personen beobachtet z.B. Panzer: Hilde-Gudrun, S. 118-120, an der ›Kudrun‹.

159   Vgl. auch Henry Kratz: Inconsistencies in the ›Nibelungenlied‹. In: *Waz sider da geschach*. American-German Studies on the Nibelungenlied. Text and Reception. Hg. von Werner Wunderlich und Ulrich Müller. Göppingen 1992, S. 71-80, hier S. 75f. Beispiele aus anderen epischen Traditionen diskutiert Bowra: Heldendichtung, S. 332f.

160   Noch grundsätzlicher leitet allerdings Christopher R. Hallpike: Die Grundlagen primitiven Denkens. Stuttgart 1984, S. 142f., die in vielen Kulturen anzutreffende Unfähigkeit, von einer erzählten Ereignisfolge abzusehen, aus einem kognitiven Entwicklungsstadium (dem Piagetschen präoperativen Stadium) ab, in dem noch kein operativer Zeitbegriff zur Verfügung steht.

Merkrahmen, wenn es Ereignisse überspringen oder gegeneinander versetzen müßte. Zwar überspringt die Motivation individuellen Handelns grundsätzlich eine solche Zeitreihe – die Absicht, etwas zu tun, kann sich lange vor der Tat herausbilden und bis zur Tat viele Geschehnisse vorübergehen und einige Zeit verstreichen lassen –, aber die Zeitreihe hat für mündliches Erzählen, das zuallererst das äußere Geschehen darstellt, das größere Gewicht. Deshalb bleibt die Motivation, insofern sie die Zeitreihe übergreift, unerzählt: Daß Kriemhild sich rächen will, wird nicht erwähnt, man erfährt erst davon, als sie Rüdiger das Versprechen abnötigt, für ihr Leid einzustehen (Str. 1257).[161] Das Erzählen minimiert den Aufwand für das Gedächtnis, wenn es bei der Zeitreihe bleibt, wie sie sich an einer Ereignisfolge festmachen läßt. Mikrostrukturell läßt sich am einfachsten das pure Nacheinander erzählen. Eine daran angeglichene parataktische Anreihung auf der Ebene der sprachlichen Faktur spiegelt sich dann aber noch einmal auf der Ebene der narrativen Faktur: in der Anreihung von Episoden, die ihrerseits einer makrostrukturell umgesetzten Zeitreihe unterworfen bleiben.[162]

Wenn die moderne Erzähltheorie eine Unterscheidung vornimmt, die berücksichtigt, daß die Erzählfolge von der erzählten Ereignisfolge abweichen und entsprechend etwa Späteres früher – in Anachronie – erzählt werden kann (um danach wiederum in der Zeit zurückzuspringen),[163] so reagiert sie auf eine Möglichkeit modernen, schriftgebundenen Erzählens, die für mündliches Erzählen nicht zu bestehen scheint. Denn hier muß so erzählt werden, wie die Ereignisfolge es gebietet. Ereignis- und Erzählfolge fallen zusammen. Dieses Zusammenfallen macht linear-episodisches Erzählen aus.

---

161 Anders allerdings in der 23. Aventiure, wo erst Kriemhilds Motivation entfaltet wird, wie sie der Einladung an die Burgunden vorausgeht. Hier kommt eine neue Erzählweise zum Zuge.

162 Für die voläufige Prosaerzählung zeigt dies Lüthi: Das Volksmärchen als Dichtung, S. 53-56. Die einsträngig gehaltene, fortschreitende Reihe gehört nach Olrik: Epische Gesetze der Volksdichtung, S. 8, zu den ›epischen Gesetzen‹ der Volksdichtung.

163 Die auf den Russischen Formalismus zurückgehende Unterscheidung wird auf sehr verschiedene Weise vorgenommen, z.B. zwischen *fabula* (als zugrundeliegender Ereignisfolge) und *story* (als Erzählfolge). Vgl. entsprechend Mieke Bal: Narratology. Introduction to the Theory of Narrative. Toronto, Buffalo, London 1997, Kap. 2 und 3. Zu anderen terminologischen Festlegungen vgl. Matias Martinez und Michael Scheffel: Einführung in die Erzähltheorie. München 1999, S. 22-26.

William F. Brewer und Edward H. Lichtenstein: Event Schemas, Story Schemas, and Story Grammars. In: Attention and Performance IX. Hg. von John Long und Alan Baddeley. Hillsdale, New Jersey 1981, S. 363-379, unterscheiden *event structure* und *discourse structure* und sehen in den Umstellungen der *discourse structure* die Absicht, unterschiedliche affektive Zustände (*suspense, surprise, curiosity*) von Lesern zu aktivieren. Eine solche Strategie dürfte schriftliche Planung notwendig voraussetzen, und sie ist deshalb im Rahmen mündlichen Erzählens nicht zu erwarten.

Es gibt prominente Gegenbeispiele, die schon die mittelalterliche Poetik als Abweichungen von der natürlichen Reihenfolge verbucht hätte oder hat: Odysseus erzählt ausführlich von seiner Flucht aus Troja, als die Handlung schon längst weiter ist (›Odyssee‹ IX). So dann auch Aeneas (›Aeneis‹ II), dessen rückgreifende Erzählung von seiner Flucht aus Troja man im Mittelalter als kunstvolle Disposition (*ordo artificialis*) des Dichters auf der Ebene der Erzählung beschrieben hat.[164] Im ›Nibelungenlied‹ erzählt Hagen Siegfrieds Jugendtaten, als Siegfried vor den Toren von Worms erscheint. Auch dies könnte als *ordo artificialis* erscheinen. Der Dichter hätte diesen Teil der Vorgeschichte des ›Nibelungenliedes‹ auch seinerseits als Erzählerbericht einblenden können, aber er gibt einen entsprechenden Bericht nicht selbst, sondern wählt den besonderen Kunstgriff einer Figurenerzählung.[165]

Vielleicht ist dies ein Kunstgriff; aber es ist wohl keiner, der das, was der Dichter auch in einer Rückwendung hätte erzählen können, nun geschickter einer Figur in den Mund legt. Denn der Dichter hätte es womöglich gar nicht einblenden können: Es ist der Sinn dieser Erzählweise, vom Zusammenfallen von Ereignis- und Erzählfolge eben doch nicht abweichen zu müssen. Was Hagen von den vorangegangenen Taten Siegfrieds erzählt, gehört – als seine Erzählung – in die Ereignisfolge. So ist es eher ein kunstvoller Notbehelf, weil die narrative Möglichkeit einer eigenständigen Rückwendung des Erzählers gegen mündliche ›Erzähllogik‹ zu verstoßen scheint, die Abweichungen der Erzählfolge von der Ereignisfolge als widernatürlich wahrnimmt.

Die Anpassung der Erzählfolge an die Ereignisfolge stellt eine Art von unwillkürlicher memorieller Nötigung dar, die sich nicht nur in mündlichen Traditionen, sondern schon in der Arbeit des individuellen Gedächtnisses abzeichnet. Jean M. Mandler und Nancy S. Johnson haben die Erinnerung an den Inhalt gehörter Erzählungen untersucht und festgestellt, daß mit einigem Abstand zum Hören einer Erzählung das Gedächtnis den Erzählinhalt an einem idealisierten Schema ausrichtet, auch wenn die Erzählung ursprünglich anders aufgenommen wurde.[166] Im Gedächtnis findet dabei eine selbsttätige Reorganisation der ursprünglich aufgenommenen Erzählfolge statt: Wo diese nicht mit der erzählten Ereignisfolge übereinstimmt, wird die Erinnerung ärmer, und Umstellungen, die in der Erzählfolge gegen die Ereignisfolge hergestellt wurden, werden als Verletzungen an der Ereignisfolge wahrgenommen

---

164   So z.B. Konrad von Hirsau. Vgl. Accessus ad auctores. Bernhart d'Utrecht. Conrad d'Hirsau. Hg. von R. B. C. Huygens. Leiden 1970, S. 77. Weitere Stellen nennt Klopsch: Einführung in die Dichtungslehren des lateinischen Mittelalters, S. 130.

165   Vgl. Volker Mertens: Hagens Wissen – Siegfrieds Tod. Zu Hagens Erzählung von Jungsiegfrieds Abenteuern. In: Haferland, Mecklenburg (Hgg.), Erzählungen in Erzählungen, S. 59-70.

166   Jean M. Mandler und Nancy S. Johnson: Remembrance of Things Parsed: Story Structure and Recall. In: Cognitive Psychology 9 (1977), S. 111-151.

und vom Gedächtnis beim Abruf stillschweigend korrigiert.[167] Für die ideale Erzählfolge zugelassen sind anreihende (z.B. durch ›und‹ realisiert), temporale (durch ›dann‹ o.ä. realisiert) und kausale narrative Verbindungen, die die Ereignisfolge nicht verletzen. Der Abruf gelingt entsprechend am besten, wenn Erzähl- und Ereignisfolge übereinstimmen.

Dies hat nun aber auch einschneidende Folgen für mündliche Erzähltraditionen:

If a story is not written down but is preserved only through retelling, it must respect the limitations of memory. We assume that an orally transmitted story will survive only if it conforms to an ideal schema in the first place or has gradually attained such a structure through repeated retellings.[168]

Kann man linear-episodisches Erzählen deshalb letztlich auf eine selbsttätige Ökonomie des Gedächtnisses zurückführen, die sich an einer Zeitreihe orientiert, so ist allerdings gleichzeitig zu konstatieren, daß die Erzählweise sich als narrativer Usus festsetzt, der seinen Gebrauch im Basismedium der Mündlichkeit lange überlebt.

Die eindrücklichste Beschreibung der Erzählweise hat Clemens Lugowski deshalb noch am Roman des 16. Jahrhunderts geben können,[169] in dem sie sich u.a. auch über den Umweg romanhafter Übersetzungen französischer Chansons de geste einbürgert. Lugowski beobachtet dabei auch ein Phänomen, das sich ursprünglich als Folge des Zusammenspiels von linear anreihendem und momenthaft gebundenem Erzählen ergibt:

Es gibt keine Geschehens-, Handlungsreihen, die zeitlich parallel liefen, es gibt kein historisches Zurückgreifen und erzählendes Nachholen von vorausgegangenen Ereignissen, es gibt mit einem Wort [...] keine Gleichzeitigkeit.[170]

Der Sinn für Gleichzeitigkeit fehlt im Stadium mündlichen Erzählens, weil man dabei zwei Linien nebeneinander denken und aufeinander beziehen und damit einen Doppelfokus bilden und aufrechterhalten müßte. Das überfordert die Aufmerksamkeit und Gedächtniskapazität mündlicher Erzähler und Sänger.

Die narrativen Folgen der Konzentration auf den Augenblick des Vortrags oder Dichtvorgangs und der Beschränkung auf Einsträngigkeit bestehen im vollständigen Ausblenden selbst solcher Ereignisse oder Umstände, die gleichzeitig zu denken man gelegentlich kaum umhinkommt. Denn was ist mit Brünhild nach dem Untergang der Burgunden, und was tun die Königinnen,

---

167 Vgl. ebd., bes. S. 133f.
168 Ebd., S. 113.
169 Lugowski: Die Form der Individualität im Roman, S. 54-57.
170 Ebd., S. 56. Einige charakteristische Beispiele für Schwierigkeiten mit der Gleichzeitigkeit finden sich bei Bowra: Heldendichtung, S. 344f.

als Ecke sich vor seinen Brüdern brüstet? Sie sind ›weg‹, d.h. der Erzähler denkt gar nicht an sie. Wird eine Figur oder eine Episode erzählt, so ist sie – wie Lugowski es in hegelianisierender Ausdrucksweise auf den Punkt bringt – »das Wegsein der anderen«[171]. Gleichzeitig an einen anderen Handlungsstrang – und damit seine Gleichzeitigkeit – denken zu müssen, überanstrengt die medialen Möglichkeiten.

Was nicht zur Erzähllinie gehört, findet keinen Platz in oder auch nur neben ihr. Was keine Rolle im Rahmen derselben bzw. einer späteren Episode erhalten kann, verschwindet einfach aus der Handlung. Es findet keine Rolle in einer späteren Episode, was mit Brünhild geschieht, und es bleibt sogar innerhalb derselben Episode unerwähnt, was die Königinnen tun, bevor sie ins Gespräch eingreifen.

Die Schwierigkeit, einen Doppelfokus zu bilden, ist also nicht nur zur Erklärung narrativer Unstimmigkeiten heranzuziehen, sondern sie wirkt sich grundsätzlich auch auf die narrative Faktur von Dichtungen aus. Sie behindert nicht nur die Vorstellung einer Gleichzeitigkeit räumlich auseinanderliegender Episoden, sondern sie behindert auch schon das Erzählen des Beieinanderseins mehrerer Figuren. Diese Schwierigkeit ist der Grund, warum über die Königinnen im ›Eckenlied‹ kein Wort verloren wird, obwohl sie in der erzählten Situation doch schon anwesend sein müssen; warum das Lied von ›Ermenrichs Tod‹ nichts von der Frau Hildebrands verlauten läßt, die doch Dietrich und Hildebrand zuhört; warum sich im ›Rosengarten‹ A plötzlich Personen ins Gespräch einmischen, von denen man nicht weiß, daß sie überhaupt anwesend sind, und warum das ›Nibelungenlied‹ Kriemhild nicht mehr in der Erzählung des nach dem Königinnenstreit auf Gunther und Siegfried verlagerten Konflikts unterbringen kann.

Für mündliche Erzählungen (»märchen, mythen, lieder, heldensagen, ortssagen«) hat Axel Olrik ein universales »Gesetz« aufgestellt:

zwei ist die höchste zahl der auf einmal auftretenden personen; drei personen gleichzeitig, mit eigenem charakter und eigener handlung, sind unstatthaft. dieses gesetz der scenischen zweiheit ist streng. [...] das zusammenspiel von drei oder noch mehr personen, das unser drama liebt, ist in der volkspoesie verboten.[172]

Dieses Gesetz gilt zweifellos nicht mehr für die Heldendichtung, aber wenn diese die szenische Zweiheit überschreitet, zeigt sich, daß ihr die narrativen Mittel fehlen, die erzählte Situation wirklich auszugestalten. Das erklärt sich aus der Schwierigkeit, einen Doppel- oder Mehrfachfokus zu bilden. Zu erzählen, was die gleichzeitig anwesende Kriemhild tut, während Gunther und Siegfried den auf sie beide übergegangenen Konflikt regeln, würde ein kom-

---

171 Ebd., S. 56.
172 Olrik: Epische Gesetze der Volksdichtung, S. 5. Zu Olriks Theorie und zur Nachfolgeforschung vgl. Bengt Holbek: Artikel ›Epische Gesetze‹. In: EM, Bd. 4, Sp. 58-69.

plexes narratives Management erfordern. Der Höhenkamm des Geschehens besitzt aber die Priorität vor einer vollständig ausgeleuchteten Situation. Auch heldenepisches Erzählen ist noch unbeweglich, wenn es um eine Aufteilung der Aufmerksamkeit und eine mehrfache Fokusbildung geht.

Wenn Figuren von der Gnade der (linear beschränkten) Handlung[173] mit je nur einem Fokus leben und alle überständigen Informationen dieser Fokusbildung geopfert werden, dann ist solche Reduktion schließlich auch der Grund für Unverbundenheit[174] und/oder Isolierung[175] von Erzähleinheiten, wo diese nicht mit- oder untereinander vermittelt werden. Sie werden aufgezählt, aggregiert, angereiht[176] – ohne eine explizit gemachte Beziehung.[177] Isolierendes Erzählen läßt motivationale Lücken oft gar nicht mehr wahrnehmen, weil die Erzählweise eingespielt ist. Die Handlung will es so, deshalb darf es so geschehen. Ortnit schläft, deshalb muß er sterben. Zwar ist er müde, deshalb schläft er ein, aber er wurde auch gewarnt, deshalb sollte er wach bleiben. Moralisiert wird sein Versagen nicht, es ereignet sich einfach.

Wenn hier freilich die isolierende Erzählweise des Zaubermärchens noch durchschlägt, läßt Heldendichtung sonst eher wenig Raum für Unverbundenheit und Isolierung von Erzähleinheiten. Im ›Nibelungenlied‹ stehen zwar etwa der Sachsenkrieg und die Werbung Etzels zunächst unverbunden da, im ›Ortnit‹ Ortnits Ausritt auf Aventiure, bevor er zur Brautwerbung aufbricht, aber von hinten lassen sie ihren Sinn erkennen: Siegfried zeichnet sich aus und darf Kriemhild gegenübertreten, Kriemhild kann ihre Rache ins Werk setzen und Ortnit gewinnt einen Helfer. Die Handlung hebt die Isolierung auf.

Helden handeln hochmotiviert, und was von ihnen erzählt wird, ist im Vergleich zum Märchen auch deshalb motivational dicht gewebt, gelegentlich gar doppelt motiviert. Das kontinuierliche Bemühen des Dichters des ›Nibe-

---

173 So die Formulierung Lugowskis: Die Form der Individualität im Roman, S. 60.

174 Ebd., S. 57-59.

175 Lüthi: Das Volksmärchen als Dichtung, S. 53-57, verwendet den Begriff der Isolation vage, insofern er sich zunächst auf die konkrete Isolation des Märchenhelden, dann aber auch auf Erzählelemente bezieht, die gegeneinander isoliert bleiben. Ich greife diese letztere Verwendung auf.
Eine Zusammenführung der von Lüthi und Lugowski beschriebenen narrativen Verfahren, eine Analyse ihres Vorkommens über verschiedene Gattungen hinweg und eine Einschätzung ihrer medialen Bedingungen ist ein Forschungsdesiderat.

176 Vgl. auch Ong: Oralität und Literalität, S. 42-44, zur episodischen Strukturierung auch S. 143. Viele Kategorien für mündliches Erzählen lassen sich aus medialen Voraussetzungen mündlicher Erzählsituationen wie auch der Gedächtnisstruktur von Erzählern ableiten, die mit Schrift nie in Berührung gekommen sind. Hinzu kommen Umstände der Tradierung, die dafür sorgen, daß Handlungsmotivationen verloren gehen.

177 Auf diesen Umstand führe ich auch Motivhäufungen und Doppelmotivationen zurück, auf die insbesondere Heinzle: Mittelhochdeutsche Dietrichepik, S. 167-175, aufmerksam gemacht hat.

lungenliedes‹, eine Schuld der jeweils Handelnden zu fixieren, ist ein Indiz für die Anstrengung des Motivierens. Wenn es dennoch zu Motivierungslücken kommt, so werden sie einerseits überhaupt erst angesichts weitgehender Ansprüche sichtbar, die der Dichter nicht immer erfüllen kann, und andererseits haben sie ihren Grund in einer Mechanik der Tradierung.[178]

Natürlich kann man sich fragen, warum Brünhild den Verlust von Ring und Gürtel, die Siegfried ihr unklugerweise abnahm, nicht längst bei Gunther meldete und beides – von ihm! – zurückforderte. Warum läßt sie sich dann durch den Eid, den Gunther Siegfried abverlangt und der nur sicherstellt, daß Siegfried sich des Beilagers mit Brünhild nicht rühmte (vgl. Str. 855-860), überhaupt zufriedenstellen? Wenn Siegfried Ring und Gürtel als sprechende Beweisstücke in seinem Besitz hatte – interessiert sie nicht zu erfahren, was in jener Nacht wirklich geschah? Warum fragt sie Gunther nicht?

Solches Interesse an den Beweggründen Brünhilds kann oder will der Dichter offensichtlich nicht befriedigen. Es gibt aber auch Fälle, wo er Nachfragen vielleicht befriedigen will, wo es ihm aber nicht gelingt. Stoffe werden im Rahmen neuer Versionen neu arrangiert, Handlungen neu konzipiert, auch miteinander verbunden oder verschränkt; aus kürzeren Liedern werden längere Epen, für die sich der narrative Duktus ändert.[179] Dabei dürfte es nicht immer leicht sein, alles haarklein aufeinander abzustimmen. Ich führe zwei vieldiskutierte Beispiele aus dem ›Nibelungenlied‹ hierfür an.

Nach der ›Thidrekssaga‹ lernen Brünhild und Siegfried (Sigurðar) sich kennen, bevor Siegfried Gunther bei seiner Werbung hilft. Dabei hat Siegfried Brünhild ein Heiratsversprechen gegeben. In der Hochzeitsnacht verweigert sich Brünhild dann Gunther, überwindet ihn beim Ringen und hängt ihn an einen Nagel.[180] Tut sie dies, um ihm zu demonstrieren, daß er ihr im Vergleich zu Siegfried nicht ebenbürtig ist? Die ›Thidrekssaga‹ wird hier nicht sehr deutlich.

Im ›Nibelungenlied‹ hat sie aber keinen rechten Grund mehr, Gunther zu überwältigen und an den Nagel zu hängen, denn sie hat gar keinen Anlaß, Gunthers Ebenbürtigkeit in Zweifel zu ziehen und ihn im Vergleich mit Siegfried zu sehen. Angeblich will sie *diu mære* in Erfahrung bringen (ich referiere nach B, hier Str. 635,4). Aber was für eine Geschichte? Warum Gunther Kriemhild zur größten Irritation Brünhilds unter ihrem Stand an Siegfried verheiratete (vgl. Str. 621, wo Gunther diese Geschichte anspricht)? War es

---

178 Fälle aus unterschiedlichen epischen Traditionen werden bei Bowra: Heldendichtung, S. 346-361, analysiert.

179 Auch hieraus resultieren Unstimmigkeiten, an denen die stoffgeschichtliche Forschung naturgemäß besonders interessiert war. Vgl. Heinzle: Mittelhochdeutsche Dietrichepik, S. 167-175. Ein aufschlußreiches Beispiel dafür diskutiert Heinzle: Konstanten der Nibelungenrezeption in Mittelalter und Neuzeit, S. 82-85.

180 ›Thidrekssaga‹ (Bertelsen), Bd. II, S. 37-41 (= Erichsen, S. 266f.).

dazu aber einer so drastischen Maßnahme auch noch in der Hochzeitsnacht nötig? Oder will sie herausfinden, ob Gunthers Sieg über sie auf Isenstein, wo sie ja ursprünglich Siegfried als Werber zu erwarten schien (Str. 416-419), mit rechten Dingen zuging? Dann aber wirkt beim Dichter eine Handlungskonstellation aus der Vorgeschichte des Stoffs nach – Brünhild wünscht sich Siegfried als Werber –, die als unaufgelöster Rest der Stoffgeschichte ihre Spuren im Text hinterläßt: Auf die eine oder andere Weise gelingt die Handlungsmotivation nicht bruchlos.[181]

Schon den Werbungsbetrug durch Siegfrieds Marschalldienst kann man als unvorbereitet und unmotiviert ansehen,[182] von hinten gesehen allerdings auch als Initialakt einer kontinuierlichen Täuschung Brünhilds, die diese forthin zutiefst beunruhigen muß.[183] Ein weiteres Mal ist eine besonders hervorstechende und stoffgeschichtlich bedeutsame Stelle undurchsichtig motiviert. Als Kriemhild die einzig überlebenden Burgunden Gunther und Hagen voneinander isoliert hat und ein letztes Mal mit Hagen spricht, formuliert sie eine Bedingung für seine Freilassung: *welt ir mir geben widere   daz ir mir habt genomen, / sô muget ir noch wol lebende   heim zen Burgonden komen.* (Str. 2367,3-4) Da sie sich gerade an Hagen rächen will, ist es nicht recht glaubhaft, daß sie ihn wirklich freilassen will; nicht einmal wenn er ihr den Hort, den er ihr ja nahm, zurückgäbe. Deshalb könnte man glauben, daß sie hier eigentlich etwas anderes sagen will: Ihre Bedingung soll weniger eine Bedingung, sondern die verzweifelte Forderung sein, Siegfried wiederzubeschaffen, den Hagen ihr gleichfalls nahm. So würde die Rückbindung ihrer Rache an den Verlust Siegfrieds ein letztes Mal zum Ausdruck gebracht: Hinter der Hortforderung stünde die emphatische Forderung eines Unmöglichen, Ausdruck von Kriemhilds verzweifelter Bindung an Siegfried.[184]

Dagegen steht aber der Wortlaut, an dem nicht zu rütteln ist: Er formuliert eine Bedingung, deren Erfüllung Hagens Heimkehr nach Worms ermöglichen soll. Läßt man dies gelten, so kann man noch annehmen, daß Kriemhild die feststehende Entscheidung zur Rache hier nur grausam verklausuliert, indem sie eine von vornherein unerfüllbare Bedingung – Hagen kann Siegfried

---

181   Nach Heusler: Nibelungensage und Nibelungenlied, S. 19, darf man hier bei der Analyse der motivationalen Konsistenz »nicht fest zugreifen«. Nach Wolfgang Dinkelacker: Nibelungendichtung außerhalb des ›Nibelungenliedes‹. Zum Verständnis aus der Tradition. In: *Ja muz ich sunder riuwe sin*: Festschrift für Karl Stackmann. Hg. von Wolfgang Dinkelacker u.a. Göttingen 1990, S. 83-96, werden die zeitgenössischen Hörer des ›Nibelungenliedes‹ aus der Stofftradition gewußt haben, »daß Brünhild um ihren Lebensplan, um ihr selbstgewähltes Selbstverständnis, gebracht wurde« (S. 89). Vgl. auch Bert Nagel: Widersprüche im Nibelungenlied. In: Nibelungenlied und Kudrun. Hg. von Heinz Rupp. Darmstadt 1976, S. 367-431, hier S. 412-431.

182   Vgl. Heinzle: Das Nibelungenlied, S. 70.

183   Dies wird ausinterpretiert bei Müller: Spielregeln für den Untergang, bes. Kap. V.

184   Signifikante Interpretationen der Stelle resümiert Heinzle: Gnade für Hagen?

ja nicht wiederbeschaffen – formuliert. Darauf soll Hagen gestoßen werden: Eine Hoffnung soll in ihm geweckt und im gleichen Augenblick zunichte gemacht werden.

Allerdings verstünde dann Hagen diese grausame Pointe gar nicht, denn er antwortet nur auf die Hortforderung:

> Dô sprach der grimme Hagene: »diu rede ist gar verlorn,
> vil edeliu küneginne. jâ hân ich des gesworn,
> daz ich den hort iht zeige, die wîle daz si leben
> deheiner mîner herren, sô sol ich in niemene geben.«
> (Str. 2368)

Tut er nur so, als verstünde er die Pointe nicht, weil er Kriemhild noch einmal demütigen, ihre nur vordergründig eindeutige Aussage bösartig vereindeutigen und ihre Motivlage auf Besitzgier reduzieren will? Ihn so zu verstehen hieße aber, ihm in Reaktion auf eine zweideutige Aussage Kriemhilds eine besonders hintersinnige Antwort zu unterstellen. Das hochkomplexe Gespräch entwickelte sich über das Ausspielen von Implikationen.[185]

Man belastet die Stelle auf diese Weise allerdings sehr und kommt auch ohne solche verwickelten Implikationen aus. Das Gespräch ist dann nicht hochkomplex und narrativ übermotiviert, sondern einfach und narrativ untermotiviert. Kriemhilds zweifelhaftes Freilassungsangebot kommt der Ermahnung Dietrichs nach, als dieser ihr Hagen auslieferte: Hagen würde sie für das, was er ihr antat, noch entschädigen, wenn sie ihn heil davonkommen ließe (Str. 2355). Für Hagen wäre das ein Verlust, denn er zeigt von Beginn an ein auffälliges Interesse an dem Hort (vgl. Str. 774 und 1107). Schon deshalb ist er disponiert, die Hortfrage, die Kriemhild schon einmal an ihn herantrug (Str. 1741), ernst und als Herausforderung zu nehmen.[186]

Nun bekommt Hagen aber nur für die Möglichkeit, daß sich ihm eine Handlungsalternative bietet, seinen letzten großen Auftritt: Er lehnt das Angebot Kriemhilds ab und wird, wie es seiner Voraussicht und seiner Rolle im gesamten zweiten Teil des ›Nibelungenliedes‹ entspricht, in den Tod gehen (Str. 2368).[187] Um das auf heroische Weise tun zu können, muß das Angebot, das er ablehnt, im Wortsinne verstanden werden, so unglaubwürdig es für Kriemhild erscheint.[188]

---

185   Vgl. im Anschluß an Werner Schröders Interpretation der Stelle Müller: Spielregeln für den Untergang, S. 147-150.

186   Nach der Auffassung Pilgrims in der ›Nibelungenklage‹ hätte Kriemhild die Burgunden übrigens ohne Schaden nach Hause zurückkehren lassen, wenn sie ihr nicht den Hort genommen hätten: V. 3430-3438.

187   Daß er dabei Gunther opfert, indem er Kriemhild die Tat zuschiebt, führt in weitere Schwierigkeiten, auf die ich hier nicht eingehe.

188   Anders als Müller: Spielregeln für den Untergang, S. 150, verstehe ich den Text der *C-Fassung (Str. 2428,1: Er wiste wol diu mære, sine liez in niht genesen.) als spätere

Mit der Ablehnung geht aber ein Heroismus auf Hagen über, den in der Stofftradition – so nach dem ›Alten Atlilied‹ – Gunther bewies, als er über Atlis Hortgier triumphierte. Die Stofftradition dürfte hier durchschlagen, und dann steht Kriemhilds Hortforderung, um die allein es sich also handelt, in der Verbindung mit ihrem Freilassungsangebot in auffälligem Widerspruch zu ihrem unbedingten Rachewunsch – ein Widerspruch, den der Dichter tatsächlich nicht aufgelöst hat. Es paßt nicht zu einer Frau, deren *triuwe* sich in ihrer Rachebereitschaft ausdrücken soll, wenn sie diese Bereitschaft zugunsten einer banalen Forderung fahren lassen will.

Man ist durchaus nicht gehalten, dem Dichter die Allgewalt des schöpferischen Genius zuzusprechen, nach einem modernen Verständnis des autonomen literarischen Texts allein vom Text des ›Nibelungenliedes‹ ausgehend zu interpretieren und alle Motivierungslücken als Interpretationsangebote anzunehmen.[189] Denn es gibt Rahmenbedingungen der Entstehung von Heldendichtung, die Dichter nicht vollständig kontrollieren (können), da Heldendichtungen ihre Vorgeschichte haben, von der auch die Hörer wissen. Deshalb ist es durchaus wahrscheinlich, daß Dichter nicht immer alle motivationalen Inkonsistenzen, die sich für ihre Version ergeben, genau beachten, um sie dann leichthändig zu tilgen. Das könnte am Ende auch die Hörer irritieren. So ist denkbar, daß Versionen auch als Kompromißbildungen zwischen dichterischer Erfindung und Rücksichtnahme auf die Hörer entstehen.

Die Abfassung eines Großepos führt zwangsläufig auf kleinere oder größere Motivierungsschwierigkeiten, wenn dieses einen Stoff tradiert und – mehr noch: – wenn es sogar Wortlaut einer Vorgängerfassung übernimmt[190] und gleichzeitig eine selbständige Version bilden will.[191] Derart entstehende Inkonsistenzen sind deshalb Teil der narrativen Faktur aller Heldendichtung.

Zur Faktur gehört schließlich auch, was als Großgliederung die Stoffmassen leichter beherrschbar macht. Unverkennbar ist die (Aventiuren-)Gliederung

---

Vereindeutigung des Dichters, der seinen/den Text hier selbst interpretiert. Danach gaukelt Kriemhild Hagen etwas vor, von dem dieser weiß, daß sie es nicht ernst meint. Eine entsprechende Auffassung ihres Angebots kann sich aber nur auf die Hortrückgabe als Bedingung seiner Freilassung beziehen. Kriemhild stellt also auch und gerade hier die Hortforderung. Der Dichter tilgt mit seiner Vereindeutigung allerdings die weiteren Schwierigkeiten, die die Stelle hat, keineswegs.

189   Nach Müller: Das Nibelungenlied, S. 61, kommt u.a. an der diskutierten Stelle ein »Verfahren kalkulierter Unbestimmtheit« zum Zuge.

190   Wie es an der Strophe 1912 ganz offensichtlich wird.

191   Anders als Heinzle: Gnade für Hagen?, meine ich nicht, daß hieraus gleich ein Problem für die Interpretation eines Textes als analytischer Ganzheit entsteht. Wo Dichter motivationale Inkonsistenzen herbeiführen oder mitschleppen, muß die Interpretation jeweils nur einer auch stoffgeschichtlich ausgerichteten Erklärung den Vortritt lassen. Die ist aber auf Einzelstellen beschränkt.

des ›Nibelungenliedes‹ eine Gliederung in Erzählabschnitte.[192] Diese bilden immer wieder deutlich erkennbar selbständige Abschnitte der Handlung.[193] Wenn in der Handschrift B nur Initialen die Aventiurengrenzen äußerlich markieren, tun dies in A und C auch Überschriften. In C werden sie regelmäßig mit der Formulierung *Aventiure wie* [...] begonnen und waren beim Abschreiben ursprünglich noch nicht vorgesehen, da eine eigene Zeile für sie nicht ausgespart blieb. Vielmehr wurden sie nachträglich in den z.T. knappen freigebliebenen Raum zwischen zwei Aventiuren eingezwängt und gegebenenfalls am Rand mit veränderter Schreibrichtung heruntergeschrieben.

Die Aventiurengrenzen sind anfällig für Textänderungen. Am Ende der 2., 5., 12., 14., 16., 17., 19., 20., 25., 27., 29., 31. und 34. Aventiure finden sich Zusatzstrophen in C, am Anfang der 11., 24., und 36. sowie am Ende der 15. werden in C Strophen ersetzt, in wenigen Fällen verschieben sich auch die Grenzen, und eine Aventiure (die 34.) wird in C nicht selbständig gezählt. Die Anfälligkeit für Zusätze und Textänderungen zeigt, daß die Aventiurengrenzen als Gelegenheit zur Arrondierung der Handlung wahrgenommen werden, Abschnittgliederung wird hier also als Gliederung des Erzählinhalts auffällig.

Eine durch Überschriften mit der Formulierung *Aventiure wie* [...] ausgewiesene Gliederung findet sich dann auch in der ›Kudrun‹ und in der Windhagenschen Handschrift der ›Rabenschlacht‹,[194] nicht weiter benannte Abschnittgliederungen auch in den ›Rosengärten‹ und in ›Alpharts Tod‹.[195] In den ›Rosengärten‹ sind sie aber in der Tradierung nicht fest. Hier hat der Dichter des ›Ortnit‹ A anders vorgesorgt, indem er die Grenzen schon im Text selbst mit Schlußversen wie *Ortnîdes âventiure ist iezuo einiu hin* (Str. 69,4) kenntlich macht. Spätere Fassungen des ›Ortnit‹ zählen die Aventiuren dann durch, indem sie anstelle von *einiu* einfügen: *die erste, die ander, die dritte* usw.

Schlußverse werden auch im ›Wolfdietrich‹ A gebraucht. Die weiteren ›Wolfdietriche‹ kennen gleichfalls Erzählabschnitte, die z.T. – im ›Wolfdietrich‹ D – durch Aventiurenüberschriften hervorgehoben werden. An den zwei Stellen, an denen die Mettener ›Virginal‹-Bruchstücke[196] eine Abschnittgliederung über eingefügte Überschriften hervorheben, fallen vorher Strophen aus, und die erste Strophe des neuen Abschnitts macht einen Neueinsatz

---

192   Vgl. auch Michael S. Batts: Die Form der Aventiuren im Nibelungenlied. Giessen 1961.

193   Vgl. die Hinweise bei Panzer: Das Nibelungenlied, S. 99f. Vgl. insbesondere auch Wachinger: Studien zum Nibelungenlied, Kap. 2.

194   Die Windhagensche Handschrift der ›Rabenschlacht‹ druckt von der Hagen in seinem ›Heldenbuch‹, Bd. 1, S. 347-542, ab.

195   Nur von der Hagens Abdruck von ›Alpharts Tod‹ in seinem ›Heldenbuch‹ berücksichtigt die Abschnittgliederung.

196   Vgl. Huber: Virginalbruchstücke aus der Benediktinerstiftsbibliothek Metten.

deutlich: *Nu sagen wir von hern dietherich* [...] (Str. 366,2) bzw. *Nv laszen wir die rysen gedagin* [...] (Str. 532,1). Auf diese Weise sind die Abschnittgrenzen doppelt markiert, und die Gliederung muß nicht rein äußerlich durch Schreiber und Illustrator hinzugefügt worden sein, wie es in der Heidelberger ›Virginal‹ der Fall ist, wo Überschriften einmal von Illustrationen abhängen und andererseits ersichtlich keiner Bildung von Erzählabschnitten korrespondieren.[197] Es könnte hier also ein ähnlicher Fall vorliegen wie beim ›Nibelungenlied‹ C.

Abschnittgliederung ist also typisch und charakteristisch für die strophische Heldendichtung, auch wenn sie durchaus nicht überall, insbesondere nicht in kürzeren Dichtungen wie dem ›Eckenlied‹ und dem ›Sigenot‹ vorkommt. Wozu aber ist sie gut? Handelt es sich um Buchkapitel?[198] Dafür sprechen Überschriften insbesondere dann, wenn sie nicht nur mit *Aventiure wie* [...], sondern mit *Hie* [...] beginnen. Das *Hie* verweist als Lesehilfe eindeutig auf den folgenden Leseabschnitt, dessen Inhalt die Überschrift umreißt. Allerdings sind solche Überschriften meist wohl erst spätere Einschübe und gehen nicht auf die Dichter zurück. Für das ›Nibelungenlied‹ C wird das erkennbar u.a. auch an dem in drei Überschriften verwendeten Wort *briuten*, das weder im ›Nibelungenlied‹ noch sonst in der bairisch-österreichischen Literatur vorkommt.[199] Hierdurch wird der handschriftliche Befund einer nachträglichen Hinzufügung der Überschriften noch einmal bestätigt.

Die Dichter haben ursprünglich einfach Erzählabschnitte gebildet. Daß diese nichts mit Bucheinteilung zu tun haben, offenbaren weitere Umstände. Denn wenn es Buchkapitel sein sollten, warum weist dann die zeitgenössische Buchdichtung nirgendwo etwas Vergleichbares auf?[200] Die Buchdichtung kennt ganz andere Gliederungsformen, und sie besitzt regelmäßig buchmäßige Eigenschaften wie Prolog, Epilog und Exkurse, die wiederum die strophische Heldendichtung nicht kennt.[201] Außerdem werden die Abschnitte der Heldendichtung nie gezählt – mit Ausnahme der späteren ›Ortnit‹-Fassungen, die aber immer erst am Ende eines Abschnitts zählen –, so daß sie je nur an Ort

---

197   So folgen z.B. ab Abschnitt XLIV und wieder ab LXIV eine Reihe von Überschriften, die mit *Hie strîtet* [...] beginnen und Einzelkämpfe ohne Rücksicht auf größere Erzählabschnitte abteilen. Dabei umfaßt der Abschnitt LXII nur eine Strophe! Hier ist also eine – inadäquate – Gliederung nachträglich aufgeprägt worden. Die Heidelberger ›Virginal‹ druckt von der Hagen in seinem ›Heldenbuch‹ ab (Bd. 2, S. 103-508).

198   Vgl. Schulze: Das Nibelungenlied, S. 94-96. Von Kapiteln spricht z.B. auch Wachinger: Studien zum Nibelungenlied, S. 57.

199   Edward Schröder: Burgonden. In: ZfdA 56 (1919), S. 240-246, hier S. 242, Anm.

200   Vgl. auch Schulze: Das Nibelungenlied, S. 96. Vergleichbar ist nur die Aventiurengliederung in Ulrichs von Liechtenstein ›Frauendienst‹.

201   Wechselt eine Heldendichtung das Medium, wie das ›Buch von Bern‹, so wird es anscheinend ohne Umschweife möglich, buchmäßige Textabschnitte wie Exkurse einzufügen. Vgl. etwa V. 7949-8018.

und Stelle gliedern und nicht sinnvoll in Form eines Inhaltsverzeichnisses – wie in den heutigen Ausgaben des ›Nibelungenliedes‹ – einer handschriftlichen Abschrift vorangestellt werden konnten.[202] Keine Aventiurengliederung eignet sich von ihrer Anlage her hierzu, so daß erst die heutigen Editionen den irreführenden Eindruck einer entsprechenden Bucheinteilung in durchgezählten Abschnitten erwecken.[203]

Wenn die Erzählabschnitte also sicherlich keine Kapitelgliederung darstellen, könnte man annehmen, daß sie als Vortragseinheiten gedacht waren.[204] Dann wären sie zweifellos schon im Zuge der Entstehung der Dichtung entsprechend konzipiert worden, denn die Gliederung sitzt nicht äußerlich auf der Handlung, sondern ist ihr eingeformt, d.h. die Dichter haben je schon in Erzählabschnitten gedichtet. Dann allerdings fragt sich, warum sie so ungleichmäßige Einheiten bildeten: Die längste Aventiure des ›Nibelungenliedes‹ (die 20.) ist siebenmal so lang wie die kürzeste (die 34.), die längste der ›Kudrun‹ (die 5.) ist siebzehnmal so lang wie die kürzeste (die 32.) und die längste des ›Wolfdietrich‹ D (Str. 1060-1280) sogar mehr als zwanzigmal so lang wie die kürzeste (Str. 2162-2173). Bei solchen Größenunterschieden ließ sich die Vortragsdauer nicht gut planen und situativen Gegebenheiten anpassen.

Auszuschließen ist eine entsprechende Verwendung der Erzählabschnitte gleichwohl nicht, zu erklären sind die Abschnitte aber zweifellos anders: Es handelt sich um auf makrostruktureller Ebene notwendig werdende Merkeinheiten.[205] Hunderte, ja Tausende von Strophen zu behalten wird Sängern nicht immer leicht gefallen sein. Einheiten zu gruppieren mußte da – wie immer beim Gruppieren von Lernstoff – Erleichterung verschaffen. Sänger, die zu selbständigen Dichtern wurden, übernahmen die Technik des Gruppierens voneinander.[206] Vielleicht hatte das ›Nibelungenlied‹ in diesem Fall aber auch eine Vorreiterrolle, und die Fassung *C könnte den Begriff der Aventiure als Bezeichnung für einen Erzählabschnitt in die strophische Helden-

---

202   Zur Systematik von Gliederungen in mittelalterlichen Texten vgl. Nigel F. Palmer: Kapitel und Buch. Zu den Gliederungsprinzipien mittelalterlicher Bücher. In: Frühmittelalterliche Studien 23 (1989), S. 43-88, hier bes. S. 83.

203   Voran geht hier allerdings schon das ›Darmstädter Aventiurenverzeichnis‹ der Handschrift m des ›Nibelungenliedes‹.

204   Vgl. Hermann Fischer: Der Verfasser des Nibelungenliedes. Die vorhandenen Theorien. In: Schröder (Hg.), Das deutsche Versepos, S. 83-113 (zuerst 1874 erschienen), hier S. 95, 100, 104f.

205   Auch dies hat Fischer (ebd.) mit der älteren Forschung für die Abschnittbildung des ›Nibelungenliedes‹ und seiner Vorstufen angenommen.

206   Dabei handelt es sich um einen größeren Strophenkomplex, der auf einer nächsthöheren Ebene hierarchisch – ausweisbar durch Inhaltsrubriken – gegliedert ist. Zur formalen Beschreibung einer entsprechenden mnemonischen Technik vgl. auch Ericsson: Memory Skill, S. 194-197.

dichtung eingeführt haben.[207] Der Dichter des ›Ortnit‹ bringt den Begriff der Aventiure für die Gliederung des Textes dann innerhalb des eigenen Textes an. Spätestens mit dem ›Ortnit‹ handelt es sich also um einen fest etablierten Begriff.

Die narrative Faktur strophischer Heldendichtung resultiert wie die Faktur mündlichen Erzählens überhaupt aus den Schwierigkeiten, in Vortrags- und Dichtsituationen aus der momenthaft gebundenen Seqenzialität des Sprechens/ Dichtens auszubrechen und die Aufmerksamkeit zu teilen und mehrfach zu fokussieren. Neben der Abstimmung mikrostruktureller Details wird auch eine Überlagerung von Stoffschichten oder eine neue Motivation des Geschehens narrativ nicht immer bewältigt und führt motivationale Risse und Sprünge herbei. Das Gedächtnis aber ist die maßgebliche Einheit hinter den narrativen Folgen solcher Behinderungen, und es hinterläßt seine Signatur nicht nur in der Sprache, sondern auch im Arrangement der erzählten Inhalte.

---

207 Voraus geht Wolfram: »Nachdem Wolfram seine deutschen Dichtungen, d.h. hier: die ersten sechs Parzivalbücher *âventiure* genannt hat, kann die Fassung C des Nibelungenliedes ihre Quelle als *âventiure* bezeichnen, während C selbst sowie A und B und deren Quelle nur *mære* heißen.« Schwietering: Singen und Sagen, S. 50. Unklar ist, wann die Überschriften mit der Formulierung *Aventiure wie* [...] in C eingefügt wurden und ob sie sich auf Wolframs Gebrauch beziehen. Vgl. zum Aufkommen des Begriffs auch Düwel: Werkbezeichnungen der mittelhochdeutschen Erzählliteratur, S. 200f.

8 Die strophische Heldendichtung als Medium

8.1 Der Transfer von Ortnits Rüstung

Der unzerstörbaren Rüstung, die Ortnit von Alberich erhält (›Ortnit‹ AW 111-117), können die jungen Drachen, die Ortnit verspeisen wollen, nichts anhaben, so daß sie ihn durch die Ringe der Rüstung saugen müssen: *er* [der alte Drache] *truoc in* [Ortnit] *sînen kinden   in einen holen berc: / diu mohten in niht gewinnen   und sugen in durch daz werc.* (Str. 574,3-4) Der Dichter der nicht lange nach dem ›Ortnit‹ – um 1230 – entstandenen Fassung E$_2$ des ›Eckenliedes‹ hatte diese Verse im Ohr, als er Ecke für seinen Kampf gegen Dietrich mit Ortnits besonders geeigneter Rüstung versah[1]: Seburg, eine der drei Königinnen, die die Rüstung im ›Eckenlied‹ an Ecke weitergeben (›Eckenlied‹ E$_2$ 21-24), erzählt Ecke vom Tod Ortnits mit den Worten: *der* [der alte Drache] *trůk in in den holen berk / und leit in fůr die jungen: / die sugen in durch das werk.* (Str. 21,11-13) Seburg weiß zu berichten, daß Wolfdietrich, nach dessen Tod sie die Rüstung einem Kloster für *fůnfzig tusent mark* abgekauft hatte, sie – in der Höhle der Drachen – erkämpfte und später in das Kloster einbrachte, in dem er seinen Lebensabend verbrachte (Str. 22).

Dieser Transfer der Rüstung vom ›Ortnit‹ in das ›Eckenlied‹, der sie dann in der Heldendichtung berühmt macht,[2] stellt eine so bemerkenswerte Öffnung der beiden Texte füreinander dar, daß ihr über ihren konkreten Anlaß[3]

---

1   Vgl. Vogt: Ortnits Waffen, S. 193f.

2   Das ›Lied vom hürnen Seyfrid‹ (Str. 70,7f.) wie auch der strophische ›Laurin‹ des Dresdner Heldenbuchs (Str. 65-66) beziehen sich auf die Rüstung.

3   Vielleicht bildete der Glanz der – goldenen – Rüstung die entscheidende Assoziation: Die Rüstung strahlt wie der Morgenstern und schimmert wie Morgenlicht (Str. 195,3-4; 196,2), und der Wächter in Ortnits Burg meldet deshalb bei dessen Heimkehr, jemand stehe vor der Burgmauer, der leuchte, als stünde er von Kopf bis Fuß in Flammen (Str. 199,1-2). Der Königin erscheint die Rüstung wie ein Kerzenlicht (Str. 200,3). Schon in der ›Thidrekssaga‹ ist aber der Kampf zwischen Ecke und Dietrich ein Kampf in der Nacht, der zur Beschreibung des Leuchtens der Rüstungen herausfordern mochte. Im Gegensatz zu Vogt: Ortnits Waffen, S. 195f., will Otto Freiberg: Die Quelle des Eckenliedes. In: Beiträge 29 (1904), S. 1-79, hier S. 23f., im nächtlichen Leuchten der Rüstungen (vgl. ›Eckenlied‹ E$_2$ 70,1-3; 71,4) aber nicht den Umstand sehen, der den Dichter veranlaßte, Ortnits Rüstung ins ›Eckenlied‹ einzuführen. Nach Freiberg sieht sich der Dichter durch den Nachdruck, der schon in seiner Vorlage – nach Freiberg einer Vorstufe des ›Chevalier du Papegau‹ (zuletzt durch Heinzle: Einführung in die mittelhochdeutsche Dietrichepik, S. 119, zu Recht problematisiert) – auf der Rüstung lag, veranlaßt, »die kostbarste rüstung, die die deutsche heldensage überhaupt kennt«, aufzugreifen (S. 24). Die Rüstung erweist sich im ›Eckenlied‹ (Str. 140) dann in der Tat als unzerstörbar.

hinaus besondere Aufmerksamkeit gelten muß. Denn diese Öffnung nötigt zu einigen Überlegungen, die den medialen Charakter der Heldendichtung betreffen.

Wolfdietrichs Moniage wird im ›Eckenlied‹ E$_2$ zum ersten Mal (unabhängig?) erwähnt. Sie wird aber in der Fassung des ›Wolfdietrich‹ (A) im Dresdner Heldenbuch sowie im ›Wolfdietrich‹ D erzählt[4] und dürfte durch eine Vorgängerfassung eingeführt worden sein. Nach der Fassung des ›Wolfdietrich‹ (A) im Dresdner Heldenbuch kaufen drei Königinnen die Rüstung, die Wolfdietrich in den Klosterbesitz eingebracht, dem Kloster nach seinem Tod ab: *Drei kungin von Jochryme kauften sein* [Ortnits] *prün guldein.* (Str. 331,1[5]) Diese Stelle setzt die Kenntnis des ›Eckenliedes‹ voraus, deshalb dürfte die narrative Konstruktion des ›Eckenliedes‹ zugrundeliegen.

Nach der Dresdner Fassung des ›Wolfdietrich‹ bringt Wolfdietrich Ortnits Rüstung in der Höhle an sich, in der die jungen Drachen den toten Ortnit aussaugten.[6] Als er die Drachen töten will, verschlingt ihn der alte mitsamt

---

Aber auch ein Detail der Sagengeschichte könnte den Ausschlag gegeben haben: Ecke trägt nach der ›Thidrekssaga‹ ein berühmtes Schwert, das der Zwerg Alfrikr (= Alberich) schmiedete und im Wasser des Flusses Trey härtete (vgl. ›Thidrekssaga‹ [Bertelsen], Bd. I, S. 178-181 [= Erichsen, S. 162f.]. Im ›Eckenlied‹ ist von dem Fluß *Dral ze Troige* die Rede [Str. 81,7f.]. Vgl. auch Vogt: Ortnits Waffen, S. 201f.). Das Schwert heißt wegen der Härte seiner Schneide Eckesachs – ein Name, der auch von Heinrich von Veldeke genannt wird (›Eneasroman‹ 160,22, vgl. auch Heinzle: Einführung in die mittelhochdeutsche Dietrichepik, S. 120f., und Gillespie: A Catalogue of Persons Named in German Heroic Literature, S. 34f.) – und kennt bereits viele Vorbesitzer. Diese und weitere Angaben finden sich nur zum Teil und mit geringfügigen Änderungen im ›Eckenlied‹, in dem aber etwa der Name Alberichs wie auch der des Schwerts nicht mehr fällt (›Eckenlied‹ E$_2$ 79-83). Allerdings ist neben den vielen Zwergen, die an der Herstellung des Schwertes beteiligt waren, ein *maister* besonders hervorgehoben, der den Schwertgriff fertigte (Str. 79,11-13). Nun hat Alberich nach der Sagengeschichte aber nicht nur an der Fertigung dieses Schwerts Anteil, sondern er stellt im ›Ortnit‹ eben auch Ortnits Rüstung her – kein sagengeschichtliches Relikt, sondern mit der Einführung der Gestalt Alberichs als übernatürlichem Helfer im ›Ortnit‹ bzw. einer Vorstufe ein vergleichsweise frischer und eigenständiger narrativer Akt. Auch die Gestalt Alberichs, die sagengeschichtlich bereits mit dem ›Eckenlied‹ verbunden war und deshalb anregte, an einen und nur einen Hersteller von Eckes verschiedenen Waffen zu denken, mochte deshalb ein Anlaß sein, Ecke mit Ortnits Rüstung auszustatten.

4 Vgl. zu dieser Übernahme die Hinweise Holtzmanns in der Einleitung zu seiner Ausgabe des ›Wolfdietrich‹ D, S. XCIf.

5 Ich zitiere Amelungs Teilabdruck des ›Wolfdietrich‹ aus dem Dresdner Heldenbuch im vierten Teil des ›Deutschen Heldenbuchs‹.

6 Nur diese Fassung enthält den Schluß des fragmentarischen (vielleicht nur fragmentarisch überlieferten) ›Wolfdietrich‹ A. Wolfdietrich bestattet Ortnits Kopf, der noch im Helm liegt (Str. 242), sowie seine Knochenreste – dies nach allen Fassungen, die beim Kampf Wolfdietrichs gegen die Drachen aber im einzelnen stark voneinander abweichen. Im ›Wolfdietrich‹ (y) aus Linhart Scheubels Heldenbuch hat ein Schreiber die letzten acht Strophen des ›Wolfdietrich‹ des Dresdner Heldenbuchs in einer eigenständigen mündli-

seiner Rüstung, und nur mit Ortnits Schwert kann er sich aus dem Bauch des Drachen herausschneiden und ihn und seine Jungen töten (Str. 246-247).[7]

Mit Wolfdietrich wird die Besitzerkette für Ortnits Rüstung geschlossen. Das ›Eckenlied‹ und der ›Wolfdietrich‹ des Dresdner Heldenbuchs konstruieren sie wie in einer konzertierten Aktion. Nicht erst den Bearbeiter des Dresdner ›Wolfdietrich‹, sondern schon den Dichter der Vorlage dürften die Angaben des ›Eckenliedes‹ E_2[8] bewogen haben, den Hinweis auf die drei Königinnen von Jochgrimm anzubringen, während der Dichter des ›Eckenliedes‹ E_2 vermutlich seinerseits eine vollständige Fassung des ›Wolfdietrich‹ (A) kannte.[9] Geschaffen wird mit den korrespondierenden Angaben aber keine zyklische Verbindung[10] wie zwischen dem ›Ortnit‹ und dem ›Wolfdietrich‹, sondern ein singulärer Konnex zwischen den erzählten Welten von ›Ortnit-Wolfdietrich‹ und ›Eckenlied‹, die sonst – von Alberich als dem Hersteller der Waffen abgesehen – nichts miteinander teilen.

Es ist nun nicht selbstverständlich, den ›Ortnit-Wolfdietrich‹ sowie das ›Eckenlied‹ über den Transfer eines Artefakts miteinander in Verbindung zu setzen. Sie teilen ursprünglich, d.h. im Blick auf ihre stoffliche Herkunft, wie die ›Thidrekssaga‹ sie protokolliert, weder Personal noch irgendwelche Motive. Es ist nicht einmal selbstverständlich, sie überhaupt derselben Gattung zuzuweisen, so daß sich ein Konnex zwischen ihren erzählten Welten nicht

chen Fassung nachgetragen (y 2124-2132). Vgl. dazu die Angaben Amelungs in der Einführung zum dritten Teil des ›Deutschen Heldenbuchs‹, S. VIII.

7 Nach dem ›Wolfdietrich‹ B wird er nicht vom Drachen verschlungen (›Wolfdietrich‹ B 695-707), noch weitergehend ändert der ›Wolfdietrich‹ D die Episode (›Wolfdietrich‹ D 1661-1690).

8 Es liefert die Anregung. Vgl. auch Vogt: Ortnits Waffen, S. 200.

9 Das bald nach dem ›Ortnit‹ entstandene ›Eckenlied‹ E_2 kann die Moniage Wolfdietrichs nicht selbständig erfunden haben. Auch ist der Fassung des ›Wolfdietrich‹ im Dresdner Heldenbuch (geschrieben 1472 und vermutlich erst für das Dresdner Heldenbuch verfaßt; vgl. auch Kapitel 7.3, S. 312-314 zur ›Virginal‹ des Dresdner Heldenbuchs, die vom selben Bearbeiter stammen dürfte) eine wohl vollständige Fassung des ›Wolfdietrich‹ A vorausgegangen. Dies folgt aus dem Umstand, daß der Bearbeiter in der Schlußstrophe des ›Wolfdietrich‹ angibt, eine Langfassung gekürzt zu haben. Vgl. auch unten Anm. 92. Der Konnex zwischen dem ›Ortnit‹ und dem ›Eckenlied‹ gehört andererseits zum Bestand des ›Eckenliedes‹ in der Fassung E_2. In der Fassung E_7 des ›Eckenliedes‹ (des Dresdner Heldenbuchs!) wird Ortnit dann *kaysser* genannt und damit die spätere Verbindung von ›Ortnit‹ und ›Wolfdietrich‹ D vorausgesetzt. Hiervon findet sich aber im ›Wolfdietrich‹ des Dresdner Heldenbuchs noch nichts. So wird auch seinem Bearbeiter wie dem Dichter des ›Eckenliedes‹ E_2 der ›Wolfdietrich‹ A in einer vollständigen Fassung vorgelegen haben. Schon in diese Fassung (bzw. in eine von zwei Fassungen?) dürfte der Konnex mit dem ›Eckenlied‹ eingegangen sein, so daß der Bearbeiter des Dresdner ›Wolfdietrich‹ sie nur zu übernehmen brauchte. Dann aber erscheint es denkbar, daß der Konnex zwischen ›Eckenlied‹ und ›Wolfdietrich‹ in Abstimmung zweier Dichter/Sänger (oder war es nur einer?) vorgenommen wurde.

10 So Heinzle: Einführung in die mittelhochdeutsche Dietrichepik, S. 35.

im entferntesten anbot. Dietrich gerät in ein individuell motiviertes Kräftemessen mit Ecke, Ortnit dagegen begibt sich auf gefährliche Brautwerbung im Interesse seines Gemeinwesens. Der (Einzel- bzw. Massen-)Kampf, den Dietrich bzw. Ecke einerseits und Ortnit andererseits bestehen müssen, ist als gemeinsames Merkmal zuwenig, um die Texte einer gemeinsamen Gattung zuzuweisen. Darüber hinaus wird es schwierig, noch ein weiteres gemeinsames, gattungskonstituierendes Merkmal auszumachen. Hingegen weisen Kernmotive wie Ortnits Schlaf und Eckes Übermut in ganz unterschiedliche Richtungen, auch wenn sie jeweils den Tod der Protagonisten nach sich ziehen. Beide Texte bzw. Stoffe stehen ungeachtet dieses Todes je für sich wiederum auch vom ›Nibelungenlied‹ weitab, mit dem sie schließlich die Gestalt Alberichs teilen. Werner Hoffmann hat geurteilt: »Liest man den ›Ortnit‹ etwa nach dem ›Nibelungenlied‹, so gewinnt man gewiß nicht den Eindruck, es mit einer Heldendichtung zu tun zu haben, [...].«[11] Und Heinz Rupp hat gefolgert: »Der ›Ortnit‹ ist keine Heldendichtung im strengen Sinn, [...].«[12] Auch die Sagengeschichte aller drei Texte führt nicht nur geographisch weit auseinander: in Ereignisse der Völkerwanderungszeit einerseits, dann letzthin in die Erzählkultur des russischen Zaubermärchens und schließlich in die tirolische Folklore[13] – Erzählkulturen mit ganz unterschiedlichen Repertoires von Motiven und Erzählschemata. So liegt auch der Konnex der erzählten Welten von ›Ortnit-Wolfdietrich‹ und ›Eckenlied‹ in keiner Weise nahe. Wie aber ist er dann zu erklären?

Was der modernen Forschung bei der Identifikation der Texte als Vertretern der Gattung Heldendichtung Schwierigkeiten bereitet, müßte mittelalterlichen Sängern und Dichtern bei der Zuordnung der Stoffe zur Heldendichtung nicht weniger Schwierigkeiten bereitet haben. Wo die Erzählhandlung kaum eine Handhabe bietet, zwei Texte bzw. Stoffe gattungsmäßig zusammenzurücken, und wo nicht einmal ein sagengeschichtliches Zusammenwachsen der Stoffe vor- oder auch nur naheliegt, muß deshalb eine andere Art von Nähe vorgelegen haben, um jenen Konnex zu ermöglichen. Neben den kaum zu fixierenden gemeinsamen Gattungsmerkmalen und gar einer sagenge-

---

11 Hoffmann: Mittelhochdeutsche Heldendichtung, S. 136.

12 Heinz Rupp: Der ›Ortnit‹ – Heldendichtung oder? In: Kühebacher (Hg.), Deutsche Heldenepik in Tirol, S. 231-252, hier S. 251. Vgl. auch ebd., S. 248: »Der ›Ortnit‹ steht dem ›Rennewart‹ Ulrichs von Türheim viel näher als dem ›Nibelungenlied‹.« Diese Zuordnung scheint mir indes abwegig. Vgl. zur Gattungsfrage für den ›Ortnit‹ auch Schmid-Cadalbert: Der ›Ortnit AW‹ als Brautwerbungsdichtung, Kap. 6.7.

13 Vgl. hierzu die allerdings kritische Stellungnahme zur Jochgrimm-Sage von Heinzle: Mittelhochdeutsche Dietrichepik, S. 176-179. Die tirolischen Lokalitäten im ›Eckenlied‹ machen indes ein tirolisches Urlied wahrscheinlich. Vgl. auch Paulus B. Wessels: Dietrichepik und Südtiroler Erzählsubstrat. In: ZfdPh 85 (1966), S. 345-369, zum ›Eckenlied‹ bes. S. 359-365.

schichtlichen Barriere muß es gleichwohl – dann zweifellos stoffexterne und außertextuelle – Faktoren gegeben haben, die es erlaubten, den ›Ortnit-Wolfdietrich‹ und das ›Eckenlied‹ in Verbindung zu bringen.

Nun stellt nicht erst die ›Heldenbuch-Prosa‹ Ende des 15. Jahrhunderts Ecke zu den Helden der Vorzeit und gibt einen ausführlichen Abriß des ›Ortnit-Wolfdietrich‹, sondern schon die ›Thidrekssaga‹ erzählt von diesen ›Helden‹, angelehnt an Vorstufen der jeweiligen Texte, wenn auch im Fall Ortnits nur sehr schemenhaft. Im Fall des ›Eckenliedes‹ sind dagegen die Parallelen größer, so daß man aus einigen Übereinstimmungen auf eine gemeinsame Vorform des Liedes geschlossen hat.[14] Hier liegt aber die Antwort auf die gestellte Frage auf der Hand: Was die ›Thidrekssaga‹ versammelt,[15] sind mündlich umlaufende Lieder und Erzählungen, auf deren stoffliche Divergenzen auch reflektiert wird. Der für den Konnex zwischen ›Ortnit-Wolfdietrich‹ und ›Eckenlied‹ verantwortliche Dichter oder Sänger kannte aber beide Stoffe bzw. den ›Ortnit-Wolfdietrich‹ und jene Vorform des ›Eckenliedes‹ als Texte aus demselben Medium.

Es muß deshalb das Medium sein, das die Stoffe und ihre $\varphi\alpha\iota\nu\acute{o}\mu\varepsilon\nu\alpha$, die Texte, zusammenrückt. Es ist das Medium, das die Sagengeschichte verschiedener Stoffe zusammenlaufen läßt und das diese dann neu organisiert und die Gattung der Heldendichtung konstituiert, indem es u.a. die Schlüsselgestalten der in das Medium eingeströmten Stoffe zu Helden einer gemeinsamen Vorzeit macht. Erst über die besondere Medialität der Heldendichtung wird diese zunächst überhaupt zur Heldendichtung, konnte noch die ›Heldenbuch-Prosa‹ die eigentümliche Zusammenstellung von Vorzeithelden bewerkstelligen und rechtfertigen. So auch findet Ortnit Aufnahme etwa in den ›Walberan‹ (V. 1-32 = ›Laurin‹ K II, V. 1-30 nach der Ausgabe von Holz) und in das ›Buch von Bern‹ (V. 2022-2294), die gleichfalls die erzählten Welten vermitteln, auch wenn sie ihrerseits mit der Umstellung auf den Reimpaarvers bereits den Sprung aus dem Medium vorgenommen haben.

Man muß nicht mit Rupp den Gattungsbegriff ›Heldendichtung‹ preisgeben,[16] wenn man darauf hinweist, daß diese Gattung keine scharfen, ja gelegentlich überhaupt keine Konturen besitzt. So folgt auch nicht, daß Helden-

---

14   Vgl. oben Kapitel 5.1, S. 177f.

15   Zur Kompilationstechnik und Erzählweise der ›Thidrekssaga‹ vgl. Heinrich Beck: Die Thidrekssaga in heutiger Sicht. In: 2. Pöchlarner Heldenliedgespräch. Die historische Dietrichepik. Hg. von Klaus Zatloukal. Wien 1992, S. 1-11.

16   Rupp: ›Heldendichtung‹ als Gattung der deutschen Literatur des 13. Jahrhunderts. Vgl. auch Manfred Kern: Das Erzählen findet immer einen Weg. ›Degeneration‹ als Überlebensstrategie der x-haften Dietrichepik. In: Zatloukal (Hg.), 5. Pöchlarner Heldenliedgespräch, S. 89-113. Für die Beibehaltung des Begriffs der Heldendichtung, trotz der Schwierigkeit, gattungskonstituierende Merkmale zu bestimmen und gegen Zweifel an seiner Verwendbarkeit, spricht sich z.B. Haustein: Der Helden Buch, S. 5, Anm. 2, aus.

dichtung gleich zur nachklassischen Artusdichtung aufschließt, wie Rupp es will.[17] Die Gattung wird durch das Medium wenn nicht konstituiert, so doch ummantelt. Wäre das Medium nicht, so hätte der Aufschluß leicht und ganz explizit erfolgen können, wie denn das ›Buch von Bern‹ als Reimpaardichtung nach seinem Medienwechsel durchaus Anstalten macht, Artus und Parzival in den Blick zu nehmen (V. 688-693).[18] Da aber die strophische Heldendichtung medial isoliert ist, bleiben die Artushelden grundsätzlich ausgegrenzt.

Es ist die besondere Kraft des Mediums, die den in ihm wirkenden Tradenten erlaubte, die ins Medium eingeströmten Erzählstoffe mit ihren einander fremden Erzählwelten Zug um Zug anzuverwandeln, die Stoffbarrieren zu durchbrechen und die Erzählhandlungen zu vernetzen. Dies beginnt schon mit der Einführung Alberichs in den ›Ortnit‹ bzw. in eine Vorstufe, und es schreitet mit der Übernahme der von Alberich gefertigten Rüstung ins ›Eckenlied‹ fort. Artus und Parzival finden aber nicht gleich einen Zugang über das Medium.

Das Medium macht sich zuallererst in charakteristischen Situationen geltend, in denen man von den Helden der Vorzeit erzählt und hört. Dies sind Situationen, die sich bereits in der Organisation des Vortrags von Situationen unterscheiden, in denen man etwa – und ich übernehme hier eine Namenreihe, die Thomasin in seinem ›Wälschen Gast‹ anführt (V. 1041-1052) – von Gawan, Cligès, Erec, Iwein, Artus, Karl, Alexander, Tristan, Segremors und Kalogrenant hört. Texte, in denen diese ›Helden‹ vorkommen, bekommt man vorgelesen, und sie scheinen ungeachtet des für den Erzählinhalt der Texte auf den ersten Blick kontingenten Vortragsstatus doch einer ganz anderen Welt anzugehören. Helden der Heldendichtung gehören dagegen zu einer Vortragswelt, in der das Buch vielleicht als Legitimation der Wahrheit des Erzählten im Rahmen des Vortrags seine Rolle spielt,[19] in der es aber noch nicht als eigenständiges Medium der Übermittlung eines Textes an seine Rezipienten in den Vordergrund des Vortrags gerückt ist. Beim freien Vortrag steht vielmehr ein Sänger ohne ein weiteres vermittelndes Medium im Vordergrund und verschafft sich selbst als Vermittler des Texts und damit als ›Mensch-Medium‹ eine ganz andere Präsenz, als würde er einen Text ablesen.

Die Form dieses Vortrags und die in ihm erzählten Welten scheinen aber miteinander korreliert. Wovon man singt und sagt, ist in anderer Weise aufeinander zuzuordnen als wovon man liest und vorliest. Es erscheint nicht durch Schrift bereits in eine feste Form gebannt, nicht textuell fixiert. Wovon man liest oder vorgelesen bekommt, ist dagegen nicht vergleichbar leichthändig in

---

17 Rupp: ›Heldendichtung‹ als Gattung der deutschen Literatur des 13. Jahrhunderts, S. 240.

18 Weitere Gattungsinterferenzen nennt Sonja Kerth: Die historische Dietrichepik als ›späte Heldendichtung‹. In: ZfdA 129 (2000), S. 154-175.

19 Vgl. unten S. 426-431.

einen Konnex zu bringen als wovon man singt und sagt. Schon der Wert des verwendeten Schreibmaterials läßt ihm ein Moment an Unantastbarkeit zuwachsen, und Schrift befördert dann den Eindruck des Unveränderlichen nur noch. Das gilt ungeachtet der zu beobachtenden Varianz mittelalterlicher volkssprachlicher Literatur. Für das Publikum wäre diese Varianz nur beim Vergleich von Handschriften auffällig geworden – eine Situation, die es nicht kannte. Schreiber, die zu dichten beginnen, sind auf der anderen Seite durchaus seltener als Sänger, die dazu übergehen zu dichten.

Selbst Dichter von Buchdichtungen gehen nur im Ausnahmefall dazu über, Textelemente unterschiedlicher Herkunft frei zu montieren. Einen solchen Ausnahmefall stellt Strickers ›Daniel‹ dar. Der Stricker gestaltet eine Artusdichtung, als gälten für sie die Freiheiten des mündlichen Mediums, dessen Darstellungsformen denn auch anklingen. Die Kämpfe im ›Daniel‹ etwa sind Kämpfe, wie sie in der Heldendichtung erzählt werden.[20] Es scheint, als hätte der Stricker eine Heldendichtung wie die ›Rabenschlacht‹ im Ohr. Allerdings werden im ›Daniel‹ nicht unterschiedliche Stoffe kontaminiert. Auch zu einem Transfer bekannter Artefakte kommt es nicht. Übernommen werden Motive und narrative Strukturformeln wie z.B. Iweins Entscheidungsdilemma (›Iwein‹, V. 4742-4759), das im ›Daniel‹ vervielfacht zum Einsatz gelangt. Dies geschieht aber auf einer sehr viel abstrakteren Ebene als auf dem Wege eines konkreten Transfers von Artefakten von einer Dichtung in die andere.

Formen der Vernetzung der erzählten Welten, wie sie am ›Ortnit-Wolfdietrich‹ und am ›Eckenlied‹ zu beobachten sind, wären auch bei Buchdichtungen zu erwarten, wenn für sie die Lizenzen des mündlichen Mediums bestünden. Alexander oder Karl hinterlassen aber keine Rüstungen oder Waffen, die dann am Artushof auftauchen. Dagegen geht die Fassung E_7 des ›Eckenliedes‹ so weit (Str. 82), als Vorbesitzer von Eckes Schwert Alexander anzugeben, vielleicht wegen des Umstandes, daß Wolfdietrich ein Grieche (*von Krychen*) ist.[21]

Vortragsform und erzählte Welt scheinen einander über die Festigkeit der Buchform einerseits und über die textuelle Variabilität mündlich tradierter Lieder andererseits zu bedingen; die Vortragsform elizitiert letztlich den besonderen Charakter der erzählten Welten, ihre Zugänglichkeit füreinander. Und da Heldendichtungen in ihrem mündlichen Stadium häufiger neugestaltet werden und auch danach noch textuell beweglicher sind, können Gestalten und Gegenstände leichter durch ihre erzählten Welten hindurch wandern.

---

20 Vgl. auch Meyer: Die Verfügbarkeit der Fiktion, Kap. 2.
21 Allerdings resultiert auch in der Artusdichtung aus einer Zeit, in der sie noch als mündliches Medium bestand, eine Verschränkung erzählter Welten, so wenn etwa Tristan als Artusritter erscheint oder der Artushof in Erzählungen von Tristan (so wie etwa noch in der ›Estoire‹ Berols) eine eigene Rolle spielt.

8.2 Zu einem literaturgeschichtlich relevanten Medienbegriff

Seit Marshall McLuhans Buch über die ›Gutenberg-Galaxis‹[22] ist die Rolle der Medien für die Formung von Bewußtsein, Wissen und Kultur im intellektuellen Diskurs fest verankert. Die Reflexion über Medien und ihre Wirkungen ist durch den Sieg des PCs und das Internet noch einmal bestärkt worden und hat zu Recht Eingang auch in die Philologien gefunden, die im Hypertext ihre einstweilen letzte Phantasmagorie ausmachen können.

In der Altgermanistik hat man die elementaren Auswirkungen von Schrift und Schriftlichkeit längst als Thema entdeckt, die Mündlichkeit der mittelalterlichen Literatur, die im Gefolge der *Oral-Formulaic Theory* nur vorübergehend Beachtung fand, blieb thematisch dagegen am Rand. Was nach Mündlichkeit aussah, galt und gilt allenfalls als schriftlich imitierte, als ›fingierte‹ oder ›fiktive‹ Mündlichkeit. Literarische Texte sind ja nicht nur schriftlich überliefert, sondern doch wohl auch schriftlich entstanden, also findet konstitutive Mündlichkeit keinen Eingang mehr in sie – so einfach ist oder scheint es.

Schriftlichkeit beginnt sich über die Klosterkultur früh in die mittelalterliche Gesellschaft einzulassen und dorthin vorzudringen, wo man sich auf schriftliche Aufzeichnungen stützen muß und will, aber weite Bereiche der Gesellschaft kommen noch lange ohne Schrift aus. Geht es dagegen um die Literatur, so verschwindet Mündlichkeit hier naturgemäß früher. Schon dem Wortsinn nach läßt Literatur sich auf Schriftlichkeit reduzieren.

Die Gewöhnung an die vielfältigen Konventionen, die Schriftlichkeit im Zuge einer jahrhundertelangen Entwicklung ausbildet, hält leicht davon ab, sie überhaupt noch als historisch entstandene Konventionen zu bemerken, und führt stattdessen dazu, sie immer schon zu unterstellen. Demnach hätte man höfische Dichtung vielleicht um 1200 schon so aus der Handschrift gelesen wie wir heute aus dem Buch. Und wenn nicht, so hätte man es doch gekonnt. Also kommt sie tendenziell unserer Art von Lektüre entgegen und weist dasselbe Potential von Schriftlichkeit auf. Mithin teilt sie im Ansatz auch deren Konventionen, wie wir sie heute kennen.

Mit dieser Voreinstellung, die sich durchaus begründen läßt, wird man freilich auch geneigt sein, mündliche Residuen in der Literatur zu übersehen, anstatt ihren Spuren nachzugehen. Dann wird z.B. – wie es Konsens der Forschung ist – die stereotype Diktion des ›Nibelungenliedes‹ zu einer artifiziellen, Mündlichkeit nur fingierenden Schreibweise, seine räumliche Szenenregie zu einer ausgefeilten, dramatisierenden Kunst des Dichters und seine

---

22 Marshall McLuhan: Die Gutenberg-Galaxis. Das Ende des Buchzeitalters. Düsseldorf, Wien 1968.

Strophe zu einer dem frühen Minnesang entliehenen, besonderen Schmuck-form.[23] Daß hier vielmehr eine mnemonisch effektive Sprache, eine mnemo-technisch begründete Darstellungsform[24] und – die Melodie hinzugenommen – eine charakteristische Form der Kodierung des Erzählten zu seiner Aufbe-wahrung im Gedächtnis und zu seinem leichteren Abruf vorliegen könnte,[25] wird man nicht im Ernst mehr für möglich halten. Der Wechsel des Mediums – von der Mündlichkeit zur Schriftlichkeit, wenn hiermit denn grosso modo Medien angegeben sind – hätte längst schon stattgefunden, und ein weiterer Wechsel im Rahmen des schriftlichen Mediums[26] – etwa von einem vom Blatt abgesungenen zu einem nur mehr abgelesenen Vortrag – erschiene peripher und von geringer Relevanz.

Gesungen versus gesprochen: so verbucht man den Sprung von der Stro-phe des ›Nibelungenliedes‹ zum Reimpaarvers der ›Klage‹, wobei man sich in beiden Fällen den Text als abgelesen vorstellt.[27] Das ist ein Unterschied, aber einer, der für den medialen Status beider Dichtungen von nachrangiger Bedeutung ist. Er betrifft nur einen Aspekt der Realisierung des Vortrags, beide Dichtungen aber erscheinen als vorzulesende Schriftwerke.

Das mögen sie im 13. Jahrhundert tatsächlich schon gewesen sein, aber bei feinerer Differenzierung stellt sich heraus, daß der Unterschied zwischen ih-nen tiefgreifender ist und daß ihre Formdifferenzen von sehr viel größerer Relevanz für eine unterschiedliche Medialität beider Dichtungen sind. Die feinere Differenzierung führt freilich erst einmal in Definitionsprobleme: Was ist ein Medium?[28] Bleibt man zunächst bei dem Unterschied von Mündlich-keit und Schriftlichkeit, so ließe sich antworten: Wird gelesen, so ist die ge-schriebene Sprache das Medium – vielleicht zusätzlich auch ihr materieller Träger: die Handschrift und das Buch –, wird gesprochen, so die gesprochene Sprache – sieht man von den Schallwellen ab.

Es könnte dabei so scheinen, als lasse sich der bloße Wortlaut aus dem Medium heraus- oder von ihm ablösen. Derselbe Wortlaut könnte dann durch verschiedene Medien, hier die gesprochene und die geschriebene Sprache, übermittelt werden, die demnach nur als körperliche und materielle (unter

---

23 Eine abweichende Position vertritt heute, soweit ich sehe, nur noch Edward R. Haymes: Das Nibelungenlied. Geschichte und Interpretation. München 1999, S. 42f. Zu beachten ist, daß der Kürenberger nur eine eigene *wîse* beansprucht. Die Strophenform könnte deshalb auch aus der Heldenepik übernommen worden sein.

24 Vgl. oben Kapitel 3.3 und 3.10.

25 Vgl. oben Kapitel 5.2.

26 Zu beachten ist, daß der Begriff des Mediums meist nicht am Vortrag bzw. an der Rezeption eines Textes festgemacht wird, sondern bereits an seiner Konzeption.

27 Vgl. Lienert: Die Nibelungenklage, S. 14.

28 Die folgenden Überlegungen sind kursorisch und dienen nur als Voraussetzung meiner anschließenden Analyse der Heldendichtung.

Einbezug im weiteren auch technischer) Mittel der Übertragung zu verstehen wären.[29] Gerade aufgrund der Evolution der technischen Medien ist man leicht versucht, den Begriff des Mediums auf Übertragungs›kanäle‹ zu beschränken. Aber es ist schnell offensichtlich, daß sich im Rahmen von bestimmten Medien ganz inkompatible mediale Gattungen ausbilden, die einen ihnen eigenen Wortlaut, ja letztlich eine eigene mediale Wirklichkeit generieren.[30] So wäre es unbedacht, den Begriff des Mediums einfach auf ein Mittel der Übertragung, auf den Übertragungskanal, zu reduzieren.

Der Begriff wird auf sehr unterschiedliche Weise verwendet, und er läßt sich auch aufgrund von Schwierigkeiten in der Sache nicht leicht systematisieren. Morsezeichen stellen z.B. sicher ein – semiotisch aufgestocktes und technisch übertragenes – Schriftmedium dar, aber sie werden oder wurden gehört und mußten deshalb an einigen Eigenschaften partizipieren (Schallwellen), die auch das mündliche Medium voraussetzt. So mögen sich für bestimmte Randmedien leicht Zuordnungsprobleme ergeben, die es geraten erscheinen lassen, eine Systematisierung nicht zu überanstrengen. Ohnehin steht im folgenden kein universeller Medienbegriff zur Diskussion, sondern ein eingeschränkter, wie er für kulturelle Evolution bedeutsam ist und soziale Kommunikation vermittelt.

Im Zusammenhang mit einer Unterscheidung von Mündlichkeit und Schriftlichkeit als Medien ist es hilfreich, einen weiteren und einen engeren Medienbegriff auseinanderzuhalten: So ist es üblich, Einzelmedien wie den Einblattdruck, den Brief, das Buch, den PC, das Fernsehen usw. zu unterscheiden.[31] Wenn es schon zweifelhaft erscheint, solche Einzelmedien sämtlich auf derselben kategorialen Ebene unterzubringen, so gilt dies allemal, wenn man sie neben Mündlichkeit und Schriftlichkeit stellt. Beide ließen sich als Rahmen- oder Basismedien für eine Vielzahl von Einzelmedien oder intramedialen Gattungen verstehen. Aber auch Einzelmedien wie das Buch und das Fernsehen lassen sich noch einmal in eine Vielzahl von intramedialen Gattungen – mit intermedialen Übergänglichkeiten – zerlegen.

---

29 Freilich weiß man, daß Schriftsprache – wenn es nicht um die Übermittlung eines identischen Wortlauts geht – zumindest z.T. ihrer eigenen Grammatik folgt.

30 Vgl. etwa Sybille Krämer: Was haben die Medien, der Computer und die Realität miteinander zu tun? In: Dies. (Hg.), Medien, Computer, Realität. Wirklichkeitsvorstellungen und Neue Medien. Frankfurt/M. 1998, S. 9-26, hier S. 14: »Medien übertragen nicht einfach Botschaften, sondern entfalten eine Wirkkraft, welche die Modalitäten unseres Denkens, Wahrnehmens, Erfahrens, Erinnerns und Kommunizierens prägt.« Gerade auch in mediengeschichtlicher Perspektive ist es wichtig, die spezifischen Abstraktions- und Strukturierungsleistungen bestimmter Einzelmedien zu erkennen und zu analysieren. Vgl. mit einem entsprechenden Ansatz insbesondere Monika Elsner u.a.: Zur Kulturgeschichte der Medien. In: Merten, Schmidt, Weischenberg (Hgg.), Die Wirklichkeit der Medien, S. 163-187, hier S. 163ff.

31 Vgl. Werner Faulstich (Hg.): Grundwissen Medien. München ⁴2001.

Nimmt man entsprechende Folgedifferenzierungen vor und versteht gleichwohl den Übertragungscharakter als notwendiges, wenn auch nicht hinreichendes Konstituens eines Mediums der sozialen Kommunikation, so wird die Form, in die etwas gebracht wird, wenn es übertragen bzw. vermittelt wird, oder in die es gebracht wird, um überhaupt übertragen/vermittelt werden zu können, bedeutsam. Diese Form läßt sich als hinreichende Bedingung für das Vorliegen eines Mediums verstehen, denn ohne sie fände die Vermittlung nicht statt.

Wenn McLuhans als Bonmot formulierte Zuspitzung, das Medium sei schon der ganze Inhalt einer übermittelten Botschaft (›The Medium is the Massage‹),[32] eine Übertreibung darstellt, so ist es doch richtig, daß jeder Inhalt eine mediale Form voraussetzt und daß Medialität je schon mit dieser Form gegeben ist, in die Inhalte zu ihrer Vermittlung gebracht werden. Diese letzte Bestimmung – die Vermittlung oder Übertragung – bleibt aber eine notwendige Bedingung von Medialität, sonst würden Medien etwa gleich mit Gattungen gesprochener oder geschriebener Sprache zusammenfallen. Entscheidungen für die Wahl einer Gattung sind hier aber nur Entscheidungen für eine Form-Inhalt-Korrelation, Entscheidungen für die Wahl eines Mediums dagegen Entscheidungen für eine Form-Vermittlung-Korrelation.

Ein entsprechender, engerer Begriff des Mediums erlaubt nun gehaltvollere und differenziertere Beschreibungen auch literarischer Medien, als wenn man nur den technischen Übertragungskanal als Bestimmungsgrund für ein Medium ansetzte oder andererseits bei Mündlichkeit und Schriftlichkeit als sprachlichen Basismedien haltmachte. In kleiner dimensionierten Einzelmedien mögen Basismedien wie Mündlichkeit und Schriftlichkeit – zu unterscheiden wären davon nicht-(laut)sprachliche Basismedien wie Körperausdruck[33] und Bildlichkeit[34] – sich überschneiden, überlagern und ergänzen.

---

32 Marshall McLuhan: Das Medium ist Massage. Frankfurt/M., Berlin, Wien 1984. McLuhans zu weiten und deshalb unscharfen Medienbegriff vgl. besonders in ders.: Die magischen Kanäle. ›Understanding Media‹. Düsseldorf, Wien 1968.

33 Vgl. z.B. Jonathan Benthall und Ted Polhemus (Hgg.): The Body as a Medium of Expression. An Anthology. New York 1975. Die Differenzierung ›nicht-(laut)sprachlich‹ berücksichtigt, daß auch Gebärden- und Zeichensprachen als Sprachen bezeichnet werden.

34 Vgl, z.B. Volker Bohn (Hg.): Bildlichkeit. Internationale Beiträge zur Poetik. Frankfurt/M. 1990, und Manfred Faßler: Bildlichkeit. Navigationen durch das Repertoire der Sichtbarkeit. Wien, Köln, Weimar 2002. Für das Mittelalter bemüht sich Horst Wenzel: Hören und Sehen, Schrift und Bild, um eine übergreifende Analyse der Rolle von Bildlichkeit.

Meine Aufzählung von Basismedien ist nicht erschöpfend. Außerdem liegen die genannten Basismedien nicht auf einer analytischen Ebene. Helmut Schanze: Integrale Mediengeschichte. In: Ders. (Hg.), Handbuch der Mediengeschichte. Stuttgart 2001, S. 207-280, hier S. 211f., spricht konsequenter in Bezug auf Bild, Ton, Zahl und Buchstabe von

Literarische Formen können als medial bedingt erkannt und analysiert und im Zusammenspiel der Basismedien können deren Mischformen detaillierter beschrieben werden.

Wenn demnach etwa auch der Bänkelsang als ein literarisches (Einzel-) Medium gelten kann, in dem Basismedien (vornehmlich Mündlichkeit und Bildlichkeit) sich mischen, so wird der Begriff des Mediums allerdings bedenklich spezifisch, und man bekommt es in der Folge mit einer Vielzahl ganz unterschiedlich dimensionierter Medien zu tun. Aber nicht nur der Bänkelsang kann so adäquater beschrieben werden, weil er als eine Vermittlungsform mit charakteristischen Wirkungen erfaßt wird und nicht als bloße literarische Form und Gattung.

Auch für die Beschreibung mittelalterlicher Dichtung lassen sich auf diese Weise feinere Unterschiede setzen und Übergänge genauer verfolgen: Memorierte und improvisierte mündliche Dichtung wie auch zum Vorlesen bestimmte Texte wären medial gänzlich unterschiedlich konstituiert, obwohl Mündlichkeit in allen drei Fällen im weiteren Sinne das dominierende Basismedium darstellt. Die Schrift nistet sich hier zunächst nur subsidiär ein und ist noch weit entfernt davon, das alte Basismedium abzulösen.[35] Schon gar nicht tut sie es auf einen Schlag, sondern in einem Einzelmedium wie der Heldendichtung dient sie zunächst nur der Speicherung von Texten, in der Buchdichtung aber natürlich als Mittel der Bereitstellung des Textes zum – immer noch mündlichen – Ablesen.

Im Gegensatz zu Einzelmedien überlagern sich Basismedien sehr häufig. Deshalb gibt es angesichts der Partizipation eines Einzelmediums an Basismedien keinen von vornherein geltenden Ausschluß von Basismedien. Das Fernsehen beteiligt vorwiegend Mündlichkeit und Bildlichkeit, die Fernsehnachrichten beteiligen zusätzlich Schriftlichkeit, und die Überlagerung und Mischung von Basismedien mag sich entsprechend bei vielen Einzelmedien immer wieder anders darstellen.

In Anbetracht solcher begrifflichen Differenzierung ist es für den Wandel von Einzelmedien als Einzelmedien problematisch, sie unter dem Gesichts-

---

Basismedien. Ich möchte dagegen die Unterscheidung ›Basis- vs. Einzelmedium‹ vorwiegend als relational verstehen, so daß unterschiedliche Medien zu Basismedien werden können.

35 Im Gegensatz zu der von mir vorgeschlagenen Konzeption eines Zusammenspiels von Basismedien hat z.B. der Freiburger Sonderforschungsbereich ›Mündlichkeit und Schriftlichkeit‹ in seiner kategorialen Orientierung mediale Mündlichkeit/Schriftlichkeit von konzeptioneller Mündlichkeit/Schriftlichkeit unterschieden und hier skalierbare Abstufungen vorgesehen, dort aber nur ein Entweder-Oder. Vgl. Wolfgang Raible: Forschungsprogramm des Sonderforschungsbereichs. In: Ders. (Hg.), Medienwechsel. Erträge aus zwölf Jahren Forschung zum Thema ›Mündlichkeit und Schriftlichkeit‹. Tübingen 1998, S. 17-29, der damit an Koch, Oesterreicher: Sprache der Nähe – Sprache der Distanz, anknüpft.

punkt des Übergangs von der Mündlichkeit zur Schriftlichkeit zu untersuchen, weil hier die Leitbegriffe eine nicht sachgemäße Perspektive präjudizieren. Aus der Perspektive von Einzelmedien gibt es allenfalls einen Übergang von mehr Mündlichkeit zu weniger Mündlichkeit, wobei sich Schriftlichkeit je nur anteilig einmischt.[36] Die ›Entmischung‹ von Basismedien stellt
dagegen einen anderen Gegenstand dar, der als evolutionärer Prozeß auf einem höheren Abstraktionsniveau zu untersuchen ist und für den nicht die
Einzelmedien für sich selbst von Interesse sind, sondern allenfalls ihre evolutionäre Aufeinanderfolge.

Basismedien legen die Form, in der etwas vermittelt wird, nicht fest, dies
geschieht erst durch Einzelmedien. Intramediale Gattungen auch der Einzelmedien binden aber zusätzlich Inhalte, so daß hier eine Schachtelung der
medialen Korrelation von Form und Vermittlung mit der gattungsbezogenen
Korrelation von Form und Inhalt eintritt. Dies geschieht etwa bei einem so
spezifizierten Medium wie dem Bänkelsang, es geschieht auch bei der Heldendichtung, die zugleich intramediale Gattung und Einzelmedium ist: Ein charakteristischer Inhalt verbindet sich mit einer medial bedingten Form, die auf
eine besondere Vermittlung eingerichtet ist. Neben der Gattung ›Heldendichtung‹ darf deshalb aber das Medium, das die Gattung ummantelt, nicht
übersehen werden.

Dem Medium Heldendichtung sind nun eine Reihe von Eigenschaften zuzurechnen, die bisher eher der Gattung zugeschrieben wurden. So dienen die
Überlegungen dieses Kapitels dazu, solche Eigenschaften neu zuzuweisen
und sie zugleich besser zu verstehen.

8.3 Erzählsituationen im Medium der Heldendichtung und die Anonymität der Heldendichtung

Bei der mündlichen Tradierung von Erzählgut produziert das kollektive Gedächtnis – das in diesem Fall eine Summation individueller Gedächtnisse darstellt – ›selbsttätig‹ Abweichungen. Niemand erzählt eine Geschichte, wenn
sie nicht gebunden ist, wortwörtlich so wieder, wie er sie gehört hat. Die Abweichungen rotieren um einen Handlungskern, der gleichwohl konstant bleiben kann, so daß man dieselbe Geschichte identifiziert. Aber da das Wieder-
und Weitererzählen in voneinander abgekapselten Erzählsituationen erfolgt
und es keine kollektive Steuerung wie bei Ritualen, Zeremonien und Festen
gibt, gibt es auch Fälle, die dem Sophisma vom Schiff des Theseus alle Ehre
machen würden: Das Schiff muß ständig ausgebessert, von seinen fünfzig

---

36 Deshalb verwendet Schaefer: Vokalität, den überdachenden Begriff der Vokalität,
um nicht gleich von Schriftlichkeit sprechen zu müssen, wo diese der Stimme noch bedarf.

Planken muß monatlich eine ersetzt werden, damit Theseus seine Fahrt unbeschadet fortsetzen kann. Aber fährt er dann nach fünf Jahren überhaupt noch in demselben Schiff?[37]

In Versen (und Strophen) gebundenes Erzählen kann freilich Wortlaut über lange Zeit bewahren; eine Gewähr für die Konstanz der Erzählinhalte bietet aber auch dieses Erzählen nicht. Im ›Alten Atlilied‹ begibt sich Gunnar – von Gudrun vor der todbringenden Einladung gewarnt – gerade deshalb in ostentativer Mißachtung des Todes zu Atli, und als dieser ihn in der Schlangengrube umkommen läßt, rächt Gudrun ihn, indem sie Atli die Herzen ihrer gemeinsamen Kinder verspeisen läßt, um ihn im Anschluß zu töten. Dies ist nicht der Gunther, es ist auch nicht der Etzel oder die Kriemhild des ›Nibelungenliedes‹, und doch sind sie es. Es ist nicht dieselbe Geschichte, und doch ist sie es.

Es ist eine ganz andere, gegen ihre Brüder und nicht gegen Etzel gerichtete Rache, die Kriemhild im ›Nibelungenlied‹ übt, und sie schickt ihren und Etzels Sohn nicht in den Tod, um Etzel zu treffen. Auch wird sie am Ende ihrerseits getötet und tötet nicht Etzel. Und schließlich wird nicht Gunthers Aristie erzählt, nicht der König sticht hervor und bewährt mit seinem Untergang seine königliche ›Verantwortung‹, sondern sein Mann Hagen beweist seinen Mut zum Untergang, während Högni im ›Atlilied‹ nur eine Nebenrolle zugedacht war. Alles ist anders, aber dieselben Handlungselemente (todbringende Einladung, Opfer der/des eigenen Kinder/s, Tod der Protagonisten) und Motivationen (Rache, Bereitschaft zum Untergang) werden mit demselben Personal verknüpft.

Die Erzähllieder, die den Nibelungenstoff tradierten, schufen gemeinsam mit der einherlaufenden und durch die Lieder am Leben erhaltenen, eher wohl aber je erst wieder belebten Sage[38] eine zumindest partiell amorphe Erzählmasse, während jeder Sänger sich doch bemühen mochte, eine klar konturierte Form aus ihr herauszuschälen. Eckpunkte konnten sich dabei verfestigen. Schon die nordischen Sammler und Kompilatoren germanischer Heldensage hat beschäftigt, daß die Lieder und sagenmäßigen Nacherzählungen voneinander abwichen, daß sie aber auch übereinstimmten, obwohl die Sänger und Erzähler einander gar nicht kannten.

So heißt es im Vorwort der ›Thidrekssaga‹ zu den Erzählungen über Dietrich und Siegfried:

Und wenn auch einige Abweichungen betreffs der Namen und Umstände der Helden vorkommen, so ist das nicht verwunderlich bei der Fülle der Geschichten,

---

37 Vgl. eine umfänglichere Darstellung des Sophismas bei Jay Rosenberg: Philosophieren. Ein Handbuch für Anfänger. Frankfurt/M. 1986, S. 64-77.

38 Vgl. Kuhn: Heldensage vor und außerhalb der Dichtung, bes. S. 192-194.

die diese (norroenir menn) erzählen, obgleich die Geschichte so ziemlich den gleichen Stoff behandelt.[39]

Und zum Burgundenuntergang heißt es im Anschluß an seine Erzählung:

Es haben uns aber auch Männer von diesen Dingen erzählt, die in Bremen und Münsterburg geboren sind. Keiner wußte Genaueres von dem anderen. Dennoch erzählten alle in derselben Weise, meist übereinstimmend mit dem, was alte Lieder in deutscher Zunge sagen, die gelehrte Männer gedichtet haben über die großen Begebenheiten, die sich in diesem Lande zugetragen haben.[40]

Auch der Prosazusatz zum ›Alten Sigurdlied‹ betont das Auseinanderlaufen der Erzählungen, zugleich aber ihre Übereinstimmung:

Hier in diesem Liede ist von Sigurds Tod erzählt; und es kommt darauf hinaus, daß sie ihn draußen erschlugen. Aber einige sagen, daß sie ihn im Hause in seinem Bett im Schlaf erschlagen hätten. Aber deutsche Männer sagen, daß sie ihn draußen im Walde erschlagen hätten. Und so heißt es in dem Alten Gudrunliede, daß Sigurds und Gjukis Söhne zum Ding geritten seien, wo er erschlagen wurde. Aber das sagen alle einmütig, daß sie ihn treubrüchig hintergingen und ihn liegend und unbewehrt erschlugen.[41]

Das Interesse des Prosa-Verfassers an den Lokalitäten und Modalitäten von Siegfrieds Tod offenbart, auch wenn es sich nur auf einen Punkt richtet, gewisse Orientierungsprobleme. Der Eckpunkt vom hinterhältigen Mord an Siegfried wird in allen ihm bekannt gewordenen Versionen erzählt, davon abgesehen weichen die Versionen aber auch gravierend voneinander ab.

Als Resümee der angeführten Stellen läßt sich zur ›kollektiv‹ generierten Erzählmasse eines Stoffs der Heldensage und -dichtung festhalten: Abwei-

---

39 ›Thidrekssaga‹ (Erichsen), S. 61f. Vgl. Bertelsen, Bd. I, S. 2: *og þo ath nockut bregdist athkuædi vmm manna heiti edur athburde þa er ei vndarligt suo margar søghur sem þesser hafa sagt enn þo rijs hun nær af einu efni.*
Zum Vorwort der ›Thidrekssaga‹ vgl. Michael Curschmann: The Prologue of Thidreks Saga. Thirteenth Century Reflections on Oral Traditional Literature. In: Scandinavian Studies 56 (1984), S. 140-151.
40 ›Thidrekssaga‹ (Erichsen), S. 414. Vgl. Bertelsen, Bd. II, S. 328: *þeir menn hafa oss oc sagt ifra þesso er fæddir hafa værit i brimum eða mænstr borg oc engi þeira vissi dæili a adrom oc sagðu allir a æina læiðfra. oc er þat mæst epter þui sem sægia fornkvæði i þyðærskri tungu er gort storir menn um þau stortiðinde er i þesso landi hafa orðit.*
41 Die Edda. I Heldendichtung. Übertragen von Felix Genzmer. Düsseldorf, Köln 1963, S. 43. Vgl. Edda. Die Lieder des Codex Regius nebst verwandten Denkmälern. Hg. von Gustav Neckel. Vierte, umgearbeitete Auflage von Hans Kuhn. Heidelberg 1962, Bd. I. Text, *Frá dauða Sigurðar* (Vom Tod Siegfrieds), S. 201: *Hér er sagt í þessi qviðo frá dauða Sigurðar, oc vér hér svá til, sem their dræpi hann úti. Enn sumir segia svá, at þeir dræpi hann inni í reccio sinni sofanda. Enn þyðverseir menn segia svá, at þeir dræpi hann úti í scógi. Oc svá segir í Guðrunarqviðo inni forno, at Sigurðar oc Giúca synir hefði til þings riðit, thá er hann var drepinn. Enn þat segia allir einnig, at þeir svico hann í trygð oc vógo at hánom liggianda oc óbúnom.*

chungen der Versionen entstehen unkontrollierbar, Übereinstimmungen bleiben an Eckpunkten ohne gegenseitige Absprache der Tradenten bzw. ohne Koordination ihres Erzählens erhalten. Der Vergleich von ›Atlilied‹ und ›Nibelungenlied‹ zeigt, daß diese Eckpunkte nur sehr allgemein greif- und benennbar sind: dieselben Handlungselemente, dieselben Motivationen und annähernd dasselbe Personal, aber alles neu gemischt.

Da in der mittelhochdeutschen Heldendichtung nicht Sammler und Kompilatoren am Werk sind, sondern Tradenten und Dichter, die mit ihren Versionen eine besondere Kontur der Handlung fixieren, erfährt man kaum je etwas vom partiell amorphen Zustand der Erzählmassen. Einmal läßt die ›Nibelungenklage‹ diesen Zustand erschließen, wobei unklar bleibt, ob es hier um Tradierung von Heldendichtung geht. Der Dichter kann keine Sicherheit darüber erlangen, was nach dem Burgundenuntergang mit Etzel geschah: *sümeliche jehent, er würd erslagen; / sô sprechent sümeliche: »nein!«* (V. 4328-4329)[42] Der Dichter scheint aber nur wiederzugeben, was für Meinungen hierzu im Umlauf sind. Ob es noch, wie etwa im ›Atlilied‹, Sagenerinnerung zum Ende Etzels gibt, ist ungewiß.[43] Ein andermal verwahrt sich der Dichter der ›Kudrun‹ gegen ein ihm inakzeptabel erscheinendes Detail der Sage (Str. 288).

Die unkoordinierte Erhaltung des Erzählstoffs in ungelenkter Streuung und Neumischung der Erzählmasse rechtfertigt es, vom kollektiven Gedächtnis zu sprechen, das über die Einzelgedächtnisse neben der Erhaltung des Stoffs zugleich auch seine Umformungen erzeugt.[44] Es ist allerdings wenig aussichtsreich, hinter den Umformungen nach Strukturen als abstrakten kognitiven Regelmechanismen oder Operationen zu suchen, wie es vielleicht Mythen gestatten[45] – Heldenlieder sind keine Mythen. Sie mischen Motivationen und Handlungselemente nur je wieder so auf neue, daß sich denkwürdige Taten abzeichnen. Dabei lassen sie allerdings eine Faktur erkennen, die nicht oder kaum individuell verantwortet wird.

Gegen die Erzählmasse stehen die einzelnen Lieder, die, wenn sie noch nicht zersungen sind, eine im Wortlaut mehr oder weniger feste und in der Motivation des Geschehens integrierte Gestalt aufweisen. Diese Gestalt entsteht immer wieder neu, indem Sänger das erzählte Geschehen interpretieren. Steigen sie in ein vorhandenes Lied ein, dessen Wortlaut sie partiell beibehalten, dann ist dies ein kontinuierlicher Vorgang, wie noch der Vergleich der Fassungen *B und *C des ›Nibelungenliedes‹ erkennen läßt. Ein Lied kann dabei in seinen Hauptkonturen gleichwohl über Jahrhunderte erhalten blei-

---

42 Ich zitiere die Fassung der Handschrift B nach: Bumke: Die ›Nibelungenklage‹.

43 Vgl. Gillespie: A Catalogue of Persons Named in German Heroic Literature, s. zu ›Etzel‹.

44 Solchen Umformungen ist u.a. Heusler: Nibelungensage und Nibelungenlied, nachgegangen.

45 Claude Lévi-Strauss: Mythologica. Bd. I-IV. Frankfurt 1976.

ben, wie wiederum noch die Tradierung der Dietrichdichtung im Spätmittelalter beweist. Eine klare Grenzziehung zwischen Fassungen und Versionen wird dabei zum Problem.

Wo Lieder andererseits improvisiert werden, ist es von vornherein nicht sinnvoll, vom Wortlaut ausgehend etwa Fassungen einer gegebenen Textgestalt und neue Versionen eines Stoffs zu unterscheiden. Jeder Vortrag kann zu einem neuen Wortlaut führen. Erst wo memoriert wird, bietet diese Unterscheidung sich an, aber es ist nicht immer möglich, sie trennscharf anzuwenden. Denn oft sind Fassungen zugleich Versionen. Das Memorieren richtet sich nicht allein auf den Wortlaut, sondern das Gedächtnis ist – in der Top-down-Einstellung – auf die Handlungsfolge und den Erzählinhalt ausgerichtet. Aus dieser Einstellung heraus ist es von vornherein in besonderer Weise mit dem erzählten Geschehen beschäftigt. Das erklärt die bei Fassungen sehr häufigen punktuellen Zusätze, mit denen Sänger die Erzählhandlung arrondieren. Daneben kann aber Vergessenes substituiert werden, Zusätze können sich zu neuen Handlungszügen auswachsen, und der Funke kann überspringen zu einer partiellen Neuinterpretation des Geschehens und damit zu einer partiell neuen Version.

Ein solches wachsendes Maß an Involviertheit von Sängern scheint aber nicht der einzige Weg, zu Versionen zu gelangen. In ›Spontankreationen‹ entstehen Stoffe auch in vollständig neuer Erzählgestalt. Der ›Wolfdietrich‹ D ist aus dem ›Wolfdietrich‹ B hervorgegangen, der ›Wolfdietrich‹ B stellt dagegen gegenüber dem ›Wolfdietrich‹ A eine Neudichtung dar.

Vorträge sind die Zielgröße aller solcher Vorgänge. Wenn Lieder auch im Mittelalter noch memoriert wurden, dann war nicht zu übersehen, wenn ein Sänger sich nicht auf ein Buch, sondern nur auf sein Gedächtnis stützte. Ein nicht schriftgestützter Vortrag konnte eine andere Art von Präsenz des Erzählens hervorrufen. Zwischen dem Sänger und seinen Zuhörern vermittelte kein Buch, in das der Sänger mit seinen Augen ständig zurückkehren mußte, sondern er holte seinen Text bei ununterbrochener körperlicher Ausrichtung auf die Zuhörer so aus dem Kopf, wie man auch in direkter Kommunikation schon den Kopf benutzt – nur daß man nicht vergleichbar lange und fertige Texte ›hervorholt‹, die man abruft.

Der Augenblick des Vortrags wird in Appellen an die Zuhörer in der mittelalterlichen Heldendichtung indirekt erschließbar. Solche Appelle dienen u.a. der Synchronisation und Aufmerksamkeitslenkung.[46] Heldendichtung inszeniert dabei, auch wenn sie vor dem Vortrag schriftlich entsteht und dann vielleicht von einem geschriebenen Text ausgehend eingeprägt wird, oft auch

---

46 Vgl. Fluss: Das Hervortreten der Erzählerpersönlichkeit und ihre Beziehung zum Publikum in mittelhochdeutscher strophischer Heldendichtung, hier die verschiedenen Abschnitte zur ›Direkten Hinwendung des Erzählers zum Publikum‹.

eine Art unmittelbarer Spontaneität. *Nu hoerent* heißt es immer wieder,[47] und die Zuhörer werden gelegentlich gefragt, ob sie hören wollen, wie es weitergeht.[48] Anreden der Zuhörer durchziehen alle Heldendichtungen. Die Tuchfühlung zwischen Sänger und Hörern wird dabei besonders eng gestaltet.

Wenn Dichter beim Abfassen eines Liedes derart an ihre eigene Rolle als Sänger vorausdenken, dann fragt sich, warum sie sich nicht wie die Dichter von Buchdichtungen mit ihrem Namen einführen. Die Antwort scheint zunächst einfach: Während Dichter von Buchdichtungen keineswegs immer damit rechnen, daß sie selbst ihre Dichtungen vorlesen werden und eben deshalb ihren Namen den Texten, die ihnen als Aufzeichnungen auf dem Pergament leicht aus der Hand geraten können, einschreiben, könnten Dichter/Sänger von Heldenliedern zunächst je nur an ihren eigenen Vortrag als einen Vortrag vorausdenken, der kein schriftliches Sediment besitzt. Der konkrete Vortragskontext stellte dann aber jeweils sicher, daß sie den Hörern bekannt wären. Es wäre dabei im Gegenteil befremdlich, auf textuelle Distanz zu gehen und sich im mündlichen Text noch einmal zu nennen, während doch offensichtlich sein mußte, wer leibhaftig vor den Zuhörern stand.

Maurice Bowra hat in diesem Sinne erklärt, warum mündlich vorgetragene Heldendichtung scheinbar ›anonym‹ bleibt:

Jedes Gedicht existiert nur wirklich, wenn es vorgetragen wird, und in diesem Augenblick weiß das Publikum, wer der Dichter ist. Dieser hat es nicht nötig, seinen Namen in dem Gedicht extra zu erwähnen, da er seinen Zuhörern, den einzigen Leuten, auf die es in jedem Einzelfall ankommt, sehr wohl bekannt ist. Er kann nicht wissen, daß die Zeit kommen wird, in der seine Gedichte aufgeschrieben werden und die Menschen gern wissen möchten, wie deren Autor hieß; in den meisten Fällen ist ihm die Praxis des Aufschreibens von Gedichten völlig unbekannt und meistens kann er selber nicht einmal lesen.[49]

Der Begriff der Anonymität von Dichtern/Sängern wäre demnach für strophische Heldendichtung irreführend, denn in mündlichen Vortragssituationen läge solche Anonymität niemals vor. Sie träte überhaupt erst auf, wenn ein Text aus einer solchen Situation in den Kontext schriftlicher Überlieferung geriete – eine grundsätzlich neue Situation.

Namensnennung ist insbesondere in einem schriftliterarischen Kontext erwartbar, wenn ein Verfasser damit rechnet, daß Umstände eintreten werden,

---

47 Vgl. neben Fluss (ebd.) einige wenige Hinweise auch in Vogt (Hg.): Salman und Morolf, S. CXXXIXf.

48 Vgl. einige Beispiele aus der ›Rabenschlacht‹: Str. 468,1; 486,1; 560,1; 617,1; 637,3; 649,1; 679,3; 772,1 u.ö. Das Spiel mit einem angedrohten Vorenthalten der Erzählung ist gemeineuropäische Praxis mündlicher Sänger. Vgl. auch Ruth Crosby: Oral Delivery in the Middle Ages. In: Speculum 11 (1936), S. 88-110, hier S. 93, sowie unten Anm. 64 und S. 416.

49 Bowra: Heldendichtung, S. 445.

die seinen Text gegen seinen Willen anonymisieren. Dem beugt z.B. der Dichter des ›Helmbrecht‹ mit folgenden Schlußversen vor[50]:

> *Swer iu ditze mære lese*
> *bitet daz im got genædic wese*
> *und dem tihtære*
> *der heizet Wernher der Gartenære.*
> (V. 1931-1034)

Hier wird an einen Vorleser vorausgedacht, dessen ins Auge gefaßter Vorlese-akt es nötig macht, auch den Namen des Dichters zur Geltung zu bringen.

Bowras Erklärung der Anonymität ist für mittelalterliche Heldendichtung allerdings nicht ausreichend, weil einige Dichter strophischer Lieder zweifellos damit rechnen, daß eine von ihnen selbständig erweiterte Dichtung sie überleben und zu einer Ausgangsfassung für die weitere Tradierung werden kann. Dennoch denken sie nicht daran, einem Nachsänger mit dem Text auch die Tradierung des eigenen Namens etwa in einer Geleitstrophe zuzumuten, sondern sie erlauben Tradenten, in die Hohlform des je schon gesetzten ›ich‹ zu schlüpfen. Ein in den Text gestreutes ›ich‹ eines Dichters kommt also beim Vortrag durch einen späteren Sänger gleichsam als Wechselbalg zum Vorschein. So wird Heldendichtung tradiert. Dies liegt daran, daß auch die Dichter von Ausgangsfassungen oft nicht nur den Stoff, sondern ihrerseits bereits vorhandenen Wortlaut übernehmen, den sie nicht zu ihrem Eigentum machen können und wollen.

Otto Höfler ist bei seinen Überlegungen zur Anonymität des ›Nibelungenliedes‹ davon ausgegangen, daß man »dies neue Meisterwerk gierig vervielfältigte und las«[51]. Schon weil diese fehlgehende Hintergrundannahme seine Fragestellung lenkt, ist seine Erklärung, daß die Gattung der Heldendichtung eine Unterdrückung der Namensnennung bedinge, zumindest unvollständig. Sie ist in gewissem Maße allerdings triftig für einen anderen Sachverhalt: Denn wenn schon ein Dichter selbst sich nicht nannte, warum ist sein Name dann nicht wie z.B. der Gottfrieds auf anderem Wege überliefert worden?[52] Weil ›sein‹ Text nicht sein Eigentum war! Ein Dichter von Heldendichtung war grundsätzlich, d.h. auch in den Augen seiner Hörer, nicht mit einem Eigentumsanspruch ausgestattet:

Was er da vortrug, war nicht sein ›Werk‹ – nicht **sein** Werk, auch wenn er als Sänger sein Bestes tat –, sondern man sah in seinen Versen *ealdgesegen*, um mit dem ›Beowulf‹ zu reden, *altiu mære*, wie sie auch noch der Nibelungenepiker

---

50 Ich zitiere: Wernher der Gartenaere: Helmbrecht. Mittelhochdeutscher Text und Übertragung. Hg., übersetzt und mit einem Anhang versehen von Helmut Brackert, Winfried Frey, Dieter Seitz. Frankfurt/M. 1972.

51 Höfler: Die Anonymität des Nibelungenliedes, S. 385.

52 Ebd.

zwar neu formte, aber ohne daß sie dabei, nach der Anschauung, die uns die Eingangsstrophe des Epos bekundet, deswegen aufhörten, *altiu mære* zu sein.[53]

Daß diese Erklärung nicht ganz ausreicht, sieht man daran, daß ein Dichter *alter mære* wie denjenigen von Dietrichs Flucht zu Etzel im ›Buch von Bern‹, durchaus seinen Namen nennen konnte[54] – wenn er mit seiner Dichtung nur das Medium wechselte. Heinrich der Vogeler[55] rechnete mit anderen Rezeptionsumständen und verfuhr deshalb mit der Namensnennung anders. Er griff einen alten Stoff auf; aber er erzählte ihn neu und – vor allem – auf neue Weise: in Reimpaarversen. Deshalb kann er beginnen: *Welt ir nû hœren wunder, / sô künde ich iu besunder / diu starken niuwen mære, / [...].* (›Buch von Bern‹, V. 1-3) Nach dem Medienwechsel scheinen aus den *alten mæren* unversehens *niuwe* geworden zu sein.

Die Anonymität der Heldendichtung hängt wohl nicht primär an der Gattung und den in ihr geborgenen Stoffen,[56] sondern an ihrer Tradierungsform im Medium. Für das Publikum war Anonymität gar nicht wahrnehmbar, weil man bis ins Spätmittelalter hinein Sänger vor Augen hatte und nicht danach fragte, woher sie ihre Lieder nahmen. Wenn diesen Sängern von seiten der Zuhörer kein Eigentum an ihren Texten zugebilligt wurde – indem man ihre Namen nicht für nennenswert hielt und ihren Vorträgen anonymisierten Wortlaut unterstellte –, so dürfte dies an medialen Faktoren wie der überindividuellen, strophisch-liedhaften Form der Texte wie auch ihrer Rückführung auf

---

53 Ebd., S. 353f. (Hervorhebung vom Autor)

54 Höfler hat diese Ausnahme von seinem ›Anonymitätsgesetz‹, die allerdings gar keine Ausnahme ist, weil das ›Buch von Bern‹ zwar nicht die Gattung, aber das Medium gewechselt hat, hinwegzuerklären gesucht. Ebd., S. 364-375. Eine erklärungsbedürftige Ausnahme stellt dagegen die Nennung Albrechts von Kemenaten (in den Bruchstücken des ›Goldemar‹ 2,1-3) dar, die im Kontext strophischer Heldendichtung erfolgt. Vgl. zum Problem zuletzt Coxon: The Presentation of Autorship in Medieval German Narrative Literature 1220–1290, S. 145-174, zu Albrecht von Kemenaten S. 162f.

55 Mir erscheint Höflers Vermutung, es liege eine fiktive Zuschreibung an den deutschen König Heinrich I. (den Vogeler, ca. 875-936) vor, konstruiert. Das gilt auch für die Annahme, nur der Inhalt des Exkurses (V. 7949-8018), in dem Heinrich der Vogeler sich (V. 7999-8001) nennt, sei ihm zuzuschreiben, und es handele sich bei der Nennung um eine Quellenberufung. Eine derartige Nennung für den Inhalt nur eines (dann später interpolierten?) Exkurses wäre recht ungewöhnlich. Wenn *wernde swære* in V. 7999 sich auf den Inhalt eines Teils des ›Buchs von Bern‹ bezieht (wie *der Nibelunge nôt* auf den Inhalt eines Teils des ›Nibelungenliedes‹), so schließt das die Verantwortung des im Anschluß Genannten auch für den Wortlaut des Exkurses nicht aus. Vgl. mit Zweifeln daran Michael Curschmann: Zu Struktur und Thematik des Buchs von Bern. In: Beiträge 98 (1976), S. 357-383, hier S. 379f. Die Verantwortung Heinrichs des Vogelers wird sich dann aber kaum auf den Exkurs beschränken lassen. Daß sie nur für den letzten, mit Vers 6989 beginnenden Teil des ›Buchs von Bern‹ gilt (so Hoffmann: Mittelhochdeutsche Heldendichtung, S. 13), erfordert komplizierte Zusatzannahmen zum Zustandekommen des Buchs.

56 So Höfler: Die Anonymität des Nibelungenliedes, S. 346.

eine Art Gesamtverfasserschaft tradierender Sänger liegen und nur zuletzt auch an generischen Faktoren, wie Höfler sie benannt hat.

Wo Sänger immer schon Lieder anderer Sänger wieder- und weitersingen und dabei auch die Texte erweitern, gehört die Anonymisierung von Teilen des Wortlauts zu den selbstverständlichen Erfahrungen im Tradieren von Liedern.[57] Wenn sich also Sänger für die vielen überlieferten Fassungen von Heldendichtungen, die von ihnen niedergeschrieben oder diktiert worden sein müssen, nie mit Namen nennen, so deshalb, weil ihr Anteil am Text auch bei Neuschöpfung von Strophen und ganzen Handlungszügen oft begrenzt ist. Ist er das nicht und suchen Dichter eine Ausgangsfassung zu lancieren, so muß Namensnennung als Fremdkörper erscheinen, weil sie den Text als Eigentum reklamiert und deshalb weitere Tradierung behindern könnte.

Da man das Medium Heldendichtung nicht mehr mit den Händen greifen oder auf dem Pergament sehen kann, ist es nicht leicht, die Reichweite medialer Umstände abzuschätzen. Deshalb ist es kaum zu vermeiden, solche Umstände rekonstruktiv zu ergänzen, auch wenn sie nicht belegt oder belegbar sind. Nötig sind Plausibilitätserwägungen. Denn umgekehrt ist immerhin vieles, was als selbstverständlich gilt, nicht einmal plausibel. Daß sich ein zum Teil illiterat bleibendes Publikum, das jahrhundertelang mündliche Dichtung frei vorgetragen bekam, irgendwann – z.B. um 1200 – ohne weiteres dazu verstand, Vorträgen beizuwohnen, in denen Heldendichtung vom Blatt abgesungen wurde, ist durchaus nicht selbstverständlich. Hier muß man in höherem Maße, als dies gewöhnlich geschieht, mit einer Trägheit der Vortragssituation rechnen, die sich etwa in dem Augenblick, in dem Heldendichtung nach der Preisgabe des Stabreims schriftliterarisch vermittelter Metrik und Reimkunst zugeführt wurde und Sänger dann auch tendenziell in der Lage waren, ihre Dichtung aufzuschreiben und abzulesen, nicht einfach nach ihrem Gutdünken ummodeln ließ. Sänger dürften weit zäher einer überkommenen Vortragstradition verpflichtet und verbunden geblieben sein, als man dies in Anbetracht sich langsam durchsetzender neuer medialer Möglichkeiten in der beginnenden weltlichen Buchdichtung des 12. Jahrhunderts vermuten möchte. Denn auf den altgewohnten Vortrag hatten sich Strophik und Liedform in neuer Weise eingerichtet. So können dann Strophe und Melodie schwerlich einfach ins Buch abwandern, sondern für die Heldendichtung bleiben sie zunächst Zeichen eines Fortlebens im Medium.

Wenn Sänger die Präsenz mündlichen Erzählens und die Tuchfühlung mit dem Publikum vermutlich nicht einfach von sich aus preisgeben konnten, so heißt dies allerdings nicht, daß mit dem immer wieder in ein Buch zurückkeh-

---

57 Das muß nicht so sein, wie die Praxis einiger *jongleurs* beim Vortrag von *chansons de geste* zeigt, die die Verfasser der *chansons* angeben. Vgl. Faral: Les jongleurs en France au Moyen Age, S. 177-189.

renden Blick eines ablesenden Sängers notwendig ein Verlust an Präsenz des Erzählens eintreten mußte. Hier sind unterschiedliche Arten von Präsenz zu unterscheiden: die des Mediums und die des jeweils vermittelten Inhalts. Findet sich an einem Ende einer Skala der leibhaftige Sänger als Mensch-Medium, am anderen Ende aber der Schrifttext eines Buchs, so kann sich ein Sänger beim Vortrag ebenso vergessen machen wie die Buchstaben, die man beim Lesen als Wörter, und die Wortfolgen, die man als Sätze erfaßt, um so der Erzählung zu folgen. Über dem Erzählinhalt läßt man die mediale Form seiner Übermittlung unbeachtet. Mit der Ausnahme einer charakteristischen Störanfälligkeit des Vortrags kann sich der Erzählinhalt auf die eine oder auf die andere Weise, d.h. über das Mensch-Medium wie auch über das gelesene Buch, gleichermaßen Präsenz beim Rezipienten verschaffen und darüber die Wahrnehmung des Basismediums selbst zurückdrängen.

Das setzt allerdings Vertrautheit mit ihm voraus. Hat man sich dagegen noch nicht an ein neues Basismedium gewöhnt und den Umgang mit ihm internalisiert, so hindert es einstweilen an der Aufnahme dessen, was es vermittelt. Die Wahrnehmung des ungewohnten Mediums selbst absorbiert noch zu viel Aufmerksamkeit und ist hinderlich. Wie man nicht über Nacht fließend Lesen und Schreiben lernt, so gewöhnt man sich auch nicht leichthin an ein Vorlesen, auch wenn die Umstellung hier zweifellos nicht vergleichbar aufwendig ist. Umstellungsschwierigkeiten anderer Art aber dürften eine Rolle spielen: Vielleicht ist der eine oder andere Zuhörer geneigt, dem Sänger als leibhaftiger Person, die einen Erzählinhalt oder ein Lied von anderen Sängern übernommen hat, mehr Aufmerksamkeit, ja eine andere Art von Vertrauen entgegenzubringen als einem Vorleseakt. So wie man auch lebendigen Zeugen eines Rechtsakts im Mittelalter zunächst mehr Vertrauen entgegenbringt als schriftlichen Urkunden.[58] Dies würde eine charakteristische Trägheit der Vortragssituation erklären. Es müßte denn schon der Wechsel des Basismediums durch ein Kompensationsgeschäft ausgeglichen werden, das dem vorzulesenden Text eine vergleichbare Aufnahme sicherte.

Kurz: Der Wechsel *alter mære* in ein neues Basismedium kam gerade auch für Hörer der Überwindung einer Hemmschwelle gleich. Es ist nicht anzunehmen, daß sie umstandslos Abschied nahmen von einer alteingespielten Form des Vortrags. Wo Sänger ihnen einen solchen Vortrag boten, durften sie deshalb mit Zulauf rechnen. Erst wo der alte Hörertypus ausstarb, starb auch das Medium. Es starb hingegen nicht gleich mit einem neuen, schreibkundigen Sängertyp.

Auch wenn Hörer einer originären Schriftgestalt *alter mære* nicht gleich Durchlaß in Vortragssituationen gewährt haben werden, so wußten sie, daß

---

58 Vgl. zu diesem historischen Übergang Clanchy: From Memory to Written Record, bes. Teil II, Kap. 9 (›Trusting writing‹), mit vielen anschaulichen Belegen.

Heldendichtungen aus einem festen Text bestanden. Das signalisierte der Kollektivsingular *liet* als Bezeichnung für eine vollständige Heldendichtung, den die Dichter verwenden,[59] während der Erzählstoff oft *mære* genannt wird. Dem Wortlaut gegenüber konnte ein Sänger aus Sicht der Hörer deshalb nicht frei sein. Er war in zeitlicher Distanz zur Vortragssituation entstanden, war ›distanzsprachlich‹, d.h. nicht unmittelbar in der Vortragssituation kreiert, sondern lange vorher fixiert.[60]

Auffällig ist, daß selbst dort, wo eine strophische Heldendichtung im Mittelalter endlich definitiv als Buch behandelt und womöglich auch abgefaßt wird, die textuelle Distanz gelegentlich durchbrochen und zugunsten einer inszenierten Spontaneität aufgegeben wird, wie sie nur in einer konkreten Vortragssituation greifen kann. So heißt es in der letzten Strophe der Heidelberger ›Virginal‹:

> Nů hant ir daz ende vernumen;
> heiſſent einen mit win[n]e komen,
> das er vns allen schenke!
> wir ſullent hohes můte(s) weſen,
> ſit die herren ſint geneſen.
> ein jeglich[e] man gedenke,
> Wie her Dietherîch der tegen
> mit ellenthaffter hende
> herter ſturme hat gepflegen:
> nu hat das buch ein ende.
> horent, wie es dô erging:
> dô dieſe arbeit ein ende nam,
> ein ander ſchiere ane ving.
> (Str. 1097)[61]

Die Strophe kann man als überleitenden Buchschluß verstehen.[62] Es scheint, daß eine weitere Dietrichdichtung sich anschließen sollte, allerdings ist in der Heidelberger Handschrift keine weitere Dichtung überliefert. Obwohl also ein Buchkontext angesprochen wird, gehören Äußerungen wie die Heische nach Wein eher der gesprochenen Sprache und einer konkreten Sprechsituation an. Als geplante Äußerung kann die Trunkheische nur die Illusion von Spontaneität erwecken wollen. Eine solche Illusion wird allerdings durch bloßes Ablesen konterkariert.

---

59   Vgl. die Stellenbelege bei Schwietering: Singen und Sagen, S. 44.

60   Vgl. zur Begrifflichkeit von Koch, Oesterreicher: Sprache der Nähe – Sprache der Distanz.

61   Ich zitiere nach dem Abdruck der Heidelberger Handschrift im ›Heldenbuch‹ Friedrich Heinrich von der Hagens.

62   Allerdings ist nicht sicherzustellen, daß *buch* sich auf den Text in seiner konkreten geschriebenen Gestalt bezieht.

Offenbar knüpfen entsprechende Äußerungen an eine vorgängige Disposition des Publikums an, einem Vortrag beizuwohnen, der sich nicht auf ein Buch stützt und in Face-to-Face-Orientierung und direkter Tuchfühlung von Sänger und Hörern erfolgt. Sie finden sich nur ausnahmsweise am Ende eines Textes, wo sie in die konkrete, ›nähesprachlich‹ geregelte Rahmensituation des Vortrags hinübergeleiten können, sondern in der Regel an hervorgehobenen Stellen bzw. an einem Spannungspunkt, wo sie das Erzählen unterbrechen und die Wünsche der Zuhörer nach einem günstigen Fortgang provozieren sollen. Wurden sie einmal frei und in größerer Unmittelbarkeit gesprochen, indem der Text memoriert wurde,[63] so tauchen sie dort, wo sie offenbar nur mehr abgelesen werden,[64] als gleichsam textuelle Petrefakte von Erzählsituationen auf, die einem verlassenen Basismedium zugehören.

8.4 Ein Sangspruch des Marner und die Heldenbücher als Reflexe des Zusammenspiels von Medium und Gattung

Über die Einbettung hochmittelalterlicher Heldendichtung in ihren Vortragskontext verspricht ein häufig behandelter Sangspruch des Marner nähere Auskunft:

> *Sing ich den liuten mîniu liet,*
> *sô wil der êrste daz*
> *wie Dieterîch von Berne schiet,*
> *der ander, wâ künc Ruother saz,*
> *der dritte wil der Riuzen sturm, sô wil der vierde Ekhartes nôt,*
> *Der fünfte wen Kriemhilt verriet,*
> *dem sehsten tæte baz*
> *war komen sî der Wilzen diet.*
> *der sibende wolde eteswaz*

---

63 Wie dies der Fall gewesen sein dürfte bei der unten, S. 416, zitierten Stelle aus dem strophischen ›Herzog Ernst‹. Auch wenn dies ein später Beleg ist, dürfte sein Vortragskontext – der auswendige Liedvortrag – der entwicklungsgeschichtlich ältere sein. Fischer: Studien zur deutschen Märendichtung, S. 271f., läßt deutlich werden, daß die Trunkheische auch in Mären (vgl. Belege ebd.) am ehesten dort zu erwarten ist, wo Mären memoriert werden.

64 So wird in zwei Handschriften des ›Laurin‹ für den *leser* (und dann auch von ihm) das Einschenken zur Bedingung seines Weiterlesens gemacht, nachdem er bis zu einer bestimmten Stelle vorgelesen hat: *Nu lâgen die vürsten gevangen: | wie kâmen si von dannen? | daz mac nymer ergan | Der lesor mus ein drinck han.* (›Laurin‹ A, V. 1215-1216 + Zusatzverse, zitiert nach der Ausgabe von Georg Holz). Vgl. ähnlich auch ›Orendel‹, V. 2827-2829. Die Stellen werden auch angesprochen bei Hoffmann: Mittelhochdeutsche Heldendichtung, S. 53.

Heimen ald hern Witchen sturm, Sigfrides ald hern Eggen tôt.
Sô wil der ahtode niht wan hübschen minnesanc.
dem niunden ist diu wîle bî den allen lanc.
der zehend enweiz wie,
nû sust nû sô, nû hin nû her, nû dort nû hie.
dâ bî hæte manger gerne der Nibelunge hort.
der wigt mîn wort
ringe danne ein ort:
des muot ist in schatze verschort.
sus gât mîn sanc in maneges ôre, als der mit blîge in marmel bort.
sus singe ich und sage iu, des iu niht bî mir der künec enbôt.
(XV, 14)[65]

Innerhalb der Aufzählung von Heldendichtungen, die man vom Marner hören will, fällt der Minnesang auffällig aus dem Rahmen. Was ihn allein mit strophischer Heldendichtung verbindet, ist der Umstand, daß er gesungen wird, und dabei werden die Lieder nicht abgelesen. Im Umkehrschluß könnte man implizit den medialen Status der strophischen Heldendichtung (vgl. *liet* in Vers 1) aus der Zusammenstellung erschließen: Auch diese *liet* werden gesungen, ohne sie abzulesen. Aber für sich allein ist dies kein sehr sicherer Schluß.

An anderer Stelle nennt der Marner Stoffe, die er – wohl als Sangsprüche gefaßt – vortragen könnte (XV, 16). Ob er dagegen das angeführte Repertoire von Heldendichtungen wirklich selbst beherrscht hätte, ist nicht klar.[66] Es wäre jedenfalls ein Repertoire, mit dem er jeweils einen Teil seines Publikums erreicht hätte, während er es mit der Kunst seiner Sangsprüche vergeblich zu erreichen sucht. Er schilt deshalb das Publikum ob seines Geschmacks.[67] Dieser Geschmack ist nun aber bemerkenswert zielsicher.

Mit sicherem Griff sind Heldendichtungen über Kernepisoden angegeben und aufgelistet, wie sie zum größeren Teil aus dem 13. Jahrhundert überliefert sind, ohne daß der Marner sich gerade auf diese Dichtungen beziehen

---

65 Ich zitiere den Text nach der Ausgabe Strauchs (Der Marner. Hg. von Philipp Strauch. Mit einem Nachwort, einem Register und einem Literaturverzeichnis von Helmut Brackert. Straßburg 1876, Nachdruck Berlin 1965). Gegen die Besserung *der Nibelunge hort* in Vers 15 für *der Ymlunge hort* hat Burghart Wachinger: Anmerkungen zum Marner. In: ZfdA 114 (1985), S. 70-87, hier S. 80f., Bedenken erhoben. Sein Verbesserungsvorschlag für den letzten, schwer verständlichen Vers (*sus singe ich und sage iu* [*niht*], *des iu bî mir der künec enbôt*) macht den Vers im Kontext nicht wirklich verständlicher. Hilfreich ist aber der Hinweis, daß der Marner sich hier ähnlich wie auch Walther im ›Reichston‹ als Königsbote stilisieren könnte.

66 Wachinger (vgl. ebd.) sieht den Spruch zu Recht mißverstanden, wenn man ihn nur als ›Repertoirespruch‹ auffasse.

67 Vgl. ebd.

muß.[68] Denn z.B. das ›Buch von Bern‹ und den ›König Rother‹ hat man in der Form, in der sie abgefaßt sind (Reimpaarverse), nicht mehr gesungen. Also wird die Liste sich auf sangbare Lieder beziehen, die von Dietrichs Flucht, von Rothers standhafter Brautwerbung,[69] vom Sturmangriff Ortnits auf die Tore von Muntabur,[70] von Eckeharts Lage, nachdem Ermrich die ihm zum Schutz anvertrauten Harlinge hatte hängen lassen,[71] vom Verrat Kriemhilds an ihren Brüdern, vom Schicksal der Wilzen,[72] vom Kampf Witeges und Heimes in der Ravennaschlacht,[73] vom Tod Siegfrieds (im Rahmen eines abgetrennten Liedes?) und vom Tod Eckes handelten. Eine Lesart zu Vers 10 läßt auch noch ein Lied *von des jungen albrandes tot* hinzufügen[74] – demnach hat es noch eine Version des ›Hildebrandsliedes‹ mit tödlichem Ausgang gegeben, den das überlieferte ›Jüngere Hildebrandslied‹ dann glimpflich abwendet.

Die Frage stellt sich erneut, was dem Publikum – oder dem Marner, falls er dessen Geschmack in bösartiger Absicht vereinseitigt – ein so sicheres Gattungsgefühl vermittelt hat: Gattungsmerkmale der Texte oder die Eigenart ihres Vortrags? Ausgehend von typischen Textmerkmalen nach Gattungen zu fragen, ist freilich ein eher modernes Vermögen – zumal eines von Literaturwissenschaftlern –, das die Beschäftigung mit Texten als Texten voraussetzt.

---

68   Ich folge Curschmann: *Sing ich den liuten mîniu liet,* S. 187. Vgl. auch die Zusammenfassung der Forschungsergebnisse bei Jens Haustein: Marner-Studien. Tübingen 1995, S. 222-226.

69   *wâ künc Ruother saz* ist nicht eindeutig: Sein Wohnsitz und Machtbereich könnte angesprochen sein (*sitzen* in der Bedeutung von ›wohnen‹, vgl. entsprechend die ersten beiden Verse des ›König Rother‹: *Bî deme westeren mere / saz ein kuninc der heiz rother*), gerade auch im Gegensatz zu Dietrichs Verlassen seines Machtbereichs, das vorher genannt ist, aber auch eine Schlüsselszene der Erzählhandlung, nach der Rother zur Schuhprobe zu Füssen der Tochter Konstantins sitzt und sich im weiteren auch nicht von der Brautwerbung abbringen läßt.

70   Diese Identifikation ist nicht sicher, bietet sich aber aus folgendem Grund an: Es wird auf die Russen verwiesen, weil sie das Hauptkontingent von Ortnits Truppen darstellen und Ortnit ihren Anführer, Ilias von Riuzen, selbst wiederholt zum Angriff auffordert: *Ylîas von Riuzen, nim mînen sturmvanen* (›Ortnit‹ 296,2; 352,2; ähnlich 361,3). Ilias kommt der Aufforderung auch nach. In der Handschrift a des ›Ortnit‹ etwa ist Ortnits Aufforderung auf alle Russen ausgedehnt: *Ich gibe den kunen Russen die banner in die hant,* [...]. (a 364,3)

71   Vgl. die ›Heldenbuch-Prosa‹ (nach der Ausgabe Adelbert von Kellers, hier S. 1-11), S. 3, Z. 22ff. Ein entsprechendes Lied ist nicht erhalten.

72   Ein deutsches Lied ist ebenfalls nicht erhalten, wird es aber nach der in die ›Thidrekssaga‹ eingeflochtenen ›Vilcina saga‹ gegeben haben.

73   Auch diese Identifikation ist nicht ganz sicher. Auch in nicht erhaltenen Versionen des ›Rosengarten‹ könnten Witege und Heime zusammen gekämpft haben.

74   Vgl. den Apparat in Strauchs Ausgabe, S. 125.

Es ist zweifellos nicht inadäquat, so zu fragen, wenn man bewußt hält, daß ein mittelalterliches Publikum seinen Zugang zur Heldendichtung zunächst anders gefunden haben wird. Es wird seine Aufmerksamkeit eher dem Erzählinhalt und damit dem Stoff geschenkt haben. Da der Stoff in einem freilich vagen Sinne Gattungseigenschaften präformiert und da er andererseits im Medium kursiert, werden an ihm gleichzeitig generische und mediale Aspekte wahrnehmbar. Es waren also nicht nur Gattungsmerkmale, die das Publikum geleitet haben dürften. Auch die Wahrnehmung des Mediums, das insbesondere durch die Eigenart des Vortrags auffällig werden mußte, konnte dem Marner zu der Auflistung von Erzählstoffen verhelfen.

Durch das Medium allein wird Heldendichtung aber durchaus nicht zureichend bestimmt. Wenn Heldendichtung und Minnesang beim Marner unter dem Gesichtspunkt ihres vergleichbaren medialen Status – nicht schriftgestützter, gesungener Vortrag auf der Basis der strophischen Form – zusammengerückt werden, während sie doch sonst nichts miteinander gemein haben, dann macht dies deutlich, daß Gattungsaspekte hinzukommen müssen, um sie jeweils zureichend zu beschreiben. So wäre Heldendichtung etwa durch die Erwartung näher bestimmt, daß es einen durch Kampfhandlungen, in denen der Held seine Macht und sein Leben riskiert oder verliert, gekennzeichneten narrativen Plot geben muß. Auf diese Weise konstituiert sie sich über einen charakteristischen Plot in einer bestimmten medialen Form – als in Liedform umlaufende Sage[75] – innerhalb eines Mediums, das sie dann auch verlassen kann.

Der vom Marner inkriminierte schlechte Geschmack seines Publikums wird sich nun an einer je besonderen Ausnutzung des Mediums orientieren. Auch die Sangspruchdichtung erscheint ja nach Sangbarkeit der strophischen Form und möglichem auswendigen Vortrag[76] als vergleichbares Medium, aber das Publikum interessiert sich nicht für sie. Vielleicht kann man es so auf den Punkt bringen: Sangspruchdichtung will Richtlinien für die Wertung politischen und innerweltlichen Handelns geben, will belehren und kommt auch noch mit einem Kunstanspruch daher; Minnesang befriedigt dagegen über die Selbstdarstellung der Sänger eher ein Bedürfnis nach Unterhaltung; Heldendichtung aber zusätzlich eines nach Spannung. Die höfische Buchdichtung gerät gar nicht ins Blickfeld. Sie scheint einem so andersartig konstruierten Medium anzugehören, daß sich die Bindung der Aufmerksamkeit des Publi-

---

75 Schneider: Das mittelhochdeutsche Heldenepos, hat den Bestand an kurzen sowie an längeren, episch aufgeschwellten Heldendichtungen im 12. und 13. Jahrhundert zu umreißen versucht.

76 Der hier freilich nicht bindend gewesen sein mag. Vgl. insbesondere Bäuml, Rouse: Roll and Codex, S. 323-330.

kums anders darstellt. Die Konkurrenz der Medien aber thematisiert der Marner nicht.[77]

So wie man angesichts der ›Thidrekssaga‹, des Marnerschen Sangspruchs und der ›Heldenbuch-Prosa‹ fragen kann, wie es zu ihrer Kompilation bzw. Zusammenstellung von Stoffen, Liedern und Helden gekommen ist, wird man auch für die spätmittelalterlichen Heldenbücher – der Begriff ist belegt schon seit dem 15. Jahrhundert und wird im 18. und 19. Jahrhundert terminologisch[78] – fragen, wie sie zu ihren Texten kamen.[79] Denn neben den Minnesang- und Kleinepikhandschriften gehören u.a. auch die Heldenbücher zu den Handschriften mittelhochdeutscher Literatur, in die weitgehend eine mehr oder minder homogene literarische Gattung aufgenommen wurde. Deshalb hat man auch wie bei Minnesang und Kleinepik ein dezidiertes Sammelinteresse unterstellt,[80] dem ein ausgeprägtes Gattungsbewußtsein zugrundeliegen mußte.[81] Das setzt allerdings voraus, daß man Exemplare der Gattung auch einigermaßen sicher identifizieren konnte und kann.

An einigen Heldenbüchern – den Bruchstücken aus dem 13. Jahrhundert (mit ›Ortnit‹, ›Wolfdietrich‹, ›Virginal‹ und ›Eckenlied‹), dem um 1472 hauptsächlich von Kaspar von der Rhön geschriebenen Dresdner Heldenbuch (mit ›Ortnit‹, ›Wolfdietrich‹, ›Eckenlied‹, ›Rosengarten‹, ›Meerwunder‹, ›Sigenot‹, ›Wunderer‹, ›Herzog Ernst‹, ›Laurin‹, ›Virginal‹ und ›Jüngerem Hildebrandslied‹) und an Linhart Scheubels Heldenbuch (mit ›Virginal‹, ›Antelan‹, ›Ortnit‹, ›Wolfdietrich‹, ›Nibelungenlied‹ und ›Lorengel‹) – entstanden wohl zwischen 1480–1490 –,[82] fällt ein besonderer Umstand schnell ins Auge: Es sind ausschließlich strophische Dichtungen versammelt,[83] obwohl es doch unstrophische Heldendichtung längst gibt. Das ›Buch von Bern‹ z.B. taucht aber in

---

77 Dies scheint etwa Rudolf von Ems im ›Alexander‹, V. 20665-20688, zu tun, wenn er neben Alexander Artus und Dietrich, daneben auch Minnesang, Sangspruchdichtung und religiöse Dichtung nennt. Freilich reduziert er seinerseits die Medien auf Gattungen, wie sie bei Erzähldichtungen hauptsächlich an Hauptfiguren festgemacht werden, so daß man über den Faszinationsgehalt der medialen Umstände der Rezeption nichts erfährt.

78 Vgl. Haustein: Der Helden Buch.

79 Vgl. zahlreiche Hinweise hierzu bei Kornrumpf: Strophik im Zeitalter der Prosa. Kornrumpfs Annahme, die Heldenbücher seien vornehmlich für Vorleser und Leser bestimmt, sagt nichts darüber aus, wie die Texte vor solchem (möglichen) Gebrauchsinteresse ›lebten‹. Auch die Annahme, die Heldenbücher seien weniger »als Dokumente eines Gattungs-Bewußtseins, sondern als Dokumente einer fortdauernden Stoff-Faszination« zu verstehen (ebd., S. 319), klärt nicht die Zusammenstellung der Texte. Denn Stoff-Faszination müßte sich auch an anderen Texten entzünden können.

80 Vgl. Heinzle: ›Heldenbücher‹.

81 Joachim Heinzle: Artikel ›Heldendichtung‹. In: RL, Bd. 2, S. 21-25, hier S. 23: »Daß es ein entsprechendes Gattungsbewußtsein gegeben hat, unterstreichen die Gattungssammlungen der ›Heldenbücher‹ [...].«

82 Vgl. Heinzle: ›Heldenbücher‹, Sp. 948-953.

83 Dies hat bereits Kornrumpf: Strophik im Zeitalter der Prosa, beobachtet.

den Heldenbüchern überhaupt nicht auf. Da man darüber hinaus auch auf einige wenige kaum noch in der Gattung unterzubringende Dichtungen – z.B. den ›Antelan‹ und ›Lorengel‹ in Linhart Scheubels Heldenbuch und den ›Herzog Ernst‹ und das ›Meerwunder‹ im Dresdner Heldenbuch – trifft, erscheint es möglich, daß weniger die Gattung der Dichtungen ausschlaggebend für ihre Zusammenstellung war als letztlich der strophische Charakter, der aber ein Symptom des Mediums darstellt.[84]

In diesem Zusammenhang fällt ganz besonders auf, daß der ›Laurin‹ und der ›Herzog Ernst‹ im Dresdner Heldenbuch in strophischen Versionen begegnen, wie sie nur beim ›Herzog Ernst‹, nicht beim ›Laurin‹, noch anderwärts bezeugt sind, obwohl beide Stoffe sonst in mehreren Versionen und die Versionen auch in verschiedenen Fassungen vorkommen.[85] Es scheint deshalb, als hätte gerade die Strophenform und damit die Eignung für den freien, sanglichen Vortrag das Nadelöhr gebildet, das beiden Texten Aufnahme in das Dresdner Heldenbuch verschaffte.[86]

Dann aber dürften sie dem Medium anverwandelt worden sein: vielleicht nicht erst zur Aufnahme in ein Heldenbuch, sondern vorher schon oder unabhängig von ihr, um die so präparierten Lieder der im Medium geläufigen Vortragsform zuzuführen. Für das zum Lesen und Vorlesen bestimmte Dresdner Heldenbuch[87] konnte eine derartige Anverwandlung in der äußeren Form der Dichtungen kaum zwingend erscheinen, und so wäre hier der zugehörige Aufwand auch nicht recht erklärlich. Das Dresdner Heldenbuch hat seine Texte dem Medium vermutlich nicht zugeführt, aber das schließt nicht aus, daß es sie ihm entnommen haben könnte, und sei es auch nur in vermittelter Form. Der Auftrag Herzog Balthasars von Mecklenburg als Besteller der Handschrift könnte gelautet haben, zu sammeln, welche Dichtungen man in Franken, das er um 1470 auf einer Reise ins Heilige Land gestreift haben mag, sang. Er

---

84 Nach Kornrumpf (ebd., S. 331) war es »die Funktion der strophischen Form, einen [...] allgemeineren Anspruch der Heldendichtung zu signalisieren« und »eine Tradition eigenen Rechts zu vertreten«. Dies ist von der Gattung her gedacht und löst die Probleme nicht, die sich mir in diesem Kapitel stellen.

85 Der strophische ›Herzog Ernst‹ noch in der Fassung der verschiedenen Drucke.

86 Der ›Herzog Ernst‹ ist erst nachträglich eingenäht worden (vgl. Zarncke: Kaspar von der Roen, S. 56), wird also nicht in einer eventuell gemeinsamen Vorlage mit anderen Texten des Dresdner Heldenbuchs gestanden haben. Zu der für ihn eigens komponierten Melodie vgl. Brunner: Strukturprobleme der Epenmelodien, S. 319f.

87 Die Annahme, das Dresdner Heldenbuch sei eine Vortrags- oder Repertoirehandschrift, ist von Zarncke: Kaspar von der Roen, mit überzeugenden Gründen widerlegt worden. Allerdings stellen die Partien in den Dichtungen selbst, die auf Gesangsvortrag abheben (Kornrumpf: Strophik im Zeitalter der Prosa, S. 328-331, hat sie zusammengestellt), klar, daß die Form der Handschrift nichts über den vorhergehenden Gebrauch der aufgenommenen Texte aussagt.

bestellte dann nicht Texte einer bestimmten Gattung, sondern Texte, deren Vortragsmodus ihn vielleicht nachhaltig beeindruckt hatte.[88]

Neben der strophischen Form der gesammelten Texte ist noch ein weiterer Umstand der Heldenbuchüberlieferung auffällig: Begegnen in den Heldenbüchern dieselben Texte, wie z.B. besonders regelmäßig der ›Ortnit‹, so doch immer wieder in anderen Fassungen. Die genannten Heldenbücher sind nicht in wie immer vermittelter Abhängigkeit voneinander entstanden. Es ist angesichts der wechselnden Fassungen nicht mehr erkennbar, wo und wie ihre Schreiber auf andere Handschriften zurückgriffen, geschweige denn, daß sich eine Filiation von Handschriften erkennen ließe.[89] Es läßt sich nur konstatieren, daß es zu unterschiedlichen Zeitpunkten im Rahmen der Überlieferung immer wieder zu einer Intervention von Bearbeitern gekommen sein muß – den Schreibern selbst oder ihnen vorgeschalteten Bearbeitern –, die für die variierenden Fassungen verantwortlich sind. Vorausgesetzt, man teilt diese in der Forschung verbreitete Annahme. Möglich ist indes auch die Annahme, daß, so wie die Anverwandlung an das Medium der Einschleusung in es gedient haben dürfte, auch die Fassungsbildung den Bedürfnissen bzw. Tradierungsformen des Mediums folgte.

Handschriften, für die Schreiber oder Redaktoren die Mühe auf sich nehmen, den/die Text(e) neu zu bearbeiten, sind zu aufwendige Projekte, als daß das Resultat – die Heldenbücher sind keine Prachthandschriften und lassen auch kein übergreifendes Bearbeitungsprogramm erkennen[90] – den Aufwand rechtfertigte. Grundsätzlich ist ein so regelmäßiges Entstehen von Fassungen für die handschriftliche Aufzeichnung, auch unabhängig von Heldenbüchern,

---

88 Zarncke: Kaspar von der Roen, S. 61, hat keine Erklärung dafür gefunden, warum die bestellte Handschrift erst 1472 fertig war. Dies könnte bedeuten, daß man sich erst um die im Medium umlaufenden Texte bemühen und sie zusammenbringen mußte. Sicher suchte man dafür auch nach Schriftvorlagen. Der neben Kaspar von der Rhön beschäftigte zweite Schreiber des Heldenbuchs, der den ›Ortnit‹ und ›Wolfdietrich‹, das ›Meerwunder‹, die ›Virginal‹ sowie das ›Jüngere Hildebrandslied‹ schrieb, war nach Zarncke (S. 56f.) auch der Bearbeiter der von ihm geschriebenen Dichtungen. Er hat, wenn dies zutrifft, Schriftvorlagen, deren Strophenbestand er durchzählte, bearbeitet. Da er bei seinen Texten einen neuen Ton mit entsprechendem Umbau der Strophen in Anschlag gebracht hat, scheint er aber mit dem Vortrag solcher Dichtungen Erfahrungen gehabt zu haben. Unabhängig von ihrem Eintrag ins Dresdner Heldenbuch scheinen seine Texte auch für den Vortrag vorgesehen (s. dazu unten S. 415 und oben Kapitel 7.3, S. 312f.).

89 Dies stellt sich anders nur für die in Straßburg entstandenen Heldenbücher dar, für die man eine Abhängigkeit voneinander vermuten kann.

90 Auffällig ist allerdings ein Überspringen von Namen und Figuren in Texte, in denen sie nichts zu suchen haben. In den strophischen ›Laurin‹ des Dresdner Heldenbuchs wird z.B. Wolfdietrich eingeführt (vgl. Str. 247-257). In Linhart Scheubels Heldenbuch wird Artus, der im ›Antelan‹ und ›Lorengel‹ eine besondere Rolle spielt, auch in der ›Virginal‹ (Str. 482,5) erwähnt und im ›Wolfdietrich‹ (Str. 5,1) zum Vater Hugdietrichs gemacht.

sehr ungewöhnlich. Ein rezeptionsästhetisch begründetes Interesse an neuen Fassungen mag in einem Einzelfall durchaus einmal vorliegen, es läßt aber nicht den Regelfall, so wie er sich abzeichnet, erwarten.

Spielt man die Möglichkeit schreibender Bearbeiter noch einmal weiter durch, so muß es eine größere Zahl von vorgeschalteten Bearbeitern gegeben haben, denn weder kann man die ursprünglichen Verfasser verantwortlich machen, noch etwa einen einzelnen Bearbeiter, dem daran lag, gleich mehrere Fassungen in die Welt zu setzen. Keine Rede kann davon sein, daß volkssprachliche Schriftlichkeit in diesem Fall zu Beginn unfest ist, d.h. mehrere Fassungen in Umlauf bringt, die erst im Zuge der Überlieferung auf einen festeren Text zulaufen.[91] Umgekehrt verhält es sich: Am Anfang steht ein fester Ausgangstext, der zu verschiedenen Fassungen hin aufgelöst wird.

Könnte die hierfür verantwortliche Bearbeiterschar in irgendeiner Weise organisiert sein? Es kommt ja vor, daß Fassungen unterschiedlicher Texte wie in dem oben aufgezeigten Fall in Abstimmung miteinander stehen: So könnte sich in der mit dem (den ›Ortnit‹ voraussetzenden) ›Eckenlied‹ E_2 verbundenen Fassung des ›Wolfdietrich‹ A im Dresdner Heldenbuch eine konzertierte Aktion zweier Bearbeiter abzeichnen, die dann zu einem weit zurückliegenden Zeitpunkt stattgefunden haben müßte.[92]

---

91 Einen solchen Prozeß nimmt Bumke: Die vier Fassungen der ›Nibelungenklage‹, für die höfische Buchdichtung an. Gerade für die konstitutiv unfeste Heldendichtung gilt aber das Gegenteil.

92 Vgl. oben Anm. 9. Die Lage ist hier kompliziert: Nach der Bilanzstrophe war die ins Dresdner Heldenbuch aufgenommene Kurzfassung des ›Wolfdietrich‹ A mit ihren 333 Strophen dazu ausersehen, *auf einem sitzen* gehört zu werden (Str. 334,4), sie nennt aber eine vorausgehende Langfassung mit 700 Strophen. Die Kurzfassung wird für das Heldenbuch abgefaßt worden sein, wie Zarncke: Kaspar von der Roen, S. 56, wahrscheinlich gemacht hat. Die Angabe *auf einem sitzen* bezieht sich auf die – zumutbar gekürzte – Vortragsdauer, nicht auf die Vortragsart. Die Langfassung dagegen dürfte bereits den in Abstimmung mit dem ›Eckenlied‹ eingebrachten Kauf der Rüstung Ortnits durch die drei Königinnen von Jochgrimm (Str. 331) enthalten haben.

In der in das Dresdner Heldenbuch aufgenommenen Fassung des ›Eckenliedes‹ (E_7) befindet sich diese Abstimmung bereits in Auflösung. Hier erzählt z.B. Ecke in seinem Prahlen vor Dietrich den Vorbesitzerwechsel der Waffen und Rüstung anders als in E_2, und die Bezugnahme auf Ortnit als *kaysser* (E_7 17,5) setzt wiederum spätere Fassungen der Texteinheit ›Ortnit-Wolfdietrich‹ (B, C oder D) voraus. Es ist sicher, daß diese im Spätmittelalter verbreiteten Fassungen des ›Ortnit-Wolfdietrich‹ dem Verfasser der erwähnten Langfassung des ›Wolfdietrich‹ A nicht bekannt waren. Deshalb wird dessen Entstehung zeitlich vorher liegen. Entsprechend bezog der Verfasser sich auch auf eine Fassung des ›Eckenliedes‹, die der Fassung E_2 näher gestanden haben muß als der Fassung E_7. So könnte die Langfassung noch im 13. Jahrhundert anzusetzen sein, vielleicht gar nahe an die Entstehung des ›Eckenliedes‹ selbst heranrücken, das ja seinerseits an den ›Ortnit‹ anschließt, das aber wiederum auch eine Variante des ›Wolfdietrich‹ A mit der Moniage des Helden gekannt haben muß.

Auch greifen die Fassungen des ›Ortnit‹, die mit dem ›Wolfdietrich‹ B, C oder D zur Texteinheit verzahnt erscheinen, sämtlich voraus und sind in Ausrichtung auf den ›Wolfdietrich‹ entstanden. Allerdings ist es wahrscheinlich, daß hier jeweils einzelne Sänger die Entwicklung der Texteinheit vorangetrieben haben, wobei die Herstellung der Texteinheit selbst einer Initialzündung gleichkam.

Schwerlich ist die Bearbeiterschar also in irgendeiner Weise organisiert, und man wird, was die Gesamtheit der Fassungen von Heldendichtungen anbetrifft, davon ausgehen müssen, daß diese in der Regel wie schon unabhängig von ihrer Aufnahme in ein Heldenbuch, so auch unabhängig voneinander entstehen. Das schließt ihre Vernetzung miteinander nicht aus. Eine Vernetzung etwa über geteiltes Personal und transferierte Artefakte wie Ortnits Rüstung dürfte aber einen Effekt des Mediums darstellen und nicht bzw. nur im Ausnahmefall auf konzertierte Aktionen von Bearbeitern zurückgehen.[93]

Führten die verschiedenen Bearbeiter von Heldendichtungen kein Werkstattgespräch, so muß erklärt werden, was sie bewog, unabhängig voneinander und unabhängig von Sammelhandschriften wie den Heldenbüchern Fassungen von Heldendichtungen herzustellen. Sollte allein die Gattung anonym bleibende Bearbeiter in größerer Zahl dazu motiviert haben? Wie kann aber eine Gattung zu einem derartigen Stimulans werden: nicht Exemplare der Gattung zu verfassen, sondern vorhandene Exemplare neu zu fassen? In Fassungen zumal, für die nicht immer absehbar ist, daß die Mühe in irgendeiner Weise lohnte. Denn die Texte etwa des ›Ortnit‹ werden nicht besser oder nur anders, sie werden auch schlechter, und dies ist keine bloße Wertung, sondern es läßt sich an den vielen kleineren und größeren Fehlstellen, die sich im Zuge der Fassungsbildung einschleichen, unabweisbar erhärten.

Der Ausweg aus dem vorgestellten Befund und den Schwierigkeiten seiner Erklärung ist aus den vorhergehenden Kapiteln offensichtlich: Die Bearbeiter partizipieren am Medium der Heldendichtung, sie sind seine Träger. Sie sind deshalb keine Bearbeiter, sondern Tradenten, die sich ihre Fassungen ›ersingen‹, und die Fassungen sind nicht eigentlich Fassungen, sondern er- und zersungene Textgestalten eines Ausgangstexts. Es gibt oft kein erkennbares Motiv für eine absichtsvolle Herstellung von ›Fassungen‹ (soweit sie nicht deutlich in Versionen übergehen), sondern sie scheinen unwillkürlich im Vorgang ihrer Tradierung zu entstehen: Ein Sänger hat den Text parat, den er gewöhnlich vorträgt, oder er bringt einfach eine okkasionelle Textgestalt zu Papier bzw. läßt sie zu Papier bringen, wenn die Aufzeichnung ansteht. Vergangene, konservierte und in der Aufzeichnungssituation selbst entstehende Varianten kommen so zusammen. Die konservierten Varianten sind nicht dem Sänger anzulasten, wenn er sie im Zuge einer Tradierung von Mund zu Ohr

---

93 Vgl. auch unten Kapitel 8.9.

schon übernommen hat. Die Fassungen sind damit letztlich Produkte des Mediums und nicht Produkte schreibender Bearbeiter.

Sicherlich gibt es eine Reihe von Ausnahmen. Z.B. haben der ›Ortnit‹ und der ›Wolfdietrich‹ D sowie der ›Rosengarten‹ sowohl des Dresdner Heldenbuchs als auch des gedruckten Heldenbuchs eine absichtsvolle Umarbeitung erfahren. Neben z.T. einschneidenden Kürzungen[94] wurde dabei auch eine neue Melodie für sie vorgesehen – die Heunenweise (*hiunenwîse*),[95] mit der auch der strophische ›Laurin‹ des Dresdner Heldenbuchs verbunden wurde –, und sie wurden zu diesem Zweck u.a. durchgängig mit Zäsurreimen versehen. Die Einbringung von Zäsurreimen stellt aber einen Arbeitsschritt dar, der schwerlich ohne eine Schriftvorlage und ohne eine Niederschrift erfolgen konnte.

Das ›Nibelungenlied‹ (k) aus Linhart Scheubels Heldenbuch ist andererseits offensichtlich eine übersetzende Bearbeitung, die meist Zeile für Zeile vorgeht.[96] Sie ist dann kein Produkt des Mediums der Heldendichtung, sondern allenfalls auf eine Wiederverwendung des Ende des 15. Jahrhunderts partiell unverständlich gewordenen Texts im Medium zugeordnet. Auf eine solche Wiederverwendung auch der anderen genannten Texte lassen einige Stellen schließen. So heißt es etwa im ›Ortnit‹ des gedruckten Heldenbuchs *Als ich nu fürbaz singe* [...] (S. 56, Z. 2), im strophischen ›Laurin‹ des Dresdner Heldenbuchs: [...] *als ich euch fingen wil* (Str. 179,2) und im ›Nibelungenlied‹ aus Linhart Scheubels Heldenbuch *Nun sing ich euch nit mere von diser grossen not* [...] (Str. 2442,1)[97]. Zum Lesen allein waren die Bearbeitungen demnach wohl nicht gedacht.

Bearbeitungsprozesse auf der Basis schriftlicher Vorlagen dürfte auch das ›Nibelungenlied‹ (n) der Handschrift 4257 der Hessischen Landes- und Hochschulbibliothek Darmstadt voraussetzen,[98] das ursprünglich in einer Sammelhandschrift stand, in der sich ein weiterer Text der Heldendichtung (›Alpharts

---

94 Im Dresdner Heldenbuch. Vgl. dazu auch oben Anm. 92 und Kapitel 7.3, S. 312f. zum Beispiel der ›Virginal‹ des Dresdner Heldenbuchs.

95 Vgl. Brunner: Epenmelodien, S. 152f.

96 Dies zeigt Lunzer: Die Nibelungenbearbeitung k.

97 Ich zitiere: Das Nibelungenlied nach der Piaristenhandschrift. Hg. von Adelbert von Keller. Stuttgart 1879.

98 Vgl.: Das Nibelungenlied nach der Handschrift n. Hs. 4257 der Hessischen Landes- und Hochschulbibliothek Darmstadt. Hg. von Jürgen Vorderstemann. Tübingen 2000. Solche Bearbeitungsprozesse zeichnen sich z.B. in Vorlagenwechseln zwischen den Fassungen *B und *C des ›Nibelungenliedes‹ ab, wie Vorderstemann sie (S. XXV) vermerkt. Vgl. auch: Eine spätmittelalterliche Fassung des Nibelungenliedes. Die Handschrift 4257 der Hessischen Landes- und Hochschulbibliothek Darmstadt. Hg. und eingeleitet von Peter Göhler. Wien 1999, S. 13f. Zur Rückwirkung mündlicher Nibelungenüberlieferung in der Fassung n vgl. Heinzle: Konstanten der Nibelungenrezeption in Mittelalter und Neuzeit, S. 97.

Tod‹) befand.[99] Im ›Nibelungenlied‹ n finden sich andererseits aber so deutliche Spuren eines erfolgten Eingangs in die mündliche Tradierung, daß man annehmen muß, das Medium habe memoriell nicht leicht handhabbare und mittlerweile in die ausschließlich schriftliche Überlieferung übergewechselte Heldendichtungen aus diesem Exil wieder befreit. Verschiedentliche Anspielungen auf die Stoffe des ›Rosengarten‹ und des ›Liedes vom hürnen Seyfrid‹ lassen die Nähe des Bearbeiters oder Sängers zum Medium erkennen.[100] Gesungen wurde der Text, der nach einer Einleitung nur den zweiten Teil des ›Nibelungenliedes‹ (ab Str. B 1520) bringt, vielleicht zu einer Melodie, die je nur zwei Verse aneinander band. Die Strophenordnung ist im Schriftbild aufgegeben, die Markierung des letzten Halbverses der Nibelungenstrophe durch eine zusätzliche Hebung geht angesichts zahlloser metrischer Unregelmäßigkeiten unter, und hier und da sind Strophen deshalb auf ein Verspaar verkürzt.[101] Die Textgestalt zeigt eindeutige Spuren des Zersingens, darunter Lauthülsen,[102] verstellte syntaktische Bezüge,[103] Umstellungen von Strophen[104] u.a.m., wie sie an memoriellen Fassungen zu beobachten und für sie zu erwarten sind. Hier ist eine Bearbeitung also offensichtlich in Rücksicht auf das Medium erfolgt, das sich des ›Nibelungenliedes‹ auf diese Weise wieder angenommen hat.[105]

Die Heldenbücher müssen ihrerseits allerdings durchaus nicht nah am Medium entstanden sein und sind z.T. ersichtlich nur lose mit ihm verbunden. Bei den Heldenbüchern des 15. Jahrhunderts hat man es in keinem Fall mit Repertoirehandschriften zu tun. Dagegen sprechen schon der Buchschmuck

---

99 Die Handschrift wurde in drei Teile zerlegt, so daß sie heute nicht mehr als Sammelhandschrift existiert. Vgl. dazu Vorderstemanns Einleitung zu seiner in Anm. 98 genannten Ausgabe, S. XIf.

100 Ebd., S. XXIf.

101 Vgl. z.B. 65, 83, 94 u.ö.

102 Vgl. Str. 22,3 (*Ere vil langes* **beyden** *seyt jm wol der mut* statt *daz ir vil langez* **scheiden** *sagt' in wol ir muot* [B 1521,3]), 25,2 (*Vff dorch* **vnser frauwen** *lant, dye Gonthers man* statt *ûf durch* **Ôstervranken**, *die Guntheres man* [B 1524]), 43,2 (*No yst ys minem* **hertzen** *noch mogelich zu sagen* statt *daz wære mînen* **herren** *müelîch ze sagenne* [B 1543,2]), 81,1 (*Da stont der arm pryster vnd* **schawet** *sin wat* statt *Dô stuont der arme priester* *unde* **schutte** *sîne wât* [B 1580]) u.ö.

103 In Str. 25,4; 27,4; 47,4 u.ö.

104 Die Strophen 250-252 (≈ B 1780-1782) folgen erst nach der B 1785 entsprechenden Strophe, die Strophe 256 (≈ B 1797) nach der B 1798 entsprechenden, nach Strophe 324 (= B 1854) ist für die folgenden vier Strophen die ursprüngliche Reihenfolge gestört usw.

105 Die Fassung n bedürfte einer gesonderten Untersuchung, die die handschriftliche Überlieferung des ›Nibelungenliedes‹ weitergehend einzubeziehen hätte – dabei die Abhängigkeit der Fassung von der Handschrift b (vgl. Vorderstemann, ebd., S. XXIVf.) – und die ich hier nicht nebenher vornehmen kann.

und anderes auf Lektüre und Anschauung ausgerichtetes Beiwerk.[106] Gleichwohl ist davon auszugehen, daß das Zusammenkommen der Texte ähnlich wie das Zusammentreten der Stoffe, Lieder und Helden in der ›Thidrekssaga‹, dem Sangspruch des Marner und der ›Heldenbuch-Prosa‹ am ehesten aus der Wahrnehmungsdominanz des Mediums erklärt werden kann und erst in zweiter Linie aus einem unterscheidungssicheren Gattungsbewußtsein.

Ursprünglich könnte das Medium etwa vermögende Interessenten veranlaßt haben, sich um eine Aufzeichnung dessen zu bemühen, was zunächst nur im freien Vortrag lebte und zu haben war. In der Schlußstrophe des ›Lorengel‹ etwa werden Fürsten als Zuhörer adressiert, im ersten Vers des ›Sigenot‹ eine anwesende *hêrschaft*, und der ›Laurin‹ D enthält im Epilog einen möglicherweise allerdings frei erfundenen Vermerk zu einem prominenten ehemaligen Sänger der *âventiure* sowie zum Interesse vermögender Zuhörer:

> *Heinrîch von Ofterdingen*
> *dis âventiure gesungen hât,*
> *daz si sô meisterlîche stât.*
> *des wâren ime die vürsten holt:*
> *si gâben im silber unde golt,*
> *pfenninge unde rîche wât.*
> (›Laurin‹ D, V. 2823-2827)

Der ›Laurin‹ D ist eine aus dem 15. Jahrhundert stammende,[107] zweifellos memorielle Fassung[108] des dabei erweiterten ›Laurin‹ A, der einen solchen Vermerk nicht enthält. Vielleicht erklärt sich die späte Nennung Heinrichs von Ofterdingen aus der Kenntnis des ›Wartburgkriegs‹. Nimmt man die Stelle beim Wort, so wird Heinrich von Ofterdingen für seinen Vortrag des ›Laurin‹ wie Spielleute oder auch Sangspruchdichter entlohnt. Eine Vorlage für das, was er vorträgt, muß ihm nicht vermittelt werden. Der von ihm vorgetragene Text rückt damit von höfischer Buchdichtung weit ab und gehört in eine andere Art von ›Literatur‹betrieb: Wie ein Sangspruchdichter, als den das Mittelalter ihn kennt,[109] hätte Heinrich seinen Text auswendig parat und den Stoff zuvor wohl über das Medium bezogen, das er mit einem meisterhaft gedichteten Text neu bestückt. Kaum kann dieser Text dabei die Gestalt der vorlie-

---

106 Z.B. Überschriften, die die Lektüre lenken, Illustrationen, usw.

107 Vgl. die Hinweise von Heinzle in: Heldenbuch. Nach dem ältesten Druck in Abbildung hg. von Joachim Heinzle. II Kommentarband. Göppingen 1987, S. 220f.

108 Inwieweit der auswendige Vortrag auch auf Reimpaardichtungen übergreift, wäre in einer gesonderten Untersuchung zu zeigen.

109 Zur Person vgl. Burghart Wachinger: Artikel ›Heinrich von Ofterdingen‹. In: VL, Bd. 3, Sp. 855f. Für Heinrich von Ofterdingen sind die Überlegungen von Curschmann: *Sing ich den liuten mîniu liet*, einschlägig. Zur zitierten Stelle vgl. auch ebd., S. 189f.

genden Reimpaardichtung haben, die nicht sangbar ist. Er müßte vielmehr als strophisches Lied im Gedächtnis Heinrichs von Ofterdingen existieren.[110]

Der Epilog gibt dies nun als historischen Vorgang aus: Heinrichs Singen erfolgte zu einem bestimmten, vergangenen Zeitpunkt – der Wortlaut erinnert an Geleitstrophen mit Namensangabe in der Liedüberlieferung des 15. und 16. Jahrhunderts[111] –, und dies indiziert auch den Vortragsmodus und die Existenzform des vorgetragenen Textes: Zum Vortrag rief Heinrich es aus dem Gedächtnis ab und empfing eine Belohnung, wie sie nach entsprechenden Vorträgen im Medium üblich war.[112]

Damit liefert der Epilog eine Modellvorstellung vom einstigen Vortrag von Heldendichtung, nach der nun hochstehende und bemittelte Zuhörer sich an derartigen Vorträgen besonders interessiert gezeigt hätten. Es könnte für solche Zuhörer – dies ist eine Spekulation, die ich hinzufügen möchte[113] – auch von Interesse gewesen sein, sich in den Besitz von Heldendichtungen zu bringen, die nicht leicht zu beschaffen waren, wenn sie weitgehend nur mündlich umliefen. Da für sie keine Vorlagen zu besorgen waren,[114] mußten sie dem Medium unmittelbar entnommen werden.

Für die Sänger hatte, wenn sie ihre Texte auswendig bereithielten, eine Aufzeichnung dagegen kaum einen Nutzen, zumal sie auch selbst nicht Verfasser der über ihren Mund nur weitergegebenen ›Texte‹ waren.[115] Sie dachten, selbst wenn sie zu Versionen erweiterte Fassungen schufen, wohl ausschließlich an Vorträge, und dafür waren sie hinreichend präpariert. Die Zuhörer aber wohnten Vorträgen bei, die ihnen bei aller Gewöhnung an die zugehörigen Gedächtnisleistungen doch auch als Faszinosum erscheinen und deren Gegenstände sie fesseln mochten. Sie konnten sich also, wenn sie in der Lage waren, eine Aufzeichnung zu arrangieren, der vorgetragenen Texte

---

110 Einige Partien des ›Laurin‹ A (z.B. V. 577-606) könnten eine ursprünglich strophische Version in der Tat nahelegen.

111 Vgl. Beispiele etwa in: Das Ambraser Liederbuch vom Jahre 1582. Hg. von Joseph Bergmann. Stuttgart 1845, Nr. CXXXIIII, CXXXVI u.ö.

112 Gegen ein entsprechendes Verständnis steht allerdings die Formulierung *daz si sô meisterlîche stât*, die sich auch auf die vorliegende Textgestalt in Reimpaarversen zu beziehen scheint.

113 Eine Analyse etwa der Überlieferungsgemeinschaft von ›Laurin‹ und ›Rosengarten‹ mit anderen höfischen Dichtungen könnte hierüber größere Klarheit verschaffen.

114 Für die oben, Kapitel 7.3, S. 314f., besprochenen ›Virginal‹-Bruchstücke – als Teil eines Heldenbuchs – hat Schröder: Waldeckische Findlinge, S. 414f., einen hochmögenden Besteller vermutet, der sich aber nur in den Besitz eines durch regelmäßige Versumstellung umgebauten und deformierten Textes brachte, für den eine verstehende Rezeption nicht mehr möglich war.

115 Es bedürfte einer Bestandsaufnahme und Analyse solcher Handschriften, die zumindest dem Anschein nach Repertoirehandschriften dargestellt haben könnten. Das früheste Beispiel ist die Handschrift Z des ›Nibelungenliedes‹. Vgl. Menhardt: Nibelungenhandschrift Z, S. 214, 217-219.

versichern, indem sie die Sänger hierzu – gegebenenfalls mit dem Beistand eines Schreibers – bewegten oder auch Sammler losschickten. Den erhaltenen Heldenbüchern ist ein entsprechendes Arrangement nicht mehr zu entnehmen,[116] so daß es sich nur angesichts der Eigenart der versammelten Texte als immer wieder neuen Fassungen vermuten und als Hypothese aufstellen läßt.

Besonders erschwert wird eine solche Hypothese zur Aufzeichnung von Heldendichtungen durch den Umstand, daß immer wieder auch Abschriften interferieren. Jenes Arrangement mochte nicht erst für ein Heldenbuch erfolgt sein, sondern schon der einzelnen Dichtung gelten, die dann über eine Abschrift weiterverbreitet werden konnte. In den Heldenbüchern begegnet deshalb eine Mischform aus Tradierung und Überlieferung, deren Vorgeschichte nicht mehr aufzuhellen ist.[117]

So mögen die Heldenbücher einem Sammelinteresse zu verdanken sein, das sich auch an Gattungseigenschaften orientierte; ihm hatte aber ein Interesse an der schriftlichen Aufzeichnung der Dichtungen, die keineswegs von vornherein gewährleistet war, vorauszugehen. Heldendichtung mußte, wenn keine Handschrift zu fassen war, aus dem Medium abgeschöpft werden, bevor sie gesammelt werden konnte. Angetroffen wurde sie dabei je nur in Fassungen. Die Dominanz des Mediums für die Zusammenstellung der Heldenbücher schlägt dann aber insbesondere in der formalen Homogenität der versammelten Dichtungen (Strophenform) durch.

8.5 Konfabulation und Hybridisierung: Der Zustrom neuer Erzählzüge, Motive und Texte

Heldendichtung ist schon in ihrer kaum noch aufzuhellenden Vorgeschichte kein sehr einheitliches Konstrukt. Wie paßt es zusammen, daß Beowulf und Siegfried gegen Drachen kämpfen, wenn doch geschichtliche Ereignisse sie zu Helden machten oder wenn sie, da dies kaum zu sichern ist, zumindest in einem Rahmen historischer Ereignisse unterkommen sollen? Wenn die Exilsage – vielleicht eher: eine Exildichtung, die eine Erzählgestalt gegen einherlaufende Sagenerinnerung verfestigte – Theoderichs historisch nicht mehr identifizierbares Exil zum Ausgangspunkt von Heldendichtungen machte, die sich an Theoderich hefteten, wie kann es dann passieren, daß er in der aventiurehaften Dietrichepik des Mittelalters schließlich gegen Riesen und Zwer-

---

116 Mit Ausnahme vielleicht des Dresdner Heldenbuchs. Zum Desinteresse von Sängern an einer Aufzeichnung ihrer Lieder vgl. die Hinweise von Niklas Luhmann: Die Gesellschaft der Gesellschaft. Frankfurt/M. 1997, S. 263.
117 Vgl. dazu oben Kapitel 7.3.

ge kämpft?[118] Warum nisten unzerstörbare Rüstungen und allerhand Zauber
sich in der Heldendichtung ein, wenn doch die historischen Ereignisse ohne
solch Beiwerk auskommen mußten?

Unter den Zuhörern beim Vortrag von Heldendichtung saßen auch im Mittelalter noch Krieger, die nackte Tatsachen und rohe Wirklichkeit des Kämp-
fens kannten. Man erreichte sie nicht allein durch die konkrete Erinnerung an
exorbitante Taten,[119] sondern sie ließen sich auch fesseln durch das, was sie
nicht kannten und gern kennengelernt hätten. Durch die Berücksichtigung
verständlicher Wünsche: nach unzerstörbaren Waffen und nach einem durch
übernatürliche Mittel und Hilfe von vornherein garantierten Sieg sowie durch
das Erzählen von außeralltäglichen Kampfsituationen: dem Kampf unter un-
natürlichen Umständen oder mit übermenschlichen Gegnern.[120]

Einige übermenschliche Gegner scheinen sich auch in besonderem Sinne
zur Symbolisierung zu eignen. Der Drache steht dann etwa für die Mächte
des Chaos. Aber verbindet man eine klare Vorstellung von Historizität mit
einem Drachenkampf, zumal wenn dieser nicht mehr in einem Rahmen historisch konkret erscheinender Ereignisse unterkommt?

Es laufen früh zwei schwer vereinbare Stränge im Medium der Heldendichtung zusammen: Erzählen von historisch-singulären Ereignissen und Erzählen von unhistorisch-archetypischen Ereignissen oder Vorgängen unter

---

118 Zum frühesten Hinweis auf solche Kämpfe, der ins 10. Jahrhundert zurückweist,
vgl. Ute Schwab: Dietrichs Flucht vor den Ungeheuern im ae. ›Waldere‹. Eine Episode aus
der märchenhaften Dietrichdichtung als Legitimation eines Schwertes samt der Genealogie desselben und ihre Funktion in der ae. Walther-Dichtung. In: Zatloukal (Hg.), 5.
Pöchlarner Heldenliedgespräch, S. 131-155, hier bes. S. 148-152.

119 Gerd Wolfgang Weber: »Sem konungr skyldi«. Heldendichtung und Semiotik.
Griechische und germanische heroische Ethik als kollektives Normensystem einer archaischen Kultur. In: Helden und Heldensage. Otto Gschwantler zum 60. Geburtstag. Hg. von
Hermann Reichert und Günter Zimmermann. Wien 1990, S. 447-481, hier S. 462-465, hat
die Vorbildfunktion exorbitanten Handelns für frühmittelalterliche ›Kollektive‹ betont,
während von See: Held und Kollektiv, eine solche Vorbildfunktion vehement bestritten hat
und den Aspekt der ›Einzelehre‹ heldischen Handelns in den Vordergrund gestellt sehen
will. Es mag aber ›Kollektive‹ unterschiedlicher Art geben, darunter solche, deren Mit-
glieder für einen Appell an eine geradezu irrationale ›Einzelehre‹ durchaus empfänglich
sind. Den von von See reklamierten Widerspruch scheint auch Haubrichs: Die Anfänge:
Versuche volkssprachlicher Schriftlichkeit im frühen Mittelalter, S. 134ff., nicht zu sehen.
Eine konkrete Vorbildfunktion wird aber in dem Moment brüchig, in dem der Einschlag mythisch-archetypischen Erzählens ein Übergewicht der fabulierten Narration herbeiführt.

120 Vgl. auch Bowra: Heldendichtung, S. 552-559. Bowra unterscheidet ein primiti-
ves und ein aristokratisches Stadium der Heldendichtung, wobei dieses geringere Bereitschaft zeigt, Elemente des Wunderbaren aufzunehmen. Ob diese Art der Periodisierung
aufrechtzuerhalten ist, scheint zweifelhaft.

Einführung von mythischer und Märchenmotivik.[121] Thomas Klein hat die Stränge charakterisiert. Er spricht von einer Vorzeit, wie sie sich gegen die historische Heldenzeit profiliert, als einer »von der jeweiligen Gegenwart nicht nur weit abgerückten, sondern auch qualitativ verschiedenen, ebenso fremdartigen wie fernen Welt«[122], die durch Übernatürliches (z.B. besondere Kräfte des Helden oder seiner Gegner) und Übermenschliches (z.B. die besondere Körpergröße des Helden oder seiner Gegner) gekennzeichnet und von Riesen, Zwergen, Drachen und sonstigen Ungeheuern bevölkert ist.[123] Während der Held der Heldendichtung »von außen zur Tat genötigt« wird, »[verpflichtet] der Vorzeitheld [...] sich selbst«[124]. Entsprechend »verlagert sich auch das Zentrum des Heroischen von innen nach außen, vom Psychischen in die hypertrophe Heldenphysis«[125]. Dem korrespondiert ein besonderer Realitätsstatus: Die Vorzeitwelt wird »explizit in ein fernes ›Einst‹ gerückt«[126] und in ein »teils mythisches, teils märchenhaftes Plusquamperfekt gesetzt«[127].

Im Hochmittelalter entsprechen dieser Charakterisierung etwa das ›Nibelungenlied‹ auf der einen und die aventiurehafte Dietrichdichtung sowie der ›Ortnit-Wolfdietrich‹-Komplex auf der anderen Seite. Allerdings finden sich auch im ›Nibelungenlied‹ Merkmale einer Vorzeitwelt, dagegen haben sich historische Konturen in der aventiurehaften Dietrichdichtung und im ›Ortnit-Wolfdietrich‹ verflüchtigt.

Es ist eine so ehrwürdige wie auch einseitige Forschungstradition, Mythos und Geschichte in der Heldendichtung auseinander herzuleiten und aufeinander zu reduzieren. Dann steht etwa hinter dem Drachenkampf die historische Schlacht,[128] und umgekehrt soll in einen einstigen Mythos ein schein-historischer Vorgang hineinfabuliert worden sein.[129] Ist mythisch-archetypische Sym-

---

121 Vgl. zu den Schlüssen, die man hieraus gezogen hat, vor allem von See: Germanische Heldensage, S. 31-60.
122 Klein: Vorzeitsage und Heldensage, S. 116.
123 Ebd., S. 116f.
124 Ebd., S. 124.
125 Ebd., S. 125.
126 Ebd., S. 127.
127 Ebd., S. 133.
128 Otto Höfler hat hinter Siegfrieds Drachenkampf über das Bindeglied eines Kults den Sieg des Arminius über die Römer in der Varusschlacht rekonstruiert. Vgl. ders.: Siegfried, Arminius und die Symbolik. Mit einem historischen Anhang über die Varusschlacht. Heidelberg 1961.
129 Jan de Vries hat hinter dem Vater-Sohn-Kampf des ›Hildebrandsliedes‹ einen Wodansmythos gesehen. Vgl. ders.: Das Motiv des Vater-Sohn-Kampfes im Hildebrandslied. In: Hauck (Hg.), Zur germanisch-deutschen Heldensage, S. 248-284 (zuerst 1953 erschienen). Zur Kritik entsprechender Versuche, Geschichte und Mythos je aufeinander zu reduzieren, vgl. mit vielen weiteren Beispielen den Forschungsbericht von Klaus von See: Germanische Heldensage. Ein Forschungsbericht. In: Edda, Saga, Skaldendichtung. Aufsätze zur skandinavischen Literatur des Mittelalters. Heidelberg 1981, S. 107-153.

bolik aber eingeführt, so soll sie auch unmittelbar Geschichtliches bezeichnen können. Geschichte wird dann nicht erst im Zuge der Tradierung eines Stoffs zum Mythos oder Mythos zu Geschichte, sondern Mythos bzw. archetypische Symbolik ist eine Weise, Geschichtliches zu bezeichnen.[130]

Schon zwischen den Brüdern Grimm und Franz Josef Mone zeichnete sich eine Diskussionsfront ab, die eine Reduktion von Geschichte auf den Mythos und umgekehrt betrieb. Mone, der die letzten beiden Bände (V und VI) zu Friedrich Creuzers ›Symbolik und Mythologie der alten Völker‹ verfaßte, wollte unter Creuzers Einfluß hinter Ortnit einen urzeitlichen Licht- und Jahresgott erkennen, wie er auch in den ägyptischen Osiris einging,[131] während die Grimms sich auf eine historische Herleitung festgelegt hatten. Ja, schon die spätmittelalterlichen Rezipienten und Verfasser von Heldendichtung selbst gerieten in gehörige Konfusion über der Frage, ob die Erzählhandlungen historisch oder archetypisch zu verstehen und herzuleiten seien. Das zeigt etwa die ›Heldenbuch-Prosa‹, wenn sie eine recht krude Historisierung auch mythisch erscheinender Helden vornimmt. Es zeigt auch der Verfasser der Fassung e_1 des ›Eckenliedes‹, der in seinen Schlußstrophen (Str. 283-284) Dietrich als König in Rom nennt, der Odoaker vertrieb und – im Übersprung von der Erzählhandlung des ›Eckenliedes‹ auf die Realgeschichte – mit Eckes Schwert bis zu seinem Ableben im Jahr 497 einunddreißig Jahre lang die Herrschaft in Rom behauptete. So wird das archetypische Geschehen historisch verortet.[132]

Es wird besser sein, die Erzählformen, die in der Heldendichtung zusammenlaufen und sich mischen, nicht dazu zu benutzen, die eine oder andere Vereindeutigung der Ursprungsfrage zwischen Geschichte und Mythos anzustreben.[133] Das Medium entfaltet vielmehr eine ihm eigene Kraft der Anzie-

---

130 Den Drachenkampf rechnet Walter Haug: Die Grausamkeit der Heldensage. Neue Überlegungen zur heroischen Dichtung. In: Ders., Brechungen auf dem Weg zur Individualität. Kleine Schriften zur Literatur des Mittelalters. Tübingen 1995, S. 72-90, hier S. 79ff., zum »Grundbestand des heldenepischen Inventars« und sieht in ihm eine Symbolisierung von Geschichte und zugleich den markantesten Ausdruck von Geschichtserfahrung in der germanischen Heldendichtung.

131 Vgl. die Einleitung seiner ›Ortnit‹-Ausgabe, S. 41f. Abenteuerlich die vielen Namengleichungen, die Mone dabei vornimmt.

132 Eine für das Geschehen des ›Nibelungenliedes‹ näherliegende Verortung nimmt dagegen die Prosaeinleitung der Handschrift a des ›Nibelungenliedes‹ vor. Vgl. Heinzle: Konstanten der Nibelungenrezeption in Mittelalter und Neuzeit, S. 99f.

133 Zu diesem Ergebnis kommt schon Andreas Heusler: Geschichtliches und Mythisches in der germanischen Heldensage. In: Sitzungsberichte der Königlich Preussischen Akademie der Wissenschaften, Sitzung der philos.-historischen Classe vom 22. Juli 1909 (XXXVII), S. 920-945, hier S. 942: »Wir werden zu der Annahme geführt, daß, seit es germanische Heldenlieder gab, teils Sagen nach dem Leben modelt, teils Motive und ganze Formeln aus der Phantasiewelt geholt wurden. Das Märchenhafte kann ja insofern das ältere sein, als es schon früher im prosaischen, kunstlosen Erzählschatze vorhanden

hung, die die angezogenen Erzählformen und -stoffe letztlich in Kontakt bringt und zur Verschränkung führt, indem sie ihre Erzählzüge und Motive dabei mischt und die Erzählhandlungen aneinander anschließt. Sowohl Mythos und Geschichte liefern dazu ihren Beitrag und fließen zusammen.

Ich möchte den Begriff der Konfabulation aufgreifen, um dieses Zusammenfließen zu beschreiben.[134] Das Erzählen von historischen Helden erschöpft sich schnell, und das Bedürfnis, mehr von ihren Taten zu hören, ist größer als der verfügbare Stoff. Hier springt die Konfabulation ein, die aber nicht Historisches erschließt, sondern Mythisches aufgreift, so daß Heldensage dabei einen Prozeß der Umwandlung zu Vorzeitsage durchläuft.[135] In die Stofflücke fließt Material fremder Provenienz ein, das frei kombiniert oder hinzuerzählt wird. So mag es dann auch bereitstehen für Symbolisierungen.

Der unterschiedliche Realitätsstatus von Mythos (bzw. Märchen oder narrativer Folklore) und Geschichte, die auf diese Weise zusammenfließen, macht es aber nötig, die kognitive Diskrepanz zu ignorieren, die bei der Konfabulation des Mythischen auftritt. Zwar erscheint die Zeit der Heldendichtung wie eine mythische Vorzeit, sie soll aber gleichwohl noch historisch bleiben und nötigt deshalb zu besonderen Anstrengungen der historischen Beglaubigung des Erzählten.[136] Wenn in der ›Eckenlied‹-Fassung e₁ die archetypische Handlung mit der Auslöschung des Riesengeschlechts durch den Hinweis auf Dietrichs/Theoderichs Herrschaftsära historisiert wird, so sind dies Spätfolgen der Indifferenz gegenüber dem Widerspruch von Mythos und Geschichte. Mittelalterliche Sänger sehen sich durch die Konfabulation des Mythischen genötigt, gegen kritische Zuhörer eine zweifelhafte Historizität zu behaupten.[137]

Der freie Zusammenfluß von Mythos und Geschichte im mündlichen Medium, und das heißt: in den Gedächtnissen der konfabulierenden Sänger, ge-

---

sein mochte. Aber dies rechtfertigt nicht die Annahme eines allmählichen Übergangs vom prosaischen Märchen zum Märchenlied, weiter zum heroisierten Märchenliede und endlich zum märchenfreien Heldenliede.« Umgekehrt weist Heusler aber auch dem Geschichtlichen kein Primat zu, sondern hält fest, daß die Heldendichter »aus der Geschichte, dem Privatleben, eigener Erfindung und vorhandenem Erzählgute« schöpften (S. 942f.). Daß mythisch-archetypische Züge Geschichtliches symbolisieren, sieht Heusler nicht vor. Vgl. gegen Versuche der Reduktion auch von See: Germanische Heldensage, S. 31-60.

134   Der Begriff stammt aus der Psychiatrie und bezeichnet hier das »Ausfüllen von tatsächlich vorhandenen Erinnerungslücken durch erfundene, in die Lücken passende Geschichten«. Vgl. Lexikon der Psychiatrie. Gesammelte Abhandlungen der gebräuchlichsten psychopathologischen Begriffe. Hg. von Christian Müller. Berlin, Heidelberg, New York 1973, S. 107f.

135   Klein: Vorzeitsage und Heldensage, S. 133ff.

136   Vgl. ebd., S. 141-147.

137   Viele Zeugnisse dieser Anstrengung hat Müller: Wandel von Geschichtserfahrung in spätmittelalterlicher Heldenepik, zusammengestellt. In ihnen wird eine von jeglicher Gegenwartsbindung abgelöste Vorzeit der Helden dennoch als historisch aufgefaßt. Noch humanistische Historiker lassen sich davon beeinflussen.

hört dem Frühmittelalter an. Das schlagendste Zeugnis ist der ›Beowulf‹. Aber noch im Spätmittelalter ist der Zustrom ursprünglich nicht zugehöriger Stoffe nicht abgestellt, wenn sich auch nicht mehr dieselbe Aufteilung in Residuen aus Mythos und Geschichte vornehmen läßt. Zu einer freien Konfabulation kann es nicht mehr kommen, da Heldendichtungen fest geworden sind. Aber es kommt zu einem Überwechseln ursprünglich nicht zur Heldendichtung gehöriger Texte. So wird z.B. der ›Herzog Ernst‹ in seiner strophischen Version zur Heldendichtung. Eine der beiden erhaltenen Fassungen (mit 54 Strophen) findet sich im Dresdner Heldenbuch, die andere (mit 89 Strophen), die ich im folgenden zitiere, wird gar mehrfach gedruckt.[138] Die Varianz der Fassungen weist auf die typische Textur von Fassungen im Medium der Heldendichtung, und die Fassung des Dresdner Heldenbuchs ist offenkundig stärker zersungen.[139] Zwar ist der Druck für die Lektüre bestimmt, das besagt aber nichts darüber, woher der Text besorgt wurde und für welche Rezeptionssituation er ursprünglich gedacht war.

Auch in anderen Fällen, wie z.B. beim ›Eckenlied‹, könnte es sich so verhalten, daß die Herausgeber oder Drucker das Medium anzapfen, um überhaupt in den Besitz der offensichtlich nachgefragten Texte zu kommen. Die Anbindung an eine angeblich noch umlaufende Sage im strophischen ›Herzog Ernst‹ (vgl. Str. 1,3: *Als wir noch hŏren sagen*), die Stilisierung Ernsts und seines Freundes (= Graf Wetzel) als Helden (Str. 12,4: *Sy heten beyde heldes mŭt*), die Belohnung ihres Heldenmutes in verschiedenen Kämpfen auch gegen Riesen und Zwerge durch ihren endlichen Erfolg – Ernst heiratet die nach der Befreiung aus der Gewalt der Kranichschnäbler überlebende indische Prinzessin – und die obligate Bezugnahme auf den Vortrag durch Anreden an die Zuhörer (vgl. etwa *Nun hŏrent*, Str. 47,1; 63,1) machen aber den Wechsel der Buchdichtung von Herzog Ernst ins Medium der Heldendichtung deutlich.

Besonders fallen zwei Abschnittbildungen auf, die den Augenblick des Vortrags thematisieren. Einmal heißt es: *Wie es in* [Ernst, seinem Freund und der Prinzessin] *doch ergangen ist / Das sing ich yetz zŭ diser frist / Euch allen*

---

138   Vgl. als Edition der Druckfassung: Das Lied von Herzog Ernst. Kritisch hg. nach den Drucken des 15. und 16. Jahrhunderts von Kenneth C. King. Berlin 1964.
    Infolge der Aufnahme des ›Herzog Ernst‹ in das Medium der Heldendichtung wird Ernst häufig zusammen mit anderen Helden genannt. So z.B., neben Sigenot und Wolfdietrich, im ›Grobianus‹, V. 2255-2266. Weitere Stellen bei Grimm: Die deutsche Heldensage, S. 316, und Karl Müllenhoff: Zeugnisse und Excurse zur deutschen Heldensage. In: ZfdA 12 (1865), S. 253-386, hier S. 376 (abgedruckt auch in Grimm: Die deutsche Heldensage, S. 539-672, hier S. 662).
139   Kenneth C. King: Das strophische Gedicht von Herzog Ernst. In: ZfdPh 78 (1959), S. 269-291, erwägt die Möglichkeit mündlicher Tradierung nicht ernsthaft, obwohl er sie (S. 272) nennt.

[...] (Str. 40,1-3). Es ist nicht sehr wahrscheinlich, daß der Dichter, der sich den ›Herzog Ernst‹ für den eigenen sanglichen Vortrag zurechtstutzte, dies abzulesen gedachte.[140] Die folgende Unterbrechung mit einer Trunkheische, über die der Dichter auf eine Steigerung der Spannung setzt, die er als unmittelbar vortragender Sänger inzwischen bei seinen Zuhörern erzeugt hat, spielt kurz mit der Suggestion, er könne auch anders weitererzählen – eine Suggestion, die in Anbetracht eines abgelesenen Textes zweifellos unsinnig gewesen wäre. Als der indische König und Vater der von den Kranichschnäblern entführten Prinzessin nicht weiß, ob er seine Tochter jemals wiedersehen wird, unterbricht der Sänger seinen Vortrag:

> *Ich mags nit lenger treiben*
> *Ob man dem singer nit geyt wein*
> *So wil erß lan beleiben*
> *Wann er in* [dem indischen König und seinem Heer] *nit gehelffen*
>   *kan*
> *Vnd das sy kommen wider heim*
> *Er wil vorhin zů trincken han.*[141]
> (Str. 61,8-13)

Die Unterbrechung konnte ein beliebiger Sänger übernehmen,[142] und sie inszeniert Spontaneität, wie sie tatsächlich gar nicht bestehen konnte, da der Text ja vorlag.

Die Suggestion eines anderen Fortgangs erklärt sich aber insbesondere daraus, daß die indische Prinzessin in den Versfassungen des ›Herzog Ernst‹ (B, V. 3489-3576; D, V. 2941-3019) im Zuge des Befreiungsversuchs stirbt, während ihr Vater schon vorher den Tod im Kampf gegen die Kranichschnäbler erlitten hatte. Der strophische ›Herzog Ernst‹ läßt die Handlung hier also zur Zufriedenstellung der Zuhörer abknicken[143] – es mußte deshalb effektiv sein, an dieser Stelle den weniger befriedigenden Fortgang als möglich erscheinen zu lassen und die Verköstigung des Sängers hieran zu knüpfen.

Die angeführten Stellen indizieren im Verein mit der strophischen Form den Medienwechsel des ›Herzog Ernst‹. Dies belegt zugleich einen gewissen Sog des Mediums, noch nicht anverwandelte Erzählstoffe aufzunehmen.[144]

---

140   Dies gilt auch für vergleichbare Formulierungen wie der folgenden aus dem ›Laurin‹ des Dresdner Heldenbuchs: *Do man nun was geſeſſen / als ich euch ſingen wil, /* [...] (Str. 179,1f.).

141   Vgl. als weitere Stellen, an denen zum Einschenken von Wein aufgefordert wird, Str. 13,13; 89,12-13.

142   Wie es denn auch in der Fassung des Dresdner Heldenbuchs, Str. 39, geschieht.

143   Die positive Wendung konnte sich etwa an die Rettung Künhilds aus der Hand des Zwergenkönigs Laurin anlehnen.

144   Ein Resultat der Neuaufnahme ist die Einreihung Herzog Ernsts in das Personal des ›Wolfdietrich‹ D in der Fassung von Linhart Scheubels Heldenbuch. Aus dem Burg-

Was aber im Frühmittelalter als Konfabulation einer besonderen Schicht narrativer Folklore mit einem differenten Realitätsstatus erschien, lebt im Hochmittelalter allenfalls noch in der Hybridisierung von Heldendichtung mit ursprünglich fremden Gattungen nach. Die Erzählhandlungen werden dabei aber nicht direkt aneinander angeschlossen, sondern färben aufeinander ab. Im Medium vorhandene Stoffe können so auch einer einschneidenden Neukonzeption unterworfen werden. Dies geschieht beim ›Jüngeren Hildebrandslied‹,[145] das – der Abwendung des Todes der indischen Prinzessin im strophischen ›Herzog Ernst‹ vergleichbar – zu einem versöhnlichen Ausgang geführt wird, wie er der ursprünglichen Anlage des Vater-Sohn-Kampfs krass widerspricht.

Neben dem strophischen ›Herzog Ernst‹ findet sich im Dresdner Heldenbuch noch ein weiteres scheinbar »gattungsfremdes Stück«[146], das ›Meerwunder‹: Ein dem Meer entstiegenes Ungeheuer vergewaltigt eine Königin, die darauf ein Monster zur Welt bringt. Mit Mühe können ihr Ehemann und Sohn das aggressive Wesen zur Strecke bringen und schließlich auch noch das Meerungeheuer fangen, das die Königin mit ihren eigenen Händen tötet. Wenn die kaum bestimmbare Gattung dieses Stücks nicht für die Aufnahme ins Heldenbuch gesorgt hat, dann zweifellos das Medium – der Text ist im Bernerton gedichtet. Er wurde also ungeachtet aller Schwierigkeiten seiner Gattungszuordnung ebenso mündlich vorgetragen wie andere Texte des Dresdner Heldenbuchs im Bernerton (›Eckenlied‹, ›Sigenot‹, ›Virginal‹).[147]

---

grafen Ernst (vgl. die Ausgabe Holtzmanns, Str. 866) wird hier ganz unbekümmert *herczog Ernst* gemacht (y 809f.). Zum Vortrag des strophischen ›Herzog Ernst‹ vgl. auch Bertrand M. Buchmann: *Daz jemant singet oder sait ... Das volkstümliche Lied als Quelle zur Mentalitätengeschichte des Mittelalters*, Frankfurt/M. 1995, S. 290-305, hier bes. S. 305.

145   Eine zersungene Gestalt des ›Jüngeren Hildebrandsliedes‹ gehört auch dem Dresdner Heldenbuch an.

146   Heinzle: ›Heldenbücher‹, Sp. 950. Sowohl der ›Herzog Ernst‹ als auch das ›Meerwunder‹ wurden nachträglich in den Lagenverband des Dresdner Heldenbuchs eingefügt (vgl. Zarncke: Kaspar von der Roen, S. 56, 60). Das macht die Beantwortung der Frage, was sie hier zu suchen hatten, nur umso dringlicher. Hinzuweisen ist hier allerdings darauf, daß ein *merwunder* sich auf dem Schild Dietleibs befindet (vgl. ›Laurin‹ A, V. 1284), der nach dem ›Rosengarten‹ A einen Kampf gegen ein Meerwunder, das offenbar seine Mutter entführt hatte, bestand (Str. 119). Daß es ein Lied gab, nach dem Dietleib gegen ein *merwîp* kämpfte, bezeugt das ›Buoch von dem übeln wîbe‹ (vgl. Daz buoch von dem übeln wîbe. Hg. von Ernst A. Ebbinghaus. Tübingen 1968), V. 696-716. Zumindest das ›Meerwunder‹ im Dresdner Heldenbuch gehört also deshalb in die Heldendichtung, weil sein Personal ursprünglich heldenepisches Personal war.

147   Norbert Voorwinden: Der Wunderer: Heldenepos, Märchen oder Volkslied? In: Zatloukal (Hg.), 5. Pöchlarner Heldenliedgespräch, S. 177-192, hier bes. S. 191, hat den auswendigen Vortrag kleinerer Heldendichtungen erwogen. Er übergeht dabei den Umstand, daß in den Heldenbüchern neben kleinen Dichtungen auch so außerordentlich umfangreiche Texte wie die ›Virginal‹ und der ›Ortnit-Wolfdietrich‹ stehen.

Die besondere Dominanz des Mediums wird deutlich auch beim ›Lorengel‹ aus Linhart Scheubels Heldenbuch, der aus der Schwanrittererzählung heraus entwickelt ist (Lorengel = Lohengrin) und deshalb mit der Heldendichtung genauso wenig zu tun hat wie der ›Herzog Ernst‹. Aus dem ›Lohengrin‹ werden – wie auch bei einer anderen noch tradierten Fassung aus der Kolmarer Liederhandschrift[148] – die Strophen 31-36 bzw. 33-66 übernommen, die in beiden Fassungen verschiedene Spuren des Um- und Neusingens aufweisen, wie man sie auch sonst in der Textur der Fassungen von Heldendichtungen feststellt. Hier hat das Medium seine Spuren hinterlassen.

Der ›Lorengel‹ kombiniert den Artus-Gral-Komplex, wie er in den ›Lohengrin‹ eingegangen ist, mit einer zentralen Gestalt der Heldensage: Etzel. Schon die erste Strophe führt Etzel ein: *Ich tu euch abenteur bekant, / wie konig Etzell tzoch auß Heun in cristenlant.* (Str. 1,1-2) Danach aber wird mit leichten Retuschen die Handlung aufgenommen, die der ›Lohengrin‹ erzählt. Die Herzogin von Brabant wird nach dem Tod ihres Vaters von dessen Dienstmann Friedrich von Dunramunt bedrängt und sucht einen Kämpfer, der sie aus dem Zugriff löst. Als sie ihre Not im Münster Gott klagt, beginnen die Glocken von allein zu läuten. Man hört das am Artushof, und alle Freude ist dahin. Die Graltaube bringt einen Himmelsbrief, der über die Not der Herzogin unterrichtet, und man sieht sich in der Pflicht.

Gesucht ist ein Held – das ist der Begriff, auf den sich der ›Lorengel‹ festlegt (Str. 32,6; 36,10; 38,8; 43,8; 44.3; 53,3; 54,2; 59,6 u.ö.). Partzefals Sohn Lorengel wird dieser Held sein, der ›Lohengrin‹ verwendet den Begriff an den Parallelstellen nicht. Als Lorengel vom Schwan an Land gesetzt wird, heißt es *Nu horet, waß dem helld geschach* (Str. 60,1), und gleich darauf wird er auch *der kün weigant* genannt (Str. 63,19).

Bevor Lorengel auch vom Kaiser als Kämpfer für die Herzogin bestätigt wird, erfährt er in einer Binnenerzählung, wie sein Vater Partzefal half, Köln vor dem Heer Etzels zu retten. Dies liegt also schon eine Generation zurück. Der anstehende Kampf gegen Friedrich wird dann im hochadligen Milieu arrangiert, wo Ehrerweis und *referentze* erwartet werden (Str. 149,3) und höfisches Zeremoniell jede offene Feindseligkeit abdämpft. Die höfischen Umgangsformen stehen in einem gewissen Gegensatz zur Stilisierung des ›Lorengel‹ als Heldendichtung.

Auch der ›Lohengrin‹ sucht den Kontrast zwischen der Grausamkeit des Kampfs mit der schließlichen Hinrichtung Friedrichs und den ausgesuchten Umgangsformen, die beides rahmen – im ›Lorengel‹ erwidert Lorengel den Dank des Kaisers gleich nach der Hinrichtung Friedrichs von Dunramunt *mit hofelichen worten* (Str. 198,7) –, so daß hier im ›Lorengel‹ kein eigener, neu-

---

148 Die beiden Fassungen druckt Danielle Buschinger in ihrer Ausgabe separat ab: Lorengel. Edité avec introduction et index par Danielle Buschinger. Göppingen 1979.

er Zugang zur Handlung zu finden ist. Was veranlaßte überhaupt, ihn dann ins Medium der Heldendichtung zu stellen?

Der ›Lorengel‹ löst offenbar nur das Angebot, das der ›Lohengrin‹ mit seiner strophischen Form gemacht hat, ein, und die Anziehungskraft des Mediums der Heldendichtung läßt einen Teil der Handlung des ›Lohengrin‹, der nicht ganz so rücksichtslos beschnitten wird wie beim ›Herzog Ernst‹, einfach das Medium wechseln.

Gattungssignale werden nur sparsam gesetzt, seine Herkunftsgattung hat der ›Lorengel‹ damit wohl nicht gleich verlassen, aber hier zeigt sich noch einmal, daß Heldendichtung nicht nur eine Gattung ist: Es sind Helden, die kämpfen;[149] Etzel wird in die Handlung eingeführt; Dietrich von Bern wird dreimal angeführt (Str. 7,2; 46,3; 165,6);[150] einmal erinnert der Begriff *brünne* für ›Rüstung‹ (Str. 193,2) an die Heldendichtung. Neben solchen Details verschafft sich das Medium, das auf diese wenigen Gattungssignale abgefärbt hat, Geltung in den häufigen Publikumsadressen: *vernemet mich, so wil ich furbaß singen* (Str. 3,1),[151] *Nu horet meinß gesanges schal* (Str. 136,1), *Allß ich euch kund in meim gesang* (Str. 203,1) usw. – das alles läuft auf eine Anrede der anwesenden Fürsten in der letzten Strophe zu, die *histori* als *beyspil* für die Vergänglichkeit von Macht zu nehmen (Str. 207).

Ein besonders unscheinbarer Text von 33 Strophen ist der im Hildebrandston gedichtete ›Antelan‹ aus Linhart Scheubels Heldenbuch, der nur hier einmal überliefert ist,[152] und auch er provoziert den Gattungsbegriff. Der Zwerg Antelan, König von Schotten, hat vom Artushof gehört und sucht ihn, prachtvoll gerüstet, als Herausforderer auf, ausgesandt von drei Herzoginnen, *das ich in abenteure an disem hof erfar* (Str. 11,4). Er sagt dies zu Parzefal, der ihn einfangen will, aber ins Leere greift, weil Antelan sich unsichtbar machen kann. Als Parzefal hört, daß er *ein pot der frawen* ist, will er ihn ehrenvoll behandeln. Der Zwerg sucht den Kampf mit Parzefal, da dieser den Gral erfochten habe. Seine, Antelans, *prünne,* schwer von Gold, mit Edelsteinen besetzt, die alles überstrahlten, und einem Gürtel versehen, der die Kampfkraft zwölffach potenziere, solle dem Sieger gehören. Antelan beschreibt seine Waffen: den Waffenrock habe ihm seine Dame selbst mit Perlen durchstickt – *selg sei des heldes leibe der ie die prünne trug* (Str. 17,4). Nachdem er einen Ring vom Finger zieht, wird er für Parzefal wieder sichtbar, dem der Zwerg in seiner glänzenden Rüstung nun wie ein Engel erscheint.

---

149   Nur am Rand fällt im ›Lohengrin‹ einmal der Begriff (Str. 214,3).

150   Vgl. aber auch den ›Lohengrin‹, Str. 58,3; 417,5.

151   Die Fiktion des Wolfram-Vortrags aus dem ›Lohengrin‹ klingt in Strophe 2 des ›Lorengel‹ an, kommt aber offensichtlich nicht zum Zuge.

152   Zitiert nach Scherer: Antelan. Vgl. zum Text auch Manfred Günther Scholz: Artikel ›Antelan‹. In: VL, Bd. 1, Sp. 396f.

Beim Kampf, zu dem Parzefal zwei weitere Artusritter mitbringt, werden alle drei vom Pferd gestochen. Den drei Herzoginnen kann Antelan nach seinem ehrenvollen Abschied von den Artusrittern die Kunde überbringen, daß am Artushof kein wirkliches Abenteuer zu haben sei. Sie danken ihm und freuen sich seines Erfolgs.

Das Herausforderungsschema der Artusdichtung wird hier mit Zügen des ›Eckenliedes‹, des ›Ortnit‹ und des ›Laurin‹ versetzt. Die Artusritter sind wie ihre Herausforderer Helden (Str. 9,3; 21,1; 28,2), und die der Eingangsstrophe des ›Nibelungenliedes‹ nachgesprochene erste Strophe legt die Handlung auf die Heldenzeit, wie die Vorzeit hier direkt heißt, fest:

> Es was bei heldes zeiten   der wunder mer dan iz
> von mangem stolzen recken,   wer nu well hören diz,
> und wi grozz mort geschahe   in stürmen und in schlagen:
> von zagen heldes streiten   hört man nit gerne sagn.
> (Str. 1)

Was soll oder will der Text sein: Heldendichtung oder Artusdichtung? Anders als die aventiurehafte Dietrichdichtung, die ihre Handlungseinheiten nur an der Oberfläche als *âventiuren* drapiert, ist er tatsächlich beides: zu Heldendichtung gemachte Artusdichtung und auch umgekehrt. Ungeachtet seines gewiß nicht besonders hohen literarischen Werts liefert er ein aufschlußreiches literarisches Experiment: Im Medium der Heldendichtung können sich die Gattungsgrenzen auflösen, das Medium allein regelt Zugehörigkeiten. Wenn Heldendichtung auch eine Gattung ist, ist ihr primäres Medium doch nicht auf diese Gattung festgelegt, es fällt nicht mit ihr zusammen. Die dieser Gattung eindeutig zugehörigen Texte bilden nur eine Teilmenge aller erzählenden Texte des Mediums, wenn zweifellos auch die größte Teilmenge. In das Medium können aber Erzählstoffe einströmen, deren Gattungscharakter dann offen bleibt oder die zu einer unentscheidbaren Hybridisierung führen. So findet die früh- und hochmittelalterliche Konfabulation des Mythischen im Spätmittelalter Nachfolge anderer Art. Im Ausnahmefall entstehen Schwellentexte, und in der Regel färben Buchdichtungen auf Heldendichtung ab und die angezogenen literarischen Texte werden anverwandelt, ohne indes noch mit der Heldendichtung verschmelzen zu können.

Die in Linhart Scheubels Heldenbuch aufgenommenen Texte sind nicht thematisch zusammengestellt.[153] Sie sind einzeln auf ursprünglich nicht verbundenen Lagen zusammengekommen, man hat stark abgenutzte Blätter der Lagen neu geschrieben, die Lagen zusammengebunden und nachträglich mit

---

153 Xenja von Ertzdorff: Linhart Scheubels Heldenbuch. In: Festschrift für Siegfried Gutenbrunner. Hg. von Oskar Bandle u.a. Heidelberg 1972, S. 33-46, hier S. 36, erwägt die Zusammenstellung der Texte, die mit einer Ausnahme (dem ›Antelan‹) die Thematik der Brautwerbung teilen, für einen jugendlichen Leser.

Buchschmuck versehen.[154] Es handelt sich deshalb weniger um eine Sammelhandschrift als eine zusammengebundene Handschriftensammlung – dies gilt
im übrigen auch für die von Diebold von Hanowe geschriebene verlorene
Straßburger Handschrift.[155] Was als übergreifendes Merkmal auffällt, ist die
Nähe zum Medium der Heldendichtung, gerade bei den Texten, die man zumindest mit der Gattung Heldendichtung zunächst nicht in Verbindung bringen würde, die aber dennoch erkennbar (über die Strophenform) auf das Medium – und notdürftig auch auf die Gattung – hin zugeschnitten sind. Die
Nähe zum Medium könnte sich auch darin ausdrücken, daß es offenbar nicht
möglich war, die Heldenbücher als zusammenhängende Abschriften zu planen. Zumindest geschah dies nicht. Und das könnte bedeuten, daß man keinen planbaren Zugang zu den Texten hatte. Einige mochten als auf das Medium zugeschnittene Bearbeitungen in Auftrag gegeben, andere bei Gelegenheit aus dem Medium abgeschöpft worden sein – als Diktat oder Niederschrift
eines Sängers.[156]

Verglichen mit dem vorliterarischen Splitting von historisch-singulärem
und mythisch-archetypischem Erzählen öffnet sich die spätmittelalterliche
Heldendichtung für die mittlerweile entstandene Buchdichtung. Die Artuswelt
hält zaghaft Einzug in das Medium, aber sehr weit gediehen ist die Verschränkung mit der Heldenwelt nicht.[157] Der Zustrom neuer Erzählstoffe ist nicht
umfangreich genug, um Heldendichtung im Spätmittelalter noch einmal zu
infizieren und grundsätzlich verändernd auf sie einzuwirken. Das Medium ist
vom Untergang bedroht. Soviel allerdings läßt sich sagen: Die Vorzeithelden,
die lernen mußten, gegen Drachen, Riesen und Zwerge zu kämpfen, sind nun
auch zu Rittern geworden und berühmte Ritter zu Helden.

8.6 Gestalt und Wandlung des Mediums

Die Träger von Parasiten nennt man ihre Wirte. Als Wirte eines Parasiten
treten hochmittelalterliche Heldendichtungen mit den ihnen eigenen Vortragssituationen in dem Augenblick auf, in dem die Schrift sich ihrer angenommen

---

154 Vgl. Scherer: Antelan, S. 144f., und Hermann Menhardt: Verzeichnis der altdeutschen Handschriften der Österreichischen Nationalbibliothek. Berlin 1961, Bd. 3,
S. 1430.
155 Vgl. Holtzmann in der Einleitung zu seiner ›Wolfdietrich‹-Ausgabe, S. XVII:
»Aus der alten Bezeichnung der Lagen geht hervor, dass es ursprünglich mehrere Codizes
waren [...].«
156 Dies bleibt eine Spekulation, die weiterer Indizienschlüsse bedürfte.
157 Die Strophe 3 des ›Wunderer‹ nennt ihn im Vergleich mit Etzel. In Linhart
Scheubels Heldenbuch ist ein übergreifendes Interesse an Artus auffällig, der auch in die
›Virginal‹ (Str. 482,5) und den ›Wolfdietrich‹ (Str. 5,1) aufgenommen wird.

hat. Jahrhundertelang mußten Vortragssituationen bewältigt werden, indem die Sänger entweder kürzere Lieder auswendig parat hatten oder den Erzählstoff spontan einer antrainierten Diktion unterwarfen und ihre Lieder aus dem Stegreif schufen. Es ist nicht mehr rekonstruierbar, welche Art des Sängervortrags über die Jahrhunderte hin vorherrschte; denkbar ist, daß eine Tradition des Improvisierens sich aus einer des Memorierens ablöste, möglich dann, daß beide eine zeitlang nebeneinander existierten.[158]

Das Gedächtnis wurde in Anbetracht der Kürze der Lieder oder ihrer Schöpfung aus dem Stegreif nicht überfordert und auf die Probe gestellt, wenn es auch alles trug, was zum Vortrag gelangte. Mit der Aufgabe des Stabreims verfiel die Diktion, und wenn sich eine Spur der alten Tradition des Memorierens erhalten haben sollte, so öffnete sie sich schriftliterarischen Vorgaben: einer silbenzählenden Metrik, dem Endreim, und sicher rührt auch die regelmäßige Strophenform erst vom Einfluß der Schriftliteratur her.[159] Dies bedeutete eine neuartige Herausforderung für Gedächtnisleistungen.

Im Mittelalter trifft man zum ersten Mal um 1200 – mit dem ›Nibelungenlied‹ – auf Heldendichtung, die sich auf die Schrift eingerichtet zu haben scheint, und dennoch wohl nicht so weitgehend, wie man es erwarten könnte. Denn die Schrift nistet sich nur als Parasit ein, der schließlich – nach weiteren drei Jahrhunderten und endgültig erst mit dem Buchdruck – den Wirt abtötet. Während der Sängervortrag in der gewohnten Form weiterläuft, verschafft sich die Schrift Zugang offenbar nur zur Herstellung der Texte. Das ist deshalb ungewöhnlich, weil die zeitgenössische höfische Erzähldichtung sich gerade auch für den Vortrag auf die Schrift stützt: im Akt des Vorlesens. Strophische Heldendichtung freilich beschränkt Schrift auf eine Rolle jenseits des Vortrags.

Wohl könnte man hier noch anderes erwägen: Warum sollte es Sängern nicht möglich gewesen sein, die neuen Bindungsfaktoren (silbenzählende Metrik, Endreim, Strophe) derart als Einprägungshilfe zu nutzen, daß sie gar nicht auf die Schrift zurückgreifen mußten? Man muß sich hier mit Plausibilitäten begnügen. Je länger etwa eine Dichtung, desto wahrscheinlicher die Neigung, im Zuge der Textherstellung auf eine schriftliche Abspeicherung zu bauen. Plausibel ist dies deshalb, weil die Schrift hierbei besondere Vorteile bietet: Da sie den Textspeicher externalisiert und das Gedächtnis von einer Einprägung im Zuge des Dichtvorgangs selbst entlasten kann, macht sie Kapazitäten frei, den Text beim Dichtvorgang auf eine bis dahin ungewohnte Länge zu bringen.[160] Auch erlaubt sie größere Umsicht im Zuge seiner makro-

---

158   Vgl. oben Kapitel 3.4.

159   Vgl. zu dieser Umstellung auch Curschmann: Dichter *alter maere*, S. 61.

160   Bereits Grimm: Die deutsche Heldensage, S. 428, weist darauf hin, daß die Schrift »die epische Ausführlichkeit begünstigte, größere Compositionen, Zusätze, Ueberarbei-

strukturellen Komposition, da sich die Aufmerksamkeit in gewissem Maße von der linearen Erzählfolge abspalten und auf den Text als ganzen richten läßt. Daß dies nicht gleich schon auch für die Beachtung je auseinanderliegender Erzähldetails und damit für die mikrostrukturelle Kohärenzbildung gilt, ist deutlich geworden. Nach der Abspeicherung aber kann nun der Text, der freihändig, d.h. nicht schriftgestützt, wohl nicht zu solcher Komplexität und Länge hätte heranwachsen können, dem Gedächtnis unter Zuhilfenahme des neuen Mediums – in welcher Form immer: durch Zuhören bei der Verlesung durch einen Dritten oder durch eigenständiges Lesen – eingeprägt werden.

Heuslers Intuition, daß Epen als »lange, ausführliche Verserzählungen«, die u.a. durch Aufschwellung in die Breite gehen,[161] in irgendeiner Form von einer Nutzung der Schrift abhängen,[162] besitzt eine unmittelbare Überzeugungskraft. Allerdings wurden ihm diese Epen im gleichen Atemzug und unter starrer Aufprägung verschiedener Dichotomien (»mündlich: schriftlich; gesungen: gesprochen«) zu gelesenen Buchdichtungen. Das war voreilig. Denn hier kann und muß man weiter differenzieren.

Der Entstehung des ›Nibelungenliedes‹ wird man die Umstände einer schriftlichen Aufzeichnung gewiß eher unterstellen als eine freihändige Herstellung und Einprägung in einem Zuge. Obwohl hierüber nichts mehr direkt in Erfahrung zu bringen ist, scheint folgende Verallgemeinerung tragfähig: Umfang und makrostrukturelle Komposition mittelalterlicher Heldendichtungen sind die Folge neuer Herstellungsbedingungen unter Zuhilfenahme der Schrift. Als Parasit wirkt die Schrift sich dabei insofern aus, als sie die Einprägung zunächst vom Dichtvorgang löst, um sie – viel später – schließlich ganz abzuschaffen, wenn Heldendichtungen nur noch ab- oder vorgelesen werden. Wo diese in die Form des Reimpaarverses gebracht werden, geschieht das explizit: Sie wechseln das Medium, der Parasit hat ihre herkömmliche Lebensform zerstört. Trotz dieses Medienwechsels bleibt ihnen aber ihre Herkunft noch anzumerken, und die Art ihrer Wirklichkeitskonstruktion etwa bleibt weitgehend unangetastet, ja sie wird unter Zuhilfenahme besonderer narrativer Verfahren auf neue Weise explizit gemacht.

Neben der nur mehr vorgelesenen Heldendichtung läuft die frei vorgetragene über mindestens zwei Jahrhunderte her. Wie oft, verläuft Mediengeschichte auch hier nicht einlinig. Statt zu einer unmittelbaren Ablösung des

---

tungen, eigenmächtige Verknüpfungen und dergleichen nicht ganz unschuldige Einwirkungen« ermöglicht.

161   Heusler: Lied und Epos in germanischer Sagendichtung, Kap. 3. Heuslers Position hat Schneider: Das mittelhochdeutsche Heldenepos, für die gesamte mittelhochdeutsche Heldendichtung außerhalb des ›Nibelungenliedes‹ verallgemeinert.

162   Heusler: Lied und Epos in germanischer Sagendichtung, S. 27f.

traditionellen Mediums durch ein neues kommt es zu einer langfristigen Überlappung. Und wenn das Basismedium supplementiert, wenn Schrift schon früh herangezogen wird, führt dies nicht gleich dazu, daß die Möglichkeiten, die sie bietet, vollständig ausgenutzt werden.[163]

Heuslers Dichotomien waren voreilig, weil eine möglicherweise schriftliche Herstellung von neuen Versionen die mündliche Vortragskultur nicht notgedrungen gleich mit einem Schlag vernichten mußte. Daß es hier ein soziales Trägheitsmoment gegeben haben dürfte, hat Heusler – und in der Folge die Forschung überhaupt – nicht in Betracht gezogen. Tatsächlich wahrt die Vortragsform die Aura der illiteraten Kultur, und sie stellt ein Überlebsel dar, bis selbst die letzten erreichbaren illiteraten Rezipienten, Bauern, an deren Ohren Heldendichtung noch gelangt, tendenziell zu Lesern geworden sind.[164] Als letzte Spur mündlicher Dichtung verstummt der freie Vortrag von Heldendichtung, ohne daß sich ein Wissen seiner Umstände erhalten hätte.

Ein Indiz für das Überleben dieser Vortragsform entstammt mittelbar den Zeugnissen über den Vortrag einer Gattung, die sich anders als die Heldendichtung ein Medium erst schaffen mußte: dem Märe. Ab Mitte des 14. Jahrhunderts verbreiten fahrende Sprecher Mären, indem sie sie aus dem Gedächtnis vortragen.[165] Auch hier sind memorielle Fassungen zu beobachten.[166] Wenn solche Sprecher in den Quellen genannt werden, dann hier und da einmal zusammen mit Sängern, deren Repertoire aber undeutlich bleibt.[167] Häufig werden in Rechnungsbüchern Sprecher, die ein Honorar erhalten, genannt.[168] Dabei werden oft auch blinde Sprecher aufgeführt.[169] Dies ist deshalb von besonderem Interesse, weil Albrechts ›Jüngerer Titurel‹ einen Vers über blinde Sänger enthält, die vom hornhäutigen Siegfried singen: *So singent uns die*

---

163 An den neuzeitlichen Medien Zeitung, Radio und Fernsehen zeigt Harald Burger: Sprache der Massenmedien. Berlin, New York ²1990, S. 1-26, vergleichbare Trägheitsmomente.

164 Bauern als Leser des ›Eckenliedes‹ weist Flood: Die Heldendichtung und ihre Leser in Tirol im späteren 16. Jahrhundert, S. 149f., nach. Zum Publikum der Dietrichdichtung vgl. auch oben Kapitel 5.1, Anm. 24.

165 Vgl. Fischer: Studien zur deutschen Märendichtung, Kap. VI, und insbesondere Mundschau: Sprecher als Träger der ›tradition vivante‹ in der Gattung Märe.

166 Vgl. ebd., S. 87-101, einen Abriß der Forschung zum Fassungsproblem in der Märendichtung.

167 Einige Belege ebd., S. 80. Zu an Höfen entlohnten Sängern vgl. auch die Hinweise bei Anton Dörrer: Artikel ›Johann von Latsch‹. In: VL (erste Auflage), Bd. 2, S. 607-609 und Ludwig Schönach: Die fahrenden Sänger und Spielleute Tirols 1250–1360. In: Forschungen und Mitteilungen zur Geschichte Tirols und Vorarlbergs 8 (1911), S. 1-8, 119-126, hier S. 2, vermutet bei diesen Sängern auch ein heldenepisches Repertoire.

168 Mundschau: Sprecher als Träger der ›tradition vivante‹ in der Gattung Märe, S. 22-58.

169 Vgl. z.B. ebd., S. 46f.

blinden, daz Sifrid hürnin were / [...].[170] Dies ist eine der wenigen Stellen, an denen Tradenten von Heldendichtung überhaupt genannt werden. Wenn es aber blinde Sprecher gab, die Mären verbreiteten, dann ist es glaubhaft, daß es auch blinde Sänger gab, die Heldendichtung verbreiteten. Dann ist auch offensichtlich, daß sie sich ihren Text einprägen mußten, ohne eine Niederschrift nutzen zu können. Laut- und Satzhülsen erklärten sich z.T. vielleicht auch aus den restriktiven Bedingungen solcher Einprägung.

Eine Beschreibung des Mediums der Heldendichtung muß aber mehr als den besonderen Fall einer Tradierung u.a. durch blinde Sänger umfassen. Ich fasse das Modell, das ich für das Hochmittelalter vorschlagen möchte, noch einmal zusammen: Es gibt einen Ausgangstext, der schriftlich aufgezeichnet wird. Unsicher bleibt, ob er vollständig schriftlich konzipiert wird: Denn in ihn gehen in der Regel Partien einer Vorgängerfassung ein, die dann ihrerseits bereits schriftlich zur Hand sein mußten. Es scheint aber, daß Sänger Vorgängerfassungen gedächtnismäßig tradieren.[171] Offenbar werden sie zunächst für den eigenen Vortrag neugefaßt. Die Neufassung erfolgt in einem Dichtvorgang, der nicht den kontinuierlichen Kontakt mit der Niederschrift sucht. Wenn die Einprägung einer solchen Neufassung, die zum Ausgangstext weiterer Tradierung werden kann, durch einen Sänger im Zuge des Dichtvorgangs nur unvollständig gelingt, kann die Textkenntnis zur Not vom Blatt nachgebessert werden. Dies wäre eine mögliche Erklärung für die Aufzeichnung.

Der Text kann nun aber auch einfach abgeschrieben werden und in schriftliche Überlieferung eingehen, wie dies immer wieder auch mit späteren memoriellen Fassungen geschieht. Diese aber legen nahe, daß er gleichzeitig mündlich weiterverbreitet wurde, indem er durch Vorsingen und Zuhören oder durch eigenständiges Lesen vom Blatt ausgehend eingeprägt und auswendig gelernt wurde, um in auswendigem Vortrag vor einem Publikum an sein Ziel zu gelangen.

Aus einer dieser Situation grundsätzlich gleichzustellenden Situation geht die Aufzeichnung von Fassungen – z.B. durch auswendiges Diktat – hervor. Die eintretenden Änderungen sind dabei weder als Überlieferungsvarianten noch als Entstehungsvarianten zu betrachten,[172] obwohl sie sich durchaus in Analogie zu beiden Typen von Varianten beschreiben lassen. Denn eine Fassung entsteht in jener Situation unwillkürlich jeweils aufs neue und mit ihr ihre Varianten, wie auch diese Varianten unvermeidlich in Relation zu einer –

---

170 Albrecht von Scharfenberg: Jüngerer Titurel. Nach den ältesten und besten Handschriften hg. von Werner Wolf. Bd. II 2, Berlin 1968, Str. 3364,1. Vgl. auch oben Kapitel 5.5, Anm. 122.

171 Vgl. hierzu die Zusammenfassung von Beobachtungen an verschiedenen Texten in Kapitel 7.4.

172 Vgl. zu dieser Unterscheidung Herbert Kraft: Editionsphilologie. Darmstadt 1990, S. 41f.

wenn auch nicht konkret nachweisbaren, weil im Gedächtnis eines Sängers verborgenen und partiell verschütteten – Fassung stehen, die tradiert wird. Der Gedächtnistext wird je nur hörbar, nicht sichtbar.

Die wenigen Stellen, von denen man nähere Auskunft über die Tradierung von Heldendichtung erhoffen würde, kaschieren den Vorgang. So heißt es zu Beginn des ›Ortnit‹:

> *Ez wart ein buoch funden   ze Suders in der stat,*
> *daz het geschrift wunder,   dar an lac manic blat.*
> *die heiden durch ir erge   die heten daz begraben.*
> *nu sul wir von dem buoche   guote kurzwîle haben.*
>
> *Swer in freuden welle   und in kurzwîle wesen,*
> *der lâze im von dem buoche   singen unde lesen*
> *von einem künicrîche,   daz hât Lamparten namen.*
> *daz endarf vor allen krônen   sich des namen niht enschamen.*
> (›Ortnit‹ AW 1-2)

Der ›Ortnit‹ ist nachweislich mündlich tradiert worden,[173] aber sein Eingang suggeriert einen schriftgebundenen Vortrag. Allerdings ist die Stelle nicht klar. Ungewöhnlich ist zunächst die Formel *singen unde lesen*[174]: Meint sie eine einzige Vortragsform (Singen vom Blatt) oder zwei einander ausschließende Möglichkeiten des Vortrags (auswendiges Singen oder Vorlesen[175])?

Der Fundbericht scheint eine Quelle zu fingieren. Ist aber nun zu glauben, daß die offenkundig fabulierte Quelle[176] Vorträgen unmittelbar zugrundegelegt

---

173   Schon für die ersten Verse begegnen Lauthülsen. So heißt es in der Fassung aus Linhart Scheubels Heldenbuch (y) statt *die heiden durch ir **erge**   die heten daz begraben* (Str. 1,3): *Das hetten in die **erden**   die haiden wol begrabn.*

174   Sie steht nicht vereinzelt. Vgl. z.B. ›Wolfdietrich‹ D 448,2: [...], / *also wir ez an dem buche   hören singen und lesen.* Diese Formulierung kann sich wohl nicht auf das Buch beziehen, das gegebenenfalls aktuell vorgelesen wird und in dem der vorzulesende Text steht. Sie scheint sich auf ein Buch zu beziehen, das unabhängig vom Vortrag zur Hand ist.

175   Vgl. entsprechend Schmid-Cadalbert: Der ›Ortnit AW‹ als Brautwerbungsdichtung, S. 110-113, hier S. 111, zur Stelle. Möglich ist, daß die Vortragsform freigestellt wird, wie dies auch beim ›Wolfdietrich‹ D der Fall zu sein scheint. Vgl. oben Kapitel 6.10, S. 284.

176   Wäre es schon schwierig, das Buch aus Suders/Tyrus zu beschaffen – wie sollte ein deutschsprachiges Buch über das Schicksal Ortnits, das auch die Zeit jenseits seines Aufenthalts in Suders behandelte, dorthin gelangt sein und was sollte es dort? Coxon: The Presentation of Authorship in Medieval German Narrative Literature 1220–1290, S. 153f., verlegt die (fingierte) Aufzeichnung nach Suders und stellt sich die umgekehrte Frage, wie sie von dort nach Deutschland hätte gelangen sollen. Vgl. zur Stelle auch Friedrich Wilhelm: Antike und mittelalterl. Studien zur literaturgeschichte: I. Ueber fabulistische quellenangaben. In: Beiträge 33 (1908), S. 286-339, hier S. 332. Nach Schmid-Cadalbert: Der ›Ortnit AW‹ als Brautwerbungsdichtung, S. 111, soll die Verwahrung des Buchs durch

werden sollte? Und wenn nicht diese Quelle selbst – es heißt nicht: ›Dieses Buch wurde gefunden ...‹, das *ein* ist, wie aus dem anschließenden Präteritum zu schließen ist (*het, lac*), kein demonstratives *ein* –, so aber doch eine Abschrift *von dem buoche*?

Dann aber drängt sich ein Widerspruch auf: Wenn *von dem buoche*, sei es aus dem gefundenen oder einer Abschrift, vorgelesen wird, dann würde dies wohl mit der dritten Strophe (*Ez wuohs in Lamparten* [...]) beginnen – wie aber verhalten sich dann die ersten beiden Strophen zu dem *buoche*? Werden sie unabhängig von ihm vorausgeschickt? Hängt ihr Wortlaut in der Luft und ist frei hinzuzufügen?

Quellenberufungen – wie sie in der Heldendichtung in großer Zahl vorkommen[177] – sind gewöhnlich so zu verstehen, daß dem vorgetragenen bzw. vorgelesenen Text eine Quelle zugrundeliegt, die aber keineswegs zu einem konkreten Bestandteil des Vortrags oder der Vortragssituation wird. Hier scheint das Buch indes dem Vortrag selbst konkret zugrundezuliegen. Es gibt nun nicht nur im ›Ortnit-Wolfdietrich‹, sondern in der gesamten strophischen Heldendichtung immer wieder Stellen, die auf ein Buch verweisen, das nicht nur den gerade vorgetragenen Stoff (oder Text?) enthält, sondern das offenbar auch selbst zu einem Bestandteil der Vortragssituation wird. Zugleich scheinen die Formulierungen auszuschließen, daß es unmittelbar das Buch ist, aus dem vorgetragen oder -gelesen wird. Wie sind solche Stellen zu verstehen?

Ich führe einige Beispiele an. In der Fassung e$_1$ des ›Eckenliedes‹ heißt es (nicht am Anfang des Textes, sondern unvermittelt mittendrin): *Wir finden hie geschriben stan,* / [...]. (Str. 63,1) ›Wo?‹ möchte man fragen. Wenn es das Buch sein soll, das gerade vorgelesen wird, dann irritiert die Formulierung, denn sie scheint die Implikation zu besitzen, ihrerseits jenseits des aktuellen Lesevortrags gebraucht zu werden, und zwar bezogen auf das, was noch oder schon vorgelesen wird/wurde. Man formuliert nicht in einen Text hinein, was in ihm geschrieben steht, man sagt es aber, wenn man über den Text spricht.

Das *hie* schließt aber andererseits aus, daß es sich um eine gewöhnliche Quellenberufung handelt. Als Quellenberufungen lassen sich etwa noch Stellen wie die folgenden aus der ›Rabenschlacht‹ auffassen, an denen nicht die unmittelbare Gegenwart des Buchs impliziert wird: *als wir daz buoch hœren sagen* (Str. 112,4) oder *wie mir daz buoch hât geseit* (Str. 339,4).[178] Auffällig ist auch hier allerdings die Betonung eines bestimmten Buchs (*daz buoch*).

---

die Heiden für sein hohes Alter sprechen. Die Fundgeschichte stelle ein narratives Konstrukt dar, das vor allem auch das Publikumsinteresse wecken solle.

177 Vgl. zum Folgenden die Sammlung von Blumenröder: Die Quellenberufungen in der mittelhochdeutschen Literatur, S. 26-39.

178 Solche Stellen sind häufig in der ›Rabenschlacht‹. Vgl. Str. 154,4; 196,4; 396,6; 447,2; 617,4; 677,2; 752,3f.; 801,4. Vgl. auch Grimm: Die deutsche Heldensage, S. 288.

Diese Betonung wird unübersehbar, wenn das Demonstrativpronomen ein-
rückt: *dis bůch ſeit vns das* oder *alſo wir dis bůch hôrent ſagen* heißt es im
›Ortnit‹ a (Str. 339,1 und Str. 506,2) und [...] *tuot uns diz buoch bekannt* im
›Rosengarten‹ A (Str. 382,4). Besonders nachhaltig wirkt die Betonung auch
an zwei Stellen aus ›Alpharts Tod‹: *als uns saget diz diutsche buoch und ist
ein altez liet* (Str. 45,2) und *Wie ez an dem buoche hie stêt geschriben* (Str.
56,1). Hier zeigt sich ganz deutlich, daß das Demonstrativpronomen ein *hie*
der Vortragssituation einschließen kann.[179] Vermutlich gilt dies auch für die
folgende Stelle aus dem ›Sigenot‹, wo es heißt: [...] / *Als uns daz buoch verkündet hie / Daz ez uns nit enliege,* / [...] (Str. 199,5-6). Das *hie* wird keine
Stelle im Buch meinen (die Wortstellung erklärt sich besser aus dem Reim-
zwang), sondern sich auf die Vortragssituation beziehen.

Eine ganze Reihe von Stellen aus dem ›Wolfdietrich‹ D und seinen Fassungen implizieren mehr oder weniger deutlich die Gegenwart eines Buchs in
der Vortragssituation.[180] Wendungen wie *seit uns disz buch furwar* (›Wolfdietrich‹ D [Holtzmann], Str. 143,2; an der zitierten Stelle hervorgegangen
aus ›Wolfdietrich‹ B 135,2: *daz sage ich iu für wâr*) und *als uns diz buoch
noch seit* (›Wolfdietrich‹ D [Jänicke] VI 228,4) werden z.B. in der Fassung
des gedruckten Heldenbuchs übernommen (vgl. S. 154, Z. 1 und S. 401, Z.
29) und vermehrt.[181]

Las man solche Wendungen aus dem Buch vor, so hätte – wie schon betont
– die textuell integrierte Zeigegeste eine ungewöhnliche pragmatische Kop-
pelung des vorzulesenden Texts mit dem Vorleseakt herbeigeführt, wie sie in
dieser Form nur selten vorkommt: Aus dem Text heraus wäre auf das Buch, in
dem er geschrieben stand, gezeigt worden. Es könnte eine Erklärung hierfür
geben, ohne daß man gleich an einen freien Vortrag mit Verweis auf eine
Buchattrappe denken muß: Möglich ist, daß die Wendungen die besondere,
ungewohnte Beziehung des Publikums von Heldendichtung zum geschriebenen Text reflektieren. Mit ihnen übernähmen die Sänger die Perspektive eines

---

179 Vgl. zur Analyse von Beispielen insbesondere Blumenröder: Die Quellenberufungen in der mittelhochdeutschen Literatur, S. 73-83.

180 Quellenberufungen wie die folgenden aus dem gedruckten Heldenbuch: *als wir
es hören jehen* (vgl. z.B. S. 194, Z. 36 u.ö.) oder *Als ichs geschryben finde* (z.B. S. 303, Z.
22), welche eine Gegenwart der Quelle ausschließen, sind von den im folgenden zitierten
Wendungen klar zu unterscheiden.

181 Vgl. z.B. S. 142, Z. 24; S. 173, Z. 26; S. 295, Z. 31; S. 334, Z. 13; S. 350, Z. 18;
S. 353, Z. 10; S. 361, Z. 15; S. 377, Z. 15; S. 412, Z. 37; S. 416, Z. 32; S. 442, Z 1; S. 472,
Z. 27 u.ö. Ich zitiere nach Seiten- und Zeilenzahl der Ausgabe Adelbert von Kellers.

Auch wenn das gedruckte Heldenbuch einen vielleicht schriftlich bearbeiteten Text
bietet, läßt sich nachweisen, daß ihm eine mündliche Fassung zugrundegelegen haben
muß, da unter diesem Schrifttext eine entsprechende Textur erkennbar wird. Dann wären
die zitierten Stellen auf eine ursprüngliche Vortragssituation zurückzubeziehen, wie sie für
mündliche Fassungen Bestand hat.

illiteraten Publikums und gäben sich, als sprächen sie – vorlesend – so über den vorgelesenen Text und seinen materiellen Träger, wie man es auch in freier Rede täte. Das Medium aber hätte sich dann schon auf den Lesevortrag hin geöffnet, wie es ja auch die zweite Strophe des ›Ortnit‹ – mit dem Vers: *der lâze im von dem buoche singen unde lesen* – vorsieht.

Ich möchte eine Parallelstelle für einen entsprechenden Gebrauch der textuell integrierten Zeigegeste anführen. Der ›Millstätter Reimphysiologus‹ aus dem 12. Jahrhundert beginnt mit folgenden Versen[182]:

> *Ir sult an disen stunden von wises mannes munde*
> *Eine rede suochen an disem buoche.*
> *Phisiologus ist ez genennet, von der tiere nature ez uns zellet.*
> *Ist ez nu iuwer wille, so swiget vil stille.*
>
> *Dizze buoch wil uns chunt tuon und zellen grozzen wistuom*
> *Von tieren unde von vogelen, [...].*

Die Verse sind offenkundig auf eine Vortragssituation bezogen, in der den Zuhörern Aufmerksamkeit abverlangt wurde. Wurden die Verse vorgelesen, so wurde auch hier aus dem gelesenen Text heraus auf das Buch, in dem er stand, gezeigt.[183] Zu erklären ist das wiederum als Anpassung an die Perspektive von Zuhörern, denen das Vorlesen als eine noch unvertraute Vortragsart erschien und deren Aufmerksamkeit mit der einleitenden Suggestion freier Rede leichter zu binden war. Wenn der ›Millstätter Reimphysiologus‹ aber andererseits memoriert werden sollte,[184] dann mußte beim Vortrag auf das Buch, in dem er stand, gezeigt werden können. Dann traten Vortrag und Buch auseinander.

Deshalb bleibt auch für Heldendichtungen zu erwägen, ob nicht von vornherein daran gedacht war, daß der Vortrag vom Buch, das gleichwohl vorlag, unabhängig erfolgte. Der Sänger hatte auf es zu zeigen. Die oben aus ›Alpharts Tod‹ zitierte Stelle lohnt noch einmal eine nähere Betrachtung, auch wenn sie mehr Fragen aufwirft, als hier beantwortet werden können:

> *nû hebe wir ze Berne daz guot liet wider an,*
> *(ir mugent ez hœren gerne, als wir ez vernomen hân)*
>
> *Wie ez an dem buoche hie stêt geschriben,*
> *waz grôzer untriuwe an dem Berner wart getriben.*
> (›Alpharts Tod‹ 55,3-56,2)

---

182 Ich zitiere: Die religiösen Dichtungen des 11. und 12. Jahrhunderts. Nach ihren Formen besprochen und hg. von Friedrich Maurer. Tübingen 1964, Bd. I, S. 175.

183 Bezugnahmen wie ›dieses Buch‹ (statt ›diese Geschichte‹ o.ä.) am Anfang oder Ende von Texten sind durchaus häufig und allemal für Leser unauffällig. Vgl. *nû hât diz buoch ein ende und heizet ALPHARTES TÔT* (›Alpharts Tod‹, Str. 467,4). Sie werden auffällig erst in Verbindung mit einem projektierten Vortrag, und auch hier erst dann, wenn ›Buch‹ offensichtlich nicht nur für den Text oder die Geschichte selbst steht.

184 Vgl. Maurer in der Einleitung zu seiner in Anm. 182 zitierten Ausgabe, S. 167f.

Das Lied *ze Berne* fortzusetzen, verdeutlicht, wie sich der Dichter auf seine Dichtung bezieht: auch auf den Text (*daz guot liet*), aber daneben auch auf die Erzählhandlung,[185] deren ›Spielort‹ wechselt. Die Schriftgestalt der Dichtung wird dadurch, daß nicht von einer Stelle im Text die Rede ist, sondern von seinem Inhalt, vernachlässigt. Wenn man nun Strophe 55,4 mit Ernst Martin als Parenthese auffaßt, dann scheint das Lied von Alpharts Tod aber doch in einem Buch zu stehen, auf das der Sänger mit *hie* zeigt. Denn: »So spricht ein Vortragender, der dabei auf ein Buch vor ihm hinzeigt.«[186] Wollte der Dichter das Buch nicht vorlesen (oder vorgelesen wissen), dann hätte er sich beim Dichten darauf eingerichtet, ein Buch bzw. eine Buchattrappe mit sich zu führen, auf das/die er zeigen können mußte, was immer darin stand. Der Vortrag von Heldendichtung bedürfte eines Requisits. Oder sollte es eine Repertoirehandschrift sein, die man dabei hatte, ohne aus ihr vorzulesen?[187] Dagegen scheint u.a. die zitierte Stelle zu sprechen: Ein zum Repertoire gehöriges, aufgezeichnetes Lied konnte zumindest diese Stelle schlecht enthalten, da hier die Absicht ausgesprochen ist, zum Vortrag des Liedes zurückzukehren.[188] Also ein Requisit?[189]

---

185   Vgl. dazu unten S. 455f.

186   Blumenröder: Die Quellenberufungen in der mittelhochdeutschen Literatur, S. 74. Ernst Martin versteht die aus ›Alpharts Tod‹ zitierten Stellen in der Einleitung zu seiner Ausgabe (S. XIIf.) dagegen als Auskunft des Dichters über seine bei der Arbeit an der Dichtung unmittelbar vor ihm liegende Quelle. Daß man auf die Situation der Abfassung und nicht auf die Vortragssituation Bezug nimmt, ist aber für Heldendichtung von vornherein nicht zu erwarten. Düwel: Werkbezeichnungen der mittelhochdeutschen Erzählliteratur, S. 176f., spricht die Bezugnahme auf die Vortragssituation nicht an und sieht in dem *liet* ein mündlich tradiertes *liet* eines buchmäßig vorliegenden Sagenberichts.

187   So Vogt (Hg.): Salman und Morolf, S. CXXXVII; dort auch weitere Stellen. Vgl. zu der Vermutung einer bei der Vortragssituation anwesenden Repertoirehandschrift anhand der *chansons de geste* zuerst Gautier: Les épopées françaises, Bd. 1, S. 226: »[...] il [le jongleur, H.H.] les [les manuscrits, H.H.] apprenait avant la représentation, comme les acteurs apprennent leur rôle; mais, quand il entrait en scène, il se gardait bien de les montrer à son public.« Blumenröder: Die Quellenberufungen in der mittelhochdeutschen Literatur, S. 72, 75, u.ö., hat das Vorliegen einer Vortragshandschrift – einer Rezitierhandschrift, zu der der Sänger gelegentlich und bei Bedarf zurückkehren konnte – angenommen.

188   Es führt nicht weiter, solche Stellen mit Blumenröder als spätere Interpolationen zu behandeln.

189   Das Zeigen aus dem vorgetragenen Text heraus auf einen mitgebrachten Gegenstand ist als Besonderheit des Vortrags nicht gänzlich abwegig und erfährt eine Wiederbelebung im Bänkelsang. Dabei dient es allerdings eher der Veranschaulichung und weniger wie in der Heldendichtung der Beglaubigung. Vgl. indes als Beispiel die ›Beschreibung der sechs deutschen Sclaven [...]‹ in: Bänkelsang. Texte – Bilder – Kommentare. Hg. von Wolfgang Braungart. Stuttgart 1985, S. 98-107. Der Sänger des Liedes wies mit *Hier* [...] auf Bilder einer mitgeführten Bildtafel hin. Das Prosanachwort zum Lied nennt Gegenstände – Raritäten wie ein Straußenei, eine große Meermuschel u.a.m. –, die zusätzlich vorgezeigt wurden und die Sklaverei in der Fremde beglaubigen sollten.

Wenn dieser Durchgang durch einige ausgewählte Stellen aus der strophischen Heldendichtung – in der allein solche Stellen öfter begegnen – darauf führt, daß ein Buch beim Vortrag eine Rolle gespielt haben muß, ohne vorgelesen zu werden, dann ist offensichtlich, daß der Vortrag nicht von vornherein ausschließlich als Lesevortrag anvisiert war. Auch eine Repertoirehandschrift diente dem Vortrag nicht und stellte ihrerseits nur eine Art Requisit dar. Vorgetragen wurde dann auswendig, wobei die Gegenwart der Handschrift, auf die als Träger des Stoffs oder auch des Texts gezeigt werden konnte, die Glaubwürdigkeit des Vortrags vermittels des Rekurses auf eine dem Buchmedium vorrangig zugesprochene Qualität verbürgte. Möglich war es aber auch, die Stellen abzulesen, wobei sie als Übernahme der Perspektive des Publikums durch den Vortragenden erscheinen mußten.

Ich komme auf den Ausgangspunkt, die unklaren Eingangsstrophen des ›Ortnit‹, zurück. Hier wäre zu erwägen, ob ein Buch den freien Vortrag begleiten sollte: als Requisit, dem eine abenteuerliche Vorgeschichte angedichtet wurde. Das Buch – wenn es das aufgefundene darstellen, aber auch wenn es nur eine Abschrift von diesem enthalten sollte – enthielt vorgeblich oder im Fall einer Repertoirehandschrift tatsächlich die Geschichte von Ortnit, die ungeachtet so phantastischer Begebenheiten wie dem erzählten Drachenkampf glaubhaft werden mußte.

Der Versuch, das Erzählte glaubhaft zu machen, heftet sich auch dann, wenn man die in Frage stehenden Wendungen als Form der Perspektivenübernahme versteht, an das Buch als aufgekommenes Konkurrenzmedium für den freien Vortrag. Das Publikum scheint noch so wenig mit ihm vertraut, daß es das Buch als Wahrheitsindex ernstnimmt.[190]

8.7 Formen der medialen Wirklichkeitskonstruktion im ›Wolfdietrich‹ D, in der ›Nibelungenklage‹ und in der ›Rabenschlacht‹

Die historische Wahrheit des Erzählten ist altererbter Anspruch des Mediums.[191] Solche Wahrheit kann im Mittelalter durchs Buch bewährt werden, wie es denn im gedruckten Heldenbuch anstelle einer Quellenberufung auch

190 Zu einer entsprechenden Wertung von Schrift und Buch in Kulturen mit beschränkter Literalität vgl. Jack Goody: Einleitung. In: Literalität in traditionalen Gesellschaften. Hg. von Jack Goody. Frankfurt/M. 1981, S. 7-43, hier S. 21-34. Vgl. auch Blumenröder: Die Quellenberufungen in der mittelhochdeutschen Literatur, S. 71f.

191 Vgl. z.B. Höfler: Die Anonymität des Nibelungenliedes, S. 387ff., und Hermann Schneider: Einleitung zu einer Darstellung der Heldensage. In: Hauck (Hg.), Zur germanisch-deutschen Heldensage, S. 316-329 (zuerst 1955 erschienen), hier S. 317f.

heißt: *als vns die warheit seit* (S. 422, Z. 5). Dem Glauben an die Wirklichkeit eines Zeitalters der Helden geht die Glaubwürdigkeit seiner Bezeugung voraus. Was in Büchern steht, ist aber für eine vorwiegend illiterate Zuhörerschaft bevorzugt glaubhaft. Schrift und Buch sind hier für sich allein schon Zeichen, die einer Rede, die sich auf sie stützen kann, Autorität verleihen.

Mehr Mühe als die Eingangsstrophen des ›Ortnit‹ geben sich die Eingangsstrophen zum ›Wolfdietrich‹ D mit einer Absicherung der – gleichermaßen fabulierten – Beglaubigungsstrategie[192]: Danach wird die Quelle zum ›Wolfdietrich‹ D in Tagemunt[193] im Kloster gefunden (›Wolfdietrich‹ D 1,2-4) – angesichts der besonders nachhaltigen Versetzung des ›Wolfdietrich‹ D mit Legendenmotiven eine durchaus passende Auskunft. Später hört dann der Bischof von Eichstädt von dem Buch und läßt es sich kommen, um sich daraus zu unterhalten (Str. 2,1-3,3). Siebzehn Jahre lang findet er seinen Gefallen daran. Erst zehn Jahre nach seinem Ableben wird es vom Kaplan des Bischofs wieder aufgefunden (Str. 3,4). Der Kaplan orientiert sich über den Inhalt und bringt das Buch ins Eichstädter Frauenkloster (Str. 4,1-3). Dann heißt es: *merkt von dem guoten buoche wie ez sich zerspreitet hât.* (Str. 4,4) Der Verbreitungsvorgang wird vom Dichter mit besonderer Sorgfalt bedacht. Zunächst nimmt sich die Äbtissin des Frauenklosters des Buchs gern an, da es auch ihr gefällt.

Neben der Verbürgung der Existenz des altehrwürdigen Buchs ob eines so akribisch zurückverfolgten Besitzerwechsels ist mit dem Interesse der Äbtissin auch die Unbedenklichkeit seines Inhalts bewährt. Denn die Äbtissin zögert nicht, sich um seine Verbreitung zu bemühen:

> *sie sazt für sich zwên meister, die lêrtenz durch hübscheit:*
> *daz sie dran funden geschriben, daz brâhtens in die kristenheit.*
>
> *Nâhen unde verre fuoren sie in diu lant.*
> *sie sungen unde seiten, dâ von wart es bekant.*
> *die seltsæne âventiure wolten sie niht verdagen.*
> *êrst mügent ir gerne hœren von einem rîchen künege sagen.*
> (Str. 5,3-6,4)

Die Meister verbreiten das Buch durch Singen und Sagen. Auch diese vielverwendete Formel ist nicht sehr aussagekräftig, aber es ist wohl ausgeschlos-

---

192 Vgl. zu den Strophen auch Curschmann: Nibelungenlied und Nibelungenklage, S. 111f., und Sebastian Coxon: Zur Form und Funktion einiger Modelle der Autorenselbstdarstellung in der Heldenepik: ›Wolfdietrich‹ und ›Dietrichs Flucht‹. In: Elizabeth Andersen u.a. (Hgg.), Autor und Autorschaft im Mittelalter. Kolloquium Meißen 1995. Tübingen 1998, S. 148-162, hier S. 149-156. Vgl. auch Coxon: The Presentation of Authorship in Medieval German Narrative Literature 1220–1290, S. 154-159.

193 Jänicke vermutet in den Anmerkungen zu seiner Ausgabe (S. 323) im Anschluß an Müllenhoff das Kloster Admont hinter der Ortsangabe.

sen, daß vor- oder abgelesen wird, wenn man Heldendichtung ›singt und sagt‹.[194] Außerdem erweckt die Beschreibung der Verbreitung den Eindruck einer Zweiteiligkeit des Gesamtvorgangs: Erst müssen die beiden Tradenten sich hinsetzen und das Buch bzw. den Text aneignen (*die lêrtenz durch hübscheit*[195]), dann machen sie sich auf (*fuoren sie in diu lant*) und verbreiten ihn (*brâhtens in die kristenheit*[196]). Seine Vermittlung setzt voraus, daß sie ihn in irgendeiner Weise beherrschen. Das scheint mehr, als ihn nur ablesen zu können. Schließlich ist die Verbreitung durch ›Singen und Sagen‹ für ein Buch auffällig, das zuvor ausschließlich gelesen wurde, so daß sich der Gegensatz ›lesende Aneignung‹ vs. ›mündliche Verbreitung‹ aufdrängt.

Nach einem auf einsamen Lesegenuß abgestellten Lebensstadium des Texts würde demnach seine Tradierung mündlich gedacht, d.h. unter Voraussetzung der Beherrschung seines Wortlauts durch die Tradenten. Seine Herleitung aber wird als Auffindung eines Buchs konzipiert, die den Inhalt als Wahrheit verbürgen und unverdächtig machen soll. Dies scheint den Umstand zu parieren, daß die *âventiure* immerhin als *seltsæne* (Str. 6,3) erscheinen kann, d.h. auch als wenig glaubwürdig. Ausgespart bleibt die Entstehung des Textes, und unklar bleiben alle Umstände etwa seiner Einprägung sowie seines Abrufs aus dem Gedächtnis.

Mittelalterliche Heldendichtung wartet mit Beglaubigungsstrategien auf, die in anderer Weise als die oben angesprochene inszenierte Spontaneität gleichfalls Ausgleichshandlungen darstellen könnten. Dann muß es allerdings ausgleichsbedürftige Eigenschaften der Heldendichtung geben. Wenn gemäß der überkommenen Gestalt des Mediums die historische Wahrheit des Alt-

---

194 Aus einigen Belegen aus Schwieterings (ders.: Singen und Sagen) umfassender Zusammenstellung, hier z.B. S. 39f., geht hervor, daß man nicht ab- oder vorliest, wenn man ›singt oder sagt‹. Schwietering geht für ›Berufsrezitatoren‹ gerade auch von Heldendichtung davon aus, daß sie im Wortsinn ihre *liet* je nach dem (nichthöfischen oder höfischen) Publikum sangen oder aufsagten (S. 19-25).

195 Die Stelle ist doppeldeutig: Die Handschrift a vereindeutigt *die lêrtenz durch hübscheit* zu *die losent es durch hubscheit*. Vgl. dagegen die Auffassung der Stelle in der Handschrift b: *die lertent sy* [die Äbtissin] *es durch ein hebescheit*. Vgl. die Lesarten bei Kofler: Ortnit und Wolfdietrich D, S. 117. Nach Jänickes Zeichensetzung (Doppelpunkt nach Str. 5,3) ist *lêren* durch ›lehren‹ zu übersetzen. Nach Lexers ›Mittelhochdeutschem Handwörterbuch‹ ist aber auch eine Übersetzung durch ›lernen‹ möglich (s. zu *lêren* Bd. I, Sp. 1885 mit einigen Stellenangaben). Dies fügt sich aber durchweg besser in den Kontext. Vgl. entsprechend auch Lydia Miklautsch: Fingierte Mündlichkeit? Zum Prolog des ›Wofdietrich‹ D. In: Neophilologus 86 (2002), S. 87-99, hier S. 92.

196 Die Handschrift c (vgl. ebd.) verändert *daz sie dran funden geschriben* zu *Die fundent disen don darzu*. Dieser Ton wird dann – durch Singen – verbreitet. Einen Abdruck der Anfangsstrophen des ›Wolfdietrich‹ D aus der Handschrift c vgl. auch in Holtzmanns Ausgabe auf S. XVIIf. Nach dem gedruckten Heldenbuch (S. 127, Z. 5) wird das Buch *zu tütsch* abgeschrieben, also aus dem Lateinischen übersetzt und dann wohl vorlesend verbreitet. Vgl. auch Kornrumpf: Strophik im Zeitalter der Prosa, S. 331.

überlieferten als Anspruch immer mitläuft, dann gilt dies auch, wo sich mythisch-archetypische Züge einmischen. Diese werden in die Heldendichtung
nicht gerade eben erst eingeführt: Der Drachenkampf hat schon lange Unter-
schlupf in einer medialen Wirklichkeitskonstruktion gefunden, die eine trenn-
scharfe Unterscheidung des Erfundenen vom Faktischen nicht kennt.[197] Es ist
aber möglich, daß solche Züge irgendwann verdächtig erscheinen.

Es mag andere Verdachtsmomente geben, die nicht gleich wie im grundsätzlichen Zweifel der ›Kaiserchronik‹ an der Historizität von Heldendichtung
(V. 27-42, 14167-14187) auf dem Anspruch von aus buchmäßigen Geschichts-
quellen bezogenem Wissen gründen müssen. Auch die diffuse historische Distanz zum erzählten Vorzeitgeschehen könnte in einer Zeit und einer Umgebung Verdacht erwecken, die zu einem gewissen historischen Bewußtsein
gefunden hat.

Eine Reihe von narrativen Konstrukten scheint nun aber darauf eingerichtet, entsprechend dem Zuwachs an Verdachtsmomenten den Anspruch des
Mediums zu behaupten. Direkte Quellenbindung an das zum Konkurrenzmedium sich entwickelnde Medium der Schrift und des Buchs, das Buch überhaupt als Authentizitätserweis, die Konstruktion einer Informantenkette mit
der Rückführung auf einen Augenzeugen oder ein anschaulich gemachter In-
formationsfluß – wer erfuhr was von wem oder woher? – sollen den altererbten Anspruch des Mediums verteidigen. Dabei tritt Erfundenes ein, um
das Erzählte als historisch wahr zu erweisen: darin besteht die irritierende
Konstruktion solcher Ausgleichshandlungen, die den Anspruch auf historische Wahrheit prolongieren. Nicht anders erklärt sich schon die Strategie an-
tiker Pseudepigraphen. So finden sich ihre Beglaubigungsformen auch in Dichtungen wie dem ›Ortnit‹ und ›Wolfdietrich‹,[198] die der Bezeugung der historischen Wahrheit angesichts der Unwahrscheinlichkeiten ihrer Erzählhandlungen
besonders bedürfen.

Welch hervorgehobene Rolle die Behauptung der historischen Wahrheit
des Erzählten in der Heldendichtung spielt, wird an der ›Nibelungenklage‹
besonders deutlich. Ihr Dichter empfindet offenbar, wie auch schon der ›Nibelungenlied‹-Dichter selbst (›Nibelungenlied‹, Str. 2379), ein Ungenügen
an der Abruptheit, mit der das ›Nibelungenlied‹ endet, ohne daß man erfährt,

---

197 Klein: Vorzeitsage und Heldensage, S. 121, denkt dagegen an Gradabstufungen,
nach denen »das Übernatürliche außer Sichtweite, entweder in die Vorzeit oder an den
Rand der Welt« gerückt wird.

198 In den Fundgeschichten! Jänicke hat in den Anmerkungen zur ›Wolfdietrich‹-
Ausgabe (S. 239) zu Recht auf den Kreter Dictys verwiesen; dessen Tagebücher werden
freilich nicht die unmittelbare Anregung zu den Fundgeschichten im ›Ortnit‹ und ›Wolf-
dietrich‹ gegeben haben. Reiches Material zu Fundgeschichten vgl. bei Wolfgang Speyer:
Bücherfunde in der Glaubenswerbung der Antike. Mit einem Ausblick auf Mittelalter und
Neuzeit. Göttingen 1970.

was mit den wenigen Überlebenden, aber auch, was mit den in Worms Zurückgebliebenen weiter geschah. Einige der Fragen, die sich angesichts der defizitären Erzählweise des ›Nibelungenliedes‹ stellen, die ohne Doppel- oder Mehrfachfokus auskommen muß, finden deshalb Berücksichtigung. So denkt Kriemhild an ihren in Xanten zurückgebliebenen Sohn (B, V. 120-125), und Brünhilds und Gunthers Sohn tritt die Herrschaftsnachfolge in Worms an (V. 3996-4099). Neben der Klärung solcher Fragen nach den Umständen des Geschehens scheint den Dichter aber insbesondere auch die Frage zu beunruhigen, wie man in Deutschland von den Vorgängen am Etzelhof überhaupt Kenntnis haben konnte, wenn es doch keinen Überlebenden bei den Burgunden gab, der die Kunde des Untergangs in die Heimat hätte tragen können.[199]

Informanten zu besitzen, stellt das Rückgrat jedweder mündlichen Tradierung dar, und der Weg, den eine mündlich verbreitete Information nimmt, findet auch noch in Kulturen mit beschränkter Literalität großes Interesse.[200] Das bedeutet zunächst eine rationale Weise, mit der Historizität von Erzähltem umzugehen. Der Dichter der ›Klage‹ trägt solche Rationalität mit den aus ihr resultierenden Vorbehalten an den Nibelungenstoff heran.[201] So wird eine Informantenkette angesetzt, die auf den Spielmann Swämmel als unmittelba-

---

199   Ich klammere den weitergehenden eigenen Darstellungsanspruch der ›Klage‹ sowie ihren Zeugniswert für das Nibelungenverständnis um 1200 hier aus. Was u.a. Henkel: ›Nibelungenlied‹ und ›Klage‹, als zeitgenössische Verständnisperspektive für das in der Überlieferung regelmäßig vorgeschaltete ›Nibelungenlied‹ herausgearbeitet hat, verstehe ich nicht gleich als »Deutungsangebot« für das ›Nibelungenlied‹. Die ›Klage‹ muß ungeachtet der Überlieferungsgemeinschaft mit dem ›Nibelungenlied‹ keine Leseanleitung für dieses darstellen, sondern entwickelt zunächst einfach ein eigenes Verständnis des Geschehens auf der Basis seiner Darstellung(en) im ›Lied‹ und seinen Fassungen.

200   Es liegt nahe, eine Unterscheidung zu treffen, wie Jan Vansina: De la tradition orale. Essai de méthode historique. Tervuren 1961, S. 71, sie für die Zwecke des Historikers oraler Kulturen vornimmt: »Par rapport à la tradition orale on peut distinguer trois types de témoins: les témoins originaux, les témoins auriculaires de la chaine et les derniers témoins.« Augenzeugen (*témoins oculaires*) kommt dabei eine besondere Bedeutung als den primären Zeugen (*témoins originaux*) historischen Geschehens zu; die letzten Zeugen in der Informantenkette gehen schließlich zur Verschriftlichung über (ebd.). Die Unterscheidung ist bei den folgenden Überlegungen zu bedenken. Allerdings wird bei den im folgenden herangezogenen Textstellen die Verschriftlichung nicht immer als das Werk tertiärer Zeugen konzipiert und ans Ende der Tradierung gestellt. Zur Bewertung von Schriftzeugnis und Augenzeugenschaft in der mittelalterlichen Historiographie vgl. Franz-Josef Schmale: Funktion und Formen mittelalterlicher Geschichtsschreibung. Eine Einführung. Darmstadt 1985, S. 73f.

201   Die Vorbehalte zeigen sich z.B. ganz deutlich in der Betonung des Dichters, über das Ende Etzels nichts Gewisses mitteilen zu können: Was immer man darüber erzähle, so *kan ich der lüge niht gedagen / noch die wârheit gesagen, / wand dâ hanget zwîvel bî.* (V. 4331-4333) Zitiert wird die ›Klage‹ in den Fassungen *B und *C im folgenden nach der Ausgabe Bumkes.

ren Augenzeugen des Untergangs der Burgunden zurückgeführt wird.[202] Swämmel wird von Etzel den weiten Weg nach Worms geschickt, auf dem er Station für Station Bericht über den Untergang erstattet. Der schon im ›Nibelungenlied‹ zum Zeitgenossen der Vorgänge, ja zum Verwandten der Protagonisten gemachte historische Bischof Pilgrim von Passau (971-991) läßt den Augenzeugenbericht durch seinen Schreiber *in lâtînischen buochstaben* aufzeichnen (B, V. 4295-4315) und seinen Wahrheitsgehalt verbriefen.[203] Er will, *daz manz* [das *maere* vom Burgundenuntergang] *vür wâr solde haben* (V. 4300; in C heißt es in Vers 4406f.: [...] *ob ez iemen vür lüge wolde haben, / daz er die wârheit hie vunde*). Damit wird dem Bischof ein Interesse unterstellt, das der Dichter der ›Klage‹ selbst wiederholt erkennen läßt, wenn er den Wahrheitsgehalt des Erzählten beteuert (vgl. B, V. 12f., 50, 577, 3914, 4300). Nach der Aufzeichnung durch den Schreiber Konrad ist der Bericht dann angeblich oft (neu)gedichtet worden (V. 4316f.).

Eine Aufzeichnung in lateinischer Sprache ist in ihrem historischen Gehalt vertrauenswürdiger als eine in der Volkssprache. So läßt der Dichter der ›Klage‹ alle Überlieferung vom Burgundenuntergang mit ihr beginnen. Von ihr macht er aber – wie es vergleichbar im Prolog des ›Wolfdietrich‹ D geschieht – auch mündliche Tradierung in der Volkssprache abhängig, die von Dichtern getragen wird.[204] Jung und Alt kennt von ihnen den Stoff.

Es gibt nun eine Reihe von Unklarheiten im Text der ›Klage‹, die mit der unmittelbaren Übermittlung des Stoffs an den ›Klage‹-Dichter zu tun haben und die zugleich im Zusammenhang stehen mit dem besonderen Interesse am Wahrheitsgehalt des Erzählten, das dieser Dichter selbst an den Tag legt. Denn er schiebt wiederholt einen weiteren Dichter ein, der zunächst einfach *tihtaere* genannt wird (B, V. 18),[205] dann aber auch *der rede meister* (V. 44), *des buoches meister* (V. 569) oder einfach *meister* (V. 1600)[206] und am Ende wieder *tihtaere*

202 Von Swämmel wird im Gegensatz etwa zu Wärbel im ›Nibelungenlied‹ nicht explizit gesagt, daß er beim Kampf gegen die Burgunden umkommt. Vgl. Müller: Der Spielmann erzählt, S. 96f. Auch dies läßt erkennen, daß man sich explizit um eine nachvollziehbar plausible Erklärung bemühte. Zum Sinn der Quellenfiktion vgl. auch Bumke: Die vier Fassungen der ›Nibelungenklage‹, S. 463f.
203 Zur möglichen Bedeutung von *brieven* als *prüefen* in Vers 4314 vgl. Müller: Der Spielmann erzählt, S. 97.
204 Er spricht von einer *rede* (V. 44, 47, 106), die *gesagt* (V. 71, 159, vgl. auch V. 393, 2198 und 4145, wo das *sagen* allerdings den Geschehnissen gilt, die die ›Klage‹ erzählt) und von Zuhörern *vernomen* wird (V. 95). Daraufhin ist sie weithin bekannt (V. 47).
205 Diese Stelle wird in der *C-›Klage‹ durch die klärende Änderung vereindeutigt, ein *schrîbaere* (statt *tihtaere*) habe das *maere* in lateinischer Sprache aufgezeichnet (C, V. 17-20), was sich wohl nur auf den im Epilog genannten Schreiber Konrad beziehen läßt. Dazu stimmt die auch in B an späterer Stelle in den Text eingestreute Bemerkung: *Diz hiez man allez schrîben* [...] (B, V. 295 = C, V. 273).
206 Auch die Verbreiter des ›Wolfdietrich‹ werden im Prolog des ›Wolfdietrich‹ D ja *meister* genannt.

(V. 4349). Unklar ist u.a., ob es sich dabei um ein und dieselbe Person handeln soll. Wenn das aber so ist, könnten zumindest zwei dieser Stellen den Eindruck erwecken, als hätte dieser *meister* oder *tihtaere* in unmittelbarem Kontakt zu ihm gestanden.[207] So wird in Vers 1600f. ein Präsens verwendet: *Der meister sagt, daz ungelogen / sîn disiu maere.* Dies allein bedeutet nicht viel, wenn dem nicht die letzte Stelle – aus einem Zusatz in B nach dem ursprünglichen Schlußvers (B, V. 4322: *diz liet heizet diu klage*) – korrespondieren würde, wo es heißt: *uns seit der tihtaere, / der uns tihte diz maere, / ez enwaere von im sus niht beliben, / er het ez gerne geschriben, / daz man wiste diu maere, / wie ez im [Etzel] ergan[...].* (B, V. 4349-4354). Die folgenden Verse sind infolge einer Beschneidung der Handschrift B verloren, in C dagegen erhalten,[208] und der ganze Zusatz ist in *C vor dem Epilog eingearbeitet.[209]

Der *meister* oder *tihtaere* liefert offenbar den Stoff der ›Klage‹, aber er scheint auch für den Nibelungenstoff verantwortlich, wenn man Vers 17-24 in B auf ihn bezieht, was freilich nach der Vereindeutigung in C (vgl. Anm. 205) zweifelhaft ist. Nach dem eben zitierten Zusatz ist er als Dichter aber offenbar auch an der sprachlichen Gestalt (der ›Klage‹; auch des ›Nibelungenliedes‹?) beteiligt. Es bleibt völlig unklar, um wen es sich handelt, und leider auch, ob es sich nur um eine Person handelt oder ob die angeführten

207 Anders als Lienert: Die Nibelungenklage, S. 356 (s. zu V. 44-46), und Bumke: Die vier Fassungen der ›Nibelungenklage‹, S. 594, bereitet es mir Schwierigkeiten, diesen *meister* an allen genannten Stellen mit dem Schreiber Konrad (V. 4314-4315) zu identifizieren. Panzer: Das Nibelungenlied, S. 83ff., hat in dem *meister* dagegen den Dichter des ›Nibelungenliedes‹ sehen wollen, auf dessen Text der Dichter der ›Klage‹ sich in ungenauer und unverbindlicher Weise beziehe. Dies scheint mir wahrscheinlicher, es bedürfte aber einer neuen Untersuchung, die einige weitere Voraussetzungen Panzers korrigiert.

208 Vgl. C, V. 4393-4400: *wie ez im ergangen waere, / waere ez im iender zuo komen / oder het erz sus vernomen / in spels wîse von iemen. / dâ von weiz noch niemen, / war der künic Ezel ie bequam / oder wie [ez] umbe in ende nam.*

209 In seinem Kommentar zur Ausgabe der ›Klage‹, S. 555, vermutet Bumke in dem Zusatz einen sekundären Zusatz der Handschrift B. Da der Zusatz aber auch in C (vor dem Epilog eingearbeitet) steht, kann dies nicht zutreffen, da C nicht aus B abgeschrieben wurde. Wird ein Bearbeiter für die Fassung *C verantwortlich gemacht, so muß er über eine Vorlage der Handschrift B verfügt haben, in der er den Zusatz schon antraf, und zwar in derselben Form wie in B.
Der Vermutung andererseits, daß der Verfasser der *C-›Klage‹ auch schon der Verfasser der *B-›Klage‹ gewesen sein könnte, gehe ich hier nicht weiter nach. Sie könnte die spätere Einarbeitung des Zusatzes als Einarbeitung eines eigenen Zusatzes erklären. Sie setzte eine unmittelbare Nähe der Entstehung von ›Klage‹ und ›Lied‹ – auch in den aufeinander folgenden Fassungen – voraus, wie sie Bumke: Die vier Fassungen der ›Nibelungenklage‹, S. 590-594, mit seinen Überlegungen zu einer »Nibelungenwerkstatt« zu sichern versucht hat. Zentral für eine solche Vermutung ist – worauf auch Henkel: ›Nibelungenlied‹ und ›Klage‹, S. 77f., hinweist: –, »daß die ›Lied‹-Handschriften von *B auch die *B-›Klage‹, die *C-Fassung des ›Liedes‹ die *C-›Klage‹ [enthalten]«.

Stellen sich auf zwei oder mehr Personen beziehen. Daß an allen Stellen der Schreiber Konrad gemeint ist, der hier durch seine lateinischen Aufzeichnungen hindurch indirekt zum Dichter der ›Klage‹ spräche (deshalb das Präsens), scheint nicht sehr wahrscheinlich.[210]

Soll man dagegen glauben, daß hinter dem Dichter der ›Klage‹ ein weiterer dichtender Zeitgenosse, ein *meister*, steht, der ihm auf irgendeine Weise den Weg ebnet?[211] Oder ist unter dem im Zusatz genannten Dichter wie schon unter dem *meister* womöglich sogar der Dichter des ›Nibelungenliedes‹ selbst zu verstehen, zu dem der ›Klage‹-Dichter in unmittelbarem Kontakt gestanden hätte?[212]

Um wen oder was es sich immer handelt: Diese Person ist offenbar besonders interessiert an der Wahrheit des ›Nibelungenliedes‹. Sie wäre denn auch zuständig für das narrative Konstrukt der ›Klage‹: die Rückführung der Kenntnis vom Burgundenuntergang auf die Augenzeugenschaft Swämmels. Sie bezog u.a. zum in der ›Klage‹ erzählten Geschehen mit der Behauptung Stellung, *daz ungelogen sîn disiu mære* (V. 1600-1601). Auch der zuletzt genannte *tihtaere* wußte aber keinen Rat, wie man erklären könne, was am Ende noch mit Etzel geschah (nach den eben zitierten Versen 4349-4354 in B bzw. 4389-4400 in C).[213] Das narrative Konstrukt ist mit ernsthaftem Nachdruck und erheblichem Aufwand ins Werk gesetzt, und es handelt sich um keine

---

210 So aber Bumke: Die vier Fassungen der ›Nibelungenklage‹, S. 466ff. Nirgendwo in der ›Klage‹ wird aber der Fiktion weiterer Raum gegeben, ihr Dichter verfüge noch über diese alten Aufzeichnungen des Schreibers Konrad oder nur über eine Abschrift von ihnen. Zwischen den Aufzeichnungen und dem Fortleben des Stoffs in der Gegenwart vermitteln ja vielmehr die Dichter, die ihn verbreiten (B, V. 4316-4319). Außerdem bleibt unklar, wie die zugesetzten Verse B, V. 4349-4354 auf den Schreiber Konrad gemünzt sein können, wenn man nicht tatsächlich eine lateinische Nibelungias als Vorlage des ›Klage‹-Dichters unterstellt.

211 Etwa indem er eine Vorlage diktiert. Vgl. Vers 17-19 in B: *Diz alte maere / bat ein tihtaere / an ein buoch schrîben*. Vgl. auch die implizite Befehlskette beim Diktat nach V. 44f.: *der rede meister hiez daz / tihten an dem maere / [...]*. Daß Dichter im Mittelalter diktieren, geht z.B. aus dem ›Eneasroman‹ Heinrichs von Veldeke (352,37) hervor.

212 Die auf den Anfang der Überlieferung zurückführende Verbindung von *B-›Klage‹ und *C-›Klage‹ mit dem *B-›Lied‹ und dem *C-›Lied‹ läßt eine solche Hypothese als nicht ganz unwahrscheinlich erscheinen. Die Fragen verdienen eine neue Behandlung.

213 Bumke erachtet im Kommentar zu seiner Ausgabe, S. 555, die in der Tat auffällig ausführlichen Spekulationen über Etzels Leben oder Tod (V. 4423-4448) als »komisch«, Henkel: ›Nibelungenlied‹ und ›Klage‹, S. 76, als »burlesk«. Mir scheint im Gegenteil, daß sie dem Impuls entsprechen, aus dem heraus die ›Klage‹ verfaßt ist, und demgemäß nicht komisch oder burlesk, sondern ernstzunehmen sind. Sie korrespondieren dem auch in anderen Details (vgl. V. 170-175, 4205f.) lückenhaften Wissen vom Burgundenuntergang. Da diese Lückenhaftigkeit aber schon vom Dichter des ›Nibelungenliedes‹ betont wird (*Ine kan iu niht bescheiden, waz sider dâ geschach*, Str. 2379,1), könnte dies ein vages Indiz für eine persönliche Zusammenarbeit beider Dichter darstellen.

erfundene, sondern offenkundig um eine leibhaftige Person (wenn es nicht mehrere sind), die dafür verantwortlich gemacht wird. Der Dichter der ›Klage‹ teilt sein Interesse an der Historizität des Erzählten mit ihr.

Augenzeugenschaft ist nach dem narrativen Konstrukt der ›Klage‹ noch vor der Niederschrift eines lateinischen Buchs letztes Kriterium der Wahrheit des Erzählten. Schon Dares und Dictys waren aus demselben Grund Teilnehmer des Trojanischen Krieges, und der altenglische ›Widsith‹ nutzt die Fiktion, der Sänger sei selbst bei den Königen gewesen, von denen er erzählt. Vielleicht in Anlehnung an volkssprachliche Muster, deren Reflexe wohl noch in die seit dem 13. Jahrhundert entstehenden historisch-politischen Ereignislieder hineinreichen,[214] stellt sich im 9. Jahrhundert ein nicht weiter bekannter Angelbert – in diesem Fall glaubhaft und nicht im Sinne einer Beglaubigungsfiktion – als Teilnehmer und Augenzeuge der Schlacht von Fontenoy aus dem Jahr 841 vor, von der er in 15 Strophen erzählt.[215]

Für die Wiedergabe von Heiligenviten, Legenden und Mirakelerzählungen hat Gregor der Große die Empfehlung ausgesprochen, um der Glaubwürdigkeit willen die Quelle zu nennen.[216] Und ein Dichter wie Alber, der die ›Visio Tnugdali‹ in mittelhochdeutsche Reimpaarverse brachte, hält sich unter Berufung auf Gregor (*nennen er* [Gregor] *die wolde, / von den er vernomen hêt / die rede diu zurkunde stêt* [V. 60-62])[217] getreu daran, indem er über die Aufzeichnung der ›Visio‹ Informationen mitteilt, die er von Zeugen der Aufzeichnung bezog und nicht aus der ›Visio‹ selbst entnahm. Auch spätmittelalterliche Erzähler von Mären rechneten mit der Frage, ob wahr sei, was sie erzählten, und sie konnten sich dann leichthin auf einen Augenzeugen berufen.[218]

---

214 So beansprucht etwa der Dichter eines Gedichts vom Judenmord zu Deggendorf als Wahrheit, *was ich mit augen hab gesehen*. Vgl. Rochus von Liliencron: Die historischen Volkslieder der Deutschen. Leipzig 1865, Nachdruck Hildesheim 1966, Bd. I, S. 46.

215 *Hoc autem scelus peractum, quod descripsi ritmice, / Angelbertus ego vidi, pugnansque cum aliis / Solus de multis remansi prima frontis acie.* (Str. 8) Vgl. den Text bei Dag Norberg: Manuel pratique de latin médiéval. Paris 1968, S. 165-172, das Zitat auf S. 166.

216 *Ea quæ mihi sunt virorum venerabilium narratione comperta, incunctanter narro sacræ auctoritas exemplo, cum mihi luce clarius constet quia Marcus et Lucas Evangelium quod scripserunt, non visu sed auditu didicerunt. Sed ut dubitationis occasionem legentibus subtraham, per singula quæ describo, quibus hæc auctoribus mihi comperta sint manifesto.* (Dialogi libri quatuor. In: Sancti Gregorii Papae I opera omnia. Hg. von Jaques-Paul Migne. Paris 1896 [Patrologia latina, Bd. 77], S. 149-430, das Zitat auf S. 153)

217 Visio Tnugdali. Lateinisch und Altdeutsch. Hg. von Albrecht Wagner. Erlangen 1882.

218 Entsprechende Stellen aus der Märendichtung nennt Fischer: Studien zur deutschen Märendichtung, S. 251f., darunter eine aus dem ›Rädlein‹ des Johannes von Freiberg, wo es heißt: *ez ist wâr, daz ez geschach, / wan der ez hôrte unde sach, / der sagte mirz vür die wârheit* (V. 7-9).

Angesichts des Interesses an glaubhafter Bezeugung, das es Trittbrettfahrern wie z.B. auch Märenerzählern allerdings leicht machen mußte, Beglaubigungsfiktionen leichthin zu lancieren, ist davon auszugehen, daß die ›Klage‹ die Augenzeugenschaft Swämmels ernsthaft als Erklärung für den Umstand an- und einführt, daß der Nibelungenstoff an die Nachwelt gelangen konnte.[219] Denn von Swämmel wußte es Bischof Pilgrim von Passau, der alles aufzuzeichnen befahl, und von dieser Aufzeichnung hängen alle späteren Versionen des Stoffs ab (vgl. B, V. 4316-4319). Ausgehend von der vorausgesetzten historischen Wahrheit des ›Nibelungenliedes‹ wird ein Erklärungsrahmen angelegt, der diese Wahrheit zu sichern vermag – Reaktion vielleicht auf zeitgenössische Zweifel (vgl. auch B, V. 4331-4333, zitiert in Anm. 201). Der Erklärungsrahmen wird wohl mit Grund nicht in die Strophenform der mündlichen Heldendichtung gebracht: der Medienwechsel markiert seinen supplementären Status.[220]

Das Befremdliche besteht nun aber darin, daß die Augenzeugenschaft ein frei erfundenes Konstrukt zugunsten der Darstellung eines Geschehens ist, das so, wie es im ›Nibelungenlied‹ erzählt wird, alles andere denn als frei erfunden gelten soll. Im Rahmen der medialen Wirklichkeitskonstruktion sind also narrative Strategien und Konstrukte möglich, die es mit einer umfassenden Faktenwahrheit, wie man sie heute fordern würde, so genau nicht nehmen.

Das Konstrukt der ›Klage‹ reagiert auch auf ein Problem, das Heldendichtung oft selbst erst schafft. Wenn Zuhörer im Handlungsverlauf einer Dichtung leicht kritische Stellen für einen nachträglichen Bericht ausfindig machen konnten – denn wie erfuhr die Nachwelt überhaupt von einem erzählten Geschehen, wenn kein einziger Teilnehmer überlebte? –, dann mußte an dieser Stelle eine Beglaubigung die Zweifel besonders sorgfältig ausräumen. Erleichtert wurde dies dadurch, daß Zuhörer nicht überprüfen konnten, wenn die Beglaubigung nur eine Fiktion darstellte.

---

219 Vgl. denselben Typ der Erklärung auch in der ›Thidrekssaga‹ (Bertelsen), Bd. I, S. 2 (= Erichsen, S. 62), wo betont wird, daß Lieder direkt im Anschluß an die Geschehnisse, von denen sie erzählen, gedichtet worden seien und die Geschehnisse deshalb heute noch einheitlich erzählt werden könnten. Auch die Erzählung vom Wunderer gelangt an die Nachwelt, indem die Fürsten an Etzels Hof sie gleich nach dem Geschehen aufzeichnen lassen (›Wunderer‹, Str. 212). Ernstgemeint ist auch die Herkunftsgeschichte des Waisen, wie der ›Herzog Ernst‹ (V. 4456-4476) sie konstruiert: Ernst selbst hat ihn aus dem Felsen gebrochen und nach Deutschland mitgebracht. Er ist deshalb auch Augenzeuge der Herkunft des Waisen. Vgl. hierzu sowie zu weiteren Parallelen auch Wandhoff: Der epische Blick, S. 177-179.

220 Daß dieser Erklärungsrahmen beim Vortrag zur Geltung kam und daß ›Nibelungenlied‹ und ›Klage‹ nacheinander in Folge – wenn auch sicher nicht in einer einzigen, zusammenhängenden Vortragssituation – vorgetragen wurden, ließe sich u.a. aus V. 71 und 159 schließen.

Das ›Rolandslied‹ erzählt z.B., wie die fränkische Nachhut unter der Führung Rolands von den Heiden vollständig aufgerieben wird. Nur Rolands Hornstoß erreicht noch Karls Ohren; als dieser umkehrt, sind alle tot. Wie also kann ein Sänger, der von Rolands heldenhaftem Kampf erzählt, wissen, auf welche Weise er und seine Leute starben? Die ›Chanson de Roland‹ macht den hlg. Ägidius deshalb zum Teilnehmer des Kampfs – er ist der, der auf dem Schlachtfeld war (*cil qui el camp fut*) – und läßt ihn später im Kloster eine *geste* niederschreiben (V. 2095-2098). Im deutschen ›Rolandslied‹ (V. 6646-6648) wird der kritische Punkt, der durch diese Beglaubigungsfiktion überdeckt werden soll, nicht recht deutlich, aber der Stricker stellt sie in seinem ›Karl‹ klar heraus:

> *Nu hœret wâ von daz quam,*
> *daz man die wârheit vernam,*
> *waz si* [Roland und seine Leute] *sprâchen unde tâten.*
> *swaz sie begangen hâten,*
> *dazn mohtens selbe niht gesagen,*
> *si wurden allesamt erslagen.*
> (V. 8233-8238)

Kaiser Karl läßt Ägidius, dem ein Engel in seiner Klause die Wahrheit über den Kampf mitteilte, nach dem Hergang des Geschehens befragen. So kommt es zu der Niederschrift in einem Buch (V. 8239-8252).

In der Regel stellt eine solche lateinische Niederschrift die Quelle dar, von der alle spätere Tradierung abhängt.[221] Gerade die geistliche Literatur beruft sich häufig, wenn sie sich auf die apokryphen Evangelien stützt, auf entsprechende Quellen.[222] Erst in der weltlichen Literatur werden solche Quellen aber definitiv zum narrativen Konstrukt: Dieses schaltet der Quelle einen erfundenen unmittelbaren oder, wie beim Stricker, mittelbaren Zeugen vor, der die Historizität des tradierten Stoffs verbürgen soll. Was die Dignität der Bezeugung anbetrifft, so kann allerdings die buchmäßige Quelle mit Augenzeugenschaft immer auch konkurrieren. Beides steht deshalb nicht immer in einer Reihenfolge – erst der Augenzeuge, dann die Aufzeichnung, von der

---

221 Vgl. hierzu Dieter Kartschoke: *in die latine bedwungin*. Kommunikationsprobleme im Mittelalter und die Übersetzung der ›Chanson de Roland‹ durch den Pfaffen Konrad. In: Beiträge 111 (1989), S. 196-209, hier S. 198.

222 So bezieht sich Konrad von Heimesfurt in der ›Urstende‹ (V. 53-68) auf die Quellenkonstruktion des Eneas (= Ananias) aus den ›Pilatusakten‹. In ›Unser vrouwen hinvart‹ (V. 79-134) versteht er den Apostel Johannes als Augenzeugen der Ereignisse, die über Pseudo-Melito von Sardes (›De transitu Mariae‹) in die schriftliche Überlieferung eingingen, während Konrad sie seinerseits wieder Analphabeten vermitteln will (V. 57-78). Vgl. zu den Stellen auch Klaus Grubmüller: Verändern und Bewahren. Zum Bewußtsein vom Text im deutschen Mittelalter. In: Text und Kultur. Mittelalterliche Literatur 1150–1450. Hg. von Ursula Peters. Stuttgart, Weimar 2001, S. 8-33, hier S. 22f.

weitere Tradierung abhängt –, sondern auch das Buch kann den Anfang machen.

Daß die Augenzeugenschaft einen verbreiteten narrativen Schachzug darstellt, lehrt eine Stelle aus einem anderen gattungsmäßigen Kontext: Als Hartmann von Aue im ›Iwein‹ das Brunnenabenteuer Iweins erzählt, will er von dessen Kampf mit dem Burgherrn nicht viel Worte machen. Denn einer der Kontrahenten sei zu Tode gekommen und der andere hätte von seinem Sieg nicht viel Aufhebens gemacht (V. 1029-1044). Wie könne man also, da es keinen weiteren Augenzeugen gab (vgl. V. 1032-1034: *sî wâren dâ beide, / unde ouch nieman bî in mê / der mir der rede gestê*), glaubwürdig davon erzählen?[223]

Die Stelle ist durch Chrétien nicht gedeckt und kaum mehr als eine spielerische Reflexion, da Hartmann dann durchaus Details des Kampfs erzählt. Kalogrenant hatte indes selbst sein Brunnenabenteuer am Artushof bezeugt, und so mochte sich die Reflexion – sei es für den Erzähler oder sein Publikum – aufdrängen, insofern Iwein nirgendwo einen entsprechenden Bericht abstattete. Dies aber nur, wenn man präpariert war, das narrative Problem der Bezeugung eines erzählten Geschehens überhaupt wahrzunehmen. Wahrnehmen mochte man es, wenn man in heldenepisches oder in primär mündliches Erzählen sozialisiert war und dessen Wirklichkeitskonstruktion an den ›Iwein‹ herantrug. Auktoriales Erzählen – wie explizit der fiktive Status des Erzählten auch immer erscheint – ist hier noch nicht ganz sattelfest und dem Publikum vertraut, was für den Artusroman zweifellos überrascht. Kein heutiger Leser würde auch nur entfernt auf den Gedanken kommen, daß die Bezeugung eines auktorial erzählten Geschehens thematisiert werden müßte oder – in fiktionalen Erzählungen – auch nur könnte. Deshalb erschiene eine entsprechende narrative Spielerei heute unsinnig.

Daß aber bei Hartmann offenbar der Fiktionscharakter seiner Erzählung nicht in allen seinen Konsequenzen realisiert wird, dafür bringt vielleicht eine Stelle aus dem Epilog des ›Nüwen Parzifal‹ (S. 850, V. 11-29) zusätzliche Bestätigung.[224] Philipp Colin gibt hier an, im Besitz seines Gönners Ulrich von Rappoltstein befinde sich *ein welsch buoch*, das der König Artus nach dem Bericht seiner von ihren Aventiuren heimkehrenden Ritter anfertigen ließ und jederzeit gern las, *wan ez wor und bewert waz* – es konnte sich ja auf Augenzeugen berufen. Mit derartigen Angaben machte man aber als Übersetzer und Bearbeiter französischer Artusromane sich und seinem Publikum ver-

---

223 In der ›Kudrun‹ heißt es ähnlich einmal, daß im Kampf Hagens gegen Hetel und seine Leute manch Kämpfer den Tod fand, *der nimmer mêr diu mære / gesagete in sînem lande, wie im in dem strîte gelungen wære* (Str. 511).

224 Den Hinweis auf die Stelle verdanke ich Peter Strohschneider. Ich zitiere: Parzifal von Claus Wisse und Philipp Colin (1331–1336). Hg. von Karl Schorbach. Strassburg 1888.

ständlich, wie es zum Erzählen von den Aventiuren der Artusritter ursprünglich kommen konnte.

Das Medium der Heldendichtung, an dessen Wirklichkeitskonstruktion sich Hartmann und Philipp Colin orientiert haben könnten, sucht u.a. über eine fingierte Augenzeugenschaft den direkten Zugang zum erzählten Geschehen und kann sich dabei erkennbar nicht auf auktoriale Lizenzen berufen. Es bemüht eine Wahrheit, zu deren Stützung es allerdings unter der Hand erstaunliche narrative Freiheiten, ja sogar freie Erfindung provoziert. Die Beglaubigungsfiktion des Augenzeugen dürfte nicht wie die Herausgeberfiktion im Roman des 18. Jahrhunderts schnell durchschaut worden sein. Es ist im Gegenteil damit zu rechnen, daß sie ihre Funktion erfüllte. Die ›Nibelungenklage‹ wäre also nicht etwa ein Kommentar zum ›Nibelungenlied‹ oder eine Anweisung, wie dieses zu lesen sei, sondern die Entfaltung eines medial bedingten narrativen Konstrukts zu einer eigenständigen Erzählung: diese beglaubigte, was im ›Nibelungenlied‹ erzählt wurde. Das allein rechtfertigte die erhebliche narrative Anstrengung. Und deshalb folgt die ›Klage‹ dem ›Lied‹ in den meisten Handschriften.

Die Handlung der ›Klage‹ ist eine Erfindung, der es gelingt, ihren Charakter als Erfindung vergessen zu machen. Auch Heldendichtung gilt nicht als Erfindung, und der Dichter der ›Klage‹ mochte selbst daran glauben, indem er das narrative Konstrukt aufgriff und episierte. Da auch das ›Eckenlied‹ das Konstrukt nutzt, kann man sicher sein, daß es sich um ein in der Heldendichtung bekanntes Verfahren handelt, die Wahrheit des Erzählten zu verbürgen.

Das ›Eckenlied‹ bietet einen Informanten auf, dem Informationen aus erster Hand unterstellt werden, weil er in der Nähe des Geschehens war und selbst Opfer von Dietrichs Körperkraft wurde: Helferich von Lune, der schwerverletzt ist, als Ecke ihm begegnet, bevor dieser dann auf Dietrich selbst trifft. Es heißt:

> Erst sait von Lune Helferich,
> wie zwene fürsten lobelich
> im walde zesamen kament,
> her Egge und och her Dietherich.
> (E₂ 69,1-4)

Auch hier wird eine »handelnde Person als Gewährsmann für die Wahrheit der Erzählung angerufen«[225]. Helferich hat demnach der Nachwelt einen Bericht des Kampfs im Walde hinterlassen.

---

225 Heinzle: Mittelhochdeutsche Dietrichepik, S. 159. Zur Problematik der zitierten Strophe als Eingangs- oder Binnenstrophe vgl. ebd., S. 160-162.

Solche Konstruktionen dürften aber einen Verlust auszugleichen suchen und eine Ausgleichshandlung für etwas darstellen, was der Heldendichtung an selbstverständlicher Glaubwürdigkeit abhanden gekommen ist. Ausgleichshandlungen arbeiten in diesem Fall an der Sicherung einer gefährdeten Referenzmodalität.[226] Sie behaupten einen überkommenen Wirklichkeitsbezug im Sinne historischer Wahrheit, oder sie insinuieren einen beanspruchten Wirklichkeitsbezug,[227] indem sie sich charakteristischer narrativer Mittel dazu bedienen.

Ein letztes Beispiel soll zeigen, wie die Distanz zum erzählten Geschehen auch noch durch eine ganz anders geartete narrative Technik überbrückt werden kann. In der ›Rabenschlacht‹, die nicht in den Sog mündlicher Tradierung geraten ist und von der sich auch nicht sicher sagen läßt, ob sie nicht von vornherein doch als Buchdichtung geplant war, gibt es eine aufschlußreiche Stelle hierzu. Der Dichter fokussiert seinen Text immer wieder in besonders auffälliger Weise auf den Augenblick des Vortrags, etwa indem er ihn unmittelbar anspricht: *Nû wil ich iu bescheiden / hie an dirre zît: / [...]* (Str. 450,1-2), *nû hœrt an disen zîten* (Str. 474,3), *ich wil iu sagen an dirre stunt* (Str. 486,4) usw. Er richtet sich auf seine Gegenwart als Sänger – oder Vorleser? – ein (*Nû hœret michel wunder / hie singen unde sagen*, Str. 5,1-2) und bemißt die Wirkung seiner Schlachtschilderung an dieser Präsenz (*mîn viere mohten niht gesagen / die nôt noch daz wunder*, Str. 769,4-5). Und auch er verteidigt die immer wieder beteuerte Wahrheit seines Berichts,[228] indem er sie an der unterstellten Glaubwürdigkeit des Mediums von Schrift und Buch mißt:

> *Ich gehôrt bî mînen zîten*
> *an buochen nie gelesen,*
> *in allen landen wîten*
> *ist nie kein strît gewesen*
> *sam der ze Raben sicherlîche.*
> *des müeze got verteilen Ermrîche!*
> (Str. 779)

---

226 Siegfried J. Schmidt: Kognitive Autonomie und soziala Orientierung. Konstruktivistische Bemerkungen zum Zusammenhang von Kognition, Kommunikation, Medien und Kultur. Frankfurt/M. 1994, S. 176-185, spricht von einer Referenzmodalität, »die mit spezifischen Medienangeboten in einer sozialen Gruppe routinemäßig verbunden« ist (S. 181), als von der »Gesamtstrategie des Wirklichkeitsbezugs« einer Mediengattung (S. 182).

227 Werbesequenzen im Fernsehen, die in der Gestalt einer Nachrichtensendung aufgemacht sind, stellen ein Beispiel für eine vergleichbare Strategie in einem ganz andersartigen Medium von heute dar.

228 Vgl. z.B. Str. 98,3; 231,4; 249,1-2; 404,1-2; 424,5; 711,4; 764,4; 904,1-2. Oft heißt es auch: *nu geloubet mir diu mære*, vgl. 583,6; 703,5; 808,8 u.ö.

Legt die Formulierung des Unsagbarkeitstopos nahe, daß sie vorgelesen oder daß sie ohne Buchstütze gesprochen und gesungen werden sollte? Gesungen vom Dichter, der sich beim Dichtvorgang bereits als Sänger sah und seine Präsenz durch ein gelegentliches Präsens unterstrich, in dem er die erzählte oder zu erzählende Handlung zusammenfaßte?[229] Dies ist schwer zu entscheiden. Indiz für die Stützung auf einen abzulesenden Buchtext könnten die vielen gliedernden Lenkungsversuche sein, die sich um eine textuelle Integration bemühen, wie sie in strophischer Heldendichtung sonst selten ist.[230]

Gerade eine geplante Buchdichtung hatte aber einen Ausgleich für eine Art von Präsenzverlust herzustellen, der durch das dazwischengeschobene Medium eintreten konnte. Kaum zu übertreffen deshalb die Intensität der Schlachtschilderung, wenn der Schweiß aus den Körpern der Krieger dampft (Str. 674,6 u.ö.), wenn das Blut über das Schlachtfeld rinnt (Str. 753,1-2) oder *daz viuwer ûz ir helmen* [den Helmen der Hunnen] *bran / sam ez ein blâsbalc blæte* (Str. 748,4-5).

Es ist nicht nur vergegenwärtigende Erzähltechnik, wenn es nun bei der Darstellung eines Vorausgemetzels heißt: *nû schouwet ditze wunder, / daz sich dâ huop sicherlîch.* (Str. 235,3-4) Dies ist die aufschlußreiche Stelle! Daß sie konkret gemeint ist, bezeugt ein später eingebrachtes Ortsadverb (*hie ûf disem wal*, Str. 255,2), das die vorgestellte Sichtbarkeit des erzählten Geschehens unterstreicht. Wenn Sänger sehen, was sie erzählen,[231] so sollen hier auch die Zuhörer solcher Wahrnehmung zugeführt werden. Gewiß läuft dieses Sehen über das Hören: *Welt ir nû gerne schouwen, / sô hœret vil bereit* (Str. 103,1-2) heißt es ein andermal. Aber wovon man hört, das soll konkret anschaulich werden. Was derart anschaulich wird und die selbsterfahrene Bildwelt der Hörer evozieren kann, ist *sicherlîch* geschehen. Und was *sicherlîch* geschehen ist, kann anschaulich erzählt werden – der Dichter läßt das wechselseitige Verwiesensein von Anschaulichkeit und Realitätsstatus des Erzählten aufeinander erkennen. Ihre gegenseitige Verstärkung gehört zur medialen Wahrnehmungskonstitution, auch wenn sie in der ›Rabenschlacht‹ vielleicht nur mehr als literale Ausgleichshandlung eingebracht ist, wenn der Dichter also damit rechnete, daß seine Dichtung vorgelesen wurde und damit aus dem angestammten Medium ausscherte.[232]

Nicht nur, was vorgesungen oder vorgelesen wird, sondern auch, was man selbst liest, evoziert bildliche Vorstellungen – Bildlichkeit hängt primär an

---

229 Vgl. Str. 81,6; 147,6; 334,3-4; 464,1-6.

230 Vgl. z.B. Str. 76, 81, 101, 143, 337 u.ö.

231 Vgl. entsprechend Str. 82,6: *alrêste ich vreude an dem Bernære schouwe.*

232 Für die modernen Medien ist solche Wahrnehmungskonstitution gut erforscht. Vgl. z.B. die Hinweise bei Klaus Merten: Wirkungen von Kommunikation. In: Merten, Schmidt, Weischenberg (Hgg.), Die Wirklichkeit der Medien, S. 291-328. Für untergegangene Medien ist die Analyse vielfach noch vorzunehmen.

der Sprache und nicht am Medium.[233] Es liegt deshalb an der sprachlichen Darstellung, wie weit sich die bildlichen Vorstellungen im Ausmaß ihrer Anschaulichkeit unterscheiden, und hier sorgt eine Evolution der literarischen Darstellungsformen im späteren Roman dafür, daß die distanzierende Wirkung des Mediums um ein Vielfaches wieder wettgemacht wird. Ein Sänger von Heldendichtung kann Anschaulichkeit dagegen allein durch seine Präsenz befördern und sich deshalb in der Entfaltung narrativer Verfahren der Veranschaulichung bescheiden. Die Hörer müssen nicht erst sprachlich animiert werden, um sich vorzustellen, was ihnen über ihre Ohren vor Augen gestellt wird.

In diesem Sinne scheint es, daß in der ›Rabenschlacht‹ eine literale Ausgleichshandlung zum Zuge kommt, wie sie denn wohl auch in der Buchdichtung erfunden worden ist. Die Zuhörer werden animiert zu sehen: *nû seht wâ dort her reit / sîns wîbes bote, vrou Lûnete* heißt es etwa im ›Iwein‹ (V. 3102-3103), als Iwein den von Laudine gesetzten Termin versäumt hat und Lunete die Auflösung der Beziehung verkündet. Für das distanzierende Medium des vorgelesenen Buchs bedarf es solcher Ausgleichshandlungen, um die Distanz zum erzählten Geschehen zu verringern. In der ›Rabenschlacht‹ werden sie noch als narratives Verfahren rezipiert, die Wirklichkeit des Erzählten zu verbürgen.

8.8 Heldendichtung als Fiktion?
Das Zeugnis der ›Heldenbuch-Prosa‹

Erfindung ist das Lebenselixier der mittelalterlichen Heldendichtung.[234] Allerdings arbeitet sie nicht gänzlich frei, sondern hängt sich an all- und altbekannte Helden, schiebt neue Erzählepisoden zwischen schon vorhandene und ergänzt zahllose Details der Handlung. Das Personal steht oft fest, zu was es aber ausgeschickt, in welche Ereignisse es verwickelt, mit welchen Waffen es bestückt und in welche konkreten Umstände es hineingezogen wird, kann Angelegenheit der Erfindung werden.

Diese Art Erfindung kennzeichnet nicht erst Heldendichtungen etwa des 12. und 13. Jahrhunderts, die – was die aventiurehafte Dietrichdichtung und den ›Ortnit-Wolfdietrich‹ anbetrifft – kaum noch einen genuinen, historisch entstandenen und Historie bewahrenden Sagenkern aufweisen und gleichwohl

---

233 Vgl. z.B. Miller: Images and Models, Similes and Metaphors, S. 358-360.
234 Schon Wilhelm Grimm hat das an Beispielen aus dem ›Rosengarten‹ diskutiert. Vgl. ders.: Der Rosengarte, S. LXIXf. Er rechnet neben der planvollen Erfindung mit einer »unbewußten poetischen Kraft, welche zur Ergänzung und Erweiterung der Sage antreibt« (ebd.).

historische Helden in erfundene Kämpfe, oft gegen mythisch-archetypische Wesen, verwickeln. Schon die Verbindung des Burgundenuntergangs mit dem Siegfried-Brünhild-Komplex mußte sich der Erfindung bedienen. Ja, wenn man auch narrative Plot-Bildung, Schematisierung und Rundung als Erfindung versteht, geht Erzählen nie ganz ohne Erfindung ab. Freilich tritt diese doch erst jenseits solcher basalen Voraussetzungen jedweden Erzählens deutlich hervor.

Ecke Ortnits Rüstung anzudichten ist ebenso Erfindung in einem expliziten Sinn, wie Kriemhild zur Anstifterin eines Kampfs zwischen den Helden aus Worms einschließlich Siegfried und Dietrich von Bern sowie seinen Leuten zu machen – wie es in den ›Rosengärten‹ erzählt wird.[235] Eine Gleichung ist dabei schnell aufgestellt: Mittelalterliche Heldendichtung ist von Beginn an Erfindung, also ist sie Fiktion. Kaum etwas von dem, was sie – z.T. definitiv durch Erfindung geschaffen – erzählt, hat ja auch tatsächlich stattgefunden.

Nichts aber könnte falscher sein, als den Begriff der Fiktion, wie er für den modernen Roman besondere deskriptive Bedeutung besitzt, auf diese Weise unbrauchbar zu machen. In beiden Fällen mögen die Erzählhandlungen partiell oder insgesamt erfunden sein und der Historizität entbehren. Wenn sich allerdings zeigt, daß sie ganz unterschiedlich aufgefaßt und eingeordnet werden,[236] bietet dies eine Gelegenheit, den Begriff der Fiktion zu schärfen, anstatt ihn entdifferenzierend über alles zu legen, was in irgendeiner Weise schon auf dem Weg zum modernen Roman erscheinen könnte.

Ein verblüffendes Zeugnis für die Auffassung dessen, was Heldendichtung erzählt, ist die ›Heldenbuch-Prosa‹ aus dem 15. Jahrhundert.[237] Sie stellt eine

---

235   Gegenüber einer möglichen Ausgangsversion, wie sie die ›Thidrekssaga‹ in Umrissen erkennen läßt, sind hier Schauplatz, Personal und Handlungsmotive neuerfunden. Vgl. zur Sagengeschichte Carl Brestowsky: Der Rosengarten zu Worms. Stuttgart 1929, Kap. 1.

236   Franz H. Bäuml: Kognitive Distanz zum Text: Zur Entwicklung fiktionalen Erzählens in der Rezeption des Epos im 13. Jahrhundert. In: Zatloukal (Hg.), 5. Pöchlarner Heldenliedgespräch, S. 23-38, hier S. 30, unterscheidet zwischen intentionaler und konditionaler Fiktionalität, die erst gesichert vorliegt, wenn nicht nur der Dichter, sondern auch die Zuhörer einen Text als fiktional einstufen (können). Daß dies für Heldendichtung im 13. Jahrhundert der Fall war, will Bäuml aus dem Prozeß ihrer Verschriftlichung herleiten. M.E. ist es damit allerdings nicht nachgewiesen. Die Unterscheidung von intentionaler und konditionaler Fiktionalität ist indes bündig und notwendig, wenn sie auch für die Heldendichtung noch nicht greift. Die Beglaubigungsfiktionen in der Heldendichtung lassen nicht auf intendierte Fiktionalität für die Texte selbst zurückschließen.
Auch Haug: Mündlichkeit, Schriftlichkeit und Fiktionalität, stellt einen Zusammenhang zwischen Verschriftlichung und Fiktionalität her, der zweifellos besteht, da Fiktionalität ohne Schriftlichkeit nicht zu denken ist. Das führt aber nicht dazu, daß man für literarische Texte die Relation umkehren kann.

237   Ich zitiere nach Adelbert von Kellers Ausgabe des gedruckten Heldenbuchs.

große Zahl von Protagonisten der Heldendichtung zusammen und ordnet sie nach chronologisch heilsgeschichtlichen, geographischen und genealogischen Gesichtspunkten. Das Interesse an einer solchen Zusammenstellung korrespondiert der Sammelintention hinter den Heldenbüchern, und ein heldenbuchähnlicher Komplex – vorrangig aus ›Orendel‹, ›Eckenlied‹, ›Ortnit-Wolfdietrich‹, ›Rosengarten‹, ›Goldemar‹, einer Dichtung von Dietrichs Flucht, einer Erzählung vom Burgundenuntergang und vom getreuen Eckart bestehend – ist hinter der ›Heldenbuch-Prosa‹ anzusetzen: mit gerade im 15. Jahrhundert verbreiteten Fassungen der angeführten Texte.

Der Begriff der Herogonie, den man herangezogen hat, um die Gattung dieses eigentümlichen Textes zu kennzeichnen,[238] ist durchaus angemessen, denn mit Hesiod (›Werke und Tage‹, V. 156-174) eint den Verfasser das Bewußtsein, daß die Helden einer eigenen Zeit angehören und heutigentags von der Erde verschwunden sind. Ein entsprechendes Bewußtsein begegnet in der Heldendichtung erst im 15. Jahrhundert und nur je splitterhaft; als deutliches Erzählsignal z.B. in zwei Texten aus Linhart Scheubels Heldenbuch, dem ›Antelan‹ (Str. 1,1) und dem ›Nibelungenlied‹ (Str. 2,3), wo es heißt: *Es was (bzw. lebt) bei heldes zeiten* [...]. Ähnlich der strophische ›Laurin‹ des Dresdner Heldenbuchs: *Es was vor langen zaitenn / der recken also vil, / [...]* (Str. 1,1-2).[239] In diesen Zeiten gab es auch noch *helt gar ongehawr*, die nicht vornehmer Abstammung und Ungläubige waren und wild im Wald lebten (Str. 2). Sie lagen mit den adlig geborenen Recken in fortwährendem Streit, den auf der Seite der gläubigen Recken Dietrich von Bern anführte (Str. 3).

Die Frage, wo die Helden geblieben sind, wird implizit in einer Strophe aus dem ›Lied vom hürnen Seyfrid‹ vorausgesetzt, in der der Zwerg Eugel Siegfried seinen Tod voraussagt und die Folgen dieses Todes andeutet:

> *So wirt deyn todt dann rechen*
> *Deyn wunder schónes weyb*
> *Darumb so wird verlieren*
> *Manch held den seynen leyb*
> *Das nyndert mer keyn helde*
> *Auff erden lebendig bleybt*
> [...].
> (Str. 162,1-6)[240]

---

238 Vgl. Ruh: Verständnisperspektiven von Heldendichtung im Spätmittelalter und heute, S. 18.

239 Zur Abschließung einer solchen Heldenzeit gegen die Gegenwart vgl. mit weiteren Beispielen Müller: Wandel von Geschichtserfahrung in spätmittelalterlicher Heldenepik.

240 Auf die Stelle hat Kofler: Die Ideologie des Totschlagens, S. 449, verwiesen.

Das erklärt, warum die Zeit der Helden vergangen ist. Was es nicht mehr gibt, kann es aber durchaus einmal gegeben haben.

Der Verfasser der ›Heldenbuch-Prosa‹ zieht die systematische Konsequenz aus solchen Konstruktionen der spätmittelalterlichen Heldendichtung[241] und rekonstruiert ein eigenes Heldenzeitalter. Die seltsame Konstruktion beginnt nicht wie bei Hesiod, mit dem sie keine sei es auch nur unterschwellige gedankliche Tradition verbindet,[242] mit von den Göttern zunächst um vieles glücklicher gestellten Menschengeschlechtern, und sie rückt auch nicht wie in der biblischen ›Genesis‹, deren Anregung nicht zu sichern ist, die von Gottessöhnen (*filii Dei*) und Menschentöchtern (*filiae hominum*) gezeugten, dann aber durch die Sintflut vernichteten Riesen (*gigantes*) mit nach vorn (vgl. Gen 6,4).[243] Sondern sie läßt die Zwerge den Anfang machen: Die von Gott geschaffenen Zwerge erschließen *silber vnd gold edel gestein vnd berlin in den bergen* (›Heldenbuch-Prosa‹, S. 2, Z. 2f.) und machen Land urbar. Danach erst werden die Riesen geschaffen, um die Zwerge vor Untieren zu schützen. Da die Riesen ihrerseits aber die Zwerge bedrohen, stellt Gott schließlich die Helden als *ein mittel volck* zwischen Zwerge und Riesen, damit sie, *getrüw vnd biderbe* wie sie sind, den Zwergen Schutz bieten.

Zu dieser Konstruktion veranlaßt nicht gelehrtes Wissen, vielmehr muß weitgehend die Heldendichtung selbst – und daneben Sagenhaftes wie die Zwergensage – als Ideenspender angenommen werden. Grundlage der Konstruktion ist ernsthaftes Fragen nach der Denkmöglichkeit einer Vorzeit, wie sie in der Heldendichtung erzählt wird. Der vertraute Umgang, den ein Held wie Ortnit mit dem Zwerg Alberich pflegt, und die Feindschaft, in die alle Helden mit Riesen geraten können, legen z.B. eine Mittlerstellung der Helden nahe. Im ›Lied vom hürnen Seyfrid‹ hilft Siegfried tausend Zwergen gegen den Riesen Kuperan. Und die Hilfe, die ein Zwerg Wolfdietrich unter Zuhilfenahme einer ihn unsichtbar machenden *nebelkappe* leistet (›Wolfdietrich‹ D 734), bestätigt das gegenseitig gute Verhältnis – das bei Zwergen übliche Hilfsmittel der *nebelkappe* findet in der ›Heldenbuch-Prosa‹ im übrigen gezielt Erwähnung (S. 2, Z. 7f.).[244]

Alle Riesen waren *edel leüt*, und dies gilt auch für die Helden: *Vnd was kein held nie kein paur. Vnd da von seind all herren vnd edel leüt kumen.*

---

241 Eine weitere findet sich im ›Wunderer‹. Vgl. dazu Kornrumpf: Strophik im Zeitalter der Prosa, S. 321.

242 Vgl. Hans Fromm: Riesen und Recken. In: DVjs 60 (1986), S. 42-59, hier S. 48-51.

243 Vgl. Fromm, ebd., S. 53f., und Ruh: Verständnisperspektiven von Heldendichtung im Spätmittelalter und heute, S. 19.

244 Allerdings scheint sie mit einem unsichtbar machenden Stein (vgl. hierzu Walther Müller-Bergström: Artikel ›Zwerge und Riesen‹. In: Handwörterbuch des deutschen Aberglaubens, Band 9, Sp. 1008-1038, hier Sp. 1031) identifiziert zu werden (vgl. auch S. 4, Z. 21f.).

(S. 2, Z. 33f.) Zu der Reihe Zwerge-Riesen-Helden-Adel mochte den Verfasser auch eine Dichtung wie der ›Rosengarten‹ A anregen, der die Mannen Dietrichs nacheinander gegen vier Riesen, vier Helden – die je als *starker man* (›Rosengarten‹ A 245,4; 262,3) und als *stolzer degen hêr* (Str. 278,2) bzw. als *helt* (Str. 287,1) bezeichnet werden – und vier Könige bzw. Fürsten antreten läßt. Dies ist keine historische Reihe, aber die ›Heldenbuch-Prosa‹ macht Riesen und Helden als Adlige gleichfalls zunächst zu Zeitgenossen, die neben normalen Königen über ganz normale Menschen herrschen. Übrig bleibt am Ende freilich nur noch der Adel, nachdem Dietrich als letzter, den Endkampf vor Bern überlebender Held von einem Zwerg mit der Begründung: *dein reich ist nit me in diser welt* (S. 11, Z. 21f.; vgl. Joh 18,36) hinweggeführt wurde. Dieses erstaunliche Wort rückt den Tod der Helden insgesamt in eine heilsgeschichtliche Perspektive.

Zum ersten Helden wird denn auch Orendel gemacht, wohl weil er als Überbringer von Christi Rock nach Trier – worauf aber nicht Bezug genommen wird – zeitlich nahe an Christus herangerückt scheint. Angeblich ist er nach seiner Rückkehr aus Jerusalem in Trier gestorben und dort begraben worden (S. 1) – gegen den Handlungsverlauf des überlieferten Textes. Sollte es neben diesem im 15. Jahrhundert noch ein strophisches Lied gegeben haben, das die Handlung mit dieser Rückkehr – wie die ältere Forschung annahm[245] – enden ließ? Auch in einigen anderen Fällen greift der Verfasser offensichtlich auf mündliche Traditionen zurück, die sich lange neben überlieferten und bereits kanonisch gewordenen Texten behauptet haben müssen.[246]

Der ›Bildungshorizont‹ des Verfassers läßt sich, gemessen an seinem Text, möglicherweise weitgehend auf die Heldendichtung reduzieren. Nur wer sich einseitig und übermäßig mit ihr beschäftigt hatte, konnte einen so eigentümlich beschränkten Blickwinkel einnehmen. Wie die Beschäftigung vonstatten ging, indizieren u.a. viele Namensformen: Orendel erscheint als *Ernthelle*, Ilias von Riuzen als *Elegast*, Bechelaren wird zu *bethelar*, und aus dem Namen von Ortnits Schwiegervater Machorel, den der Text der Handschrift a des ›Ortnit‹ schon zu *Nachaol* verunstaltet hatte, wird in der ›Heldenbuch-Prosa‹ der Ortsname *Rachaol*. Dies folgt einer Tendenz, die auch in den Fassungen von Heldendichtungen unübersehbar ins Auge sticht: Namensformen werden verhört, so daß ihre Schreibungsvarianz bzw. die Abweichung von der ursprünglichen Form höher ist, als bei schriftlicher Überlieferung zu er-

---

245 Vgl. Orendel. Ein deutsches Spielmanngedicht. Mit Einleitung und Anmerkungen hg. von Arnold E. Berger. Bonn 1888, S. LXXf. und CXIf.

246 Bei Kriemhilds Provokation Hagens vor dem Kampf an Etzels Hof und bei Dietrichs – nicht wie im ›Buch von Bern‹ zweimal wiederholter – Rückkehr in sein Reich mit einem Heer Etzels. Vgl. Heinzle: Einführung in die mittelhochdeutsche Dietrichepik, S. 49.

warten wäre.[247] So dürfte mündliche Tradierung der Texte vorausgehen. Ihr verdankt dann wohl auch der Verfasser der ›Heldenbuch-Prosa‹ seine gleichwohl systematischen Kenntnisse der Heldendichtung.

Wenn heute ein Fan eines Filmregisseurs oder Schauspielers alle Filmhandlungen, die dieser schuf oder an denen er mitwirkte, bis in Details hinein auswendig gespeichert hat, so kommt er jenem Verfasser nahe. Dieser hat sich mit der chronologischen, geographischen und genealogischen Zuordnung ein eigenes Speichersystem zurechtgelegt, um das Personal der Heldendichtung möglichst vollständig zu versammeln. Die Angabe zu Ecke lautet etwa:

Ecke vnd Vasat vnd abentrot die warent mentigers sün auß Cecilien lant. Vnd menttigers weib hieß gudengart die was der treier sün můter.
(S. 3, Z. 38-40)[248]

In einer Strophe der Fassung e_1 des ›Eckenliedes‹ (Str. 187) nennt ein Zwerg Dietrich die Verwandten Eckes: Der Vater Eckes und seiner Brüder Vasolt und Ebenrot heißt demnach Nettinger und ist der Bruder Ruczes. Diese wird identisch sein mit jener Riesin Runze, die Ortnit zusammen mit ihrem Mann die Drachen ins Land einschleppte (so zuerst ›Wolfdietrich‹ B 474). So wird ein Riesengeschlecht über mehrere Heldendichtungen hin geschaffen, das die ›Heldenbuch-Prosa‹ vollständig übernimmt (vgl. auch ebd., S. 3, Z. 3-5).[249] Das genealogische Ordnungsprinzip entdeckt ihr Verfasser also nicht selbst, sondern übernimmt und systematisiert es wie die anderen Ordnungsprinzipien.

Ausgewertet werden deshalb möglichst auch alle Angaben, die zu einer Chronologie der Helden und ihrer Geschlechter (nicht: zu einem Zyklus von Heldendichtungen!) beitragen. Das fällt ins Auge, als der vereinzelt stehende Vers des ›Wolfdietrich‹ D, nach dem Dietrich achtzig Jahre nach Wolfdietrichs Rache den letzten Drachen erschlägt (Str. 1678,4 = VIII 142,4), besondere Berücksichtigung findet (S. 5, Z. 34f.). Nicht alle Angaben der ›Heldenbuch-Prosa‹ sind aber in der Heldendichtung verifizierbar, so daß sie, wenn sie nicht aus mündlicher Tradierung stammen sollten, selbständig hinzuerfunden worden sein dürften. Dies betrifft z.B. die frei erfundene Genealogie Dietrichs, in der Wolfdietrich zu seinem Großvater gemacht wird.[250]

---

247 Es gibt eine Reihe von frappierenden Fällen. So heißt Ortnits Frau Liebgart ebenfalls nach dem Text der Handschrift a des ›Ortnit‹ *Siderat*, eine Namensverunstaltung, die sich dann in der ›Ortnit-Wolfdietrich‹-Überlieferung bzw. -Tradierung fortsetzt. Vgl. Gillespie: A Catalogue of Persons Named in German Heroic Literature, S. 90. Weitere Beispiele lassen sich dem sorgfältigen Verzeichnis Gillespies entnehmen.

248 Unklar bleibt die Herkunft der geographischen Angabe *auß Cecilien lant* sowie des Namens ›Gudengart‹. Vgl. hierzu Kofler: Die Ideologie des Totschlagens, S. 463f.

249 Gillespie: A Catalogue of Persons Named in German Heroic Literature, S. 33, Anm 2, stellt die genealogischen Angaben zusammen.

250 Allerdings kann der Verfasser sich hier auf die vage Angabe des ›Ortnit‹ AW 597,3 stützen. Vgl. zur Komplettierung dieser Angabe Gillespie: A Catalogue of Persons

Zusätzlich zu dem geographisch, genealogisch und chronologisch gebildeten Gerüst der ›Heldenbuch-Prosa‹ werden einzelne Erzählhandlungen rekapituliert, insbesondere der ›Ortnit-Wolfdietrich‹, eine Version von Dietrichs Flucht zu Etzel sowie der Nibelungenstoff. Besonders irritierend ist hier die Version des Burgundenuntergangs, für die der Verfasser eine ältere Version des Nibelungenstoffs mit der Handlung des (bzw. eines) ›Rosengarten‹ zusammenmontiert, ohne daß dies einen stimmigen Handlungsablauf ergäbe. Siegfried ist im Zuge des Kampfs im Rosengarten von Dietrich erschlagen worden – sein Tod in diesem Kampf steht allerdings gegen den Erzählinhalt der ›Rosengärten‹ –, dafür sucht Kriemhild Rache. Unsinnigerweise rächt sie sich dann aber an ihren beiden Brüdern (S. 10-11).[251] Hinzu kommt eine Unaufmerksamkeit: Nachdem Gunther schon tot ist, soll er in einem letzten Kampf vor Bern Hildebrand erschlagen haben und dabei selbst getötet worden sein.[252] Dieser Endkampf wird aber gebraucht, damit über die Entführung (nicht: Entrückung) Dietrichs als dem einzig überlebenden Helden die heilsgeschichtliche Perspektive eröffnet werden kann, die eine Parusie der Helden vage anzudeuten scheint.

Was die ›Thidrekssaga‹ als Auseinandergehen der Tradierung festhält, bastelt der Verfasser der ›Heldenbuch-Prosa‹ mehr schlecht als recht zusammen. Er hat dabei eine Summe der ›Fakten‹ der Heldendichtung im Auge. Vom heutigen Fan ›industriell‹ hergestellter Filme unterscheidet ihn eine grenzenlose Naivität, die ihn die Wahrheit der Heldendichtung gemäß dem traditionellen Anspruch des Mediums für die Wirklichkeit der Welt nehmen läßt, sei es auch einer vergangenen. Seine geographischen und genealogischen Angaben beziehen sich nicht auf die erzählten Welten der einzelnen Texte, sondern sie sind faktuale und historisierende Verankerungen für eine unterstellte gemeinsame Welt jenseits der Texte, die – verstärkt durch die chronologische Aufreihung der Helden – als Vorgeschichte der Gegenwart veranschlagt wird. Schon der Impetus, alle Helden zu versammeln, entspringt keinem wie auch immer literatur- oder mediengeschichtlichen Interesse, sondern einem Interesse an bestimmten Fakten, wie sie aus dem Medium der

---

Named in German Heroic Literature, S. 26, Anm. 1. Wie Dietrich zum Enkel Wolfdietrichs, so wird Hildebrand zum Nachkommen Berchtungs von Meran gemacht (S. 7, Z. 6f.). So werden die Dietrichdichtung und der ›Ortnit-Wolfdietrich‹-Komplex genealogisch miteinander verbunden.

251 An welchen? Gibt es noch eine Version, nach der Gunther und Hagen als Brüder Kriemhilds gelten? Oder handelt es sich um Gernot und Giselher? So Kofler: Die Ideologie des Totschlagens, S. 459.

252 Nach S. 3, Z. 29f. ist es allerdings Gunthers Sohn (der dann auch Gunther heißt?), der Hildebrand erschlagen haben soll. Kofler sucht die Unaufmerksamkeit durch die eben genannte Annahme hinwegzuerklären, daß unter den zwei getöteten Brüdern Kriemhilds Gernot und Giselher zu verstehen seien.

Heldendichtung ausgehoben werden konnten. So liefert die ›Heldenbuch-Prosa‹ keine (bzw. nicht vorrangig) Informationen über die Helden**dichtung**, sondern über die Welt und das vergangene Zeitalter der Helden.

Den Helden ihr eigenes Zeitalter zuzuweisen ist deshalb nicht etwa als Verfahren der Fiktionalisierung zu verstehen, sondern ist naiver Glaube an die Wirklichkeit des Gehörten. So befremdlich es ist: Dies gilt auch dann, wenn diese Wirklichkeit durch eigenes Hinzuerfinden miterschaffen wird. So ähnlich mag ein mittelalterlicher Fälscher gedacht haben, wenn er einen Rechtsanspruch, von dem er glaubte, daß er bestand, durch ein gefälschtes Dokument erst schuf. Eine solche in heutiger Sicht schwer zu verstehende Einstellung[253] dürfte der Verfasser der ›Heldenbuch-Prosa‹ mit den Dichtern von Heldendichtung teilen, wenn sie etwa Beglaubigungsfiktionen konstruierten.

Erfindung führt hier deshalb nicht zu einem Bewußtsein der Fiktionalität des Erzählens wie des Erzählten, und also ist sie keine hinreichende Bedingung von Fiktionalität. Heldendichtung wird durch Erfindung nicht fiktional.[254]

8.9 Zur Anschlußfähigkeit von Gedächtnistexten

Auf Dichtungen, die man über ihre Schriftgestalt kennenlernt oder denen man eine Schriftgestalt auch nur unterstellt, bezieht man sich in anderer Weise als auf mündliche Dichtungen, die mit demselben oder annähernd demselben Wortlaut wiederholt werden mögen, zu denen aber zumindest im Rahmen des Vortrags keine Schriftgestalt hinzugedacht wird. Schriftgestalt und Lautgestalt bringen Einstellungen mit sich, die in unterschiedliche Richtungen gehen. Gegenüber dem sei es auch mündlich ›fest‹ wiederholten Wortlaut wirkt die Niederschrift als ›Distanzmedium‹. Die Distanz geht vom geschriebenen Text aus: Kann ein Sänger gegenüber dem vorgetragenen Text noch frei erscheinen, so ein Vorleser gegenüber dem geschriebenen nicht mehr. Der geschrie-

---

253 Zu ihrer Phänomenologie vgl. die ›klassischen‹ Bemerkungen von Fritz Kern: Recht und Verfassung im Mittelalter. Nachdruck der Ausgabe Tübingen 1952, Darmstadt 1976, S. 50ff. Daß im Mittelalter nicht wie heute eine klare Grenze zwischen *fact and fiction* verläuft, zeigt etwa auch Clanchy: From Memory to Written Record, S. 251.

254 Zur Auffassung von Heldendichtung als nicht-fiktionaler Geschichtsdarstellung vgl. in größerer Ausführlichkeit, als sie mir hier möglich ist, sowie auch im historiographischen Kontext Fritz Peter Knapp: Gattungstheoretische Überlegungen zur sogenannten märchenhaften Dietrichepik. In: Zatloukal (Hg.), 5. Pöchlarner Heldenliedgespräch, S. 115-130. Ich vermag mich sämtlichen Überlegungen und Argumenten Knapps, der auch die ›Heldenbuch-Prosa‹ anspricht (S. 121f.), anzuschließen. Vgl. mit derselben Stoßrichtung auch schon Kornrumpf: Strophik im Zeitalter der Prosa, S. 332f., und zuerst Jan-Dirk Müller: Gedechtnus. Literatur und Hofgesellschaft um Maximilian I. München 1982, S. 190-203.

bene Text löst den Wortlaut aus konkreten Situationen,[255] fixiert ihn ein für alle Mal und versetzt ihn in die Stille und Totenstarre der Schriftzeichen. Aus dieser kann er erweckt werden, aber nur wenn die Schriftgestalt eine – an sie gebundene – Stimme zugeteilt bekommt. Oder noch: wenn in einem Leser innere Bilder zum Geschriebenen entstehen.[256]

Geschriebene Dichtungen sind gegenüber anderen geschriebenen Dichtungen in anderer Weise separiert, als frei gesprochene, denen man keine Schriftgestalt unterstellt, es untereinander je sein könnten – auch wenn sie gleichfalls fest sein können. Dies wird einer der Gründe sein, weshalb schon das Motivrepertoire mündlicher Erzählfolklore sich leichter mischt, weshalb dann auch gebundene mündliche Erzählungen oder Lieder aneinander angeschlossen werden: Die erzählten Welten sind füreinander offen.

Immer schon ist die Neigung epischer Dichtungen, geradezu eine gemeinsame Welt herzustellen und sich deshalb miteinander zu Erzählzyklen zu verbinden, beobachtet worden.[257] Sie sind nicht allein ›strukturell‹ offen[258], sondern weisen – abgesehen davon, daß ihre Erzählhandlungen Teile eines vorausgesetzten (historischen) Gesamtereignisses sein können – eine bestimmte vorgängige Form der medialen Zugänglichkeit füreinander auf. Diese wird auch über den Realitätsstatus der Erzählhandlungen vermittelt, der wiederum abhängig davon ist, wie wenig man medial bedingte Eigenschaften des Erzählten wahrnimmt.[259] Erzählt wird ursprünglich wirklich Geschehenes, das sich nicht leicht separieren läßt von der Wirklichkeit, die man vor Augen hat, auch wenn es nur erzählt wird. Wo es aber doch Zweifel gegeben haben sollte, erklären diese die Anstrengung, das Geschehene als (historische) Wahrheit zu behaupten und als einmal von Augenzeugen Gesehenes auszuweisen. Dabei kann das Medium selbst als eine Kette von Informanten aufgefaßt werden, die ihr Wissen von den vergangenen Geschehnissen aneinander weiter-

---

255 Vgl. eine eindrucksvolle Beschreibung dieser Leistung bei David R. Olson: The World on Paper. The Conceptual and Cognitive Implications of Writing and Reading. Cambridge 1994, Kap. 5.

256 Diese Überlegungen versuchen eine globale Annäherung im phänomenologischen Vergleich, wie sie mir unverzichtbar erscheint, um charakteristische narrative Eigenschaften mündlicher Heldendichtung zu verstehen. Sie wären zu vertiefen aus der umfangreichen Literatur zu Mündlichkeit und Schriftlichkeit.

257 Vgl. z.B. den kurzen Forschungsbericht bei Finsler: Homer, S. 54-59. Zur Dietrichepik vgl. Heinzle: Mittelhochdeutsche Dietrichepik, S. 223-232. Die Neigung zur Zyklusbildung war im übrigen der Anlaß für Lachmanns ›Liedertheorie‹.

258 So die Beschreibung Heinzles: Mittelhochdeutsche Dietrichepik, Kapitel III.

259 Für die Wahrnehmung von Medien gilt generell, daß die mediale Organisation hinter den transportierten Inhalten zurücktritt. Für mittelalterliche Literatur und ihre mediale Übermittlung läßt sich dies noch einmal verstärkt feststellen. Vgl. mit Belegen dazu auch Wenzel: Hören und Sehen, Schrift und Bild, S. 326-337. In besonderer Weise gilt es aber für mündliches Erzählen.

geben. Schon die in der Stabreimdichtung anzutreffenden Verweise auf die Herkunft des Erzählten charakterisieren immer auch seinen Realitätsstatus.[260]

Es ist ursprünglich diese Referenzmodalität, die alles, wovon erzählt wird, als der einen, wirklichen Welt zugehörig erscheinen läßt. Das Medium trägt seinen Teil zu einer entsprechenden Wirklichkeitskonstruktion bei: Mündliches Erzählen bricht nicht vergleichbar trennend und separierend in solche Wahrnehmung ein, wie schriftliches es kann. Was als wirklich erzählt wird, gehört aber wiederum in eine, in die wirkliche Welt. Deshalb gehören die Erzählhandlungen von Heldendichtungen zusammen. Noch der Dichter des ›Biterolf‹, der seine Dichtung das Medium wechseln läßt, folgt in der freien Montage der Handlung dieser medialen Wahrnehmung, indem er das ganze ihm erreichbare Heldenpersonal versammelt und um einen erfundenen Handlungskern schart. Wenn aber das, was erzählt wird, in seiner Wirklichkeit wahrgenommen werden soll, dann werden nicht die Texte mit ihren sprachlichen Darstellungsformen wahrgenommen. Man sieht durch die Texte und ihre Sprache hindurch auf das, auf das hin sie den Blick öffnen. Das ist wie in aller naiven Einstellung zur Sprache nie die Sprache selbst.[261]

Auf eine entsprechende Einstellung trifft man schon, wenn Dichter von Heldendichtungen sich auf ihre Texte beziehen. Dabei kommt es allerdings zu Formulierungen, die nicht immer gleich eindeutig sind. Worauf bezieht sich: *hie hât daz mære ein ende: daz ist der Nibelunge liet* (›Nibelungenlied‹ C 2440,4)? Auf die Schrift- oder auf die Lautgestalt? Oder: *Ortnîdes âventiure ist iezuo einiu hin* (›Ortnit‹ AW 69,4 u.ö.)? Klar scheint, daß solche Formulierungen sich auch auf den jeweiligen Text bzw. Textabschnitt beziehen müssen – gerade wenn sie an seinem Anfang oder Ende auftauchen –, aber dies muß nicht zwangsläufig der/ein Schrifttext sein: Gemeint ist zunächst die erzählte Geschichte oder Handlung und mit ihr der Text als möglicherweise bloß mündlicher Text.[262]

Andere Formulierungen machen dies offensichtlicher: *hie hât daz mære*

---

260   Viele Beispiele stellt Kuhn: Heldensage vor und außerhalb der Dichtung, S. 190f., zusammen.

261   Zur Verdeutlichung läßt sich auf den bekannten Umstand verweisen, daß etwa Vorschulkinder Schwierigkeiten haben, »Worte von Dingen zu trennen, [...] das längere Wort muß immer einen größeren Gegenstand bezeichnen als das kürzere«. Vgl. Scheerer: Mündlichkeit und Schriftlichkeit, S. 153. Vgl. zu der ›naiven‹ Einstellung auch oben Kapitel 2.7.

262   Düwel: Werkbezeichnungen der mittelhochdeutschen Erzählliteratur, differenziert nicht zwischen Schriftgestalt und Lautgestalt. Die Schriftgestalt ist immer mitgemeint, wenn vom *buoch* die Rede ist, die Lautgestalt eines Textes kann vorrangig gemeint sein, wenn es *rede* heißt (vgl. viele Belege bei Düwel), ohne daß dies die Schriftgestalt ausschließt. Ungeachtet des Umstandes, daß die Differenzierung im Mittelalter kaum irgendwo klar ausgedrückt wird, muß sie in Erwägung gezogen werden, wenn es um Texte geht, die den Zuhörern ohne Anwesenheit eines Buchmediums zu Ohren gelangen.

ein ende: daz ist der Nibelunge nôt (›Nibelungenlied‹ B 2379,4) oder: *der Ortnîdes sorgen hebt sich hie aber einiu an* (›Ortnit‹ AW 526,4). Den zuletzt zitierten, formal markierten Aventiurenschlußvers spricht Ortnit selbst, der Vers ist damit in die Handlung integriert und zugleich als Aventiurenschluß bzw. Überleitung zur folgenden Aventiure erkennbar. Er geht aber ganz in den Handlungsverlauf ein und evoziert in keiner Weise eine Schriftgestalt der Erzählung, deren Gliederung er auf einer Metaebene thematisiert. Deutlich bezieht sich aber auch der letzte Vers des ›Nibelungenliedes‹ B auf den Erzählinhalt, ohne dabei an eine Schriftgestalt der Erzählung denken zu lassen. Denn die *nôt* der Nibelungen ist wie Ortnits Sorge das, was erzählt wird oder wurde. Entsprechend dürfte sich die Rede vom *liet*[263], vom *mære*[264] oder von der *âventiure*[265] in der Heldendichtung neben dem Stoff oder Erzählinhalt auf die Wahrnehmungsgestalt der Erzählung (als gesungene, gesagte und gehörte Erzählung) und schließlich auch auf die Textgestalt (als festgefügten Text oder Textabschnitt) beziehen, ohne daß hierbei aber immer gleich an eine Dichtung mit einer Schriftgestalt zu denken ist.[266]

Die Bezugnahme auf den Erzählinhalt kann aber eine Einstellung einschließen, wie man sie insbesondere Gedächtnistexten gegenüber einnimmt, die man nur in ihrer Lautgestalt zur Kenntnis gibt und nimmt. Über ihre Lautgestalt schaut man auf das, was sie einem vor Augen stellt, und dies gehört in die eine Wirklichkeit. Hat man dagegen die mediale Form von Schrifttexten nachhaltig internalisiert, so erscheinen die erzählten Welten textgemacht, und die Individuen der einen textgemachten Welt haben nicht gleich etwas in einer anderen zu suchen. Nur besondere, gattungs- oder rezeptionsgebundene Umstände führen dazu, daß hier Grenzen wieder geöffnet werden.

Wenn es aber so ist, daß die von den Sängern gesehenen und den Zuhörern vor Augen gestellten Welten mündlicher Dichtung unter ein gemeinsames Dach gehören, dann ist es leicht, Personen oder Entitäten auch eine nur vage sich abzeichnende Barriere zwischen verschiedenen Stoffen einfach passieren zu lassen. Dann darf Alberich in den ›Ortnit‹ einwandern und Ortnits Rüstung ihren Weg ins ›Eckenlied‹ nehmen. Wird dagegen die Schrift zum Transportmittel der Texte, so schränkt das solche Öffnung und Anschlußfähigkeit ein.

Man muß annehmen, daß es vor den Ausgangsfassungen des ›Ortnit‹ und

---

263 Nach Schwietering: Singen und Sagen, S. 44, wurde der Singular *liet* in der Heldendichtung »ursprünglich für singbare Lieder geprägt« und dann »auf die neuen Formungen desselben Stoffs übertragen«.

264 Vgl. ebd., S. 54.

265 Vgl. ebd., S. 48-50.

266 Vgl. zu den Begriffen auch Düwel: Werkbezeichnungen der mittelhochdeutschen Erzählliteratur, besonders die Zusammenfassung auf S. 199-214, ohne daß Düwel für die Heldendichtung (ebd., S. 167-190) einen besonderen Gebrauch feststellt.

des ›Eckenliedes‹ Gedächtnistexte gab, die zu neuen Versionen ausgebaut wurden und sich dabei für andere im Medium kursierende Texte öffneten, so das auszubauende ›Eckenlied‹ für den ›Ortnit‹. Daß neue Versionen als Ausgangsfassungen weiterer Tradierung aufs Pergament gelangten, mußte ihre Anschlußfähigkeit einschränken. Da sie aber auch wieder zu Gedächtnistexten wurden und in den Zustand reiner Mündlichkeit zurückkehrten, wie etwa Lauthülsen für die Fassungen des ›Ortnit‹ und des ›Eckenliedes‹ bezeugen, konnten sie sich leicht wieder füreinander öffnen.

Ich möchte das an einem Beispiel illustrieren, der Verbreitung des Riesenpaars Runze und Velle.[267] In der Fassung e_1 des ›Eckenliedes‹ ist Runze (hier: Rucze) die Tante bzw. genauer: die Vaterschwester Eckes (Str. 185,6-13), die in der Riesenfamilie Eckes gut untergebracht ist. Obwohl im ›Ortnit-Wolfdietrich‹ eigentlich keine Riesen gebraucht werden,[268] könnte diese Runze zusammen mit ihrem Mann Velle hier zuerst eingeführt worden sein. Denn in einer dem ›Ortnit‹ a zugrundeliegenden Fassung wird der Jäger Machorels, der die Drachenbrut nach Garte bringt, unversehens zum Riesen Velle, der eine Frau zugesellt bekommt (in anderen Fassungen des ›Ortnit‹, Str. 540, heißen sie u.a. Wolle und Rutze[269]). Im ›Wolfdietrich‹ B treibt dieses Riesenpaar sein Unwesen im Herrschaftsgebiet Ortnits und wird von ihm vernichtet (Str. 474-510). Es erhält dann auch Einzug in die späteren Fassungen des ›Ortnit-Wolfdietrich‹ (D). Es ist allerdings kaum sicher zu entscheiden, ob Runze vom ›Ortnit-Wolfdietrich‹ aus in das ›Eckenlied‹ gewandert ist oder ob eventuell Angehörige des Riesengeschlechts aus dem ›Eckenlied‹ in den ›Ortnit-Wolfdietrich‹ einwanderten.[270] Es scheint, daß der Sänger, der für diesen Konnex verantwortlich ist, beide Texte vorzutragen gewohnt war und deshalb ihre erzählten Welten vernetzte. Für ihn war dies eine Vernetzung, die er zwischen Gedächtnistexten herstellte.

Dies macht darauf aufmerksam, daß sich auch im Spätmittelalter noch narrative Triebe ausbilden, die Heldendichtungen und ihre Fassungen durchwachsen. Mit Zyklusbildung hat dies nichts (mehr) zu tun, aber durchaus noch mit der Selbstverständlichkeit, mit der man die Erzählhandlungen von Heldendichtungen immer schon aneinander anschloß. Daß man die aventiurehafte Dietrichdichtung sowie den ›Ortnit-Wolfdietrich‹ dabei genauso auffaßte wie das ›Nibelungenlied‹ und die historische Dietrichdichtung, in denen eine Rei-

---

267 Vgl. auch die Angaben bei Gillespie: A Catalogue of Persons Named in German Heroic Literature, zu ›Velle‹ und ›Runze‹.

268 Es sei denn, man versteht sie hier als narratives Komplement zur Welt des Zwergs Alberich.

269 Zu weiteren Namensformen und Vorkommen vgl. das Personenregister in der Ausgabe des ›Ortnit-Wolfdietrich‹ D von Kofler.

270 Es ist auch nicht endgültig klar, ob es zuerst in einer dem ›Wolfdietrich‹ B vorgeschalteten Fassung des ›Ortnit‹ erschien oder ob der ›Wolfdietrich‹ B es einführte.

he von Helden ursprünglich separater Dichtungen versammelt waren (wie z.B. Iring im ›Nibelungenlied‹) oder die von einem Gesamtereignis erzählten und deshalb auf natürliche Weise zusammengehörten (›Buch von Bern‹ und ›Rabenschlacht‹), kann bezweifelt werden. In Anbetracht der forcierten Einführung von Wesen der niederen Mythologie – Zwergen, Riesen und Drachen – ist eher an ein narratives Reservat zu denken. Für seine Herstellung bekamen freilich die alten mnemonischen Techniken ein Nachleben. Die Verlegung des Burgundenuntergangs in die Zeit des Exils Dietrichs am Hof Etzels, die dazu führt, daß Dietrich eine wenn auch passive Rolle beim Burgundenuntergang bekommt, wird hiergegen eine mnemonisch höchst effektive Maßnahme gewesen sein, die von einem Sänger ausging, der Dietrich- und Nibelungendichtung tradierte. Wie dieser Sänger des Früh- oder frühen Hochmittelalters verbindet noch jener Sänger des Spätmittelalters, der Runze und Velle überträgt, den ›Ortnit-Wolfdietrich‹ und das ›Eckenlied‹.

Für die aventiurehafte Dietrichdichtung bleibt also die Tendenz aller Heldendichtung, unterschiedliche Erzählhandlungen in eine gemeinsame, in die wirkliche Welt zu stellen, ein narratives Verfahren. Dieses entfaltet nun neben seiner mnemonischen Ökonomie eine eigene mnemonische Ästhetik. Die erzählte Wirklichkeit ist *point de départ* für abgeleitete narrative Reservate, die eine Sonderwirklichkeit, eine Erzählwelt sui generis ausbilden. Man mußte aber so naiv sein wie der Verfasser der ›Heldenbuch-Prosa‹, um diese Welt noch für eine wirkliche Vorzeit zu halten. Allerdings wird er nicht allein damit gestanden haben.

Die verschiedenen narrativen Verfahren des konkreten Anschlusses[271] von Erzählhandlungen aneinander (Zyklusbildung,[272] Inserierung von Personen und Handlungszügen aus anderen Stoffen, Identifikation von Helden bzw. Zuschreibung von Taten eines Helden an einen anderen mit nachfolgender Hinzufügung von Episoden unterschiedlicher Herkunft,[273] Ansippung,[274] Trans-

---

271 Ich verstehe den Begriff der Anschlußbildung als übergeordnet. Zyklusbildung ist bereits ein Spezialfall der Anschlußbildung.

272 Der Begriff der Zyklusbildung bezieht sich auf eine Anreihung kompletter Erzählhandlungen. Für die germanische Heldendichtung stellt z.B. die ›Thidrekssaga‹ einen Versuch der Zyklusbildung dar. Die Überlieferung der historischen Dietrichdichtung hat auch das ›Buch von Bern‹ und die ›Rabenschlacht‹ als Zyklus behandelt.

273 Siegfried der Drachentöter ist z.B. sicher nicht von Beginn an auch der Siegfried gewesen, der den Freierbetrug, die betrügerische Werbung um Brünhild, mit zu verantworten hatte – bzw. umgekehrt. Hier werden unterschiedliche Stoffkomplexe über eine Identifikation unterschiedlicher Helden zu Handlungsamalgamen verschmolzen.

274 D.h. genealogische Verbindung von Figuren unterschiedlicher Erzählstoffe und -handlungen. Wolfgang Dinkelacker: Artikel ›Ortnit‹. In: VL, Bd. 7, Sp. 58-67, hier Sp. 66, verweist etwa auf die »Ansippung des ›Ortnit-Wolfdietrich‹ mit der Dietrich-Dichtung«: »Mit dieser bilden sie [sc. ›Ortnit‹ und ›Wolfdietrich‹, H. H.] eine epische Welt, deren Eigenständigkeit die Literaturgeschichte nicht ignorieren sollte.«

fer von Artefakten, usw.)[275] betreiben eine Arbeit der Vernetzung und Totalisierung – so ein Begriff Gérard Genettes[276] –, die charakteristisch ist für mündliche Dichtung. Die Schriftgestalt von Dichtung führt dagegen über kurz oder lang zum Verlust solch konkreter Anschlußfähigkeit. Allerdings wird sie unter bestimmten Bedingungen, z.B. für Fortsetzungsromane oder Serien, wieder möglich.

Man muß sich verdeutlichen, wie man es aufnähme, wenn etwa Hercule Poirot, der scharfsinnige Detektiv aus Agatha Christies erstem Kriminalroman, auf einer Auktion bei Sothebys den Regenschirm von Sherlock Holmes ersteigerte. So daß dieses Artefakt aus einem Roman von Conan Doyle (s)ein Nachleben in einem späteren Roman fände.

Beim Kriminalroman wäre eine solche Rückbindung gar nicht ausgeschlossen, umso mehr, als Hercule Poirot sich tatsächlich an Sherlock Holmes mißt. Also ist auch dies als Ausnahme in Betracht zu ziehen. Freilich: Wenn z.B. Malina aus dem gleichnamigen Roman Ingeborg Bachmanns durch eine Erbschaft von einem entfernten Onkel in den Besitz der Pistole des jungen Werther gelangte, um die Erzählerin bei Gelegenheit mit der ehrwürdigen Waffe zu bedrohen, wäre man ob der unzulässigen Untertunnelung nicht zusammengehöriger erzählter Welten beunruhigt. Dies wäre ein Erzählsignal, wie es für den postmodernen Roman – wegen des Rahmenbruchs in der Fiktion – wieder interessant würde, für den modernen Roman überhaupt ist es aber bis dahin eher ausgeschlossen.[277] Romanfiktionen sind in sich abgeschlossen, nicht dergestalt offen, daß ein späterer Autor sich Individuen einer fremden Romanwelt ausliehe und in seinen Roman herübernähme. Romane monadisieren und isolieren sich mit der von ihnen geschaffenen Welt.

Genette hat versucht, das ganze Spektrum des Bezugs von literarischen Texten aufeinander zu erfassen.[278] Dabei kategorisiert er hypertextuelle Verfahren (Parodie, Travestie, Persiflage, Pastiche) und findet eine ganze Reihe von anderen Anschlußformen. Hier handelt es sich in der Regel um abstrakte Anschlußfähigkeit, um eine Relation von Hypotext und Hypertext. Genettes

---

275 Hermann Schneider: Germanische Heldensage. I. Band, I. Buch: Deutsche Heldensage. Berlin 1962 (zuerst 1928 erschienen), S. 427, hat nur drei Typen »zyklischer Bindung« (bzw. korrekter: der Anschlußbildung) für die Heldendichtung anhand einer Reihe von Beispielen unterschieden: 1. Forterbung von Waffenstücken, 2. Bildung von Heldensippen, 3. Eingang von Personen eines Sagenkreises in einen anderen Sagenkreis.

276 Gérard Genette: Palimpseste. Die Literatur auf zweiter Stufe. Frankfurt 1993, S. 243. Genette beobachtet ausschließlich die zyklische Totalisierungsarbeit, wie sie sich im Mittelalter in den Chanson-Zyklen um Karl den Großen und Roland abzeichnet.

277 Mit Ausnahme der Tradition illusionsstörenden Erzählens. Zu seiner Geschichte vgl. Werner Wolf: Ästhetische Illusion und Illusionsdurchbrechung in der Erzählkunst. Theorie und Geschichte mit Schwerpunkt auf englischem illusionsstörenden Erzählen. Tübingen 1993, Teil II.

278 S.o. Anm. 276.

Typologie bleibt deshalb, was mündliche Dichtung anbetrifft, notwendig unzulänglich, denn hier handelt es sich nicht um den abstrakten Bezug von literarischen Texten als Texten aufeinander. Texte als solche gelangen kaum in das Bewußtsein der Tradenten mündlich weitergegebener Erzählungen, da sie sich primär und nahezu ausschließlich auf die erzählten Handlungen beziehen. Ihre Arbeit der Totalisierung und Vernetzung geht ganz konkret von der erzählten Welt aus und nicht vom Text, der kein Wahrnehmungsgegenstand ist.

Während die Totalisierungsarbeit Erzählstoffe für den Gedächtnisspeicher bündelt und kompakt beieinanderhält, besteht eine Funktion ihrer Vernetzung wohl auch in der Herstellung mnemonischer *links*, Verbindungen, die es erlauben, das, was wieder- und weitererzählt werden soll, mit einem gerichteten Zugriff zu versehen und leichter abrufbar zu machen. Denn die Erinnerung wird erleichtert, wenn man als Sänger weiß: Dies ist das Individuum, das in jener Erzählhandlung diese oder jene Rolle spielte. Mnemonische Anker werden so von einer Erzählhandlung in die andere geworfen.

Andererseits muß aber ein Wiedererkennen anderswo eingeführter Individuen oder Entitäten gerade auch für die Zuhörer eine Hilfe dargestellt und ihnen ein gewisses ästhetisches Vergnügen bereitet haben. Was man kennt, erfreut einen im Zuge der Wiederbegegnung, und man lernt die epische Welt auf diese Weise leichter kennen und durchschauen.

Wie die anderen Anschlüsse ist auch der Transfer von Ortnits Rüstung und die Übernahme des Riesenpaars Runze und Velle ein später Reflex einer untergehenden mnemonischen Technik in ihrer Fortentwicklung zu einer oral-auralen Ästhetik. Kenner und Träger mündlicher Dichtung, wie sie die Dichter des ›Eckenliedes‹ und seiner späteren Fassung e_1 gewesen sind, spinnen aus dem Gedächtnis heraus Fäden zwischen Handlungen, die sich nach ihrer Auffassung in **einer** Erzählwelt abspielen. Am Wiedererkennen derselben Handlungselemente können sich dann aber die Zuhörer erfreuen.

9 Zusammenfassung mit Schlußfolgerung

Strophische Heldendichtung ist bis ins Spätmittelalter hinein mündliche Dichtung und erhält damit eine Tradition aufrecht, die ins Frühmittelalter und noch weiter zurückreicht. Entgegen dem Anschein, den die handschriftliche Überlieferung von hochmittelalterlicher Heldendichtung ab dem 13. Jahrhundert erweckt, wird diese nicht zu Buchdichtung. Denn ungeachtet schriftlicher Aufzeichnung tragen Sänger sie auswendig vor und tradieren sie als Gedächtnistext. Sie richten sich damit auf ein Publikum ein, das einen freien, d.h. nicht auf ein Buch gestützten, Vortrag von Heldendichtung seit je gewohnt ist und sich nicht leicht auf einen Lesevortrag umstellt. Eine Nutzung der Schrift bei der Herstellung der Texte entzieht sich den Augen des Publikums.

Diese Herstellung setzt Schrift aber voraus. Das gilt auf konstitutive Weise schon für die silbenzählende Metrik und den Endreim. Ausgangsfassungen mündlich vorgetragener und tradierter Texte werden – auch in Anbetracht ihrer erheblichen Länge – ab dem 12. Jahrhundert niedergeschrieben. Da die Handschriften allerdings wohl nicht oder kaum zum Vorlesen eingesetzt werden, scheint ihre Funktion ursprünglich allein darin zu bestehen, den Text zu speichern. Gab es also Repertoirehandschriften, wie vielleicht die Handschrift Z des ›Nibelungenliedes‹, so könnten sie dazu gedient haben, das Gedächtnis beim Anlernen und Behalten besonders langer Texte zu unterstützen und aufzufrischen.

Eine Aufzeichnung im Zuge der Herstellung einer Dichtung erlaubte, die Einprägung des Textes vom Dichtvorgang abzukoppeln. Daß die Niederschrift aber den Dichtvorgang unterstützte und dabei eine planvolle Schriftkomposition – und zwar nicht nur auf der Ebene der textuellen Makrostruktur, sondern auch im Detail – ermöglichte, wie man dies für die zeitgenössische Buchdichtung aufzeigen kann, ist wenig wahrscheinlich. Denn die narrative Integration auf der Ebene der Mikrostruktur der Texte versagt zu regelmäßig, als daß eine kontinuierliche Fühlungnahme mit der Niederschrift stattgefunden haben kann. Man muß also annehmen, daß Heldendichtungen diktiert wurden und das Diktat sich nur in Bezug auf den Zeitfaktor und das fehlende Publikum von einem Vortrag unterschied.

Wenn nun der Vortrag von Heldendichtungen auswendig erfolgte und dem Publikum eine Zuhilfenahme der Schrift bei ihrer Herstellung verborgen bleiben mußte, so öffnet sich erst der ›Ortnit-Wolfdietrich‹-Komplex im 13. Jahrhundert explizit auch für den Lesevortrag. Geteilte Rezeption – Vorlesen oder (dann vermutlich auswendiges) Vorsingen – wird in den Eingangsstrophen ausdrücklich zugelassen, mündliche Tradierung auch dieses besonders umfangreichen Komplexes läuft hingegen bis ins 15. Jahrhundert nebenher.

Blickt man weit zurück, so spricht einiges dafür, daß sich in der westgermanischen primär memorierten Stabreimdichtung ein improvisierender Sängertyp herausgebildet hat. Er verliert sich nach dem 9. Jahrhundert. Mit der Umstellung auf eine grundsätzlich neuorientierte mnemonische Form wird Heldendichtung (wieder) zu ausschließlich memorierter Dichtung. Die Strophenform bildet ein besonders hervorstechendes Indiz hierfür.

Anders als die *Oral-Formulaic Theory* es nahegelegt hat und vielmehr so, wie etwa Eric Havelock und Ruth Finnegan es aufgezeigt haben, stellt Memorieren in oralen Kulturen die Basis aller Tradierung von Texten dar. Dies gilt noch und wieder für mündliche Tradierung im Hochmittelalter, das längst keine orale Kultur mehr darstellt. Wenn hochmittelalterliche Heldendichtung denn auch Schriftlichkeit schon für die Herstellung, ja schon für die metrische Faktur der Texte voraussetzt, so tritt doch das Gedächtnis immer noch an die Stelle der Schrift, wenn die Texte zum Vortrag gelangen.

Sänger präparieren aber ihr Gedächtnis für den Vortrag über eine mit den Texten tradierte Technik, die sie zur Speicherung der z.T. sehr umfänglichen Texte befähigt. Dieser Technik kann man sich deskriptiv und analytisch anhand der Beobachtung der von den Sängern tradierten Fassungen, aber auch schon der Faktur der Texte, nähern. Vom Gedächtnis für den Wortlaut läßt sich das Gedächtnis für die Handlungs- bzw. Ereignisfolge einerseits oder – im Rahmen einer anders angesetzten Unterscheidung – das räumliche und visuelle Gedächtnis für anschauliche Bestandteile der Erzählhandlung andererseits unterscheiden. Die auf die eine oder andere Weise gedoppelte Art der Speicherung – Wortlaut versus Handlungsfolge oder Wortlaut versus räumliches Arrangement und Bildhaftigkeit der Handlung – mag auf den ersten Blick trivial und selbstverständlich erscheinen. Es ist aber dann doch überraschend zu sehen, was geschieht, wenn bei Sängern die Erinnerung an den Wortlaut versagt, aber die – immer wohl auch visualisierte – Handlungsfolge gleichwohl strophen-, ja oft nahezu versweise bewahrt bleibt: Die konkrete Ereignisfolge wird trotz eines veränderten Wortlauts bis in Details hinein konserviert. Verse, Versgruppen und Strophen scheinen deshalb mnemonische Slots für Handlungselemente zu bilden. Sie sind feste Orte für den zu Merkeinheiten mnemonisch kompartimentierten Erzählinhalt.

Wird der in der Erzählfolge über Merkeinheiten auf Slot-Positionen gehaltene Erzählinhalt je noch ›gesehen‹, so wird der Wortlaut beim Abruf je noch ›gehört‹. Und es ist wiederum überraschend zu sehen, was geschieht, wenn für nur einen Halbvers oder Vers die Erinnerung an den Erzählinhalt versagt, während doch die ursprüngliche Lautkulisse noch nachklingt (ich spreche hier von Lauthülsen) oder ein Satzskelett erhalten bleibt (hier spreche ich von Satzhülsen). Die Belege gerade für Lauthülsen allein schon aus Fassungen

Zitierte Textausgaben

(Aufgenommen sind nur mehrfach zitierte Ausgaben. Die Anordnung erfolgt nach den Anfangsbuchstaben der Texte bzw., wo möglich, der Autorennamen)

Deutsches Heldenbuch. Zweiter Teil. Alpharts Tod. Dietrichs Flucht. Rabenschlacht. Hg. von Ernst Martin. Nachdruck Dublin, Zürich 1967 (›Dietrichs Flucht‹ wird von mir als ›Buch von Bern‹ angeführt).

Beda Venerabilis: Opera. Pars II. Opera exegetica 3. In Lucae evangelium expositio. In Marci evangelium expositio (CCSL 120). Hg. von D. Hurst. Turnhout 1960.

Beda der Ehrwürdige. Kirchengeschichte des englischen Volkes. Hg. und übersetzt von Günter Spitzbart. Darmstadt 1997.

Beowulf und die kleineren Denkmäler der altenglischen Heldensage. Mit Text und Übersetzung, Einleitung und Kommentar sowie einem Konkordanz-Glossar. In drei Teilen hg. von Georg Nickel. Heidelberg 1976.

Deutsches Heldenbuch. Erster Teil. Biterolf und Dietleib. Hg. von Oskar Jänicke. Laurin und Walberan. Mit Benutzung der von Franz Roth gesammelten Abschriften und Vergleichungen. Nachdruck Dublin, Zürich 1963.

Das Eckenlied. Sämtliche Fassungen. Teil 1. Einleitung. Die altbezeugten Versionen E_1, E_2 und Strophe 8-13 von E_4. Anhang: Die Ecca-Episode aus der Thidrekssaga. Teil 2. Dresdener Heldenbuch und Ansbacher Fragment E_7 und E_3. Teil 3. Die Druckversion und verwandte Textzeugen e_1, E_4, E_5, E_6. Hg. von Francis B. Brévart. Tübingen 1999.

Hartmann von Aue: Iwein. Hg. von Gustav F. Benecke und Karl Lachmann. Neu bearbeitet von Ludwig Wolff. Band 1. Text. Berlin [7]1968.

Das Deutsche Heldenbuch. Nach dem muthmasslich ältesten Drucke neu hg. von Adelbert von Keller. Stuttgart 1867.

Heldenbuch. Nach dem ältesten Druck in Abbildung hg. von Joachim Heinzle. I. Abbildungsband. Göppingen 1981.

Heliand und Genesis. Hg. von Otto Behaghel. 9. Auflage bearbeitet von Burkhart Taeger. Tübingen 1984.

Kudrun. Hg. von Karl Bartsch. Neue ergänzte Ausgabe der fünften Auflage. Überarbeitet und eingeleitet von Karl Stackmann. Wiesbaden 1980.

Laurin und der kleine Rosengarten. Hg. von Georg Holz. Halle/Saale 1897.

Die ›Nibelungenklage‹. Synoptische Ausgabe aller vier Fassungen. Hg. von Joachim Bumke. Berlin, New York 1999.

Das Nibelungenlied. Nach der Ausgabe von Karl Bartsch. Hg. von Helmut de Boor. 21. revidierte und von Roswitha Wisniewski ergänzte Auflage. Wiesbaden 1979.

Das Nibelungenlied nach der Handschrift C. Hg. von Ursula Hennig. Tübingen 1977.

Deutsches Heldenbuch. Vierter Teil. Ortnit und die Wolfdietriche. Hg. von Artur Amelung und Oskar Jänicke. Bd. 1. Nachdruck Dublin, Zürich 1968 (›Ortnit‹ AW).

Ortneit und Wolfdietrich nach der Wiener Piaristenhandschrift. Hg. von Justus Lunzer. Tübingen 1906.

Ortnit und Wolfdietrich D. Kritischer Text nach Ms. Carm 2 der Stadt- und Universitätsbibliothek Frankfurt am Main. Hg. von Walter Kofler. Stuttgart 2001.

Zitierte Textausgaben

Otnit. Hg. von Franz J. Mone. Berlin 1821 (›Ortnit‹ a).

Die Gedichte vom Rosengarten zu Worms. Hg. von Georg Holz. Halle 1893.

Der jüngere Sigenot. Nach sämtlichen Handschriften und Drucken hg. von Clemens Schoener. Heidelberg 1928.

þiðriks saga af Bern. Hg. von Hendrik Bertelsen. Bd. I, Kopenhagen 1905. Bd. II, 1908–1911. (Übersetzung: Die Geschichte Dietrichs von Bern. Übertragen von Fine Erichsen. Weimar 1942).

Deutsches Heldenbuch. Fünfter Teil. Dietrichs Abenteuer von Albrecht von Kemenaten. Nebst den Bruchstücken von Dietrich und Wenezlan. Hg. von Julius Zupitza. Berlin 1870, S. 1-200 (Heidelberger ›Virginal‹).

Dietrichs erste Ausfahrt. Hg. von Franz Stark. Stuttgart 1860 (Wiener ›Virginal‹).

Deutsches Heldenbuch. Dritter und Vierter Teil. Ortnit und die Wolfdietriche. Hg. von Artur Amelung und Oskar Jänicke. Bd. 1 und 2. Nachdruck Dublin, Zürich 1968 (›Wolfdietrich‹ A, B, C und [als Teildruck] D).

Der grosse Wolfdietrich. Hg. von Adolf Holtzmann. Heidelberg 1865 (›Wolfdietrich‹ D).

Wiederholt angeführte Forschungsliteratur

(Im Text werden nur Autor und Titel angegeben)

Alan D. Baddeley: Die Psychologie des Gedächtnisses. Mit einer Einführung von Hans Aebli. Stuttgart 1979.

Georg Baesecke: Fulda und die altsächsischen Bibelepen. In: Ders., Kleinere Schriften zur althochdeutschen Literatur und Sprache. Hg. von Werner Schröder. Bern, München 1966, S. 348-376 (zuerst 1948 erschienen).

Georg Baesecke: Vor- und Frühgeschichte des deutschen Schrifttums. Erster Band. Vorgeschichte. Halle 1940.

Franz H. Bäuml und Donald J. Ward: Zur mündlichen Überlieferung des Nibelungenliedes. In: Deutsche Vierteljahresschrift für Literaturwissenschaft und Geistesgeschichte 41 (1967), S. 351-390.

Franz H. Bäuml und Eva-Maria Fallone: A Concordance to the ›Nibelungenlied‹. With a Structural Pattern Index, Freqency Ranking List, and Reverse Index. Leeds 1976.

Franz H. Bäuml und Richard H. Rouse: Roll and Codex: A New Manuscript Fragment of Reinmar von Zweter. In: Beiträge 105 (1983), S. 192-231, 317-330.

Karl A. Barack: Dietrich und seine Gesellen. Bruchstück. In: Germania 6 (1861), S. 25-28.

Albert Blumenröder: Die Quellenberufungen in der mittelhochdeutschen Literatur. Diss. (masch.) Marburg 1922.

C. Maurice Bowra: Heldendichtung. Eine vergleichende Phänomenologie der heroischen Poesie aller Völker und Zeiten. Stuttgart 1964.

C. Maurice Bowra: Poesie der Frühzeit. München 1967.

Arthur G. Brodeur: The Art of ›Beowulf‹. Berkeley, Los Angeles 1959.

Wilhelm Bruckner: Der Helianddichter – ein Laie. Wissenschaftliche Beilage zum Bericht über das Gymnasium in Basel, Schuljahr 1903/04. Basel 1904.

Horst Brunner: Epenmelodien. In: Formen mittelalterlicher Literatur. Festschrift Siegfried Beyschlag. Hg. von Otmar Werner und Bernd Naumann. Göppingen 1970, S. 149-178.

Horst Brunner: Strukturprobleme der Epenmelodien. In: Kühebacher (Hg.): Deutsche Heldenepik in Tirol, S. 300-328.

Karl Bücher: Arbeit und Rhythmus. Leipzig [5]1919.

Rudolf Bultmann: Das Evangelium des Johannes. Göttingen [18]1964.

Joachim Bumke: Die vier Fassungen der ›Nibelungenklage‹. Untersuchungen zur Überlieferungsgeschichte und Textkritik der höfischen Epik im 13. Jahrhundert. Berlin, New York 1996.

Mary Carruthers: The Book of Memory. A Study in Medieval Culture. Cambridge 1990.

Wallace L. Chafe: Integration and Involvement in Speaking, Writing and Oral Literature. In: Deborah Tannen (Hg.), Spoken and Written Language: Exploring Orality and Literacy. Norwood 1982, S. 35-53.

William G. Chase und Herbert A. Simon: The Mind's Eye in Chess. In: William G. Chase (Hg.), Visual Information Processing. New York 1973, S. 215-281.

Michael T. Clanchy: From Memory to Written Record. England 1066–1307. London 1979.

Sebastian Coxon: The Presentation of Autorship in Medieval German Narrative Literature 1220–1290. Oxford 2001.

Wiederholt angeführte Literatur

Michael Curschmann: Nibelungenlied und Nibelungenklage. Über Mündlichkeit und Schriftlichkeit im Prozeß der Episierung. In: Deutsche Literatur im Mittelalter. Kontakte und Perspektiven. Hg. von Christoph Cormeau. Stuttgart 1979, S. 85-119.

Michael Curschmann: *Sing ich den liuten mîniu liet*, ... Spruchdichter als Traditionsträger der spätmittelalterlichen Heldendichtung?. In: Kontroversen, alte und neue. Akten des VII. Internationalen Germanisten-Kongresses Göttingen 1985. Hg. von Albrecht Schöne. Göttingen 1985, Bd. 8, S. 184-193.

Michael Curschmann: Dichter *alter maere*. Zur Prologstrophe des »Nibelungenliedes« im Spannungsfeld von mündlicher Erzähltradition und laikaler Schriftkultur. In: Gerhard Hahn und Hedda Ragotzky (Hgg.), Grundlagen des Verstehens mittelalterlicher Literatur. Literarische Texte und ihr historischer Erkenntniswert. Stuttgart 1992, S. 55-71.

Renate Dessauer: Das Zersingen. Ein Beitrag zur Psychologie des deutschen Volksliedes. Berlin 1928.

Wolfgang Dinkelacker: Ortnit-Studien. Vergleichende Interpretation der Fassungen. Berlin 1972.

Daton A. Dodson: A Formula Study of the Middle High German Heroic Epic: ›Wolfdietrich‹ A, ›Wolfdietrich‹ B, ›Rosengarten‹ A. Diss. University of Texas, Austin 1970.

Klaus Düwel: Werkbezeichnungen der mittelhochdeutschen Erzählliteratur (1050–1250). Göttingen 1983.

Konrad Ehlich: Funktion und Struktur schriftlicher Kommunikation. In: Günther, Ludwig (Hgg.), Schrift und Schriftlichkeit/Writing and its Use, 1. Halbband, S. 18-40.

Enzyklopädie des Märchens. Handwörterbuch zur historischen und vergleichenden Erzählforschung. Hg. von Kurt Ranke, ab Bd. 5 von Rolf W. Brednich (bisher 10 Bde.). Berlin, New York 1977f. (zitiert als EM).

K. Anders Ericsson: Memory Skill. In: Canadian Journal of Psychology 39 (1985), S. 188-231.

Edmond Faral: Les jongleurs en France au Moyen Age. Paris 1910.

Ruth Finnegan: Oral Poetry. Its Nature, Significance and Social Context. Bloomington, Indianapolis 1977.

Georg Finsler: Homer. Erster Teil. Der Dichter und seine Welt. Leipzig, Berlin [2]1913.

Hanns Fischer: Studien zur deutschen Märendichtung. Tübingen 1968.

John L. Flood: Die Heldendichtung und ihre Leser in Tirol im späteren 16. Jahrhundert. In: David McLintock, Adrian Stevens und Fred Wagner (Hgg.), Geistliche und weltliche Epik des Mittelalters in Österreich. Göppingen 1987, S. 137-155.

Ingeborg Fluss: Das Hervortreten der Erzählerpersönlichkeit und ihre Beziehung zum Publikum in mittelhochdeutscher strophischer Heldendichtung. Hamburg 1971.

Hans Friese: Thidrekssaga und Dietrichepos. Untersuchungen zur inneren und äusseren Form. Berlin 1914.

Hans Fromm: Der oder die Dichter des Nibelungenliedes? In: Ders., Arbeiten zur deutschen Literatur des Mittelalters. Tübingen 1989, S. 275-288 (zuerst 1973 erschienen).

Paul Gaechter: Die Gedächtniskultur in Irland. Innsbruck 1970.

Klaus Gantert: Akkommodation und eingeschriebener Kommentar. Untersuchungen zur Übertragungsstrategie des Helianddichters. Tübingen 1998.

Léon Gautier: Les épopées françaises. Études sur les origines et l'histoire de la littérature nationale. Bde. 1-4. Paris 1878–1892.

George T. Gillespie: A Catalogue of Persons Named in German Heroic Literature (700–1600). Including Named Animals and Objects and Ethnic Names. Oxford 1973.

George T. Gillespie: Das Mythische und das Reale in der Zeit- und Ortsauffassung des ›Nibelungenliedes‹. In: Knapp (Hg.), Nibelungenlied und Klage, S. 43-60.

468

Wiederholt angeführte Literatur

Ernst H. Gombrich: Kunst und Illusion. Eine Studie über die Psychologie von Abbild und Wirklichkeit in der Kunst. Stuttgart, Zürich 1978.

Jack Goody: The Interface Between the Written and the Oral. Cambridge 1987.

Jacob Grimm: Poesie im Recht. In: Ders., Kleinere Schriften. Bd. 6. Recensionen und Vermischte Aufsätze. 3. Theil. Berlin 1882, S. 152-191.

Wilhelm Grimm: Der Rosengarte. Göttingen 1836.

Wilhelm Grimm: Die deutsche Heldensage. Darmstadt [4]1957.

Hartmut Günther und Otto Ludwig (Hgg.): Schrift und Schriftlichkeit/Writing and Its Use. Ein interdisziplinäres Handbuch internationaler Forschung. Berlin, New York 1996.

Harald Haferland: Das Gedächtnis des Sängers. Zur Entstehung der Fassung *C des ›Nibelungenliedes‹. In: Kunst und Erinnerung. Memoriale Konzepte in der Erzählliteratur des Mittelalters. Hg. von Ulrich Ernst und Klaus Ridder. Köln, Weimar, Wien 2003, S. 87-135.

Albrecht Hagenlocher: Theologische Systematik und epische Gestaltung. Beobachtungen zur Darstellung der feindlichen Juden im Heliand und in Otfrids Evangelienbuch. In: Beiträge zur Geschichte der deutschen Sprache und Literatur 96 (1974), S. 33-58.

Arthur Th. Hatto: Eine allgemeine Theorie der Heldenepik. Vorträge der Rheinisch-Westfälischen Akademie der Wissenschaften, Geisteswissenschaften, G 307. Opladen 1991.

Wolfgang Haubrichs: Die Anfänge: Versuche volkssprachlicher Schriftlichkeit im frühen Mittelalter (ca. 700–1050/60). In: Geschichte der deutschen Literatur von den Anfängen bis zum Beginn der Neuzeit. Hg. von Joachim Heinzle. Band I. Von den Anfängen zum hohen Mittelalter. Teil 1. Frankfurt/M. 1988.

Karl Hauck (Hg.): Zur germanisch-deutschen Heldensage. Sechzehn Aufsätze zum neueren Forschungsstand. Darmstadt 1965.

Walter Haug: Mündlichkeit, Schriftlichkeit und Fiktionalität. In: Modernes Mittelalter. Neue Bilder einer populären Epoche. Hg. von Joachim Heinzle. Frankfurt/M., Leipzig 1994, S. 376-397.

Jens Haustein: Der Helden Buch. Zur Erforschung deutscher Dietrichepik im 18. und frühen 19. Jahrhundert. Tübingen 1989.

Eric A. Havelock: Als die Muse schreiben lernte. Frankfurt 1992.

Edward Haymes: Ortnit und Wolfdietrich. Abbildungen zur handschriftlichen Überlieferung spätmittelalterlicher Heldenepik. Göppingen 1984.

Joachim Heinzle: Zur Überlieferung der ›Virginal‹. Die Stuttgarter und die Freiburger Bruchstücke. In: ZfdA 103 (1974), S. 157-165.

Joachim Heinzle: Mittelhochdeutsche Dietrichepik. Untersuchungen zur Tradierungsweise, Überlieferungskritik und Gattungsgeschichte später Heldendichtung. Zürich, München 1978.

Joachim Heinzle: Artikel ›Heldenbücher‹. In: VL, Bd. 4. Berlin, New York 1981, Sp. 947-956.

Joachim Heinzle: Gnade für Hagen? Die epische Struktur des ›Nibelungenliedes‹ und das Dilemma der Interpreten. In: Knapp (Hg.), Nibelungenlied und Klage, S. 257-276.

Joachim Heinzle: Das Nibelungenlied. Eine Einführung. Frankfurt/M. 1994.

Joachim Heinzle: Konstanten der Nibelungenrezeption in Mittelalter und Neuzeit. In: 3. Pöchlarner Heldenliedgespräch. Die Rezeption des Nibelungenliedes. Hg. von Klaus Zatloukal. Wien 1995, S. 81-107.

Joachim Heinzle: Zur Funktionsanalyse heroischer Überlieferung: das Beispiel Nibelungensage. In: Neue Methoden der Epenforschung. Hg. von Hildegard Tristram. Tübingen 1998, S. 201-221.

Joachim Heinzle: Einführung in die mittelhochdeutsche Dietrichepik. Berlin, New York 1999.

Wiederholt angeführte Literatur

Heinrich Hempel: Pilgerin und die Altersschichten des Nibelungenliedes. In: ZfdA 69 (1932), S. 1-16.

Nikolaus Henkel: ›Nibelungenlied‹ und ›Klage‹. Überlegungen zum Nibelungenverständnis um 1200. In: Mittelalterliche Literatur und Kunst im Spannungsfeld von Hof und Kloster. Hg. von Nigel F. Palmer und Hans-Jochen Schiewer. Tübingen 1999, S. 73-98.

Andreas Heusler: Lied und Epos in germanischer Sagendichtung. Darmstadt 1956 (zuerst 1905 erschienen).

Andreas Heusler: Die altgermanische Dichtung. Potsdam ²1941.

Andreas Heusler: Deutsche Versgeschichte. Mit Einschluss des altenglischen und altnordischen Stabreimverses. Bd. I-III. Berlin 1956.

Andreas Heusler: Nibelungensage und Nibelungenlied. Die Stoffgeschichte des deutschen Heldenepos. Dortmund ⁶1965, Nachdruck Darmstadt 1982.

Otto Höfler: Die Anonymität des Nibelungenliedes. In: Hauck (Hg.), Zur germanisch-deutschen Heldensage, S. 330-392.

Werner Hoffmann: Die Fassung *C des Nibelungenliedes und die ›Klage‹. In: Festschrift Gottfried Weber. Bad Homburg, Berlin, Zürich 1967, S. 109-143.

Werner Hoffmann: Mittelhochdeutsche Heldendichtung. Berlin 1974.

Dietrich Hofmann: Die altsächsische Bibelepik ein Ableger der angelsächsischen geistlichen Epik? (1959). Mit Nachtrag 1972. In: Der Heliand. Hg. von Jürgen Eichhoff und Irmengard Rauch. Darmstadt 1973, S. 315-343.

Dietrich Hofmann: Artikel ›Stabreimvers‹. In: Reallexikon der deutschen Literaturgeschichte. Bd. 4. Hg. von Klaus Kanzog und Achim Masser. Berlin, New York ²1984, S. 183-193.

Dietrich Hofmann: Die altsächsische Bibelepik zwischen Gedächtniskultur und Schriftkultur. In: Ders., Studien zur Nordischen und Germanischen Philologie. Hg. von Gert Kreutzer u.a. Hamburg 1989, Bd. I, S. 528-558.

Dietrich Hofmann: Die Versstrukturen der altsächsischen Stabreimgedichte Heliand und Genesis. 2 Bde. Heidelberg 1991.

Michael Huber: Virginalbruchstücke aus der Benediktinerstiftsbibliothek Metten. In: Münchener Museum für Philologie des Mittelalters und der Renaissance 1 (1912), S. 46-63.

Max H. Jellinek: Anzeige von ›Karl Zangemeister und Wilhelm Braune: Bruchstücke der altsächsischen Bibeldichtung aus der Bibliotheca Palatina‹. In: Anzeiger für deutsches Altertum und deutsche Litteratur 21 (1895), S. 204-225.

Franz Jostes: Der Dichter des Heliand. In: ZfdA 40 (1896), S. 341-368.

Gert Kalow: Poesie ist Nachricht. Mümdliche Tradition in Vorgeschichte und Gegenwart. München, Zürich 1975.

Dieter Kartschoke: Bibeldichtung. Studien zur Geschichte der epischen Bibelparaphrase von Juvencus bis Otfrid von Weißenburg. München 1975.

Robert L. Kellogg: Die südgermanische mündliche Tradition. In: Voorwinden, de Haan (Hg.), Oral Poetry, S. 182-194.

Thomas Klein: Vorzeitsage und Heldensage. In: Heldensage und Heldendichtung im Germanischen. Hg. von Heinrich Beck. Berlin, New York 1988, S. 115-147.

Harald Kleinschmidt: *Wordhord onleac*. Bemerkungen zur Geschichte der sprechsprachlichen Kommunikation im Mittelalter. In: Historisches Jahrbuch 108 (1988), S. 37-62.

Paul Klopsch: Einführung in die Dichtungslehren des lateinischen Mittelalters. Darmstadt 1980.

Fritz Peter Knapp (Hg.): Nibelungenlied und Klage. Sage und Geschichte, Struktur und Gattung. Passauer Nibelungengespräche 1985. Heidelberg 1987.

Peter Koch und Wulf Oesterreicher: Sprache der Nähe – Sprache der Distanz. Mündlichkeit und Schriftlichkeit im Spannungsfeld von Sprachtheorie und Sprachgeschichte. In: Romanistisches Jahrbuch 36 (1985), S. 15-43.

470

Wiederholt angeführte Literatur

Rudolf Koegel: Geschichte der deutschen Literatur bis zum Ausgang des Mittelalters. Erster Band: Bis zur Mitte des elften Jahrhunderts. Erster Teil: Die stabreimende Dichtung und die gotische Prosa. Straßburg 1894.

Walter Kofler: Die Ideologie des Totschlagens. ›Nibelungen‹-Rezension (!) in der ›Heldenbuchprosa‹. In: Jahrbuch der Oswald-von-Wolkenstein-Gesellschaft 9 (1996/97), S. 441-469.

Walter Kofler (Hg.): Ortnit und Wolfdietrich D. Kritischer Text nach Ms. Carm 2 der Stadt- und Universitätsbibliothek Frankfurt am Main. Stuttgart 2001 (Einleitung S. 7-51).

Gisela Kornrumpf: Strophik im Zeitalter der Prosa. Deutsche Heldendichtung im ausgehenden Mittelalter. In: Literatur- und Laienbildung im Spätmittelalter und in der Reformationszeit. Symposion Wolfenbüttel 1981. Hg. von Ludger Grenzmann und Karl Stackmann. Stuttgart 1984, S. 316-340.

Kaarle Krohn: Die folkloristische Arbeitsmethode. Begründet von Julius Krohn und weitergeführt von nordischen Forschern. Oslo 1926.

Egon Kühebacher (Hg.): Deutsche Heldenepik in Tirol. König Laurin und Dietrich von Bern in der Dichtung des Mittelalters. Beiträge der Neustifter Tagung 1977 des Südtiroler Kulturinstituts. Bozen 1979.

Hans Kuhn: Heldensage vor und außerhalb der Dichtung. In: Hauck (Hg.), Zur germanisch-deutschen Heldensage, S. 173-194 (zuerst 1952 erschienen).

Hugo Kuhn: Über nordische und deutsche Szenenregie in der Nibelungendichtung. In: Ders., Dichtung und Welt im Mittelalter, S. 196-219.

Hugo Kuhn: Dichtung und Welt im Mittelalter. Stuttgart 1959.

Elisabeth Lienert: Raumstrukturen im ›Nibelungenlied‹. In: 4. Pöchlarner Heldenliedgespräch. Heldendichtung in Österreich – Österreich in der Heldendichtung. Hg. von Klaus Zatloukal. Wien 1997, S. 103-122.

Elisabeth Lienert: Die Nibelungenklage. Mittelhochdeutscher Text nach der Ausgabe von Karl Bartsch. Einführung, neuhochdeutsche Übersetzung und Kommentar. Paderborn, München, Wien, Zürich 2000.

Waltraud Linder-Beroud: Von der Mündlichkeit zur Schriftlichkeit? Untersuchungen zur Interdependenz von Individualdichtung und Kollektivlied. Frankfurt/M., Bern, New York, Paris 1989.

Albert B. Lord: Der Sänger erzählt. Wie ein Epos entsteht. München 1968.

Albert B. Lord: Epic Singers and Oral Tradition. Ithaca, London 1991.

Max Lüthi: Das Volksmärchen als Dichtung. Ästhetik und Anthropologie. Düsseldorf, Köln 1975.

Clemens Lugowski: Die Form der Individualität im Roman. Frankfurt/M. 1976 (zuerst 1932 erschienen).

Justus Lunzer: Die Nibelungenbearbeitung k. In: Beiträge 20 (1895), S. 345-505.

Francis P. Magoun: Der formelhaft-mündliche Charakter angelsächsischer epischer Dichtung. In: Voorwinden, de Haan (Hgg.), Oral Poetry, S. 11-45.

John Meier: Kunstlieder im Volksmunde. Materialien und Untersuchungen. Halle 1906.

John Meier: Werden und Leben des Volksepos. In: Schröder (Hg.), Das deutsche Versepos, S. 143-181 (zuerst 1907/1909 erschienen).

Hermann Menhardt: Nibelungenhandschrift Z. In: ZfdA 64 (1927), S. 211-235.

Klaus Merten, Siegfried J. Schmidt und Siegfried Weischenberg (Hgg.): Die Wirklichkeit der Medien. Eine Einführung in die Kommunikationswissenschaft. Köln, Opladen 1994.

Matthias Meyer: Die Verfügbarkeit der Fiktion. Interpretationen und poetologische Untersuchungen zum Artusroman und zur aventiurehaften Dietrichepik des 13. Jahrhunderts. Heidelberg 1994.

471

George A. Miller: Images and Models, Similes and Metaphors. In: Metaphor and Thought. IIg. von Andrew Ortony. Cambridge ²1993, S. 357-400.

Karl Müllenhoff: Das Alter des Ortnit. In: ZfdA 13 (1867), S. 185-192.

Jan-Dirk Müller: Wandel von Geschichtserfahrung in spätmittelalterlicher Heldenepik. In: Geschichtsbewußtsein in der deutschen Literatur des Mittelalters. Tübinger Colloquium 1983. Hg. von Christoph Gerhardt, Nigel F. Palmer und Burghart Wachinger. Tübingen 1985, S. 72-87.

Jan-Dirk Müller: Der Spielmann erzählt. Oder: Wie denkt man sich das Entstehen eines Epos? In: Harald Haferland und Michael Mecklenburg (Hgg.), Erzählungen in Erzählungen. Phänomene der Narration in Mittelalter und Früher Neuzeit. München 1996, S. 85-98.

Jan-Dirk Müller: Spielregeln für den Untergang. Die Welt des Nibelungenliedes. Tübingen 1998.

Jan-Dirk Müller: Das Nibelungenlied. Berlin 2002.

Bernhard Müller-Wirthmann: Raufhändel. Gewalt und Ehre im Dorf. In: Richard van Dülmen (Hg.), Kultur der einfachen Leute. Bayerisches Volksleben vom 16. bis zum 19. Jahrhundert. München 1983, S. 79-111.

Heinz Mundschau: Sprecher als Träger der ›tradition vivante‹ in der Gattung Märe. Göppingen 1972.

Bert Nagel: Meistersang. Stuttgart ²1971.

Ulric Neisser: Kognitive Psychologie. Stuttgart 1975.

Odmar Neumann: Theorien der Aufmerksamkeit: von Metaphern zu Mechanismen. In: Psychologische Rundschau 43 (1992), S. 83-101.

John D. Niles: Beowulf. The Poem and its Tradition. Cambridge (Mass.), London 1983.

Axel Olrik: Epische Gesetze der Volksdichtung. In: ZfdA 51 (1909), S. 1-12.

Walter J. Ong: Oralität und Literalität. Die Technologisierung des Wortes. Opladen 1987.

Friedrich Panzer: Hilde-Gudrun. Eine sagen- und literargeschichtliche Untersuchung. Halle 1901.

Friedrich Panzer: Das Nibelungenlied. Entstehung und Gestalt. Stuttgart, Köln 1955.

Milman Parry: Studies in the Epic Technique of Oral Verse-Making. I. Homer and Homeric Style. In: Ders., The Making of Homeric Verse. The Collected Papers of Milman Parry. Hg. von Adam Parry. Oxford 1971, S. 266-324; ders., Studies in the Epic Technique of Oral Verse-Making. II. Homeric Language as Language of Oral Poetry. In: Ebd., S. 325-364.

Christoph Petzsch: Assoziation als Faktor und Fehlerquelle in mittelalterlicher Überlieferung. In: DVjs 43 (1969), S. 573-603.

Vladimir Propp: Morphologie des Märchens. Hg. von Karl Eimermacher. Frankfurt/M. 1975.

Wilhelm Radloff: Proben der Volkslitteratur der nördlichen türkischen Stämme. Gesammelt und übersetzt von Wilhelm Radloff. V. Theil: Der Dialect der Kara-Kirgisen. St. Petersburg 1885.

Johannes Rathofer: Der Heliand. Theologischer Sinn als tektonische Form. Vorbereitung und Grundlegung der Interpretation. Köln, Graz 1962.

Karl Reichl: Oral Tradition and Performance of the Uzbek and Karakalpac Epic Singers. In: Fragen der mongolischen Heldendichtung. Bd. III. Hg. von Walther Heissig. Wiesbaden 1985, S. 613-643.

Karl Reichl: Epensänger und Epentraditionen bei den Karakalpaken. In: Kulturelle Perspektiven auf Schrift und Schreibprozesse. Elf Aufsätze zum Thema Mündlichkeit und Schriftlichkeit. Hg. von Wolfgang Raible. Tübingen 1995, S. 163-186.

Reallexikon der deutschen Literaturwissenschaft. Neubearbeitung des Reallexikons der deutschen Literaturgeschichte. Hg. von Klaus Weimar u.a. Bde. 1-3. Berlin, New York 1997f. (zitiert als RL).

Hellmut Rosenfeld: Heldenballade. In: Handbuch des Volksliedes. Bd. I. Gattungen des Volksliedes. Hg. von Rolf Wilhelm Brednich, Lutz Röhrich und Wolfgang Suppan. München 1973, S. 57-87.

David C. Rubin: Memory in Oral Traditions. The Cognitive Psychology of Epic, Ballads, and Counting-out Rhymes. New York, Oxford 1995.

Kurt Ruh: Verständnisperspektiven von Heldendichtung im Spätmittelalter und heute. In: Kühebacher (Hg.), Deutsche Heldendichtung in Tirol, S. 15-31.

Heinz Rupp: ›Heldendichtung‹ als Gattung der deutschen Literatur des 13. Jahrhunderts. In: Schröder (Hg.), Das deutsche Versepos, S. 225-242 (zuerst 1960 erschienen).

Heinz Rupp (Hg.): Nibelungenlied und Kudrun. Darmstadt 1976.

Franz Saran: Deutsche Verslehre. München 1907.

Ursula Schaefer: Vokalität. Altenglische Dichtung zwischen Mündlichkeit und Schriftlichkeit. Tübingen 1992.

Eckart Scheerer: Mündlichkeit und Schriftlichkeit – Implikationen für die Modellierung kognitiver Prozesse. In: *homo scribens*. Perspektiven der Schriftlichkeitsforschung. Hg. von Jürgen Baurmann, Hartmut Günther und Ulrich Knoop. Tübingen 1993, S. 141-176.

Wilhelm Scherer: Antelan. In: ZfdA 15 (1872), S. 140-149.

Viktor Schlumpf: *Die frumen edlen puren*. Untersuchung zum Stilzusammenhang zwischen den historischen Volksliedern der alten Eidgenossenschaft und der deutschen Heldenepik. Zürich 1969.

Christian Schmid-Cadalbert: Der ›Ortnit AW‹ als Brautwerbungsdichtung. Ein Beitrag zum Verständnis mittelhochdeutscher Schemaliteratur. Bern 1985.

Paul Gerhard Schmidt: Probleme der Schreiber – der Schreiber als Problem. In: Sitzungsberichte der Wissenschaftlichen Gesellschaft an der Johann-Wolfgang-Goethe Universität Frankfurt/M., Bd. 31, Nr. 5. Stuttgart 1994, S. 175-185.

Hermann Schneider: Die Gedichte und die Sage von Wolfdietrich. Untersuchungen über ihre Entstehungsgeschichte. München 1913.

Hermann Schneider: Das mittelhochdeutsche Heldenepos. In: ZfdA 58 (1921), S. 97-139.

Edward Schröder: Waldeckische Findlinge I-IV. In: ZfdA 54 (1913), S. 412-419.

Edward Schröder: Rezension zum ›Jüngeren Sigenot‹, hg. von Clemens Schoener. In: AfdA 48 (1929), S. 27-33.

Walter Johannes Schröder (Hg.): Das deutsche Versepos. Darmstadt 1969.

Ursula Schulze: Das Nibelungenlied. Stuttgart 1997.

Julius Schwietering: Singen und Sagen. In: Ders., Philologische Schriften. Hg. von Friedrich Ohly und Max Wehrli. München 1969, S. 7-58.

Klaus von See: Germanische Heldensage. Stoffe, Probleme, Methoden. Wiesbaden [2]1981.

Klaus von See: Held und Kollektiv. In: ZfdA 122 (1993), S. 1-35.

Eduard Sievers (Hg.): Heliand. Titelauflage vermehrt um das Prager Fragment des Heliand und die Vaticanischen Fragmente von Heliand und Genesis. Halle, Berlin 1935, S. 389-464 (Formelverzeichnis).

Bernhard Sowinski: Darstellungsstil und Sprachstil im Heliand. Köln, Wien 1985.

Theodor Steche: Das Rabenschlachtgedicht, das Buch von Bern und die Entwicklung der Dietrichsage. Greifswald 1939.

Stith Thompson: The Folktale. Berkeley, Los Angeles, London 1977.

Reinhold Trautmann: Die Volksdichtung der Grossrussen. I. Band. Das Heldenlied (Die Byline). Heidelberg 1935.

Endel Tulving: Elements of Episodic Memory. Oxford, New York 1983.

Die deutsche Literatur des Mittelalters. Verfasserlexikon. 2., völlig neubearbeitete Auflage. Hg. von Kurt Ruh, ab Bd. 8 von Burkhart Wachinger. Bde. 1 10. Berlin, New York 1978–1999 (zitiert als VL).

Friedrich Vogt (Hg.): Salman und Morolf. Halle 1880.

Walter Vogt: Die Wortwiederholung, ein Stilmittel im Ortnit und Wolfdietrich A und in den mittelhochdeutschen Spielmannsepen Orendel, Oswald und Salman und Morolf. Breslau 1902.

Walther Vogt: Ortnits Waffen. Fragen und Untersuchungen zur Text- und Sagengeschichte des Eckenliedes. In: Festschrift des germanischen Vereins in Breslau. Leipzig 1902, S. 193-203.

Norbert Voorwinden: Zur Überlieferung des ›Ortnit‹. In: Amsterdamer Beiträge zur älteren Germanistik 6 (1974), S. 183-194.

Norbert Voorwinden und Max de Haan (Hgg.): Oral Poetry. Das Problem der Mündlichkeit mittelalterlicher epischer Dichtung. Darmstadt 1979.

Burghart Wachinger: Studien zum Nibelungenlied. Vorausdeutungen, Aufbau, Motivierung. Tübingen 1960.

Haiko Wandhoff: Der epische Blick. Eine mediengeschichtliche Studie zur höfischen Literatur. Berlin 1996.

Hilkert Weddige: Heldensage und Stammessage. Iring und der Untergang des Thüringerreiches in Historiographie und heroischer Dichtung. Tübingen 1989.

Horst Wenzel: Hören und Sehen, Schrift und Bild. Kultur und Gedächtnis im Mittelalter. München 1995.

Ernst Windisch: Der Heliand und seine Quellen. Leipzig 1868.

Frances A. Yates: Gedächtnis und Erinnern. Mnemonik von Aristoteles bis Shakespeare. Weinheim 1990.

Roland Zanni: Heliand, Genesis und das Altenglische. Die altsächsische Stabreimdichtung im Spannungsfeld zwischen germanischer Oraltradition und altenglischer Bibelepik. Berlin, New York 1980.

Friedrich Zarncke: Kaspar von der Roen. In: Germania 1 (1856), S. 53-63.

Klaus Zatloukal (Hg.): 5. Pöchlarner Heldenliedgespräch. Aventiure – Märchenhafte Dietrichepik. Wien 2000.

Verzeichnis der Forschernamen

(Aufgenommen sind nur Verfasser von Aufsätzen und Büchern, nicht Herausgeber und Übersetzer)

Verzeichnis der Forschernamen